鞍钢年鉴

ANGANG NIANJIAN

2018

鞍钢史志编纂委员会 编

冶金工业出版社

图书在版编目(CIP)数据

鞍钢年鉴.2018/鞍钢史志编纂委员会编.—北京:冶金工业出版社,2020.7

ISBN 978-7-5024-8458-3

Ⅰ.①鞍… Ⅱ.①鞍… Ⅲ.①钢铁厂—鞍山—2018—年鉴 Ⅳ.①F426.31-54

中国版本图书馆 CIP 数据核字(2020)第 046605 号

出 版 人 陈玉千
地　　址 北京市东城区嵩祝院北巷 39 号 邮编 100009 电话 (010)64027926
网　　址 www.cnmip.com.cn 电子信箱 yjcbs@cnmip.com.cn
责任编辑 张熙莹 美术编辑 彭子赫 版式设计 孙跃红
责任校对 王永欣 责任印制 李玉山
ISBN 978-7-5024-8458-3
冶金工业出版社出版发行;各地新华书店经销;北京捷迅佳彩印刷有限公司印刷
2020 年 7 月第 1 版,2020 年 7 月第 1 次印刷
210mm×285mm;28 印张;10 彩页;878 千字;430 页
100.00 元

冶金工业出版社 投稿电话 (010)64027932 投稿信箱 tougao@cnmip.com.cn
冶金工业出版社营销中心 电话 (010)64044283 传真 (010)64027893
冶金工业出版社天猫旗舰店 yjgycbs.tmall.com
(本书如有印装质量问题,本社营销中心负责退换)

2018《鞍钢年鉴》工作人员名单

主　　编　聂洪林

副 主 编　赵志强

总 编 辑　黄　辰

副总编辑　赵　艳

特约编辑　张作武　等

摄　　影　靳　波　张明杰　周玉斌　等

编 辑 说 明

《鞍钢年鉴》是鞍钢主办的逐年全面记载鞍钢发展变化的大型综合性资料工具书。2018《鞍钢年鉴》是鞍钢连续编撰出版的第34部年鉴，也是鞍钢集团成立后的第5部年鉴（包含鞍山钢铁、攀钢及各板块）。重点记述2017年鞍钢认真学习贯彻党的十八大、十八届历次全会、十九大、习近平总书记系列重要讲话、全国国有企业党建工作会议和中央经济工作会议精神，以四个全面战略布局和五大发展理念为引领，继续坚持保生存、求发展工作总基调，深入推进调整、改革、创新、加强党的建设四项重点工作，凝心聚力，攻坚克难，坚决打胜扭亏脱困攻坚战，在规划发展、改革改造、科技进步、企业管理、党建及精神文明建设等方面的新发展、新变化和新成就。

本年鉴采用分类编辑法，按部类、分目、条目3个层次编排。共设特辑，专文，大事志，概况，规划发展，财务运营与审计管理，人力资源管理，管理创新，科技创新，安全、环保与节能，信息化管理，国际事务，法律事务，综合管理，企业文化与公共关系，党群管理，鞍山钢铁集团有限公司，攀钢集团有限公司，单位简介，人物，附录21个部类。全书计87.8万字，配有彩色及黑白图片67张。

本年鉴刊用的稿件、资料由鞍钢集团有限公司各主管部门及所属单位、鞍山钢铁集团有限公司和攀钢集团有限公司提供并审核。统计资料由鞍钢集团有限公司计划运营部提供。人物、名录资料由鞍钢集团有限公司人力资源部、鞍钢集团有限公司工会等提供。所引数据均以2017年12月末为限。

目　　录

特　辑

专　文

大 事 志

概　况

规划发展

·发展战略与规划·

·体制改革与创新管理·

·体系管理·

·风险内控及绩效管理·

·采购管理·

·对外投资监管·

科技创新

·科技创新管理·

·知识产权管理·

·国际标准化管理·

安全、环保与节能

·安全管理·

·环保与节能减排·

信息化管理

·信息化规划管理·

·信息化推进管理·

国际事务

· 海外规划与投资管理 ·

· 外事管理 ·

法律事务

· 法律风险防范与法律保障 ·

· 合规管理 ·

· 法务管理 ·

综合管理

· 董事会工作 ·

· 档案管理 ·

· 保密与国家安全管理 ·

· 信访管理 ·

企业文化与公共关系

· 企业文化 ·

·公共关系·

党群管理

·党建管理·

·宣传工作·

·纪检监察工作·

·统一战线工作·

·精神文明工作·

·党校工作·

·工会工作·

·共青团工作·

鞍山钢铁集团有限公司

·生　　产·

·经　　营·

·技术改造·

·科技开发·

·管理创新·

·战略管理·

·信息化管理·

·设备管理·

·质量能源管理·

·安全环保·

·财务审计·

·审计监察·

·人力资源管理·

·房地产管理·

·企业内保工作·

· 法律事务 ·

· 医疗卫生 ·

· 组织工作 ·

· 宣传工作 ·

· 纪检监察工作 ·

· 工会工作 ·

·共青团工作·

·人民武装工作·

·所属单位简介·

攀钢集团有限公司

·概　　述·

· 主要生产单位简介 ·

单位简介

· 板块公司 ·

· 直属机构 ·

人 物

· 先进人物 ·

· 名 录 ·

附 录

· 统计资料 ·

▲ 2017 年 5 月 12 日，国务院国资委党委书记郝鹏到鞍钢集团调研

▲ 2017 年 8 月 23 日，辽宁省委书记、省人大常委会主任李希到鞍钢集团调研

▲ 2017 年 1 月 16 日，鞍钢集团公司董事长、党委书记唐复平率队走访一汽集团

▲ 2017 年 2 月 15 日，鞍钢集团公司董事长、党委书记唐复平率队走访中国中车集团

▲ 2017 年 2 月 10 日，鞍钢集团与中国一重集团在齐齐哈尔签署战略合作框架协议，建立长期稳固的战略合作伙伴关系

▲ 2017 年 4 月 5 日，鞍钢集团与兴业银行在北京签署债转股基金合作框架协议，鞍钢集团成为东北地区首家通过市场化实施新一轮债转股的国有企业

▲ 2017 年，鞍钢股份炼钢总厂深入开展“提升纯净水平、争创最佳产线”炼钢主题竞赛活动，全面提高系统洁净钢生产水平

▲ 2017 年 4 月 26 日，鞍山钢铁首个核电不锈钢合同在鞍钢股份中厚板厂厚板线开始生产

▶ 2017年4月5日，鞍钢股份无缝钢管厂177机组年修工程告竣，年修后，该厂气瓶管、薄壁管等高效品种的产能得到进一步释放

◀ 2017年2月12日，国内最大挂舵臂由鞍钢铸钢公司铸造成功，标志着鞍钢铸造技术水平实现新提升

▶ 2017年4月24日，鞍钢股份鲅鱼圈分公司，针对6毫米厚及以下薄规格X7Ni9钢板板形易瓢曲等问题，开发出一种全新矫直工艺，使板形合格率提高30%以上

◀ 2017 年，东北地区最大规格的制氧机组——鞍钢股份能源管控中心氧气分厂新建 6 万立方米／时制氧机正式投入运行

▶ 2017 年 12 月 18 日，国内首卷第三代超高强汽车用钢 QP1400 在鞍钢神钢冷轧高强汽车板公司成功下线

◀ 2017 年 4 月 26 日 22 时 22 分，攀钢首卷彩涂钢卷在攀钢钒冷轧厂彩涂机组下线，标志着攀钢冷轧彩涂生产线已正式进入投产阶段

▲ 2017 年，鞍钢水电用钢连续成功中标河北丰宁、吉林敦化、黑龙江荒沟抽水蓄能电站项目用 500~800 兆帕级别水电用钢，实现水电用钢级别的全覆盖。图为生产现场

▲ 2017 年 7 月 3 日，一艘装载近 2 万吨鞍钢矿渣粉的大型散装船，从鲅鱼圈港码头开往美国新奥尔良港。这是鞍钢矿渣开发公司与美国著名建材贸易企业 OZINGA 公司的首次合作，标志着鞍钢矿渣粉成功抢滩美国建材市场

▶ 2017年，鞍钢股份线材厂开发出16.5毫米规格产品，并成功实现批量生产，产品远销东南亚

◀ 2017年，鞍钢成为国家重点工程、世界最大空港——北京新机场配套设施工程唯一钢板供应商，这是继彩涂板之后，鞍钢又一产品助力北京新机场建设

◀ 2017年，鞍钢集团钒钛（钢铁）研究院重轨及铁路用钢研究所申报的“高冲击韧性的钢轨及其生产方法”发明专利获俄罗斯发明专利授权，这是攀钢在钢轨领域首次获得俄罗斯发明专利授权。图为生产现场

▶ 2017 年 2 月 13 日，以鞍钢独家供货 TMCP 态大厚度 F 级超高强海工钢板为主要承重件加工制作的全球最先进半潜式超深水钻井平台“蓝鲸 1 号”在山东烟台命名交付

▶ 2017 年 10 月 21 日，国内最领先的电力推进特种大件甲板货物运输船“至宪之星”成功下水，鞍钢为其提供的大厚度止裂钢，引领了我国高端船舶用钢的技术进步

◀ 2017 年 6 月 7 日，继深潜南海开采出可燃冰后，鞍钢管线钢化身“蛟龙”深探南海，助力亚洲最大管径海底输油管线一次投用成功

◀ 2017年6月26日，具有完全自主知识产权的中国标准动车组“复兴号”在京沪高铁正式双向首发，在该线路驰骋的标准动车组所使用的转向架用钢由鞍钢自主研发

▶ 2017年，攀钢抓住国家高铁干线网建设和中国高铁“走出去”战略机遇，全力开发道岔轨、槽型钢等新产品。1~3月，钢轨销量持续保持国内第一

◀ 2017年5月，非洲大陆上第一条采用中国标准、中国技术、中国装备建造的现代化铁路——蒙内铁路正式通车，其中近5万吨钢轨由鞍钢供应

▲ 2017年，世界首座超千米级大跨径公铁两用斜拉桥——沪通长江大桥建设取得突破性进展，该桥关键部位采用的国内最高强度Q500qE桥梁钢由鞍钢供货

▲ 2017年，由鞍钢独家供货的1700余吨桥梁钢从鞍钢股份鲅鱼圈分公司陆续发出，该批桥梁钢将应用在世界第一大有推力钢箱拱桥——广西柳州官塘大桥上

▲ 2017 年 10 月 22 日，在建的沪通长江大桥天生港专用航道桥拱肋全部实现合龙，鞍钢供货的近 5 万吨高级别钢板为该次成功合龙提供了坚强保障

▲ 2017 年，鞍钢积极参与“一带一路”沿线国家基础建设，在助力“巴铁”建设、供货斯里兰卡汉班托塔 LPG 接收站球罐项目后，独家中标援马尔代夫中马友谊大桥

▶ 2017 年 6 月 13 日，第 17 届中国国际冶金工业展在上海举办，鞍钢集团以“制造更优材料，创造更美生活”为主题参展并获得最佳组织奖

◀ 2017 年 9 月 7 日，第五届中国（绵阳）科技城国际科技博览会在四川绵阳开幕，攀钢十大技术及重轨、钒钛系列产品参展

▶ 2017 年 11 月 14 日，鞍钢参展第二十二届俄罗斯国际冶金展览会

◀ 2017年11月，在第二十二届全国发明展览会暨第二届世界发明创新论坛上，鞍钢集团选送的职工发明成果获得68个奖项，鞍钢集团获得“优秀展团奖”

◀ 2017年8月17日，由中国工程院主办，鞍钢集团承办的“冶金与绿色制造”论坛在鞍钢会展中心举行

▶ 2017年8月1日，辽宁省科技成果转化对接专题会议在鞍钢召开，东北大学、中科院金属所、沈阳自动化所向鞍钢定向发布13项科研成果

▲ 2017 年 7 月 9 日，鞍钢集团文化体系发布会在鞍钢会展中心举行。鞍钢集团公司董事长、党委书记唐复平，国务院国资委宣传工作局副局长韩天，原鞍钢党委副书记石树林共同按下水晶球，标志着鞍攀重组成立的鞍钢集团正式拥有了自己的文化体系

▲ 2017 年 8 月 18 日，院士咨询座谈会在鞍钢召开，13 位中国工程院院士为鞍钢发展“把脉开方”

◀ 2017年2月28日，鞍钢集团2016年度总结表彰大会隆重举行，表彰在2016年为鞍钢集团改革发展作出突出贡献的先进集体和先进个人

▶ 2017年3月22日，鞍钢集团隆重召开2017年科技创新大会，表彰2016年度重大科学技术奖和关键技术协同项目，命名表彰职工经济技术创新活动中涌现出的优秀集体和个人

◀ 2017年12月25日，鞍钢集团召开首届“鞍钢工匠”（首席技师）表彰聘任大会，表彰鞍钢集团首届“鞍钢工匠”、2017年度鞍钢集团技术状元和技术能手及第二十二届全国发明展览会获奖项目

◀ 2017 年 7 月 21 日，中共鞍钢一届十次全委（扩大）会议暨 2017 年上半年经营活动分析会召开，提出以贯彻落实党的十九大精神为主线，在“巩固、落实、调整、提升”上下功夫

▶ 2017 年 4 月 15 日，鞍钢集团举办深入学习贯彻习近平总书记在辽宁代表团重要讲话精神高层研讨班，鞍钢集团公司董事长、党委书记唐复平作主题报告

◀ 2017 年 11 月 8 日，鞍钢集团领导人员学习贯彻党的十九大精神高层研修班在鞍钢会展中心开班，辽宁省学习贯彻党的十九大精神宣讲团成员、辽宁省委党校副校长周永生作辅导报告

◀ 2017年2月16日，鞍钢集团公司召开党风廉政建设和反腐败工作会议，鞍钢集团公司党委常委、纪委书记许质武作工作报告

▶ 2017年8月16日，鞍钢集团召开警示教育大会，鞍钢集团公司党委常委、纪委书记许质武通报查处的13起典型违纪违法案件

◀ 2017年5月17日，鞍钢集团公司党委召开推进“两学一做”学习教育常态化制度化工作会议

▶ 2017年6月29日，鞍钢集团公司召开庆祝中国共产党成立96周年大会

▲ 2017年9月28日，鞍钢人才公寓正式交付使用，鞍钢集团公司董事长、党委书记唐复平为人才公寓揭牌

▶ 2017年11月8日，全总文工团赴鞍钢慰问演出，以文艺表演的形式传达党的十九大精神

◀ 2017年5月19日，“争创文明城 相约5·19欢乐鞍山游”暨鞍钢集团博物馆国家4A级旅游景区揭牌仪式在鞍钢集团博物馆举行

▲ 2017年6月5日，在央视新闻频道新闻直播间播出的系列报道《来之不易的绿水青山》中，镜头聚焦鞍钢矿山复垦，向全国观众展示十几年来鞍钢坚持矿山绿化复垦取得的成绩和鞍钢人践行绿色发展的决心和勇气

▲ 2017年，攀钢牢固树立“绿水青山就是金山银山”的理念，坚守环保底线，全力打造绿色工厂

▼ 2017年9月1日，工信部发布2017年第一批绿色制造示范名单，鞍钢股份鲅鱼圈分公司入选首批绿色工厂

特　辑

习近平总书记关心关注鞍钢改革发展
鞍钢集团干部职工备受鼓舞一致表示

撸起袖子加油干　再创“长子”辉煌

连日来，习近平总书记在第十二届全国人民代表大会第五次会议辽宁省代表团全体会议参加审议时的重要讲话，在鞍钢引发强烈反响。鞍钢集团广大干部职工纷纷表示，要将习近平总书记的新要求转化为实际行动，撸起袖子加油干，扑下身子抓落实，奋力投身扭亏脱困攻坚战，为推进供给侧结构性改革，推动东北老工业基地振兴贡献力量。

3月7日，在第十二届全国人民代表大会第五次会议辽宁省代表团全体会议上，全国人大代表，鞍钢集团公司董事长、党委书记唐复平围绕深化国有企业改革这个主题作了发言。习近平总书记十分关注国企改革、关注鞍钢集团改革发展，认真听取和记录并询问鞍钢集团有关情况，随后就推进供给侧结构性改革、深入实施东北老工业基地振兴战略、深化国有企业改革、推动干部作风转变等重要问题发表了重要讲话。

习近平总书记的重要讲话，为深化国有企业改革和鞍钢集团改革发展指明了方向，也让鞍钢集团干部职工备受鼓舞。正如唐复平在接受记者采访时所说：“总书记的讲话非常有针对性，供给侧结构性改革一定有困难，比如僵尸企业的退出、落后产能的退出。改革尚在爬坡过坎，但心中有了方向，脚下就有了根。”

3月8日，受唐复平委托，鞍钢集团公司党委副书记、工会主席尹利主持召开鞍钢集团党委中心组学习（扩大）会。学习贯彻习近平总书记在第十二届全国人民代表大会第五次会议辽宁省代表团全体会议上的重要讲话精神，对鞍钢集团学习宣传贯彻习近平总书记的重要讲话精神，特别是关于推进国企改革发展的重要讲话精神提出要求。鞍山钢铁、攀钢、矿业集团、综合发展公司等迅速行动，通过班子会、中心组学习会、调度会、局域网、微信等多种形式组织广大干部职工学习，把讲话精神宣传到各级党组织、广大党员和工作岗位，以充分调动全体干部职工的积极性、主动性和创造性，营造一心一意谋发展、真抓实干促改革的良好氛围，进一步增强实现全集团振兴发展的信心和勇气。

鞍钢集团公司党委常委、副总经理姚林在接受中央电视台记者采访时表示：“一定按照总书记的讲话要求，加快结构调整，全面深化改革，继续狠抓亏损企业、僵尸企业治理，弘扬‘鞍钢宪法’精神，推动全体创新创效，重振‘长子’雄风，再创辉煌，不负总书记的厚望。”

作为鞍钢集团优势产能基地，鞍钢股份鲅鱼圈分公司表示，将统筹推进“效率一流、品牌一流、生态一流”的发展模式，通过深化系统降本、深化流程优控、深化改革创新等举措，全力打造经营能力强、品牌价值高、生态发展优的综合竞争优势。

矿业集团表示，要以转变思维方式、转变经营理念、转变管理模式、转变工作作风为突破口，坚持问题导向，实施创新驱动，以提高核心竞争力和资源配置效率为目标，全面深化改革，探索实施合同采矿、契约化经营等运营新模式，推行ABC人力资源优化配置模式，改革分配机制，努力在改体制、改模式、改机制上见实效，构筑矿业竞争新优势。

2016年，朝阳钢铁通过改革自救，实现了投产六年以来由亏转盈的重大转折和持续盈利的历史性突破，尝到了供给侧结构性改革的“甜头”。该公司表示，习近平总书记的重要讲话让他们备受鼓舞，满怀信心，将深入贯彻讲话精神，继续深化体制机制改革，不断完善“契约化”承包经营模式，重点围绕提升“生产管控能力、市场创效能力、持续盈利能力和政治保障能力”，抓落实，练内功，努力成为鞍钢的一个盈利基地，一个新的效益增长点。

作为鞍钢深化企业改革的试点单位，综合发展实业公司表示，一定按照习近平总书记的新要求和集团公司的安排部署，加快市场化改革步伐，通过契约化经营等方式给权利、给目标、给责任，实现责权利统一，让每个单元企业都真正成为独立的市场经营主体，努力探索出一条鞍钢改制企业市场化改革的新路。

深化供给侧结构性改革，需要精准发力，把优质产能做优做精，扩大高质量产品的有效供给。攀钢国贸公司铁路用钢营销中心营销室主任、党支部书记杨兵说："按照唐复平董事长'精准战略、精准定位'的区域销售战略部署，国贸公司在川滇市场热轧、冷轧产品市场占有率持续提升。下一步，我们将继续通过优化模式，强化协作等途径，努力提升攀钢钢轨的市场份额。"

习近平总书记对鞍钢集团的关心厚爱让鞍钢广大干部职工深受感动，他们正把总书记的巨大关怀转化为干事创业的强大动力，积极支持、参与改革，真抓实干，主动作为，敢于担当，确保鞍钢改革发展"最后一公里"见成效。"时代楷模"、鞍钢股份冷轧厂4号生产线设备作业区作业长兼党支部副书记李超表示："习总书记说，国企发展要有'大国工匠的思路'。作为一名轧机'医生'，就是要发扬'工匠精神'，对每一项检修工作精益求精，高效地完成检修任务，确保轧机的产量、质量稳定，确保我们生产的都是精品。"攀钢钒冷轧厂生技室主任、党支部书记何凯有着和李超一样的想法，那就是"全力提升产品品质、交货期，持续创新创效。""当代发明家"、鞍钢集团钢铁研究院环境与资源研究所一级研究员于淑娟表示："总书记要求国有企业要争当创新驱动发展先行军，我作为一名国企科技人员十分振奋。我们有信心有动力，通过科技创新，为鞍钢创新发展作出更大贡献。"全国劳动模范、鞍钢集团矿业设计研究院材料研究所所长宋仁峰表示，鞍钢推进科研体制机制改革，为科研人员搭建了更大的平台，将在参与改革过程中促进更多创新成果的产生。

（摘自2017年3月13日《鞍钢日报》）

凤凰涅槃浴火重生　不辜负总书记厚望

5月12日，国务院国资委党委书记郝鹏在鞍钢集团公司党委书记、董事长唐复平陪同下，带着对"共和国钢铁工业的长子"的关心和期望，来到鞍钢调研，为鞍钢改革发展、扭亏脱困出谋划策、鼓劲加油。郝鹏对鞍钢近一段时期改革发展取得的成绩给予充分肯定，希望鞍钢进一步落实好党中央、国务院的决策部署，落实好习近平总书记系列重要讲话精神，落实好国务院国资委关于中央企业改革发展的工作要求，再接再厉，乘势而上，奋力实现全年全集团扭亏为盈目标，早日实现凤凰涅槃、浴火重生，不辜负总书记的关心和厚望。

郝鹏首先与郭明义及其爱心团队见面，面对面听取郭明义关于国有企业加强党的建设方面的意见建议。郝鹏说，郭明义是中央企业的光荣。鞍钢培养了郭明义这个全国重大典型，还要继续支持郭明义和他的爱心团队开展卓有成效的工作，国资委也将进一步为郭明义和其爱心团队发挥作用开展工作创造条件，让雷锋精神薪火相传，凝聚起建设伟大祖国、实现中国梦的强大精神力量，为中华民族伟大复兴作出每个人的贡献。

随后，郝鹏一行先后来到鞍钢集团博物馆、鞍钢股份大型厂高速重轨生产线和连轧党支部、鞍神冷轧高强汽车钢生产线、鞍钢集团钢铁研究院汽车用钢实验室实地考察调研。每到一处，郝鹏都看得认真、问得仔细。在鞍钢集团博物馆，郝鹏不时驻足，询问详细情况，透过一件件实物、一张张图片、一个个模型的生动再现，他深深被鞍钢的辉煌历程、英雄模范和企业文化震撼、感染。在鞍钢股份大型厂高速重轨生产线和连轧党支部，郝鹏不仅了解到钢轨生产全过程及市场应用情况，而且感受到鞍钢党建工作在基层的扎实有效开展。在鞍神冷轧高强汽车钢生产线和鞍钢集团钢铁研究院汽车用钢实验室，郝鹏详细了解鞍钢汽车用钢工艺进步、产品升级和市场合作等情况，对鞍钢坚持 EVI 先期介入等做法表示赞许。

在当日下午召开的座谈会上，郝鹏先后听取了鞍钢党建及改革发展工作情况，鞍钢党支部工作示范基地代表创造性开展支部工作和辽宁省优秀共产党员代表充分发挥党员先锋模范作用的发言。

唐复平主持座谈会并代表鞍钢介绍党建及改革发展工作情况。唐复平从企业基本情况，推进调整、改革、创新方面的重点工作，推进“中央企业党建工作落实年”的重点工作三个方面汇报了工作。唐复平说，2016 年以来，鞍钢提出把握“一个基调”、坚守“两条红线”、推进“四项重点工作”的总体工作思路。2016 年，鞍钢扭亏脱困攻坚战取得阶段性成果，完成了国资委业绩考核利润目标。2017 年，鞍钢生产经营实现“开门红”，前 4 个月实现持续盈利。鞍钢生产经营持续向好，这既有外部市场好转的因素，也有内部持续推进“四项重点工作”的不懈努力，更重要的是深入贯彻落实习近平总书记系列重要讲话精神，按照国务院国资委关于深化中央企业改革、打好瘦身健体提质增效攻坚战的部署，着力抓好“三个深化”，即深化供给侧结构性改革、深化企业内部改革、深化创新驱动发展。鞍钢党委认真贯彻党要管党、全面从严治党要求，切实抓好“五个坚持、五个着力”，即坚持弘扬优良传统，着力发挥党委的领导核心和政治核心作用；坚持聚焦主责主业，着力压实党建工作责任；坚持抓基层打基础，着力夯实基层党组织；坚持全面从严治党，着力抓好党风廉政建设；坚持以人为本，着力抓好宣传思想文化工作，为企业改革发展提供坚强保证。

郝鹏在讲话中表达了国务院国资委对鞍钢的深厚感情和高度重视，对鞍钢近一段时期扭亏脱困工作成绩给予充分肯定。他说，鞍钢是我国工业战线上的一面旗帜，在共和国发展史上作出不可磨灭的贡献。鞍钢近年来经历了国内经济下行压力、钢铁产能过剩造成的市场巨大波动，在新时期新阶段面临脱困攻坚的压力和困难。面对困难和挑战，鞍钢党委领导班子坚决贯彻落实党中央、国务院的决策部署，坚决贯彻落实习近平总书记系列重要讲话精神，团结带领广大干部职工，攻坚克难，努力工作，抓改革、谋发展、促党建取得新的成效，创造了新的经验。主要体现在鞍钢精神薪火相传，形成了不竭的动力源泉；战略调整全面推进，构建起多元发展的新格局；深化改革稳步推进，提供了持续发展的强大动力；创新力度不断加大，促进了企业核心竞争力提升；党的建设得到了全面加强，筑牢了坚强的政治保证。这些成绩的取得是党中央、国务院正确领导的结果，也是地方政府大力支持的结果，更是鞍钢领导班子团结带领广大干部职工艰苦奋斗、努力拼搏的结果。郝鹏代表国资委党委对鞍钢广大干部职工表示由衷的敬意和诚挚的慰问。

郝鹏指出，今年是十九大召开之年，这是党和国家政治生活中的一件大事，做好今年工作尤为重要。鞍钢改革发展虽然取得了很大的成绩，但必须看到依然面临困难和挑战，还需要广大干部职工继续努力拼搏。一是要深入学习贯彻好习近平总书记系列重要讲话精神，坚决同以习近平同志为核心的党中央保持高度一致，用习近平总书记治国理政的新理念、新思想、新战略来统一思想，武装头脑，指导实践。二是大力推动提质增效，实现企业扭亏增盈。要抓住新一轮振兴东北老工业基地机遇，乘势而上，主动作为，增强工作的针对性。要坚决遏制亏损，一企一策堵住“出血点”；大力瘦身健体，降本增效；严控资金风险，实现企业稳健经营。三要坚定不移深化改革，不断激发企业发展活力。一方面要学习好、理解好、把握好中央出台的改革文件，坚持问题导向和目标导向，细化改革举措，确保重点改革任务落到实处，见到实效。另一方面要坚持市场化改革方向，建立市场化机制，通过市场化改革让竞争观念深入人心，让优胜劣汰机制真正建立起来。还要营造好改革创新的氛围，让广大干部敢想敢干，让锐意改革、积极创新成为良好风尚。四是始终不渝坚持党的领导，全面从严加强党的建设。要把提高企业的效益，增强企业的竞争力和国有资产的保值增值作为加强党的建设的出发点和落脚点，抓好党建责任制的落实，抓好领导班子和领导干部队伍建设，推进干部作风转变，抓好企业基层党组织的建设，大力弘扬鞍钢的优良传统，抓好党风廉政建设和反腐败工作，用党建工作新成效推动各项改革发展取得新成绩。五是继续做好安全和稳定工作，严守安全和稳定的底线。要把安全放在第一位，继续严抓严管，消除安全隐患，确保不发生重特大事故，确保人民群众的生命财产安全。要正确处理好改革发展中的各方面利益关系，发挥好各级群团组织作用，发挥好国有企业思想政治工作优势，使问题早发现早防范，确保社会和谐稳定。

郝鹏表示，鞍钢的改革发展长期得到党中央、国务院的关心关注。国资委将一如既往继续关心支持鞍钢发展，帮助鞍钢解决改革发展、扭亏脱困中的问题，助力鞍钢早日实现凤凰涅槃，浴火重生。

国务院国资委对鞍钢改革发展的关心和厚爱，极大鼓舞了鞍钢干部职工，振奋了人心，提振了士气。唐复平表示，鞍钢将认真贯彻习近平总书记系列重要讲话精神，按照国资委各项部署和要求，进一步抓好各项工作，奋力实现全年生产经营目标，以改革发展、党建工作新成绩迎接党的十九大胜利召开。

国资委改革局局长白英姿、企干一局局长宋亚晨、党建局局长姚焕、党委机要秘书兼党委办公厅副主任陈国栋、财务监管局副局长王海琳等参加调研。

辽宁省国资委主任王世伟，鞍山市委常委、常务副市长张世超陪同调研。

鞍钢集团公司党政领导尹利、于万源、姚林、白静瀑、王义栋、景奉儒、邵安林，总工程师张大德，鞍钢集团公司总法律顾问、董事会秘书，鞍钢集团公司机关部门主要负责人，鞍山钢铁/鞍钢股份领导班子成员；基层党支部书记及党员代表参加了座谈会。

（摘自 2017 年 5 月 15 日《鞍钢日报》）

辽宁省委书记：希望鞍钢在辽宁推进国企改革中打头阵

8 月 23 日，省委书记、省人大常委会主任李希来到鞍钢集团公司进行专题调研，他强调，希望鞍钢集团在辽宁推进国有企业改革发展中打头阵、当先锋。

近年来，面对较大的经济下行压力和严峻的市场形势，鞍钢集团在坚决淘汰落后产能的同时，加快结构调整、转型升级步伐，发展的质量和效益不断提升。调研期间，李希实地考察了鞍钢高速重轨生产线和高强汽车钢生产线、钢铁研究院汽车用钢实验室，详细了解科研、技改情况。当得知企业的产品核心竞争力不断增强，市场占有率不断扩大时，李希指出，鞍钢的实践再次证明，只要坚定不移地推进创新，传统产业一定会焕发出蓬勃的生机与活力。他希望鞍钢集团继续发挥优势，瞄准市场前沿，加大创新力度，不断增强企业内生动力、市场竞争力和发展引领力。要不断完善激励机制，充分发挥人才的积极性、主动性、创造性，加快培育具有较强创新精神和创新能力的人才队伍。

李希强调，当前，辽宁振兴发展正处于滚石上山、爬坡过坎的关键时期。希望鞍钢集团在辽宁推进国有企业改革发展中打头阵、当先锋，为辽宁再展工业宏图、再创工业辉煌作出新的更大贡献，以实际行动和优异成绩迎接党的十九大胜利召开。一是要坚决稳妥深化企业改革。健全有效的公司治理机制，加快形成有效制衡的公司法人治理结构、灵活高效的市场化经营机制。聚焦产业链、价值链，优化国有资本布局，实现国有资产保值增值。二是要扎实推进供给侧结构性改革。坚持多策并举，淘汰落后产能，优化存量产能，减少无效和低端供给，扩大有效和高端供给，推动传统产业转型升级。三是要不断提高企业核心竞争力。把自主创新作为支撑企业发展的核心战略，加大研发投入，整合创新资源，选准主攻方向，努力争当创新驱动发展先行军。四是要切实做好安全稳定工作。正确处理好改革发展中的各方面利益关系，及时发现处理苗头性、倾向性问题，确保社会大局持续稳定。始终把安全生产放在第一位，落实责任，严抓严管，严防各类事故发生。五是要坚持不懈抓好国企党建工作。坚持党对国企领导不动摇，把党的领导融入公司治理各环节。切实抓好基层党建工作，充分发挥基层党组织的战斗堡垒作用和党员的先锋模范作用。

（摘自2017年8月24日《新浪财经》）

鞍钢集团公司党委关于全面深入学习宣传贯彻党的十九大精神的通知

各单位党委：

为深入学习宣传贯彻党的十九大精神，把鞍钢集团全体党员干部职工的思想和行动统一到党的十九大精神上来，把力量和智慧凝聚到实现党的十九大确定的各项目标任务上来，现通知如下。

一、充分认识学习宣传贯彻党的十九大精神的重要意义

中国共产党第十九次全国代表大会于10月18日至24日在北京举行。这是在全面建成小康社会决胜阶段、中国特色社会主义进入新时代的关键时期召开的一次十分重要的大会。大会高举中国特色社会主义伟大旗帜，以马克思列宁主义、毛泽东思想、邓小平理论、“三个代表”重要思想、科学发展观、习近平新时代中国特色社会主义思想为指导，分析了国际国内形势发展变化，回顾和总结了过去5年的工作和历史性变革，作出了中国特色社会主义进入了新时代、我国社会主要矛盾已经转化为人民日益增长的美好生活需要和不平衡不充分的发展之间的矛盾等重大政治论断，深刻阐述了新时代中国共产党的历史使命，确立了习近平新时代中国特色社会主义思想的历史地位，提出了新时代坚持和发展中国特色社会主义的基本方略，确定了决胜全面建成小康社会、开启全面建设社会主义现代化国家新征程的目标，对新时代推进中国特色社会主义伟大事业和党的建设新的伟大工程作出了全面部署。大会批准了习近平同志代表十八届中央委员会所作的《决胜全面建成小康社会，夺取新时代中国特色社会主义伟大胜利》的报告，批准了中央纪律检查委员会的工作报告，审议通过了《中国共产党章程（修正案）》，选举产生了新一届中央委员会和中央纪律检查委员会。

习近平同志的报告，深刻回答了新时代坚持和发展中国特色社会主义的一系列重大理论和实践问题，描绘了决胜全面建成小康社会、夺取新时代中国特色社会主义伟大胜利的宏伟蓝图，进一步指明了党和国家事业的前进方向，是全党全国各族人民智慧的结晶，是我们党团结带领全国各族人民在新时代坚持和发展中国特色社会主义的政治宣言和行动纲领，是马克思主义的纲领性文献。

《中国共产党章程（修正案）》将习近平新时代中国特色社会主义思想写入党章，确立为我们党必须长期坚持的指导思想。修改后的党章充分体现了党的十八大以来党的理论创新、实践创新、制度创新成果，充分体现了党的十九大报告确立的重大理论观点和重大战略思想，对推进党的事业和党的建设必将更好发挥规范和指导作用。

党的十九届一中全会选举产生了以习近平同志为核心的新一届中央领导集体，一批经验丰富、德才兼备、奋发有为的同志进入中央领导机构，充分显示出中国特色社会主义事业蓬勃兴旺、充满活力。

学习宣传贯彻党的十九大精神是鞍钢集团当前和今后一个时期的首要政治任务，对动员鞍钢集团全体党员干部职工在以习近平同志为核心的新一届党中央领导下，高举中国特色社会主义伟大旗帜，推进企业转型升级、改革创新、和谐稳定、党的建设等各项工作，为决胜全面建成小康社会、开启全面建设社会主义现代化国家新征程作出鞍钢集团新的贡献，具有重大现实意义。

二、深刻领会党的十九大精神的核心内容与丰富内涵

学习领会党的十九大精神，要在学懂上下功夫。必须坚持读原著、学原文、悟原理，做到学深悟透。鞍钢集团广大党员干部职工要认真研读党的十九大报告和党章，准确领会把握党的十九大精神的思想精髓、核心要义，在全面准确的基础上突出重点、把握关键。

（一）深刻领会党的十九大的主题。党的十九大的主题是：不忘初心，牢记使命，高举中国特色社会主义伟大旗帜，决胜全面建成小康社会，夺取新时代中国特色社会主义伟大胜利，为实现中华民族伟大复兴的中国梦不懈奋斗。这个鲜明主题，明确回答了我们党在新时代举什么旗、走什么路、以什么样的精神状态、担负什么样的历史使命、实现什么样的奋斗目标的重大问题。

中国共产党人的初心和使命，就是为中国人民谋幸福，为中华民族谋复兴。这个初心和使命是激励中国共产党人不断前进的根本动力。中国特色社会主义是改革开放以来党的全部理论和实践的主题，只有高举中国特色社会主义伟大旗帜，才能确保党和国家事业始终沿着正确方向胜利前进，实现全面建成小康社会目标，进而在新的历史起点上夺取新时代中国特色社会主义伟大胜利。中国共产党一经成立，就把实现共产主义作为党的最高理想和最终目标，义无反顾肩负起实现中华民族伟大复兴的历史使命。今天，我们比历史上任何时期都更接近、更有信心和能力实现中华民族伟大复兴的目标。

（二）深刻领会习近平新时代中国特色社会主义思想。党的十八大以来，以习近平同志为核心的党中央带领全党紧密结合新的时代条件和实践要求，以全新的视野深化对共产党执政规律、社会主义建设规律、人类社会发展规律的认识，以“八个明确”为基本内容、“十四个坚持”为基本方略，从理论和实践结合上系统回答了新时代坚持和发展什么样的中国特色社会主义、怎样坚持和发展中国特色社会主义这个重大时代课题，创立了习近平新时代中国特色社会主义思想，形成一个主题鲜明、逻辑严谨、系统完整的科学理论体系。

习近平新时代中国特色社会主义思想，是对马克思列宁主义、毛泽东思想、邓小平理论、“三个代表”重要思想、科学发展观的继承和发展，是马克思主义中国化最新成果，是党和人民实践经验和集体智慧的结晶，是中国特色社会主义理论体系的重要组成部分，是全党全国人民为实现中华民族伟大复兴而奋斗的行动指南，必须长期坚持并不断发展。

（三）深刻领会党的十八大以来党和国家事业发生的历史性变革。党的十八大以来的5年，以习近平同志为核心的党中央科学把握当今世界和当代中国发展大势，顺应实践要求和人民愿望，举旗定向、运筹帷幄，统揽伟大斗争、伟大工程、伟大事业、伟大梦想，统筹推进“五位一体”总体布局、协调推进“四个全面”战略布局，提出一系列新理念、新思想、新战略，出台一系列重大方针政策，推出一系列重大举措，推进一系列重大工作。

这砥砺奋进的5年，以习近平同志为核心的党中央领导全党全国各族人民，取得举世瞩目的成就，解决了许多长期想解决而没有解决的难题，办成了许多过去想办而没有办成的大事，国家经济实力、科技实力、国防实力、综合国力、国际影响力和人民获得感显著提升。5年来的成就是全方位的、开创性的，5年来的变革是深层次的、根本性的，标志着中华民族实现了从站起来、富起来到强起来的历史性飞跃。

（四）深刻领会中国特色社会主义进入了新时代和我国社会主要矛盾的变化。经过长期努力，中国特色社会主义进入了新时代，这是我国发展新的历史方位。这个新时代，是承前启后、继往开来、在新的历史条件下继续夺取中国特色社会主义伟大胜利的时代，是决胜全面建成小康社会，进而全面建设社会主义现代化强国的时代，是全国各族人民团结奋斗、不断创造美好生活、逐步实现全体人民共同富裕的时代，是全体中华儿女勠力同心、奋力实现中华民族伟大复兴中国梦的时代，是我国日益走近世界舞台中央、不断为人类作出更大贡献的时代。中国特色社会主义进入新时代，在中华人民共和国发展史上、中华民族发展史上具有重大意义，在世界社会主义发展史上、人类社会发展史上也具有重大意义。

“中国特色社会主义进入新时代，我国社会主要矛盾已经转化为人民日益增长的美好生活需要和不

平衡不充分的发展之间的矛盾。”党的十九大作出的这一重大政治论断，深刻揭示了我国经济社会发展的阶段性特征，为我们准确把握新时代的发展新要求提供了重要依据和实践遵循。我国社会主要矛盾的变化是关系全局的历史性变化，对党和国家工作提出了许多新要求。要在继续推动发展的基础上，着力解决好发展不平衡不充分问题，大力提升发展质量和效益，更好满足人民在经济、政治、文化、社会、生态等方面日益增长的需要，更好推动人的全面发展、社会全面进步。

（五）深刻领会党的十九大作出的重大决策部署。党的十九大提出，我们既要全面建成小康社会、实现第一个百年奋斗目标，又要乘势而上开启全面建设社会主义现代化国家新征程，向第二个百年奋斗目标进军，分两步走在本世纪中叶建成富强民主文明和谐美丽的社会主义现代化强国。明确了新时代中国特色社会主义发展的战略安排，并以此为目标，作出了建设现代化经济体系、发展社会主义民主政治、推动社会主义文化繁荣兴盛、加强和创新社会治理、建设美丽中国、全面推进国防和军队现代化、推进祖国统一、推动构建人类命运共同体、不断提高党的执政能力和领导水平等九个方面的重大决策部署。

党的十九大顺应发展形势和时代要求，与时俱进谋划了我国社会主义现代化建设的任务表、时间表、路线图，具有鲜明实践特色和深远历史意义。从“基本实现现代化”的奋斗目标将提前15年实现，到第二个百年奋斗目标从“建成社会主义现代化国家”调整为“建成社会主义现代化强国”，将“美丽”纳入社会主义现代化建设的重要内涵，这些新谋划新部署，顺应发展潮流和人民期待，体现了我们党对社会主义建设规律认识的深化。新征程中的各个奋斗目标环环相扣、层层递进，构成有机衔接、不断跃升的发展脉络。

（六）深刻领会坚定不移全面从严治党的重大部署。党的十九大提出了新时代党的建设总要求，要坚持和加强党的全面领导，坚持党要管党、全面从严治党，以加强党的长期执政能力建设、先进性和纯洁性建设为主线，以党的政治建设为统领，以坚定理想信念宗旨为根基，以调动全党积极性、主动性、创造性为着力点，全面推进党的政治建设、思想建设、组织建设、作风建设、纪律建设，把制度建设贯穿其中，深入推进反腐败斗争，不断提高党的建设质量，把党建设成为始终走在时代前列、人民衷心拥护、勇于自我革命、经得起各种风浪考验、朝气蓬勃的马克思主义执政党。

党要团结带领人民进行伟大斗争、推进伟大事业、实现伟大梦想，必须毫不动摇坚持和完善党的领导，毫不动摇把党建设得更加坚强有力。只有把党的政治建设摆在首位，才能永葆共产党人政治本色。只有以思想建设为基础，才能坚定理想信念。只有持之以恒正风肃纪，才能保持同人民群众血肉联系。只有坚持反腐败永远在路上，才能跳出历史周期律。落实好党的建设新要求，才能推动全面从严治党向纵深发展，才能肩负起实现中华民族伟大复兴的历史使命，才能带领全国各族人民踏上新征程。

（七）深刻领会习近平总书记是全党拥护、人民爱戴、当之无愧的党的领袖。党的十八大以来，习近平总书记带领全党全军全国各族人民开创了中国特色社会主义伟大事业和党的建设新的伟大工程新局面，实现了党和国家事业的继往开来，赢得了党心军心民心，受到了国际社会的高度赞誉。习近平总书记已经成为党中央的核心、全党的核心。党的十九大，将“以习近平同志为核心的党中央”写入党章，体现了全党意志，反映了全党心声，顺应了人民期待。

习近平总书记是全党拥护、人民爱戴、当之无愧的领袖。坚决维护以习近平同志为核心的党中央权威和集中统一领导，坚决维护习近平总书记党中央的核心、全党的核心地位，才能凝聚全党8900多万党员的智慧，凝聚起同心共筑中国梦的磅礴力量。

三、不断创新学习宣传党的十九大精神的方式方法

学习宣传党的十九大精神，要在弄通上下功夫。要联系地而不是孤立地、系统地而不是零散地、全部地而不是局部地理解党的十九大精神，要把学习宣传党的十九大精神同学习马克思主义基本原理贯通起来，同把握党的十八大以来“四个伟大”的实践贯通起来，同把握党的十九大作出的各项战略部署贯通起来，不断深化学习理解。

（一）以领导干部为关键，层层学习掀高潮。各单位党委理论学习中心组要召开党的十九大精神专

题学习会，学习党的十九大报告、党章和习近平总书记重要讲话等内容。党支部要把党的十九大精神作为“三会一课”的重点内容，组织学习研讨、上专题党课等活动。邀请专家学者，围绕深化国有企业改革、全面从严治党等重大课题，作党的十九大精神专题辅导。

（二）以党员骨干为重点，组织培训强素养。鞍钢党校、攀钢党校要成为党的十九大精神教育培训的主阵地、主力军，开设党的十九大精神轮训班，强化师资配备，集中资源力量，分期、分批培训党员、骨干。要满足基层单位的培训需求，到各单位开设党的十九大精神辅导课，加强教育培训的双向互动。要运用好《党的十九大报告辅导读本》等辅导材料，运用好《将改革进行到底》《巡视利剑》《辉煌中国》等电视专题片，深入浅出、生动细致地解读党的十九大精神，不断提升培训效果。

（三）以基层一线为基础，集中宣讲聚合力。要组建鞍钢集团党的十九大精神宣讲团，抽调党建、改革等方面专家和有关机关部门负责人，深入车间厂矿，深入基层一线，深入党员群众之中，从不同角度、不同侧面，用自己的亲身经历、切身感受宣讲党的十九大精神，推进党的十九大精神进厂矿、进机关、进车间、进班组。要开展面向党外人士的宣讲工作，增进党外人士对党的十九大精神的认知认同。

（四）以正面引导为手段，强化宣传全覆盖。《鞍钢日报》、鞍钢视讯、《攀钢日报》、攀钢电视台等主要媒体要加大宣传力度，开设专栏、组织专题、进行专访，刊播系列评论言论和理论文章，及时宣传党的十九大精神，宣传鞍钢贯彻落实党的十九大精神的重点举措。“摇篮鞍钢”“攀钢职工在线”和各单位微信等网络媒体要加强互动、形成声势，为党员干部学习党的十九大精神提供更便捷、更生动的平台，使党的十九大精神人人可学、处处可见、时时可闻。要加强对外宣传，及时展示鞍钢学习贯彻党的十九大精神的生动实践。

（五）以喜闻乐见为特色，创新方法接地气。要把党的十九大精神转化为老百姓的话、简单明了的文章、生动直观的图表、激动人心的口号，把党的十九大精神讲清楚、讲明白，让普通党员、职工群众听得懂、能领会、可落实。要积极运用知识竞赛、文艺表演、体育活动等党员群众乐于参加的方式，吸引更多党员和群众参加，寓教于乐，生动活泼，不断增强宣传的实际效果。

四、紧密结合鞍钢实际抓好党的十九大精神的贯彻落实

学习贯彻党的十九大精神，要在做实上下功夫。空谈误国、实干兴邦，一分部署、九分落实。要拿出实实在在的举措，一个时间节点一个时间节点往前推进，以钉钉子精神全面抓好落实。

（一）突出维护核心，坚决听从中央指挥。各级党组织和全体党员要进一步强化“四个意识”，更加紧密地团结在以习近平同志为核心的党中央周围，更加坚定地维护以习近平同志为核心的党中央权威，更加自觉地在思想上政治上行动上同以习近平同志为核心的党中央保持高度一致，更加扎实地把以习近平同志为核心的党中央的各项决策部署落到实处，在思想上拥戴核心，在政治上维护核心，在行动上紧跟核心，永远听党话、跟党走。

（二）突出使命担当，推进鞍钢改革发展。落实党的十九大发展实体经济、深化国有企业改革、实施创新驱动发展战略等要求，必须坚决完成 2017 年鞍钢集团全年生产经营任务，打胜扭亏增效攻坚战，向着集团公司确定的近期和中远期目标迈进。必须持续调整优化产业结构，推进“631”产业结构调整的目标任务落实落地。必须坚持把全面推行契约化经营作为深化改革的主线，全面增强企业活力，提高竞争力和引领力。必须规范法人治理结构，提高企业治理水平。必须深化企业内部“三项制度”改革，充分调动干部职工积极性、创造性。必须以科技创新带动商业模式创新，提升企业核心竞争力，培育企业发展新动能。各部门、各单位都要自觉行动起来，明确属于自己职责范围内的目标任务，制定工作方案，排出任务表、时间表、路线图，有计划有秩序地加以推进。

（三）突出职工为本，谋划职工幸福生活。要把职工群众的小事当作各级党组织的大事，从职工群众关心的事情做起，从让职工群众满意的事情做起。各级党组织要把抓好“践行共享理念、关爱一线员工”专项服务行动作为一项基础性经常性的工作开展起来，把实现广大职工群众对美好生活的追求作为专项服务行动的出发点和落脚点，把精力、物力、财力更多地投向一线职工、困难职工，在精准施策上

出实招、在精准推进上下实功、在精准落地上见实效，不断提升职工幸福指数，加强“幸福鞍钢”建设。

（四）突出全面从严，履行管党治党责任。要按照中央要求，把政治建设放在首位，推进“两学一做”学习教育常态化制度化，开展好“不忘初心、牢记使命”主题教育，各级党委要认真制定教育方案、明确目标任务、细化推进措施，抓好专题教育的组织工作。要进一步完善落实党建工作责任，加强考核，坚持党管干部原则，加强各级领导班子和干部队伍建设。要树立一切工作到支部的鲜明导向，切实加强基层党组织建设。要开展好党建工作专网建设，不断提高鞍钢集团党建科学化水平。要严格正风肃纪，严管党员干部，严密监督体系，营造良好管党治党局面。

五、切实加强学习宣传贯彻党的十九大精神的组织领导

学习宣传贯彻党的十九大精神，是解决鞍钢发展难题、引领鞍钢转型升级、推进鞍钢党的建设的客观要求和现实需要。各级党组织要把学习宣传贯彻党的十九大精神摆上重要议事日程，切实加强组织领导。

（一）强化责任落实。各级党组织要加强领导，强化组织，统筹安排学习宣传贯彻党的十九大精神的系列工作。党委书记要亲自抓落实，亲自到所在支部和联系点支部讲党课。组织、宣传、纪委、工会、团委要在本系统内组织开展学习宣传贯彻党的十九大精神活动，用十九大精神武装党员、发动团员、教育群众，迅速在鞍钢集团各个单位、各个系统、各个层面掀起学习宣传贯彻党的十九大精神的热潮。

（二）强化导向把握。各级党组织要坚持团结稳定鼓劲、正面宣传为主，弘扬主旋律、传播正能量，着力用党的十九大精神统一思想、凝聚力量。要加大引导力度，围绕职工群众普遍关注的热点难点问题，多做解疑释惑、疏导情绪的工作。要认真贯彻落实党委意识形态工作责任制，加强对宣传思想文化阵地的管理，绝不给错误思想言论提供传播渠道。

（三）强化结合推进。广大党员干部职工要结合思想实际，找差距、补短板，把思想统一到党的十九大精神上来。要结合工作实际，学方法、谋思路，把措施统一到党的十九大作出的战略部署上来。要联系发展实际，抓调研、谋长远，把目标统一到党的十九大确定的伟大梦想上来。要结合“两学一做”学习教育，定标准、立规范，把鞍钢党的建设工作统一到全面从严治党的总要求上来。

（四）强化督促检查。各级党委要加强对下级党组织学习宣传贯彻党的十九大精神的督促检查，坚决避免以会议落实会议，以文件落实文件，不能空喊口号、流于形式。要强化对基层单位的指导，上级抓下级，一级抓一级。要推进检查考核规范化、经常化，把学习宣传贯彻党的十九大精神成效作为绩效考核、领导班子考核的重点内容，作为领导干部选拔任用的重要指标。

各单位要及时将学习宣传贯彻党的十九大精神的情况报鞍钢集团公司党委。

中共鞍钢集团公司委员会
2017年11月6日

（摘自2017年11月6日《鞍钢日报》）

鞍钢集团公司党委印发推进“两学一做”学习教育常态化制度化实施方案

近日，鞍钢集团公司党委印发《鞍钢集团公司党委关于推进“两学一做”学习教育常态化制度化的实施方案》（以下简称《实施方案》），对推进“两学一做”学习教育常态化制度化提要求、作部署，并

发出通知要求各单位结合实际贯彻落实。

《实施方案》指出，要从讲政治的高度，充分认识推进“两学一做”学习教育常态化制度化的重大意义。推进“两学一做”学习教育常态化制度化，对于进一步用习近平总书记系列重要讲话精神武装头脑，加强和规范党内政治生活，保持党的先进性和纯洁性，增强党的生机活力，对于增强党员的“四个意识”，时刻与以习近平同志为核心的党中央保持高度一致，对于发挥党的组织功能、组织优势、组织力量，发挥党员先锋模范作用，把党员职工群众有力有效组织起来，立足岗位、攻坚克难，坚决打胜扭亏脱困攻坚战，促进鞍钢新的振兴发展，以优异成绩迎接党的十九大胜利召开具有重大的意义。

《实施方案》明确推进“两学一做”学习教育常态化制度化基本目标要求，强调要发挥“四个作用”，引导党员做到“四个合格”。各级党委必须坚持用党章党规规范党组织和党员行为，用习近平总书记系列重要讲话精神武装头脑、指导实践、推动工作，确保党的组织充分履行职能、发挥核心作用，确保基层党支部攻坚克难、发挥战斗堡垒作用，确保党员领导干部忠诚干净担当、发挥表率作用，确保广大党员党性坚强、发挥先锋模范作用。各级党组织要教育引导广大党员，紧紧围绕企业生产经营中心工作，深入推进调整、改革、创新、加强党的建设“四项重点工作”，立足本职岗位，按照“四讲四有”标准，做到政治合格、执行纪律合格、品德合格、发挥作用合格。要坚持融入日常、抓在经常。各级党委要以理论学习中心组学习、民主生活会等制度为主要抓手，定期开展集体学习；基层党组织要以“三会一课”为基本制度，以党支部为基本单位，把“两学一做”作为党员教育的基本内容，长期坚持、形成常态。

《实施方案》从深“学”、实“做”、严“改”、真“带”方面对深化拓展“两学一做”学习教育作出部署。要精心制订学习计划，在深“学”上深化拓展，各级党委和基层党支部要有经常学、长期学的安排部署，明确具体的学习内容、学习任务和学习方式，做到年度有安排、月月有计划。党员领导干部要根据自身实际制定个人自学计划，每年完成规定的学习任务。要明确学习内容，抓好党委中心组学习，开展专题研讨，组织上好党课。要抓好“三个落实”，在实“做”上深化拓展，落实好“迎接十九大、做合格党员”系列主题教育实践活动，落实好基层党支部建设提升年活动，落实基层党建工作重点任务。要经常查找解决问题，在严“改”上深化拓展，各级党组织和广大党员要敢于直面问题，勇于自我革命，把查找解决问题作为“两学一做”学习教育的规定要求，通过召开党的组织生活会等方式全方位多层面查摆问题。要坚持领导干部“五带头”，在真“带”上深化拓展，必须抓住“关键少数”，坚持领导带头，发挥引领示范作用，带头学习，带头参加双重组织生活，带头做合格党员、合格领导干部，带头廉洁自律，带头走进基层一线，推动全面从严治党向基层延伸。

《实施方案》指出，要把“两学一做”学习教育纳入党支部“三会一课”等基本制度。各基层党支部要充分发挥教育管理党员的主体作用，运用“三会一课”等制度抓好“两学一做”学习教育，真正成为教育党员的学校、团结群众的核心、攻坚克难的堡垒。要严格落实“三会一课”制度，将“两学一做”学习教育纳入其中；严格党的组织生活，突出政治学习和教育，突出党性锻炼，增强政治性、规范性、经常性、战斗性；搞好民主评议党员，进行“党性体检”，查找问题，制定措施，并做好评议结果的运用。

《实施方案》要求，要层层推动工作落实，保证学习教育取得实效。鞍钢集团公司党委推进“两学一做”学习教育常态化制度化，要在鞍钢党委常委会领导下进行，由鞍钢党委组织部牵头组织实施，纪委（监察部）、党委办公厅、党委宣传部、鞍钢党校等共同做好相关工作。鞍钢党委及各级党委“两学一做”学习教育推进小组等工作机构要继续履行职责，发挥推进督导作用。要落实党委主体责任，加强督促指导，注重典型引路，强化舆论宣传。

（摘自 2017 年 5 月 26 日《鞍钢日报》）

鞍钢集团全面完成公司制改制 由全民所有制企业改制为国有独资公司

2017年12月15日，鞍钢集团公司取得工商部门颁发的改制后的公司营业执照，公司制改制工作圆满完成，鞍钢集团公司由全民所有制企业整体改制为国有独资公司，名称由“鞍钢集团公司”变更为“鞍钢集团有限公司”。至此，鞍钢集团公司制改制任务全部提前完成，标志着鞍钢集团深化改革正式进入新的阶段。

开展国有企业公司制改制是党中央、国务院的重大决策部署，是深化国有企业改革的重要内容，是公司治理方式的深刻变革，是加快构建决策科学、协调运转、有效制衡的公司法人治理结构和灵活高效的市场化运营机制的基础。为贯彻落实《关于深化国有企业改革的指导意见》关于2020年底前中央企业全面完成公司制改制工作的精神，鞍钢集团早行动、早部署、早安排，于2016年启动公司制改制工作，成立专项工作组，摸清各级全民所有制企业底数，制定改制方案，采取“总体设计、试点先行、分步实施”的方式，由下至上全面推进鞍钢集团所属全民所有制企业实施改制。按照改制工作总体部署，在指导督促鞍钢矿业率先完成公司制改制并总结经验的基础上，于2017年2月完成鞍山钢铁及其下属21家全民所有制企业改制工作，标志着除鞍钢集团母公司外，其他各级成员企业均改制成为规范的公司制企业，为鞍钢集团整体改制奠定了基础。

鞍钢集团在完成子企业层面公司制改制任务之后，立即启动母公司公司制改制工作，制定《鞍钢集团公司公司制改制实施方案》，明确改制工作的关键节点和任务清单，按照“坚持依法合规操作，坚持现代企业制度更加规范，促进企业可持续发展，确保生产经营及职工队伍稳定”工作原则，履行公司制改制实施方案审议决策程序，呈报国务院国资委审批，根据国务院国资委同意鞍钢集团改制的批复意见，完成鞍钢集团改制工商登记，按《中华人民共和国公司法》注册为公司制企业。

公司制改制完成后，原有业务、资产、资质、债权、债务均由改制后的公司承继。设立党委会、董事会、经理层和监事会，健全以职工代表大会为基本形式的企业民主管理制度。在领导体制方面，改制后的公司坚持党的领导，实行“双向进入、交叉任职”的领导体制。在决策机制方面，将党委会研究讨论作为董事会、经理层决策重大问题的前置程序，充分发挥党委会把方向、管大局、保落实的领导作用以及董事会的决策作用、经理层的经营管理作用、监事会的监督作用，不断强化各级企业党组织的凝聚力和感召力、董事会的决策力和控制力、经营层的执行力和创新力、监事会的监督力和检查力，着力构建“市场压力传递有效、微观主体有活力、集团管控有度”的市场化体制机制，推动鞍钢集团逐步成为充满生机活力、极具发展潜力、健康可持续发展的钢铁企业集团。

（摘自2018年1月26日搜狐网）

鞍钢集团首次发布企业文化体系

7月9日——鞍钢开工68周年的当天，随着鞍钢集团公司董事长、党委书记唐复平、国务院国资委宣传工作局副局长韩天、原鞍钢党委副书记石树林共同按下水晶球，包含鞍钢集团愿景、使命、核心价值观、管理法则等内容的《鞍钢集团文化宪章》和《鞍钢集团视觉识别系统》正式与世人见面，这标志着鞍攀重组成立的鞍钢集团正式拥有了自己的文化体系，文化建设由此进入一个新开端。

企业文化是企业核心竞争力的重要组成部分。原鞍钢和原攀钢都是有深厚文化底蕴的企业。鞍钢集团公司成立以后，如何继承创新企业文化，建立统一的鞍钢集团文化以对内增强凝聚力，对外提升品牌形象，成为鞍钢上下十分关注的课题。2015 年 5 月，鞍钢集团遵循企业文化建设规律，坚持“突出特色，促进发展”“继承创新，博采众长”“重在建设，务求实效”“顶层设计，全员参与”原则，启动了文化体系建设，经过文化诊断、文化访谈、文稿形成、征求意见四个阶段的工作，最终形成了包括鞍钢集团愿景、使命、核心价值观、文化传承、管理法则、行为规范、鞍钢形象等内容的《鞍钢文化宪章》。

据介绍，当天发布的鞍钢集团愿景为：成为最具国际影响力的钢铁企业集团。鞍钢集团使命为：制造更优材料，创造更美生活。鞍钢集团核心价值观为：创新、求实、拼争、奉献。鞍钢集团文化传承为：“鞍钢宪法”精神、企业光荣传统。管理法则为：职工为本、市场导向、持续变革、依法合规、精益严格、高效执行。鞍钢集团行为规范为：遵章守纪、爱岗敬业、崇德向善、文明健康。鞍钢形象为：长子风范、世界品牌。鞍钢集团视觉识别系统升级则对原“腾飞”标识图形的机翼进行向上微调，调整了机翼与钢轨断面的比例，对图形进行了立体化处理，新“腾飞”标识图形准确诠释了钢水结晶状态，整体图形力量感足、向上势能充分，形象立体饱满，能较好传递鞍钢集团的行业特征和不断进步、向上的企业形象。同时增加了色彩规范、明确标识与中英文简称的标准组合方式等方面内容。

国务院国资委宣传工作局副局长韩天在发布仪式上表示，基于鞍钢独特的历史地位、英模辈出的光荣传统、独一无二的“鞍钢宪法”精神和对企业文化建设的高度重视，鞍钢集团坚定文化自信有着充足底气、深厚底蕴。鞍钢集团领导班子从抓文化建设这个“牛鼻子”入手，以理念塑造为牵引，引领扭亏脱困、转型升级各项工作，其作用已经体现到鞍钢集团今年上半年取得的成绩上，也必将体现到鞍钢集团的长远发展中。

鞍钢集团公司董事长、党委书记唐复平在仪式上说，企业文化是企业永不枯竭的第一资源，是企业的核心竞争力、企业健康发展的保障，要重视文化作用，为鞍钢集团转型升级、振兴发展提供精神力量，打造鞍钢基业长青的动力源。钢铁强国的坚定信念、拼搏进取的奋斗精神、永攀高峰的创新意识、甘于奉献的博大胸怀、崇尚先进的英模文化是溶入鞍钢人血脉的优秀文化基因，她支撑鞍钢走过战胜困难、不断发展的 68 年光辉历程，新形势下要传承文化基因，坚定鞍钢人的文化自信。

当天，与会领导向鞍钢集团部分基层单位代表颁发了《鞍钢集团文化手册》和《鞍钢集团公司视觉识别系统》。鞍钢集团文化体系建设工作组特聘专家、中国企业文化研究会常务副理事长兼秘书长孟凡驰点评了鞍钢集团文化，并为与会人员做了企业文化建设专题辅导报告。与会人员还观看了鞍钢集团文化电视专题片《铸魂》和《鞍钢集团文化宪章》释义电视专题片。

（摘自 2017 年 7 月 9 日人民网）

在“央企创新成就展”总结大会上
鞍钢获国务院国资委通报表扬

11 月 24 日，国务院国资委在京召开央企创新成就展总结大会，鞍钢集团公司作为表现突出集体受到国务院国资委的通报表扬，“央企创新成就展”鞍钢展位讲解员、鞍钢集团博物馆刘姝圻作为唯一表现突出个人代表在大会上作发言。

以“贯彻落实新发展理念、深入实施创新驱动发展战略、大力推动双创工作”为主题的央企创新成就展，是全国双创周活动的一项重要内容，是国务院国资委成立以来首次组织的、集中展示央企创新成就的大型专题展览，全国共有101家央企参与。在9月14日至11月14日的展览期间，多位党和国家领导人、100余个国内外团体参观了展览，3万余名观众实地了解和感受了党的十八大以来中央企业作为建设创新型国家和世界科技强国的骨干力量，5年来砥砺奋进取得的重大科技成果和创新成就。

鞍钢集团把此次展会当成塑造企业品牌形象的重要平台，高度重视，精心筹备。集团公司董事长、党委书记唐复平对展览作出重要批示，审定展示内容，并在布展期间到展台现场提出布展要求。集团公司党委副书记、工会主席尹利全程主持参展工作，集团公司党委宣传部、科技发展部与鞍山钢铁、攀钢等部门和单位密切配合，高质量推进参展各项工作。

鞍钢集团展台重点展示了党的十八大以来，鞍钢矢志创新，不断研发铁路、军工、船舶及海洋平台、航空航天、核电、桥梁、汽车、钒钛等领域创新产品，为国家重大工程提供持续材料支撑的业绩，大力塑造“中国有铁路的地方就有鞍钢钢轨，鞍钢是中国最大的国防用钢生产企业、中国船舶及海洋工程用钢领军者、引领中国桥梁钢发展方向、中国核电用钢领跑者、中国名列前茅的汽车钢供应商”的品牌形象。同时，利用积微物联实时交易平台等多媒体生动展示了鞍钢大众创新、万众创业的成绩，受到国务院国资委和观众的广泛好评。

（摘自2017年11月29日《鞍钢日报》）

李超创新工作室获“全国示范性劳模和工匠人才创新工作室”称号

在日前揭晓的“全国示范性劳模和工匠人才创新工作室”名单中，鞍钢股份冷轧厂李超创新工作室榜上有名。

多年来，李超创新工作室紧贴生产现场，通过技术创新解决制约机组运行及指标的各种设备功能精度问题，不断提升产线设备功能精度、创新成员技术能力，营造了全员搞创新的良好氛围。近三年来，该创新工作室共完成厂级创新项目526项，上报专利15项、专有技术15项，“提高四号线剪边实物质量”“降低四号线尾部机组擦划缺陷”等多个重点项目大幅提升冷轧产品的成材率，稳定产品质量，多个攻关项目获国际、全国发明展览会金、银奖，累计创效5084.52万元。

本次评选活动旨在弘扬劳模精神和工匠精神，营造劳动光荣的社会风尚和精益求精的敬业风气，激励广大劳模和工匠人才发挥示范带头作用。此次，中华全国总工会共命名了100个全国示范性劳模和工匠人才创新工作室。

（摘自2017年11月21日《鞍钢日报》）

郭明义在“圆梦中国人”全国百姓宣讲报告会上作报告

26日上午，由中宣部、全国总工会、共青团中央、全国妇联等联合举办的“圆梦中国人”全国百姓宣讲报告会在北京人民大会堂举行，“当代雷锋”郭明义作为第一报告人以《永葆本色，服务人民》为题作报告。

郭明义在报告中讲述了自己2012年以来的五年，弘扬雷锋精神，保持先锋本色，爱岗敬业、拼争一流，努力扎根生产一线、为鞍钢实现科学发展、扭亏为盈多作贡献；助人为乐、传递温暖，为社会播撒正能量；牢记宗旨、服务人民、奉献社会的所作所为，所想所感，详细介绍了鞍钢郭明义爱心团队和部分省市的郭明义爱心团队积极参与精准扶贫，全心全意帮助困难群众脱贫奔小康的感人故事。

报告会上，解放军航天员大队航天员、全国三八红旗手标兵刘洋，解放军92198部队部队长、“航母战斗机英雄试飞员”戴明盟等8位报告员，分别结合各自的岗位和工作实际，报告了自己敢于有梦、勇于追梦、勤于圆梦的奋斗故事。

“圆梦中国人”全国百姓宣讲是深入贯彻习近平总书记系列重要讲话精神和治国理政新理念、新思想、新战略，推进“砥砺奋进的五年”群众性主题宣传教育活动的一项重要内容，通过广泛组织动员干部群众讲述党的十八大以来，自觉把个人梦想融入国家和民族伟大梦想之中的追梦圆梦故事，唱响主旋律、弘扬正能量、振奋精气神，以良好的精神风貌迎接党的十九大胜利召开。

（摘自2017年9月27日《鞍钢日报》）

鞍钢海工钢助可燃冰试采成功 为“蓝鲸1号”量身定制

日前，国土资源部中国地质调查局在南海宣布，我国成功地在南海完成一种超级能源（可燃冰）的试验开采工作，我国由此成为世界上第一个实现稳定开采海洋超级能源的国家。详见《中国首次海域可燃冰试采成功》。

“该平台的建造得到了贵集团的大力支持，贵集团提供的近万吨钢板，特别是研发的F550超厚钢板，把握了国家战略发展方向，满足了‘蓝鲸1号’的需要……”5月19日，中集集团向鞍钢发来感谢信。

“这次我们敢拍着胸脯说我们的材料助力我国创造了世界第一！”参与项目材料供应的鞍钢海工钢产销研团队人员说。

F550超厚钢板是鞍钢专门为该项目量身定做的一种超高强海工钢。这种钢板为海工钢的顶级产品，可完全满足在全球各海域作业的海洋平台应用要求，鞍钢是目前国内唯一具备此钢种供货资质的钢企。

这次鞍钢供货的F级系列超高强海工钢主要应用于连接“蓝鲸1号”海洋平台上层平台双层底和立柱，此部位是平台最关键的部位，也是整个平台应力最集中、疲劳最严重的部位，使用F级高强海工钢可有效保证平台的使用寿命和安全作业。同时，由于“蓝鲸1号”海洋平台重量大、作业深度深，为防止焊接部位长期使用产生疲劳性裂纹，保证平台作业的安全性和可靠性，鞍钢海工钢产销研团队对这次供货的钢板均做了焊接接头抗开裂性能检测，为平台安全增加了双重保护。

鞍钢在船舶和海工用钢领域一直处于领先地位，拥有全国唯一的海洋用钢国家重点实验室，实现了全品种、全规格船舶及海工钢的全覆盖。鞍钢船板助力我国首艘自主设计、建造的破冰船，鞍钢研发生产的止裂钢供货我国最大型集装箱船。此外，我国第一条深海管线、第一座作业水深超百米的钻井平台等都有“鞍钢制造”的身影。

（摘自2017年5月23日《辽宁日报》）

“鞍钢造”转向架用钢托起中国标准动车组“复兴号”

具有完全自主知识产权、达到世界先进水平的中国标准动车组，6月25日被正式命名为“复兴号”，并于26日在京沪高铁正式双向首发。7月5日，记者从鞍钢获悉，“复兴号”动车组所使用的转向架用钢是由鞍钢自主研发的。

转向架俗称“飞毛腿”，是轨道车辆结构中最为重要的部件之一，其主要具有承载、导向、减震、牵引、制动等功能，高速动车组要跑得快、跑得稳离不开转向架这个“飞毛腿”。中国标准动车组上所应用的转向架，是整个动车组4万多个零部件中唯一使用钢板的地方。转向架用钢既要求有足够的强度和刚度，又要求有适当的弹性、良好的抗冲击性能及耐疲劳性能，如此才能满足客车、动车及高铁的使用安全和运行品质。因此对转向架用钢的选材和轧制技术等方面，提出了较高要求。

从2009年开始，鞍钢集团钢铁研究院会同鞍钢股份产品发展部、炼钢总厂、中厚板厂等多家单位，先后研发出30吨轴重重载电力机车、160千米时速城际及市域动车组，以及200千米至250千米时速高寒动车组等转向架用钢，最终成功打造出转向架用钢的“升级版”——中国标准动车组转向架用钢。

据悉，京沪高铁已开通运营6年，运送旅客6.3亿人次，日均运送旅客50.5万人次，是我国发车周期最短、密度最大、最繁忙的高铁线路之一，中国标准动车组在这条线路上成功首发，表明其产品质量能够经得起中国最繁忙高铁线路的检验。

中国标准动车组“复兴号”构建了体系完整、结构合理、先进科学的高速动车组技术标准体系，标志着我国高速动车组技术全面实现自主化、标准化和系列化，极大增强了我国高铁的国际话语权和核心竞争力。此次成功首发为中国高铁走向世界夯实了基础，预计未来将有越来越多的乘客可以感受到来自“中国标准”的舒适和稳定。

（摘自2017年7月5日中国新闻网）

鞍钢品牌价值增至570.55亿元位列钢铁企业第一位

6月22日，由世界品牌实验室（World Brand Lab）主办的第十四届“世界品牌大会”在北京举行，鞍钢品牌以570.55亿元的品牌价值荣登2017年中国500最具价值品牌排行榜第55位，品牌价值比去年增加123.37亿元，位列钢铁企业第一位。

2016年以来，面对严峻的市场形势，鞍钢集团调整发展布局、产业结构和产品结构，强力推进亏损企业治理，构建差异化管控体系，实施创新驱动发展战略，全面加强党的建设，生产经营形势明显好转，同时通过提升对外宣传和展览展示水平，使鞍钢的品牌形象得到进一步改善。在本届“世界品牌大会”上发布的2017年《中国500最具价值品牌》分析报告中，世界品牌实验室评估鞍钢品牌价值为

570.55 亿元，比 2004 年首次评估时的 61.33 亿元增加了 509.22 亿元。

世界品牌实验室是目前公认的全球三大品牌价值评估机构之一，从 2004 年开始每年组织评选、发布《中国 500 最具价值品牌》，至今已发布 14 届。该机构运用其独创的“品牌附加值工具箱”计算出的品牌价值，被众多国内著名公司、新闻媒体作为反映品牌竞争现状的重要指标。占据今年排行榜前五名的是国家电网、腾讯、海尔、中国人寿和华为。

（摘自 2017 年 6 月 23 日中国发展网）

专　文

深入学习贯彻党的十九大精神
全面打胜扭亏脱困攻坚战

鞍钢集团有限公司董事长、党委书记　唐复平

2017 年，鞍钢集团把迎接党的十九大和学习宣传党的十九大精神、认真贯彻习近平总书记“三个推进”重要讲话精神作为主线，坚持“保生存、求发展”工作思路，扎实推进“四项重点工作”，落实了习近平总书记对鞍钢“凤凰涅槃、浴火重生”的要求。全年实现利润 15.2 亿元，同比增利 109 亿元，一举结束连续五年亏损历史，全面打胜扭亏脱困攻坚战。鞍钢位列 2017 年中国 500 最具价值品牌第 55 位，市场影响力显著增强。

一、加快产业结构调整，不断完善产业发展布局

一是稳步推进钢铁产业提质增效。全集团放行技改项目 213 项，鞍山钢铁鲅鱼圈分公司 3.8 米中厚板项目按期投产，攀钢西昌钢钒 E1R1 初轧机及定宽压力机改造、棒线材、彩涂线建设等项目实现预期目标。鞍山钢铁、攀钢钢材综合价格比行业平均水平分别高 240 元/吨、438 元/吨。钢铁产业同比增利 69.11 亿元。

二是不断发展非钢产业新业态。资本控股取得基金管理、融资租赁、商业保理、期货四项业务牌照，财务公司强化金融服务和价值创造，金融产业实现稳步发展。组建健康产业公司，推动健康产业发展。攀钢现代物流、产业链金融、产业链贸易发展成效明显。积微物联成立四川工业大数据创新中心，打造专业化闲废资源第三方处置平台。鞍山钢铁汽运公司组建德邻陆港，开展绿色物流等业务，销售收入同比大幅增长。非钢产业同比增利 10.18 亿元。

三是持续推进资源产业协调发展。矿业着力提升资源保障能力，全方位实施降本增效，大力推动改革创新，初步形成产业化发展格局，竞争力明显提升，同比增利 46.65 亿元。加快钒钛产业发展，拓展市场空间，同比增利 5.99 亿元。

二、深化体制机制改革，不断激发企业发展活力

一是完善法人治理结构。推动全民所有制企业实施公司制改制，建立健全有效制衡的法人治理结构，提升治理能力；成立董监事办公室，选聘专职外部董监事，发挥子企业董事会作用。

二是落实市场主体地位。深化“放管服”改革，将市场化经营归位于各级市场主体，进一步放权搞活。全面推进契约化管理，建立以“两书三办法”为核心的配套制度，完善市场化运营机制。

三是推进亏损企业治理。法人企业亏损户数比去年减少，亏损面、亏损额均大幅降低。国资委挂牌督导 27 户“僵尸企业”和特困企业同比大幅减亏，完成国资委下达的处僵治困阶段性任务。铸钢公司、西昌钢钒、攀长特等多年亏损企业扭亏为盈。

四是深化三项制度改革。推进干部人事制度改革，建立市场化选拔任用机制，层层签订年度和任期经营业绩责任书。推进人力资源优化改革，推行“岗位序列、岗位层级、岗位职级、岗位薪级”四维全面岗位管理，推动由“身份管理”向“岗位管理”转变。压缩管理技术与生产服务岗位定员，分流安置人员，劳动生产率不断提高。推进薪酬分配制度改革，对职工、管理人员、经营者年度工资总额预算实行分类管理，与效益挂钩联动，收入差距增大，强化激励约束。

三、坚持创新驱动，不断增强核心竞争能力

一是持续推进科研创效。全面推进科研设计机构市场化改革，初步形成科研院所有活力、研发团队

有干劲、企业有效益、个人有收益的创新机制。“五大院”签订技术开发合同量、合同额同比均有所增加，签订技术输出合同量、合同额均有所突破。15 个项目通过国家“十三五”重点专项项目（课题）立项。围绕现场推进技术创新，以新工艺、新技术降成本，以新产品提效益。推动全员创新，职工创新工作室增至 177 个。李超创新工作室获“全国示范性劳模和工匠人才创新工作室”称号。

二是持续加大科技投入。建立研发经费稳定精准投入机制，全年增加投入 7 亿元。围绕打造重轨、汽车钢、海洋装备用钢、钒钛制品、军工钢等一流产品设立研发专项。鞍山钢铁新产品、独有领先产品、战略产品销量占比得到巩固和提升，攀钢独有领先产品销量占比四成以上。

三是持续推进高端供给。研制生产的高端桥梁钢应用于世界最大跨径公铁两用斜拉桥沪通长江大桥、中马友谊大桥等国内外重大桥梁工程。自主研发的转向架高端用钢应用于中国标准动车组，在世界上首次实现时速 420 千米交会和重联运行。开发出 5 米以上超宽规格钢板轧控+热处理全流程生产工艺，成为世界首家 5 米以上超宽压力容器 CrMo 钢板供货企业。全集团获冶金科学技术奖 6 项。

四、加强党的建设，为鞍钢振兴发展提供政治保证

一是加强党的组织建设。健全完善党建工作“三个体系”。集团公司率先实现党建工作进章程，111 家单位公司章程全部修改完毕。完善“双向进入、交叉任职”领导体制。开展“四好”领导班子创建活动。落实好干部标准，突出“五注重”用人导向，提拔重用经营业绩显著的企业负责人。注重培养年轻干部，制定加强优秀年轻领导人员培养选拔工作方案。深入推进“两学一做”学习教育常态化制度化。开展“基层党支部建设提升年”活动，推进党支部书记集中轮训。启动党建信息管理网建设，以信息化助推基层党建工作创新。

二是强化宣传思想文化引领。深入学习宣传贯彻党的十九大精神，各级党委中心组第一时间组织学习，组建宣讲团深入基层宣讲，举办高层研讨班交流学习体会，推进党的十九大精神进班组、到岗位，制定贯彻落实党的十九大报告任务分解方案，掀起了学习宣传贯彻落实热潮。开展“跟着郭明义学雷锋”“做李超式好员工”和向“鞍钢楷模”学习活动。多项成果在中国冶金职工思想政治工作研究会评选中获奖。建立鞍钢集团文化体系，发布《鞍钢集团文化宪章》和《鞍钢集团视觉识别系统》。举办“亲切关怀永远铭记”特展。升级鞍钢集团展览馆为博物馆，并申报国家二级博物馆。

三是加强党风廉政建设和反腐败工作。持续深化中央巡视整改，中央巡视办、巡视组和国资委第二督查组给予充分肯定。完善鞍钢党委巡视工作办法，有效开展内部巡视巡察，不敢腐的目标初步实现，不能腐的笼子越扎越牢，不想腐的堤坝正在构筑。建立资源整合、信息共享、职能互补、整体联动的“1+3+5”大监督体系，成立监督委员会，建立专职巡视员队伍，实现对各企业行权行为的有效监管。开展“廉洁风险地图”建设。对新任职领导人员进行廉洁谈话。召开警示教育大会，坚持惩治腐败零容忍。

四是切实发挥群团组织作用。深入开展“网络问企”活动。开展技能培训、岗位练兵、技术比武等活动。开展首届“鞍钢工匠”评选活动。开展“治理设备漏油、实现清洁生产”专题攻关竞赛。开展炼钢系统纯净钢冶炼主题攻关竞赛。启动治理厂区扬尘专项活动，扬尘明显减少。扎实开展关爱职工专项行动。加大走访救济困难职工力度。积极承担央企社会责任，同比增加扶贫资金 1181 万元。各级团组织牢牢把握“服务企业改革发展，服务青年成长成才”工作主线，贡献了青春智慧与力量。

大事志

2017年鞍钢大事记

1月

3日

△鞍钢集团召开2017年安全生产工作会议，唐复平与子企业代表签订《鞍钢集团公司2017年安全生产责任状》。

△由鞍钢独家供货的1700余吨鞍钢桥梁钢从鞍钢股份鲅鱼圈分公司陆续发出，该批桥梁钢将应用在世界第一大推力钢箱拱桥——广西柳州官塘大桥上。

10日

△鞍钢集团公司党委书记、董事长唐复平主持召开党委常委（扩大）会议，传达学习贯彻十八届中央纪委第七次全体会议和国务院国资委巡视工作会议精神。

11日

△作为鞍钢集团改革创新的一项重大举措，鞍钢集团财务共享平台信息化建设项目正式启动，力争两年内实现集团范围内财务共享功能全覆盖。

15日

△按照《鞍钢集团文化体系建设方案》要求，鞍钢集团公司党委宣传部将《鞍钢集团文化宪章（征求意见稿）》下发给各单位，向全体职工征求意见和建议。

16日

△鞍钢集团公司董事长、党委书记唐复平率队走访一汽集团，双方一致表示，要进一步拓展合作领域，深化合作机制，通过更广泛更深层次合作实现共赢发展。

17日

△鞍山钢铁十届十六次职代会暨鞍钢股份一届十四次职代会召开。鞍钢集团公司党委常委、副总经理、鞍山钢铁集团公司董事长、党委书记姚林出席会议并讲话，鞍山钢铁集团公司总经理王义栋向大会作行政工作报告。会议强调，2017年是鞍钢集团全面打胜扭亏脱困攻坚战的决战之年，也是鞍山钢铁/鞍钢股份推进改革创新、加快转型升级的关键之年，必须牢记发展使命，担当振兴发展责任，履行企业公民义务，全力抓好“六个深化”，实现“六个新突破”，为集团公司扭亏脱困再立新功。

18日

△鞍钢集团公司董事长、党委书记唐复平主持召开第二届董事会第五次会议，听取鞍钢集团2016年度工作总结和2017年工作安排等五项汇报，审议并通过《鞍钢集团2017年度财务预算报告》等六项议题。

21日

△世界首座超千米级大跨径公铁两用斜拉桥——沪通长江大桥建设取得突破性进展，该桥辅桥、天生港专用航道桥顺利合龙。该桥关键部位采用的国内最高强度Q500qE桥梁钢由鞍钢供货。

1月

△在由《中国冶金报》—中国钢铁新闻网发起的“2016年中国钢铁企业20件大事”评选活动中，鞍钢集团首届“鞍钢楷模”评选活动成功入围，成为2016年钢铁企业“有影响力”的20件大事之一。

△鞍钢集团有8项思想政治工作研究成果被评为2016年冶金行业党建思想政治工作优秀成果。其中，集团公司党委宣传部《在深化国有企业改革中做好宣传思想工作的探索与实践》《鞍钢集团舆情管控的探索与实践》2项研究成果获一等奖。

△由鞍钢股份、清华大学、哈尔滨工业大学联合研究的“纵向变厚度钢板（LP钢板）的轧控技术和性能研究及其工程应用”项目，在鞍钢股份鲅鱼圈分公司厚板部现场通过中国钢结构协会组织的鉴定委员会专家鉴定。专家一致认为，该项技术填补了国内空白，达到国际先进水平。

△鞍钢股份热轧带钢厂1780线一次性成功开发出厚度为2.0毫米、宽度为1500毫米、牌号为

09CuPCrNi-A 的超薄宽幅铁路耐候钢，产品各项精度指标优良，突破了鞍钢在超薄宽幅铁路耐候钢的瓶颈，实现全规格接单。

△攀钢钒轨梁厂成功轧制出城市有轨电车用槽型钢轨，标志着攀钢钢轨新品种开发取得新突破。

2 月

8 日

△鞍钢集团公司董事长、党委书记唐复平就职工创新工作室运行情况进行调研。

10 日

△鞍钢集团与中国一重在齐齐哈尔签署战略合作框架协议，建立长期稳固的战略合作伙伴关系。

12 日

△国内最大挂舵臂由鞍钢铸钢公司铸造成功，标志着鞍钢铸造技术水平实现新的提升。

13 日

△以鞍钢独家供货 TMCP 态大厚度 F 级超高强海工钢板为主要承重件加工制作的全球最先进半潜式超深水钻井平台“蓝鲸 1 号”在山东烟台命名交付，标志着鞍钢 TMCP 态大厚度 F 级超高强海工钢成功替代进口，鞍钢因此成为国内唯一具备 TMCP 态 F 级超高强海工钢供货资质的钢企，具备向世界顶级钻井平台供货的资质和能力。

14 日

△鞍钢集团公司董事长、党委书记唐复平率队走访中国中车集团，与中国中车集团/股份董事长、党委书记刘化龙举行会谈。

△国家发改委副秘书长范恒山到鞍钢调研。鞍山市委书记孙国相，鞍钢集团公司党委副书记、工会主席尹利，鞍山市委常委、常务副市长张世超等陪同调研。

15 日

△鞍钢集团公司召开党风廉政建设和反腐败工作会议。鞍钢集团公司党委书记、董事长唐复平发表讲话。鞍钢集团公司党委副书记、工会主席尹利主持会议并传达十八届中央纪委七次全会、中央企业党风廉政建设和反腐败工作会议精神。鞍钢集团公司党委常委、纪委书记许质武作工作报告。

△鞍钢集团公司董事长、党委书记唐复平会见到访的中钢研董事长、党委书记才让一行，双方就进一步创新合作模式，探寻新的合作机制进行交流。

16 日

△鞍钢集团公司董事长、党委书记唐复平会见到访的中船重工总经理孙波一行，就钢铁行业和船舶行业当前形势及深化战略合作进行交流。

△鞍钢集团召开纪委书记述职述廉会议，听取部分单位纪委书记现场述职述廉，并对进一步做好党风廉政建设和反腐败工作提出具体要求。

17 日

△鞍钢集团公司党委召开 2016 年度直管单位党委书记抓基层党建工作述职评议会，听取党委书记抓基层党建工作述职，鞍钢集团公司党委书记、董事长唐复平主持会议并讲话。辽宁省委组织部组织一处副处长张健出席会议。

△海洋装备用金属材料及其应用国家重点实验室第一届学术委员会第二次会议在北京召开，鞍钢集团公司总工程师张大德出席会议。

21 日

△鞍钢集团公司党委召开宣传思想文化工作会议，总结 2016 年宣传思想文化工作，部署 2017 年重点任务。

△东北地区最大规格的制氧机组——鞍钢股份能源管控中心氧气分厂新建 6 万立方米/时制氧机正式投入运行。

27 日

△鞍山钢铁召开第一届董事会第一次会议，审议并通过《鞍山钢铁集团有限公司董事会议事规则》等七项议题，听取《鞍山钢铁集团公司公司制改革实施方案》等汇报。此次会议是鞍山钢铁成立董事会后的第一次会议，标志着该公司公司制改革迈出了关键性一步，公司法人治理结构初步建立，董事会开始正式履职。

28 日

△鞍钢集团 2016 年度总结表彰大会隆重举行，表彰在 2016 年为鞍钢集团改革发展作出突出贡献的先进集体和先进个人。

△中央宣传部、中央文明办召开全国学雷锋志愿服务工作座谈会，公布 2016 年学雷锋志愿服务“四个 100”先进典型名单，鞍钢郭明义爱心

团队被推选为“最佳志愿服务组织”。

△鞍钢集团钒钛（钢铁）研究院发明专利“一种含钒物料混合钠化焙烧方法”在新西兰获得授权。

2月

△在中央企业侨联三届四次全委（扩大）会上，中央企业首届归侨侨眷及留学人员优秀创新奖评选揭晓，鞍钢集团2项成果、3个个人和2个集体获奖。

△鞍钢集团展览馆被批准为国家4A级景区，这是国内首个4A级景区的冶金工厂类展览馆。

△攀长特公司的川字牌不锈钢棒材、模具钢材被评为第十二届四川名牌。

△鞍钢铁路耐蚀钢荣获2016年度“中国钢铁工业产品开发市场开拓奖”。

3月

1日

△集团公司印发《关于命名表彰鞍钢集团公司红旗党员责任区、最佳党员先锋岗和“我为企业献良策”最优合理化建议的决定》，命名表彰100个“红旗党员责任区”、100个“最佳党员先锋岗”和1000条“我为企业献良策”最优合理化建议。

3日

△集团公司党委对直管单位党委书记抓基层党建工作述职评议考核结果进行专题反馈，并将结果写入个人年度考核评价，党建工作实现量化考评。

5日

△鞍钢集团团委在鞍攀两地集中开展“跟着郭明义学雷锋”主题实践活动。

7日

△在第十二届全国人民代表大会第五次会议辽宁省代表团全体会议上，全国人大代表，鞍钢集团公司董事长、党委书记唐复平围绕深化国有企业改革主题作发言，习近平总书记十分关注国企改革、关注鞍钢集团改革发展，认真听取和记录并询问鞍钢集团有关情况。

8日

△鞍钢集团召开党委中心组学习（扩大）会，学习贯彻习近平总书记在辽宁代表团全体会议上的重要讲话精神。

△鞍钢集团党校举行党的十八届六中全会精神专题培训班暨2017年鞍钢党校春季开学典礼。鞍钢集团公司党委副书记、工会主席、鞍钢集团党校校长尹利出席开学典礼并作动员讲话。

13日

△由40名正科级中青年干部组成的鞍钢集团第二期中青年干部培训班在未来钢铁研究院开班，受鞍钢集团公司董事长、党委书记唐复平委托，鞍钢集团公司党委副书记、工会主席尹利作开班动员讲话。

16日

△全国人大代表，鞍钢集团公司党委书记、董事长唐复平主持召开党委中心组学习（扩大）会议，传达学习全国两会精神，重点传达习近平总书记参加辽宁省代表团全体会议上的重要讲话精神，特别是习近平总书记关于推进国企改革发展的重要讲话精神。

17日

△1524吨中厚板产品在营口港集港完毕，即将发往印度，这是鞍钢股份通过印度BIS认证后获得的首个订单。

18日

△东北大学马克思主义理论教育实践基地揭牌仪式在鞍钢集团展览馆举行，该展览馆正式成为东北大学首批马克思主义理论教育实践基地。

20日

△集团公司党委印发《关于开展“迎接十九大、做合格党员”系列主题教育实践活动的实施意见》，对“迎接十九大、做合格党员”系列主题教育实践活动做出安排部署。

22日

△鞍钢集团隆重召开2017年科技创新大会，表彰2016年度重大科学技术奖和关键技术协同项目，命名表彰职工经济技术创新活动中涌现出的优秀集体和个人。

23日

△团中央宣传部新媒体发展处负责人就鞍钢集团团委新媒体建设工作到鞍钢调研。

28日

△鞍钢股份发布2016年年报，归属于上市公司股东的净利润16.16亿元，同比扭亏为盈。

31 日

△鞍钢集团与中钢研在北京签署战略合作框架协议，双方将在金属新材料及新产品研发、冶金工艺及装备等领域开展战略合作。

3 月

△鞍钢主导编制的新版《低合金高强度结构钢》国标和《结构钢》系列国家标准已通过全国钢标委组织的审定，此标准充分体现了鞍钢在结构钢领域的技术优势。

△鞍钢 7 个科技项目荣获 2016 年度辽宁省科学技术奖，于淑娟和宋仁峰荣获“辽宁杰出科技工作者”荣誉称号。

△西昌钢钒公司荣膺“中国钢铁工业清洁生产环境友好企业”，全国仅 4 家钢铁企业获此殊荣。

△鞍钢股份鲅鱼圈分公司炼钢部成功冶炼出无取向硅钢 50AW1300 和 50AW800。

△鞍钢股份炼焦总厂入选中央宣传部命名的全国学雷锋示范点，这是继鞍钢股份之后，鞍钢集团获此殊荣的首个基层厂矿。3 月 16 日，受中央宣传部委托，辽宁省委宣传部常务副部长张玉珠专程来到炼焦总厂，为该厂授匾。

△鞍钢股份大型厂携手鞍钢集团钢铁研究院，研发并生产出 8 号、16 号、20 号 3 个规格 1000 余吨船用球扁钢，表明鞍钢完全具备批量生产球扁钢的能力。

△鞍钢耐磨钢实现新突破，市场份额不断扩大，具备 NM360 到 NM600 全系列耐磨钢板接单能力。

△鞍钢股份线材厂在 2 号生产线首次采用“双模块空过工艺技术”轧制出直径 7 毫米、11 毫米规格线材产品千余吨，标志着该项技术研发获得成功，平均可降低轧制成本 10 元/吨左右。

△鞍钢 Cr-V 系合金工具钢生产取得新突破，鞍钢股份鲅鱼圈分公司通过与鞍钢集团钢铁研究院、鞍钢股份产品发展部等多个部门合作，首次成功生产出 12 毫米厚 Cr-V 系合金工具钢热轧卷板。

△鞍钢集团钢铁研究院携手鞍钢股份产品发展部、炼钢总厂、大型厂、线材厂联合试制的热轧带肋钢筋获国家补充认证，至此，鞍钢实现国标 GB1499. 2 钢级、钢种的全覆盖。

△鞍钢集团展览馆通过鞍山市文化广电新闻出版局组织的评审论证，并报辽宁省文物局备案，正式更名为“鞍钢集团博物馆”。这标志着鞍钢集团展览馆进入国家博物馆发展、管理、考核、评价序列，具备申报国家级博物馆的“入门证”。

△在第二届中国焦化行业科技大会上，鞍钢化工事业部和鞍钢股份鲅鱼圈分公司炼焦部荣获“技术创新型焦化企业”称号。此外，鞍钢化工事业部《煤焦油加工新产品的生产工艺开发》获得“焦化技术创新成果”一等奖，鞍钢化工事业部《ZL 法脱硫脱氰》和鞍钢股份鲅鱼圈分公司炼焦部《干熄焦长寿技术》获得“焦化技术创新成果”二等奖。

4 月

1 日

△鞍钢集团人力资源共享服务平台建设正式进入试点阶段，鞍钢集团总部、部分直属单位、鞍钢股份大型厂、鞍钢股份热轧厂、矿业集团大孤山铁矿等单位成为首批试点上线单位，这标志着鞍钢集团人力资源管理创新变革迈出关键性一步。

5 日

△鞍钢集团与兴业银行在北京签署债转股基金合作框架协议，双方达成 100 亿元债转股基金合作意向，期限 10 年。鞍钢集团成为东北地区首家通过市场化实施新一轮债转股的国有企业。

12 日

△集团公司召开“廉洁风险地图”创建试点工作启动会，将矿业集团作为鞍钢“廉洁风险地图”的首家创建试点单位，标志着鞍钢集团“廉洁风险地图”创建工作正式启动。

15 日

△鞍钢集团举办深入学习贯彻习近平总书记在辽宁代表团重要讲话精神高层研讨班，鞍钢集团公司董事长、党委书记唐复平作主题报告。

△鞍钢工程公司工程技术公司历经 4 个月，成功中标宁夏天元锰业集团 6×30000 千伏安密闭式硅锰矿热炉及尾气余热发电项目，合同额约为 1. 8 亿元。此次项目是该公司又一次技术跨界输出，成为鞍钢集团优先发展非钢产业的一个成功案例。

19 日

△鞍钢集团公司党委书记、董事长唐复平主持召开党委中心组学习（扩大）会议，学习贯彻中央推进“两学一做”学习教育常态化制度化工作座谈会和中央企业党建工作责任制实施办法座谈会会议精神，推进集团公司“两学一做”学习教育常态化制度化。

△在第七届辽宁省道德模范评选表彰活动中，鞍钢矿渣开发公司职工孙宝江入选第七届辽宁省道德模范公示名单。

20 日

△辽宁省省长陈求发到鞍钢集团调研，鞍钢集团公司董事长、党委书记唐复平陪同调研，并汇报鞍钢集团情况。

21 日

△学习贯彻习近平总书记参加第十二届全国人民代表大会第五次会议辽宁代表团审议时的重要讲话精神辽宁省委宣讲团宣讲报告会在鞍钢会展中心举行，辽宁省委宣讲团成员、全国人大代表、鞍钢集团公司董事长、党委书记唐复平作宣讲报告。

24~26 日

△国务院国有重点大型企业监事会主席李继平深入鞍钢现场开展调查研究。

24 日

△第十三届全国见义勇为英雄模范表彰大会在北京召开，生前为矿业集团东鞍山铁矿铁运作业区电机车点检员的孙利东被授予“全国见义勇为英雄”荣誉称号。

26 日

△鞍钢集团“弘扬劳模精神，再创长子辉煌”座谈会在鞍钢会展中心举行。

△鞍山钢铁首个核电不锈钢合同在鞍钢股份中厚板厂厚板线开始生产。

△22 时 22 分，攀钢首卷彩涂钢卷在攀钢钒冷轧厂彩涂机组下线，标志着攀钢冷轧彩涂生产线已正式进入投产阶段。

△在由中国企业文化研究会主办的以“一带一路建设中的企业跨文化管理和融合”为主题的第十届中国企业文化百人学术论坛中，由鞍钢国贸公司选送的企业文化科研成果——《国际化经营中跨文化管理的探索与实践》荣获科研成果一等奖。

29 日

△鞍钢举行“全民健身活动月”启动仪式暨鞍钢职工迎“五一”长跑比赛。

30 日

△鞍钢集团展览馆面向社会开放，市民只需凭身份证即可免费参观。

4 月

△在四川省第九届企业文化年会上，攀钢矿业公司三项成果获得“四川省企业文化建设优秀成果”，两项成果获得“四川省企业文化建设优秀案例”，一项成果获得“四川省企业文化优秀论文”。

△在由中国讲师网评定委员会、中国培训名人堂评定委员会、中国讲师年会组委会组织的 2016 年度“中国培训名人堂讲师评选”活动中，鞍钢教培中心安全环保室主任周恩斌获“中国培训百强名师”称号，成为鞍钢首个入围百强的培训师。

△鞍钢股份炼铁总厂新 1 号高炉大修后顺利投产。

△鞍钢股份公司生产的 U75V、U77MnCr 在线热处理钢轨顺利通过 CRCC 认证后实现首次批量生产，8000 吨 U75V 已经成功发货。

△“2017 年中国大宗商品电商百强企业”榜单揭晓，攀钢积微物联位列百强企业第 27 位，钢铁电商第 6 位；积微物联总经理谢海荣膺“2017 年中国大宗商品电商百名风云人物”。

5 月

5 日

△鞍钢集团公司董事长、党委书记唐复平主持召开第二届董事会第六次会议，听取鞍钢集团 2017 年一季度生产经营情况等三项汇报，审议并通过《鞍钢集团 2017 年度全面风险管理报告》等十一项议题。

8 日

△世界首卷全流程工艺生产的 TWIP1180HR 钢在鞍钢下线，采用转炉—连铸—热轧全流程工艺路线，为全行业首例。

△鞍钢集团团委举办的“对话鞍钢青年·共谋改革发展”鞍钢青年大讲堂活动暨首场专题讲

座在鞍钢会展中心拉开帷幕。

12 日

△国务院国资委党委书记郝鹏在鞍钢集团公司党委书记、董事长唐复平陪同下，到鞍钢调研，为鞍钢改革发展、扭亏脱困出谋划策、鼓劲加油。

△鞍钢股份大型厂生产的民用球扁钢中具有代表性的难轧品种——26 号球扁钢试轧成功，标志着鞍钢已具备民用球扁钢的全品种供货能力，成为国内唯一具备民用球扁钢全品种供货能力的国有企业。

17 日

△鞍钢集团公司党委召开推进“两学一做”学习教育常态化制度化工作会议，鞍钢集团公司党委书记、董事长唐复平就扎实推进“两学一做”学习教育常态化制度化、加强领导班子和领导人员队伍建设、贯彻落实国务院国资委党委书记郝鹏讲话精神和辽宁省委书记李希批示精神提出要求，并作“做合格党员”专题党课。

18 日

△鞍钢集团与辽宁科技大学签署战略合作框架协议，双方将在金属新材料及新产品研发、冶金工艺升级和智能制造等领域开展战略合作。

19 日

△中集集团向鞍钢发来感谢信，感谢鞍钢超高强海工钢助力我国可燃冰试采成功。

△“争创文明城　相约 5·19 欢乐鞍山游”暨鞍钢集团博物馆国家 4A 级旅游景区揭牌仪式在鞍钢集团博物馆举行。

△截至 5 月 19 日，鞍钢为中船工业集团上海外高桥造船有限公司生产的 1.8 万吨船板已经发货 1.1 万吨，这是鞍钢独家中标的世界级超大型矿砂船项目的首批采购合同，也是鞍钢首次为矿砂船供货。

23 日

△鞍钢集团召开 2017 年依法治企工作会议，国务院国资委政策法规局局长郭祥玉应邀出席会议。

24 日

△鞍钢集团公司党委书记、董事长唐复平主持召开党委理论学习中心组学习会，学习党章，交流学习体会。

27 日

△在第五届全国冶金职工运动会乒乓球比赛中，由鞍钢矿业公司和鞍钢股份公司组成的鞍钢代表队以 4 金 2 银 3 铜的成绩获得团体总分第二名。

31 日

△非洲大陆上第一条采用中国标准、中国技术、中国装备建造的现代化铁路——蒙内铁路正式通车，鞍钢为其供应的钢轨近 5 万吨。

5 月

△在全国总工会的表彰中，鞍山钢铁被授予全国五一劳动奖状。鞍钢股份炼焦总厂五炼焦作业区作业长张允东、鞍钢集团钒钛（钢铁）研究院家电与汽车用钢研究室主任郑之旺被授予全国五一劳动奖章。

△人社部公布 2016 年享受政府特殊津贴人员名单，鞍钢集团 10 人入选。

△鞍钢人力资源共享服务平台与工行“银企直联”代发工资功能成功上线，“银企直联”人事代发工资业务在全国尚属首例，对创新人力资源管理具有重要意义。

△在四川省科技创新暨科技奖励大会上，攀钢开发的“20 千吨 V_2O_5 钒渣钙化焙烧—硫酸浸出生产线关键技术开发与应用”项目，荣获 2016 年度四川省科技进步一等奖。

△被列入国家科技支撑计划的鞍钢矿业公司一项重大科技成果——《地下矿山新型崩落采矿新技术》通过评审，有效破解了矿石贫化严重的行业共性问题，开辟了地下矿山资源高效开发利用新途径。

△鞍钢铸钢公司成功生产直径超 1 米铸钢轧辊，突破生产技术局限，填补了鞍钢产品空白。

△西昌钢钒公司在 2016 年全国质量技术奖励大会暨第十四届全国精益六西格玛大会上，被授予“全国精益六西格玛推进先进企业”称号。

△鞍钢集团公司党委印发《鞍钢集团公司党委关于推进“两学一做”学习教育常态化制度化的实施方案》，对推进“两学一做”学习教育常态化制度化提要求、做部署，并发出通知要求各单位结合实际贯彻落实。

△鞍钢股份冷轧硅钢厂成功开发出满足欧洲市场需求、国内市场少见的高强度高硬度中低牌号无取向电工钢硅钢 50AW-BYG，该产品已被欧洲客户累积订货 1400 余吨。

△受鞍钢集团公司董事长、党委书记唐复平

委托，鞍钢集团公司党委常委、副总经理景奉儒带队赴新疆塔什库尔干塔吉克自治县地震灾区慰问，看望援疆干部、支医队员，开展扶贫调研工作。

△鞍钢响应“一带一路”倡议，耐候桥梁钢独家中标援马尔代夫中马友谊大桥。

6月

1日

△鞍钢集团正式启动2017年“安全生产月”活动，深入学习贯彻党的十八届六中全会和习近平总书记、李克强总理关于安全生产工作的重要指示批示精神，聚焦“全面落实企业安全生产主体责任”主题，坚持问题导向，以全面深化分包方安全监管专项整治为重点，凝聚安全生产共识，树立安全生产红线意识，筑牢安全风险防控体系，全力做好安全生产工作。

△鞍钢集团召开特困企业治理工作会议，集团公司董事长、党委书记唐复平与子企业签订特困企业治理目标责任书，对“僵尸企业”处置和特困企业治理工作提出要求。

3日

△鞍钢集团与中青旅集团签署战略合作框架协议，双方将在推进文旅产业发展、管理和文化交流等方面深化国企合作。

5日

△在央视新闻频道新闻直播间播出的系列报道《来之不易的绿水青山》中，镜头聚焦鞍钢矿山复垦，向全国观众展示十几年来鞍钢坚持矿山绿化复垦取得的成绩和鞍钢人践行绿色发展的决心和勇气。

6日

△由鞍钢集团牵头、16家单位共同参与的“低温高压服役条件下高强度管线用钢”项目通过国家科技部评审，被纳入《国家重点研发计划重点基础材料技术提升与产业化重点专项实施方案》，并正式立项。这是“十三五”国家重点研发计划中钢铁材料领域唯一一个由鞍钢集团牵头组织的项目。

7日

△鞍钢管线钢助力亚洲最大管径海底输油管线一次投用成功。

13日

△第17届中国国际冶金工业展在上海举办，鞍钢集团以“制造更优材料，创造更美生活”为主题参展并获得最佳组织奖。

15日

△鞍钢集团公司董事长、党委书记唐复平率队走访中铝公司，与该公司董事长、党组书记葛红林就深化两企业合作进行了探讨与交流，并达成共识。

19日

△鞍钢集团党委副书记、工会主席尹利率队到攀钢督察调研“两学一做”学习教育常态化制度化推进情况。

21日

△由国务院国资委新闻中心、中央企业媒体联盟联合主办的“一线故事”第三季发布，鞍山钢铁代表鞍钢集团报送的作品《港珠澳大桥背后的“鞍钢·林”》，获得组委会特别奖。

22日

△由世界品牌实验室主办的第十四届“世界品牌大会”在北京举行，鞍钢品牌以570.55亿元的品牌价值荣登2017年中国500最具价值品牌排行榜第55位，比上年提升1位，品牌价值比上年增加123.37亿元，位列钢铁企业第1位。

△鞍钢集团参展第二十届中国（重庆）国际投资暨全球采购会，获得广泛赞誉。

23日

△鞍钢集团党委召开思想政治工作会议，为完成全年生产经营目标提供坚强保障。

△鞍钢集团公司董事长、党委书记，深化改革领导小组组长唐复平主持召开深化改革领导小组会议，对实施子企业经营者任期目标契约化管理进行部署。

△鞍钢集团召开网络安全和信息化领导小组第一次会议暨2017年“鞍钢网络和信息系统安全周”启动会议，全面贯彻落实习近平总书记关于网络安全和信息化工作重要讲话精神以及中央关于网信工作的部署要求。

△鞍钢集团印发《关于实施子企业经营者任期目标契约化管理的意见》，成立鞍钢集团契约化管理工作推进组，启动子企业经营者任期目标契约化管理工作。

26日

△具有完全自主知识产权的中国标准动车组“复兴号”，在京沪高铁正式双向首发，标志着中国高速动车组已经走在世界前列，在该线路驰骋的标准动车组所使用的转向架用钢由鞍钢自主研发。

27日

△攀钢举行第四届“十大杰出青年”表彰颁奖晚会。

28日

△鞍钢集团公司党委召开贯彻落实国企党建工作重点任务推进会，认真学习贯彻习近平总书记关于全面从严治党、加强基层党建工作的重要讲话和指示精神，进一步抓实抓好鞍钢集团党建工作重点任务推进落实。

29日

△鞍钢集团召开庆祝中国共产党成立96周年大会，命名表彰37个先进党委、295个先进党支部、356个先进党小组、314名优秀共产党员、217名优秀党务工作者、10名优秀党支部书记标兵、10个纪检监察系统先进集体和40名先进工作者。

30日

△中国共产党辽宁省代表会议选举产生63名辽宁省出席党的十九大代表，鞍钢集团公司党委书记、董事长唐复平，“当代雷锋”郭明义当选。

△鞍钢集团与中国建设银行在北京签署240亿元债转股基金合作框架协议，建立长期稳固的战略合作伙伴关系。

6月

△鞍钢自主研发生产的2500吨直径1219毫米抗大变形管线钢X80M助力西气东输重要支脉——陕京四线输气管道工程穿越地震带，这是国产X80M抗大变形管线钢在工程应用中的“首秀”，同时也是鞍钢率先实现国内最高应用级别、最宽规格抗大变形管线钢国产化应用。

△鞍钢成功研发生产并顺利完成国内最宽规格正火态核电用钢SA-516Gr. 70钢板的生产供货，该批钢板将应用于我国首次出口海外的三代百万千瓦级核电机组——巴基斯坦卡拉奇2号、3号机组上。

△鞍钢水电用钢连续成功中标河北丰宁、吉林敦化、黑龙江荒沟抽水蓄能电站项目用500~800兆帕级别水电用钢，共计18700余吨，实现水电用钢级别的全覆盖。其中，河北丰宁电站是在建的世界最大抽水蓄能电站。

△在2017年度全国六西格玛项目发表赛（北京赛区）上，攀钢参赛的“降低蒸汽电单耗”“提高清洁钒工艺钒浸出率”等11个项目分别获得4个一等奖、7个二等奖。

7月

3日

△一艘装载近2万吨鞍钢矿渣粉的大型散装船，由辽宁营口鲅鱼圈港码头开往美国新奥尔良港。这是鞍钢矿渣开发公司与美国著名建材贸易企业OZINGA公司的首次合作，标志着鞍钢矿渣粉成功抢滩美国建材市场。

6日

△辽宁省总工会副主席刘铭一行到鞍钢调研职工创新和劳模创新情况，对鞍钢职工创新工作室建设及劳模管理工作给予充分肯定。

7日

△鞍钢集团党委召开巡视巡察工作启动会议。

9日

△鞍钢集团公司董事长、党委书记唐复平，国务院国资委宣传工作局副局长韩天，原鞍钢党委副书记石树林共同按下水晶球，包含鞍钢集团愿景、使命、核心价值观、管理法则等内容的《鞍钢集团文化宪章》和《鞍钢集团视觉识别系统》正式发布，标志着鞍攀重组成立的鞍钢集团正式拥有了自己的文化体系，鞍钢集团文化建设由此有了一个新的开端。

10日

△集合东北地区舰船材料主要产销研单位的“东北地区舰船材料军厂党建联盟”在鞍钢成立。

14日

△全新改版的鞍钢集团官方网站正式上线运行。

15日

△2017年度鞍钢集团公司（鞍山赛区）职工技术竞赛开赛。

19~20日

△中华全国总工会兼职副主席、鞍钢矿业齐

大山铁矿生产技术室采矿公路管理业务主管郭明义带领全总调研组到鞍钢就大力弘扬劳模精神、劳动精神和工匠精神工作情况进行专题调研。

21 日

△中共鞍钢一届十次全委（扩大）会议暨2017年上半年经营活动分析会召开，提出以贯彻落实党的十九大精神为主线，在“巩固、落实、调整、提升”上下功夫。

△鞍钢集团公司党委理论学习中心组召开学习（扩大）会，传达学习全国国有企业改革经验交流会会议精神，部署鞍钢集团深化改革工作。

24 日

△鞍钢集团召开贯彻全国安全生产电视电话会议精神工作会议，总结上半年安全生产工作，部署下半年重点工作和开展安全生产大检查工作。

△在鞍山钢铁/鞍钢股份工会半年工作会议上，鞍山钢铁命名鞍钢股份热轧带钢厂董仁杰创新工作室、冷轧硅钢厂石峰创新工作室等11个创新工作室为公司级职工创新工作室。这是鞍山钢铁命名的第四批职工创新工作室。该公司厂级以上职工创新工作室已经发展到56个，其中公司级职工创新工作室29个。

25 日

△鞍钢集团公司董事长、党委书记唐复平主持召开第二届董事会第七次会议，听取鞍钢集团2017年上半年生产经营等情况汇报，审议并通过《鞍钢集团投资管理办法》和《鞍钢集团高级管理人员2017年度绩效考核指标》。

26 日

△鞍钢集团党委在全公司范围内全面启动建设廉洁地图工作。

27 日

△在贵州省贵阳市举行的2017年度“冶金质量联盟杯”冶金行业优秀质量管理小组成果和质量信得过班组评审竞赛中，鞍钢集团获得优秀QC小组成果发表竞赛2个一等奖、4个二等奖；优秀质量信得过班组竞赛1个一等奖、4个二等奖；18个QC小组获得冶金行业优秀质量管理小组荣誉称号，15个QC小组获得冶金行业先进质量管理小组荣誉称号。

28 日

△中央文明办在福建龙岩举办7月“中国好人榜”发布仪式暨全国道德模范与身边好人现场交流活动，鞍钢股份质量检验中心成品检验一室西部分室检验员姜静光荣登榜，当选孝老爱亲类“中国好人”。

29 日

△首次代表中国出征第十届世界运动会的鞍钢女子拔河队，在拔河项目比赛中取得历史性突破，获得540公斤级亚军，实现了中国在该项目上世界运动会奖牌零的突破。

7 月

△鞍钢股份线材厂开发出16.5毫米规格产品，并成功实现批量生产，产品远销东南亚。

△鞍钢自主改造国内首套超大容积7米焦炉取得成功。

△鞍钢船用双相不锈钢获得了中国船级社、意大利船级社等9国船级社认证证书，标志着鞍钢具备了进军国际船用不锈钢领域的资质与能力。

8月

1 日

△辽宁省科技成果转化对接专题会议在鞍钢召开，东北大学、中科院金属所、沈阳自动化所向鞍钢定向发布13项科研成果。

2 日

△鞍钢集团党委书记、董事长唐复平主持召开党委理论学习中心组学习（扩大）会，学习习近平总书记在省部级主要领导干部“学习习近平总书记重要讲话精神，迎接党的十九大”专题研讨班开班式上的重要讲话精神。

8 日

△17台挂有抢险条幅的鞍钢工程车辆奔赴岫岩抗洪救灾。

9 日

△鞍钢集团召开信访维稳工作会议，为顺利实现全年生产经营目标和党的十九大胜利召开营造和谐稳定环境。

△鞍钢集团下发《鞍钢集团公司党委关于认真学习宣传贯彻习近平总书记在省部级主要领导干部专题研讨班上重要讲话精神的通知》。

10 日

△团中央走转改调研组组长、权益部副部长史学林就鞍钢集团团委开展的青年创新登高活动

和引入“共青团活跃指数”，创新基层团组织考评工作进行调研。

11 日

△鞍钢集团党委举行“两学一做”学习教育专题报告会，邀请中国预警与电子战专家、空军指挥学院原副院长朱和平作《信仰的力量——做真正的共产党员》专题报告。

16 日

△鞍钢集团召开警示教育大会，鞍钢集团党委书记、董事长唐复平对全面从严治党，持续深化巡视整改提出要求。鞍钢集团党委副书记、工会主席尹利主持会议。鞍钢集团党委常委、纪委书记许质武通报近期查处的 13 起典型违纪违法案件。

△国家安监总局党组成员、总工程师王浩水率国务院安委会办公室第五督导组到鞍钢督导检查安全生产工作，鞍钢集团董事长、党委书记唐复平会见王浩水一行。

△岫岩县委、县政府给鞍钢集团发来感谢信，感谢鞍钢集团在抗洪救灾中的无私援助，并向鞍钢集团致以崇高敬意。

17 日

△由中国工程院主办，鞍钢集团承办的“冶金与绿色制造”论坛在鞍钢会展中心举行，鞍钢集团董事长、党委书记唐复平，鞍山市委书记孙国相，中国工程院工程管理学部主任孙永福院士分别致辞，中国工程院工程管理学部副主任王安院士主持开幕式。

18 日

△院士咨询座谈会在鞍钢召开，13 位中国工程院院士为鞍钢发展“把脉开方”。

22 日

△鞍钢研发的超宽厚壁 X80 管线钢顺利通过用户鉴定，取得中俄东线项目供货资格，标志着鞍钢已经具备生产这一新型、高技术含量、高附加值管线钢的能力，实现了高强度管线钢在极限尺寸规格方面的突破，填补了国内空白。

△鞍钢螺纹钢首次走出国门，成功中标文莱 PMB 石油化工项目，标志着鞍钢螺纹钢正式进入国际市场。

△鞍山市委市政府给鞍钢集团发来感谢函，感谢鞍钢集团在岫岩县抗洪救灾中的慷慨解囊、雪中送炭，表达与鞍钢集团携手共进、共兴共荣的心声。

23 日

△辽宁省委书记、省人大常委会主任李希到鞍钢集团，就深入学习贯彻习近平总书记在省部级主要领导干部专题研讨班上重要讲话精神，深入贯彻落实习近平总书记参加十二届全国人大五次会议辽宁代表团审议时重要讲话精神，扎实推进国有企业改革发展，迎接党的十九大胜利召开进行专题调研。

24 日

△鞍钢集团党委书记、董事长唐复平主持党委理论学习中心组学习（扩大）会，传达学习全国金融工作会议精神，研究部署贯彻落实意见。

25 日

△鞍钢集团召开 2017 年财务工作会议，深入学习贯彻全国金融工作会议精神，系统总结分析集团公司财务工作，明确未来工作目标和方向，研究部署下一步工作任务。

28 日

△攀长特获得 2016 年度中国优特钢行业“最具影响力生产企业”殊荣。

30 日

△辽宁省委常委、宣传部部长范卫平到鞍钢，看望中国工程院院士、鞍钢集团党委常委、副总经理、鞍钢矿业公司董事长、党委书记邵安林，表达辽宁省委对人才的重视和关心，征求邵安林院士对辽宁振兴发展的意见和建议。

8 月

△鞍钢烧结过程取消或少量添加氧化镁熔剂理论在工业应用中取得成功，吨铁炉渣、吨铁综合焦比、二氧化碳排放量均大幅下降，开启高炉炼铁低渣绿色冶炼时代。

△由鞍钢作为第一起草单位的国家标准 GB/T 31939—2015《矿用救生舱用热轧钢板和钢带》正式发布实施。

△鞍钢集团信息产业公司下属攀枝花自动化公司职工严飞、张锋自主研发的“一种多辊型钢重轨矫直机控制系统”技术创新成果，获国家知识产权局颁发的实用新型专利，并已在攀钢钒轨梁厂万能生产线推广应用。

△鞍钢股份线材厂积极拓展国外市场，冷镦用钢盘条、钢丝绳用钢盘条、预应力用钢盘条三种产品，填补了线材产品出口空白。

△在2017“新桐杯”全国拔河锦标赛暨国际拔河邀请赛中，鞍钢拔河队获六枚金牌、两枚银牌。

9月

1日

△鞍山钢铁在鞍钢集团博物馆举办2017年新入厂职工入职仪式，227名新职工正式入职。

△工信部发布2017年第一批绿色制造示范名单，鞍钢股份鲅鱼圈分公司榜上有名，入选首批绿色工厂。

4日

△鞍钢集团董事长、党委书记唐复平率队走访广汽集团，与广汽集团董事长、党委书记曾庆洪，广汽集团总经理冯兴亚进行座谈，双方表示，将持续深化战略合作关系，夯实合作基础，扩宽合作内容和领域，实现共同长远发展。

△鞍钢集团党委开展“喜迎十九大 向十九大献礼”活动。

7日

△第五届中国（绵阳）科技城国际科技博览会在四川绵阳开幕，攀钢十大技术及重轨、钒钛系列产品参展。

8日

△攀钢与找钢网战略合作协议签约仪式在成都攀钢金贸大厦举行，双方将在销售、经营、投资等领域开展战略合作。

10日

△鞍钢集团董事长、党委书记，深化改革领导小组组长唐复平主持召开深化改革领导小组会议，研究契约化管理、总部业务审批权限修订、持续深化采购管理等七项改革工作。

12日

△鞍钢集团董事长、党委书记唐复平主持召开第二届董事会第七次临时会议，审议并通过《鞍钢集团公司“公司制”改制实施方案》等六项议题。

12~15日

△国务院国资委课题调研组对攀长特“三去一降一补”工作进行了专项调研。

13日

△鞍山钢铁在营口鲅鱼圈举行鞍钢铁路用钢新技术新工艺新产品（全球）发布会，发布会主题为“携手同行，共铸未来”。

△鞍山钢铁分别与中铁物资集团、中铁物轨道科技服务集团签署党建联盟协议。

14日

△鞍钢集团党委书记、董事长唐复平主持召开党委理论学习中心组学习会，对《关于新形势下党内政治生活的若干准则》进行再学习、再理解、再贯彻。

△鞍钢集团启动推进岗位管理、优化机构编制工作，这是鞍钢集团贯彻落实国务院国资委关于深化国企改革工作部署和央企瘦身健体工作要求，适应产业结构调整和实施契约化管理需要推出的一项重点工作。

△中纪委召开全国纪检监察系统表彰大会，鞍钢集团公司纪委常委、案件监督管理室主任刘德勇受到嘉奖。

△央企创新成就展在北京中国电子科学研究院开展，包括鞍钢集团在内的101家中央企业参展。

△第五届全国冶金职工运动会“鞍钢杯”拔河比赛在鞍钢体育馆落下帷幕，鞍钢拔河代表队获6枚金牌。

15日

△鞍钢集团召开强化采购管理工作会议，进一步加强和规范采购全业务流程管理，提高采购工作质量及效率。

21日

△鞍钢集团公司党委召开迎接党的十九大近期重点工作部署会议，贯彻落实国务院国资委党委专题工作动员部署会议精神，为党的十九大胜利召开营造安全、稳定、和谐的环境。

△鞍钢集团召开汽车用钢新产品研发、应用与技术服务用户发布会，来自国内外的300余名知名“汽车人”共同倾听鞍钢方案。

26日

△鞍钢集团召开四季度安全生产工作会议，会议指出要提高政治站位，全力以赴为党的十九大胜利召开营造安全、稳定、和谐的环境。

△由中宣部、全国总工会、共青团中央、全国妇联等联合举办的“圆梦中国人”全国百姓宣讲报告会在北京人民大会堂举行，“当代雷锋”郭

明义作为第一报告人以《永葆本色，服务人民》为题作报告。

28 日

△为迎接党的十九大胜利召开，由中央电视台制作的大型特别节目《还看今朝·辽宁篇》在中央电视台新闻频道播出，其中以鞍钢元素展现高速钢轨生产、铺设全过程。

△鞍钢集团公司党委召开基层党支部建设提升年活动推进会，全面提升基层党支部建设科学化水平。

△鞍钢人才公寓正式交付使用，鞍钢集团公司董事长、党委书记唐复平为人才公寓揭牌。

29 日

△鞍钢集团公司党委书记、董事长唐复平主持召开党委常委会，专题研究部署推进法治鞍钢建设工作。

30 日

△鞍钢集团公司印发《关于优化职能 压实责任 严肃考核进一步强化采购管理的决定》及 3 个配套文件，明确自 10 月起，按照“1+M+N”工作模式，系统推进采购整改。

9 月

△第十七次辽宁省见义勇为英雄表彰大会在沈阳召开。生前因抢救人民生命财产而光荣牺牲的原鞍钢矿业东鞍山铁矿铁运作业区电机车点检员孙利东，被辽宁省政府追授为“辽宁省见义勇为英雄”。这是孙利东继“鞍钢优秀共产党员”“鞍钢楷模”“鞍山市见义勇为模范”“全国见义勇为英雄”等称号后，获得的又一荣誉。

△鞍钢股份被国家工信部评定为 2017 年两化融合管理体系贯标示范企业，成为全国首批 50 家贯标示范企业之一，示范方向为现代化生产制造与运营管理。

△鞍山钢铁首个消防自动报警系统远程监控网络在鞍钢股份能源管控中心建成，可实现消防信息远程监控。

△鞍钢股份市场营销中心华南分公司成功中标中石油广东寰球有限公司 120 万吨/年丙烷脱氢制高性能聚丙烯项目一期工程 A537 标段压力容器用钢，填补了鞍钢在该钢种的国内销售空白。

△西昌钢钒厂实现热轧薄规格 980 兆帕级高强钢稳定批量生产，意味着攀钢已具备该级别带钢批量加工供货能力。

△第三届中国冶金文学奖揭晓，鞍钢集团获优秀组织奖，田力、刘盛超、邱梅分别获奖。

△鞍钢成功开发出炼焦用煤微观自动检测技术，荣获 2017 年冶金科学技术奖二等奖。

△攀钢成功开发出空调底盘用热镀铝锌板，并顺利完成《空调底盘用热镀铝锌钢板和钢带专用技术操作规程》制定工作，标志着该项技术已经成熟，该产品已具备批量生产能力。

10 月

2 日

△《中国建设者》纪录片第六季第三集《海上巨无霸》在中央电视台科教频道播出，讲述鞍钢为“蓝鲸一号”量身定做的 F550 超高强海工钢的故事。

9 日

△鞍钢集团召开领导班子扩大会议，受中组部领导委托，中组部有关干部局负责同志宣布了党中央、国务院关于鞍钢集团公司总经理任职的决定：姚林同志任鞍钢集团公司董事、总经理、党委副书记。

12 日

△鞍钢集团召开非钢产业发展推进会，强调要实现“631”产业结构调整目标，必须以“体系引领和项目引领”双轮驱动发展非钢产业。

13 日

△鞍钢集团召开隐蔽斗争形势报告会，进一步增强鞍钢各级领导人员和涉密岗位人员维护国家安全和保守国家秘密意识，并就今后一个时期国家安全工作提出要求。

16 日

△鞍钢集团公司总经理姚林率队走访广汽集团，与广汽集团总经理冯兴亚等进行座谈，双方表示要不断深化战略合作关系。

20 日

△由中国钢铁企业总工程师协会主办，攀钢承办的中国钢铁企业总工程师协会第十六次会议在西昌召开，来自国内钢铁企业的领导、专家围绕“国内碳交易市场前景、影响及对策”主题，进行深入研讨。

22日

△在建的沪通长江大桥天生港专用航道桥拱肋全部实现合龙，鞍钢供货的近5万吨高级别钢板为该次成功合龙提供了坚强保障。

24日

△党的十九大代表、“当代雷锋”、中华全国总工会兼职副主席、鞍钢矿业齐大山铁矿生产技术室采矿公路管理业务主管郭明义，再次当选为中国共产党第十九届中央委员会候补委员。

26日

△鞍钢集团信息化管理部在鞍钢教培中心组织召开鞍钢集团主数据管理平台项目上线启动会，主数据管理平台的成功上线运行，标志着鞍钢集团已初步实现业务核心数据的标准化、集中化管控。

27日

△鞍钢集团党委召开学习贯彻党的十九大精神会议，贯彻落实国务院国资委视频会议精神，对学习宣传贯彻党的十九大精神进行部署。

30日

△鞍钢集团财务共享服务平台正式运行。

31日

△鞍钢集团召开1~9月经营活动分析会，提出以党的十九大精神为指引全面打胜扭亏脱困攻坚战。

△中央文明办发布10月“中国好人榜”，鞍钢矿渣开发公司职工、辽宁省道德模范孙宝江荣登榜单。

10月

△攀长特公司新品开发重点项目之一的5.5毫米规格BXH系列奥氏体不锈钢盘条在连轧高线试轧成功。

△鞍钢彩涂板大批量供货在建的北京新机场项目，这是鞍钢彩涂板首次应用到机场建设项目。

△由四川省国资委联合四川电视台共同主办的“四川国企十大工匠”揭晓，西昌钢钒炼铁厂点检组组长杨林成功入选。

△在全国厂务公开民主管理工作先进单位表彰电视电话会议上，攀钢荣获“全国厂务公开民主管理工作先进单位”称号。

△鞍山钢铁成功开发出碳含量高达1%的T10A过共析热轧卷板，成为国内首家成功开发该钢种热轧卷板的企业，填补了国内空白。

△在浙江绍兴举办的2017年度冶金行业优秀创新工作室经验展示交流会上，鞍山钢铁刘加纯创新工作室、田宇创新工作室、林学斌创新工作室被授予“2017年度冶金行业优秀创新工作室”。

11月

3日

△鞍钢集团公司党委书记、董事长唐复平主持召开党委理论学习中心组2017年第19次学习会，专题学习10月27日中央政治局会议和第一次集体学习会精神。

△鞍山钢铁首个劳模创新工作室实训基地在鞍钢股份炼焦总厂正式启用。

6日

△鞍钢集团下发《鞍钢集团公司党委关于全面深入学习宣传贯彻党的十九大精神的通知》。

7日

△国务院国资委党委召开学习贯彻党的十九大精神报告会，唐复平等集团公司领导在鞍钢分会场参会。

△在中国钢结构表彰大会上，鞍钢纵向变厚度钢板（LP钢板）的轧控技术和性能研究及其工程应用获年度科学技术奖二等奖，这是鞍钢历史上首次获得该项大奖。

8日

△主题为“新时代、新使命、新作为——深入学习宣传贯彻党的十九大精神”座谈会在鞍钢博物馆举行，中华全国总工会党组成员、经费审查委员会主任李守镇与19名来自生产一线的劳动模范、职工代表举行座谈，学懂弄通做实十九大精神，争做习总书记的好工人。

△全总文工团赴鞍钢慰问演出举行，以文艺表演的形式传达党的十九大精神。

11日

△鞍钢集团领导人员学习贯彻党的十九大精神高层研修班在鞍钢会展中心开班，鞍钢集团公司党委书记、董事长唐复平作开班动员讲话，鞍钢集团公司总经理、党委副书记姚林出席研修班。鞍钢集团公司党委副书记、工会主席尹利主持研修班，辽宁省学习贯彻党的十九大精神宣讲团成员、辽宁省委党校副校长周永生作辅导报告。

14 日

△鞍钢集团公司董事长、党委书记唐复平主持召开第二届董事会第八次会议，审议并通过《关于聘任姚林为鞍钢集团公司总经理的议案》等九项议题，听取鞍钢集团 1~10 月生产经营等情况汇报。

△鞍钢参展第二十二届俄罗斯国际冶金展览会。

15 日

△在上海召开的钢铁行业新媒体联盟年会上，鞍钢集团官方微信——“摇篮鞍钢”公众号选送的《抢先一步看鞍钢人才公寓 360°全景 VR 让您身临其境！（内附彩蛋）》作品，荣获钢铁行业新媒体联盟年度推文一等奖，这是该次评选中唯一的一等奖。

17 日

△在全国精神文明建设表彰大会上，生前因抢救人民生命财产而光荣牺牲的原鞍钢矿业东鞍山铁矿铁运作业区电机车点检员孙利东获得“第六届全国道德模范提名奖”，鞍钢矿业齐大山铁矿荣膺“第五届全国文明单位”。

△鞍钢股份公司冷轧厂李超、齐云勇，热轧带钢厂张福多，炼钢总厂林学斌，中厚板厂田宇光荣当选首批“辽宁工匠”。

18~19 日

△在 2017 年第十七届中国上市公司百强高峰论坛上，鞍钢股份公司获得“中国百强企业奖”，鞍钢股份公司董事会秘书张景凡获得“中国百强优秀董秘奖”。

23 日

△鞍钢集团公司党委学习贯彻党的十九大精神宣讲团成立。

24 日

△在国务院国资委央企创新成就展总结大会上，鞍钢集团公司作为表现突出集体受到国务院国资委的通报表扬，“央企创新成就展”鞍钢展位讲解员、鞍钢集团博物馆刘姝圻作为唯一表现突出个人代表在大会上作发言。

27 日

△鞍山钢铁职工创新工作室沙龙在鞍钢集团博物馆成立。

29 日

△由鞍钢股份等 16 家单位共同承担的国家重点研发计划——“低温高压服役条件下高强度管线用钢项目”，在鞍钢会展中心召开项目启动暨实施方案咨询审议会。

11 月

△鞍钢成功为一在建的国内规模最大的炼化一体化项目供应 500 余吨 5 米以上超宽规格压力容器钢板，标志着鞍钢突破了国内超宽规格压力容器钢板生产极限，成为世界首家具备 5 米以上超宽压力容器 CrMo 钢板供货能力的企业。

△在 2017 年钢铁行业科技创新大会上，鞍钢股份、鞍钢矿业鞍千公司、鞍钢集团钒钛（钢铁）研究院获“中国钢铁工业科技工作先进单位”荣誉称号，8 名职工荣获“中国钢铁工业优秀科技工作者”和“中国钢铁工业优秀科技管理工作者”称号。

△李超创新工作室获“全国示范性劳模和工匠人才创新工作室”称号。

△由攀钢负责的国家“973”科技计划项目课题——“高铬型钒钛磁铁矿还原新过程基础研究”成果，在北京通过由项目首席科学家组织的项目内部课题技术验收。

△在第二十二届全国发明展览会暨第二届世界发明创新论坛上，鞍钢集团选送的职工发明成果获得 68 个奖项，其中，金奖 19 项、银奖 30 项、铜奖 19 项，鞍钢集团获得“优秀展团奖”。

△攀钢无钼热轧双相钢 DP600 开发成功。

△中国企业文化研究会、中国冶金政研会分别对企业品牌文化建设先进典型、企业党建思想政治工作研究成果进行表彰，鞍钢集团多个集体、个人和多项研究成果获奖。

12 月

1 日

△在中国企业社会责任报告国际研讨会上，鞍钢集团荣获“金蜜蜂 2017 优秀企业社会责任报告·领袖企业奖”。

5 日

△鞍钢集团与国家开发投资公司签署战略合作框架协议。

△中钢协发布 2017 年冶金企业管理现代化创新成果，鞍钢集团 10 项管理创新成果获奖，其中一等奖 3 项、二等奖 3 项、三等奖 4 项。

6日

△鞍钢股份在中联钢企业评审委员会开展的对“热轧带肋钢筋、桥梁板、汽车板生产企业综合评级”中，被评为全国钢铁产业链汽车板优秀制造商AAA级企业。

12日

△由四川省经信委指导、攀钢积微物联主办、电子科技大学协办的2017攀钢积微物联“新经济新技术新服务”高端峰会在成都举行。

13日

△鞍钢集团博物馆成为首批“全国中小学生研学实践教育基地”。

△攀长特连轧厂线材技改新增大盘卷项目第一次热负荷试车，成功生产出28毫米组距规格的线材盘卷。

15日

△鞍钢集团公司党委书记、董事长唐复平主持召开党委常委会，传达学习习近平总书记关于进一步纠正“四风”、加强作风建设重要指示精神和中共中央办公厅通知精神，研究部署鞍钢集团贯彻落实工作。

△鞍钢集团公司取得工商部门颁发的改制后的公司营业执照，公司制改制工作圆满完成，鞍钢集团公司由全民所有制企业整体改制为国有独资公司，名称由“鞍钢集团公司”变更为“鞍钢集团有限公司”。

18日

△国内首卷第三代超高强汽车用钢QP1400在鞍钢神钢冷轧高强汽车板公司成功下线。

21日

△鞍钢集团召开党委常委（扩大）会，传达学习中央经济工作会议精神。

△鞍钢集团公司党委书记、董事长唐复平主持召开党委理论学习中心组2017年第21次学习（扩大）会，学习研讨《习近平谈治国理政》第二卷、《习近平关于国有企业改革发展和党建论述摘编》，进一步学习领会习近平新时代中国特色社会主义思想，把鞍钢集团学习宣传贯彻党的十九大精神不断引向深入。

△攀钢高炉渣提钛产业化示范项目低温氯化工程在攀枝花钒钛高新技术产业园区开工，标志着攀西钛资源回收综合利用进入新的历史阶段。

22日

△中共鞍钢一届十一次全委（扩大）会议在鞍钢会展中心举行，会议指出，要以习近平新时代中国特色社会主义思想和党的十九大精神为指引，不忘初心，坚定信心，下定决心，攻坚克难，确保实现2018年各项目标任务，以优异成绩向集团公司第二次党代会献礼，为鞍钢集团再创“长子”辉煌，为决胜全面建成小康社会而不懈努力。会上，鞍钢集团公司党委书记、董事长唐复平代表集团公司党委常委会向全委会作《深入学习贯彻党的十九大精神开启鞍钢振兴发展新征程》工作报告。

23日

△鞍钢集团召开大监督体系工作会议，标志着鞍钢集团大监督体系正式运行。

25日

△鞍钢集团召开首届“鞍钢工匠”（首席技师）表彰聘任大会，表彰鞍钢集团首届“鞍钢工匠”、2017年度鞍钢集团技术状元和技术能手及第二十二届全国发明展览会获奖项目。

△鞍钢集团召开推进岗位管理体系建设工作启动会，对构建“三要素、四维度”全面岗位管理体系做出安排部署。

27日

△鞍钢集团第一届职工代表大会第五次会议隆重召开。会议号召，广大职工要深入学习贯彻习近平新时代中国特色社会主义思想和党的十九大精神，解放思想，改革创新，不忘初心，砥砺奋进，以优异成绩向鞍钢集团第二次党代会献礼，为再创“长子”辉煌，为决胜全面建成小康社会而努力奋斗。鞍钢集团公司总经理、党委副书记姚林代表集团公司向大会作题为《全面学习贯彻党的十九大精神 在鞍钢振兴发展新征程中展现新作为》的行政工作报告。

12月

△全球首个“华龙一号”示范工程——福清5号核电机组首台发电机在东方电气集团东方电机有限公司通过了“型式试验”，全部指标达到和优于设计要求，该核电机组反应堆压力容器支撑用钢15MnNi由鞍钢独家供货。

△西昌钢钒板材厂极薄规格产品获突破，实现不大于1.6毫米酸洗板每月千吨以上供货能力。

△鞍钢成功中标G5011芜合高速林头至陇西段改扩建工程所需的全部耐候桥梁钢，意味着

Q345qDNH 变厚轧制高性能耐候桥梁钢（LP 钢板），将首次应用在国内桥梁工程中。

△2017 年度“辽宁省劳模创新工作室”和“辽宁省职工创新工作室”结果揭晓，鞍钢集团 7 个职工创新工作室榜上有名。

△“鞍山钢铁厂”入选首批国家工业遗产拟认定名单。

△由攀钢、中国钢研科技集团有限公司、东北特殊钢集团有限责任公司等单位共同承担的国家“十二五”科技支撑计划项目课题“特殊钢高洁净冶炼、均质化凝固技术与棒线材生产线应用示范”在北京通过中钢协组织的验收。

△中钢协发布 2017 年冶金产品实物质量奖名单，鞍钢集团 11 项产品摘得“金杯奖”。其中，攀钢钒生产的高速铁路用钢轨被评为“特优质量奖”。

△由鞍钢集团钒钛（钢铁）研究院重轨及铁路用钢研究所申报的“高冲击韧性的钢轨及其生产方法”发明专利获俄罗斯发明专利授权，这是攀钢在钢轨领域首次获得俄罗斯发明专利授权。

2017年鞍钢集团十大新闻

一、深入学习宣传贯彻习近平总书记“三个推进”重要讲话精神和党的十九大精神

3月7日，习近平总书记参加第十二届全国人民代表大会第五次会议辽宁省代表团全体会议并发表了“三个推进”重要讲话。3月8日，鞍钢集团召开党委中心组学习（扩大）会。4月15日，举办高层研讨班，深刻学习领会和贯彻落实习近平总书记“三个推进”重要讲话精神，要求层层组织传达学习，制定工作方案，推动20项任务、80项子任务全面落实。10月18日，党的十九大在北京隆重开幕，鞍钢集团干部职工通过多种方式收听收看开幕会直播盛况。10月20日，鞍钢集团党委理论学习中心组学习（扩大）会，专题学习党的十九大报告。10月27日，鞍钢集团党委召开学习贯彻党的十九大精神会议，对学习宣传贯彻党的十九大精神进行部署，在全集团迅速兴起学习宣传贯彻热潮。

二、深入推进市场化、契约化改革

4月，鞍钢集团出台了《关于进一步落实各级企业市场主体地位完善市场化经营机制的工作方案》，贯彻落实习近平总书记“三个推进”重要讲话精神，促进各级经营单位真正成为自主经营、自负盈亏、自担风险、自我约束、自我发展的独立市场主体；在差异化、市场化改革的基础上，鞍钢集团全面推行契约化管理，2018年1月1日起，全集团正式按照契约化模式运行。12月15日，鞍钢集团公司取得工商部门颁发的改制后的公司营业执照，鞍钢集团公司由全民所有制企业整体改制为国有独资公司，名称由“鞍钢集团公司”变更为“鞍钢集团有限公司”。至此，鞍钢集团公司制改制任务全部提前完成，标志着鞍钢集团深化改革正式进入新的阶段。

三、全力构建“631”产业发展新格局

4月，鞍钢集团董事长、党委书记唐复平在集团公司深入学习贯彻习近平总书记在辽宁代表团重要讲话精神高层研讨班上指出，鞍钢集团把供给侧结构性改革的着力点放在优化调整自身产业结构上，加快由钢铁“一柱擎天”向多元支撑发展的产业格局转变：要稳步发展钢铁产业，优先发展非钢产业，协调发展资源产业，全力构建“631”产业发展新格局。一年来，鞍钢集团“处僵治困”、淘汰落后钢铁产能工作成效显著，关停攀钢西昌新钢业钢铁产能120万吨，关停攀成钢钢铁产能180万吨等，累计化解粗钢产能362万吨；深入落实“三去一降一补”工作任务，推进化解过剩产能工作。

四、典型选树工作成效明显，多名职工获各级工匠称号

4月，生前为鞍钢矿业东鞍山铁矿职工的孙利东被授予“全国见义勇为英雄”荣誉称号，并于10月获“第六届全国道德模范提名奖”。6月，鞍钢股份炼焦总厂郭代义获得“鞍山好人·最美人物”荣誉称号；鞍钢股份能源管控中心刘加纯获得“鞍山好人·时代楷模”荣誉称号，并于12月同鞍钢股份鲅鱼圈钢铁分公司谷松一起当选“辽宁好人·最美工人”。7月，鞍钢股份质量检验中心姜静当选7月孝老爱亲类“中国好人”。10月，鞍钢矿渣开发公司职工孙宝江当选10月“中国好人”。11月，鞍钢股份公司冷轧厂李超、齐云勇，热轧带钢厂张福多，炼钢总厂林学斌，中厚板厂田宇当选首批“辽宁工匠”。12月，李超、林学斌、朱宁、王广军、谷安成、张福多、刘关洪、岳彩东、高德库、郑义、田宇、齐云勇、吴丹、杨林14名职工被命名为“鞍钢工匠”，并被聘为鞍钢集团公司首席技师，享受相应的薪酬待遇。

五、唐复平、郭明义当选党的十九大代表

6月，中国共产党辽宁省代表会议选举产生

63 名辽宁省出席党的十九大代表，鞍钢集团党委书记、董事长唐复平，“当代雷锋”郭明义当选，这是鞍钢人的光荣与骄傲，他们代表鞍钢 8.4 万多名党员出席党的第十九次全国代表大会。会上，郭明义再次当选中央委员会候补委员。

六、首次发布鞍钢集团文化体系

7 月，包含鞍钢集团愿景、使命、核心价值观、管理法则等内容的《鞍钢集团文化宪章》和《鞍钢集团视觉识别系统》正式发布，标志着鞍攀重组成立的鞍钢集团正式拥有了自己的文化体系，鞍钢集团文化建设由此有了一个新的开端。鞍钢集团展览馆被批准为国家 4A 级景区，并正式更名为“鞍钢集团博物馆”。

七、鞍钢集团大监督体系正式运行

9 月，鞍钢集团党委启动建立大监督体系工作。11 月，印发《鞍钢集团党委关于构建大监督体系的意见（试行）》，成立监督委员会。12 月，鞍钢集团大监督体系正式运行，该体系由监督委员会组织领导和总体协调，出资人监督、业务监督、专责监督“三个体系”有效协同，由招标采购、财务共享、人力资源服务、审计、对外投资监管“五大平台”强力支撑，即“1+3+5”模式的大监督体系。2017 年，鞍钢集团正式启动“廉洁风险地图”创建工作。“廉洁风险地图”从上级专业评价、上级纪委评价、基层党委评价、基层职工评价四个维度，对各基层单位存在的廉洁风险开展评估，并综合评估情况，确定各单位廉洁风险级别，有针对性地制定防控措施。

八、开展“践行共享理念　关爱一线员工”专项服务行动

9 月，鞍钢集团党委印发《关于开展“践行共享理念　关爱一线员工”专项服务行动的通知》，围绕增加职工收入、改善工作环境、完善生活福利设施等六个方面，对“践行共享理念　关爱一线员工”专项服务行动进行安排部署。通过征集，确定立项解决的集团项目 38 项、子企业项目 120 项、基层单位项目 899 项，努力为职工解难事、办实事、做好事，让企业发展成果更多惠及广大职工。同月，鞍钢人才公寓正式交付使用。

九、鞍钢集团总经理任职

10 月，鞍钢集团召开领导班子扩大会议。受中组部领导委托，中组部有关干部局负责同志宣布了党中央、国务院关于鞍钢集团总经理任职的决定：姚林同志任鞍钢集团董事、总经理、党委副书记。

十、全面打胜扭亏脱困攻坚战

2017 年，鞍钢集团坚持“保生存、求发展”工作思路，扎实推进调整、改革、创新、加强党的建设“四项重点工作”，生产经营效益质量实现新突破，全年全集团效益大幅增长，超额完成奋斗目标，全面打胜扭亏脱困攻坚战，实现由“保生存”向“求发展”转变。世界品牌实验室（World Brand Lab）组织评选发布的 2017 年《中国 500 最具价值品牌》分析报告中，鞍钢以 570.55 亿元的品牌价值荣登排行榜第 55 位，比上年增加 123.37 亿元，位列钢铁企业首位。

概　况

总　述

截至2017年末，鞍钢集团共有在职员工141392人，在岗员工118898人。固定资产原值2995亿元、净值1665亿元。主体生产设备中烧结机16台、焦炉28座、高炉19座、转炉30座、连铸机27台、板材轧机30套、线材轧机3套、管材轧机24套、型材轧机15套。拥有热轧板、冷轧板、镀锌板、彩涂板、冷轧硅钢、重轨、无缝钢管、型材、建材、特钢（不锈钢）等完整的产品系列，世界领先的钒产业和中国最大的钛产业。广泛应用于铁路、建筑、汽车、机械、造船、家电、集装箱、石油石化、航空航天等数十个行业。

2017年以来，集团公司把迎接党的十九大召开和学习宣传党的十九大精神、认真贯彻习近平总书记“三个推进”重要讲话精神作为主线，坚持“保生存、求发展”工作思路，抓好“五个强化”，全面打胜扭亏脱困攻坚战，落实了习近平总书记对鞍钢“凤凰涅槃、浴火重生”的要求，为实现新发展奠定了基础。

坚持稳中求进，开创了生产经营新局面。全集团实现扭亏为盈。在消化解决历史遗留问题和夯实发展基础共计50亿元的情况下，全集团实现利润15.2亿元，同比增利109亿元，进入央企效益增量排名前列，超额完成奋斗目标，一举结束连续5年亏损历史。其中，鞍山区域实现利润41.87亿元，同比增利58.25亿元；攀钢实现利润5.71亿元，同比增利57.94亿元，自2011年以来首次盈利。二级子企业均实现盈利。主要经营指标明显改善。全集团生产铁精矿3948万吨、铁3395万吨、钢3576万吨、钢材3317万吨，同比分别增长5.91%、0.96%、3.65%、2.28%；实现营业收入1878亿元，同比增长34.92%；出口钢材198.3万吨，创汇15.55亿美元。市场影响力显著增强。鞍钢位列2017年中国500最具价值品牌第55位，品牌价值增至570.55亿元，比上年增值123.37亿元。

强化战略调整，构建了产业发展新格局。明确了“631”产业结构调整目标，确定了稳步发展钢铁产业、优先发展非钢产业、协调发展资源产业的战略布局。钢铁产业提质增效稳步推进。全集团放行技改项目213项，鞍钢股份鲅鱼圈分公司3.8米中厚板项目按期投产，攀钢西昌钢钒热轧E1R1初轧机及定宽压力机改造、棒线材、彩涂线建设等项目实现预期目标。鞍山钢铁、攀钢钢材综合价格比行业平均水平分别高240元/吨、438元/吨。鞍山钢铁开展12个大项62个课题攻关，攀钢实施八大降本增效措施和系统量化降本专项行动，降低工序成本13.82亿元。钢铁产业实现利润74.76亿元，同比增利69.11亿元。非钢产业新业态不断拓展，非钢产业实现利润20.29亿元，同比增利10.18亿元。资源产业协调发展成效显现。矿业着力提升资源保障能力，全方位实施降本增效，大力推动改革创新，初步形成产业化发展格局，竞争力明显提升，实现利润2.99亿元，同比增利46.65亿元。加快钒钛产业发展，拓展市场空间，实现利润6.04亿元，同比增利5.99亿元。

强化改革引领，激发了内生发展新活力。坚持市场化改革方向，推动13个方面、72个项目、323项具体改革任务落地。法人治理结构进一步完善。整体完成公司制改制，“鞍钢集团公司”变更为“鞍钢集团有限公司”。推进子企业董事会建设，提升治理能力；成立专职董（监）事办公室，选聘专职外部董监事，建立与企业经营业绩挂钩考评机制。市场主体地位进一步落实。进一步完善差异化管控体系，深化“放管服”改革，实施第四次放权。全面实施契约化管理，建立完善以“两书三办法”为核心的配套制度，完善市场化运营机制，落实主体责任。深化“1+3+5”大监督体系。建立完善“三重一大”决策制度和重大事项风险评估与合规审查机制，加强对重大事项决策前的风险评估与合规审查。“三供一业”分离移交取得重大进展，完成任务总量88.3%，实现了国务院国资委2017年工作任务目标。“处僵治困”成效进一步凸显。狠抓亏损企业治理，国资委挂牌督导的27户“僵尸企业”和特困企业同比减亏 45.45 亿元，减幅 43.61%，完成了国资委下达的“处僵治困”阶段性任务。三项制度改革进一步深化。推进干部人事制度改革，建立市场化选拔任用机制，层层签订年度和任期经营业绩责任书。推进人力资源优化改革，推行“岗位序列、岗位层级、岗位职级、岗位薪级”四维全面岗位管理，推动由“身份管理”向“岗位管理”转变。压缩管理技术岗位定员 2262 个、生产服务岗位定员 9147 个，分流安置人员 11218 人，劳动生产率不断提高。推进薪酬分配制度改革，对职工、管理人员、经营者年度工资总额预算实行分类管理，与效益挂钩联动，收入弹性增大。

强化创新驱动，增强了市场竞争新动能。全面推进科研设计机构市场化改革，增强创新能力和创效水平。创新动力充分激发。初步形成科研院所有活力、研发团队有干劲、企业有效益、个人有收益的创新机制。“五大院”签订技术开发合同 825 项，合同额 5.1 亿元，同比分别增加 156 项、1.3 亿元；签订技术输出合同 219 项，合同额 7096 万元。推动全员创新，职工创新工作室增至 177 个，完成项目 242 个，创效近 4000 万元。科技投入持续加大。建立研发经费稳定精准投入机制，全年增加投入 7 亿元。围绕打造重轨、汽车钢等一流产品，设立研发专项。鞍山钢铁新产品、独有领先产品、战略产品销量占比分别达到 12.06%、29.68%、64.34%，攀钢独有领先产品销量占比 41.5%。创新成果不断涌现，实现“三新”科技创效 41.82 亿元。全集团获冶金科学技术奖 6 项。受理专利 1688 件，其中发明专利 1084 件，1 件发明专利获第 19 届中国专利优秀奖。在第 22 届全国发明展获金奖 19 项、银奖 30 项、铜奖 19 项。

强化管理提升，促进了运营效能新提高。建立健全职能、授权、监督、制度“四大体系”，推进主数据共享平台建设，提升数据管控水平和质量，层层推进管理升级。资金管理不断强化，资产运营效率进一步提高，全面完成国资委下达的“两金”占用控制指标。扎实推进去杠杆，与金融机构签署 340 亿元债转股合作协议，完成市场化债转股 150 亿元。全集团资产负债率持续下降，偿债能力不断提升。安全环保不断改进。强化安全生产责任落实，抓好安全隐患排查整治，全口径生产安全事故起数和伤亡人数同比分别下降 30%和 41.67%。实现重大环境污染事故为零。管理平台不断健全。推进财务共享平台建设，提升财务管理信息化水平。推进人力资源共享服务平台建设，提升人力资源管理效率和服务质量。推进招标采购平台建设，建立供应商信息共享系统，开展采购管理对标，招标采购额 540 亿元，公开采购比例 91.8%，集中采购率 91.3%。审计中心充分发挥监督职能，促进了运营改善、管理提升和风险控制。绩效考核不断加强。建立“效益分区、人员分类、利益共享、风险共担、年度与任期相结合”的绩效考核体系，强激励、硬约束、严考核。优化总部职能，细化量化任务，压实岗位责任，实施精准考核。建立完善关键人才中长期激励约束机制。依法治企不断深入。健全法制组织体系，推进 20 项法治重点工作任务落实。

强化和谐保障，汇聚了共建共享新能量。落实工资效益联动机制要求，按照各子企业经营状况，职工收入实现不同程度增长。大力弘扬“鞍钢宪法”精神，深入开展“网络问企”活动，有效办结意见和建议 5.54 万条。开展首届“鞍钢工匠”评选活动，14 人当选“鞍钢工匠”，其中 5 人当选首批“辽宁工匠”，1 人当选首批“四川工匠”。启动“践行共享理念　关爱一线员工”专项服务行动，围绕增加职工收入、改善工作环境、完善生活福利设施等六个方面，确定集团服务项目 1058 项。研究制定多项收入分配新政策，建立职工正常的薪酬增长机制，规范生活补贴，规范加班费管理，从 12 月 1 日起提高夜班津贴、班组长津贴、女职工卫生保健费标准。对职工操作室、值班室实施改造，对职工活动室、浴池进行维护更新。鞍钢人才公寓投入使用。帮困扶贫工作逐步精准。加大“一帮一”“群帮一”结对帮扶力度。开展“温暖送万家”大走访、大下访活动，走访救济困难职工、困难退休人员 4.67 万人次，发放慰问金 1659 万元。审核下发医疗救助金 1211 万元，惠及 2146 人。积极承担央企社会责任，制定扶贫规划，同比增加扶贫资金 1181 万元。

（鞍钢集团有限公司办公厅　康晓光）

2017年鞍钢集团有限公司工作指导思想和主要目标

指导思想

认真学习贯彻党的十八大和十八届历次全会、习近平总书记系列重要讲话、全国国有企业党建工作会议和中央经济工作会议精神，以“四个全面”战略布局和“五大发展理念”为引领，继续坚持“保生存、求发展”工作总基调，深入推进调整、改革、创新、加强党的建设“四项重点工作”，凝心聚力，攻坚克难，坚决打胜扭亏脱困攻坚战，以优异成绩迎接党的十九大胜利召开。

生产经营目标

全集团实现扭亏为盈；奋斗目标是：实现利润30亿元。

2017年鞍钢集团有限公司生产经营指标完成情况

一、主要产品产量完成情况

2017年，鞍钢集团公司生产粗钢3575.67万吨，同比增加126万吨，增幅3.65%；生铁3395.22万吨，同比增加32.19万吨，增幅0.96%；钢材3316.50万吨，同比增加74.05万吨，增幅2.28%；铁矿石11189.21万吨，同比增加721.18万吨，增幅6.89%；铁精矿3947.77万吨，同比增加220.39万吨，增幅5.91%。

二、财务状况

2017年，鞍钢集团利润总额15.20亿元，实现扭亏为盈，同比增加108.95亿元，增幅116.21%；全年实现营业收入1878.35亿元，同比增加485.80亿元，增幅34.89%；应交税金完成110.67亿元，同比增加29.13亿元，增幅35.73%。

三、钢材产品实物质量情况

2017年，鞍钢集团钢材合格率完成99.07%，同比降低0.11个百分点，综合成材率93.16%，同比降低0.43个百分点。

四、冶金物耗指标情况

2017年，鞍钢集团全年综合焦比519.15千克/吨，同比上升9.02千克/吨，入炉焦比372.77千克/吨，同比上升11.79千克/吨。

五、节能减排情况

2017年，鞍钢集团公司吨钢综合能耗比上年下降0.38%；吨钢可比能耗与上年持平；吨钢耗新水比上年下降 10.62%；SO_2 排放量比上年下降 3.58%；COD 排放量比上年下降 16.45%；氮氧化物排放量比上年下降 3.3%。

六、出口创汇情况

2017 年，集团公司全年实现出口创汇 15.55 亿美元，同比下降 0.29 亿美元，降幅 1.83%。其中出口钢材 198.30 万吨，同比下降 67.67 万吨，降幅 25.44%，钢材出口创汇额 13.36 亿美元，同比下降 1.17 亿美元，降幅 8.05%。

七、钢材产品销售情况

2017 年，集团公司销售成品钢材 3308.09 万吨，同比增加 55.58 万吨，增幅 1.71%；实物产销率 99.75%，同比下降 0.56 个百分点；年末钢材库存 61.48 万吨，同比上升 4.54 万吨，增幅 7.97%。

八、固定资产投资完成情况

全年完成固定资产投资额（按形象进度）34.88 亿元，同比增加 2.67 亿元，增幅 8.29%。

（鞍钢集团有限公司财务运营部　方　众　张铜凯）

2017 年鞍钢集团有限公司组织机构表

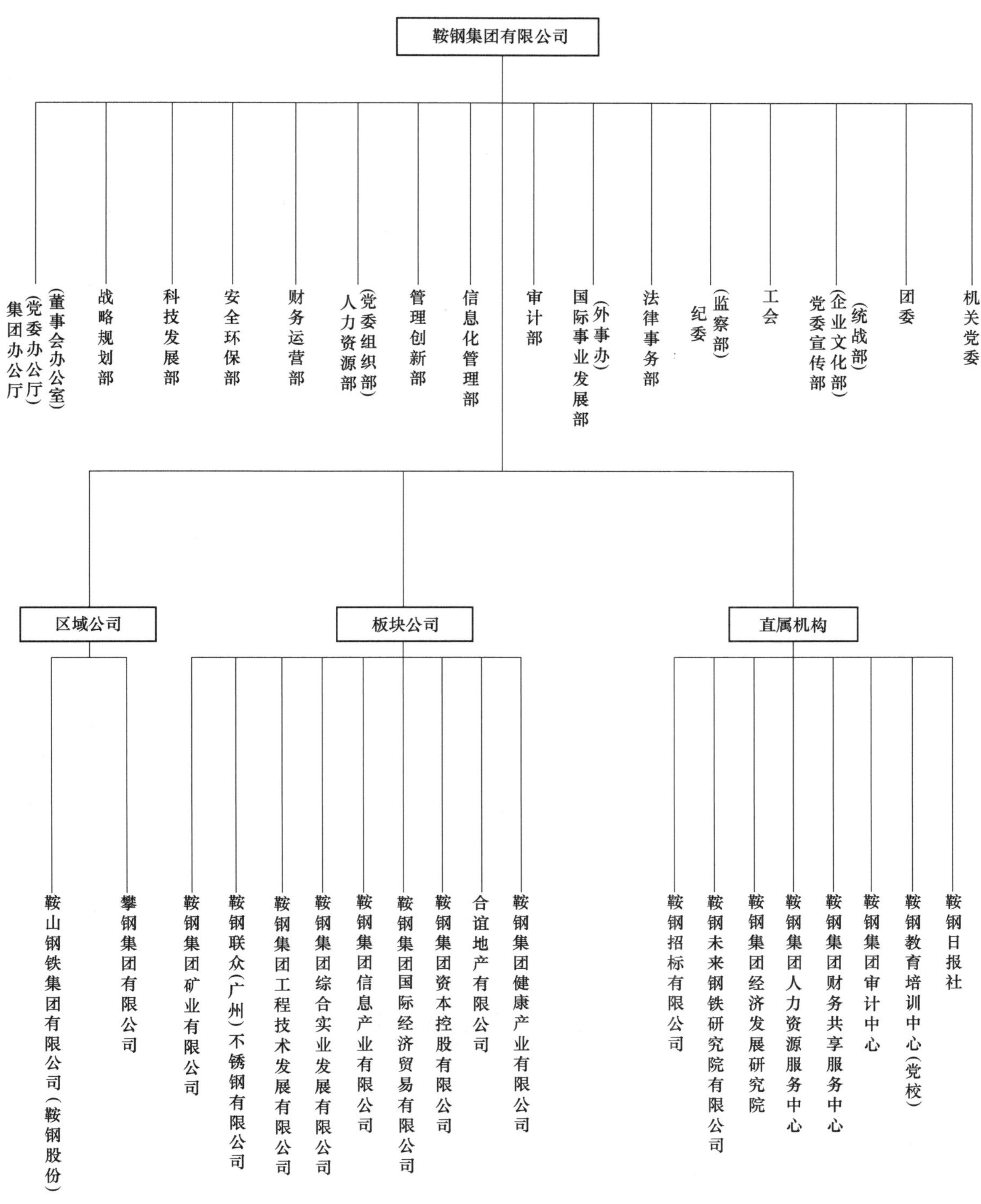

(鞍钢集团有限公司管理创新部)

2017 年鞍钢集团有限公司党政领导班子成员名单

董 事 长 唐复平

鞍钢集团有限公司党委

书　　记 唐复平

副 书 记 姚　林（2017.09 任党委副书记）

尹　利

常　　委 唐复平　姚　林　尹　利　于万源

余自甦（2017.02 不再担任党委常委职务）

许质武

王义栋（2017.02 任党委常委）

景奉儒（2017.04 任党委常委）

邵安林（2017.04 任党委常委）

段向东（2017.04 任党委常委）

鞍钢集团有限公司

总 经 理 姚　林（2017.10 任总经理）

副总经理 姚　林（2017.10 不再担任副总经理职务）

于万源

陈　平（2017.02不再担任副总经理职务）

余自甦（2017.02不再担任副总经理职务）

白静瀑（2017.12不再担任副总经理职务）

王义栋（2017.02任副总经理）

景奉儒（2017.04任副总经理）

邵安林（2017.04任副总经理）

段向东（2017.04任副总经理）

总会计师　于万源

（鞍钢集团有限公司党委组织部　周　克）

2017 年度鞍钢集团有限公司先进单位

鞍山钢铁集团有限公司

鞍钢股份有限公司炼焦总厂
鞍钢股份有限公司炼铁总厂
鞍钢股份有限公司炼钢总厂
鞍钢股份有限公司大型厂
鞍钢股份有限公司热轧带钢厂
鞍钢股份有限公司能源管控中心
鞍钢股份有限公司汽车钢营销（服务）中心
鞍钢集团化工事业部
鞍钢股份有限公司鲅鱼圈钢铁分公司厚板部
鞍钢股份有限公司鲅鱼圈钢铁分公司热轧部
鞍钢集团钢铁研究院
鞍钢集团朝阳钢铁有限公司炼钢厂
铁路运输分公司修建厂
汽车运输有限责任公司

攀钢集团有限公司

攀钢钒提钒炼钢厂
攀钢钒轨梁厂
攀钢钒炼铁厂
钒钛股份攀枝花钒制品厂
西昌钢钒炼钢厂
矿业公司选矿厂
矿业公司选钛厂
攀长特轧钢厂
积微物联公司
国贸公司
物贸公司
鞍钢集团钒钛（钢铁）研究院（攀钢研究院）
生活公司
鸿舰重机公司

鞍钢集团矿业有限公司

齐大山铁矿
鞍千矿业有限责任公司
大孤山球团厂
齐大山选矿厂
大孤山铁矿

鞍钢集团工程技术发展有限公司

鞍钢建设集团有限公司汽运和市政分公司
鞍钢重型机械有限责任公司鞍钢轧辊有限公司
鞍钢房产建设有限公司第一建筑工程分公司
鞍钢集团工程技术有限公司冶炼事业部

鞍钢实业集团有限公司

鞍钢实业集团冶金工程有限公司
鞍钢集团矿渣开发公司

其他单位

鞍钢集团信息产业有限公司鞍信鞍钢集团自动化有限公司
鞍钢集团健康产业有限公司总医院
鞍钢集团国际经济贸易有限公司原料贸易部
鞍钢招标有限公司
鞍钢集团财务有限责任公司

（鞍钢集团有限公司工会提供）

2017年度鞍钢集团有限公司先进党委名单

鞍钢股份有限公司鲅鱼圈钢铁分公司党委

鞍钢股份有限公司鲅鱼圈钢铁分公司炼钢部党委

鞍钢股份有限公司鲅鱼圈钢铁分公司热轧部党委

鞍钢股份有限公司鲅鱼圈钢铁分公司能源动力部党委

鞍钢股份有限公司炼焦总厂党委

鞍钢股份有限公司炼钢总厂党委

鞍钢股份有限公司大型厂党委

鞍钢股份有限公司冷轧厂党委

鞍钢股份有限公司物流管理中心党委

鞍钢集团朝阳钢铁有限公司党委

鞍山钢铁集团有限公司铁路运输分公司铁路修建厂党委

鞍钢汽车运输有限责任公司党委

鞍山钢铁集团有限公司第二发电厂党委

鞍山钢铁集团有限公司保卫部（人民武装部）党委

攀钢集团攀枝花钢钒有限公司热轧板厂党委

攀钢集团攀枝花钢钒有限公司冷轧厂党委

攀钢集团攀枝花新白马矿业有限责任公司白马选矿厂党委

攀钢集团矿业有限公司选钛厂党委

攀钢集团江油长城特殊钢有限公司炼钢总厂党委

鞍钢集团钒钛（钢铁）研究院党委

攀钢集团钛业有限责任公司党委

攀钢集团钛业有限责任公司钛冶炼厂党委

攀钢集团国际经济贸易有限公司党委

攀钢集团汇裕供应链有限公司党委

鞍钢集团矿业有限公司弓长岭露天铁矿党委

鞍钢集团矿业有限公司弓长岭选矿厂党委

鞍钢集团矿业有限公司齐大山铁矿党委

鞍钢集团矿业有限公司鞍千矿业有限责任公司党委

鞍钢集团工程技术发展有限公司建设公司混凝土分公司党委

鞍钢集团工程技术发展有限公司重机公司轧辊有限公司党委

鞍钢综合实业发展有限公司房产建设公司第一工程分公司党委

鞍钢综合实业发展有限公司接待服务公司党委

鞍钢集团信息产业有限公司攀枝花自动化公司党委

鞍钢联众（广州）不锈钢有限公司党委

鞍钢集团医疗健康产业有限公司党委

鞍钢集团财务有限责任公司党委

鞍钢集团公司机关党委

（鞍钢集团有限公司党委组织部　宫志宇）

规划发展

·发展战略与规划·

【发展战略和规划】 创新性开展产业结构调整规划工作，确立并实施“631”产业结构调整战略。根据集团公司落实习近平总书记两会期间在辽宁代表团的“三个推进”重要讲话精神的安排，组织开展规划回顾、业务板块贡献率分析和子企业新兴产业发展思路研究，结合产业结构存在问题，形成《鞍钢集团公司产业结构调整战略方案（2017~2019年）》，提出并确立了鞍钢集团产业结构调整路径和目标，纳入集团2017~2019年发展战略和规划。在此基础上，结合宏观经济环境态势、各产业发展趋势和行业水平对标研究，制定了《鞍钢集团2018~2020年产业结构调整目标》，经2017年9月29日第23次鞍钢集团党委常委会议审议，2017年10月20日第1次总经理办公会审定通过。《鞍钢集团2018~2020年产业结构调整目标》下发至各基层单位并纳入契约化经营管理。

组织编制鞍钢集团公司2017~2019年发展战略和规划。《鞍钢集团公司2017~2019年发展战略和规划》，先后通过集团公司党委常委（扩大）会、总经理办公会议讨论修改，经第二届董事会战略与风险管理委员会第三次会议审议，并在第二届董事会第六次会议上获得通过。该规划确定了2017~2019年调整升级的重点，明确了产业结构调整的目标和路径，提出稳步发展钢铁产业，优先发展非钢产业，协调发展资源产业，打造钢铁、非钢、资源（包含矿业和钒钛）三大产业体系，在增量发展中实现产业结构调整的“631”目标，即2020年鞍钢集团产业收入超越3000亿元，力争实现三大产业收入占比（以产业总体收入为分母）60%、30%、10%的目标。

2017年5月5日上报国务院国资委《鞍钢集团公司2017~2019年发展战略和规划》，并印制下发各基层单位。2017年12月26日，国务院国资委规划局组织专家在北京对《鞍钢集团公司2017~2019年发展战略和规划》进行了评审和回复，《关于〈鞍钢集团公司2017~2019年发展战略和规划〉审核的意见》（国资厅规划〔2018〕12号）原则同意了该规划并提出宝贵意见。

2017年9月27日，下发《关于编制鞍钢集团公司2018~2020年滚动规划的通知》，启动2018~2020年发展战略和规划滚动编制工作。组织子企业开展发展战略和规划制订工作，形成2018~2020年发展战略和规划初稿。

（鞍钢集团有限公司战略规划部　张秋会）

【“僵尸企业”处置和特困企业治理】 大力推进“僵尸企业”处置和特困企业治理专项工作。形成《关于鞍钢集团公司2016年处置“僵尸企业”和特困企业专项治理工作进展情况的报告》，2017年4月26日上报国务院国资委。2017年6月1日，组织召开鞍钢集团特困企业治理工作大会，总结2016年以来特困企业治理工作，对2017年和2018年治理任务和目标进行了部署，强化了坚持“强化管理提升一批、兼并重组改造一批、清理淘汰退出一批”为主的特困企业治理方式，不断加强鞍钢集团特困企业治理。时任董事长唐复平与下属7户子企业签订了特困企业治理目标责任书，落实了治理责任。进一步强化措施，督导推进治理。根据“一企一策”原则在治理方案中针对企业不同情况，采取转换体制机制、承包经营、调整产品结构、降本增效、提高质量、优化组织、压减管理层级、提高劳动生产率、盘活资产等方法措施，不断加强“僵尸企业”、特困企业治理。建立月报、季报制度和困难企业治理督导制度，通过检查、督导、提示、约谈、走访等方式加强过程监测和治理。对于治理过程中发现的重大问题随时进行研究指导，对于发现的扭亏效果不明显的单位随时提示并督促其立即调整治理措施。

“僵尸企业”处置和特困企业治理取得明显成效。国资委共核定鞍钢27户“僵尸企业”和特困企业，截至2017年末，已完成19户治理任务。27户企业较2016年同比减亏88.19亿元（剔除卡拉拉矿业一次性减值和汇兑收益影响），减亏幅度70.65%，实现减亏50%的总体目标，为鞍钢集团2017年实现扭亏为盈奠定了基础。

【去产能】 坚决落实国家供给侧结构性改革举措，推动去产能工作，完成2017年化解过剩产能任务。根据鞍钢集团与国务院国资委签订的去产能目标任务书，2017年按计划关停攀成钢70吨电炉1座，退出粗钢产能50万吨，分流安置2582人

(其中协解2408人，内部退养174人)。2017年4月18日由成都市青白江区科技经济和信息化局正式对电炉进行了封存，且断水断电、拆除动力设备，不具备恢复生产条件。2017年6月30日鞍钢集团战略规划部会同财务运营部和人力资源部，参照中央企业化解钢铁过剩产能验收工作方案，对其进行了内部验收。2017年10月25日，通过了国务院国资委去产能专项检查组的验收，完成了2017年去产能任务。

(鞍钢集团有限公司战略规划部 黄诗茗)

·战略合作·

【战略合作框架协议签署】 2017年鞍钢集团本着平等互利、优势互补、合作共赢、共同发展的原则，积极与利益相关方开展战略合作。

2017年2月10日，鞍钢集团公司与中国第一重型机械集团公司签署战略合作框架协议，双方约定在产品采购和研发、工程项目、国际化经营、资本经营等方面加强合作，实现优势互补与合作共赢，促进双方实现战略目标。

2017年6月3日，鞍钢集团公司与中国青旅集团公司签署战略合作框架协议，双方约定在酒店商旅等项目、采购、管理与文化交流等方面加强合作。

2017年8月3日，鞍钢集团公司与大连重工·起重集团有限公司签署战略合作框架协议，双方约定在冶金机械、起重机械、港口机械、散料装卸机械、各类核心零部件、钢材产品、工程设计、工程建设等方面开展合作。

2017年8月28日，鞍钢集团公司与鞍山市人民政府签署战略合作框架协议，双方决定在矿产资源开发等领域开展战略合作。

2017年11月8日，鞍钢集团公司与中国东方电气集团有限公司签署战略合作框架协议，双方同意在产品采购、工程项目、国际化经营、新产品研发、资本合作、产业互联网、管理创新、党的建设等方面加强合作，建立战略合作伙伴关系。

2017年12月5日，鞍钢集团公司与国家开发投资公司签署战略合作框架协议，双方约定在工程建筑领域、健康领域、金融领域、资产管理领域、前瞻性战略性产业等方面开展合作。

(鞍钢集团有限公司战略规划部 张秋会)

·产业投资管理·

【投资管理制度建设】 2017年，鞍钢集团对《鞍钢集团公司投资管理办法》进行了修订和完善，承接了国务院国资委和鞍钢集团新出台的《中央企业投资监督管理办法》《中央企业境外投资监督管理办法》《鞍钢集团公司董事会议事规则》《鞍钢集团落实“三重一大”决策制度实施办法》和《鞍钢集团重大事项风险评估与合规审查管理办法》等制度、办法的最新要求。同时，将原有的《鞍钢集团公司固定资产投资管理办法》《鞍钢集团公司产业类长期股权投资管理办法》整合进《鞍钢集团公司投资管理办法》，并对投资管理权限、职责、流程、风险控制、监督考核与责任追究等内容进一步细化，从制度层面保证集团公司投资管理规范、投资项目风险可控。

鞍钢集团按照简政放权和提高子企业自主决策权整体要求，结合新印发的《鞍钢集团公司投资管理办法》，对投资管理核心业务权限和总部审批权限进行了完善和修订，投资管理核心业务事项进一步精简、投资项目授权额度进一步放大、投资管理界面进一步清晰。5家单位投资权限被放大，总部审批的投资事项由14项精简到10项，境内外固定资产投资管理权限被统一。

为承接和落实《中央企业投资项目负面清单》要求，鞍钢集团制定了《鞍钢集团公司投资项目负面清单》。负面清单明确了新增炼铁和炼钢产能、未按规定履行核准或备案程序、不符合制度要求和投资决策程序、预期收益率低于人民银行贷款基准利率加3%等十类投资项目为禁止类项目，单项投资额大于子企业上年度合并报表净资产50%的投资项目为特别监管类项目。

【投资风险管控】 明确要求对投资项目可研、方案制定、决策审批、执行监督的全过程进行风险管理，要全面、系统、全周期的进行风险辨识；提出具体的、有操作性的、能抵御风险的应对策略和应对措施并开展监控预警，避免系统性、颠覆性风险事件的发生；组织专家或聘请专业机构对投资项目的风险辨识及应对措施制定情况进行评估，形成《专项风险评估与合规审查报告》，明确提出风险评估意见。责任单位严格落实各项风险应对措施，实现科学决策，依法合规经营，确保风险可控。

【投资项目审批管理】 规范开展限上项目投资管理工作。严格按照鞍钢集团投资管理要求，组织开展限上项目审批工作。主要完成鞍钢股份与华润电力投资有限公司合资建设华润鞍山热电项目立项、攀钢高炉渣提钛产业化示范项目作为科研中试线固定资产投资项目放行实施、鞍钢集团矿业有限责任公司与辽宁新鞍控股投资有限公司合资组建鞍山矿业开发有限公司项目立项及批准、总医院3.0T磁共振项目论证及上报、三治钢管项目论证等。及时配合项目审核及放行的协同工作。配合放行信息化管理部鞍钢集团OA系统推广建设（一期）、鞍钢集团数据服务总线建设（一期）项目、鞍钢集团企业办公平台推广建设等项目。

（鞍钢集团有限公司战略规划部　李宇梁）

·资产管理·

【建立健全集团公司资产管理制度体系】 按集团差异化管控和契约化经营的要求，修编了《鞍钢集团公司实物资产、土地使用权、矿业权和境内股权处置管理办法》，规范了资产处置程序，提高了处置效率。

【完成资产管理信息系统项目建设】 资产管理信息系统项目全面建成并上线运行，实现了对全集团实物资产、土地使用权、矿业权等资产基础信息的收集、统计、分析以及对资产处置项目的备案管理等功能，提升了资产管理效率。

【加强土地资产管理】 积极推进无证土地的办证工作。鞍山钢铁共完成了21宗土地办证工作，攀钢完成8宗土地的办证工作，同时解决了鲅鱼圈和西昌钢钒的用地指标，为下步办证工作创造了条件。

【完成鞍山钢铁整体改制土地资产处置】 向国土资源部申报划拨土地，国家作价出资处置233宗面积16.93平方公里，土地使用权总价值75.66亿元，实现增值60.33亿元；完善土地手续173宗，涉及面积880公顷，并制订了改制及理顺产权关系后进一步规范土地管理工作的计划与措施。

【推进闲置土地资产盘活】 攀钢完成了攀成钢智慧大道和重庆钛业二期土地处置；矿业公司和鞍山钢铁完成了大连石灰石矿的土地及地面资产的确权、资产评估和与大连市政府收储协议的签订；与西昌政府签订了西昌新钢业土地收储协议；鞍山钢铁及综合发展与鞍山市立山区政府签订了实业一薄地块的收储协议。

【推进实物资产处置创收工作】 充分利用集团资产交易平台，通过公开交易与协议转让等多种交易方式，开展对低效无效资产的处置，全集团共盘活资产收入32942.03万元。

（鞍钢集团有限公司战略规划部　洪晓东）

财务运营与审计管理

·预算与统计管理·

【加强全面预算及分析管理，强化执行与监督】 根据《鞍钢集团公司全面预算管理办法》，明确集团各管理层级预算管理职能，强化预算管理的过程控制，按月跟踪各子企业预算实际完成情况，编制鞍钢集团生产经营运行情况报告，及时发现各子企业执行预算过程中出现的问题，提出相关建议，促进预算指标的全面落实。

组织召开鞍钢集团2017年各季度经营活动分析会议，分析企业和行业面临的形势，揭示集团生产经营及资金运行状况，指出集团生产经营存在的主要问题和风险，提出下一步工作重点建议，明确企业今后努力方向，要求各单位积极推进变革创新，发展非钢产业，落实扭亏责任，培育新的利润增长点。

通过开展行业对标，特别是毛利率、吨材利润、铁成本等指标与行业对标，发现自身钢铁主业在生产经营过程中存在的差距，推动钢铁主业不断提升管理能力，实现扭亏增盈。

【推进亏损子企业减亏控亏，提高集团整体盈利水平】 鞍钢集团高度重视并积极推进“僵尸企业”处置和特困企业专项治理工作，成立了以集团公司主要领导为组长的困难企业治理工作领导小组，并下设由战略规划部牵头，财务运营部、管理创新部、人力资源部等多部门参与的困难企业治理工作办公室，具体指导协调督导治理工作。集团公司主要领导多次组织专题会议研究“僵尸企业”和特困企业专项治理工作，制定并下发《鞍钢集团公司困难企业治理方案》。对下属企业进行摸底排查，按照战略定位和经营业绩进行A、B、C分类，梳理确定90户重点治理的特困企业，一企一策的制订治理方案并细化措施加以落实。将治理任务纳入部门绩效考核和子企业经营层考核，并与子企业签订目标责任书，传递压力，明确责任主体。集团定期监测下属困难企业治理任务完成情况，明确验收标准。集团公司分管领导定期听取治理情况汇报，对于治理过程中发现的重大问题随时进行研究指导，推动了困难企业治理工作的顺利开展。

2017年，鞍钢集团共有亏损子企业47户，比2016年减少54户，下降53.47%；亏损面21.46%，比2016年下降22.45个百分点；亏损子企业亏损额93.14亿元，同比减亏138.25亿元，减幅59.75%。

【加强保险管理工作，确保生产经营稳定】 组织制定鞍钢集团2017~2018年度财产保险、专项保险续保方案，统一集团公司保险费率及保险周期，确保在总体方案不变的情况下，合理筹划，精确投保，总体赔付率保持稳定，达到降低保费支出、减少事故发生的目的。

【推进关联交易管理，发挥集团协同效应】 按照关联交易管理办法，密切跟踪市场变化，组织制定内部矿产品等重大关联交易事项的定价工作。根据市场化原则，配合管理创新部推进鞍山区域成员企业关联交易工作，通过发挥集团成员企业协同效应，应对严峻的外部市场形势，促进互利共赢，共同发展，实现国有资产保值增值。

（鞍钢集团有限公司财务运营部　方　众）

【统计工作】 根据《鞍钢集团公司统计管理办法》和《鞍钢集团公司母子公司运行规则》，构建适应多基地、多区域、多板块格局的统计管理体系，规范、协调各区域统计业务，确保各种核算与统计工作协调、统一。通过加强统计工作，及时准确的编制集团生产经营统计报表、行业对标报表及简要分析，为领导决策提供支持。圆满完成钢铁协会组织的2016年企业统计年报编制工作，鞍钢集团公司被中国钢铁工业协会评为2016年钢铁工业统计工作先进集体。

（鞍钢集团有限公司财务运营部　张铜凯）

·资金与会计管理·

【强化资金预算管控，开展多渠道融资，防范债务违约风险】 2017年，鞍钢集团进一步强化资金预算管控，提升资金集中管理和资金运营效率，开展多渠道融资，防范债务违约风险，确保集团公司资金安全稳健运行。

1. 强化资金预算管控。集团公司每月召开资金平衡会，分析子企业当月资金运营情况，总体平衡下月资金预算，并监督子企业资金预算执行。跟踪子企业筹融资工作进展及大额资金流入流出情况，做好资金预判和资金保障方案，促进集团公司资金平稳运营。

2. 统筹安排融资续作，积极推动债券发行。2017年，国内资金市场持续紧张，融资成本高，资金形势十分严峻。集团公司统筹平衡资金池资金，充分发挥财务公司金融功能，积极拓展融资渠道，大力推进债转股资金补充资金池，缓解资金周转压力，保证贷款到期续作。集团公司通过已注册额度滚动发行及新注册发行债券等措施，保证债券如期兑付。

3. 压减“两金”规模，提高资金周转效率。积极落实国务院国资委《关于2016年度中央企业“两金”压控情况的通报》（国资厅发财管〔2017〕16号）相关要求，上报《关于鞍钢集团公司2017年“两金”压控工作方案的报告》（鞍钢政〔2017〕62号），明确鞍钢集团2017年“两金”压控目标和工作措施，要求子企业结合企业实际和管理短板制定行之有效的压控方案，加强专项考核，将“两金”压控指标纳入子企业经营层考核指标，确保两金“压控”工作落到实处。

4. 监控重点企业资金风险。组织各部门及子企业上报相关资料，根据国资委要求按季编报中央企业债务监测报表及债务风险分析报告，形成《鞍钢集团2016年债务分析及2017年债务风险防范说明》《关于鞍钢集团2017年债务风险控制方案的报告》上报国资委。监测集团公司资金风险情况，重点监控长期亏损、资产负债率高、资金风险大的子企业，全面掌握集团公司及子企业资金运营状况，防范资金风险，保障资金链安全。

5. 清理和规范银行账户，扩大银企直连范围，提高资金集中度。集团公司下发《关于进一步清理银行账户的通知》（鞍钢财发〔2017〕29号）、《关于规范银行账户开立及使用原则的通知》（鞍钢政办发〔2017〕49号），进一步规范银行账户开立及使用原则，对银行账户进行全面梳理、统计和清理。集团公司下发通知推进财务公司扩大银企直连范围工作，集团资金结算系统在已与8家主要结算银行开展直连的基础上，又将7家银行纳入银企直连范围，有利于集团资金集中管理。

6. 全面排查融资性贸易，防范资金风险。积极落实国资委要求，下发《关于做好融资性贸易业务风险排查统计工作的通知》（鞍钢财发〔2017〕94号），在全集团范围内排查融资性贸易。要求各子企业按照国资委文件认真识别融资性贸易业务，积极排查融资性贸易业务风险，及时停止和退出融资性贸易业务，严禁开展“空转”“走单”等虚假贸易业务。

（鞍钢集团有限公司财务运营部　张虎强）

【会计管理】 1. 执行新准则。2017年，财政部陆续发布了《政府补助》《持有待售的非流动资产、处置组和终止经营》《收入》《金融工具确认和计量》等7项准则，并于2017年12月25日印发了《关于修订印发一般企业财务报表格式的通知》（财会〔2017〕30号）。其中，《政府补助》准则从2017年1月1日起施行，《持有待售的非流动资产、处置组和终止经营》准则从2017年5月28日起施行，其他五项准则从2018年1月1日起陆续施行。

鞍钢集团严格按照财政部有关通知要求，于2017年执行了《政府补助》《持有待售的非流动资产、处置组和终止经营》两项新准则，并增设“资产处置损益6115”“其他收益6117”科目，重新界定“营业外收入”“营业外支出”科目核算内容，同时按照《关于修订印发一般企业财务报表格式的通知》（财会〔2017〕30号）要求，修改了利润表、资产减值准备表等有关报表格式，顺利完成了2017年决算工作。

2. 贯彻实施“营改增”税制政策。根据（财税〔2016〕36号）《关于全面推开营业税改征增值税试点的通知》的规定：“自2016年5月1日起，在全国范围内全面推开营业税改征增值税试点。”此项税制政策变更涉及鞍钢集团建筑业、房地产业、生活服务业和金融业等多个行业。2017年鞍钢集团认真学习“营改增”相关政策，分析政策变更对鞍钢集团的影响，针对“营改增”运行过程中存在的问题多渠道提出相关政策建议，成功解决了建筑施工企业“营改增”后劳务发生地及总部所在地分别纳税的问题，减轻企业纳税负担。此次“营改增”税制改革对鞍钢集团总体影响不大。其中，建筑业由于2017年度工程项目为老项目适用简易计税方法，税负略有降低；金融业由于可抵扣的进项取得较少，税负略有上升。

3. 资源税改革对鞍钢税负影响。根据《财政部 国家税务总局关于全面推进资源税改革的通知》（财税〔2016〕54号）精神，铁矿石资源税税率从2016年下半年起由从量计征改为从价计征，即按照应税产品（如铁精矿）的销售额乘以资源税税率计征，各省资源税税率由当地省政府确定，并报国家税务总局备案。鞍钢集团所在的辽宁省将铁精矿资源税税率定为5%，四川省定为4%。辽宁省铁精矿资源税税率明显高于几个资源大省，如河北省、山西省3%，四川省4%，而最低的广东省仅为1.5%。随着铁精矿价格上涨，鞍钢矿业2017年底铁精矿价格已达568.7元/吨（合美元约90美元/吨），已超过2015年56美元/吨的平均价格，从价计征的资源税也随之上涨，2017年与2016年相比，鞍钢矿业资源税上涨，资源税改革后税负不降反升，这与国家推进资源税改革不增加企业负担的原则不符。为公平税负，鞍钢集团公司已在不同场合多次向财政部、国家税务总局、辽宁省政府反映辽宁地区铁精矿资源税税率偏高情况，争取降低辽宁省资源税税率。攀钢所属铁矿山受此影响较小，改革前后资源税变化不大。

（鞍钢集团有限公司财务运营部
孙彦涛　王阿惠　于　江）

·资本运营监督管理·

【积极推进债转股，优化债务结构】 为贯彻落实国务院《关于积极稳妥降低企业杠杆率的意见》（国发〔2016〕54号）要求，降低企业杠杆率，优化债务结构，鞍钢集团与多家金融机构深入合作，积极推进债转股。2017年4月5日，鞍钢集团与兴业银行签署债转股合作框架协议，双方达成100亿元债转股基金合作意向。在此框架协议下，2017年6月8日，鞍钢集团与兴业银行在天津市东疆保税港区注册成立兴鞍基金。2017年6月15日，兴鞍基金完成首期50亿元资金募集并通过委托贷款形式注入鞍钢集团，用于置换鞍钢集团及其子公司的其他金融机构存量债务。

2017年6月30日，鞍钢集团与建设银行签署240亿元债转股基金合作框架协议，按照市场化、法治化原则，努力实现去杠杆目标。2017年12月29日，鞍钢集团以鞍山钢铁为实施主体，与建设银行开展了永续类资产收益权产品合作，引入权益资金75亿元，有效降低了集团资产负债率。

为进一步引入权益资金，鞍钢集团与盛京银行合作开展债权融资计划。2017年12月26日，鞍山钢铁债权融资计划在北京金融资产交易所成功挂牌发行，引入权益资金25亿元。

（鞍钢集团有限公司财务运营部　王从庆）

【与央企开展股权合作】 为深化国有企业改革，加强央企间战略合作，优化上市公司股权结构，鞍钢集团与多家中央企业协商股权划转事项。经与中石油集团商定鞍钢集团无偿受让中石油集团所持的中国石油（601857）4.4亿股股票、鞍山钢铁拟向中石油集团无偿转让所持的鞍钢股份（000898）6.5亿股股票的划转方案。2017年5月5日，划转方案经鞍钢集团第二届董事会第六届会议审批同意。2017年6月21日，鞍钢集团无偿受让中国石油股票事项获得国务院国资委批准；9月12日，股票过户手续办理完成，鞍钢集团持有中国石油股权比例为0.24%。2017年11月17日，鞍钢集团无偿划转鞍钢股份股票获得国务院国资委批准，12月14日，股票过户手续办理完成，中石油集团持有鞍钢股份股权比例为8.98%。

（鞍钢集团有限公司财务运营部　王从庆）

【推动"公司制"改制，挖掘内生价值】 在推进鞍山钢铁"公司制"改制进程中，鞍钢集团组织完成对改制涉及12家法人单位的资产评估。以2016年10月31日为评估基准日，鞍山钢铁改制净资产882亿元，评估增值119亿元，增值率15.64%。通过鞍山钢铁"公司制"改制，客观反映了鞍山钢铁资产价值。

2017年2月，鞍钢集团根据《国土资源部关于鞍钢集团公司所属鞍山钢铁集团公司公司制改革涉及土地资产处置的函》（国土资函〔2017〕18号）中关于同意鞍山钢铁改制涉及土地使用权总地价评估值75.65亿元，31.53亿元出让金用于转增国家资本的批复，向国务院国资委申请以作价出资方式处置国有划拨土地转增国家资本金。2017年4月，国资委下发《关于鞍钢集团公司以作价出资方式处置国有划拨土地使用权转增国家资本金有关意见的复函》（国资厅财管〔2017〕278号），同意鞍钢集团将31.53亿元出让金转增国家资本金。鞍钢集团在当月将转增资本金手续办理完毕。

（鞍钢集团有限公司财务运营部　李　岩）

【对攀钢、鞍钢联众实施"类永续债"】 为改善鞍钢联众财务状况，2017年1月，鞍钢集团二届五次董事会批准鞍钢集团对鞍钢联众12.63亿元股东借款转为“类永续债”的议案，2017年2月，该事项履行完成国资委备案程序，另一股东台湾烨联也同意将其1.43亿美元股东借款转为“类永续债”。2017年3月，鞍钢集团采取分步操作方式，先期完成了将鞍钢集团6.63亿元、台湾烨联0.75亿美元股东借款转为鞍钢联众“类永续债”。“类永续债”操作完成后，鞍钢联众资产负债率由2017年初的92.77%降低到3月末的79.57%，进一步优化了资本结构，有效提高了对外融资能力。

为降低攀钢财务负担，2017年7月，鞍钢集团利用50亿元债转股资金对攀钢实施了“类永续债”。通过实施“类永续债”操作，攀钢资产负债率由2017年3月末的91.66%降低到86.49%。

（鞍钢集团有限公司财务运营部　温慧明）

·审计工作·

【审计总体情况】 2017年，集团审计部引领内审系统提高认识、转变观念、关注重点，跟踪督促、“疏防”结合，落实审计监督全覆盖要求，把增加企业价值、防范重大风险、改善营运管理作为审计工作目标，充分发挥内部审计在风险预判方面的能力和作用，促进企业识别与防范重大风险，健全风险防控体系，实现持续健康发展。全年完成审计（含评价）项目65项，较计划实施数52项增加13项，发现各类问题616个、提出审计建议370条；涉及问题金额718164.97万元，审计建议实施可促进被审计单位增收节支55600.97万元（其中工程审计审减金额10899.67万元），向集团纪委移交案件线索27件，揭示重大重要风险56项。

【工程投资审计】 通过对工程建设程序、工程管理制度执行、工程造价与结算、功能考核与验收、项目达产达效等审查，充分揭露工程管理不规范、责任履行不到位、工程结算不准确、功能考核不严格、损失浪费未追责等问题，并提出审计整改建议。全年完成工程投资审计19项，涉及工程投资88.49亿元，发现各类问题159项，提出审计建议133条；问题整改可促进企业增收节支1755.4万元，扣减施工单位工程款9737.82万元。

【经济责任审计】 按照中央七部委发布的《党政主要领导干部和国有企业领导人员经济责任审计规定实施细则》要求，强化鞍钢集团所属单位领导人员权力约束和监督，大力推进党风廉政建设和反腐败工作，落实国有资产经营责任，促进领导人员全面履行职责，实现经济责任审计对象、审计重点、审计期间全覆盖。全年完成经济责任审计18项，发现各类问题144个，提出审计建议102条，涉及问题金额541541.35万元，其中揭示损失浪费金额9552.08万元，发现潜亏金额305654.43万元、潜盈金额20862.36万元、管理不规范金额198926.84万元。

【经营管理审计】 2017年，针对长期亏损企业、重点非钢企业、特殊行业等组织实施8项经营管理审计，深入分析了相关单位的亏损原因或经济效益影响因素，发现各类问题168个，提出改进管理建议62条，审计建议实施可促进企业增收节支41756.93万元，揭示了持续经营面临的重大重要风险21项，同时发现损失浪费17680.68万元、潜亏金额44046.32万元。

【专项管理审计】 2017年，针对专营领域、专项管理或领导关注、群众关心的相关事项组织实施15项专项审计，共发现各类问题110个，提出审计建议47条，揭示重大重要风险14项，发现存在损失浪费12230.14万元，审计建议实施可促进企业增收节支或扣回多计工程款2350.82万元。

【内部控制评价】 2017年，集团审计部按照国资委要求认真组织开展了鞍钢集团2016年度内部控制评价，出具了《鞍钢集团公司2016年度内部控制评价报告》，经鞍钢集团党委常委会和董事会审计委员会审议通过后于5月上报了国资委。内控评价报告反映鞍钢集团2016年存在内控缺陷35项，其中重大缺陷1项、重要缺陷1项、一般缺陷33项。

【督促审计整改】 按照“突出问题整改，制定整改措施，健全追责机制，实现审计整改率100%”的整改工作要求，鞍钢集团发布了《鞍钢集团公司审计整改管理办法》，强化了审计整改责任和整改措施的跟踪落实，建立了“问题清单、责任清单、措施清单”的清单责任制度，明确集团业务分管领导为主管领导责任人、集团职能部门负责人为主管责任人、子企业主要领导为直接责任人，实行“清单销号”管理，强化了整改责任全面落实和执行过程跟踪督促，确保审计报告反映的问题全部整改到位。在集团审计部专人持续跟踪督促下，累计扣回多计工程款 4892.51 万元、挽回经济损失 12436.19 万元、促进增收节支 12461.00 万元，合计取得整改创效 29789.89 万元。同时建立或完善管理制度 11 项，处罚责任人 9 人次，处罚金额 13.85 万元。

（鞍钢集团有限公司审计部　张金岭）

人力资源管理

·领导人员管理·

【全面贯彻落实领导人员选拔任用制度】 一是坚持党管干部原则，按照习近平总书记对国有企业领导人员提出的二十字要求，突出“五注重”用人导向，严把程序步骤关，严格执行酝酿动议、民主推荐、组织考察、讨论决定、公示任用等选拔任用程序。2017年，鞍钢集团党委共集中调整领导人员11次，调整任用134人次，其中提拔任职20人，平级调整或交流112人次，免职2人。二是建立鞍钢集团党委组织部部务联席会议制度。2017年鞍钢集团党委组织部部务联席会议共完成12次领导人员的集中调整，调整72人次，其中提拔任职24人次，平级调整或交流47人次，免职1人次。三是严格控制领导人员配备数量。按照分级管理原则，对沟通备案领导人员，严格履行任前审核制度，对自管领导人员，建立定期报表和任后备案制度，严禁超规格、超职数配备领导人员。

【开展直管领导班子和领导人员年度考核评价工作】 一是按照《2016年鞍钢集团公司直管领导班子和领导人员年度综合考核评价办法》规定的程序和要求，会同集团纪委完成了11个子企业、11个直属单位领导班子、16个集团机关部门和142名直管领导人员的年度考核、分析研判和综合评价工作，形成2016年度考核评价报告，并召开考核通报会，命名表彰4个“四好班子”和11名优秀领导人员，由集团公司领导向分管单位、部门反馈考核结果。同时完成对35家单位“一报告两评议”的反馈工作，将汇总结果及民主评议意见建议书面反馈被评议单位组织人事部门，并提出整改要求。二是紧扣生产经营中心，以“生产经营现金流为正、产品边际利润为正”为底线，以盈亏平衡为红线，结合对直管领导班子的上半年生产经营目标完成情况、“四项”重点工作落实情况进行分析和总结，对领导班子工作状态进行研判，提出直管领导班子年中分析调研报告。三是为适应全面实施契约化管理的需要，进一步突出业绩导向，坚持党政同奖同责。实行生产经营和党建工作一体化考核，制定《2017年鞍钢集团公司直管领导班子和领导人员年度综合考核评价办法》《2018年鞍钢集团公司直管领导班子和领导人员年度综合考核评价办法》。

【深化干部人事制度改革工作】 一是为完善子企业法人治理结构、全面实施契约化管理，按照下管一级以及管控、管人和管事相结合的原则，进一步下放管理权限，将原直接管理的二级单位所属正部级单位党政负责人，调整为沟通备案管理，权限调整后，直管领导人员由141人减至114人。二是贯彻落实“两个一以贯之”精神，坚持党管干部原则，坚持市场化改革方向，落实董事会选人用人权，制定《关于子企业经营班子成员市场化选聘工作的实施意见》，全面推行任期制和契约化管理。三是改进子企业法人治理结构，加强外部董事、监事队伍建设，拓宽来源渠道，制定印发《鞍钢集团公司派出子企业外部董事、监事日常管理、考核评价和薪酬待遇管理暂行办法》，并结合子企业董事会、监事会调整实际，选派管理经验丰富的14名现职领导人员担任子企业专职董事、监事。四是贯彻落实《鞍钢集团公司领导人员交流工作暂行办法》，组织开展任职时间超过六年的领导人员的交流工作。2017年各子企业对已达到任职年限的领导人员的交流比例达到77.78%，完成60%的计划目标。

【加强推进年轻干部培养选拔工作】 一是制定印发《关于加强和改进鞍钢集团公司优秀年轻领导人员培养选拔工作的实施方案》，改进和完善年轻干部培养选拔机制，推进落实“121”培养计划。二是落实领导人员任前培训制度，加大年轻干部教育培训和实践锻炼工作力度，2017年共举办三期119人参加的中青年干部培训班。三是推进年轻干部选拔配备，组织开展基层一线重点单位优秀年轻干部选拔配备试点工作，试点范围由原14家扩大至35家，逐步实现年轻干部选拔配备工作的常态化。

【进一步夯实领导人员管理和监督工作】 一是制定印发《鞍钢集团公司防止“带病提拔”的实施意见》，坚持把责任挺在前面，以责任追究压阵，以日常了解、综合研判两个基础，抓好动议审查、任前把关两个关键，有效防止“带病提拔”，确保选人用人工作质量。二是进一步建立健全责任追究工作体系，客观评价经营者经营业绩和履行经济责任情况，制定《关于对经济责任审计所发现问题进行责任追究的有关规定》，建立经济责任审计责任追究台账，按照有关规定，严肃追究处理。三是贯彻落实《关于组织人事部门对领导人员进行提醒、函询和诫勉的实施细则》，坚持从严要求，把纪律挺在前面，抓早抓小抓苗头，防止小毛病演变成大问题。2017 年，对领导人员开展提醒谈话 266 人次，函询 12 人次，谈话诫勉 159 人次。四是根据中共中央办公厅、国务院办公厅印发的《领导干部报告个人有关事项规定》和《领导干部个人有关事项报告查核结果处理办法》，印发《关于做好 2017 年鞍钢集团公司领导人员报告个人有关事项工作的通知》，按照领导人员管理权限对鞍钢集团 147 名直接管理领导人员个人有关事项报告材料进行了综合汇总。对拟提职人员共履行“凡提必核”程序 18 批、77 人，没有发现漏报、瞒报的情况。五是做好鞍钢集团特殊身份人员出国（境）审批工作，全年完成 465 人次因私出国人员、112 个因公出国团组的政审及备案工作。

（鞍钢集团有限公司党委组织部　周　克）

· 人力资源管理 ·

【人力资源管理】 1. 人才引进工作。按照“战略引导、效率导向、公开透明、竞争择优”的原则，充分发挥用人主体的主导作用，面向高校、社会引进应届毕业生、成熟人才、高端人才。成熟人才引进方面，为研发、工程、信息产业、化工、医疗等非钢产业引进 13 名成熟人才；2017 年通过组织校园专场招聘、双选会、学生自荐等形式开展毕业生引进工作，新增鞍山区域新员工入职一站式报到服务，全年共引进毕业生 433 人，其中本科及以上学历 178 人、专科学历 39 人、技校生 216 人。

2. 人力资源优化改革。为不断释放人力资源活力，鞍钢集团持续推进人力资源优化改革工作。一是进一步深化用工制度改革，推进市场化用工制度改革试点工作，对部分市场化程度较高的单位实施市场化用工；二是按照《关于进一步优化生产服务岗位定员的实施意见》有关要求，继续推进人力资源优化，2017 年共压缩生产服务岗位定员 9147 个，总体压缩比例为 9.47%；三是根据《鞍钢集团公司关于做好人员分流安置工作的指导意见》的精神，按照“稳妥推进、分类指导、以人为本”原则，多渠道妥善安置富余人员。2017 年共分流安置富余人员 11218 人，其中内部退养 2769 人、协商一致解除劳动合同 1040 人、内部转岗 966 人、对外劳务输出 11 人、置换劳务 2826 人、在岗清退解除 437 人、在岗自然减员 3169 人。2017 年底鞍钢集团实物劳动生产率达到 287 吨/(人·年)，钢铁主业实物劳动生产率提高到 743 吨/(人·年)。

3. 军转干部工作。2017 年 7 月，鞍钢集团人力资源部下发《关于“八一”期间开展走访慰问新中国成立前老战士、军转干部活动的通知》，要求各单位做好新中国成立前老战士、军转干部等人员走访慰问工作。经汇总，各单位走访慰问了 1851 名新中国成立前老战士、军转干部等人员，发放慰问品及慰问金总价值 105 万元。

4. 涉密人员管理。为加强鞍钢集团国家秘密、商业秘密涉密人员管理，保证国家秘密、企业商业秘密安全，制定《鞍钢集团公司国家秘密涉密人员管理办法（试行）》《鞍钢集团公司商业秘密涉密人员管理办法（试行）》，并召开专项工作会议部署“双定密”工作，要求各单位严格按照“以密定岗、以岗定人、精准确定、动态管理”的原则确定涉密人员。在推进“双定密”工作开展过程中，人力资源部下发了《关于鞍钢集团公司涉密人员管理工作的安排意见》《关于规范确定商业秘密涉密岗位、涉密人员及竞业限制人员的意见》，进一步明确相关工作，统一管理思路、完善工作流程、强化对涉密人员的动态管理。

5. 劳务人员管理。为加强劳务用工规范管理工作，鞍钢集团公布 2018~2019 年度 30 家合格准入劳务派遣和保安服务单位名录，并要求各单位在合格准入单位名录中选择合作单位。为持续开展减低劳务用工人工成本工作，严格劳务费用支出，各单位通过优化劳动组织、梳理劳动岗位定员、提高自动化水平等多种方式置换劳务用工，大力压缩劳务费用。截至 2017 年末，鞍钢集团劳务用工平均人数 31205 人，比 2016 年同期减少 8678 人，全年累计发生劳务费用 12.8 亿元，比上年同期压缩 21%，超额完成全年压缩劳务费用 10% 目标。

【人才队伍建设】 1. 健全人才管理体系，完善“研发、工程技术、采购营销及高技能”四支人才队伍建设。以实施人才等级序列为重点，提高鞍钢人才队伍素质，建立和畅通各类人才晋升发展通道。截至2017年底，鞍钢集团共评聘各类等级人才2030人，其中研发序列首席专家2人、一级专家5人、高技能序列首席技师14人、特级技师1人。

2. 深化鞍钢集团人才管理体制和工作机制改革。贯彻中共中央《关于进一步加强党委联系服务专家工作的意见》精神，印发《关于进一步加强党委联系服务专家工作的实施意见》，建立了“鞍钢集团领导班子成员专家联系表”，明确了联系服务专家范围及对象，从加强政治引领、支持专家干事创业、发挥专家决策咨询作用、关心专家身心健康、宣传表彰优秀典型、建立完善专家服务工作机制等6个方面加强专家联系服务工作，有效落实了党委联系服务专家的制度化、科学化、常态化。

3. 培育“工匠精神”，营造尊重技术、尊重人才的浓厚氛围，开展“鞍钢工匠”（首席技师）评选活动。按照《关于开展“鞍钢工匠”（首席技师）评选工作的实施意见》要求，启动2017年“鞍钢工匠”（首席技师）评选工作，共评选出李超、朱宁等14名“鞍钢工匠”。组织召开首届“鞍钢工匠”（首席技师）表彰聘任大会，印发《关于命名鞍钢集团公司首届“鞍钢工匠”的决定》，隆重表彰首届14名“鞍钢工匠”。通过开展“鞍钢工匠”评选，树立各领域标杆式人物，增强工匠人才的成就感和使命感。

4. 注重从科研一线选拔和推荐人才，19人次跻身国家、省领军人才、专家等行列。1人荣获辽宁省优秀企业家，2人荣获辽宁省杰出科技工作者，5人获辽宁省大工匠，1人获四川省大工匠，10人入选辽宁省“百千万人才工程”。

【职工培训工作】 1. 加强员工教育培训管理体制机制建设。按照中组部、财政部、教育部《关于进一步规范和加强中央企业中长期经营管理培训工作的通知》要求，制定《鞍钢集团公司关于加强和改进教育培训工作的意见》，对新时期教育培训工作提出明确要求并制定具体实施方案；认真落实年度员工教育培训实施计划，最大限度地释放培训工作先导性和创新性活力，提高培训工作吸引力，实现培训工作与生产经营的有效对接。

2. 经营管理人员培训。以提高企业管理人员政治素质、提升企业经营管理能力为重点，开展有针对性的培养培训。选派34人次参加中组部、国资委调训，选派17人参加全国组织干部学院培训、15人参加大连高级经理学院培训；举办鞍钢集团中青年干部培训班，选拔119名优秀中青年经营管理人员脱产参训；组织实施副厂处级及以上领导人员“十八届六中全会精神”专题轮训，开办培训班23期，轮训2100人；举办“学习贯彻党的十九大精神专项培训班”，2017年开办3期，轮训265人；举办“贯彻落实习近平总书记参加辽宁团讲话精神高层战略研讨班”，430余人参训，54名高管集中研讨；举办学习贯彻党的十九大精神高层研修班，鞍攀两地共290余人参加。

3. 专业技术人员培训。以企业需求为导向，通过组织各类专业培训班，培养企业所需人才。选送40名专业技术人员参加钢协等各类研修培训班；为提高青年员工英语整体水平，培训和发掘适合国际化发展的外语人才，对2016年130名新入职本科及以上学历毕业生开展外语培训并组织测试。开办技术人才创新实践、冶金专业技术知识、机械技术、电气应用技术、安全环保知识、英语、计算机各类软件应用等400余个班次，培训各类专业技术人才13092名。

4. 技能人才培训。以持续提升技能人才专业能力为出发点，组织各类技能培训。开展鞍钢集团作业长、生产一线班组长轮训，2017年培训班组长17期850人、作业长3期144人；组织1547人参加钢铁行业第二届技能知识网络竞赛；选拔16人参加第九届全国钢铁行业职业技能竞赛裁判员培训班；在教培中心开办技能等级培训班12个，培训各类技能人才近300名。

（鞍钢集团有限公司人力资源部　屈年富）

·岗位绩效与薪酬福利管理·

【薪酬福利管理】 1. 积极推进鞍钢集团薪酬分配制度改革工作。建立完善子企业负责人市场化薪酬分配机制。按照集团公司实施子企业经营者任期目标契约化管理的要求，建立完善与企业功能性质相适应、与经营者选任方式相一致、与经营者业绩考核相挂钩的薪酬分配制度。修改完善了《鞍钢集团公司子企业负责人绩效考核及薪酬管理办法》，对实行契约化管理的子企业负责人，根据业绩考核情况，进一步加大效益增提比例，收入实行上不封顶，强化业绩考核结果的刚性兑现。

2. 健全完善工资能增能减分配机制。坚持效益决定分配的原则，进一步完善职工工资与效益联动的工资能增能减分配机制，探索实施薪酬差异化管理，体现盈利、亏损、严重亏损不一样。加强分配政策传导，有效控制人工成本，确保全年实现同口径降低人工成本 5 亿元的目标，充分发挥考核分配的正向激励和负向约束作用。

3. 实施工资总额结构化预算管理。在核定子企业工资总额预算基数基础上，分别核定企业职工、机关管理人员、企业经营者 2017 年度工资总额预算基数，保持三类人员工资总量合理比例结构，并逐步优化。对三类人员 2017 年度工资总额预算实行分类管理，采取差异化工资总额与效益联动办法，按年度考核结果，分别对三类人员 2017 年度工资总额预算进行清算评价。根据各级机关管理人员占比与集团公司平均水平对比情况，分别核减工资总额基数 5%或 10%，确保完成全年压缩管理人员费用 5%以上的目标。

4. 完成 2016 年度工资总额预算清算评价及 2017 年度工资总额预算安排相关工作。按时完成 2017 年度工资总额预算请示和 2016 年度工资总额预算清算评价等相关文件报送工作，均已通过国资委考核分配局审核。根据集团公司 2017 年效益完成情况，向国资委上报调整 2017 年度工资总额预算的请示。印发《关于做好 2017 年度工资总额预算申报工作的通知》和《关于做好 2016 年度工资总额预算清算评价工作的通知》，积极做好各子企业 2016 年度工资总额预算清算评价和 2017 年度工资总额预算核定工作。指导子企业做好本单位工资总额预算管理工作，并对子企业工资总额预算执行情况进行跟踪监控。

5. 完成子企业负责人及集团总部部门负责人 2016 年度薪酬兑现工作。根据考核评价结果，并综合考虑集团总部部门负责人、内设机构负责人与子企业负责人薪酬的总体平衡，提出《关于核定兑现子企业主要负责人及集团总部管理人员 2016 年度薪酬的意见》，并组织实施。

6. 贯彻落实关键人才中长期激励政策。指导督促各子企业制定本单位关键人才中长期奖励实施办法。对 2016 年度符合关键人才中长期奖励条件的 15 人实施中长期奖励，人均奖励额 14.9 万元。

7. 加强履职待遇、业务支出管理。修订印发集团公司负责人、子企业负责人及集团公司总部工作人员履职待遇、业务支出管理办法，进一步规范领导人员及机关管理人员履职待遇、业务支出管理。编制 2017 年度鞍钢集团负责人履职待遇、业务支出预算，并向国资委报送《关于 2017 年鞍钢集团公司负责人履职待遇、业务支出预算情况的报告》。下发《关于做好 2017 年度鞍钢集团公司子企业负责人履职待遇、业务支出预算编制及报送工作的通知》，加强子企业负责人履职待遇、业务支出预算管理，体现依法依规、规范透明的原则。

【年金管理】 1. 密切跟踪人社部企业年金政策调整的进展情况，做好企业年金方案调整及相关制度起草工作，积极争取尽快恢复鞍山区域企业年金缴费。做好鞍钢企业年金计划合同到期签订相关工作，完成受托人合同签订工作，配合受托人做好部分投资管理人招标工作。做好企业年金中人补偿部分个人所得税补缴方案论证研究，同税务部门密切沟通，提出补缴意见。

2. 2017 年度，新增加账户数 152 个，共办理企业年金待遇支付账户数 5066 个，其中一次性支付账户数 3332 个，分期支付账户数 1734 个，共支付企业年金待遇 22042 万元。

【调整鞍钢各类人员待遇】 按照国家、省、市要求，转发了《关于调整部分优抚对象抚恤和生活补助标准的通知》《鞍山市人民政府办公厅关于提高城乡居民最低生活保障和农村特困人员救助供养标准的通知》《关于 2017 年调整退休人员基本养老金的通知》《关于调整部分企业军队转业干部等方面人员生活待遇的通知》《关于进一步加强企业提前退休人员审批管理工作的通知》《关于提高生活长期完全不能自理的离休干部护理费标准的通知》等文件，制定下发了《关于缴纳 2017 年超限额补充医疗保险费的通知》《关于调整鞍山区域鞍钢职工住房公积金缴存基数的通知》《关于恢复鞍山市立山区人民医院企业补充医疗保险定点医院的通知》《关于调整鞍山区域 60 年代精简退职职工待遇的通知》等文件，并按照上述文件要求，调整了各类待遇标准。

（鞍钢集团有限公司人力资源部　韩喜朋）

管理创新

·综　述·

【综述】 2017年，鞍钢集团深入学习贯彻党的十九大精神，全面贯彻落实习近平总书记“三个推进”要求，以中共中央国务院深化国有企业改革“1+N”系列配套文件为指引，牢牢把握经济发展“新常态”和供给侧结构性改革新要求，紧密围绕“四项重点工作”和“五个强化”，坚持“保生存、求发展”工作思路，坚持差异化、市场化、契约化改革方向，以落实各级企业市场主体地位和生产经营责任为目标，细化制定深化改革的路线图、时间表和实施方案，以时不我待的紧迫意识和责任意识，理直气壮推改革，蹄疾步稳抓管理。强化顶层设计，深化体制机制改革，优化固化差异化管控模式，按照集团总部“定规则、强督导、重评价”的角色定位深化总部机关放管服改革，提升机关价值创造能力。全面推行契约化管理，配套完善管理体系建设，创新绩效考核体系，强化风险内控体系，优化提升采购管控水平，加强投资企业监管，推进历史遗留问题解决，不断巩固和完善改革创新成果，规范履职尽责，以实际行动推进供给侧结构性改革，提高集团差异化管控水平，巩固企业市场化主体地位，有效提升各级企业经营活力、发展动力和核心竞争力，努力为集团创新发展、转型升级提供有力支撑。

加强改革顶层设计与推动落实。贯彻落实中共中央深化国企改革工作部署，坚持问题导向，制定出台《鞍钢集团2017年深化改革实施方案》，围绕推进成员企业分类改革、完善现代企业制度、提升集团管控效率、深化“三项制度改革”、发展混合所有制、深化亏损企业改革和加快解决历史遗留问题等13个方面，确定了72项改革项目。在此基础上，按照习近平总书记“三个推进”要求，结合企业改革发展实际，对改革项目进行调整完善和细化分解，制定下发《2017年改革任务书》，确定了集团部门和子企业改革工作任务340项，建立季度改革工作例会制度和评价考核机制，强化改革督查评价，督任务、督进度、督成效，保证了各项改革任务的扎实有序推进。

完善集团差异化管控体系建设。按照国务院国资委政策精神，结合多元产业集团特点，适应集团产业结构调整和企业转型升级需要，完善战略管控模式下差异化管控体系，推动集团管控转型升级。一是制订《关于进一步优化完善集团总部职能体系，实施精准考核的意见》，进一步清晰部门基本职能和工作界面，细化量化部门职责任务、做实部门职能、规范岗位职责体系、促进岗位规范履职，健全完善绩效考核体系、对部门精准实施考核激励，促进集团总部转型，综合提升集团总部放管服能力。二是本着“应放尽放、突出差异化”原则，启动授权体系第四次制修订工作，将人、财、物、产、供、销等市场化经营决策权归位于各级市场主体，切实落实各级法人职权。对《集团总部业务审批权限》进行全面的修订完善，保证集团总部审批流程更加规范高效。三是按照国务院国资委关于建立健全国有企业法人治理结构的原则和路径，把握公司制改制是前提、董事会建设是关键、科学有效决策机制是重点的原则，推进公司制改制，加快建立完善各级企业法人治理结构。四是强化风险内控体系建设。制定出台《鞍钢集团公司重大事项风险评估与合规审查管理办法（试行）》，建立风险评估与合规审查“5+X”联合审查机制；组织开展年度风险评估，评估集团重大风险，研究制定风险管理策略、解决方案和监控预警指标，形成《鞍钢集团2017年度全面风险管理报告》，上报国务院国资委。五是建立新的采购管理机制，推进以实施性价比采购、开展全生命周期管理、深化供应商管理、推行互联网电商采购、提高采购时效为重点的采购质量效益新模式建设工作。制定下发《关于提高采购物资质量的实施意见》，全面推进集团采购质量效益提升；制定《关于优化职能、压实责任、严肃考核、进一步强化采购管理的决定》及其专项考核办法，持续推进深化采购管理工作，筑牢采购管理基础；建设集团供应商客户信息共享平台，借助信息化技术，深化供应商管理。

深化市场化运营机制改革。贯彻落实国企改革“1+N”政策文件精神，坚持市场化改革方向，落实各级企业市场主体地位，加快构建灵活高效的市场化运营机制，促进各级企业真正成为自主经营、自负盈亏、自担风险、自我约束、自我发展的独立市场主体。一是出台《关于进一步落实各级企业市场主体地位，完善市场化经营机制的工作方案》，细化24项专项措施，明确工作内容、工作标的、职责分工与时间安排，推动战略管控模式下差异化授权体系有效落地。规范各级企业法人治理结构，落实企业市场主体地位，完善市场化经营机制。二是在总结朝阳钢铁等试点企业经验并借鉴先进企业做法的基础上，出台《关于实施子企业经营者任期目标契约化管理的意见》，建立结果挂钩、刚性兑现的市场化考核评价机制，以及以“两书三办法”为核心的契约化管理配套制度体系，层层推进契约化管理，推动各级经营者真正转身份、转观念，从“让我干”到“我要干”。三是坚持以预算为目标，以扭亏脱困为重点，全面推行市场倒逼模式，制定《鞍钢集团2017年战略绩效与薪酬评价考核办法》，建立“效益分区、人员分类、利益共享、风险共担、年度与任期相结合”的绩效考核与薪酬分配体系；组织召开宣贯会，深入开展座谈调研，推动子企业全面承接集团要求，构建完善绩效考核体系。严格考核办法的贯彻执行，发挥绩效考核的导向作用。四是坚持在改革创新中同步配套完善管理体系，通过有效的制度供给，固化改革创新成果，保证新业态、新事物的健康有序发展。按照《2016~2018年鞍钢集团公司管理升级工作方案》总体部署，制定下发《2017年管理升级重点工作安排》，召开落实差异化管控暨推进管理升级工作会议，以持续优化差异化管控体系为目标，以完善职能体系、制度体系、授权体系和监督体系“四大体系”为抓手，配套更新岗位标准、压实岗位责任、落实岗位绩效，开展一体化业务管理信息平台建设，层层推进管理升级。按照战略管控模式下差异化管控体系建设要求，开展规章制度立、改、废，优化完善集团规章制度体系，组织规章制度学练用活动，固化改革创新成果。

推进供给侧结构性改革。贯彻落实党中央、国务院关于深化供给侧结构性改革的决策部署，突出抓重点、补短板、强弱项，加快优化调整产业结构，深化瘦身健体提质增效，提升企业发展质量，推动转型发展。一是按照鞍钢集团产业结构调整和战略部署，配套完善非钢产业发展体制机制建设，加快培育新产业、新业态。推进构建金融产业、医疗健康产业、气体产业、绿色再制造产业和城市建设业务平台，打造非钢产业新的利润增长点。二是贯彻落实国务院国资委“压减”工作要求，出台《鞍钢集团2016~2018年“压减”工作方案》，建立督导考核机制，深入推进“压减”工作。出台《关于推进岗位管理优化机构编制的指导意见》，推进岗位管理，优化机构编制，推进身份管理向岗位管理转变，为鞍钢集团转型发展提供基础管理保障。三是贯彻落实国务院国资委关于加快剥离企业办社会职能、推进解决历史遗留问题的相关政策要求，加强顶层设计推动，加快推进厂办大集体改革、“三供一业”分离移交等历史遗留问题的解决。

（鞍钢集团有限公司管理创新部　王春利）

·体制改革与创新管理·

【体制改革与创新管理】 2017年，鞍钢集团贯彻落实党中央、国务院关于深化国企改革决策部署和习近平总书记“三个推进”要求，以“四个全面”战略布局和“五大发展理念”为引领，把握经济发展“新常态”和供给侧结构性改革新要求，坚持“四个导向”，围绕“四项重点工作”，系统谋划推进深化改革工作，助力鞍钢集团扭亏脱困和转型发展。

1. 加强改革顶层设计与推动落实。贯彻落实中共中央关于深化国企改革工作部署，制定出台《鞍钢集团2017年深化改革实施方案》，围绕推进成员企业分类改革、完善现代企业制度、提升集团管控效率、深化“三项制度改革”、发展混合所有制、深化亏损企业改革和加快解决历史遗留问题等13个方面，确定72项改革项目。在此基础上，按照习近平总书记“三个推进”要求，结合企业改革发展实际，对改革项目进行调整完善和细化分解，制定下发《2017年改革任务书》，确定了集团部门和子企业改革工作任务340项，建立季度改革工作例会制度和评价考核机制，强化改革督查评价，督任务、督进度、督成效，保证各项改革任务稳步推进落实。

2. 完善集团差异化管控体系建设。按照国务院国资委关于深化“放管服”改革，结合集团多元产业特点，适应集团产业结构调整和企业转型升级需要，完善战略管控模式下差异化管控体系，推动集团管控转型升级。

（1）优化集团总部职能体系。落实“优化总部职能、细化量化任务、压实岗位责任、实施精准考核”的工作要求，制定下发《关于进一步优化完善集团总部职能体系，实施精准考核的意见》，围绕清晰部门基本职能和工作界面，细化量化部门职责任务、做实部门职能，规范岗位职责体系、促进岗位规范履职，健全完善绩效考核体系、对部门精准实施考核激励等方面，提出了工作总体思路、目标、措施以及时间安排，综合提升集团总部放管服能力。

（2）完善差异化授权体系。贯彻落实《国务院国资委以管资本为主推进职能转变方案》精神，本着“应放尽放、突出差异化”原则，启动授权体系第四次制修订工作。经过前后四轮制修订，鞍钢集团201项核心业务事项取消33项、下放118项，集团对子企业审批事项最多的为50项、最少的为42项，集团对各子企业核心业务事项进一步精简、审批事项的限制条件进一步放宽、授权额度进一步放大，将人、财、物、产、供、销等市场化经营决策权归位于各级市场主体，切实落实了各级法人职权。在此基础上，对《集团总部业务审批权限》进行全面修订完善，将11项集体决策事项审批节点进行科学调整，将10项个人决策事项优化调整为集体决策，新增风险评估与合规审查权限环节，保证集团总部审批流程更加规范高效。

3. 完善法人治理结构建设。按照国务院国资委关于建立健全国有企业法人治理结构的原则和路径，把握公司制改制是前提、董事会建设是关键、科学有效决策机制是重点，加快建立完善各级企业法人治理结构。

（1）推进公司制改制。采取“总体设计、试点先行、分步实施”的方式，全面推进集团所属按《企业法》注册的27家企业实施公司制改制。截至2017年1月，集团所属各级成员企业均改制为规范的公司制企业，并同步理顺产权关系与管理关系，实现各级企业产权清晰，为建立现代企业制度奠定了体制基础。在此基础上，启动母公司公司制改制工作，制定出台《鞍钢集团公司公司制改制实施方案》，明确改制工作的关键节点和任务清单，按照“坚持依法合规操作，坚持现代企业制度更加规范，促进企业可持续发展，确保生产经营及职工队伍稳定”工作原则，履行公司制改制实施方案审议决策程序，呈报国务院国资委审批。根据国务院国资委同意鞍钢集团改制的批复意见，2017年12月15日，完成鞍钢集团改制工商登记，按《公司法》注册为公司制企业。

（2）推进董事会建设。贯彻落实国务院办公厅《关于进一步完善国有企业法人治理结构的指导意见》精神，出台《关于规范子企业法人治理结构的决定》，优化子企业董事会构成，形成了外部董事占多数的“3+X”董事会结构制度安排；成立董、监事办公室，健全完善董、监事履职绩效与企业经营业绩挂钩考核评价机制，提升董、监事履职的效率效果。

（3）规范法人治理运行规则。以《鞍钢集团核心业务权限规范》为基础，落实治理主体权责，理清出资人与子企业、董事会与经理层的决策权限，建立各治理主体之间的工作关系与业务流程；修订完善《鞍钢集团落实“三重一大”决策制度实施办法》，重新梳理“三重一大”决策事项，科学调整决策权限，完善决策程序，强化决策执行监督评价，构建科学高效、运转协调、有效制衡的治理机制。

4. 深化市场化运营机制改革。贯彻落实国企改革“1+N”政策文件精神，聚焦老国企“外部市场化，内部非市场化、市场压力不能有效传递”等问题，坚持市场化改革方向，落实各级企业市场主体地位，加快构建灵活高效的市场化运营机制，促进各级企业真正成为“自主经营、自负盈亏、自担风险、自我约束、自我发展”的独立市场主体。

（1）落实企业市场主体地位。按照企业成为市场化主体所需具备的“取得独立法人资格、法人治理结构规范健全、全面实施市场化经营机制、独立承担民事责任”的“四要素”，出台《关于进一步落实各级企业市场主体地位，完善市场化经营机制的工作方案》，细化24项专项措施，明确工作内容、工作标的、职责分工与时间安排，推动战略管控模式下差异化授权体系有效落地。规范各级企业法人治理结构，落实企业市场主体地位，完善市场化经营机制，促进各级企业真正成为独立市场主体，进一步激发活力动力。

（2）全面推进实施契约化管理。为有效解决企业内部非市场化体制机制与外部市场化环境之间产生的各种不适应、不协调矛盾，进一步落实企业市场主体地位与经营管理责任，在总结朝阳钢铁等试点企业经验的基础上，抓住经营者“管理契约化、身份市场化”两个关键环节，出台《关于实施子企业经营者任期目标契约化管理的意见》，构建了以“两书三办法”（即聘用合同书、绩效考核责任书、市场化选聘办法、薪酬管理办法、绩效考核办法）为核心的契约化管理配套制度体系，按市场规律对经营层实施管理，强化经营者业绩考核结果与职务任免、薪酬收入的刚性联动，促进企业经营者真正转身份、转观念。

（3）深化金融板块体制改革，制定出台《关于进一步推进鞍钢集团金融产业发展的意见》，加快构建功能齐全的金融产业平台，全面提升支撑实体产业发展的金融服务能力与产业创效能力。

（4）推进健康产业发展，制定出台《关于加快推进健康产业发展的意见》，构建医药、医疗、康养、养老于一体的现代健康产业联合体，打造鞍钢集团多元产业新的利润增长点。

（5）推进鞍山区域气体产业发展，优化调整气体公司股权结构。将鞍钢气体公司纳入鞍钢股份管理，落实主体责任，加快推进鞍山区域气体产业发展。

（6）推动绿色再制造产业发展。整合工程发展公司、鞍山钢铁、矿业公司、综合发展公司绿色再制造资源，共同搭建绿色再制造产业发展平台，统筹存量、拓展增量，降低主业生产成本，实现自身增收创效。

（7）做强城市建设业务。通过实施股权划转，将鞍钢房产纳入工程发展公司管理，发挥协同效应，打造鞍钢集团城市建设品牌。

5. 推进瘦身健体。

（1）推进“压减”工作。贯彻落实国务院国资委“压减”工作要求，按照《鞍钢集团2016～2018年“压减”工作方案》确定的56户总体压减目标，建立督导考核机制，深入推进“压减”工作，截至2017年末，已压减法人企业36户。

（2）推进优化机构编制。适应鞍钢集团产业结构调整及深化改革发展的需要，制定出台《关于推进岗位管理优化机构编制的指导意见》，建立新的管理和技术岗位序列，明确岗位分类和设置标准，进一步优化各级机构编制设置，推进身份管理向岗位管理转变。

6. 推进历史遗留问题解决。贯彻落实国务院国资委关于加快剥离企业办社会职能和解决历史遗留问题的政策要求，加强顶层设计推动，健全组织协调机制，以改革创新思维系统思考、统筹推进历史遗留问题解决。其中，“三供一业”分离移交已完成或签订协议项目，约占任务总量88.3%，鞍山地区供水、供热和物业管理移交项目签订了正式协议，全面完成国务院国资委下达的2017年分离移交工作任务。

（鞍钢集团有限公司管理创新部
董雁鸣　郝　成）

【推进管理升级】 2017年，按照《2016～2018年鞍钢集团公司管理升级工作方案》总体部署，制定下发《2017年管理升级重点工作安排》，以持续优化差异化管控体系为目标，以完善职能体系、制度体系、授权体系和监督体系“四大体系”为抓手，配套更新岗位标准，压实岗位责任，落实岗位绩效，推进一体化业务管理信息平台建设，层层推动管理升级，固化管控模式和改革创新成果，激发经营活力，增强发展动力，确保各级各项管控工作措施的有效落实。

1. 部署2017年管理升级工作。为持续优化固化集团差异化管控体系，增强企业控制力和执行力，贯彻落实鞍钢集团“四项重点工作”部署和“五个强化”工作要求，按照《2016～2018年鞍钢集团公司管理升级工作方案》工作安排，采取基层调研、座谈交流、视频会议等方式对鞍山钢铁、攀钢、矿业集团、工程发展公司、综合发展公司、信息产业公司和香港公司等7家子企业及所属单元企业进行调研，系统谋划2017年重点管理工作，制定发布《鞍钢集团公司2017年管理升级工作安排》，以持续优化差异化管控体系为目标，以加强差异化管控体系文件宣贯、开展规章制度学练用、完善岗位工作标准、推进信息化建设为抓手，层层推动管理升级。

2. 统筹推进管理升级。解读、宣贯《2016～2018年鞍钢集团公司管理升级工作方案》，部署2017年管理升级工作，协调相关部门压缩管理层级，精干组织机构，优化职能体系，规范业务授权，量化考核指标，强化激励约束，落实监督问责，健全工作标准，规范岗位执行，统筹推进管理升级，优化固化管控模式和改革创新成果，激发经营活力，增强发展动力，实现2017年的生产经营目标。

3. 推动管理信息化建设。在咨询专业机构的基础上，会同信息化管理部、鞍信公司对鞍钢集团总部业务流程、管理制度、风险内控、专业监管和岗位说明书等业务进行研究，编制《鞍钢集团一体化业务管理平台可行性研究报告》，通过建立涵盖业务流程、规章制度、风险管理、内部控制、重要职能监管和岗位职责管理等功能的一体化业务管理信息系统，实现流程在线监测，有效防范经营风险，提升集团管控效率和监管水平。按计划开展可研报告的审核、完善，筹备审批、立项和项目启动等工作，系统推进管理业务一体化信息平台建设。

（鞍钢集团有限公司管理创新部　王春利）

【管理创新成果】 2017年，鞍钢集团坚持“保生存、求发展”工作思路，扎实推进“四项重点工作”，积极实施创新驱动战略，坚持市场化发展导向，积极开展差异化管控体系建设，深化契约化管理，配套开展三项制度改革，创新降本增效，加强监督管控等管理创新，涌现出了一大批新模式、新方法、新手段的典型代表。通过相关专家初审和终审，评选出鞍钢集团公司级成果35项，其中特等成果2项、一等成果3项、二等成果5项、三等成果25项。鞍钢集团积极培育和选送的优秀成果，在2017年全国企业管理现代化创新成果和冶金企业管理现代化创新成果评选中，荣获国家级成果奖4项、冶金行业成果奖10项。其中，攀钢集团《老三线国有企业产业结构调整中的员工分流安置管理》成果荣获“第二十四届全国企业管理现代化创新成果”一等奖，朝阳钢铁《钢铁企业内部市场化选聘、契约化经营管理》等3项成果荣获二等奖；鞍山钢铁《大型钢铁企业安全管理模式创建与实施》等10项成果荣获“冶金企业管理现代化创新成果”奖，其中一等奖3项、二等奖3项、三等奖4项。鞍钢集团委托鞍山钢铁推荐申报的辽宁省企业管理进步成果，荣获一等奖2项、二等奖8项。鞍钢集团获奖成果质量和数量在全国冶金企业中均名列前茅，这也是鞍钢集团在全国企业管理现代化创新成果奖项评选中获得的最好成绩。

（鞍钢集团有限公司管理创新部　董利莹）

·体系管理·

【规章制度管理】 2017年，按照集团战略管控模式下差异化管控体系建设要求，结合规章制度学练用活动工作部署，组织总部部门、代行集团职能单位对鞍钢集团核心业务进行了梳理，制订了《鞍钢集团公司2017年规章制度立项计划》，发布了《鞍钢集团公司无效废止规章制度清单》，组织集团各部门严格按计划开展规章制度制（修）订工作，指导子企业开展规章制度“立、改、废”，不断完善鞍钢集团规章制度体系。

1. 优化完善规章制度体系。按照战略管控模式下差异化管控体系建设要求，结合规章制度学练用活动工作部署，组织总部部门，代行集团职能单位对鞍钢集团核心业务进行了梳理，制订了《鞍钢集团公司2017年规章制度立项计划》，发布了《鞍钢集团公司无效废止规章制度清单》，组织集团各部门严格按计划开展规章制度制（修）订工作，指导子企业同步开展规章制度立、改、废，动态完善鞍钢集团规章制度体系。2017年，共组织审核和评审规章制度45项，更新发布38项，集中废止无效管理制度11项。截至2017年12月31日，鞍钢集团规章制度体系包含管理制度190项，其中：核心管理制度103项，专业管理制度87项，涵盖公司治理与管控体制、战略规划与投资管理、财务运营管理、人力资源管理等16项管理职能，董事会建设管理、监督委员会办公室管理、战略规划管理、产业投资管理、资金管理等48个业务模块。

2. 创新开展规章制度学练用活动。为不断强化控制力和执行力，提高企业管理的规范化、系统化、科学化水平，突出规章制度“管控要素和管理体系载体”核心作用，按照集团管理升级工作总体部署，策划开展规章制度学练用活动，会同集团机关党委制定发布《关于在集团总部开展规章制度学练用活动的通知》。组织召开启动会议，对规章制度学练用活动方案进行解读和宣贯，对总部部门和子企业规章制度学练用活动进行安排和部署。组织集团总部部门创新多种方式开展文件学习、制度宣贯和岗位练兵，整理编制印发《鞍钢集团规章制度学练用题库》，组织各支部开展知识竞赛，利用人力资源员工自助平台发动了手机在线答题活动，优化完善岗位标准，压实岗位职责任务，组织更新发布规章制度汇编。同时，策划开展评比、表彰、设计展示活动成果，持续激发集团总部员工规章制度学练用热情，提升广大员工的规范履职能力和政策把握水平，有效发挥机关“走前头、做表率”作用，以上率下，推动差异化管控模式落地。活动期间，组织集团总部部门共收集整理规章制度学练用基础试题1246题，应用范例75个；组织集团总部部门修订完善岗位说明书216份；组织集团总部部门和各级企业员工1000余人参与在线有奖答题活动；先后对10个先进部门、29个先进处室、386个优秀个人进行了表彰。

（鞍钢集团有限公司管理创新部　王春利）

【企业社会责任】 2016年，鞍钢集团贯彻落实国务院国资委《关于国有企业更好履行社会责任的指导意见》（国资委发研究〔2016〕105号）精神，努力践行“以钢铁强国为己任，为客户、为员工、为股东、为社会创造价值”的企业使命，深化企业改革，推动科技创新，发展循环经济，坚持以人为本，保障员工权益，参与社会公益，将可持续发展与企业转型升级有机融合，为经济社会持续健康发展作出了贡献。

1. 优化完善鞍钢集团社会责任体系。一是以鞍钢集团社会责任管理领导小组为核心，建立健全社会责任组织体系，将社会责任归口管理职能调整至经济发展研究院，促进社会责任融入企业运营，加强战略决策和规划部署，指导推动企业社会责任工作。二是参照2016年1月1日起实施的GB/T 36000—2015《社会责任指南》等3项国家标准，结合鞍钢集团履责实际，优化完善了包括36个维度、128个指标、具有鞍钢集团特色的社会责任指标体系，涵盖鞍钢集团履行社会责任的各项管理职能。

2. 系统梳理总结鞍钢集团社会责任工作。编制发布鞍钢集团公司可持续发展报告，全面介绍鞍钢集团在推进战略调整，深化企业改革，强化科技引领，落实节能减排，悉心关怀员工，参与社会公益等方面的实践和绩效，彰显了鞍钢集团将可持续与企业转型升级全方位有机融合，以先进的劳模文化引领改革创新、促进行业进步、服务社会的不懈追求。报告荣获“金蜜蜂2016优秀企业社会责任报告榜”领袖型企业奖。

（鞍钢集团有限公司管理创新部　巴　祎）

·风险内控及绩效管理·

【风险内控管理】 2017年，鞍钢集团紧密围绕战略发展规划和年度生产经营计划，充分发挥各级董事会对全面风险管理的领导和监督作用，将风险防控嵌入重大事项决策过程，强化风险监控预警，使重大风险基本受控，全年未发生重大风险事件，促进了鞍钢集团生产经营目标的实现和企业持续健康稳定发展。

1. 加强风险文化建设，提升风险管控意识。鞍钢集团将全面风险管理作为工作重点，集团公司领导高度重视，亲自抓风险责任落实，带头倡导风险意识，自上而下培育风险文化，提高了风险管理队伍水平，提升了化解风险能力。集团召开风险管理业务交流研讨会，对子企业及三级子公司进行风险管理专项培训，围绕风险预警指标与年度经营预算指标有机衔接、健全风险考核评价体系等方面进行交流研讨，广泛宣贯风险管理文化，切实增强风险管控意识。

2. 建立多部门联动机制，加强风险评估与合规审查。建立重大决策事项联合监管、规范有序的部门协同联动工作机制。出台《鞍钢集团公司重大事项风险评估与合规审查管理办法（试行）》，按照“业务谁主管、风险合规谁负责”的原则，建立风险评估与合规审查“5+X”联合审查机制，审查《专项风险评估与合规审查报告》是否对风险进行全面、系统、全周期的辨识，提出有效的应对策略和应对措施，是否依法合规，确保重大事项风险评估与合规审查的系统性、完整性和规范性。

3. 子企业积极应对风险隐患，落实风险管控责任。各级企业及时把握、深入分析国内外形势变化，提高企业对经营环境变化的敏锐度和对发展趋势的预判能力。建立重大风险监控预警机制，完善重大风险管理策略，明确主体责任和应对措施。通过完善风险内控体系，提高风险管理制度化、规范化水平；根据风险防控重点，强化风险应急应对能力；围绕企业经营关键环节，采取有力措施化解重大风险；针对重大事项，有效运行风险评估与合规联合审查机制，积极消除风险隐患，实现对重大风险的动态管理和有效管控。

4. 开展年度风险评估，制定风险防控措施。鞍钢集团不断提高全面风险管理与内部控制水平，提升风险防范能力，发挥全面风险管理对生产经营的支撑和保障作用。按照“在围绕中心、嵌入流程、完善机制、突出实效、提升手段方面发挥作用，提升风险管理服务重大决策及生产经营的能力”的总体要求，周密部署了2017年度风险管理工作，16个总部部门、10个子企业开展了2017年度风险评估，共评估出8项重大风险，包括现金流风险、战略实施风险、境外投资项目风险、改革风险、安全生产与环境保护风险、稳定风险、法律纠纷风险、信息系统安全风险。在分析重大风险成因及影响的基础上，制定了风险管理策略、解决方案和27个监控预警指标，形成《鞍钢集团公司2017年度全面风险管理报告》上报国务院国资委。

【绩效考核管理】 鞍钢集团按照国务院国资委的部署和要求，把绩效考核工作摆到重要位置，作为建立有效的责任传递机制、经营动力机制的工作抓手，紧盯攻坚目标，精准持续发力，充分调动广大干部职工改革创新、扭亏增效、转型升级的积极性，不断取得新的业绩。制定下发了《鞍钢集团公司2017年战略绩效与薪酬评价考核办法》，促进企业转型升级发展，保障鞍钢集团2017年生产经营目标的实现，主要做法有：

一是建立有效的市场压力传导机制。公平合理的收入分配机制，促进鞍钢集团年度生产经营目标的实现。坚持以预算为目标，以扭亏脱困为重点，全面推行市场倒逼模式，建立“效益分区、人员分类、利益共享、风险共担”的绩效考核与薪酬分配体系。

二是分类设计考核指标。建立子企业经营层包括基本指标、发展质量指标、专项指标的绩效考核指标体系。基本指标体现企业盈利能力、价值创造能力、业务发展能力，突出价值创造和效益提升，发展质量指标反映企业运营质量、市场拓展、科技创新、降本增效和可持续发展能力，专项指标指制约企业发展的短板和瓶颈指标、重大风险防控指标及专项任务指标。

三是完善薪酬分配体系。对子企业工资总额实行结构化预算管理，即实施工资总额预算总量控制，结构化管理。在核定各单位工资总额预算基数基础上，以现有分配结构为基础，按照鞍钢集团深化改革、精简机构、提高效率的总体要求，分别核定企业职工、各级机关管理人员、企业经营者年度工资总额预算基数，保持三类人员工资总量比例合理结构，并逐步优化。

四是健全全员覆盖的绩效管理体系。通过顶层设计，健全压力层层传递、责任逐级分解的绩效管理体系，集团公司统一规范成员企业绩效考核与薪酬评价模板，各级企业结合自身实际，一企一策设置考核指标。通过经济责任制考核，建立部门之间、部门与子企业之间全方位利益联动网络，实现考核模式统一规范的“整体性”，企业整体效益的“联动性”，目标和压力传递的“有效性”，考核结果应用的“及时性”，管控与责任担当的“严肃性”，形成上下贯通、横向协同、全员覆盖的市场压力传导机制，公平合理的收入分配机制，激发企业发展动力和活力。

（鞍钢集团有限公司管理创新部
陆　颖　朱　赫）

·采购管理·

【采购管理】 坚持价值思维和效益导向，建立压力层层传递、指标层层分解、责任层层落实、活力层层激发、绩效层层考核的采购管理机制。推进以实施性价比采购、开展全生命周期管理、深化供应商管理、推行互联网电商采购、提高采购时效为重点的采购质量效益新模式建设工作。

1. 全面推进集团采购质量效益提升。为适应集团高质量发展、满足精益生产的需要，制定下发了《关于提高采购物资质量的实施意见》。实施以战略采购、功能计价采购、综合评标采购的性价比采购工作，降低综合成本；推广物资全生命周期管理工作，增强采购决策能力；深化供应商准入标准、评价、考核管理工作，建设采购优质生态圈；开展互联网电商采购工作，发挥互联网公开、效率优势；提升采购时效工作，适应高效生产经营的需要。2017年，全集团降采21.12亿元，公开采购率91.84%，集中采购率91.25%，电子招标率100%。

2. 持续推进采购管理基础工作。为进一步加强和规范集团采购全业务流程管理，提高采购工作质量及效率，按照权责对等，效率优先的原则，制定了《关于优化职能 压实责任 严肃考核 进一步强化采购管理的决定》及其专项考核办法。明确了使用单位、采购组织、招标单位采购管理职责，确定了采购方案返回率、流标率、定标及时率、招标合规率等11项采购专项考核指标，并按月度统计发布考核指标信息，对未完成指标的单位实施通报、考核。各子企业采购质量和效率管控能力明显提升。

3. 深化基于信息技术的供应商管理。建设集团供应商客户信息共享平台，初步建立统一注册入口、标准规范、信息准确、阳光高效的供应商管理体系。开展以物料分类分级和采购实效为基础，动态优化供应商准入标准；按照“分级实施、集中管控、信息共享”的原则评价供应商，建立集团招标、采购、验收、使用全流程供应商评价体系。在集团范围内共享供应商资质、供应商评价结果、供应商风险等信息，优化供应商队伍，提高采购质量。

（鞍钢集团有限公司管理创新部
吴维臣　李力忠）

· 对外投资监管 ·

【境内参股企业监管】 2017 年，鞍钢集团加强境内参股企业信息报送和绩效评价管理，强化境内参股企业监管。搭建参股企业监管信息管理平台，建立信息管理台账和定期更新机制，畅通信息传递渠道，提高信息及时性和响应速度。组织协调各子企业梳理参股企业运营监管信息，分析查找存在的问题，根据参股企业经营状况，实施 ABC 分类管理，提出下一步加强运营监管和股权处置的建议。对正常经营的参股企业，督促子企业按照参股企业章程规定推动股东会、董事会、监事会等各项会议及时召开，并通过派出人员或运营监管部门参加各项会议，充分行使出资人参与决策权和表决权。对子企业经营层设立投资收益率绩效指标，并对子企业主管部门设立定期报送财务报表和运营评价报告、各项会议召开率和参会率以及按参股企业章程规定派出人员等专项绩效考核指标，纳入《鞍钢集团 2017 年战略绩效与薪酬评价考核办法》，促进各子企业加大监管力度，提升投资收益水平。

（鞍钢集团有限公司管理创新部　刘　俊）

科技创新

· 科技创新管理 ·

【综述】 2017年，鞍钢集团贯彻落实习近平总书记在十二届全国人大五次会议辽宁代表团上发表的“三个推进”重要讲话精神，认真学习领会党的十九大精神，牢牢抓住国家宏观经济稳中向好的发展态势，实施创新驱动发展战略，落实鞍钢集团“十三五”科技发展规划，以“三新”科技创效任务为抓手，实施科研设计机构改革，推进科技创新创效工作，取得显著成效。15项国家级科研项目（课题）落户鞍钢。“热轧板带钢新一代控轧控冷技术及应用”项目获得国家科技进步二等奖。“超大型集装箱船用钢全流程关键技术创新及应用”等6项成果获得冶金科学技术奖。“大方坯重压下关键工艺及装备技术开发与应用”等26项成果获得省级科技进步奖。“采用蓄热式加热炉加热瓦斯气的工艺及装置”1项成果获国家第十九届专利优秀奖。

（一）技术创新体系建设情况

鞍钢集团从深化科技体制机制改革，推进研发投入与项目对接入手，构建完善的技术创新体系。

1. 深入推进科研设计机构机制改革。鞍钢集团深化科研设计机构机制改革取得成效。共修订完善配套制度10项，推动公司制、项目合同制，实现项目全成本独立核算，实施项目效益评价和收益分享政策，下放科研项目自主立项权、科研设备采购权、科技成果处置权和科技人才引进权，初步形成科研院所有活力、研发团队有干劲、企业有效益、个人有收益的创新机制，研发体系效能进一步提升。大力推进科研设计机构成果转化基金的使用，一批科技成果基金转化项目启动实施。“百吨级纳米TiO_2示范线建设”项目，示范线主体投入使用。“5吨/年钛及钛合金精密铸造产线配套建设”项目，在现有精密铸造装置上生产完成多个重点型号，满足国家重器产品需求。

2. 推动研发投入与项目对接。持续加大研发经费投入，建立研发经费稳定投入的机制，组织编制并下达鞍钢集团年度研发经费预算，以保证对鞍钢集团科研项目、重点实验室和中试线建设等的经费投入。围绕打造重轨、汽车钢、海洋装备用钢、钒钛制品、军工等一流产品，设立研发专项。海洋装备用金属材料国家重点实验室，针对腐蚀、焊接实验平台建设薄弱环节，购置窄间隙全位置气保焊机、多通道电化学综合测试仪等科研仪器设备。钒钛资源综合利用国家重点实验室，新购置高速拉伸试验机等科研仪器设备。鞍钢汽车用钢实验室建成具有国际先进水平的标准化实验室，通过CNAS实验室认可并规范运行。成都青白江积微智慧产业园研发平台建设取得新成果，成立了成都先进金属材料产业技术研究院有限公司，为加快科技成果产业化搭建了平台。

（二）重大科技成果情况

1. 重大科技成果不断涌现。“热轧板带钢新一代控轧控冷技术及应用”项目获得国家科技进步二等奖，6项成果获得冶金科学技术奖，26项成果获得省级科技进步奖，1项成果获国家第十九届专利优秀奖。

2. 专利申报质量大幅提升。在“高炉渣提钛产业化项目”“中厚双相不锈钢板生产工艺”等重点技术领域形成专利群，为优化集团公司核心专利技术布局奠定基础。邀请专利预警咨询公司专家做题为“企业专利预警”专利培训，进一步增强了科研人员专利意识，提升了企业防范和抵御专利风险的能力。2017年，集团公司受理专利1688件，其中发明专利1075件，发明专利占比63.68%，创历史新高；拥有有效专利7707件，其中发明专利3495件；取得授权专利1008件，其中发明专利575件。认定专有技术539项。

3. 抢占技术标准制高点。鞍钢集团主导或参与制定标准139项，其中国际标准多项，国家标准66项，行业标准58项，团体标准10项。主导修订的国际标准ISO 4978《焊接气瓶钢用热轧扁平钢材》由第2阶段推进到第4阶段；主导制定的国际标准ISO 22055《铁路道岔轨》成功立项；鞍钢参与的ISO 2408《钢丝绳通用技术条件》和ISO 16120-1《制丝用非合金钢盘条》分别于2017年6月和5月正式发布。

（三）协同创新有关情况

鞍钢集团从建设产业技术创新战略联盟、推进产学研用一体化等两个方面下功夫，大力推动协同创新。

1. 建设产业技术创新联盟。国家钒钛产业技术创新联盟完成了联盟技术路线图修编工作。耐蚀钢产业技术创新联盟，晋级中国钢铁工业协会试点联盟；开展海洋工程技术研究等学术交流活动，建立“高性能耐蚀钢种基础腐蚀数据库”；与中铁宝桥等新增联盟成员单位签订联盟协议书3份。

2. 推进产学研用合作。对外交流合作不断深化。邀请国际、国内知名专家学者举办高水平学术报告会18场次，与中国钢研集团和辽宁科技大学签订战略合作协议。与北京科技大学、钢铁研究总院等多家高校和科研院所开展交流合作。2017年鞍钢集团签订对外技术合同多项。重点支持海洋装备用金属材料国家重点实验室建设，对外合作海洋工程用钢开发、稀土钢开发、材料焊接及腐蚀等科研项目。

军工研发拓展取得新成绩。成功开启了与哈工大、成飞等军品单位的协同研发工作；实业铝粉公司协同华中科技大学、航天四院等院所承担新型包覆性产品研制，成功在国防科工局军品科研立项；协同北京矿院申报军用关键材料进口替代专项通过评估；两个项目不仅国家资金过千万，而且取得鞍钢集团牵头承担国家军工科研项目零的突破。

（四）重大科技成果转化情况

鞍钢集团加快国家项目、集团重大项目研发步伐，在工艺、技术、产品开发成果向生产力转化上取得了突出成绩。

1. 积极申报国家项目，推动项目顺利实施。“低温、高压服役条件下高强度管线钢”等15个项目通过国家科技部“十三五”重点专项立项，获得国家资金支持。在研的12项国家项目总体进展较好，其中2项国家项目通过结题验收。“鞍钢高锰钢中厚板工业试制及稳定化”863课题，试验的高锰钢厚板产品质量达行业领先水平。“鞍山钢铁主厂区废水回收利用”项目，实现钢铁企业废水处理技术的重大突破。

2. 推进鞍钢重大项目，为企业储备先进技术。围绕重大关键共性技术，基础性、前沿性技术研究，组织策划集团公司级科研项目，2017年新立二批集团公司级科研项目共24项。“核级双相不锈钢的研发及推广”全面打通冶炼、轧制、固溶处理及酸洗钝化等生产工艺路线，填补鞍钢双相不锈钢生产空白。“钛及钛合金塑性加工先进制造技术项目”，宽幅热轧钛卷产品实现常态化生产；钛及钛合金厚板产品（10毫米及以上）实现批量生产。推进铁路车辆用耐蚀钢、管线钢等7项重大技术协同项目，加快科技成果向生产力快速转化。

3. 工艺开发取得新突破，带动成果产业化。攀钢高铬型钒钛磁铁矿高效冶炼关键技术研究取得重大突破，世界上首次进行大型高炉、大型转炉冶金分离高铬型钒钛磁铁矿工业试验，开发出具有我国自主知识产权的高铬型钒钛磁铁矿高炉—转炉冶金分离成套技术，达到国际领先水平。攀钢高品质海绵钛成套技术及装备达到国际先进水平，形成了具有自主知识产权的世界上最大的Ⅰ型炉海绵钛生产技术，提升了国内外Ⅰ型炉生产高品质海绵钛的整体技术和装备水平。鞍钢矿业成功研发地下矿山新型崩落采矿新技术，有效破解了矿石贫化严重的行业共性问题，开辟了地下矿山资源高效开发利用新途径。低成本高效炼铁项目取得新成果，高炉炉缸侵蚀监控技术和高炉球团焙烧技术已在鲅鱼圈分公司投入应用，高炉各项指标得到大幅改善，炉缸安全受控，炼铁成本大幅降低。

（五）新产品开发情况及获得的效益情况

以国家级重大工程、“大国重器”的需求为己任，鞍钢研制开发的铁路用钢、核电用钢、海洋工程和造船用钢、桥梁用钢、石油石化用钢、水电用钢、建筑用钢、军工用钢、汽车用钢、模具用钢、金属钛材等系列产品成功应用于国家重大工程建设项目。

自主研发的转向架高端用钢成功应用于中国标准动车组，在世界上首次实现时速420千米交会和重联运行。槽型轨具备稳定批量生产能力，贝氏体钢轨开展实物试用试验，耐蚀轨在广州地铁实现了试铺。

成功研发生产并顺利完成国内最宽规格正火态核电用钢SA-516Gr.70钢板供货，将应用于我国首次出口海外的三代百万千瓦级核电机组——巴基斯坦卡拉奇2号、3号机组上。鞍钢独家供货全球首个“华龙一号”示范工程——福清5号核电机组反应堆压力容器支撑用钢15MnNi。

FH550超高强海工钢首次批量供货国家“蓝鲸1号”工程，成为国内唯一具备F级超高强海工钢供货资质的钢企，助力我国可燃冰试采成功。独家中标世界级超大型矿砂船项目，鞍钢船板在全球航运运力中再次彰显中国力量。

研制生产的高端桥梁钢应用于世界最大公铁两用斜拉桥——沪通长江大桥、马尔代夫“中马友谊”大桥等国内外重大桥梁工程中，奠定了鞍钢桥梁钢的领先地位。鞍钢不锈钢复合板研制取得新突破，接连中标武汉市青山长江公路大桥、五峰山特大桥，进一步扩大了鞍钢不锈钢复合板产品的国内影响力。

鞍钢率先实现国内最高应用级别、最宽规格抗大变形管线钢国产化应用，自主研发生产的直径1219毫米抗大变形管线钢X80M顺利交付用户使用，助力西气东输重要支脉——陕京四线输气管道工程穿越地震带。鞍钢研发的超宽厚壁X80管线钢取得中俄东线项目供货资格，实现了高强度管线钢在极限尺寸规格方面的突破，填补国内空白。成功开发出5米以上超宽规格钢板的轧控+热处理全流程生产工艺，成为世界首家5米以上超宽压力容器CrMo钢板供货企业。

鞍钢水电用钢连续成功中标在建的世界最大抽水蓄能电站——河北丰宁等三座抽水蓄能电站项目，实现水电用钢级别的全覆盖。

鞍钢彩涂板供货国家“十三五”规划的重点项目、世界最大空港——北京新机场，占北京新机场彩涂板用量的80%，鞍钢彩涂板在行业内的影响力显著提升。

开发×××对称球扁钢独家供货首艘国产航母。研制×××钢助力055型万吨级驱逐舰首舰下水。开发航空航天用高温合金GH2909合金在WS15、WZ10直升机发动机上成功应用。

世界首卷全流程工艺生产的TWIP1180HR钢在鞍钢下线，采用的转炉-连铸-热轧全流程工艺路线为全行业首例，产品性能达到国际领先水平，标志着鞍钢将在全球范围内引领先进高强钢生产。国内首卷第三代超高强汽车用钢QP1400试制成功，进一步巩固了鞍钢在国内汽车用钢制造领域的领先地位。

成功开发耐蚀模具用超宽幅马氏体不锈钢40Cr13，成为国内唯一可以生产宽度达2000毫米以上的马氏体不锈钢大板企业，实现我国高端模具用钢重大突破。

金属钛材产品开发打通了西昌钢钒薄规格及宽幅热轧钛卷生产工艺，产品表面质量良好，成材率、表面质量稳定受控；钛棒线材产品打通了生产工艺，具备供货能力。

（六）品牌、质量工作建设情况

2017年，“热轧酸洗钢带”“冲压及深冲用冷连轧低碳钢带”等11种钢铁产品获得冶金产品实物质量“金杯奖”，其中攀钢“高速铁路用钢轨”荣获冶金行业实物质量最高奖项“特优质量奖”。鞍山钢铁通过抓好关键工艺节点管控，实施质量攻关项目，深化工艺点检设备挂牌管理等多种举措，产品质量改进取得明显成效，顾客抱怨率同比降低15%、质量外异率同比降低13%，重点订单原品种计划完成率同比提高17%，客户质量满意度明显提高。攀钢加快推行JLG（精细化、量化、执行刚度）管理和提升工厂级质量管理工作水平，不断推进和完善质量管控体系建设，全年降低质量损失及节约成本3500万元。

（七）群众性自主创新活动情况

鞍钢集团177个厂级以上职工创新工作室先后完成区域公司以上级攻关项目242项，创效近4000万元。李超创新工作室获“全国示范性劳模和工匠人才创新工作室”称号，7个职工创新工作室被命名为辽宁省创新工作室。职工创新成果在第22届全国发明展览会上获金奖19项，银奖30项，铜奖19项。高技能人才队伍建设取得新成果。5名职工当选首批“辽宁工匠”，1名职工当选“四川工匠”，14名职工被评为首届“鞍钢工匠”，同时受聘为鞍钢“首席技师”。在2017年中国钢铁行业科技创新大会上，鞍钢股份公司等3个单位获“中国钢铁工业科技工作先进单位”荣誉称号，8名职工荣获“中国钢铁工业优秀科技工作者”和“中国钢铁工业优秀科技管理工作者”称号。

（鞍钢集团有限公司科技发展部　韩晓东）

【实验室建设管理】 海洋装备用金属材料国家重点实验室，针对腐蚀与防护、焊接实验平台建设薄弱环节，购置多通道电化学综合测试仪、窄间隙全位置气保焊机等科研仪器设备45台（套），填补空白，补齐短板。钒钛资源综合利用国家重点实验室，新购置高速拉伸试验机等科研仪器设备，对实验室进行更新换代，提档升级。

【加快产品应用技术平台建设】 积极推动汽车板、核电用钢、海洋用钢、重轨、钒电池、钛白产品等联合实验室或用户服务平台建设。鞍钢股份有限公司与广汽研究院共同组建鞍钢广汽汽车用钢联合实验室。鞍钢股份有限公司与上海核工程研究设计院共同组建核电板材联合研发中心。海洋装备用金属材料国家重点实验室与大连理工大学共同组建海洋用钢金属凝固过程控制联合实验室。攀钢集团有限公司联合中国铁道科学研究院和焊轨基地（北京、成都、昆明等）开展了 PG4、PG5 钢轨的协同研究，与西南交通大学和中国铁道科学研究院联合建立轨道交通金属材料联合实验室；钒钛（钢铁）研究院联合北京普能有限公司新建的钒电池示范系统于 2017 年 4 月 18 日起开始使用，连续稳定运行。攀钢集团有限公司推进成都青白江积微智慧产业园研发平台建设，成立了成都先进金属材料产业技术研究院有限公司，开展支撑钒钛、特钢产业转型升级的科技研发，打造新材料研发、孵化、产业化平台，为加快科技成果产业化搭建了平台。

【国家项目管理】 各单位在研的 12 项国家科研项目总体进展较好，其中 2 项国家项目圆满完成研究任务，通过结题验收。“鞍钢高锰钢中厚板工业试制及稳定化”863 课题，提前完成课题任务，试验的高锰钢厚板产品质量达行业领先水平。组织申报国家科学技术部“十三五”重点专项项目（课题），其中“低温、高压服役条件下高强度管线钢”等 15 个项目通过立项。举办国家科研项目经费管理使用培训会议。

【鞍钢集团科研项目管理】 2017 年，鞍钢集团科技发展部组织策划鞍钢集团级科研项目，新立二批集团级科研项目共 24 项，主要包括海洋工程用钢、能源石油石化用钢、不锈钢、钛及钛合金、钒制品、异质复合板等产品开发研究；高炉渣提钛产业化技术研究、高品质中厚板智慧设计、构筑成形技术研究、纯净钢冶炼、双介质短流程选矿新技术等具有重大支撑和引领作用的科研项目。加快金属材料腐蚀、焊接等用户应用技术研究。推进铁路车辆用耐蚀钢、管线钢等 7 项重大技术协同项目，加快科技成果向生产力快速转化。2017 年，集团级科研项目取得阶段性成果，多项生产技术指标实现新突破。“核级双相不锈钢的研发及推广”全面打通冶炼、轧制、固溶处理及酸洗钝化等生产工艺路线，填补鞍钢双相不锈钢生产空白。“钛及钛合金塑性加工先进制造技术项目”，宽幅热轧钛卷产品实现批量生产。首次成功开展高炉冶炼高铬型钒钛磁铁矿工业试验，为启动红格南矿区的资源开发提供了技术支撑。攻克低温氯化黏结失流等关键瓶颈技术，高炉渣提钛产业化进程有望全面提速。

【对外交流与合作管理】 对外交流与合作有效拓展。鞍钢集团有限公司与中国钢研科技集团公司和辽宁科技大学签订战略合作协议，组织子企业项目对接，签订技术开发合作合同。2017 年举办学术报告会 17 场次，相关专家学者开展学术报告交流。引导和带动鞍钢集团科研人员了解掌握国际先进技术，极大地拓宽了鞍钢集团科研人员视野。加大与国内一流学科的高校及科研院所在前沿、关键技术上的合作力度。支持海洋装备用金属材料国家重点实验室建设，对外合作海洋工程用钢开发、稀土钢开发、材料焊接及腐蚀等科研项目。支持攀长特公司发展，对外合作高端模具钢开发、无磁钻铤用不锈钢开发等科研项目。2017 年，各单位与钢铁研究总院、北京科技大学、东北大学及上海大学等多所高校和科研院所签订多项技术开发合作合同。

（鞍钢集团有限公司科技发展部　姜成林）

· 知识产权管理 ·

【2017 年获奖科技成果】 2017 年，鞍钢集团有限公司获国家科技进步二等奖 1 项（作为第二完成单位）；获冶金科学技术奖 6 项，其中二等奖 5 项，三等奖 1 项。另外，作为参加单位获冶金奖特等奖、二等奖和三等奖各 1 项。

2017 年度鞍钢集团有限公司获国家科学技术进步奖情况（作为第二完成单位）

二等奖 1 项	
热轧板带钢新一代控轧控冷技术及应用	东北大学、鞍钢股份公司等

2017 年度鞍钢集团有限公司获冶金科学技术进步奖情况

二等奖 5 项	
超大型集装箱船用钢全流程关键技术创新及应用	鞍钢股份有限公司、北京科技大学、大连船舶重工集团有限公司
鞍钢鲅鱼圈宽厚板坯连铸机自主无缺陷关键技术集成	鞍钢股份有限公司
煤质微观检测设备的创制与炼焦用煤快速选择技术的生产体系构建	鞍钢股份有限公司、辽宁科技大学、中钢集团鞍山热能研究院有限公司
冶金矿山智慧矿山研究与应用	鞍钢集团矿业有限公司、北京科技大学
环城矿山污染减排与生态修复关键技术及集成应用	鞍钢集团矿业有限公司、山东大学、中华全国供销合作总社天津再生资源研究所、潍坊科技学院
三等奖 1 项	
露天矿山地下复杂采空区精准探测和爆破治理关键技术研究与应用	鞍钢矿业爆破有限公司、鞍钢集团矿业有限公司、北京广业宏大矿业设计研究院有限公司、宏大爆破有限公司

2017 年度鞍钢集团有限公司获冶金科学技术进步奖情况（作为参加单位）

特等奖 1 项	
超大容积顶装焦炉技术与装备的开发及应用	中冶焦耐工程技术有限公司、北京科技大学、鞍山钢铁集团公司
二等奖 1 项	
ISO5003“铁路用热轧钢轨”等 7 项冶金优势领域国际标准研制	冶金工业信息标准研究院、中冶建筑研究总院有限公司、攀钢集团研究院有限公司、首钢集团有限公司
三等奖 1 项	
钢铁窑炉烟尘 PM2.5 控制技术与装备	中钢集团天澄环保科技股份有限公司、鞍钢股份有限公司、东北大学、清华大学

【知识产权培训情况】 为了提升企业防范和抵御专利风险的能力，提升鞍钢集团有限公司专利管理水平，鞍钢集团有限公司邀请资深专家来鞍做“专利预警”专题培训。

（鞍钢集团有限公司科技发展部　白玉璞）

【专利、专有技术工作】 鞍钢集团专利工作继续坚持“数质并重、重点布局”的原则，促进专利由多向优转变。拥有有效发明专利数量稳步增长，申请发明专利比例和拥有有效发明专利比例进一步提高。2017 年集团公司取得国家受理专利 1688 件，其中发明 1084 件，发明专利比例为 64%；取得国家授权专利 1055 件，其中发明专利 609 件。截至 2017 年底，集团公司累计拥有有效专利 7707 件，其中发明 3496 件，发明专利比率为 45%；2017 年集团公司各单位共完成专有技术认定备案 539 项。围绕重大科技创新，在“旋转喷吹工艺”“煤压实工艺”“复合脱氧剂的制造工艺及其应用”“磁铁矿双介质短流程选矿工艺”“高炉渣提钛”等技术领域开展核心专利布局，加强创新成果保护，不断提升专利质量。

鞍钢集团工程技术有限公司的“采用蓄热式加热炉加热瓦斯气的工艺及装置”（专利号 ZL 201010613516.5）专利获第十九届中国专利优秀奖。采用蓄热式加热炉加热瓦斯气的工艺及装置是油页岩综合利用和低阶煤提质开发的关键技术之一，实现了将易燃易爆的油页岩瓦斯气（或煤干馏气）直接加热至 900℃ 以上，解决了加热过程中所产生的高温燃烧、煤气爆燃、析碳积碳等重大技术难点。加热系统负荷提高 40%，加热炉作业率提高 35%，循环瓦斯出口温度提高 120℃，大幅度提高了加热效率和干馏气的品质。本专利技术积极响应国家新能源产业政策（《煤炭清洁高效利用行动计划（2015～2020 年）》），开辟了冶金热风炉跨界应用的新途径。本专利技术采用“顶燃加热炉加热循环干馏气”的加热工艺取代“排烧炉加管式换热器的二级”加热工艺，所包括的氧控制技术、强制回收炉内残留瓦斯气、在管道上合理设置爆破膜和水封、输入过剩空气和掺混烟气的方法降低燃烧室的温度和烟气中含氧浓度、在线烧积碳等技术经辽宁省科技厅鉴定达到了国际领先水平，具有广阔的应用前景和推广应用价值。该项技术在研发过程中形成7项专利技术，已形成了具有自主知识产权的专利保护群。

（鞍钢集团有限公司科技发展部　巴　虹）

·国际标准化管理·

【国际标准】 鞍钢集团公司主导修订的“ISO 4978焊接气瓶钢用热轧扁平钢材”国际标准提案经ISO/TC17/SC10分技术委员会讨论决定，由准备阶段（WD）直接进入询问阶段（DIS）。鞍钢集团牵头主导制定的钢轨国际标准ISO 22055《道岔轨》在ISO成功立项，并由提案阶段（NP）进入准备阶段（WD）。此外，鞍钢还参与了2项国际标准的修订工作。主导和参与国际标准制修订有利于提高鞍钢集团的核心竞争力和国际影响力。

【国际学术交流】 2017年，鞍钢集团邀请来自澳大利亚昆士兰大学、英国伯明翰大学、美国犹他大学的国际著名教授和乌克兰院士等国际知名专家来鞍钢做学术报告；到东北大学参加国际著名冶金材料专家、加拿大和美国双院士Embry教授的学术讲座；与德国汽车工业联合会（VDA）进行了多次关于汽车用钢的技术交流；19名鞍钢职工参加了世界钢协主办的2017年“世界网络炼钢大赛”。

（鞍钢集团有限公司科技发展部　沙庆云）

安全、环保与节能

·安全管理·

【综述】 2017年，鞍钢集团有限公司深入贯彻党的十八届五中、六中全会精神、十九大精神和习近平总书记关于安全生产工作的系列重要指示、批示精神，以《中共中央 国务院关于推进安全生产领域改革发展的意见》为行动纲领，坚守“发展决不能以牺牲安全为代价”这条不可逾越的红线，坚持“安全第一、预防为主、综合治理”的安全生产方针，强化安全责任落实，强化目标管理，强化监督检查和责任追究问责；结合工作实际，坚持问题导向，采取一季一主题的方式，开展安全生产专项整治，解决安全生产工作中存在的突出问题，安全生产取得明显成效。

2017年，集团公司杜绝较大及以上生产安全事故，发生全口径一般事故35起，伤亡35人，事故起数和伤亡人数同比分别下降30%和41.67%。鞍钢成立70年以来，首次实现企业工亡事故为零，安全生产指标创历史最好水平。

【发挥激励机制作用，强化目标责任管理】 董事长与各子企业签订2017年安全目标责任状。通过安全目标责任状，将安全指标逐级分解到各区域公司、板块公司和生产单位，加大考核力度，指标与子企业领导经济奖惩挂钩，层层传递压力，压实目标责任，有效促进了子企业安全主体责任落实。

【坚持看齐意识，强化安全大检查落实】 为给党的十九大胜利召开营造安全稳定环境，落实好全国安全生产电视电话会议精神，集团公司专题部署开展安全生产大检查，集团公司领导班子分六组深入基层单位，进行安全、防火和防汛现场检查指导，促进安全生产大检查工作的有效落实。在为期4个月的大检查工作中，各单位积极行动，认真落实，共检查发现各类事故隐患18220项，完成整改17856项，隐患整改完成率98%，确保了党的十九大召开期间安全生产稳定顺行。

高度重视国务院安委会督导组对鞍钢的安全生产督导检查。姚林总经理全程陪同，并针对督导组检查意见，亲自组织召开整改专题会议，部署全公司开展对照检查评价，查问题，补短板，全面提升安全管理水平。

【建立反违章机制，强化反违章管理】 针对2016年违章事故多发现状，从年初开始，组织开展反违章专项工作，建立反违章月报工作制度，组织督导各单位加强反违章管理，制定逐级检查、层层考核的“反违章”制度，明确检查责任，量化检查频次，加大考核额度，强化反违章工作落实。2017年各子企业及其所属单位共组织各类安全检查10000余次，发现违章人员5595人次，考核165万元。反违章工作取得初步成效，全公司由于违章造成的事故起数同比上年减少13起，减少比例为48.15%。

【严肃安全问责考核，强化安全规矩意识】 安全规章制度就是企业的“规矩”，一抓规矩宣贯。结合管理升级和规章制度学练用，组织举办规章制度宣贯培训班，培训各级管理人员600余人次、促进安全生产责任制、事故管理办法、安全生产费用提取使用管理办法等制度的理解、掌握。二抓规矩执行。严格依据制度，落实问责考核，全年对相关事故单位执行经济考核174.8万元；对9起分包方死亡事故、2起企业重伤事故和1起轻伤瞒报事故的领导责任者进行了问责处理，问责考核副处级及以上领导人员34人次，有效增强了各级领导干部的安全责任意识。三抓规矩落实。为确保规章制度执行到位，集团公司年初对2016年重伤及以上事故领导责任人员处分落实情况进行全面检查，发现处分决定不规范、经济考核执行不标准等问题15项，在全公司进行通报，并督促有关单位落实整改，实施整改逐一复查确认，问题全部整改到位。

【深化事故案例教育，强化事故教训吸取】 一是强化内部事故教训吸取，坚持月、季生产安全事故分析通报制度，组织各单位共同吸取事故教训。二是针对重伤及以上事故领导责任者处理情况在全公司下发处理通报，警示各级管理人员严格落实安全生产管理职责，增强履职尽责自觉性。三是针对攀长特“8·16”电炉水冷壁漏水喷爆重伤事故、行业内企业高炉炉缸烧穿等典型事故，下发专题通报，开展专业、行业事故教训吸取工作，对照事故原因评价检查，消除隐患和管理漏洞，防止类似事故发生。四是强化全员案例教育，每半年将各单位事故制作成《事故警示录》，发到每名职工手中，提高职工安全防范技能。

【坚持问题导向，一季一主题强化基础管理】 一是针对一季度分包方事故多发问题，开展分包方安全监管专项整治，严格准入标准，由专业部门和安监部门对分包方安全资质和条件重新审核，严把准入关；加强分包方作业监管，关联作业实施书面交底确认、危险作业实施旁站式监督、独立作业定期抽查，促进分包方作业的安全有序；建立分包方信用管理平台，对存在违法违规行为、发生事故的分包方列入“黑名单”，及时淘汰并禁止进入；修订完善分包方事故责任追究制度，压实责任，加大问责力度，促进监管责任的落实，下半年分包方事故得到有效遏制。

二是抓住工贸行业较大危险因素和矿山重大风险防控关键，建立健全新的风险管控机制。组织鞍山钢铁、攀钢、工程发展和实业发展等单位，对冶金、有色、建材、机械等行业开展新一轮较大危险因素辨识评价，共辨识出较大危险因素2797项，全部依据辨识与防范指导手册所列要求，有针对性地完善防范措施，严格落实涉及较大危险因素的设备、设施的点检维护和运行参数监控，确保设备设施的安全稳定运行，防范事故。组织攀钢、矿业公司以地下矿山、尾矿库、火药库、露天采场边坡、排土场、井下提升装置为重点，开展重大风险辨识评价，辨识出重大安全风险217项，全部建立清单和防范控制措施档案，实施重点治理，强化定期检查，防范和遏制重特大事故。

三是针对安全责任文本没有细化到岗到人问题，全面修订安全生产责任制度。逐级开展安全生产责任制专项评审，对照机构设置、岗位编制，认真梳理排查安全职责没有具体到岗和岗位安全职责不具体、不明确的问题，依据《安全生产法》，结合岗位的分管业务、工作职责，逐级明确规范安全职责到岗、到人，消除安全管理上的盲点和漏洞，做到“一岗一职责、一人一清单”。

【落实职业健康法规，加强职业危害防治】 严格坚持职业健康与安全生产同部署、同落实，加强职业健康基础建设，落实职业健康法规要求。一是强化作业现场职业危害因素检测落实；2017年，全公司对粉尘、毒物、噪声、高温、射线等29种职业病危害因素进行了检测，检测粉尘检测点11517处、毒物检测点7556处、噪声检测点8646处、高温检测点4383处、放射源及射线装置等841处。针对检测出的粉尘、噪声等超限值点位，落实整改措施，确保达标，改善现场作业环境。二是落实接触职业危害职工岗前、在岗期间和离岗时的职业健康检查工作；2017年完成职工职业健康体检64301人次（粉尘作业人员体检22264人次，毒物作业人员体检10822人次，高温、高处作业人员体检19007人次，噪声作业人员体检9543人次，射线等作业人员体检2665人次），针对筛查出的417名职业禁忌人员全部调离原工作岗位，做到了妥善安置，防范职业病的发生。三是完成30家单位的职业健康现状评价，强化职业健康基础工作，提升职业病防治水平。

【统筹规划，建立健全消防管理体系】 一是制定《集团公司2017年消防工作要点》，明确消防管理工作目标和重点工作，指导子企业做好防火工作。二是建章立制，重新制定下发《鞍钢集团公司消防安全管理办法》《鞍钢集团公司生产安全和火灾事故管理办法》和《鞍钢集团公司安全防火管理考核规定》，落实消防安全责任，规范消防安全管理流程。三是做好关键时段、重点单位防火工作，组织开展电气火灾综合治理、春季防火 、“两会”和“十九大”期间的消防工作，对矿业公司、综合发展公司和鞍山钢铁的重点区域部位开展防火专项督查。四是规范消防器材采购管理，组织子企业集中招标采购，降低采购成本。

【扎实工作，实现汛期安全稳定生产】 一是制定集团公司2017年防汛工作安排，超前做好防汛工作部署。二是对尾矿库、水库、防洪泵站等防汛重点部位开展汛前、汛中检查，督促防汛措施落实。三是与省、市防汛抗旱指挥部全面对接，密切跟踪气象预警和突发汛情，下发22期预警文件，组织子企业开展有效应对。四是针对辽宁区域“8·4”特大暴雨气象预警，下发紧急通知，强化防御强降雨工作责任的逐级落实，强化重点区域、部位措施落实的再检查、再确认。集团公司、子企业领导及防汛办24小时岗位值班，取得防御强降雨工作的全面胜利。五是积极履行央企社会责任，组织抽调69台工程机械、车辆，118名抗洪抢险突击队人员，分两批驰援岫岩抢险救灾，圆满完成抢险救灾任务。

（鞍钢集团有限公司安全环保部　孙广慧）

·环保与节能减排·

【综述】 2017年，鞍钢集团公司以抓节能降低企业生产成本，强化环境管理促进合规生产、守法经营为主线，以创建资源节约型、环境友好型钢铁联合企业为目标，以落实节能减排目标责任制为重点，把绿色发展当作考核新标尺，持续改善管理体系和制度，推进生态文明建设。通过完善节能减排规划和目标、强化过程监管、实施改造升级提标和管理达标，有效保证了节能减排各项工作的落实，主要节能减排指标取得较好成绩，实现了重大环境污染事故为零的目标。同时，以第三批中央环保督察为契机，明确管理职责，推进专项整治，有效提升了集团公司环保管理水平。

2017 年，鞍钢集团有限公司吨钢综合能耗同比降幅 0.38%；吨钢耗新水同比降幅 10.62%；万元产值能耗（现价）同比降幅 22.91%；二氧化硫排放量同比降幅 3.58%；COD 排放量同比降幅 16.45%；氮氧化物排放量同比降幅 3.26%。

【主要工作】 1. 加大投入，持续提升节能减排水平。鞍钢集团继续加大投入，推进重点节能减排项目的立项、实施，持续提高节能减排、污染治理水平。2017 年，共投入 13.67 亿元，立项、实施了 92 个节能减排项目，其中鞍山钢铁灵山料场焦炭防风抑尘网和鲅鱼圈球团烟气脱硫、攀钢 2 号转炉一次除尘改造和密地生活水达标改造、矿业公司齐矿 1 号胶带噪声治理和露天矿锅炉脱硫除尘改造等 40 多个节能、环保项目已实施完毕，有效提升了工艺装置本质化节能减排能力。

2. 认真组织，圆满完成中央环保督察的配合工作。从去年中央开展环境保护督察工作开始，鞍钢集团有限公司先后开展了一系列的调研、部署、宣贯、动员工作，成立了由董事长挂帅的督察配合工作领导小组，指导各子企业制定配合工作方案和处置预案，明确了督察配合工作的思路、措施、方向和目标，建立了信息传递和沟通联络机制，设立了问题和工作动态清单。集团公司全程参与了各子企业的配合迎检工作，信访案件全部顺利结案，有效地维护了企业形象，受到了地方政府的高度肯定。

3. 突出重点，开展环保专项整治活动。以中央环保督察为契机，开展了环保自检自查专项整治活动，坚持问题导向以化解环保风险、维护企业形象为目标，突出重点、综合施治，主动提升各子企业污染防治和环保管理水平。鞍山钢铁的烧结脱硫风机噪声、三制粉排煤风机噪声、炼焦蒸汽管道噪声、硅钢厂区异味、料场焦炭扬尘和矿业公司的齐矿动力工区锅炉烟气超标、弓矿中茨倒装场噪声以及攀钢的焦化焦油尾气异味、冷轧再生尾气异味、选钛烟气异味等一批环保顽疾得以解决，提升企业社会形象的成效显著。

4. 夯实基础，建立健全管理体系。将生态文明建设与环境保护工作纳入各级领导班子和领导干部考核的重要内容，充分发挥考核评价的“指挥棒”和“推进器”作用。制、修订并发布了《鞍钢集团公司领导人员环保责任追究办法》《攀钢集团有限公司环保专项考核办法》《鞍山钢铁集团有限公司环境保护管理办法》《鞍钢集团综合实业发展有限公司环境保护责任制》等 10 余项规章制度。通过建立健全公司规章制度，明确职能划分，深化责任落实，构建全覆盖、无盲区的环保问责管理体系，环保管控能力进一步加强。

通过加强节能基础管理，推进流程高效、目标明确、责任清晰的节能管理体系，实现管理认识一致、管理思路一致、管理行动一致。鞍山钢铁修订了《节能管理细则》《鞍山钢铁合同能源管理办法》《鞍山钢铁节能管理办法》等 5 项规章制度，通过对规章制度的修订完善，不断夯实节能基础管理，持续提升节能管理水平。

5. 精细管理，推进节能创效工作。2017 年，按照“高效保供、运行平稳、优化指标、降低成本”的原则，精细能源管理，推进系统节能降本工作。通过提高各生产基地 TRT 发电量和转炉煤气、高炉煤气、高炉冲渣水余热等二次能源的回收利用水平，全年累计创效 8767 万元。

6. 坚守红线，严格环保“三同时”管理。按照《环境保护法》《环境影响评价法》等法律法规要求，集团公司严格环保“三同时”管理。鞍山钢铁先后开展了 7 号焦炉脱硫脱硝工程、炼钢总厂 1 号铸机大修改造工程、二发电厂 350 兆瓦发电机组工程等 34 个项目的环评工作。攀钢开展了棒线材、钒制品厂污泥综合利用、高炉渣高温碳化示范项目及低温氯化示范项目等 11 个项目的环评工作。关停了综合实业公司水泥生产、混凝土搅拌、电频炉合金铸造等不合规生产装置，淘汰了综合实业公司 10 吨/时以下燃煤小锅炉，确保了生产经营守法合规。

7. 营造氛围，开展节能宣传活动。为贯彻党的十八大和习近平总书记系列重要讲话精神，树立创新、协调、绿色、开放、共享的发展理念，宣传节约资源和保护环境的基本国策，培育和践行节约集约循环利用的资源观，在6月11日至17日全国节能宣传周和6月13日的全国低碳日期间，鞍钢集团组织开展了节能、环保、低碳宣传活动。在6月13日的《鞍钢日报》上发表了《奏响钢铁生命绿色低碳曲》专题综述，全面介绍了鞍钢集团建设资源节约型、环境友好型企业的工作和成就。同时，利用两个整版篇幅对各子企业节能环保、绿色生产、低碳发展、资源循环利用等情况进行了全方位报道，有效地营造了节能降碳、勤俭节约、永续发展的企业氛围。

8. 积极应对，扎实推进碳排放管理基础工作。按照国家碳排放管理精神，鞍钢集团密切关注全国碳市场建设工作进展，深入研究国家及地方政府温室气体排放管理的法律法规，积极推进碳排放权交易管理体系建设。2017年，完成了碳排放交易企业名单申报、碳排放基数核查、碳排放权交易市场对钢企影响的调研、重点企业的二氧化碳排放量基数第三方核查和碳排放报告的第四方抽查等工作。

9. 绿化复垦，持续推进绿色品牌建设。2017年，鞍山钢铁开展了“一园两带”建设和绿地升级工作，完成了厂区东、南、西侧防护林、灵山料场防护林栽植以及展览馆、擢秀园和中央大道等主干道的绿化升级。攀钢开展厂区环境综合整治，投入近800万元对矿山排土场、采场、边坡和厂区空地等绿化复垦。矿业公司持续开展矿山绿化复垦工作。由于矿山复垦成效显著，中央电视台在“6·5”世界环境日《来之不易的绿水青山》系列报道中，通过直播镜头展示了鞍钢践行绿色发展的决心和勇气。各主要生产基地厂容、厂貌的持续改善，进一步提升了鞍钢的绿色品牌形象，彰显了鞍钢负责任的央企风范。

10. 互促互进，开展节能环保对标交流活动。2017年，鞍钢集团充分发挥内部协同优势，创建节能环保交流机制，搭建各生产基地之间节能环保信息、指标、技术、资源的共享平台。鞍山钢铁开展了10余期“三地”（鞍山、鲅鱼圈、朝阳）节能对标活动，通过视频会议的模式进行系统对标，各自查找不足、取长补短。攀钢集团组织了装备与节能减排技术进步推进会，攀钢钒及其能动中心、研究院等单位做经验介绍，矿业公司、西昌钢钒等单位的40余名相关管理人员进行了观摩学习。四川地区攀钢钒、西昌钢钒等六家子企业环保管理人员到辽宁地区鞍山钢铁、矿业集团、实业集团等兄弟企业进行学习、交流和考察。通过各区域和板块之间的对标交流活动，同步提升了各基地节能环保管理和技术水平。

11. 精心组织，大力推进低碳技术的应用。鞍钢集团积极响应国家号召，大力推广应用绿色照明、节能水泵等绿色低碳技术。2017年，鞍钢实施的绿色照明改造项目总功率达344万千瓦，实施节能水泵改造200多台。

【荣誉】 1. 攀钢集团西昌钢钒有限公司获得“中国钢铁工业清洁生产环境友好企业”荣誉称号。

2. 鞍山钢铁集团鲅鱼圈分公司获得国家工信部首批“绿色工厂”示范单位殊荣。

（鞍钢集团有限公司安全环保部　杨大立）

信息化管理

·信息化规划管理·

【信息化顶层规划设计更加完善】 集团公司制定了两化融合发展规划，提出了建设智能鞍钢的奋斗目标和策略。各子企业制定了支撑自身发展的两化融合专项规划，重点围绕基础自动化填平补齐、全流程数字化工厂、智能制造新模式、工业互联网平台等领域开展深入研究，选定试点区域，落实具体项目，为全面推进两化深度融合与智能制造建设打下基础。

1. 发挥部门战略引领作用，组织制定了集团两化融合发展规划。信息化管理部充分解读中国制造2025、工业4.0等国内外智能制造纲领性文件、跟踪研究高新技术应用、对标行业先进企业的发展规划，通过与鞍钢集团战略发展规划及建设现状相结合，组织制定了《鞍钢集团公司两化融合发展规划》，提出了引领集团未来发展的架构体系及全力打造智能鞍钢的奋斗目标，为集团两化融合及智能制造建设指明了方向。

2. 发挥部门组织引领作用，指导子企业制定了两化融合专项规划。信息化管理部组织鞍山钢铁、攀钢、矿业公司以集团两化融合整体规划为基础，制定了支撑自身发展的两化融合专项规划，形成了以集团规划为统领、子企业规划为支撑的完整的两化融合规划体系。鞍山钢铁重点围绕炼钢、热轧、冷轧、厚板、大型、能源计量等关键环节，推动全流程数字工厂建设；攀钢重点围绕钢铁、钒钛、矿产资源产业，重点推动智慧营销、智慧采购、智能制造及互联网+支撑平台建设；矿业公司重点结合数字矿山、智慧矿山前期成果，推动智慧矿山新模式建设。

3. 发挥部门技术引领作用，推动了两化融合规划落地实现。信息化管理部组织子企业多次开展两化融合专项梳理及论证评审工作，累计梳理项目需求198项，经子企业内部立项论证及集团专家专业评审，共有88个项目完成了项目前期论证，符合集团两化融合战略发展方向，项目建成后平均投资收益率达40%左右，共可优化岗位数量2181个。通过项目梳理，为子企业2017年、2018年两化融合建设的落地实现奠定了坚实的基础。集团公司积极组织开展两化融合与智能制造重大专项的建设推进工作，针对鲅鱼圈能源集控平台项目，多次组织鞍山钢铁、信息产业公司梳理需求、论证方案，共压缩项目计划总投资2792万元，极大地降低了建设成本。

【集团核心信息系统服务能力进一步增强】 重点围绕人力资源共享、财务共享、客商共享、主数据管理、企业内部门户、法律管理、企业外部网站等20余个信息系统开展建设，将分散、独立的信息系统化散为整，实现跨区域、跨板块的业务协同与信息共享，满足集团总部、子企业、单元企业各级业务管理的需要。

1. 推进共享服务平台建设，实现了业务协同与信息共享。信息化管理部重点围绕人力资源、财务、客商三大共享平台开展建设，目前各平台建设均按计划取得了阶段性成果。其中人力资源共享平台及员工自助平台在股份公司、矿业公司部分试点单位成功上线；财务共享平台核算部分在163家单位成功上线，共享部分在人力资源共享服务中心、财务共享服务中心两家试点单位成功上线；客商共享平台的注册及信息管理模块已成功上线，该平台作为集团客商注册的统一入口，为客户、供应商的规范管理奠定了基础。

2. 推进现有信息系统优化改造，使系统与业务结合更加紧密。信息化管理部结合集团差异化管控及总部部门业务权限调整，组织开展了现有信息系统的优化改造工作，全面提升系统性能，优化完善系统功能，扩展系统覆盖范围，进一步打通与其他相关系统之间的工作流和数据流，改善界面友好度和应用体验。其中OA办公系统完成了系统提速及功能优化，提高了用户互交友好度，完成了与攀钢、矿业公司OA系统的审批对接，实现了审批流程的全程跟踪可控；决策支持系统移动端功能成功上线，使系统用户可随时、随地查询到所需要的信息，扩大了办公区域；企业官网网站正式投运，实现了页面功能的全面升级，全面加强了网站安全措施；审计管理系统完成了二期项目的规划设计工作，为更好地支撑审计中心业务的发展奠定了基础。

3. 推进专业管理信息系统建设，支撑了部门业务的规范开展。信息化管理部组织各业务部门重点推动各专业管理信息系统建设，为对集团总部各专业管理提供流程化、规范化、数字化的系统支撑，并为决策分析提供数字化的手段和依据。

其中法律管理系统已完成一期功能开发，具备上线条件；投资管理系统已成功上线，实现了集团项目投资状况的全面、及时、准确监控；网络问企系统已完成向攀钢地区全覆盖，真正实现全集团范围的问计、问需于民；外事管理系统、境外企业视频监控系统等按计划推进；安全管理系统、环保节能管理系统、六位一体综合管理系统已完成项目可研论证工作，具备实施条件。

·信息化推进管理·

【信息化资源统一管理能力进一步加强】 重点推进集团数据中心整体规划及建设，满足集团公司及子企业信息化发展需要；开展集团广域网整体设计，待建成后可彻底解决鞍攀两地 IP 地址冲突问题，真正实现集团范围内的互联互通；扩展非钢板块的网络覆盖建设，全年共新增网络覆盖单位近 300 家，新增网络接入用户 3332 点，基本实现了非钢板块网络到楼宇的全覆盖；推进集团主数据管理体系建设，一期已实现通用基础类、企管类、人事类和财务类四类主数据的在线管控。

1. 推进集团数据中心建设，满足集团公司及子企业信息化发展需要。信息化管理部组织信息产业公司及相关子企业依据《鞍钢集团数据中心整体规划》，在现有环境条件的基础上经过充分论证，重点围绕数据中心先进性及智能性原则，形成了《鞍钢集团数据中心建设项目方案》并组织推动，力争年底前完成建设，具备向集团公司、子企业提供数据中心资源租赁服务的条件，同时为集团未来开展大数据平台、工业互联网平台的研发建设奠定了坚实的基础。

2. 开展网络顶层规划设计，为集团网络未来发展指明了方向。为彻底解决鞍攀两地 IP 地址冲突、互联网出口不统一、网络监控监管手段匮乏等问题，信息化管理部依据《鞍钢集团网络架构规划》，组织完成了集团广域网的整体规划设计，通过开展集团核心网络搭建、统一 IP 地址规划、园区网规范接入等工作，可以实现集团核心网络与各园区网的互联互通，形成覆盖集团范围的、统一的广域网。

3. 推进非钢板块网络覆盖建设，为非钢产业信息化发展奠定了基础。为加快推进人力资源共享平台、财务共享平台、法律管理系统等集团层级核心信息系统在非钢板块的全覆盖，推动非钢板块专业管理信息系统建设，信息化管理部组织开展了非钢板块网络覆盖建设工作，实现集团 ERP 网、综合信息网由主体区域公司向板块公司的全面扩展，全年共新增终端用户 300 家、3332 点，对彻底消除集团信息孤岛、增强集团管控力度和非钢板块信息化建设奠定了坚实的基础。

4. 推进主数据管理体系建设，实现了集团范围内基础主数据的统一管理。为加强集团信息系统主数据及代码的规范管理，奠定集团大数据平台建设的基础，信息化管理部组织开展了主数据管理体系建设工作。通过全面梳理集团公司主数据管理业务及信息化现状，从业务领域和数据代码两个维度入手，制定出了涵盖集团 15 大类、47 中类业务的主数据体系，印发了《鞍钢集团公司代码设计基准书》，形成了集团 10 余项数据标准，规范了各级单位信息代码 20 余万条，搭建了通用、可扩展的主数据管理平台，一期已实现通用基础类、企管类、人事类和财务类四类主数据的在线管控。

【网络和信息系统更加可靠安全】 加强网络安全监管及边界防护建设，构建了“基础+技术+机制”三位一体的网络安全防护体系，在基础层面加强入侵检测、防火墙、网闸等防护设备的监管，强化系统数据备份机制，推进灾备建设，确保网络能够守得住边界、经得起灾难。在技术层面强化防病毒管理。充分运用监控、漏洞扫描、安全审计等手段，确保网络安全可靠。在机制层面明确各级职责、加强宣传培训、开展应急演练、定期检查通报，提升安全防护整体水平。

1. 基础层面建设。依据信息系统安全评估报告及测评整改意见，跟踪推进各单位开展网络和信息系统安全整改工作，完善了网络边界防护技术措施，健全了数据备份机制，确保了信息化基础安全；组织各单位开展灾备系统演练，确保了灾备系统可用性和预案的合理性，锻炼了灾备团队应急响应能力。

2. 技术层面建设。针对勒索病毒爆发，及时组织相关单位制定防护方案，指导集团各单位开展病毒防护工作，全集团未发生感染案例；推进集团统一终端防病毒工作，组建工作组招标选定了防病毒产品，计划年底前完成一级控制服务器搭建和第一批单位覆盖；充分利用漏洞扫描和渗透测试等安全技术开展了安全自查评估工作，针对发现的风险隐患及时组织整改，不断改进完善网络安全防护体系。

3. 机制层面建设。一是鞍钢集团公司成立了网络安全和信息化领导小组，各子企业分别成立相应领导组织，进一步加强网络安全的组织领导建设；二是贯彻信息系统安全等级保护工作，推进各子企业新建信息系统开展等保定级备案及测评整改，计划年底前完成42个重要信息系统等保测评；三是组织完成了国家重大活动期间鞍钢集团网络和信息安全的保障工作，特别针对党的十九大期间，通过采取会议统一部署、强化组织保障、开展安全隐患排查与整改、强化网络安保应急响应、专项预通报警等措施，确保了十九大期间鞍钢集团未发生网络和信息安全事件；四是根据中央网信办等单位发布的风险预警，及时做好内部通报和组织工作，发布多期鞍钢集团公司网络与信息安全情况通报；五是组织开展了首届网络和信息系统安全周活动，通过一次会议、两个培训、一次展览、一本手册和一个互动等系列活动，切实取得了强化意识、普及常识、增强技能的效果。

【信息系统运维管理进一步加强】 规范和强化了信息系统运行维护服务流程管理，增强服务意识、服务观念，全集团信息系统稳定运行率达到99%以上。

1. 健全信息系统运维管理体系，确保了集团层级信息系统稳定运行。信息化管理部结合国际ISO 20000运维标准进一步健全了鞍钢集团信息系统运维管理体系，包括建立定期检查评价工作机制、快速响应机制及评价考核机制等，明确了信息系统运维服务的技术及管理工作要求。通过在集团总部设立运维服务工作站，有效地提高了运维工作效率，确保了集团OA系统、人力资源系统等13个集团层级信息系统正常稳定运行。

2. 发挥部门监管作用，提高了全集团信息系统稳定运行率。信息化管理部充分发挥集团部门的管理和服务职能，以制定的信息系统运维管理体系为基础，重点推动子企业信息系统的运维管理工作，全集团信息系统稳定运行率比2016年提高了0.4个百分点，达到了99%以上，为集团生产经营提供了坚实的信息系统保障。

【子企业专业信息系统建设水平显著提升】 推动子企业重点围绕现有信息系统的填平补齐及优化完善、互联网+应用新模式探索、信息化专业技术输出等方面做了富有成效的尝试，不仅更好地支撑了企业产业结构调整及业务发展，而且通过与集团层级信息系统做好对接，实现业务全流程的跟踪、管控及信息共享，提升了鞍钢集团信息化的整体品牌价值。

1. 鞍山钢铁以企业三层五级信息化架构体系为核心，开展了智慧物流（铁运）、炼钢大数据分析技术应用、大型厂轨梁分厂数字化车间及物料智能跟踪平台、市场化运营核算等项目的可行性研究及建设推进工作，开展了现有信息系统的功能优化完善工作，前10个月共组织实施产销系统及SAP系统各类变更890余项。通过项目建设及运维进一步提高了鞍山钢铁各级单位的生产效率和管理水平、更好地服务于客户。

2. 攀钢集团充分运用互联网+发展思维，大力推进CIII产业平台的优化完善建设。以客户需求为源头、以高效服务为宗旨，实现了销售、仓储、加工、物流配送、金融服务的全产业链一体化服务集成，其中积微电商荣获中国物流与采购联合会授予的“2017年无车承运人应用优秀案例”、中国金属材料流通协会授予的“十大具有发展力企业”，并入选全国大宗商品百强企业。

3. 矿业公司充分挖掘内部信息化人才潜力，组建团队远赴澳大利亚开展卡拉拉信息化项目的建设工作，形成了报表合并及成本核算信息化支撑方案、Ellipse替代或升级建议方案、卡拉拉相关业务管理工作建议等专业报告，快速、高效地推动了卡拉拉信息化建设，同时在国内实现了卡拉拉信息系统的远洋运维，极大降低了系统维护成本。

4. 工程、实业、信息产业、财务、合谊地产、总医院，结合自身业务发展，组织开展了专业信息系统的建设工作，包括国贸ERP、财务公司金融服务平台、合谊地产房地产综合管理系统等项目，利用信息化手段提升了管理水平、提高了工作效率。

【对外沟通合作取得新进展】 加强与国家、省、市相关部委及高等院校、研究院所、信息系统集成商的沟通协作，充分解读国家政策及专项申报指南，组织开展国家智能制造重大专项及建设成果的申报工作，争取国家政策扶持。

1. 加强对外沟通交流。组织鞍山钢铁、矿业公司分别与辽宁省工信委、鞍山市经信委对接，交流国家智能制造相关政策并针对专项申报工作进行了专题辅导。组织鞍山钢铁与大连理工大学、北京科技大学等高等院校对接，介绍钢铁行业智能制造先进技术及应用案例，研讨钢铁智能制造专项申报的相关事项。

2. 组织国家重大专项申报。组织开展国家智能制造重大专项的申报工作，其中“大型钢铁企业智能物流系统的构建与实施”“基于大规模个性化定制模式的攀钢钢铁产品智能制造”“冶金智慧矿山生产新模式研究与应用”等 7 个项目入选国家工信部智能制造重大项目库。“鞍钢股份冷轧 2130 线数字化车间关键技术研究与应用项目”等 9 个项目入选辽宁省智能制造重大项目库。

3. 组织国家重大成果申报。组织子企业参加国家制造业与互联网融合发展试点示范、第四届世界互联网大会领先科技成果等的重大成果的申报工作，其中鞍钢股份公司被国家工信部评选为 2017 年两化融合管理体系贯标示范企业，攀钢积微物联被四川省评选为两化融合创新典型、服务型制造示范企业。

【基础管理工作更加完善】 先后组织开展了信息化水平评价、办公软件正版化、信息化专项培训等工作，进一步强化了集团信息化基础管理。

1. 开展信息化水平评价。信息化管理部按照国家对中央企业信息化水平评价的要求，研究制定了鞍钢集团信息化水平评价体系并组织开展了集团公司 2016 年信息化水平评价工作，通过企业自评及专家打分，矿业公司、鞍山钢铁达到 A 级水平，集团总部及直属单位、攀钢、财务公司、医疗健康、信息产业公司处于 B 级水平，国贸公司处于 C 级水平，工程公司、实业公司处于 D 级水平。通过开展水平评价，深入剖析各单位在信息化建设方面的不足，查找与国内外同行业先进企业之间的差距，推动集团信息化建设紧跟国家步伐，信息化水平持续提升。

2. 推动办公软件正版化。为进一步落实国资委关于“全面实现中央企业软件正版化”的工作要求，保证集团网络及信息系统安全，信息化管理部对全集团计算机终端进行了又一轮摸底普查，统计出全集团计算机总数、内网计算机数，以及内网计算机操作系统正版化率、办公软件正版化率、杀毒软件正版化率。针对未实现正版化的内网计算机，信息化管理部明确了正版化工作思路并积极组织推进。

3. 其他基础工作。开展全集团范围内的智能制造、工业大数据、信息系统与网络安全等信息化培训 3 次，参加人员近千人；完成 26 个已竣工信息化项目，完成财务决算报表的编制和近 2 亿元资产的决算转固准备工作。

（鞍钢集团有限公司信息化管理部　赵　红）

国际事务

·海外规划与投资管理·

【海外规划】 国际化经营战略清晰，对国际化经营业务指引性较强。2017 年，鞍钢集团公司（以下简称“鞍钢”）积极响应国家提出的“一带一路”倡议，同时，结合集团提出的“钢铁、非钢和资源 631”转型升级发展战略和自身国际化经营业务实际情况，及时调整制定了《鞍钢集团国际化发展战略和规划（2017~2019 年）》，设定了“稳定获取钢铁上游战略资源保障、推进海外钢铁生产基地建设、拓展非钢产业国际化输出、提升海外企业价值创造能力”的国际化发展战略。2017 年，鞍钢开展的国际产能合作钢铁项目和矿产资源项目均围绕着上述国际化发展战略展开，新的国际化发展战略目标清晰，对集团国际化经营业务具有较强的指引作用。

【投资管理】 国际化管控体系日臻完善，为国际化经营工作提供了可靠的制度保障。2017 年，鞍钢及时承接国资委、发改委和商务部等国家部委对央企境外投资工作的新要求和新部署，不断完善集团内部国际化经营管控体系，先后修订并发布了《鞍钢集团公司投资管理办法》和《鞍钢集团公司境外投资项目负面清单（2017 年）》等多个境外投资管理制度，境外投资管控体系日臻完善，为鞍钢境外投资工作提供了可靠的制度保障。

国际化经营工作着力风险控制，避免鞍钢境外投资遭受损失。2017 年，鞍钢在境外项目实施过程中，全面加强国际化经营风险防范工作，树立风险意识，强化风险管理文化建设，充分识别国际化经营风险，制定了风险管理策略和风险解决方案，强化风险监控预警，将国际化风险防控嵌入海外企业监管和海外投资项目重大事项决策过程，使得重大风险基本受控，全年未发生重大风险事件。

积极探索国际产能合作、技术输出方向，投资重点明确。2017 年，鞍钢积极响应国家提出的“一带一路”倡议，积极探索国际产能、技术输出工作方向，明确工作重点：一是重点研究“一带一路”沿线国家的综合投资环境，确立了东南亚地区的印度尼西亚和马来西亚作为鞍钢国际产能合作战略布局的关键点；二是国际产能合作项目不片面追求投资规模，坚持项目技术、效益优先指导原则，高质量扎实推进国际产能合作项目。

【海外企业监管】 截至 2017 年末，鞍钢集团共有境外机构 26 家，18 家控股企业，主要涉及贸易、工程技术服务、钢材深加工、矿产资源开发及相关投资等领域。其中，贸易类公司 14 家，钢材深加工企业 2 家，矿产资源开发企业 3 家，投资服务公司 5 家，国际工程咨询服务公司 2 家。主要分布于亚洲、欧洲、北美洲和大洋洲的 15 个国家和地区。

境外企业员工 462 人，其中外派人员 46 人，境外企业本土化雇佣员工占 90.04%，较高的境外员工本土化率提高了员工对企业的认同感，降低了境外企业的运营风险。

截至 2017 年末，鞍钢 18 家境外控股企业资产总额 248.39 亿元人民币；营业收入 166.57 亿元人民币。

·外事管理·

【外事管理】 严格外事归口管理，因公出国（境）业务健康有序。在因公出国（境）审批管理上严格执行国家相关部委和公司文件精神，着重加强审核审批因公出国（境）团组工作，使因公出国（境）团组任务明确、行程饱满，保证出访时间紧凑，达到了集团公司对外交往合作的目的，在规范性、及时性和高效性上取得很大进展。2017 年共审核审批因公出国（境）任务 182 批 491 人次，没有出现任何重大外事事故。

规范对外交流与来访接待流程。高效配合鞍钢马来西亚、印尼、巴基斯坦和伊朗等国家的国际产能合作项目开展，为集团重大涉外投资合作做好服务保障。2017 年规范化、高水平接待如马来西亚金狮集团董事长、日本伊藤忠丸红社长、浦项中国董事长、美国驻沈阳总领事馆总领事梅儒瑞先生、世界钢协总干事、中国台湾义联集团等来访团组 100 批 390 人次。外事来访工作未出现任何纰漏，外事来访管理与鞍钢国际化经营协同健康有序发展。

提升外事管理信息化水平。筹划实施建立鞍钢集团外事管理信息系统的准备工作，计划实现与已经在用的外交部公网“电子护照签证办理系统”“自办单位因公电子护照管理系统”和“来华签证被授权单位邀请函管理系统”对接，以简化外事管理流程，目的是实现鞍钢集团外事管理信息化、电子化、现代化、科学化和规范化。

【鞍钢集团公司董事长唐复平参加金砖国家工商论坛】 中国贸促会于2017年9月3日至4日在厦门举办2017年金砖国家工商论坛，鞍钢集团董事长、党委书记唐复平出席了论坛。

金砖国家工商论坛是金砖国家领导人会晤的重要配套活动，于2010年创办，每年由金砖国家主席国举办，是金砖国家工商界围绕共同关心的热点问题进行交流探讨、凝聚合作共识的重要平台。其宗旨是促进金砖国家工商界对话磋商、深化经贸合作、表达新兴国家工商界声音。论坛分为开幕式、专题讨论和闭幕式等环节，围绕“深化金砖伙伴关系，开辟更加光明未来”，就贸易与投资、金融合作与发展、互联互通、蓝色经济4个议题进行讨论。

来自金砖国家和其他新兴经济体的商会、研究机构、知名企业和有代表性中小企业约1000名工商界人士及相关国际组织和机构代表出席了此次论坛。

（鞍钢集团有限公司国际事业发展部　柳汝涛）

法律事务

·法律风险防范与法律保障·

【推进落实法治建设第一责任人职责】 按照《党政主要负责人履行推进法治建设第一责任人职责规定》（中办发〔2016〕71号）精神和国务院国资委《中央企业主要负责人履行推进法治建设第一责任人职责规定》（国资党发法规〔2017〕8号）要求，鞍钢集团制定下发《鞍钢集团公司企业主要负责人履行推进法治建设第一责任人职责规定》，对落实各级企业党委书记、董事长和总经理法治建设职责进行部署安排。9月29日，鞍钢集团召开党委常委会，专题研究部署推进法治鞍钢建设工作，要求各级企业主要负责人要切实履行推进法治建设第一责任人职责，发挥在法治鞍钢建设中的"关键少数"作用，带头尊法学法守法用法，加强对法治工作的统一领导、统一部署和统筹协调，做到重要工作亲自部署、重大问题亲自过问、重点环节亲自协调、重要任务亲自督办。规定适用于鞍钢集团及区域子公司、板块公司和直属机构，企业主要负责人是指鞍钢集团及各级企业党委书记、董事长（执行董事）、总经理（院长、主任）。

【法治鞍钢建设取得新进展】 2017年5月，鞍钢集团召开2017年依法治企工作会议，国务院国资委政策法规局局长郭祥玉应邀出席会议。鞍钢集团公司总法律顾问做法治工作报告，对2017年法治工作重点任务作出安排部署。国资委政策法规局评价法治鞍钢建设取得明显进展：顶层推动采取新措施，助力改革发展取得新成效，依法规范管理获得新进展，推动依法维权获取新突破，机构队伍建设取得新成果。鞍钢集团董事长、党委书记在会上发表重要讲话，强调充分认识法治鞍钢建设的紧迫性，切实增强全员法治思维和责任意识，要建立健全企业主要负责人负总责、总法律顾问牵头推进、法律事务机构具体实施、各部门共同参与的法治鞍钢建设工作机制，全面提升依法治企工作水平。为进一步落实会议精神，下发《关于调整法治鞍钢建设工作领导小组的通知》，制定《鞍钢集团公司2017年依法治企重点工作任务》，推进落实20项法治重点工作任务，促进企业依法经营管理。

（鞍钢集团有限公司法律事务部 汪 洋）

【法律管理组织体系初步构建】 2017年1月，鞍钢集团制定构建法律管理组织体系实施方案，下发了关于调整鞍山钢铁、攀钢、矿业公司等子企业法律事务机构编制的系列通知（鞍钢编字〔2017〕1~12号）。调整后，鞍钢集团总部、鞍山钢铁和攀钢法律事务部独立，矿业公司等8家板块公司设立法律事务部，与综合管理部等部门合署办公，上述单位及重要单元企业增加法律事务专（兼）职岗位32个。鞍钢集团调整编制后，各单位法律事务岗位合计为79个。子企业和重要单元企业完成法律事务机构设置和岗位编制调整，标志着鞍钢集团法律事务管理组织体系初步构建，为推进法治鞍钢建设奠定了组织基础。

【法律风险管理】 法律风险是鞍钢集团2018年八大重大风险之一，通过对子企业生产经营中带有共性的法律风险、典型案例及易引发连锁反应的风险事项进行系统研究分析和总结，制定法律风险管理策略和防控措施。组织对境外26家企业及境外投资项目进行法律风险排查，针对境外政治环境、境外项目投资、境外公司运营监管、涉外争议解决、涉外重大合同、境外税费征收、境外劳动用工、境外招投标采购等13类境外法律风险，建立了包括47项法律风险在内的境外法律风险事件库。形成《关于鞍钢境外法律风险排查处置工作的报告》并报送国务院国资委。

（鞍钢集团有限公司法律事务部 王晓婷）

【项目法律保障】 为鞍钢集团多个"一带一路"和国际产能合作项目提供法律保障，参与项目可行性研究、合作模式设计、交易架构制定和商务谈判，组织开展法律尽职调查，起草和审核合资协议、公司章程等重要法律文件。以查摆法律风险为重点，组织开展对马来西亚东钢项目、印尼彩涂板等项目法律尽职调查，针对梳理出的法律风险逐一进行评估并制定防范措施，保证项目依法合规，避免后续重大风险事件。

【三项法律审核】 参与集团重要决策事项"5+X"风险评估和合规审查，论证广州不锈钢项目类永续债及提供有息贷款、与兴业银行债转股基金、100亿中期票据债券、攀枝花产业基金等20余项重要决策，出具法律审核意见。加强重要决策、经济合同和规章制度法律审核，提升审核质量，持续实现集团总部三项法律审核率100%，参与审核涉法重大决策48项，审核规章制度30余项，审核经济合同110余份。

（鞍钢集团有限公司法律事务部　迟　森）

·合规管理·

【开展工商登记合规清查工作】　按照鞍钢集团《关于进一步落实各级企业市场主体地位完善市场化经营机制的工作方案》要求，对企业合规登记进行全面诊断，组织子企业对本企业及所属企业工商登记、注册资本缴纳、经营资质现状等情况开展全面清查和进行合规整改。本次工商登记排查了鞍钢集团所属全资、控股法人企业及分支机构429户，其中，93户存在158个问题；注册资本实缴情况共核查了239户法人企业，有11户存在注册资本未到位情况；经营资质清查除营业执照外，共梳理出196户拥有623个经营资质证书，共43户存在78个问题。针对子企业查摆出的带有共性的、疑难复杂及权限不清晰的问题事项进行逐项梳理，商请鞍、攀两地工商部门给予支持，对排查出的问题督促子企业立行立改，对历史遗留问题落实责任，明确工作目标和整改措施。下发《鞍钢集团所属企业工商登记、注册资本和经营资质清查及整改工作通报》和《工商登记、注册资本和经营资质相关问题整改清单》，督促各子企业持续完成整改工作，夯实合规底线，加强防范违规经营风险。

【工商登记管理助推改革】　配合集团各项改革方案落地，按时间要求完成鞍山钢铁“公司制”改制和20余家非钢单元企业理顺产权关系工商登记工作。完成国家工商总局对鞍钢集团改制后公司名称预核准、辽宁省工商局对新经营范围和公司章程初核，做好集团公司制改制工商变更登记预案。12月15日，完成鞍钢集团“公司制”改制工商登记，取得“鞍钢集团有限公司”营业执照。组织和指导办理21家子企业出资人和6家分支机构名称变更工商登记，协调工商登记机关解决分公司名称、高管备案等问题，完成鞍钢集团“企业集团”登记证变更登记。商请辽宁省工商局注册分局和鞍山市行政审批局到鞍钢现场办公，解决集团所属企业核名不规范、未参与改制“小法人”注销等23项工商登记疑难问题。

（鞍钢集团有限公司法律事务部　赵　静）

·法务管理·

【规范对外业务授权委托管理】　为加强鞍钢集团对外业务授权委托管理，明晰对外业务授权权限，鞍钢集团制定印发《鞍钢集团公司授权委托规范》。法定代表人在法律法规和公司章程允许的范围内有权代表企业从事对外业务，可授权委托受托人代为行使权利。鞍钢集团对外业务授权委托实行集中管理，坚持依法合规、权责对等、与业务审批权限相匹配的原则。“对外业务”是指代表鞍钢集团签署文件、商务谈判、参与投标、办理各类登记、参加诉讼（仲裁）等司法活动及其他对外商务活动；“授权委托”分任期内“职务授权”和一事一议“单项授权”。“职务授权”是对鞍钢集团领导、部门长（负责人）及非法人直属机构负责人任职期间在职权范围内代表鞍钢集团从事对外业务的授权。对外业务授权事项和权限纳入《鞍钢集团总部业务审批权限》，实现业务事项内部审批和外部授权的无缝对接，有效防控授权合规风险。

【法律纠纷案件管理】　加强信访维稳法律支撑。继续做好居家职工诉讼系列案件妥善处理工作。截至12月底，进入诉讼流程384件，已开庭300件，已判决289件，全部驳回起诉。为配合妥善解决1993年底前退休职工特殊工种工龄折算集体信访案件，引导上访职工以法律途径解决诉访问题。通过法院审理，明确问题产生的原因是国家养老金政策未覆盖，化解职工与企业矛盾，对企业开展个性化帮扶解决信访问题提供了有力支撑，拓展了信访维稳工作新路径。

（鞍钢集团有限公司法律事务部　赵兴贵）

综合管理

·董事会工作·

【综述】 2017年，鞍钢集团认真学习贯彻习近平新时代中国特色社会主义思想和党的十九大精神，全面落实《关于进一步完善国有企业法人治理结构的指导意见》（国办发〔2017〕36号）提出的“国有企业全面建立规范的董事会”“完善法人治理结构，关键是加强董事会建设”等要求，按照《公司法》和国务院国资委的有关规定，以推进公司制改制为主线，将规范董事会建设作为完善法人治理结构的关键，有效发挥了董事会对企业改革发展的重要作用。

【加强董事会建设】 进一步加强董事会建设，为董事会实现规范运作和有效运作提供了有力的支撑和保障。

1. 进一步加强制度建设。一是对《公司章程》进行修订和完善。落实全国国有企业党的建设工作会议精神，按照《关于加快推进党的建设工作总体要求纳入公司章程有关事项的通知》（国资党委党建〔2017〕1号）的要求，将企业党建工作总体要求纳入公司章程；贯彻落实《国务院办公厅关于进一步完善国有企业法人治理结构的指导意见》（国办发〔2017〕36号）要求和集团公司制改制的总体安排，按照《中华人民共和国公司法》和国务院国资委的有关规定，完成《鞍钢集团有限责任公司章程》的修订工作。二是完善董事会运行的支撑制度。适应改制后董事会运行和企业改革发展的需要，按照国务院国资委对公司章程的审批意见，以及《中华人民共和国公司法》的有关规定，完成了《董事会议事规则》《总经理议事规则》以及各专门委员会议事规则、《董事会秘书工作制度》等董事会相关规章制度的修订工作，经2017年11月14日二届八次董事会审议通过，为董事会规范运作提供了有效支撑。

2. 规范董事会决策程序。严格执行会议召开程序，明确董事会定期会议和临时会议的报批、通知签发与送达、议题和材料报送，以及与董事沟通的时间节点，确保了董事会的召开程序符合公司章程及董事会议事规则的要求，依法合规有效运行。积极落实专门委员会的工作职责，对提交董事会审议的事项进行预先审议提出审议意见，并按专门委员会的意见进行了完善，有效发挥了对董事会的专业支撑作用，保证了董事会决策的科学性，有效提高了决策效率。强化前置审议程序，充分发挥党委在企业重大决策中的作用，对提交董事会审议的重要决策事项党委常委会进行前置审议，实现了董事会决策前充分听取党委的意见，有效发挥了党组织在公司治理结构中的重要作用。

3. 进一步健全授权体系。按照审慎、制衡、效率的原则，依据国家法律、行政法规和企业经营管理的需要，在《董事会议事规则》中进一步对董事会授权机制进行完善。贯彻党建工作纳入公司章程的要求，适应党委会作为董事会和总经理决策前置程序的需要，将董事会对董事长的投融资、固定资产投资、对外资产转让及捐赠等授权一并授给总经理，由总经理通过总经理办公会进行决策，从而使企业的决策程序更加完善，推进了决策效率的不断提升。

【规范董事会运作】 按照《中华人民共和国公司法》和公司章程的要求，积极推进董事会规范运作和有效运作，有力推动了企业改革发展的顺利进行。

1. 严格执行会议制度。2017年，董事会共召开定期会议4次，临时会议7次，审议议题44项，听取汇报18项。董事会专门委员会共召开会议9次，审议议案13项，听取汇报4项。其中：战略与风险管理委员会召开会议4次，审议议案7项；审计委员会召开会议2次，审议议案3项；薪酬与考核委员会召开会议3次，审议议案3项。

2. 董事积极履行职责。

（1）按要求出席会议。2017年，各位董事积极主动、勤勉履职，通过深入持续地开展工作，有效发挥了董事会把方向、议大事的重要作用，在充分了解企业生产经营和改革发展情况的基础上，按照《公司章程》赋予的各项职责，通过自己丰富的管理经验和专业知识进行科学决策。全年董事应出席董事会会议69人次，实际出席69人次，审议通过议案44项，听取汇报18项。全年各位董事应出席专门委员会会议36人次，实际出席36人次，审议通过议案13项，听取汇报4项。

（2）积极开展调研。2017年，在董事会办公室的精心组织下，共开展外部董事调研5次，先后到综合实业板块乳业公司、鞍钢人才公寓、幼教中心、矿业公司大孤山铁矿、齐大山铁矿和鞍千铁矿、合谊地产，攀钢所属的攀长特、积微物联、西昌钢钒、攀钢钒、澳大利亚卡拉拉铁矿和鞍钢香港公司等开展调研，为董事会科学决策打下坚实基础。

3. 加强沟通交流。

（1）加强与国资委和其他试点企业的沟通联系。董事会秘书积极向国资委汇报董事会运行情况和董事履职情况，咨询进一步完善董事会规范运作的相关意见，获取国资委对董事会建设工作的支持和指导。董事会办公室主动与国资委企业改革局、党建工作局等联系，密切跟踪《公司章程》的审批进展情况。主动邀请中组部干部五局、国资委企干一局和企业改组局有关领导列席董事会和专门委员会会议，及时报送会议材料。加强与宝武集团、国电集团等董事会试点中央企业的联系，积极探索董事会运作的有效模式。学习和借鉴中央企业在推进董事会建设方面的经验和做法，对增强董事会决议的执行性、完善沟通机制等方面制定了改进措施。

（2）加强董事会与监事会的沟通联系。董事会秘书协助董事长认真做好与监事会的联络工作，邀请监事会代表列席董事会会议和专门委员会会议。审计部为董事会秘书协调董事会与监事会沟通和联系提供工作支撑，配合监事会 21 办事处对鞍山钢铁、攀钢、国贸公司、矿业集团进行调研，全面了解企业的生产经营和改革发展情况。

（3）加强董事会与经理层之间的沟通联系。加强会前沟通，经营班子就需要提交董事会审议的议题在会前与董事进行充分沟通交流，为外部董事在董事会上进行客观决策提供了充分依据。强化重大事项沟通，确保外部董事在决策前充分了解项目的详细情况。《关于实施马来西亚东钢合资合作项目的议案》提交二届五次临时董事会审议前，由于项目的可研报告、财务和法律等方面的材料涉密，董事会办公室两次派专人将材料当面呈报外部董事。有效开展专题沟通，就外部董事关注的人力资源、审计、会计等事项，形成了《2016 年审计署、国家监事会监督检查的整改情况报告》等专题材料并报送外部董事。

4. 强化董事会决策执行。

（1）强化董事会决议的执行。全年召开的 11 次董事会共形成决议 44 项。其中：董事会工作方面 13 项，企业改革管理方面 4 项，投资捐赠方面 7 项，资产处置方面 2 项，人事任免方面 2 项，财务管理方面 9 项，战略风险方面 4 项，薪酬考核方面 3 项。在董事会会议结束后，各有关部门按照董事会决议的要求，积极制定工作措施，确保了各项决议有效推进。

（2）推进董事会决定事项的落实。在强化董事会决议执行的基础上，加强对董事会决定事项的落实工作。董事会结束后，董事会办公室针对各位董事在董事会上提出的意见和建议进行整理、归纳和分类，形成落实董事会决定事项方案，根据公司领导分工和部门承担的职责，明确责任领导和责任部门，经董事会秘书审阅后报董事长审定，然后形成落实董事会决定事项通知，以董事会办公室文件的形式报送经理层并下发至责任部门落实。经理层按照董事会的要求，积极组织责任部门制定落实方案和措施，稳步推进各决定事项的落实工作。全年形成落实董事会决定事项通知 4 期，共落实董事会决定事项 57 项，有效保证了董事会决定事项有效落实到企业扭亏增效和改革发展的各项工作中。

（3）加强执行落实的督办和反馈。董事会办公室积极履行职责，加大对执行落实的督办力度和反馈频次，积极推进董事会决议和决定事项的有效落实，要求各有关部门定期报送执行落实的进展情况，对于已经办结的或进入关键时间节点的事项要及时反馈，由董事会办公室向各位董事汇报。密切关注企业改革、投资融资、兼并重组等重大事项的推进和落实情况，并在董事会现场会议上作正式汇报。

（鞍钢集团有限公司董事会办公室　徐锦文）

· 档案管理 ·

【综述】 2017 年，鞍钢深入贯彻落实《加强和改进新形势下档案工作的意见》（中办发〔2014〕15 号）和《鞍钢集团公司 2017 年档案工作安排及检查考评细则》，紧抓资源建设、重视问题整改、强化业务培训，档案工作水平稳步提升。

【跟踪重点工作积累档案资源】 鞍山钢铁办公室档案处等 129 个单位密切跟踪重要活动（事件），

收集归档鞍山钢铁等公司制改革工商执照、变更核准通知书，鞍钢与兴业银行签订100亿元债转股基金合作协议、鞍钢超高强海工钢助力我国可燃冰试采成功贺信、鞍山钢铁发行60亿元短期融资券等材料3328份。攀钢清理并归档房产证637份、不动产证1份、土地证57份，收集重大专项档案150项。全年，鞍钢归档约25万卷、15万件。各单位档案人员围绕重点工作积极提供档案7.5万人次、24.8万卷次、2.4万件次，复制档案23.6万页，用于科技创新、案件审理、更换土地证、审计、设备维修、特殊工种经历认定、员工信息核查、工程设计、职工购房返契税等。

【居家休息员工人事档案专项检查】 2017年7月24日至8月15日，对鞍山钢铁所属47家单位离岗居家休息职工档案归档和整理情况开展专项检查，并且对抽查中存在归档和整理不及时的单位予以考核。对照检查通报所列问题，各单位迅速整改，举一反三，全面排查离岗居家休息职工档案。11月末，鞍山钢铁人力资源部与公司办公室再次联合检查。通报109项问题，做到整改完毕。

【夯实档案安全基础】 安全是档案工作的重中之重，鞍钢采取有效措施切实加强档案实体和信息安全。

1. 开展档案管理系统网络安全应急演练。2017年5月，鞍山钢铁办公室会同鞍钢股份信息化管理部组织鞍山区域133个单位开展云平台数据库和系统应用的应急演练，发现档案管理系统备份机制存在较大风险，形成《关于鞍钢档案管理系统网络安全应急演练情况的报告》（鞍山钢办〔2017〕18号），建议实施容灾备份与离线备份、增加电子文件备份。对此，信息化管理部形成《档案管理系统网络安全应急演练情况报告的回复函》（股份信函〔2017〕6号），提出完善档案管理系统备份策略的解决方案，列入2018年预算实施。

2. 制订档案保管突发事件应急预案。为确保档案资源安全和档案工作秩序，制订《鞍山钢铁集团有限公司办公室档案保管突发事件应急预案》（鞍山钢政办发〔2017〕49号），对可能导致档案保管突发事件的因素进行分析，细化日常巡查内容，提出突发事件的处理措施及程序。攀钢、矿业公司等117个单位结合实际，制订本单位应急预案。

3. 启动重要档案异质备份工作。为抵御突发事件对档案资源的损害，鞍山钢铁档案馆开展重要档案异质备份工作。在确定备份范围、评估工作量、探索工作流程的基础上，形成重要档案异质备份工作方案。全年扫描2001~2010年鞍山钢铁党政联席会议记录、干部任免文件等文书档案2.5万页。

【实现业务系统电子归档】 在与鞍钢OA系统、法律系统对接的基础上，2017年完成档案管理系统与招标平台、鞍钢股份财务共享平台、人力资源系统、科技创新平台等业务系统的对接工作，实现会计核算、招投标和重大科技奖等电子归档。目前已经接收2.1万个招标项目、6144笔会计核算业务的电子档案。2017年，档案管理系统开发普适性接口功能，满足日后其他业务系统电子归档需求。

【编制档案工作规范】 为不断提高档案管理人员的业务能力和水平，更好地为企业积累档案资源，在广泛征求意见的基础上，编制完成《鞍钢档案工作规范》。规范以档案工作流程为线索，共11个章节，分上下册。上册详细叙述了档案与档案工作、档案工作重要环节、档案验收、鞍钢档案管理系统、常用表格及填写说明、常见问题解答等。下册汇集了国家和鞍钢制发的档案工作现行有效文件。规范的下发，对于推进鞍钢集团档案工作规范化、高效化，具有重要意义。

【强化项目档案管理】 2017年6月20日，关键军用金属材料基础建设项目通过辽宁省科工办组织的档案专项验收。全年，鞍山钢铁办公室档案处组织召开矿渣公司微粉煤改气环保项目等4次归档工作会议。验收鞍钢集团展览馆等2项竣工档案114卷、20盘。攀钢对1.5万吨/年海绵钛工程等4项重点工程档案进行专项审查验收。对攀钢职工总医院三甲医院功能完善等9项工程出具验收合格意见。化工事业部等28个单位对酯焦油精制管式炉废气余热回收改造等179项自管工程进行跟踪，验收122项竣工档案636卷。

（鞍山钢铁集团有限公司办公室
档案处　刘　贺）

·保密与国家安全管理·

【保密管理】 加强党对保密工作的领导，制定下发了《鞍钢集团公司党委关于加强和改进保密工作的实施意见》（鞍钢委发〔2017〕30号），自上而下调整或建立了各级保密委员会，系统完善了保密领导机构，在总部机关部门、子企业党委办公系统规范设置了保密工作机构。2017年2月，鞍钢集团党委书记、董事长唐复平分别在鞍、攀两地主持召开保密工作会议，总结工作，部署任务。

加强工作调研，2017年4月，鞍钢集团副总经理姚林带队组织对攀钢进行保密工作调研检查，指导工作。

加强涉密人员管理，制定下发了《鞍钢集团公司国家秘密涉密人员管理办法（试行）》（鞍钢政发〔2017〕13号）、《鞍钢集团公司商业秘密涉密人员管理办法（试行）》（鞍钢政发〔2017〕15号），对涉密人员管理工作进行了全面规范。

加强涉密会议管理，制定下发了《鞍钢集团公司涉密会议管理办法》，明确了涉密会议“谁主办，谁负责”的原则以及会议主办单位、承办单位、保密工作机构的保密职责和管理要求，堵塞了会议保密管理漏洞。

【国安管理】 加强国家安全意识教育，组织观看《小心你的手机》《刘兵、龙向京窃密案》等警示宣传片，组织参观“维护国家安全，共筑钢铁长城”国家安全教育展览，举办鞍钢隐蔽斗争形势报告会，强化国家安全、保密管理人员、军工涉密人员国家安全和保密意识教育。

（鞍钢集团有限公司办公厅　袁厚刚）

·信访管理·

【综述】 2017年，鞍钢集团信访维稳工作坚持以习近平总书记系列重要讲话精神为指导，紧紧围绕“保生存、求发展”工作主线，按照鞍钢党委2017年信访维稳工作会议的总体要求和安排部署，坚持问题导向，加强风险隐患分析研判，狠抓矛盾源头防范治理，深入开展领导包案化解专项行动，使大量矛盾纠纷和信访突出问题得到化解，实现了越级进京上访减量退位，确保了企业改革发展和社会大局稳定。在全国两会、北京“一带一路”峰会、党的十九大等重要节点期间实现了“五个确保”的信访维稳工作目标。特别是在党的十九大会议期间，创造了鞍钢在党和国家重大政治经济活动期间信访维稳工作最好成绩，受到了中央第三联合督导组和国务院国资委的充分肯定，并荣立辽宁省信访维稳工作集体二等功。

【畅通信访渠道，依法依规办理大量信访问题】 一是全年鞍钢信访部门接待和受理职工群众来访1261批（案）次12411人次，同比上升12.4%。其中，集体访263批次11163人次；个人访998案次1248人次。二是全年办理网上信访823件，同比增加143%。其中：国家、省信访局网上转办218件，省民心网网上交办429件、转寄书信176件。三是全年处置鞍钢重要部位上访147批（案）次2591人次，同比下降4%。其中，集体访63批次2274人次；个人访84案次317人次。四是全年劝返职工群众越级进京到国务院国资委登记上访46批（案）次101人次，同比下降26.4%。其中：集体访3批次55人次；个人访43案次46人次。一年来，鞍钢各级信访部门认真办理和接待职工群众来信来访，受理的信访问题做到“件件有着落、事事有回音”，进一步增强了信访工作公信力。

【加强组织领导，严格落实工作责任】 一是认真落实中办国办印发的《信访工作责任制实施办法》，进一步健全和完善责任体系。鞍钢党委与区域公司、板块公司、直属单位等45个基层党委签订了信访维稳工作目标责任书，形成了“一级抓一级、级级盯责任，一层对一层、层层抓落实”的责任体系。修改细化了鞍钢信访维稳工作目标考核内容，实行月发通报，季度打分排序，年终汇总考核办法，确保了年度工作责任目标的完成。全年有14个单位被考核扣分，12个单位被通报批评。二是鞍钢领导高度重视信访维稳工作，有力推动了信访维稳工作的开展。鞍钢党委主要领导认真履行“第一责任人”的职责，亲自阅办信访群众来信16件；了解和听取信访维稳工作情况汇报7次；对部署做好公司改革发展关键时期和党的十九大等重大政治活动期间信访维稳工作，亲自组织召开信访维稳专题会议4次；对做好“网络信访平台办理工作”和重要节点时期的信访维稳工作作出重要批示12次。鞍钢党委分管领导组织召开信访工作联席会议和专题会议23次，研究解决信访突出问题45件，有效处理信访突出问题38件；接待上访群体和个人57批（案）次475

人次。其他领导严格履行“一岗双责”，高度关注分管单位和联系点单位的信访维稳工作情况，主动抓好分管范围内的信访维稳工作。三是充分发挥信访维稳部门职责作用。鞍钢信访办全年共召开信访协调会议93次，交办信访事项236件，上报信访情况反映36期，上报各类信访案件处理情况报告279件。积极协调、督查督办信访事项，超前预防化解群体事件，最大限度减少和化解了企业不和谐因素，有力地维护了企业改革发展大局稳定。

【抓好排查研判，切实筑牢稳控预警防线】 一是坚持做好矛盾纠纷排查工作。紧紧围绕企业改革发展中心工作及党和国家重要政治经济活动，全集团集中开展矛盾纠纷大排查9次，做到了排查研判到位、包保稳控到位、措施落实到位，实现了重点时期矛盾纠纷排查准确率达到100%。二是认真落实包保稳控责任。对排查确认的居家、病退、1993年底前按特殊工种退休、农村退休人员遗属等29个重点群体和232名个访重点人，及时下交责任单位，逐人、逐案落实稳控责任。对矛盾较为突出的1993年前特殊工种退休、1994年1月1日以后按特殊繁重体力退休、工人职别退休幼教等重点群体，信访和主责部门、单位积极通过领访、主动与政府主管部门、法院等沟通，争取支持，化解矛盾，使信访突出问题得到妥善化解。三是严格实行稳定风险评估。针对“三项制度改革”“人力资源优化”“三供一业”分离移交等重大改革举措，调研、督导相关责任部门和单位，广泛征求职工意见建议，切实做到科学民主决策，严格履行民主程序，从源头上做好防范，将不稳定风险降到了最低。四是注重信访信息预警研判。严格落实信访预警信息“零报告”机制，设立专人负责信息收集报送工作；建立了信访工作信息微信群，确保信息反馈快速及时；强化了信息报送工作考核，防止迟报、漏报、瞒报等现象。实现了信息发现得早、控制得住、处置得好，全年信息预警准确率达100%。

【综合施策化解难题，信访积案存量大幅减少】 按照“严控增量、减少存量”预防和化解信访积案的总体要求，鞍钢从上至下，集中力量，合力攻坚，全力化解信访积案。去年初，全集团共有重点信访积案66件，目前已化解53件，化解率达80.3%。一是以信访联席会议和协调会议为载体，积极解决疑难复杂信访积案。鞍钢党委坚持每月至少召开一次信访工作联席会议，集中研究和协调处理矛盾突出的信访积案，共下发《会议纪要》12期，投入财力物力合计190余万元，13件信访积案得到彻底解决。二是深入开展领导干部接访下访活动，促进“事要解决”，严控积案增量。鞍钢党委定期将有可能越级上访的群体和个访，作为领导干部接访下访的重点，全年各级领导干部接待职工群众1653批次2107人次。通过面对面听取意见，心贴心坦诚沟通，解疑释惑打开心结，真心实意排忧解难，有效地将重点人员和突出问题吸附、化解在企业内部，防止新增信访积案。三是深入开展领导干部包案化解信访积案专项整治活动，全力减少积案存量。鞍钢下发《通知》，将长期到鞍钢重要部位和越级去省进京缠访闹访的25个重点个访老户和10个重点群体列为工作重点，明确提出工作目标要求。鞍钢领导带头做到“四个亲自”（亲自了解案情、亲自组织召开专题会议、亲自研究解决问题、亲自接访回访）和“五个到位”（责任落实到位、工作程序到位、问题解决到位、思想疏导到位、督查督办到位），使上访人员真心感受到组织的关心关爱，依法理性对待个人诉求和组织上的处理意见。先后有鞍钢股份热轧厂特殊工种纠偏等7个群体和18名个访积案实现息诉止访。

【坚持五个导向，完成十九大鞍钢信访维稳工作任务】 一是领导高度重视。为了做好举国关注、举世瞩目的党的十九大会议期间信访维稳工作，上年年初，鞍钢党委就将党的十九大期间信访维稳工作作为全年工作重点进行筹划部署。8月9日，召开了鞍钢信访维稳工作会议，进一步对做好党的十九大期间稳定工作作出部署，要求各级党委以高度的政治敏锐性、责任感和严肃认真的工作态度，做好信访维稳工作方案制订和计划安排。9月21日，鞍钢党委召开了党的十九大稳定工作部署动员会议，对做好党的十九大期间信访维稳工作进行了再安排、再要求。10月10日，鞍钢党委召开了党的十九大期间信访维稳工作决战决胜阶段专题会议，强调各级党委要坚持五个导向。即坚持政治导向，坚持目标导向，坚持问题导向，坚持责任导向，坚持效果导向，全面部署、全神贯注、全力以赴抓好党的十九大期间信访维稳工作。二是强化排查和预警防范。9月初，鞍钢下发《通知》，彻底排查不稳定情况。对全集团范围内排查梳理出的24个重点群体、152名个访重点人员全部登记建册，逐人建立责任清单，落实三级包保责任，制定稳控措施，坚决防止重点人员脱管失控。三是加强源头预防化解。十九大期间，鞍钢党委成立了两个督导工作组，深入各重点单位调研督导，对各单位可暂缓出台的改革措施，要求暂不出台；对必须出台的改革措施，强化了稳定风险评估工作，严格履行民主程序，科学决策，切实从源头上做好防范。对职工群众反映比较集中的问题，要求及时有效处理，防止了小事拖大，矛盾激化。四是全面筑牢稳控劝返工作防线。为了切实做好稳控劝返工作，鞍钢下发了《党的十九大期间维稳工作预案》。从10月初起，抽调得力人员，建立了住地、火车站、北京地区等5个疏导稳控劝返工作组，对重点车次、部位值守劝返，成功劝返党的十九大前进京的6名个访人员和十九大期间欲进京的居家群体20余人和26名个访人员。坚持每天对进京和重点部位劝返工作情况编制“工作简报”进行通报，共向上级部门及鞍钢上报情况报告15件，对6个工作不力的单位给予了通报批评。

【地企警力密切合作，依法规范信访秩序】 一是合力化解难题。2017年以来，鞍钢多次向省市政府和有关部门主动汇报企业深化改革中稳定工作形势，影响企业和社会稳定的潜在突出问题以及工作中存在的难点问题，赢得了属地省市的理解、帮助和极大支持，有利推动了沈薄附属企业公司职工、1993年前特殊工种退休、健康小区211和212栋住户等信访突出问题的解决。二是有效地规范了信访秩序。多年来，鞍山市公安干警在依法规范信访秩序、维护企业和社会稳定中发挥了不可替代的强有力作用。特别是新组建的鞍钢公安分局领导班子，秉承一切为了鞍钢，一切服务鞍钢的理念，对鞍钢重要部位违法信访行为，敢于亮剑，勇于负责。局领导带头依法妥善处置了多期上访群体和个人到鞍钢重要部位堵门堵路非访行为，鞍钢信访秩序明显好转。三是齐心协力做好稳控化解。市相关部门充分发挥大数据平台作用，实时提供不稳定预警信息，使居家、病退等群体和个人欲越级上访行为被超前劝返化解。在重要时期，相关责任单位主动与各社区、街道联合接待，共同化解，确保了重点群体和个人被牢牢稳控在当地，有力地维护了企业和社会稳定。

【加强工作体系建设，有效提高工作水平】 一是组织开展信访工作专项培训。按照鞍钢党委要求，将《信访工作责任制实施办法》等信访工作业务知识纳入基层党支部书记培训主要内容，切实提高了基层领导对信访工作的责任意识，有效提升了处理和解决信访问题的能力。二是加强网信办理工作。经过积极与省民心网网络平台沟通，在7个基层单位开通了省民心网二级网信办理平台。为进一步规范网信办理工作，制定了《鞍钢民心网网信办理平台管理办法》，对12名基层网信平台管理人员进行了业务指导和培训，将省、市网上交办的信访事项办结率、回复率由年初的70%提升到100%。三是充实和加强信访工作力量。从基层单位选派一名同志到国务院国资委信访办协助工作，先后选调4名优秀干部到鞍钢信访部门挂职锻炼，增配了两名处级专务领导干部到信访部门工作。

【人民调解工作】 一是全年共排查调处各类矛盾纠纷439件。其中，生产经营方面引发的职内纠纷292件。全年实现了各类矛盾纠纷调处率、调成率和防止激化率三个百分之百。二是坚持“调防结合，以防为主”的人民调解工作方针，超前认真做好矛盾纠纷排查和调处工作，使大量矛盾纠纷及时得到排查调处，为创建新型和谐的干群关系、员工关系、家庭关系，全面促进和谐鞍钢建设发挥了积极作用。三是认真贯彻落实国家、省、市关于同邪教组织斗争工作精神和总体部署，组织开展了全国“两会”、党的十九大等重点期间“法轮功”等邪教人员的排查和严防邪教组织破坏活动的专项行动，实现了全国重要敏感时期鞍钢职工群众无“法轮功”等邪教组织成员捣乱破坏活动，为维护企业和社会大局持续稳定作出了突出贡献。

（鞍山钢铁集团有限公司信访办　宁　涛）

企业文化与公共关系

·企业文化·

【发布鞍钢集团文化体系】 2017年7月9日是鞍钢恢复开工68周年纪念日，鞍钢集团于当天隆重召开发布会，正式发布鞍钢集团文化体系。

经过文化诊断、文化访谈、文稿形成、征求意见四个阶段的工作，全面梳理、总结、提炼鞍攀文化精华，形成包括鞍钢集团愿景、使命、核心价值观、文化传承、管理法则、行为规范、鞍钢形象的《鞍钢集团文化宪章》，完成《鞍钢集团视觉识别系统》升级，制定印发《关于进一步加强和改进鞍钢集团企业文化建设的指导意见》。文化体系发布会上，发布了鞍钢集团文化专题片《铸魂》和《鞍钢集团标志》《鞍钢集团文化宪章》内涵释义片，印发了《鞍钢集团文化手册》。

鞍钢集团文化体系的发布，宣示了鞍钢集团对未来发展愿景的期许，定位了鞍钢集团所肩负的神圣使命，确立了全体鞍钢人长期恪守的核心价值观、文化传承、管理法则与行为规范，对于进一步凝聚共识、增强文化自信、推进鞍钢集团实现新的振兴发展具有里程碑意义。

【推进鞍钢集团文化体系落地】 下发了《鞍钢集团文化体系发布资料汇编》，组织全体员工学习。组织了视觉识别系统培训。规范并集中整改集团公司各地视频会场名称和标识应用，规范了安全帽、工作服的集团标志应用等，规范了鞍钢集团公司标语管理，进一步统一了集团形象。提出了职工更衣室、休息室及更衣箱、工具箱标准。起草完成了《2018~2020年职能规划纲要》企业文化部分内容。

【鞍钢集团展览馆升级为鞍钢集团博物馆】 2017年3月，鞍钢集团展览馆通过鞍山市文化广电新闻出版局组织的评审论证，并报省文物局备案，正式更名为“鞍钢集团博物馆”，这标志着鞍钢集团展览馆进入了国家博物馆发展、管理、考核、评价序列，具备了申报国家级博物馆的“入门证”。通过对景区旅游交通、游览、安全、卫生、邮电服务、旅游购物、综合管理、资源与环境保护等各要素进行提质改造，鞍钢集团博物馆成功跻身国家4A级景区行列，并于2017年5月19日第七个“中国旅游日”当天揭牌。2017年12月，鞍钢集团博物馆成为首批“全国中小学生研学实践教育基地”。

【“鞍山钢铁厂”入选首批国家工业遗产拟认定名单】 2017年12月，鞍钢集团的鞍山钢铁厂所属项目入选第一批国家工业遗产名单。

遗产项目包括“鞍山钢铁厂”生产厂区，台町区以及站前区内五一路以东、铁东二道街以北、八卦街以南区域。核心物项包括：昭和制钢所运输系统办公楼、井井寮旧址、昭和制钢所迎宾馆、昭和制钢所研究所、昭和制钢所本社事务所、烧结厂办公楼、东山宾馆建筑群（主楼、1号楼、2号楼、3号楼、会展中心）、北部备煤作业区门型吊车、建设者（XK51）机车车头、昭和制钢所1号高炉、老式石灰竖窑、2300毫米三辊劳特式轧机、401号电力机车、1150轧机、1100轧机、“鞍钢宪法”。

鞍钢的工业遗产群见证了新中国民族工业的振兴和辉煌成就，展现了“为工业中国而斗争”的新中国第一代钢铁工人的精神风貌，以及为我国建设发展作出的三大贡献，具有重要的历史价值、社会价值、科技价值和经济文化价值。

【推进鞍钢集团文化传播】 制作完成全景式反映鞍钢人2016年艰辛与跋涉的电视专题片——《突围2016》，在2017年2月28日举行的2016年度总结表彰大会上播放。制作完成《“鞍钢杯”全国冶金行业职业技能竞赛》专题片，在鞍钢集团2017年科技创新大会上播放。制作完成中文版和英文版的鞍钢集团电视形象宣传片。“鞍钢集团英模辈出现象研究”课题在中国思想政治工作研究会获奖。有9项成果在2017年中国冶金职工思想政治工作研究会成果评选中获奖，其中一等奖3项，“选树鞍钢楷模　弘扬时代精神　汇聚鞍钢集团改革创新的强大正能量”评选分数排名第一。

【强化品牌建设，提升鞍钢品牌形象】 制作铁路用钢、船舶及海工用钢、核电钢、桥梁钢、汽车用钢等五大类战略产品PPT宣传片。组织参加了第十七届中国国际冶金展、第二十届渝洽会、第二十二届俄罗斯国际冶金展览会，重庆汽车材料及相关零部件展览会。获评第十七届中国国际冶金展“最佳组织奖”。成功组织参加中央企业“创新成就展”，鞍钢集团公司作为表现突出集体受到国务院国资委的通报表扬。在中国冶金报推出形象专版《鞍钢船板——引领行业进步》《鞍钢：核电用钢领军者》。在十三届全运会宣传鞍钢品牌。完成鞍钢人才公寓、鞍钢股份冷轧厂彩涂线鞍钢标识的应用，强化鞍钢品牌形象。

【鞍钢品牌价值大幅提升】 在世界品牌实验室中国500最具价值品牌评选中，鞍钢品牌价值达570.55亿元，比2016年提升123.37亿元，排名由2016年的56名提升至2017年的55名，鞍钢的品牌价值得到进一步提升。

·公共关系·

【制定完善相关工作制度】 修订《鞍钢集团公司改进工作作风密切联系群众的实施细则》中“规范和改进新闻宣传工作”部分，结合鞍钢集团官方网站改版和上级要求，完善《鞍钢集团公司网站管理办法》。提出《鞍钢集团公司新闻宣传工作管理办法》的修订方案，增加新媒体管理和保密等相关内容。根据国务院国资委的文件要求，制定下发《鞍钢集团信息公开指导意见》，对信息发布的内容、载体、时机及责任落实等作出安排。

【掀起学习宣传党的十九大精神热潮】 印发《为党的十九大召开营造良好思想舆论氛围工作的通知》《关于开展迎接党的十九大主题宣传活动的通知》。组织开展“砥砺奋进这五年——喜迎党的十九大”主题宣传活动。鞍钢日报、攀钢文化传媒分公司刊播宣传报道100余篇、图片专版8个，全面反映了党的十八大以来鞍钢集团各领域、各子企业发展成绩，子企业媒体转发超过200篇（次），并结合自身实际，开展了丰富多彩的宣传。鞍钢日报先后10次用37个专版，同步转载、转发、转播中央主要新闻媒体有关党的十九大进程、会议公报、决议、大会报告、新党章等方面的报道，方便鞍钢干部职工第一时间学习党的十九大精神。下发了《关于更新标语的通知》，各单位在党的十九大前和党的十九大开幕后两次更新标语。

【加强对外新闻宣传　树立品牌形象】 制定实施《关于加强安全工作新闻宣传的通知》《关于“公司制”改革宣传工作方案》《关于“践行共享理念　服务一线员工”专项行动宣传报道方案》。对习近平总书记“三个推进”重要讲话精神及鞍钢的学习贯彻落实情况、集团公司一季度“开门红”、鞍钢人才公寓投入使用等进行重点宣传。其中，鞍钢集团落实习近平总书记“三个推进”讲话精神的报道成功亮相《新闻联播》和新华社通稿，经济日报推出长篇报道《鞍钢涅槃之路初现曙光》，极大提升了鞍钢集团品牌形象和鞍钢人的自豪感。

加强与外部主流媒体的沟通联系，推动人民日报、中央电视台、中国冶金报等媒体大力宣传鞍钢。2017年，在中央及省部级媒体刊发鞍钢集团正面报道1800多篇，中国冶金报发稿数行业领先，展现了鞍钢人良好的精神风貌和企业形象。

【充分发挥新媒体对外传播作用】 完成鞍钢集团官方网站改版工作。结合网站简约、清新的流行设计方向，对网站栏目结构进行了整合，形成包括关于鞍钢、新闻中心、产品与服务、投资者关系、业务板块、党的建设等七个一级栏目，使网站版块主次更加分明；增加自动响应功能，满足用户多种终端快速浏览需要；依托政务云平台建设，增加防篡改、漏洞扫描、入侵检测、防病毒等安全防护措施，确保网站安全稳定运行。组织鞍钢集团官方网站和官方微信、微博及时发布信息，传播鞍钢集团文化，树立鞍钢集团品牌形象。2017年，鞍钢集团官方网站发布信息1304条，官方微信发布信息701条，官方微博发布信息394条。

【强化舆情管控工作】 做好舆情监控工作，及时、有效地研判和处置负面舆情。制定下发《党的十九大前后舆情管控预案》，成立了由集团公司党委分管领导牵头的党的十九大舆情管控工作领导小组和领导小组办公室，确保了党的十九大前后舆情平稳，获中央第三联合督导组的表扬。

加强网络舆情监控，对监测到的舆情和子企业上报的重大舆情，第一时间进行分析、研判、处置，每周编制一期《网络舆情简报》。2017年，反馈了媒体刊发鞍钢相关报道540条，敏感信息51条，编制《鞍钢集团公司2016年度舆情报告》，形成舆情简报53期。

（鞍钢集团有限公司党委宣传部　刘敬元　张　丹）

党群管理

·党建管理·

【党内统计】 截至2017年末，鞍钢集团有限公司有党委225个，党总支156个，党支部2344个，党小组6103个；有党员80755名，其中在岗职工党员55237名，离退休职工党员19121名（其中离休党员1540名、退休党员17581名），居家休息职工党员5300名，其他方面党员1097名。2017年，发展党员938名，申请入党人6869名，入党积极分子2708名。专职党务工作人员1070名。

【推进“两学一做”学习教育常态化制度化】 中央推进“两学一做”学习教育常态化制度化工作座谈会后，鞍钢集团党委抢先抓早、及时部署，2017年5月17日，召开鞍钢集团党委推进“两学一做”学习教育常态化制度化工作会议，坚持融入日常、抓在经常，在深“学”、实“做”、严“改”、真“带”上不断深化拓展，把深入学习领会习近平新时代中国特色社会主义思想和党的十九大精神、新党章以及习近平总书记系列重要讲话精神作为“三会一课”主要内容，各级党组织和广大党员领导干部的“四个意识”进一步树牢，“四个自信”进一步坚定，坚决维护以习近平同志为核心的党中央权威和集中统一领导，掀起了争做“四个合格”“六个先锋”的热潮。

1. 制定实施方案。印发《鞍钢集团公司党委关于推进“两学一做”学习教育常态化制度化的实施方案》，明确推进“两学一做”学习教育常态化制度化的重大意义；明确基本目标要求，教育引导广大党员做到“四个合格”；明确程序步骤，立足深“学”、实“做”、严“改”、真“带”等维度开展，推动全面从严治党从“关键少数”向基层延伸、向广大党员延展。

2. 按计划扎实推进。为确保活动落地落实，集团公司党委制定了《鞍钢集团公司党委2017年度“两学一做”常态化制度化推进安排表》，活动贯穿整个年度，并提出目标要求，从启动、深“学”、实“做”、严“改”、真“带”、常“抓”等六个阶段扎实推进。通过建立责任落实体系，明确牵头部门和配合部门，保证了学习教育常态化制度化活动的顺利推进、扎实推进。

3. 注重建章立制。强化制度引领，将“两学一做”学习教育纳入党支部“三会一课”等基本制度，严格党的组织生活制度，抓好民主评议党员。强化组织领导，建立“两学一做”学习教育常态化制度化推进小组，一级抓一级，层层抓落实，纳入各级党组织党建工作考核内容；成立学习教育督导组，对12个直管党委进行督导调研。强化带头执行，集团公司领导班子以上率下，坚持将班子成员本人摆进去，明确领导班子联系点及参加党支部组织生活会名单，充分发挥党支部教育管理党员的主体作用。

4. 活动成果显著。通过扎实开展“两学一做”学习教育常态化制度化，党员队伍素质明显提升，“四个意识”不断增强，“四个作用”不断提升。中央改革办督查组、国资委第二专项督查组、国资委党委考核评价组第三组对鞍钢学习教育工作给予充分肯定。上报学习教育工作信息43篇，《人民日报》《经济日报》《中央企业党建工作简报》《中央企业“两学一做”学习教育常态化制度化简报》等媒体刊发9条鞍钢经验做法。

【学习贯彻落实党的十九大精神】 深入开展“喜迎党的十九大”系列主题实践活动，加大对习近平总书记系列重要讲话精神特别是“三个推进”“7·26”重要讲话精神的学习力度。开展“三先两优”评选活动，召开庆祝建党96周年大会，首次选树10名集团优秀党支部书记标兵。深入学习贯彻落实习近平新时代中国特色社会主义思想和党的十九大精神，把党的十九大精神作为“两学一做”的首要学习内容。通过党委理论学习中心组学习、组建宣讲团一线宣讲、专家专题辅导、讲专题党课、分类专项重点培训等，把全体党员干部职工的思想和行动高度统一到党的十九大精神上来。举办鞍钢集团领导人员学习贯彻党的十九大精神高级研修班，培训290人。举办基层党支部书记党的十九大精神专题培训班24期，培训2195人。组织全体党员干部职工学习党的十九大精神，为各级党委、副处级以上领导干部、全体党员配发党的十九大报告和党章，做到人手一册。

【抓牢国企党建重点任务落实】 印发《贯彻落实全国国有企业党的建设工作会议精神重点任务分解落实方案》，将重点任务横向分解到各部门；纵向落实到基层党委，明确完成时限，按季度督导推进，纳入党建工作考核保证落实。2017年6月

28 日，召开贯彻落实国企党建工作重点任务推进会，通报了 2017 年党建工作重点任务推进情况，总结工作，查摆问题，强化推进措施，28 项党建工作重点任务全部落实完成。印发《关于加快推进党建工作总体要求纳入公司章程有关事项的通知》等 3 个文件，分类指导、分层实施做好党建入章工作，111 家单位公司章程已全部修改完毕。

【健全完善党建工作制度】 把制度建设贯穿推进“两学一做”学习教育常态化制度化全过程，印发《鞍钢集团公司党委常委会议事规则》《鞍钢集团公司党委工作规则》《鞍钢集团公司党建工作责任制实施办法》《鞍钢集团公司党委关于进一步加强基层党建工作的实施意见》《鞍钢集团公司党员领导干部民主生活会实施细则》《鞍钢集团公司党委关于严格党的组织生活制度的实施意见》《鞍钢集团公司基层党支部工作细则》《鞍钢集团公司党员教育管理工作细则》《2017 年度鞍钢集团公司党建工作考核评价办法》等制度，健全完善党建工作责任体系、考核体系、制度体系。

【深入开展基层党支部建设提升年活动】 贯彻落实全面从严治党要求，全面提升基层党支部工作规范化、制度化、科学化水平，发挥党支部的战斗堡垒作用和党员的先锋模范作用。印发《关于深入开展基层党支部建设提升年活动的通知》，突出一个主题，明确三个重点，加强五个基本，实现三个目标。按季度抽查党支部“三会一课”记录，纳入党建工作考核评价。成立 6 个调研督导组，对 222 个“一般”党支部、57 个“样板”空白党委进行调研督导，形成基层党建工作调研报告。2017 年 9 月 28 日，召开鞍钢集团基层党支部建设提升年活动推进会，通报基层党建工作调研督查情况，推进整改落实，交流 3 个单位工作经验，对进一步加强基层党支部建设进行部署安排。加大鞍钢“样板”党支部创建力度，评选集团“样板”党支部 53 个、党支部工作示范基地 8 个。集中开展到党支部工作示范基地对标学习交流活动。加强党支部书记队伍建设，实施“基层党支部书记上岗培训合格证”制度，采取“A+B”方式，轮训党支部书记 2878 人，第 14 期《中央企业“两学一做”学习教育常态化制度化简报》专题刊发鞍钢党支部书记培训工作经验做法。编撰党支部书记培训教材《榜样》，推广 10 名鞍钢优秀党支部书记标兵的工作经验和工作技巧。国资委党委书记郝鹏，中组部干部五局巡视员、副局长徐宝君分别到大型厂、冷轧厂、轧辊厂调研党支部工作，对鞍钢基层党支部建设给予高度评价。

【加强党员日常教育管理】 应用《全国党员管理信息系统》，建立全公司党组织和党员信息库。建设应用鞍钢集团党建信息管理网，涵盖鞍钢集团全部基层党组织，实现基础展示和授权管理两大功能，提升鞍钢党建信息化、科学化水平。严把党员队伍入口，实施“双培养”工程，切实做好发展党员工作，新发展党员 938 人；畅通党员队伍出口，对 116 名不合格党员，按照组织程序组织处置。转发《中共中央组织部办公厅关于进一步规范党费工作的通知》等 4 个文件，举办党费工作业务培训班，党费管理进一步规范。全公司各级党组织慰问生活困难党员、老党员和老干部 4800 余名。持续开展“戴党徽、亮身份、树形象、作贡献”活动，全公司 5.5 万名党员坚持佩戴党徽上岗，展示党员先锋形象。扎实推进共产党员工程、党委书记抓党建项目制、党委书记抓党建述职等工作，确定集团级共产党员工程项目 126 项，党委书记抓党建项目 130 项，全面推行党委书记抓基层党建工作述职评议，在 13 家基层党委试点开展党支部书记述职评议考核。创新党员学习教育形式，评选表彰第五届优秀党员教育电视片 133 部，评选表彰“两学一做”学习教育优秀党课教案 290 篇。2017 年 8 月 11 日，举行“两学一做”学习教育专题报告会，邀请中国预警与电子战专家、空军指挥学院原副院长朱和平作《信仰的力量——做真正的共产党员》专题讲座，600 余名党员代表聆听报告。全公司基层党支部上党课 1 万余次，党支部、党小组开展专题讨论 1.2 万次。

【推选辽宁省出席党的十九大代表】 按照辽宁省党的十九大代表选举工作部署会议精神和《中共辽宁省委关于做好辽宁省出席党的十九大代表人选推荐考察工作的通知》（辽委〔2016〕99 号）要求，鞍钢集团党委启动辽宁省出席党的十九大代表遴选工作。2017 年 1 月 9 日，鞍钢集团党委组织部召开了直管单位党委组织部长会议，对推荐鞍钢集团出席党的十九大代表候选人初步人选工作进行了安排部署。鞍钢集团各基层党委在推荐提名过程中，严格按照规定的程序和要求，认真贯彻民主集中制原则，坚持自下而上、上下结合、反复酝酿、逐级遴选的办法，将推荐提名党的十九大代表候选人初步人选工作全部安排布置到基层党支部。1月17日，鞍钢集团党委组织部对各直管单位党委上报的推荐人选的报告和名单进行了汇总。1月24日，鞍钢集团召开党委常委会，听取了鞍钢集团出席党的十九大代表候选人初步人选推荐人选建议名单的汇报，一致同意出席党的十九大代表推荐人选建议名单。1月25日至2月4日，鞍钢集团党委组织部下发了《关于征求鞍钢集团出席党的十九大代表候选人初步人选推荐人选建议名单的通知》，再次征求直管单位党委意见建议，11个直管单位党委均表示同意，无不同意见。2月6日，鞍钢集团党委组织部与省委组织部就推荐人选情况进行沟通，省委组织部批复同意。2月8日，鞍钢集团党委召开了党委全委会议，在充分讨论的基础上，表决通过了代表候选人初步人选推荐人选名单，确定鞍钢集团党委书记、董事长唐复平同志，矿业集团齐大山铁矿生产技术室业务主管郭明义同志为鞍钢集团出席党的十九大代表候选人初步人选推荐人选。

辽宁省委在差额考察和征求意见的基础上，提出了党的十九大代表候选人初步人选名单，在全省基层党组织和党员中进行公示后，召开省委十二届三次全会，投票确定了党的十九大代表候选人预备人选。经与会代表充分酝酿，采取无记名投票、差额选举的办法，选举产生了辽宁省出席党的十九大代表。唐复平同志作为党员领导干部、郭明义同志作为生产和工作第一线工人出席党的十九大代表。

【郭明义当选十九届中央委员会候补委员】 2017年10月24日上午9时，中国共产党第十九次全国代表大会闭幕会开始。大会应到代表和特邀代表2354人，实到2336人。到会的代表和特邀代表以无记名投票方式，选举出由204名委员、172名候补委员组成的十九届中央委员会。鞍钢集团矿业有限公司齐大山铁矿生产技术室业务主管郭明义同志当选中国共产党第十九届中央委员会候补委员。这也是郭明义同志继2012年11月14日当选中国共产党第十八届中央委员会候补委员之后再次当选。

【推选出席辽宁省、鞍山市人大代表】 按照《市十六届人大代表人选提名推荐工作办法》要求，鞍钢集团于2017年9月11日启动了鞍山市人大代表推荐提名工作。根据分配的代表名额和有关要求，按照履职优秀代表连任、代表构成和从工作出发的原则，对推荐人选的政治素质、身份、结构等方面情况进行综合分析研判，在听取人选所在单位党组织意见、广泛酝酿协商的基础上，召开党委常委会进行集体讨论，按照要多于20%代表名额进行推荐的要求，提出了初步建议人选。根据中共鞍山市委组织部印发《关于反馈省市人大代表选举结果的函》，最终确定鞍钢集团出席辽宁省十三届人大代表有6人，分别是姚林、王义栋、郭晓宏、刘桂云、李超、肖振平；出席鞍山市第十六届人大代表16人，分别是尹利、景奉儒、邵安林、林大庆、付伟、刘宝山、白雪、杨大力、曲国辉、徐军、张忠威、李革坤、宋亚利、李兴鹞、石丽媛、杨春雨。

【开展党内表彰活动】 2017年6月29日，鞍钢集团公司召开庆祝中国共产党成立96周年大会，回顾党的光辉历程，表彰在过去一年里涌现出的先进集体和先进个人。鞍钢集团公司各级党组织和广大共产党员、党务工作者深入学习党的十八大和十八届三中、四中、五中、六中全会精神，认真贯彻落实习近平总书记系列重要讲话和全国国企党建会议精神，扎实开展“两学一做”学习教育，紧紧围绕“调整、改革、创新、加强党的建设”四项重点工作，充分发挥各级党组织的政治优势和组织优势，充分发挥广大共产党员的先锋模范作用，上下同欲，勇挑重担，攻坚克难，生产经营和深化改革等各项工作取得了显著成绩，涌现出一大批勇于创新、坚强有力、冲锋在前、敢于担当的先进典型。为表彰先进、弘扬正气、树立标杆，激励各级党组织和广大共产党员、党务工作者在鞍钢打胜扭亏脱困攻坚战中创先争优、建功立业，集团公司党委决定，授予鞍钢股份有限公司炼钢总厂党委、攀钢集团攀枝花钢钒有限公司热轧板厂党委等37个党委“先进党委”荣誉称号，授予鞍钢矿业有限公司齐大山铁矿采矿作业区党支部、工程技术发展有限公司建设公司第一分公司结构厂党支部等295个党支部“先进党支部”荣誉称号，授予综合实业发展有限公司冶金资源开发公司钢渣磁选作业区日勤党小组、信息产业有限公司自动化公司工程第一党小组等356个党小组“先进党小组”荣誉称号，授予苏毅、王金侠等388名同志“优秀共产党员”荣誉称号，授予罗斌、吴琳等217名同志“优秀党务工作者”荣誉称号，授予鞍钢股份有限公司冷轧厂二分厂生产作业区党支部书记张笑男等10名同志“优秀党支部书记标兵”荣誉称号。

（鞍钢集团有限公司党委组织部　宫志宇）

·宣传工作·

【理论武装】 以党委1号文件印发《2017年政治理论学习指导意见》，对全集团政治理论学习作出安排，确保突出政治理论学习、突出习近平总书记系列重要讲话精神学习，确保覆盖全员。深入学习宣传习近平总书记参加十二届全国人大五次会议辽宁代表团审议时的重要讲话精神。邀请朱德元帅的孙子朱和平少将作《信仰的力量》专题报告，鞍钢集团600余名党员干部现场聆听报告。邀请东北大学马列主义学院院长田鹏颖教授作学习毛泽东同志《实践论》《矛盾论》专题报告。制定印发《鞍钢集团公司党委贯彻落实〈中国共产党党委（党组）理论学习中心组学习规则〉实施细则》（鞍钢委办发〔2017〕26号）。制定印发《2017年鞍钢集团公司党委中心组学习安排》《2017年5~12月份鞍钢集团公司党委理论学习中心组学习计划》，集团公司党委理论学习中心组集中学习增加到每月两次。组织集团党委理论学习中心组集体学习21次，子企业党委中心组学习300余次。加强学习督导，对11家子企业党委理论学习中心组学习进行了督导，发现问题、总结亮点、及时整改。制定下发《关于组织收听收看党的十九大会议盛况的通知》，组织鞍钢广大干部职工收听收看党的十九大盛况。组织集团领导班子和集团总部机关部门负责人、各单位党政领导专题学习党的十九大精神3次。制定下发《鞍钢集团党委关于全面深入学习宣传党的十九大精神的通知》《鞍钢集团公司党委近期学习宣传贯彻党的十九大精神工作方案》。组建党的十九大精神宣讲团到基层一线宣讲，使党的十九大精神进企业、进机关、进车间、进班组。制定下发《鞍钢集团宣传系统学习宣传贯彻党的十九大精神的实施方案》，先后组织召开鞍钢集团宣传系统、统战系统学习宣传贯彻党的十九大精神会议。

【意识形态工作】 印发《党委意识形态工作责任制实施细则》，推动形成了党委统一领导，党政齐抓共管的意识形态工作格局。工会、组织、宣传、团委等部门开展了职工思想动态专项调研，为集团公司科学民主决策提供了参考；集团机关处级以上领导人员，与一线班组建立联系点，定期收集职工思想动态和利益诉求；每季度利用党群工作例会，收集意识形态工作相关信息。建立意识形态工作报告制度，要求各单位党委每年向集团公司党委书面报告一次意识形态工作情况，在党委书记抓党建工作述职时进行专题汇报；建立意识形态工作提示提醒制度，及时发现、及时提醒、及时处置苗头性、倾向性问题。

【思想政治工作】 贯彻落实“树立一个理念、坚持两个原则、强化三个引导、抓好四个重点”思想政治工作思路，2次组织召开宣传思想文化工作会议，研究职工关注的热点难点问题，安排部署解决问题的具体工作。把思想政治工作与“处僵治困”和深化改革工作同研究、同部署、同检查、同考核，保证了改革过程中职工队伍稳定，广大干部职工充分理解改革、积极参与改革。“处僵治困”思想政治工作情况在东北地区中央企业座谈会上作汇报，相关经验在《国资工作交流》上刊发。加强形势任务教育工作，下发《鞍钢集团公司2017年形势任务教育安排意见》，对全年形势任务教育工作作出安排部署。紧密结合国家宏观经济、行业发展态势和鞍钢集团生产经营实际，每季度印发一期形势任务教育宣传提纲。充分利用报纸、电视、宣传栏、微信群等媒体，提高形势任务教育的覆盖面和达到率，统一思想、鼓舞士气。围绕人力资源优化、“处僵治困”“三项制度”改革等工作的重点、难点和焦点问题，加大思想政治工作研究力度，“鞍钢集团英模辈出现象研究”课题在中国思想政治工作研究会获奖，3项成果获得中国冶金职工思想政治工作研究会成果评选一等奖。不断加强理论研究指导实践应用工作力度，实现了理论研究与工作成效的双丰收。

（鞍钢集团有限公司党委宣传部　李　勇）

·纪检监察工作·

【召开2017年度集团公司党风廉政建设和反腐败

工作会议】 2017年2月15日，召开党风廉政建设和反腐败工作会议。鞍钢集团公司党委书记、董事长唐复平发表讲话。鞍钢集团公司党委副书记、工会主席尹利主持会议并传达十八届中央纪委七次全会、中央企业党风廉政建设和反腐败工作会议精神。鞍钢集团公司党委常委、纪委书记许质武作题为《推动全面从严治党向纵深发展 为鞍钢集团打胜扭亏为盈攻坚战提供坚强保证》的工作报告。报告对2016年党风廉政建设和反腐败工作情况进行了总结，围绕持续深化“两学一做”学习教育，牢固树立“四个意识”；严肃党内政治生活，净化党内政治生态；强化党内监督，以强有力问责督促各级党委履行全面从严治党的政治责任；把纪律和规矩挺在前面，持续推进作风建设；运用监督执纪“四种形态”，保持惩治腐败的高压态势；突出监督重点，规范权力运行；打铁还需自身硬，努力建设忠诚干净担当的纪检监察队伍几个方面对2017年主要任务进行了部署。唐复平在讲话中要求，各级党委、纪委要深入学习贯彻习近平总书记重要讲话精神，切实增强全面从严治党的政治责任感和使命感；客观面对取得的成绩和存在的不足，主动肩负起全面从严治党的政治责任；严肃党内生活、严明党的纪律、强化党内监督，推动全面从严治党向纵深发展；坚持标本兼治，着力构建不敢腐不能腐不想腐的体制机制，不断取得党风廉政建设和反腐败工作的新成效，为集团公司全面打胜扭亏为盈攻坚战提供坚强的政治保障。

【深入学习宣传贯彻落实党的十九大精神，切实把思想和行动统一到中央精神上来】 集团党委始终坚持从党的自我净化、自我完善、自我革新、自我提高的高度，全面学习十九大精神，深刻领会管党治党的极端重要性，在思想上政治上行动上始终与党中央保持高度一致，把讲政治、顾大局、护核心、真看齐落实到具体工作中。党的十九大召开前，认真学习贯彻习近平总书记“三个推进”重要讲话精神，深入开展“喜迎十九大、向十九大献礼”等系列主题教育实践活动，积极宣传十八大以来鞍钢改革发展取得的新成就，为党的十九大召开营造了良好氛围。会议闭幕后，把学习宣传党的十九大精神作为当前和今后一个时期的重大政治任务，3次召开党委中心组会议进行专题学习，印发了学习贯彻通知，组建宣讲团，开办专题辅导班。结合鞍钢全面从严治党工作实际，从把政治建设摆在首位、加强宣传思想文化工作、压实党建主体责任、建设高素质专业化队伍、持续提升组织力、持之以恒正风肃纪六个方面作出贯彻落实部署，引领鞍钢踏上振兴发展新征程。

【把管党治党政治责任落到实处，推进全面从严治党向纵深发展】 切实履行全面从严治党主体责任。集团党委16次召开常委会、书记办公会，研究部署贯彻落实全面从严治党、党风廉政建设和反腐败工作。召开党风廉政建设和反腐败工作会议，党委书记、纪委书记工作会议，印发了工作任务分工。制定《鞍钢集团公司党委关于构建大监督体系的意见》，成立监督委员会，建立了出资人监督、业务监督、专责监督“三个体系”有效协同，“五大平台”强力支撑的“1+3+5”模式大监督体系，强化对履行管党治党责任、生产经营管理行为的全方位、全流程、全覆盖监督。严肃查处上有政策、下有对策，有令不行、有禁不止，口是心非、阳奉阴违，管党治党不严，落实两个责任不力等行为，给予党政纪处分和组织处理35人。

客观研判党风廉政总体状况，净化党内政治生态。对单位进行“画像”，把握“森林”状况。开展廉洁地图建设，查找廉洁风险和管理问题5049条，确定高风险领域4个、环节25个、单位62家。开发鞍钢廉洁地图信息系统，探索建立鞍钢廉洁状况指数，对党风廉政状况进行动态量化评价。对“关键少数”进行“画像”，把握“树木”状况。各单位纪委书记从遵守党的纪律、执行民主集中制、落实中央八项规定精神、履行“一岗双责”等9个方面对712名领导班子成员党风廉政状况和廉洁自律情况进行了“画像”。开展廉洁档案建立工作，领导人员和关键岗位人员全面报告个人有关事项、礼金礼品处置等情况。

强化责任追究，推动两个责任层层落实。严格落实《中国共产党问责条例》，督促各级党委履行全面从严治党政治责任，集团党委、纪委约谈下属单位负责人共43人次；各级党委、纪委共约谈1094人次。把问责作为全面从严治党的重要抓手，用问责推动管党治党责任层层落实。对盗窃外购煤炭和焦炭案件负主体责任、监督责任、“一岗双责”的28名责任人进行了问责处理。对涉及辽宁省和鞍山市两级拉票贿选案的12名人员进行了党纪处分和组织处理。全年共问责123人。认真贯彻落实《国务院办公厅关于建立国有企业违规经营投资责任追究制度的意见》，起草贯彻落实办法，加大对违规经营投资的责任追究力度。

发挥纪委在组织协调反腐败工作中的主导作用。加强向上级纪委的请示报告，积极争取支持和帮助，全年鞍钢纪委向中央纪委、中央纪委驻国资委纪检组、辽宁省纪委请示汇报工作23次。加强与地方司法机关的沟通协调，就纪律审查工作与地方纪委、公安局、检察院、法院沟通协调上百次，协同调查掌握有关信息。加强内部监督力量间的协同协作，组织协调审计、法律事务、管理创新、财务运营、战略规划、安全环保等部门开展了专项检查、专项治理等工作，形成了监督合力。

【落实中央八项规定精神，持续强化作风建设】 把纪律和规矩挺在前面。结合中央新精神新要求，修订了《鞍钢集团公司党委关于进一步改进工作作风密切联系群众的具体措施》《鞍钢集团公司负责人履职待遇、业务支出管理实施细则》。抓住春节、端午、中秋、国庆等重要时间节点，开展警示教育193次，发送提醒短信微信6100条、提醒邮件692个，组织开展监督检查808次。严肃查处违规操办婚丧喜庆事宜收受礼金、违规使用公务用车等违反中央八项规定精神问题，给予12人党政纪处分和组织处理。全面系统梳理党的十八大以来鞍钢落实中央八项规定精神、纠正“四风”工作情况，形成专题报告。

实现警示教育常态化。召开鞍钢集团警示教育大会，通报13起典型违纪违法案件，编发《读书思廉》4期，组织开展反思活动。通过反腐倡廉信息网“曝光台”通报违纪违法案件和典型“四风”问题10批148件，实现所有违纪问题100%通报曝光。组织1276名党员、领导人员参观辽宁省和鞍攀两地反腐倡廉展览馆，组织党员观看了《央企领导人员违纪违法警示录》《失守的防线》《褪色的人生》等教育片。坚持抓早抓小，编写《鞍钢集团公司“微腐败”“亚腐败”200例》，着力解决基层存在的“微腐败”问题，推动全面从严治党向基层延伸。

【突出标本兼治，切实发挥政治巡视利剑作用】 持续深化巡视问题整改。召开了持续深化整改推进会，对照中央第六巡视组向中船重工党组反馈的“机动式”巡视情况，制定《中央巡视反馈意见持续、深化整改措施清单》，举一反三落实整改，做好督促检查。总结中央巡视反馈意见整改工作情况，形成《持续深化巡视整改、促进鞍钢改革发展》经验材料，报送中央巡视组、巡视办。鞍钢巡视整改方案、报告得到了中央巡视办、巡视组的充分肯定。

以高度的政治责任感全力配合国资委督查工作。全面梳理中央巡视反馈问题整改情况，编写《鞍钢集团巡视整改工作大事记》，客观全面向督查组汇报了鞍钢党委落实中央巡视反馈意见情况。针对管党治党、“四风”、选人用人、国有资产监督管理等方面存在的问题，印发《关于深化巡视整改专项督查工作反馈意见进行整改的通知》，全面深入进行整改。组织各单位纪委对中央巡视交办问题线索进行系统梳理，确保中央巡视交办工作“件件有着落、事事有回音”。

实践机动巡视和基层巡察。修订巡视工作办法，制定领导小组、巡视办、巡视组工作规则，配备了5名专兼职巡视员。对重机公司开展了机动巡视，发现违规决策、违规招标、弄虚作假等问题，从管党治党不严、两个责任不落实等方面揭示了问题存在的根源，有针对性地提出整改意见。工程技术发展公司党委按照反馈意见举一反三开展自查自纠，发现问题29个，处理责任人61人。推进基层党委巡察工作，矿业公司、实业公司党委围绕全面从严治党、工程项目和劳务费用管理开展了巡察工作，查找发现了一批管党治党不严和违规违纪问题。

【强化重点领域监督，规范权力运行】 加强对选人用人工作的监督。制定《鞍钢集团公司防止“带病提拔”的实施意见》，严格落实“凡提四必”要求，对5名个人有关事项报告不实的领导人员进行组织处理。严格落实纪委书记从提名酝酿阶段就参与领导人员选拔任用的要求，参与集团公司直管领导人员岗位调整134人次，全过程进行监督。严把政治关和廉洁关，政治上有问题一票否决、廉洁上有硬伤坚决不用，函复拟任用领导人员党风廉政情况25人，有的领导人员因为提职、转正期间反映问题没有查清被暂缓使用，还有的领导人员在动议阶段就因为廉洁自律方面出现过较为严重的问题，被直接否决。对226名新任职领导人员进行廉洁谈话。

加强对关键重要敏感领域的监督。组织开展了扶贫领域监督执纪问责、违规公款购买消费高档白酒、留存礼品清查处置等专项治理。发挥纪检监察工作信息化平台作用，将纪检监察监督嵌入招标采购平台和产品营销商务平台，实现了事后监督向实时监督、离线监督向在线监督的转变。各级纪检监察组织围绕采购销售、矿产资源、物流管理等领域开展监督检查，推动相关领域进一步堵塞漏洞、完善制度、深化改革。

【深入开展纪律审查工作，保持惩治腐败高压态势】 有效运用监督执纪"四种形态"。在查处骗取鞍钢设备款案件中，反复耐心地做有关人员思想工作，对真心认识自己错误、主动上交违纪所得的10名人员，视具体性质和情节按照"四种形态"进行了从轻转化；对拒不承认错误、对抗组织调查的严重违纪、涉嫌违法的5名人员，坚决进行严肃查处，及时移送司法机关。2017年，第一种形态处理446人次，占75.85%；第二种形态处理106人次，占18.03%；第三种形态处理20人次，占3.4%；第四种形态处理16人次，占2.72%。落实"三个区分开来"重要思想，坚决支持、保护和爱护那些敢于担当、勇于创新、干事创业的领导人员。

保持惩治腐败的高压态势。加强反映问题线索管理，修订问题线索管理办法，实现线索从单一来源向多渠道、从被动接受向主动发现、从内部收集到内外部全面收集的转变。严肃查处十八大以后不收敛不收手，问题线索反映集中、群众反映强烈，现在重要岗位且可能还要提拔使用的领导人员违纪问题。全年受理信访举报1064件次(含重复举报)，处置问题线索602件，立案调查149件。重点查处了内外勾结骗取鞍钢设备款、领导人员贪污受贿、采购工作中串标围标、套取职工工资、违反财经纪律等严重侵害企业和职工群众利益的案件，挽回直接经济损失4651万元，追回了被合资方侵占的市值近1亿元的房产和土地。

联合开展打击犯罪专项活动，净化生产经营环境。协调鞍山市公安局开展专项打击行动，鞍钢公安分局制定了"助力鞍钢、护卫家园"28条举措，组建3个突击队全面开展维护稳定、打击犯罪、安全保卫工作，成功破获了假冒注册商标案，串投标案，非法制造、买卖、运输、储运爆炸物案，盗窃国有资产团伙犯罪案等21起，挽回直接经济损失1000多万元，有力地震慑了犯罪，为鞍钢改革发展营造安全健康环境和良好秩序。

【持续深化"三转"，打造忠诚干净担当的纪检监察队伍】 落实监督执纪工作规则。推进纪检监察体制机制改革，成立案件监督管理室，建立执纪监督、执纪审查、案件审理相互协调、相互制约的工作机制；鞍山钢铁实施了专职纪检监察员派驻工作，攀钢在成都地区设立纪检工作组，增强纪检监督的独立性、权威性和有效性。编发了《鞍钢集团公司纪检监察案件组卷参考模板》，得到了驻国资委纪检组的充分肯定。全方位保障纪律审查工作实质安全，安全执纪率达到100%，鞍钢安全执纪工作经验在中央纪委监督执纪工作专刊上交流。

加强纪检监察队伍自身建设。组织开展5次全系统纪检监察人员思想政治和业务知识培训，通过以案代训培训基层纪检干部88人次。召开了"纪委书记述职述廉会议"，28名纪委书记向集团纪委述职述廉。严格落实纪委书记、副书记提名考察要求，提名考察纪委书记、副书记10人次。防止"灯下黑"，查处了纪检监察工作人员滥用监督执纪权力、干扰纪律审查工作、不履职尽责等违规违纪行为，保证了纪检监察队伍的纯洁性。开展纪检监察系统先进集体、先进工作者评选表彰活动，在中央纪委五年一度纪检监察系统先进评选中，集团纪委一名同志获得全国纪检监察系统嘉奖。

(鞍钢集团有限公司纪委　朱翰洋)

·统一战线工作·

【统一战线工作】 强化统战工作基础信息调研。分别开展少数民族职工、信教职工和民主党派鞍钢基层组织信息、市级以上政协委员信息等4个专题调研，进一步了解情况、掌握信息、更新数据，建立、完善了鞍钢集团统战工作基础信息档案。强化党外代表人士队伍建设。完成省、市政协委员换届人选推荐工作。2名党外代表人士获得省级优秀科技工作者称号，1名无党派人士获得全国五一劳动奖章。在中央企业首届归侨侨眷及留学人员优秀创新奖评奖活动中，鞍钢集团有2

项成果、3名个人和2个集体获奖。强化统战成员学习交流。组织召开集团公司统战代表人士通报会，学习贯彻习近平总书记在参加十二届全国人大五次会议辽宁代表团审议时的重要讲话精神、中共十九大精神等，通报了集团公司生产经营情况，开展鞍攀两地统战工作交流。强化对民主党派自身建设的支持。农工党鞍钢总医院支部主委肖振平当选农工党鞍山市第七届委员会主委。积极配合民盟鞍钢基层组织建设，成立民盟鞍钢总支，选举产生了新一届总支委员会。加强民建鞍钢支部建设，成立民建鞍钢二支部。强化统一战线理论研究。围绕加强鞍钢集团公司归国留学人员统战工作，开展“加强鞍钢集团公司归国留学人员统一战线工作专题研究与实践”，并被确定为辽宁省2017年统战理论研究立项课题。

（鞍钢集团有限公司党委宣传部　秦永春）

·精神文明工作·

【精神文明建设】 2017年，鞍钢集团持续开展“鞍钢楷模”宣传工作。鞍山钢铁、攀钢组建“鞍钢楷模”先进事迹报告团，举办巡回报告6场。加强“鞍钢楷模”获奖人员的推荐工作力度，孙利东获第五届全国道德模范提名奖，姜静、孙宝江分别当选2017年7月、10月“中国好人”。完成《首届“鞍钢楷模”故事汇》组稿、编辑工作。持续开展“鞍钢宪法”精神研究。组织召开3次推进会议，形成推进“鞍钢宪法”精神研究工作方案。组建“鞍钢宪法”研究领导小组和工作小组，分阶段完成“鞍钢宪法”精神的史料收集整理和研究成果。大力宣传“鞍钢宪法”精神，在“坚持独立自主发展国有企业，挺直中国脊梁第二届（北京）高峰论坛”上介绍“鞍钢宪法”精神，得到外交部原部长李肇星等领导和与会者的高度评价。持续开展“跟着郭明义学雷锋”活动。大力开展学雷锋、学郭明义活动，组织各单位开展240余项志愿服务活动。鞍钢郭明义爱心团队荣获全国“四个100”志愿服务团队荣誉称号，鞍钢股份炼焦总厂荣获第三批全国学雷锋志愿服务示范点荣誉称号。持续开展鞍钢精神挖掘与传播。系统整理“鞍钢五百罗汉”史料，举办“鞍钢五百罗汉”特展，组织编撰“鞍钢五百罗汉”系列故事，在鞍钢内外引起较大反响。举办“亲切关怀 永远铭记”特展，邀请周恩来的侄女周秉德、刘少奇的女儿刘爱琴、朱德的孙子朱和平、陈毅的儿子陈昊苏、李富春的外孙李勇等开国领导人子女、亲属到鞍钢参观考察，不断扩大鞍钢影响，激励广大干部职工奋勇前行。

（鞍钢集团有限公司党委宣传部　曹德飞）

·党校工作·

【召开庆祝第33个教师节大会】 2017年9月7日，鞍钢党校召开庆祝第33个教师节大会。集团公司党委副书记、工会主席尹利出席会议并讲话，集团公司人力资源部（党委组织部）部长孙光辉、集团公司工会副主席冯凌旭、鞍钢党校领导班子成员、教职工共计180余人参加大会。5名首届先进典型人物、23名优秀教师、5名优秀班主任、4个优秀培训项目组在大会上受到表彰。

【发挥干部培训主渠道作用】 开展十九大精神轮训，对鞍山区域党委书记、组宣部长轮训7期，近600人次。成立十九大精神宣讲团，深入基层单位宣讲15场，受众1100余人次。开展十八届六中全会精神轮训，在校内、鲅鱼圈分校、弓矿分校、鞍凌分校共轮训17期，近1400人次。开办了领导干部读书班、领导干部党史研修班、领导干部传统文化与企业管理研修班、领导干部履职能力提升班、领导干部法律实务培训班、中青年干部培训班、党支部书记轮训班、班组长、作业长轮训班等培训。

【举办集团公司高层研讨班】 2017年4月15日，鞍钢党校策划的“深入学习贯彻习近平总书记在辽宁团重要讲话精神高层研讨班”在鞍钢集团会展中心主会场举办，区域公司等多个分会场以视频方式同步学习，全集团共有440余人参加学习研讨。2017年11月11日，由集团人力资源部和鞍钢党校共同举办的鞍钢集团领导人员学习贯彻党的十九大精神高层研修班在鞍钢会展中心举行。

【举办鞍钢集团2017年度中青年干部培训班】 鞍钢党校与集团人力资源部联合在北京未来钢铁研究院举办了3期鞍钢集团中青年干部培训班。在每期近两个月的培训中，围绕领导人员应具备的基本素质、管理素质和专业素质等，开设了政治理论、管理基础理论、管理前沿知识、鞍钢管理实践、领导能力、人文素养等40多门课程，聘请了中央党校教授、先进企业高管和集团公司领导授课，通过开展学习论坛、小组研讨、安排参观和考察先进企业调研活动提升培训的针对性和实效性。

【启动鞍钢集团班组长轮训】 2017年8月21日，由鞍钢集团人力资源部、鞍钢集团工会、鞍钢党校联合举办的鞍钢集团生产一线班组长第一期培训班开班，鞍钢集团公司党委副书记、工会主席尹利出席开班典礼并作动员讲话。班组长轮训旨在抓基层、打基础，全面提升鞍钢集团生产一线班组长队伍的综合素质和履职能力，持续加强班组建设，强化企业基础管理，增强班组的凝聚力、执行力和战斗力。集团公司计划用三年的时间对全集团8000名生产一线班组长进行轮训，做到持证上岗。

【努力发挥“智库”作用】 2017年，完成公司级及以上立项12项，中心级立项30项。发表论文153篇，其中国家级论文1篇、省级论文23篇。《培育鞍钢职工阳光心态，实施员工帮助计划的设计研究》《推进党建思想政治工作理念创新，提升党建思想政治工作科学化水平研究》分别获得集团公司思想政治工作研究优秀成果一等奖和三等奖。高质量完成集团公司纪委科研课题“编制廉洁风险地图”和公司科研课题“党支部的主体作用研究”。完成国资委调研课题“关于新形势下鞍钢加大基层党组织建设的力度，打造坚实的战斗堡垒的调研”和重点课题“落实‘党组织研究讨论是董事会、经理层决策重大问题的前置程序’研究”。落实公司工作安排，承担《鞍钢》杂志编辑任务，完成了3期《鞍钢》杂志的编辑出版工作，组织稿件63篇。利用《鞍钢日报》理论版、《鞍钢培训》选择编发有价值的科研成果和理论研究成果，出版《鞍钢日报》理论版45期，刊登理论文章180篇。出版《鞍钢培训》杂志4期，发表论文89篇。

【领导力提升培训体系建设取得成效】 紧密结合鞍钢集团发展历史、现状和未来发展战略，开展高层管理人员培训体系建设研究，完成了《鞍钢集团管理人员（领导力）开发培训工作研究》报告，比较系统地探索建立了具有鞍钢特色的领导力素质模型，为集团公司高层管理人员培训体系建设提供依据。

【不断改进培训方式】 调整优化领导人员履职能力提升班、传统文化与企业管理研修班等品牌班的培训课程，组织学员走出课堂，深入到集团一线厂矿和长春一汽、华晨宝马等单位参观学习，围绕集团公司改革、创新、发展开展集体研讨，丰富教学模式，提升培训效果。

（鞍钢党校　刘允壮）

·工会工作·

【民主管理】 鞍钢集团不断完善职代会制度，制定下发《鞍钢集团公司职工代表大会管理办法》，突出职代会民主管理主渠道作用，把民主决策、民主管理、民主监督纳入集团公司核心制度体系和监督体系。注重发挥职代会作用。12月27日，鞍钢集团成功召开了一届五次职代会，审议通过了鞍钢集团公司作行政工作报告，审议了《学习贯彻党的十九大精神　落实新时期鞍钢集团发展战略　谋划新阶段深化改革实施意见》，审议通过了《鞍钢集团公司2018年战略绩效与薪酬评价考核办法（草案）》和《鞍钢集团公司关于建立职工基本岗薪奖励晋级机制的意见（草案）》，民主测评了鞍钢集团公司领导班子和领导班子成员，补选了鞍钢集团公司兼职监事。集团公司召开了民主管理委员会专题会议，审议通过了集团领导班子和领导班子成员民主评议意见。全年处理区域公司以上级职工代表提案69项。民主评议领导班子269个，评议领导班子成员1345人。规范厂务公开工作，民主测评厂务公开161个单位。开展集体合同检查，就发现的8个方面问题督促规范和整改。攀钢审议通过了《2017年工资集体协议》，获得2017年全国民主管理厂务公开先进单位称号。深化“网络问企”活动，全年有效办结职工意见建议5.54万条，表彰上一年度活动优秀组织单位10个，优秀个人1008名。

【职工思想教育】 各级工会组织积极开展主题教育实践活动，认真贯彻落实习近平总书记在全国人大辽宁代表团会议上的讲话等一系列重要讲话精神，持续深化“跟着郭明义学雷锋”“做李超式好员工”和向“鞍钢楷模”学习活动，弘扬社会主义核心价值观。结合企业生产经营形势和改革重点工作，充分利用各种宣传媒体，及时广泛开展形势任务教育，引导职工正确认识形势，正确理解企业战略决策，支持改革，参与改革，勠力同心，攻坚克难。党的十九大召开前，以“迎接十九大，一心跟党走”为主题，广泛开展宣传教育和实践活动，增强信心，增进感情。党的十九大召开后，迅速启动“学习十九大精神，做新时代好工人”主题教育实践活动，组织学习宣传贯彻十九大精神，召开“新时代　新使命　新作为”劳动模范职工代表座谈会。各级工会注重强化职工思想政治工作。通过深入调查研究，工会向集团公司党委提交了《关于当前鞍钢集团（鞍山区域）一线职工思想动态的报告》，召开专题会议研究加强职工思想政治工作的具体措施。按照集团公司党委的要求，树立一个理念，坚持两个原则，强化三个引导，抓好四个重点，有针对性地加强和改进日常职工思想政治教育，尤其注重深化改革进程中的职工思想引导，保证了集团公司深化改革各项措施顺行。

【劳模管理】 弘扬劳模精神和工匠精神。培养选树新一批先进典型，集团公司表彰2016年度先进单位41个，扭亏增效特别奖2个，先进生产（工作）者777名；表彰“三八红旗手”204名、“三八红旗集体”77个。鞍山钢铁获得全国五一劳动奖状，2名职工获得全国五一劳动奖章；鞍山区域10名职工被评为辽宁省劳动模范。召开总结表彰大会和劳模座谈会，走访慰问各级劳模252人次。攀钢区域开展“新攀钢·劳动美”先进典型宣传，鞍山区域开辟“走基层·寻找身边的钢铁工匠”和“图说创新”专栏，举办“弘扬工匠精神，提升精品意识”演讲比赛，大力宣传先进典型事迹，挖掘宣传鞍钢工匠和职工创新工作室事迹，并营造了学习劳模、争当先进、争创一流的良好氛围，多角度、全方位汇聚职工群众团结奋进的正能量。

【劳动竞赛】 集团公司工会重点组织开展了三项竞赛活动。炼钢系统纯净钢冶炼主题攻关竞赛，8个参赛单位共有89项次指标达到最高的D级标准。“治理设备漏油、实现清洁生产”专题攻关竞赛，完成攻关项目536项，年节省油脂1500余吨。“治理身边扬尘、保障职工健康”群众性专项活动，鞍山主厂区降尘量明显下降。召开劳动竞赛推进会，交流6家单位经验。鞍山钢铁开展“大指标创优，小指标夺冠”主题劳动竞赛，攀钢开展“持续工艺优化，提高百米钢轨一次合格率”等专项竞赛，各区域公司和板块单位共开展专题劳动竞赛29项，突出了自身特点，取得了良好效果。各级工会层层签订责任状，开展“双增双节”活动，分解落实措施项目2990余项，实现创效2.88亿元。

【群众性自主创新】 集团公司制定下发《职工创新工作室支持资金管理办法》，分解项目支持资金1000万元。各单位坚持开展群众性自主创新活动，完成区域公司级创新支持项目242项，创效近4000万元。新命名集团公司级职工创新工作室10个，已创建厂级以上职工创新工作室177个。李超创新工作室获“全国示范性劳模和工匠人才创新工作室”称号，7个职工创新工作室被命名为辽宁省创新工作室。搭建职工创新工作室联盟、“蓝领创客空间”、职工创新工作室沙龙等创新平台，召开创新成果发布会，组织外出交流学习，推进职工创新工作室协作攻关。职工创新成果在第22届全国发明展览会获金奖19项，银奖30项，铜奖19项。鞍山钢铁启动第四个年度先进操作法“推广季”，推广先进操作法238项。鞍山钢铁职工先进操作法培育推广活动经验，在中国机械冶金职工技术协会第四届会员大会上作介绍。攀钢开展了拜师学技活动，175名职工拜到心仪导师。集团公司召开了科技创新大会，对职工经济技术创新活动进行了隆重表彰。

【职工技能竞赛】 举办鞍山区域职工技术竞赛和攀钢职工技术运动会，命名技术状元23名，技术能手311名。5名职工当选首批“辽宁工匠”，1名职工当选“四川工匠”，14名职工当选“鞍钢工匠”。

【班组建设】 推进“五好班组”达标升级，1个班组获得全国工人先锋号。表彰集团公司标杆班组30个，优秀班组长标兵10人，五好班组657个，优秀班组长114名。1个班组获得全国工人先锋号。开展班组长基本情况调研，组织班组长培训16期，培训800人。攀钢召开班组“双提升”经验交流推进会，组织优秀班组长“传经送宝”，开展了“班风”文化理念征集推广活动，征集优秀好班风好理念326条。组织全集团生产班组参加“安康杯”竞赛，参赛率100%。全集团实现在职职工工亡事故为零的目标。

【服务职工】 深化“面对面、心贴心、实打实服务职工在基层”活动。开展大走访、大下访，走访慰问救济困难职工、困难退休人员 4.67 万人次，发放慰问金 1658.47 万元。审核下发职工医疗救助金 1211.9 万元，惠及 2146 人。加大结对帮扶力度，切实履行“第一知情人”“第一报告人”“第一帮扶人”的职责，践行“三不让”承诺，“群帮一”812 人、“一帮一”2169 人。开展“夏送清凉，冬增温暖”为一线职工办实事活动，发放价值 344 万元防暑降温用品，购买冬季防寒物品近 40 万元。“金秋助学”救助 103 人 17.55 万元。按照集团公司党委开展“践行共享理念，关爱一线员工”专项服务行动的安排，协同做好活动组织，确定和推进服务职工项目 1057 项，对工会具体负责的项目逐一研究落实解决。做好居退职工管理服务，举办“喜迎十九大，颂歌献给党”居退职工文艺汇演，安排健康疗养 4300 余人，十九大期间实现居退职工群体上访为零。

【活跃职工文化】 各级工会深入开展送文化下厂、元宵猜谜灯会、职工文学艺术大讲堂、攀钢迎春晚会等活动。举办鞍攀职工气排球友谊赛、迎“五一”职工长跑等多项体育活动。承办第五届全国冶金职工运动会拔河比赛。参加第五届全国冶金职工运动会乒乓球比赛，鞍山钢铁和攀钢分获团体总分第二名和第七名。鞍钢实业女子拔河队代表中国参加在波兰举办的第十届世界运动会，获得 540 公斤级亚军。开展对外拔河交流，提升企业知名度。

【女职工工作】 各级女职工以提技能、展成果为切入点，广泛开展巾帼建功活动，引领女职工岗位成才。开展各具特色的巾帼建功大赛，培养造就适应新形势的复合型女职工队伍。征集女工合理化建议 2794 项，采纳 1158 项，创造效益 5000 多万元。鼓励一线骨干和从事技术研发的女职工勇于创新、刻苦钻研，积极参加创新活动，带动更多女职工在工作中体现自身价值，获得自信。以“书香女性”征文活动为契机，培养女性阅读习惯，倡导女性和家庭“日读一小时 · 月读一本书”，培养科学健康、文明向上的生活情趣，评选表彰优秀作品 176 篇。开展“五好家庭和各类特色家庭”评选活动，评选出各类特色家庭 17 户。推进文明家庭创建活动。围绕“女职工维权行动月”主题活动，以《女职工劳动保护特别规定》为重点内容，宣传普及保护女职工权益的法律法规。关爱女职工身心健康。组织全体女职工进行专项体检，普查率达 100%。针对身患重大疾病、单亲特困女职工和生活特殊困难的女职工家庭，开展帮扶行动。

【工会自身建设】 各级工会组织深化“两学一做”学习教育，坚持深学、实做、严改、真带，广大工会党员干部自觉争做合格党员。协调督促基层工会健全组织机构，配齐配强工会干部。完善基层工会工作考核评价细则，纳入集团公司对基层党委党建考核评价体系。推进基层工会活力建设，3 家单位被评为辽宁省基层工会活力建设典型单位。组织会员评家活动，评议基层工会 288 个，职工满意率高于 90% 的单位占 82.9%。探索新时代弘扬“鞍钢宪法”精神的实践做法，撰写了专题研讨材料在中国机冶建材工会大钢主席会上作交流。开展工会组织建设情况调查、构建和谐劳动关系与职工共享发展成果调研等。加强工会财务管理，开展 2 次财务大检查，对基层工会主席进行离任审计，保证工会经费使用规范。工会信息统计、女职工等各项工作也全面推进。

（鞍钢集团有限公司工会　张广明）

· 共青团工作 ·

【青年思想理论教育】 牢牢把握政治性这个旗帜灵魂，坚定青年理想信念，凝聚企业改革发展青春力量。坚持用科学理论武装青年。集中组织团员青年收听收看党的十九大开幕盛况，开展“学习贯彻十九大助力鞍钢新发展”鞍钢青年微信答题活动，在全体团员青年中掀起深入学习宣传党的十九大精神热潮。定期召开工作会议，认真学习习近平总书记新时代中国特色社会主义思想及系列重要讲话精神，引导青年听党话跟党走。为全体基层团干部订阅《中国共青团》杂志，向基层团干部和青年代表赠送《习近平的七年知青岁月》等书籍，强化青年思想理论武装。发挥传统媒体舆论引导作用，在国家、省、市等报纸杂志上发表报道 21 篇。扎实开展形势任务教育，举办“对话鞍钢青年　共谋改革发展”鞍钢青年大讲堂活动，为 1000 余名鞍钢青年典型家庭订阅《鞍钢日报》。坚持用优秀文化滋养青年。深入开展“我的中国梦”主题教育实践活动，组织基层青年春节期间在岗位上拍摄祝福微视频，汇聚企业青春正能量。召开鞍钢青年学习《习近平的七年知青岁月》座谈会，开展“贯彻落实党的十九大精神　感悟总书记七年知青岁月”主题征文活动，引导青年汲取强大精神力量。举办“青春喜迎十九大　不忘初心跟党走”鞍钢向上向善好青年故事分享会，激扬广大青年青春斗志。设计制作《只愿你我青春依旧还在》《十四年抗战里鞍钢的那些事》等优秀新媒体作品，传递鞍钢改革发展正能量。开展“国学微讲堂”、经典诵读等文化教育活动，用优秀传统文化滋养青年心灵，团中央权益部领导赴鞍钢调研青年文化宣传教育工作并给予充分肯定。坚持用新兴媒体覆盖青年。成立鞍钢共青团新媒体工作室，组建百人新媒体创作团队，打造新媒体作品加工车间。加强“青春鞍钢”鞍钢共青团微信公众平台建设，2017 年，平台总阅读量创新高，连续 3 期作品阅读量突破 1 万人次。《鞍钢青年工装秀》作品登上《中国共青团》杂志封面，《瞬间，让你学懂弄通今天鞍钢职代会》作品广泛传播。推进鞍钢共青团新媒体矩阵建设，新建鞍钢共青团“青年之声”专属网站，子企业团委微信公众号开通率达 80%，基层团属微信群青年覆盖率达到 90%，“青春鞍钢”微信公号在团中央发布的《全国基层团组织微信公号综合影响力排行榜》中进入全国 10 强。团中央新媒体工作处处长亲赴鞍钢共青团调研新媒体工作并给予高度肯定。

【青年生产实践活动】 牢牢把握先进性这个力量之源，引导青年建功立业，实现团组织的价值再创造。强化活动品牌与管理，提升创新登高对外影响示范力。连续 4 年召开纪念“五四运动”暨创新登高项目发布“双十佳”表彰大会，形成年度创新登高项目发布机制，打造诠释创新登高品牌价值、塑造创新登高品牌形象的具有广泛影响力的鞍钢集团年度青年创新盛会。拍摄多部创新登高主题微电影，提升品牌工作的文化感染力。开设青年创新大学、青年创客讲堂，强化创新价值导向，激发青年创新活力。2017 年，中国电子、河北钢铁等兄弟单位团委对标学习青年创新登高先进工作经验，鞍钢集团团委先后在央企团工委、辽宁团省委和全钢团指委作创新登高经验介绍，团中央青年发展部领导、辽宁团省委领导先后赴鞍钢专题调研创新登高工作并给予高度评价。开展共青团工程竞赛，提升团组织对企业的贡献能力。在全集团内开展“青年创效保生存，创新登高求发展”共青团专项工程劳动竞赛，组织开展“炼铁共青团专项工程”大型义务奉献活动，调动和发挥基层团组织和广大青年的积极性和创造性。强化项目集聚化管理，建立项目一体化管理平台，组织实施了一大批具有典型示范作用的创新登高项目，形成区别于生产、科技、管理等部门确定的企业重大技改项目的差异化项目优势。创新登高立项数量逐年递增，2017 年立项 1381 项，创新登高实现间接创效 3672 万元，直接创效 1212 万元。与中国石油团委、一汽集团团委建立青年创新联盟，建立跨行业、跨领域、跨区域的青年创新共享平台，助力企业构建创新发展优势。推进青年志愿者工作，提升青年服务大局能力和价值。积极参与开国领导人子女亲属到鞍钢参观考察接待工作，组建青年志愿服务专项小组，做好 6 位开国领导人子女亲属“一对一”志愿服务，得到开国领导人子女亲属的高度评价。组织青年志愿者常态化开展“建设美丽鞍钢”大型义务奉献活动，汇聚企业改革发展的青春正能量。引导青年大力弘扬志愿服务精神，举办“跟着郭明义学雷锋”造血干细胞血样采集大型义务奉献活动，组织鞍钢青年志愿者协会赴贫困地区和学校开展捐资助学活动，用志愿服务激发青年向上向善力量，引导青年践行核心价值观。鞍钢郭明义青年爱心团队成为中国青志协团体会员，鞍钢青志协荣获中国青年志愿者优秀组织奖荣誉称号。

【服务青年成长成才】 牢牢把握群众性这个根本特点，密切联系广大青年，巩固和扩大青年群众基础。密切联系青年，发挥桥梁纽带作用。召开“实现新发展　青春勇担当”鞍钢集团公司领导与青年群英面对面座谈会。集团公司领导亲切寄语广大青年。组织开展“走基层，访青友，聚团情”活动，开展“走进青年、转变作风、改进工作”大宣传大调研活动，推动团干部由手机“键对键”向现场“面对面”转变，与广大普通青年建立直接联系。推动鞍钢人才公寓“青年之家”建设，组织住宿青年及青年设计骨干开展座谈交流，发挥党联系青年的桥梁纽带作用。开展鞍钢青年思想状况调研工作，精准了解掌握青年思想动态。

开展“走转改”大调研活动，组织500名青年参加团中央网络问卷调查。竭诚服务青年，发挥凝心聚力作用。开展鞍钢外地住宿大学生中秋联欢会、迎新联欢会等团聚活动，为住宿青年送去团组织的关怀和问候。联合地方团组织举办“青春之约　幸福鞍山”大型青年交友联谊会和钢都青年大型集体婚礼，满足青年婚恋需求。开展鞍钢人才公寓首届青年文化节活动，举行2017年鞍钢集团新入职毕业生定向越野跑比赛，举办鞍钢青年文学大讲堂等活动，以活动促活跃，满足青年文体活动需求。为青年办实事，联合鞍钢幼教中心幼儿园为多名青年解决孩子入园难题。《中国共青团》杂志刊发《增强青年四种体验　提升青年团内获得感》，专题报道鞍钢共青团服务青年工作经验。悉心培育青年，发挥好后备军作用。开展“精一、通二、懂三”提技能争当复合型人才主题活动，推动青年成为高素质复合型人才。开展鞍钢青年人才培养工程，推动各级团组织开展推荐优秀青年走向重要工作岗位专项工作。推进团员青年“推优”入党工作，严格考核程序、严格控制增量、严格管好存量，为党输送新鲜血液，发挥好后备军作用。举办优秀团干部中央团校培训班，推荐基层团干部赴中央企业团工委、辽宁团省委挂职锻炼。建立系统化青年典型选树表彰体系。2017年，一大批先进青年集体和个人获得全国青年文明号、全国青年安全生产示范岗和全国青年岗位能手等荣誉。

【团建创新工作】 着力提升团的建设科学化水平，全面推进从严治团，打造钢铁之团，提升组织战斗力。推行活跃指数评价，激发组织新活力。树立问题导向，以建立党委评价标准、量化上级考核指标、拓展青年评价渠道为核心，构建由同级党委、上级团委和基层青年为评价主体的“三位一体”共青团工作考核评价体系，破解“党委缺少系统评价、上级组织不好评价、基层青年评价不了”的考核工作瓶颈，将更多的评价权交给责任主体。深入推进鞍钢共青团4C差异化定量考核，在《鞍钢日报》钢铁之团专刊上定期晒出《鞍钢共青团活跃指数排行榜》。辽宁团省委领导专题赴鞍钢调研“共青团活跃指数”考评工作，并给予高度肯定，《中国共青团》杂志对鞍钢共青团活跃指数考核工作进行专题报道。夯实团建基础工作，增强组织内动力。坚持党建带团建，推动各级团组织把团建纳入党建工作整体格局，提升团建科学化水平。指导各子企业团委做好换届选举工作，夯实纵向层级化团建基础；推动青志协、青年文学社、青年新媒体工作室等青年自组织蓬勃发展，提升横向自主化团建水平；联合地方团市委召开区域立体团建推进会，与中国电子、柳钢团委建立团建联盟，提升区域一体化团建水平。加强基层基础工作，实施基础团务示范工程，在各级团组织中开展基础团务达标创建活动，建立1个集团级示范基地、4个集团级试点单位。鞍钢矿渣开发公司微粉作业区团支部荣获全国“五四”红旗团支部称号。全面推进从严治团，提升组织战斗力。举办鞍钢优秀团干部学习贯彻十九大精神专题研讨班，增强团干部责任意识、使命意识和担当意识。举办鞍钢共青团“学习总书记讲话　做合格共青团员”专题培训讲座，持续开展“团干部如何健康成长”大讨论，加强团干部作风建设。开展鞍钢团干部任职情况专项调研，辅助加强团干部选拔、培养、管理和使用，推动落实团干部的政治和经济待遇。探索“专、挂、兼”工作机制，进一步加强基层工作力量。深入开展“举团旗、唱团歌、戴团徽、学团章”团员意识主题教育活动。鞍钢集团团委作为唯一全国企业团组织代表在团中央十七届六中全会上作从严治团经验介绍。

（鞍钢集团有限公司团委　李　旭）

鞍山钢铁集团有限公司

·生　　产·

【综述】 2017年，国内经济增速回缓，钢材价格回升。鞍山钢铁公司积极适应新形势、新要求，认真践行“六种发展理念”，有效落实公司计划及相关措施，坚持以“调整、改革、创新、加强党建”四大任务为目标，开拓思路，勇于创新，提高效率，大力实施市场化运营，不断深化改革创新，持续优化产品结构，积极应对市场变化，保证公司生产经营目标的完成。

鞍山钢铁全年生产铁、钢、钢材分别为2415万吨、2498万吨、2293万吨。同比分别增长33万吨、105万吨、97万吨，同比增1.4%、4.4%、4.4%。

2017年，公司以先进国企、地企、民企为对标目标，以市场化的成本目标值倒逼成本，促进各工序成本降低。在公司31项主要技术经济指标中，本部、鲅鱼圈分公司、朝阳钢铁分别有8项指标创历史最好水平。

1. 以炼铁为中心，保证炼铁稳顺。2017年，以“求稳定、保规模、提效率”为主导思想，高炉稳定顺行为核心，坚持高炉精料方针，充分挖掘炼焦潜能，弥补高炉用料缺口（2017年本部焦炭超产24.1万吨）。不断夯实基础管理，贯彻一炉一策方针，认真研究符合各高炉生产实际条件的装料制度，加强炉内和炉前操作，根据原燃料情况、外部条件变化及炉缸状态，按照“攻、守、退”原则，制定适宜的操作参数。充分发挥大高炉委员会的作用，积极开展对标挖潜，优化配料结构，实现炼铁系统总体稳定。

2. 强调系统平衡，推进提废降铁，保证炼钢生产。2017年根据国内钢材价格和废钢价格的走势，加大了“提废增钢”工作的执行力。通过组织炼钢多消耗废钢，实现提废降铁增钢，确保公司效益最大化。

通过优化生产组织、精心操作，大力提升铁素流周转效率。东区强化罐型转换、分次调铁，西区单罐调铁、接力输送等措施，兑铁温度有所提高。2017年平均为1315℃，其中10月达到1326℃，创近两年来新高，为提升规模提供了保障。

通过优化废钢结构，采取外购钢筋包块、破碎料和生铁块等措施，提高废钢槽重合格率，实现废钢保产。2017年废钢槽重合格率同比提高2.77%。

通过实施冷回收，盘活钢坯、在产品，持续开展非生产性废钢铁回收竞赛，挖掘内部废钢资源，增加废钢资源，有效缓解公司废钢铁不足的紧张局面。1~12月，公司非生产废钢铁回收完成79654吨。

通过进行技术改造和流程优化，采取扩大废钢槽容、优化废钢结构、规定废钢槽运输车使用专用磅站以及加强效率考核等措施，废钢保产效果十分明显。

2017年，本部平均废钢单耗为147千克/吨，同比提高23千克/吨。其中，7月废钢单耗为154千克/吨，突破红线150千克/吨目标，创历史最好水平。鲅鱼圈全年铁水单耗957千克/吨（环比降低29千克/吨），废钢单耗151千克/吨（环比增加33千克/吨）以上。朝阳公司全年铁水单耗906千克/吨，废钢单耗197千克/吨，其中12月铁水单耗、废钢单耗分别为867千克/吨和237千克/吨，创历史最好水平。

3. 优化排产组织，保证合同执行。2017年，公司坚持“效益优先、调品为主”的原则。在生产计划安排上，严格按照公司效益排序，优先安排效益好的产线生产，加大合同进行监管力度，提高合同执行敏感性，坚持分品种优化出钢排产，确保分区按线均衡生产。在实际生产组织上，根据产线月生产计划、设备检修计划、各工序生产能力、合同结构、工序物料平衡等编制了有效合理的月、日生产作业计划，并跟踪计划执行情况，确保上下各工序物料平衡有序。为保品种、保合同执行，坚持日统计、周汇产线合同到位、合同执行以及在产品库存情况。充分利用每周合同执行会议，对全线合同执行情况进行分析，发现存在问题并采取对应措施。科学制定后续执行计划，对于执行困难合同及时与各部门协调研究方案。1~12月，全品种合同执行率完成99.07%，比2016年提高1.57%；重点品种合同执行率完成100%。

4. 推进项目实施，全面降本增效。2017年公司通过滚动推进、挖掘、更新系统降本的项目和课题，持续夯实各项目、课题降本目标，建立2017年系统降本公司级12个大项72个课题攻关目标体系。通过开展内外对标，挖掘降本方向，寻找降本措施，向指标要效益，特别是经过唐钢和曹妃甸对标，受益匪浅。通过建立例会制度，定期总结各项目、课题降本效果，总结执行中的优劣得失，根据实际情况得出下一步降本工作方向。通过实施精准推进，工艺创新项目的煤压球、焦粉压球、铁水罐加盖、AKR 法脱硫等课题有长足进步，个别课题已经初见成果。通过建立课题目标责任层级推进制度，极大调动生产单元系统降本积极性。炼钢总厂、炼焦厂、能源中心、物流中心等单位降本突出，特别是炼钢总厂与去年比有长足进步，完成公司下达的降本目标，累计创效 8 亿元。1～12 月，公司系统降本始终保持攀升势头，特别是 8 月、9 月，吨材降本突破 300 元的目标，为公司持续盈利提供保障。1～12 月，全公司系统降本累计创效 39. 5 亿元，实现月度平均吨材降本 253 元。

加快推进民用球扁钢达产达效工作。截至 6 月末已完成全部项目的开发，完成 ERP 系统调试。2017 年全年共生产民球产品 3. 58 万吨。

钛球试制：推进鲅鱼圈分公司含钛球团生产的工艺改进设计工作。完成了全部三种含钛精矿实验室造球及焙烧试验，结论是配加钛精矿的含钛球团成品球抗压强度低于基准球团，并且随着钛精矿配比增加，含钛球团成品球的抗压强度降低，但可以满足高炉生产需求。

4 号/5 号板降硅攻关。4 号/5 号板生产低硅铝钢（Si≤0. 034%）时回硅严重，硅合格率较低（2 月为 87. 7%），影响原品种合格率和合同交付。经过技术攻关，通过调整转炉脱氧工艺、提高铁水脱硫扒渣比例、控制顶渣改质程度、缩短 LF 炉强搅拌时间，4 月再次实验时硅合格率达到 93. 75%，比 2 月提高 6. 05%。

5. 强化存货管理，守住资金关口。2017 年坚持低库存运行，从大宗原燃料始终需求计划入手，控制大宗原燃料采购，最大限度降低高价物料库存，保证生产需求，又完成压库目标。

梳理轧钢原料在产品库存，分析库存结构，制定压库措施，分产线分解目标，责任落实到人，实施日跟踪分析月总结考评。通过组织轧线提产，实施兑合同、生产现货、冷回收等措施，并结合外埠供料和内部用料，根据合同合理精细安排出钢计划，扣除实物和 SAP 正常差异、外部产线进入冷轧库存及备料影响，钢坯在产品库存控制在目标值以内，为公司进一步降低两金占用提供保障。

6. 利用多地优势，实行协同发展。发挥“鞍营朝”三地整体规模和管控优势，全力组织多基地生产资源互动，实现多地生产有效衔接、资源合理配置，提高区域公司整体规模和效益。一是原燃料三地调剂互补，其中本部供鲅鱼圈精矿 33 万吨（进口矿价格高），供朝阳球团 44 万吨。二是在鲅鱼圈高炉炉况波动、3800 中板调试时，主动发挥各地产能优势，灵活调配钢坯、钢卷，减少生产波动带来的不利影响，提高公司整体效益。2017 年，鲅鱼圈 1580 线供本部热卷 34. 5 万吨，本部供鲅鱼圈钢坯共计 56. 8 万吨，本部供朝阳 2. 5 万吨钢坯。

7. 推进工程调试，促进产线达产。2017 年公司发挥新产线装备优势，充分利用市场有利时机，大力推进新基地达产达效步伐。加大广州汽车钢、莆田冷轧、鞍神高强连退为主的新三线生产协调管理，产、销、运密切协同，精细组织，在本部资源量不足的情况下，努力克服困难，千方百计为其创造有利条件，优先保证新三线供料充足稳定，为新三线逐步提产奠定坚实基础。1～12 月，广州汽车钢、莆田冷轧、鞍神产量分别完成 16. 6 万吨、17. 1 万吨、37 万吨，实现了逐步达产达效。鲅鱼圈 3800 中板 2017 年下半年开始调试生产，期间克服设备调试工期紧，生产原料不足（由本部供应）等困难，2017 年完成产量 24 万吨，产量逐步提升。

8. 发挥军工优势，增加盈利能力。军工生产克服钢材市场价格剧烈震荡及竞争激烈的困难，增强危机意识、责任意识和拼争意识，在军品生产、科研、标准、技措、市场及相关管理工作继续发挥全职能管理优势，认真落实集团公司经营目标，重点保障型号配套产品按合同纳期组织供货。重点跟踪国家高新武器三期开工及订货情况，为保证等重点型号开工建设，协调各生产环节，采取提前备料、加严钢板公差带等各种措施，全面保障了型号节点需求；进一步推进调质处理状态系列装甲钢供货，2017 年已大面积推广，成为全国唯一调质态装甲板供货的钢厂；对炮弹钢生产设备和工艺进行改进和完善，将成材率由原来的 70%提高到 90%以上，炮弹钢质量有了质的提升，通过了某兵器单位生产使用验证，重新赢得了用户对鞍钢军品的认可；利用鞍钢生产IF钢每浇次产生的坯头，开发了具有鞍钢特色的低端工业纯铁市场，2017年鞍钢坯头供货已达到4.11万吨，新增效益2723万元；落实鞍钢和海军深度合作，结合鞍钢实际，整合技术资源，重点开展军品配套科研项目的实施工作，完成22项科研结题验收，满足国防对军用钢材不断增长的需求；完成了冶金工业信息标准研究院GJB 2298等3项国家军用标准修订、立项工作，同时完成GJB 5065国家军用标准的项目论证。

2017年军品销售量完成6.45万吨，同比增加1.51万吨，比2016年增加31%；2017年利润2.8亿元，同比增加0.41亿元。

（鞍钢股份有限公司产品制造部　徐岩松）

【炼焦生产】 2017年，鞍山钢铁集团公司生产焦炭1081万吨。本部生产焦炭751.1万吨，超计划21.1万吨。焦炭质量M40完成88.47%、M10完成6.14%、灰分完成12.44%、硫分完成0.68%、反应性完成23.41%，反应后强度64.79%、全焦耗洗煤完成1328.1千克/吨、干熄焦率91.77%。

鲅鱼圈分公司生产焦炭236.8万吨。焦炭质量M40完成88.84%、M10完成6.19%、灰分完成12.45%、硫分完成00.62%、反应性完成22.47%、反应后强度68.66%、全焦耗洗煤完成1318千克/吨、干熄焦率86.92%。

朝阳钢铁公司生产焦炭92.95万吨。焦炭质量M40完成89.15%、M10完成5.32%、灰分完成12.16%、硫分完成0.78%、反应性完成20.97%、反应后强度66.91%、全焦耗洗煤完成1415千克/吨、干熄焦率87.98%。

1. 强化操作和管理，保持稳产高产。本部焦炭产量创历史最好水平。进一步提高生产运行效率，强化配煤、装煤操作，加强煤线、焦线及煤塔秤的检查。及时调控粉碎机锤子，控制粉碎细度在最优范围内，增加装煤堆密度。强化炉窑管理，对影响焦炉炉体状态的各类因素认真梳理，明确检查标准与检查周期。针对炉体窜漏、耐材破损等比较突出的问题，集中全厂焦炉维护力量开展整治，全面改善焦炉炉体状况。加强对生产关键工序、关键控制点的过程管控，对关键技术指标进行分析、评价，及时修正、调整重点生产工艺参数。

2. 降本增效取得显著成效。本部以预算管理为根本，以预算指标倒逼成本，各项指标费用分解落地。全年围绕系统降成本目标和市场化运营指标，层层分解年度、月度预算，全面落实降本增效措施。围绕公司6项系统降本攻关课题，强化重点指标预测，克服环保检测、焦炉控烟、洗煤价格波动等不利因素，焦炭产量实现超产3%的目标，全焦耗洗煤定额、冶金焦率、全焦率创历史最好水平。全焦单位成本各月均超额完成公司下达的预算目标，全焦单位成本比预算降低26.09元，降低成本1.96亿元。市场化运营指标排序在股份公司排在前列。

朝阳公司通过科学研判、煤种引进、强化操作等手段，全年通过使用新煤种及调整配煤结构，降低成本380余万元，冶金焦率提升0.32%，超额完成全年2.9亿元利润目标。根据生产实际情况，全年对配煤结构调整16次，焦炭生产指标实现长期稳定，焦炭灰分、硫分较2016年有大幅降低。

3. 科技成果实现重大突破。围绕生产经营重点、难点广泛开展科技创新工作，持续推进科研成果的转化和应用，解决诸多生产经营关键环节中的瓶颈问题。本部着力开展网格化管理体系建设，充分发挥各级工程师的工程系列技术核心作用，有序组织开展“鞍钢经济炼焦配煤技术的开发与应用”“基于煤压实装置的炼焦工艺系统集成及工业应用示范”等鞍钢集团重大科研项目。运用专业室、煤焦研究中心技术人员和研发装备、试验焦炉设施等优势，与生产实际、自身特点相结合，全年开展26个股份公司课题研究。组织基层单位结合生产实际，针对作业区的工作难点开展攻关，全年立项两革一化500余项。

7月，鲅鱼圈分公司在焦炉边火道辅助加热系统投入运行。充分利用焦炉煤气现有的交换旋塞和横管，通过改进工艺管线和设备，用较低的成本建成了具有自主知识产权的焦炉辅助加热系统，并研究形成了具体的调节控制方法。该系统投入运行后，机焦侧边火道平均温度提高70～90℃，焦炉边炉机侧平均温度1088℃，焦侧1130℃，相同周转时间标准温度下降40℃左右，“大炉头”（即焦炉边炉生焦多现象）现象没有了，改善了焦炭质量，节约了能源成本。11月，焦炉煤气精脱硫工序竣工。该工序采用以碳酸钠为吸收剂的液相催化氧化法焦炉煤气脱硫工艺，在原真空碳酸钾脱硫装置后新建一套煤气处理量（标态）为150000立方米/时的一塔式碱法脱硫装置，将煤气中的H_2S含量由400~500毫克/立方米降至20毫克/立方米以下。生产过程中产生的含有硫代硫酸钠、硫氰酸钠的脱硫废液进行提盐回收，作为产品外销，实现了废水的零排放。

4. 通过各项设备的检修、优化及改造，极大地提高了设备的工作效率，从而保证生产运行的稳定。全年共完成治理设备缺陷87项、生产缺陷7项，环保缺陷31项。4月鼓风机不停机条件下，实现了在线平稳施工及倒换煤气鼓风机旁通管道工作，形成了倒换备用管道的先进操作法。10月，焦化厂对已使用近3年的干熄焦炉进行了系统年修。通过一年的努力焦化厂关键设备工况得到全面提升。

（鞍钢股份有限公司产品制造部　陆　云）

【炼铁生产】 2017年，鞍山钢铁公司铁产量完成2415万吨，比2016年增33万吨。其中本部1683吨、鲅鱼圈分公司524万吨、朝阳公司207万吨，同比增产22万吨、2万吨、9万吨。

指标情况：本部综合焦比510千克/吨，入炉焦比343千克/吨，煤比148千克/吨，高炉矿耗1665千克/吨。鲅鱼圈综合焦比497千克/吨，入炉焦比333千克/吨，煤比150千克/吨，高炉矿耗1655千克/吨。朝阳公司综合焦比508千克/吨，入炉焦比336千克/吨，煤比136千克/吨，高炉矿耗1692千克/吨。

1. 高炉生产长期稳定，持续低耗成为新常态。

（1）制定烧结工序考核管理细则、强化内部制度执行及操作监管。通过对烧结全系统进行诊断，找出影响产量的限制环节，按一机一方针的原则，科学组织生产，制定不同的操作参数，使得各系统的优势得到充分发挥，加强了堆取料记录检查、建立混匀矿倒跨指导制度，减少了变料频次，保证了配比准确性。

与技术中心紧密配合，着手开发建设铁前自动配矿优化模型。通过建立烧结数据库，根据烧结试验的结果，应用数据库技术建立主要铁矿石资源数据库和铁矿石烧结性能数据仓库，提出各矿种的物理化学性能、烧结基础特性、铁矿石配矿方案及烧结矿产质量的影响规律，达到鞍钢铁矿石的资源得到科学合理利用并实现当铁矿资源发生变化时指导烧结生产和高炉操作。

（2）稳定顺行，持续低耗。以炉缸温度场、炉芯温度、铁水温度、圆周方向温度场、圆周方向水温差等关键参数为依据，综合判断炉况运行的趋势，建立炉缸、炉身管控模型。通过对高炉的布料矩阵进行优化，确立合理的角位差，并针对高炉顺行状态及时调整边缘及中心的矿焦比例。通过采取疏导中心、适当抑制边缘气流、调整风口布局、稳定炉温、吹风压，改善高炉初始煤气流分布，合理疏导边缘煤气流，壁体温度趋于稳定，崩滑料的现象得以抑制。通过开展无悬料攻关竞赛等措施，强化高炉操作，降低高炉悬料次数，实现了高炉群稳定顺行。

（3）大修开炉快速达产达效。通过高炉开停炉规程的不断完善，探索出了一套科学实用的开停炉方案和操作模板，做到了“停”则安全停炉，“开”则快速达产。1号高炉大修开停炉均按模板操作，效果良好。保证了高炉开炉后迅速达。

2. 优化配煤、配矿、提质、挖潜降本增效。全年实现系统降成本7.47亿元。通过对八家子料场挖潜，共回装精矿5.22万吨、粉矿7.47万吨、杂料3.6万吨、镁石粉1.14万吨、焦粉0.47万吨，合计降本6645万元。通过对煤粉上料系统的改造，安装除尘和喷淋管，使炼焦产生的CDQ粉，全部用于高炉喷吹，降本5400万元。通过烧结调整用料结构，多用混料，少用精矿，解决混料库存高带来的环保问题，降低了烧结成本7800万元。通过对4、5高炉及烧结运输方式改变，将高炉返矿直接直付烧结使用，降低运费、加工成本1200万元。

朝阳公司研判市场，避峰就谷，把握采购节奏和方式，通过合理选择铁矿资源，地精矿结算价比65%普氏指数累计价低15美元/吨；进口矿与日照港平均成交价比，降采846万元，实现了低成本保产保供，确保了2017年生铁成本持续保持三地最低。在大量使用低价料不利条件下，进一步加大降焦比、降矿耗力度，完成综合焦比与上年比降低9千克/吨，矿耗与上年比降低7千克/吨，主要技经指标同比均有较大提升。

3. 健全安全长寿管理制度，保证高炉安全生产。严格落实“安全长寿、稳定顺行、指标优化”工作方针，通过对各高炉操作参数及长寿监控数据进行调查分析，完善了《高炉长寿管理细则》《循环水水质及药剂技术管理细则》等长寿管理制度，修改高炉环碳温度及热流强度控制规定，增加高炉铁口维护规定，保证制度的有效性。针对高炉炉身圆周方向水温差不均匀的问题，在每座高炉炉身圆周八个方向安装水温电偶，监控炉身各方向的水温差情况，分区域对高炉水量进行调整。针对高炉铁口区域环碳温度受窜煤气影响大幅波动的问题，采取使用含钛炮泥、二套压浆、倒换铁口等措施，改善高炉炉身煤气流合理分布，促进了高炉稳定顺行。

（鞍钢股份有限公司产品制造部　喻爱国）

【炼钢生产】 2017 年鞍山钢铁集团公司钢产量完成 2498 万吨，同比增 105 万吨。其中本部完成 1710 万吨、鲅鱼圈分公司完成 550 万吨、朝阳公司完成 228 万吨，同比增产 57 万吨、21 万吨、22 万吨。

指标情况：本部、鲅鱼圈、朝阳公司钢铁料消耗分别完成 1122 千克/吨、1108 千克/吨和 1103 千克/吨。

1. 优化生产组织，组织精益生产。为全面贯彻落实公司“提废增效”生产经营方针，开展实施提升废钢单耗规划，组织全厂职工“内部挖潜、外部监控”，通过降低连铸中包过热度、提高钢包周转率、降低工序传隔时间、提高转炉一拉率、提升铸机拉速等措施，将废钢单耗指标提升了 37 千克/吨钢。在转炉应用大出钢口和优化氧枪喷头，改进转炉挡渣方式，优化生产组织，缩短了转炉冶炼周期。克服大型检修多，影响产能的不利条件，在重点工作日启动生产组织预案，保证生产顺行。通过做好铁钢界面协调，改变铁水传递模式、提高兑铁温度、关注氮氧平衡，发挥最大产能规模，全面完成公司下达的产量计划。2017 年，本部平均废钢单耗为 147 千克/吨，同比提高 23 千克/吨。其中，7 月废钢单耗为 154 千克/吨，突破红线 150 千克/吨目标，创历史最好水平。

鲅鱼圈面对鲅鱼圈高炉群环碳温度高、产能低以及本部钢坯资源有限的不利局面，分公司要上规模、提升盈利能力，只能从内部过程来优化。制造管理部 2017 年着力从铁钢流方面做文章，组织召开“提废降耗”专题会，明确了具体控制目标及措施。一是为减少铁水温降，组织将鱼雷罐在线周转数量由 24 个减少到 16 个，提高周转率到 3.5 次；二是对废钢槽扩容改造，增高 300 毫米，单槽增重 3~5 吨；三是优化生产组织，提高两槽加废钢比例至 90%以上。通过努力，鱼雷罐周转率达到 3.5 次/天，铁水单耗 957 千克/吨（环比降低 29 千克/吨），废钢单耗 151 千克/吨（环比增加 33 千克/吨）以上，有效提升了钢坯规模。

朝阳优化生产组织，组织精益生产。通过完善调度管控一体化，推进生产组织“列车时刻表”，强化工序衔接，制定并实施生产组织预案，严格按照公司计划组织生产，炼钢系统实现稳产顺产。全线协同，全面推进转炉“提废增钢”攻关，推进提废增钢，转炉热铁水单耗、废钢单耗均创投产以来最好水平，树立了新标杆。其中，2017 年 12 月转炉热铁水单耗、废钢单耗分别为 867 千克/吨和 237 千克/吨。

2. 强化工艺控制，提高质量水平。以质量一体化团队攻关活动为载体，将总厂、分厂、作业区三级技术力量合理整合，优化分工，对帘线钢、取向硅钢、汽车面板钢等重点品种钢的关键工艺点进行优化管理，推动工艺的持续改进，促进了重点品种钢质量指标的稳步提升，多项质量关键指标创历史最好水平。铸坯质量合格率完成 99.73%，朝阳完成 99.99%，原品种合格率完成 99.50%；通过炉渣性能优化、钢包使用工艺调整，制定工艺异常坯处置方案等措施，帘线钢综合评分完成 860.88，达到历史最好水平；通过优化全流程脱硫工艺控制，降低 LF 炉工序脱硫强度等措施，重轨钢伤轨率完成 0.32%；通过优化精炼、静置时间工艺，促进夹杂物去除，针对与不探伤钢种混浇工艺优化等措施，探伤钢种钢板探伤合格率完成 95.7%；通过严格控制罐内渣厚、RH 脱碳终点氧值，优化转炉出钢氧值、出钢渣中 FeO 等关键工艺点的控制范围等措施，冷轧产品夹杂缺陷率完成 0.56%。

鲅鱼圈 2017 年钢坯合格率、钢坯原品种合格率等关键质量指标均完成计划，且比 2016 年分别提升 0.12%、0.19%。制定了《2018 年炼钢关键工艺控制节点体系及计划》，其中关键工艺控制指标由原来的 39 项调整为 33 项，重点控制品种由原来的 13 项增加到 14 项，并结合 SPC 管理，进一步强化了炼钢过程的工艺控制，提升钢坯的内部及外部质量，2017 年夹杂异议率达到历史最低水平（0.01%左右）。

朝阳通过强化质量控制，提升产品质量；通过加强工艺管理，做到操作指标稳中求进，2017年铸坯质量合格率完成99.99%。

3. 全面推进降本增效落实工作，降低工序成本。深入对标挖潜，完善成本控制体系，细化分解成本指标，大力实施班组、岗位成本核算。持续开展与国内外先进企业、与自身历史最好水平对标活动，分厂间相互学习和借鉴降本增效好的经验与做法，全流程查找成本“出血点”，降低生产环节成本消耗，不断向成本极限发起挑战。在巩固以往降成本有效措施的基础上，坚持以问题为导向，打破和超越传统生产定式，以颠覆性的思维开展降成本工作。一是以全系统温度降低为主线，全面推进少渣冶炼、缩短冶炼周期、提高钢包周转频次、降低中包过热度等重点项目，降低钢铁料、合金及熔剂消耗。二是以无缺陷铸坯生产为目标，减少铸坯非工艺原因下线，降低轧制评价比率，向提质增效要效益。三是大力实施中间包、钢包、转炉等耐材整体承包方式，在保证耐材质量、提高底吹效果的同时降低辅材成本。

鲅鱼圈加强原材料管理工作，控制材料预算，推行材料管理模拟市场、货币化形式运作；推行部分耐火材料、熔剂等材料功能承包，全年实现降本1.4亿元。

4. 搭建全员创新平台，形成创新工作体系。充分发挥炼钢技能大师站和创新工作室技术攻关有效作用，搭建全员创新平台，形成认知度高、参与性好、研发力强的创新工作体系。2017年向公司提交降本增效课题147项，创效1.29亿元；申报国家级课题1项，集团级课题3项，股份级课题23项，厂级课题263项。申请专有技术70件，通过公司认证。在优秀专有技术评选中，一等奖2件、二等奖1件、三等奖3件。受理专利48件，其中发明21件，实用新型27件。授权专利42件，其中发明18件，实用新型24件。科研课题“转炉流程生产高合金洁净钢关键技术及集成和产业化”获辽宁省科学技术进步二等奖；“铸坯火焰清理系统关键技术的开发与应用”和“低硅铝镇静钢转炉硅系合金预脱氧半沸腾出钢经济化工艺技术开发与应用”获鞍山市科学技术三等奖；“铸坯火焰清理系统关键技术的开发与应用”获鞍钢集团科学技术二等奖。

（鞍钢股份有限公司产品制造部　王文科）

【轧钢生产】 2017年鞍山钢铁公司钢材产量完成2293万吨，比上年增产96.5万吨，增幅4.4%。其中：本部完成1552.4万吨，同比增64.1万吨；鲅鱼圈分公司完成563.6万吨，同比增53.7万吨，朝阳公司完成225.0万吨，同比增15.5万吨。

1. 根据市场变化，大力调整产品结构，提升产量规模。2017年，公司面对市场向好的有利时机，抓住机遇，措施得力，实现钢材规模最大化。为了抓住市场机遇期，产品制造部全力组织钢材产量释放，通过合理利用现有钢坯及在产品库存、协调营销根据库存订货来充分挖掘、通过鞍营两地坯料资源互动来保障轧钢产线用料，通过抓板材的同时抓长材提产达效，充分发挥各轧线产能，保持公司钢材规模最大化，为公司完成利润目标提供保障，全年鞍山钢铁公司钢材产量环比增加96.5万吨，增幅4.4%，且各生产基地产能均有所增长，鞍营朝三地分别同比增长4.3%、10.5%、7.4%。

全力拉动高效益轧钢产线生产，力保高效品种、产线的满负荷生产，并提高高附加值产品比例，提高钢材利润水平。2017年公司战略产品、独有领先产品、新产品在所有产品中的占比分别达到64.34（1309.9万吨）、29.68%（601万吨）、12.07%（249.4万吨），同比增长0.24%、0.07%、2.08%，品种结构得到进一步优化。特别是全年共完成汽车板合同105.62万吨，较2016年同期大幅提高约40%（2016年76.68万吨），创历史最高水平。军工产品完成6.45万吨，同比增加1.51万吨，比2016年增加31%。

2. 精细管理，精益生产。2017年，公司轧钢生产转变观念，加大合同进行监管力度，提高合同执行敏感性，坚持分品种优化出钢排产，确保分区按线均衡生产。在实际生产组织上，根据产线月生产计划、设备检修计划、各工序生产能力、合同结构、工序物料平衡等编制了有效合理的月、日生产作业计划，并跟踪计划执行情况，确保上下各工序物料平衡有序。同时，配合产品发展部进行新产品试制，周密安排试制生产计划，跟踪新产品试制，保品种、保合同执行。为确保生产有序高效及合同执行，坚持日统计、周汇产线合同到位、合同执行以及在产品库存情况。充分利用每周合同执行会议良机，每周对全线合同执行情况进行分析，发现存在问题并采取对应措施。科学制定后续执行计划，对于执行困难合同及时与各部门协调研究方案。全年，全品种合同执行率完成99.07%，比2016年提高1.57%；重点品种合同执行率完成100%。

鲅鱼圈公司为尽快推进3800线达产达效，提高分公司轧线规模，扩展品种规格，提高市场占有率。制造管理部结合中板自身特点，从本部出钢、中船储运及外部坯场等方面，统筹安排中板生产。为优化原料组织模式，组织召开专题会，完成了中船MES的信息互通，提高了原料供给的组织和协调能力，且部分钢坯实现了直装，有效保证了坯料供应。此外，不断优化精整负荷分配，有效地缓解了剪切线的生产压力，保证了轧线的产能释放，12月达到了7.0万吨水平。

朝阳公司严肃生产计划管控，坚持成本最低化原则，以提高合同执行率为生产组织核心，保持生产组织有序、物流高效、生产周期可控的最佳状态，结合实际情况不断对轧钢品种和过渡料进行优化，调整完善三级计划，保证生产均衡稳定，保证了合同执行和计划完成。全年合同执行率实现100%。

鞍营朝三地强化存货管理，降低轧钢原料及在产品库存，向库存管理要效益。抓住钢材市场好转时机，公司通过采取多项措施，基本完成了压库利库工作。一是合理安排生产计划和钢后产线检修配合，充分利用库存钢坯，减少备料。二是在满足轧钢生产的前提下，对多余的钢坯积极安排外销计划。三是有效利用现有库存，在质量计划允许的条件下，灵活利用现有原料、在产品库存，及时处理减少库存尾料，加快物流周转速度。各线原料库存得到有效控制。12月末轧钢原料、在产品合计库存与年初相比本部在增加外部产线的基础上基本持平。鲅鱼圈由于2017年下半年中板开始调试并逐步达产，年底钢坯总库存环比2016年增加5.0万吨，在产品增加2.0万吨。朝阳与2016年持平，始终保持库存低位运行。

3. 进行工艺优化，提升产品质量。2017年公司通过加强现场质量管理，做好过程质量监控和调整。同时，公司通过实施六西格玛质量管理项目等措施，优化生产工艺，提高产品实物水平。

动态修订工艺技术规程累计140余项，新规程重点细化了产品大纲、工序设备工艺参数控制、检查方法与质量要求、不合格品控制等，更加全面、完整、精细、规范，公司全流程过程管控更加严格；公司继续深化炼钢各产线26个品种的关键工艺节点管控体系，按月评价控制指标，有效提升了关键过程控制能力；公司继续组织加强设备功能精度管理，全面推广工艺点检及设备挂牌，并以重点质量问题为导向，组织系统提报、跟进工艺装备改进需求，以此保证产品质量；为监督现场工艺有效执行、工序间零缺陷传递、严把产品出厂关，公司继续加大质量督查、考核力度，按月组织工艺质量专项督查，对不合格问题督导相关单位及时整改、封闭。

汽车外板表面质量的提升。随着用户对O5板产品表面质量要求不断提升，炼钢在各工序对钢水取全氧试样检验确认钢水纯净度，增加转炉和连铸机中间包下渣检测设备和增加板坯清理等措施减少冷轧产品夹杂问题，有效地改善了冷轧汽车板表面质量。同时，制定并下发了1780线O5板产品工艺要求，通过采取控制轧制节奏、除鳞道次、精轧辊周期、轧制润滑等措施，并结合工艺质量检查，1780线供料铁皮缺陷封闭率由原来的近30%降低到2%以下，确保了汽车产品的生产质量。

针对炼钢二分厂高强船板表面凹陷导致裂纹的质量问题进行攻关，调整了高强船板碳含量避开0.08~0.14的包晶区范围，部分规格使用低碳设计，保证出钢质量稳定。对钢坯清理及钢板飞刺质量问题提出改进措施，针对清理时间长、无清理周期标准的问题和铸坯清理飞刺影响毛边钢板用户体验和增加热处理品种炉底辊挂蜡概率等问题进行细致研讨，确定坯料清理范围、明确清理标准、约束清理周期等。

为提高重轨轨头踏面的形状精度和轨高尺寸精度，万能线共进行15次轧制试验，不断进行工艺优化，研制出UF全万能孔型系统，明显改善钢轨轨高、饱满度同根差的变化，改进钢轨踏面形状和端部弯曲度。

55SiCr弹簧钢Si含量高达1.2%以上，由此带来严重的脱碳倾向，尤其是大规格盘条表面常存在全脱碳，严重影响弹簧成品的疲劳性能。针对上述问题，进行了多轮次55SiCr弹簧钢脱碳控制试验，研究加热时间、加热温度、连轧坯修磨深度、涂料种类等因素对脱碳层厚度的影响，最终确定了脱碳控制方案，通过连轧坯四角倒圆和使用特定涂料保护，消除 ϕ15 毫米规格 55SiCr 盘条表面完全脱碳，总脱碳层厚度控制在 50 微米以内，表面缺陷深度控制在 20 微米以内，为下一步鞍钢弹簧钢盘条冲击汽车弹簧钢用途创造了条件。

高牌号无取向硅钢产品“边线”缺陷攻关。以确定铸坯收缩系数、热轧实现近等宽轧制的方式，解决了由于边线缺陷导致高牌号无取向硅钢成材率低的生产瓶颈。

改善无取向硅钢同板差。通过改变热轧厚度、优化冷轧窜辊工艺、提高轧辊磨削精度等措施，无取向硅钢的同板差控制水平大幅度提升，同板差不大于 8 微米命中率从 2016 年的 80%以下提升至 99.5%，实现了硅钢同板差控制水平的突破，提升了用户对鞍钢产品的认可度和满意度。

朝阳公司强化现场操作和工艺纪律执行，提高产品实物质量，品牌形象持续改善，质量抱怨率 0.1%，质量异议率 0.07%，质量异议损失 0.2 元/吨，均保持较低水平。强化技术攻关，重点解决了 45 号、65Mn 脱碳层厚度超标问题，改善了汽车大梁钢板形瓢曲问题。加强质量回访和技术交流，根据客户体验和产品用途识别，调整 SPHC、45 号等钢种工艺参数，满足客户个性化需求。开展 QC 小组活动，完成重点项目 57 个，创效 3800 万元。

4. 坚持鞍营朝三地钢坯平衡互动。2017 年合理组织多基地生产互动，拓展整体轧钢规模提升空间为保证公司整体规模，利用本部热轧检修期间钢坯过剩时机。全年本部供朝阳板坯 2.06 万吨。针对本部汽车钢、硅钢等品种多真空能力不足情况，组织采购鲅鱼圈钢卷，补充本部真空钢品种，满足合同需求，全年使用鲅鱼圈热轧卷 34.5 万吨。发挥鞍营两地中厚板的生产品种及能力差异，在鲅鱼圈高炉炉况波动、3800 中板调试时，本部供鲅鱼圈钢坯 56.8 万吨；本部钢坯阶段富余供朝阳公司钢坯 2.5 万吨。

5. 大力推进新产品开发，提高产品竞争力。全年完成新产品立项 61 项，实现新产品量 249 万吨，同比上年增加 48 万吨。全流程工艺生产的 TWIP1180 热卷、QP1400 冷轧高强汽车板实现了全球首发；特厚超高强海工钢，独家供货“蓝鲸 1 号”，助力我国可燃冰试采成功；耐磨钢实现年产量过万吨；铁路车辆耐候钢实现设计规格全覆盖，动车转向架引领行业发展；变厚度钢板首次中标桥梁工程；成功研制的 4000 毫米超宽核级双相不锈钢板 S32101 填补了我国特种钢材短板，达到世界领先水平；高强 LX86B 帘线钢产品质量比肩浦项同类产品；汽车发动机用 AQ30 合金冷镦钢盘条实现稳定批量供货；民用球扁钢产品完成了 7 个钢种、17 个型号、54 个厚度产品的开发，实现了 8 号~43 号规格全覆盖；为用户量身定做设计出三涂层氟碳彩涂产品可以满足用户个性化要求；耐硫化氢腐蚀油井管产品推广取得显著进步，全年累计推广 2.25 万余吨；新型无取向硅钢出口欧洲市场。

朝阳公司大力推进新产品开发，提高产品竞争力。加大产品开发力度，成功开发制管用钢 ZJ500、弹簧钢 60Si2MnA、刃具钢 30MnB5，65Mn 2.4×1400 毫米品种创造了鞍钢宽幅最薄生产记录，提高了产品附加值。

“纵向变厚度钢板（LP 钢板）的轧控技术和性能研究及其工程应用”项目获得中国钢结构协会科学技术二等奖。“超大型集装箱船用钢全流程关键技术创新及应用”获冶金科学技术二等奖、辽宁省科技进步二等奖；“热轧高强薄材板形控制的关键技术开发及应用”获得辽宁省科技进步三等奖；“核一级关键设备用钢的研制与开发”获得鞍山市科技进步一等奖；“基于用户个性化需求的超精细钢丝加工用高碳钢盘条开发”“-43℃极低温环境桥梁用钢的研制及生产技术”“硼系合金冷镦钢盘条研制与开发”及“网纹特效彩涂板的开发”获得鞍山市科技进步三等奖。

6. 改造大修产线顺利投产。2017 年公司轧钢系统新投莆田冷轧，合资鞍神冷轧高强连退线、合资广州镀锌线。公司通过组织协调发挥新产线装备优势，充分利用市场有利时机，大力推进新基地达产达效步伐。产、销、运密切协同，精细组织，在本部资源量不足的情况下，努力克服困难，优先保证新三线供料充足稳定，为新三线逐步提产奠定坚实基础。全年，广州汽车钢、莆田冷轧、鞍神产量分别完成 16.6 万吨、17.1 万吨、37 万吨。同时大力推动小型螺纹线、580 线、800 线的达产达效工作。为实现小型线顺利达产，实行承包经营试点，小型线全年完成 59 万吨。580 线、800 线加快推进民用球扁钢达产达效工作。2017 年全年共生产民球产品 3.58 万吨。

鲅鱼圈3800中板2017年下半年开始调试生产，期间克服设备调试工期紧，生产原料不足（由本部供应）等困难，2017年完成产量24万吨，产量逐步提升。

（鞍钢股份有限公司产品制造部 徐岩松）

·经　营·

【指标完成情况】 2017年，钢铁行业深入推进供给侧结构性改革，去产能工作取得明显成效。鞍山钢铁抓住机遇，通过不懈努力，取得良好的经营业绩，完成了既定的工作目标，实现了扭亏为盈。鞍山钢铁营销系统始终坚持“一个中心”、抓住“三个关键”、落实“十项重点工作”的工作思路，以客户为中心，以市场为导向，完善营销体制机制，调整营销战略，转变营销模式，延伸产业链条，加快向服务商转变，各项工作取得显著成效。2017年，股份公司共销售钢材2062万吨，东北区域销售量同比增加27万吨，战略产品销量同比增加33.2万吨；直供比例同比上年提高3.77%。

【优化营销体制，增强系统活力】 按照“服务前移，管操分离，集中统一，上下对接”的原则，推进实施营销体制改革，优化机构设置，建立了由市场营销中心统一管理的营销服务体系，实现了营销系统的系统化、专业化、集中化、服务化。

【优化品种结构，提高行业价差】 以提高优质产品为抓手，完善调品模式，优化品种结构，将营销重点向高附加值产线、重点品种倾斜，增品种、提品质、创品牌，品种结构不断优化。深化技术营销，充分发挥市场总监协调作用，强化产销研相结合，品种结构调整成效显著，热轧、冷轧、镀锌、无缝等品种调品指标行业排名不断升高。

【推进品牌建设，提升业内影响力】 对于国家重点推进及新兴产业的工程项目进行跟踪关注，通过走访设计院、业主单位等，对工程项目进行前期、中期及后期的全方位跟踪，对已合作的工程进行更深入的服务及合作，树立品牌形象。此外，通过实施品牌战略，组织召开新技术、新工艺、新材料发布会和产品展览会，持续巩固行业地位，鞍钢品牌业已成为行业精品的代名词。

【协调内外市场，推进出口调品】 统筹考虑国际、国内两个市场，以效益最大化的原则合理配置资源，稳定海外直供和营销主渠道，抓住市场机遇，对国内市场价格的波动实现风险对冲。把握“一带一路”的发展机遇，强化企业协同，大力开拓国际市场，推进出口调品，品种钢出口量逐年增加。

【借助电子商务平台，推进网上订货】 在为交易客户开辟更加公开、公平、公正的网上交易新渠道的同时，与电子商务中心配合，创新“单卷竞价”和“打包延时竞价”等多种销售模式，尤其是“打包延时竞价”销售模式，更是独有的销售模式。在给鞍钢股份创造效益最大化的同时，有效促进了客户群的不断扩大。

【优化合同组织，满足客户及生产需求】 加强客户对接，了解客户需求，科学组织合同。针对汽车钢、船板、工程机械等生产周期长、批量小的品种，采取预期合司方式提前组织合同，集批均衡生产，缩短供货周期，满足客户交货期需求。25号前合同到位率较上年提升10%，月末合同组织到位率同比增加7%，有效支撑了生产运行连续稳顺。

【增强服务意识，为客户进行全方位服务】 制定客户服务标准并向客户公开承诺，规范营销人员服务行为，统一制作职业工装，改变营销人员对外形象，改进客户体验，重塑鞍钢营销新风貌，受到客户一致好评。强化售前、售中、售后服务，加强EVI服务，提高研产销运全供应链的服务效率，打造鞍钢品牌，提升对战略行业客户的营销管理与服务水平。

（鞍钢股份有限公司市场营销中心 张 阳）

·技术改造·

【技术改造综述】 2017年，共完成投资19.91亿元，较2016年18.07亿元投资相比，2017年增加1.84亿元，投资增加比率达到10.2%。

一、投资结构分析

在完成的19.91亿元投资中，固定资产投资完成18.05亿元，占总投资90.6%，长期股权完成1.86亿元，占总投资9.4%。

在完成的18.05亿元固定资产投资中，新开工项目投资1.7亿元，占总投资的9.4%，续建项目投资完成16.37亿元，占总投资的90.6%，全部投资为主业投资，占总投资的100%，无非主业投资。

二、重点项目进展情况

1. 朝阳钢铁增建4号热风炉项目。在朝阳现有热风炉东侧位置，现有热风炉和铁路之间，新增加4号热风炉。4号热风炉采用新型长寿高风温内燃式热风炉，热风、烟道、冷风、空煤气管道与原有管道接口。

该项目工程总投资3000万元，年度累计完成投资524.27万元。该项目2017年3月放行，11月13日完成接点，11月末投入使用。

4号热风炉投产后，2号热风炉停炉，仍维持3座热风炉生产。

2. 鞍钢股份鲅鱼圈分公司球团烟气脱硫项目。为消除环保风险，在鲅鱼圈球团主抽风机出口烟道和主抽烟囱间增设SDA烟气脱硫装置，包含脱硫塔、浆液系统、除尘器、风机房、高低压配电室、水泵房、进出口烟道等设施。

该项目工程总投资2500万元，年度累计完成投资1805.35万元。该项目2017年3月放行，2017年12月26日完成接点，单体试车基本完成，具备生产条件。

该项目投产后，处理烟气量为99万立方米/时，出口烟气SO_2浓度不大于100毫克/立方米。

3. 鞍钢股份资源储运经营中心灵山焦炭料场增设抑尘网项目。为降低灵山料场的扬尘污染，改善周围环境，在新布置的焦炭料场区域，四周设挡风抑尘墙，墙高为10米；对焦炭料场内的铁路进行调整，新布置三条铁路线，料场设置20个监控点，监控视频数据同步传输至中心监控机房集中存储。

该项目工程总投资1760万元，年度累计完成投资778万元。该项目2017年11月放行，抑尘网12月20日完成，达到政府部门环保要求。

4. 鞍钢股份炼钢总厂三分厂1号板坯铸机大修改造工程。为解决炼钢总厂三分厂1号板坯铸机设备老化、功能不能满足下游产线质量需求的问题，公司决定对1号板坯铸机进行大修改造。包括1号铸机本体设备更新、水处理系统更新改造及相关配套设施改造等。1号板坯铸机改造参照了2号板坯铸机改造形式，立足于高端定位，将采用新型扇形段、配备多功能辊缝仪、全过程电磁搅拌、Diaface结晶器技术、拉速专家系统、混钢浇注专家系统、喷嘴专家系统等先进技术，达到国际先进、国内领先的技术装备水平，改造后最大拉坯速度由1.65米/秒提高到1.85米/秒，产量由200万吨/年提高至260万吨/年，辊缝精度及铸坯内外部质量有显著提升。

该项目工程总投资24500万元，年度累计完成投资4871万元。该项目2017年5月放行，一期工程在2017年10月停机15天，进行前期清渣并配合外方测量工作，二期工程计划在2018年热轧厂1780线年修期间实施，停产施工工期30天。

5. 鞍钢股份冷轧厂1号线热轧酸洗机组改造项目。为了改善品种结构，提高汽车板市场占有率，公司决定对冷轧厂1号线热轧酸洗机组进行升级改造。工程主要内容：更新拆卷及防皱辊；更新激光焊机；更新控制辊（辊径由1000毫米改为1200毫米）；酸洗段、漂洗段改为紊流酸洗；烘干机改为外循环式，带边部吹扫等。

改造后生产规模为60万吨/年，85%成品卷为小卷，平均卷重10吨，产品优先满足汽车行业的发展需求、确保压缩机市场需求、开发稳定热水器市场、调剂五金机械市场。

该项目工程总投资6800万元，年度累计完成投资1264万元。该项目2017年6月放行，截止到2017年底，已经完成初步设计审查，设备图纸已完成90%，机电设备采购完成90%。

三、重点项目前期工作

1. 二发电厂等容量替代建设1台35万千瓦热电机组项目。鞍钢第二发电厂现有2台11万千瓦和1台12.5万千瓦燃煤发电机组，3台机组分别于1973年、1974年和2003年投产。鞍山钢铁集团公司拟拆除现有的3台机组，等容量替代建设1台35万千瓦热电机组。

项目的主要建设内容：该项目拟拆除现有2台11万千瓦和1台12.5万千瓦燃煤发电机组，建设1台35万千瓦超临界燃煤热电机组，并按照超低排放要求，同步建设脱硫、脱硝和除尘等环保设施。

2017年该项目可行性研究报告已完成，能评、环评、稳评已按照可研初稿进行编制，下一步工作重点是继续跟踪国家能源局的规划核准进展情况，争取350兆瓦机组燃煤电力规划指标。同时，开始对重点设备进行考察和技术交流，进行主体设备招标询价等前期工作，使该项目尽早具备放行条件。

2. 炼钢四分厂板坯铸机大修改造工程。炼钢总厂四分厂1号、2号板坯铸机于2005年建设投产，奥钢联公司设计。随着连铸技术、装备水平不断发展进步，该铸机的设备功能和装备水平已无法满足品种开发要求，公司拟计划对炼钢四分厂板坯铸机进行大修改造工程。

该项目正在进行方案优化等项目的前期工作，拟于2018年放行。

3. 鞍钢鲅鱼圈煤场筒仓改造项目。鞍钢鲅鱼圈原料场位于厂区的西南部，料场内物料全部为露天堆放，风、雨、雪对料场生产影响较大，堆取料机作业时产生大量扬尘，对周围环境影响较大，物料流失严重。夏季防汛、冬季防寒等给料场的正常运行和管理带来非常大的困难，同时，还相应地增加了生产运行及维护费用。为了彻底解决上述问题，公司决定对原料场进行整体封闭改造，新建36个储煤筒仓，总储存能力32.4万吨，满足原料场一期储煤及供煤工作。

该项目正在进行可研审查等项目的前期工作，拟于2018年放行。

（鞍山钢铁有限公司规划发展部 常如春）

【鞍钢股份鲅鱼圈分公司球团烟气脱硫项目】 鞍钢股份鲅鱼圈分公司球团烟气脱硫项目在鞍钢股份鲅鱼圈分公司球团厂设置1套半干法脱硫系统，脱硫系统处理烟气量为99万立方米/时，布置在原球团主烟囱周围。脱硫系统区域内工艺设施及配套的辅助设施主要包括脱硫塔、制浆系统、除尘器、风机、给排水泵房、高压配电室、低压配电室及进出口烟道等。

工程特点：（1）采用先进、成熟、可靠、实用的脱硫工艺，配置合理，控制水平达到国内先进水平；（2）除脱硫工艺核心部件旋转喷雾器选择进口外，其余设备及材料均立足于国内供应；（3）避免在脱硫过程中产生新的环境污染。

工艺流程：球团烟气经电除尘器除尘后，经主抽风机排入球团主烟囱排放。增设脱硫装置后，原烟气由主抽风机出口烟道引出，经原烟气管道阀门和新增入口阀门切换后，送入旋转喷雾干燥（SDA）吸收塔，与被雾化的石灰浆液接触，发生物理、化学反应过程，气体中的二氧化硫被吸收净化。经吸收二氧化硫并干燥的含粉料烟气出吸收塔进入布袋除尘器进行净化并进一步的脱硫反应，净烟气由增压风机经出口烟道至球团主烟囱排入大气。布袋除尘器入口烟道处留有添加活性炭接口位置，预留活性炭注入装置以进一步脱除二噁英、汞等有害物。

综合利用：脱硫系统产生的副产物为干态粉状料，含水率在1%~5%，平均3%，其主要的成分为$CaSO_4$、$CaSO_3$、CaF_2、$CaCl_2$等。副产物利用途径：制成免烧砖及石膏板，作为水泥添加料，作为钢渣磨细粉或水渣磨细粉的添加料。

工程建设单位为鞍钢股份鲅鱼圈分公司炼铁部，工程设计和施工由鞍钢集团工程技术有限公司总包，交钥匙工程。工程项目经理尚勇，工程负责人郝平。

工程计划总投资2500万元。工程于2017年5月开工，2017年12月竣工投产。

【鞍钢股份鲅鱼圈分公司焦炉煤气脱硫改造项目】 鞍钢鲅鱼圈分公司炼焦部目前焦炉煤气真空碳酸钾煤气脱硫装置，脱硫后煤气含硫化氢为400~500毫克/立方米，满足不了鞍钢公司对焦炉煤气质量的要求及国家环保对二氧化硫废气排放标准的要求，因此对现有脱硫装置进行改造，对焦炉煤气中的硫化氢进行有效治理，项目投产后将煤气中的硫化氢含量由400~500毫克/立方米降至20毫克/立方米以下，减少硫化氢外排约630吨/年。保证了下游用户使用焦炉煤气后的废气二氧化硫排放指标达到环保要求，对环境保护具有重大的意义。

工程主要内容：在原真空碳酸钾脱硫装置后新建一套煤气处理量（标态）为15万立方米/时的一塔式碱法脱硫装置，采用以碳酸钠为碱源的一塔式焦炉煤气脱硫工艺，应用了发明专利“采用液相催化氧化法进行气体脱硫的工艺方法和装置”。该工艺具有脱硫效率高，工艺流程短，设备集成度高、运行费用低、占地面积小、工程投资低等特点。

工程主要脱硫工艺流程：真空碳酸钾脱硫装置后的焦炉煤气进入新增脱硫再生塔对煤气进行脱硫。焦炉煤气进入脱硫再生塔脱硫段下部，并沿脱硫段自下而上与顶部喷洒的脱硫液逆流接触，进行液相催化氧化的化学吸收过程，将煤气中的大部分硫化氢吸收在脱硫液中。为了保持一定的催化剂浓度并尽量减少其耗量，采用了连续补加少量催化剂的设施。吸收了硫化氢后的脱硫液通过塔底煤气液封设施，由脱硫液循环泵提升至脱硫再生塔顶，通过自吸式喷射器与空气接触，进行氧化再生，循环使用。从脱硫再生塔溢流出来的硫泡沫自流到硫泡沫槽，用硫泡沫泵打入连续熔硫器，熔融硫冷却后装袋外运；分离出的清液流入沉降槽进一步沉降后返回脱硫系统。

环境保护的防范措施：（1）脱硫液脱硫过程中产生含微量硫泡沫的废气，在脱硫再生塔顶部利用脱硫液对尾气进行喷淋洗涤，捕集所夹带的硫泡沫；（2）在脱硫生产过程中产生含有硫代硫酸钠、硫氰酸钠的脱硫废液送废液提盐回收装置，通过蒸发、结晶回收其中的硫代硫酸钠、硫氰酸钠，作为产品外销；（3）蒸发的冷凝液返回脱硫系统，无废水排放。

工程建设单位为鞍钢股份鲅鱼圈分公司炼焦部，工程设计及施工由鞍钢集团工程技术有限公司总承包。项目经理赵恒波，工程负责人高峰。

工程计划总投资1990万元。工程于2017年6月15日开工，2018年11月28日竣工。

【朝阳钢铁增建4号热风炉项目】 朝阳钢铁增建4号热风炉项目是为了解决朝阳钢铁原2号热风炉存在隔墙及燃烧器掉砖、短路窜风、炉箅子烧穿等问题；1号、3号热风炉燃烧器下沉，燃烧器空煤气隔墙裂缝，空煤气短路等问题。如果1号、2号、3号任何一座热风炉破损加剧，出现问题将造成只有两座热风炉工作的局面，对稳定生产造成很大的危险，并且朝阳钢铁只有一座高炉，一旦热风炉出现问题将给高炉生产及朝阳钢铁带来重大损失，因此新建4号热风炉项目具有切实的必要性和紧迫性。朝阳钢铁炼铁系统增建1座热风炉后，可提高高炉风温，减少事故休风，降低焦比等作用，为朝阳钢铁每年节省费用约1000万元。

工程建设规模：2600立方米高炉配套的新型长寿高风温内燃式热风炉一座及相关配套设施。

工程主要内容：（1）新建4号热风炉工艺本体；（2）新建4号热风炉土建工程；（3）三电自动化控制系统；（4）公辅等相关设施（包括供配电设施、燃气设施、热力设施、给排水设施、电讯设施等）。

工程建设单位为鞍钢集团朝阳钢铁有限公司，工程设计单位是鞍钢集团工程技术有限公司，工程主要施工单位为鞍钢建设集团有限公司。项目经理付志海，工程负责人薛军发。

工程计划总投资3000万元。工程于2017年3月27日开工，2017年12月26日竣工。

【鞍钢股份能源管控中心中央电站4号发电机组低真空供暖改造项目】 鞍钢股份能源管控中心中央电站4号发电机组低真空供暖改造项目的建设增强了鞍钢电厂热量利用率，提高了鞍山市冬季市民供暖温度，改善了市民居住条件，取代了冬季原有锅炉房供暖的方式，减少了燃烧锅炉产生的氮氧化物及硫化物排放量，实现了能源管控系统创收增效，节能减排，对环境保护具有重大的意义。

鞍钢股份能源管控中心中央电站4号发电机组在冬季低真空运行，将循环水温度提高，经增压后送采暖管网，不仅可以解决冬季采暖需要，还可以提高热能利用效率，具有节能的效果。可向厂外用户提供60/45℃的热水3500立方米/时，外供热量为61兆瓦。可为150万平方米节能型建筑采暖用户提供热负荷。

工程内容主要包括新建供热循环泵站一座、供暖循环泵、汽水换热器和新建两根DN1200供热管道及配套设施等。工程总建筑面积945平方米。

工程建设单位为鞍钢股份能源管控中心，工程设计单位及主要施工单位为鞍钢集团工程技术有限公司。工程项目经理曲刚、白旭强，工程负责人宁继龙。

工程计划总投资为2350万元。工程于2017年8月10日开工，2017年10月31日竣工。

【鞍钢股份能源管控中心北部5号干熄焦发电机组低真空供暖改造项目】 鞍钢股份能源管控中心北部5号干熄焦发电机组低真空供暖改造项目的建设增强了鞍钢电厂热量利用率，提高了鞍山市冬季市民供暖温度，改善了市民居住条件，取代了冬季原有锅炉房供暖的方式，减少了燃烧锅炉产生的氮氧化物及硫化物排放量，实现了能源管控系统创收增效，节能减排，对环境保护具有重大的意义。

鞍钢股份能源管控中心北部5号干熄焦发电机组在冬季低真空运行，将循环水温度提高，经增压后送采暖管网，不仅可以解决冬季采暖需要，还可以提高热能利用效率，具有节能的效果。可向厂外用户提供60/45℃的热水3000立方米/时，外供热量为52兆瓦。可为130万平方米节能型建筑采暖用户提供热负荷。

工程主要包括新建供热循环泵站一座、供暖循环泵、汽水换热器和新建两根DN800供热管道及配套设施等。工程总建筑面积793.8平方米。

工程建设单位为鞍钢股份能源管控中心，工程设计单位及主要施工单位是鞍钢集团工程技术有限公司。工程项目经理曲刚、白旭强，工程负责人宁继龙。

工程计划总投资为1300万元。工程于2017年8月10日开工，2017年10月31日竣工。

【鞍钢股份能源管控中心北区1号发电机组低真空供暖改造项目】 鞍钢股份能源管控中心北区1号发电机组低真空供暖改造项目的建设增强了鞍钢电厂热量利用率，提高了鞍山市冬季市民供暖温度，改善了市民居住条件，取代了冬季原有锅炉房供暖的方式，减少了燃烧锅炉产生的氮氧化物及硫化物排放量，实现了能源管控系统创收增效，节能减排，对环境保护具有重大的意义。

鞍钢股份能源管控中心北区1号干熄焦发电机组在冬季低真空运行，将循环水温度提高，经增压后送采暖管网，不仅可以解决冬季采暖需要，还可以提高热能利用效率，具有节能的效果。可向厂外用户提供60/45℃的热水3000立方米/时，外供热量为52兆瓦。可为130万平方米节能型建筑采暖用户提供热负荷。本工程主要包括新建供热循环泵站一座、供暖循环泵、汽水换热器和新建两根DN800供热管道及配套设施等。工程总建筑面积522平方米。

工程建设单位为鞍钢股份能源管控中心，工程设计单位及主要施工单位是鞍钢集团工程技术有限公司。工程项目经理曲刚、白旭强，工程负责人宁继龙。

工程计划总投资为1450万元。工程于2017年8月10日开工，2017年10月31日竣工。

【鞍钢股份资源储运经营中心灵山焦炭料场增设抑尘网项目】 鞍钢灵山原料场现担负着鞍钢的各种原燃料加工、贮存工作。原料场现有占地面积约154万平方米。可分为原料、燃料、合金及含铁杂料四个存储区域，共设26条铁路线完成物料的进出场工作。主要存储铁矿、焦炭、煤炭、溶剂、合金等物料，各种物料均为露天堆放。物料在堆放、筛分、装卸作业等环节产生大量扬尘，对周围环境及居民造成危害，并且物料在存放过程中产生一定量的风损，对企业造成经济损失。为了环境保护和提高企业经济效益对原料场进行环保改造，新建鞍钢股份资源储运经营中心灵山焦炭料场增设抑尘网项目，改进原有存贮工艺，提高料场综合使用能力。

工程新建设一个封闭的焦炭贮料场，工程占地面积约5.7万平方米，长约430米，宽约140米，进场铁路新接出三条铁路线，平行进入焦炭料场，料场内存放大块焦、粉焦、小块焦、炉头焦等，贮量为3.5万吨。工程投产后发挥了最大效能，满足生产的要求。对周边环境的改善和保护起到了很大的作月。

工程建设单位为鞍钢股份资源储运经营中心，工程设计、制造、安装由鞍钢集团工程技术有限公司总承包。工程项目经理王春刚，工程负责人杨晓光。

工程计划总投资为1212万元。工程于2017年11月20日开工，2017年12月20日竣工。

【长春钢加和长春激光拼焊相关设备搬迁项目】 长春钢加和长春激光拼焊相关设备搬迁项目是为了开拓京津冀汽车用钢材市场，降低物流成本，为更快更好地服务奔驰、奥迪等汽车用户，公司决定将鞍钢钢材加工配送（长春）有限公司的部分生产线搬迁到天津鞍钢钢材加工配送有限公司厂房内。建成集钢材仓储、加工、配送、物流、服务于一体的钢材深加工生产基地。

天津鞍钢钢材加工中心位于天津市空港加工区西，厂区占地面积3.48万平方米，其中主厂房面积2.24万平方米。该项目改造现有1、2号车间和7、8号车间M柱~G柱的部分区域，面积为1.08万平方米。

工程主要内容：将1号车间改造成一条年产能为200万片的激光拼焊生产线场地，将2号车间改造成一条年产能为10万吨的摆剪生产线场地，将7、8号车间部分区域改造成存储量为1万吨的钢卷存放区，厂房改造部分与其他区域用保温隔墙分隔。另外，建一个作业间、一个换热站，改造两台32吨起重机，配套新购两个30吨卧卷吊具。

工程建设单位为天津鞍钢钢材加工配送有限公司和鞍钢钢材加工配送（长春）有限公司。工程设计单位为鞍钢工程技术有限公司，工程主要施工单位为鞍钢建设集团有限公司和鞍钢矿山建设有限公司。项目经理孙大威、李新民，工程负责人刘建秋。

工程计划总投资为1950万元。工程于2017年4月工程开工，2017年9月激光拼焊生产线投产，2017年10月摆剪生产线投产。

【鞍钢1780线平流池热轧油泥在线除油技术研究科研项目技改工程】 鞍钢1780线平流池热轧油泥在线除油技术研究科研项目技改工程是为了解决热轧带钢厂平流池热轧油泥（表面附有润滑油和润滑脂的细铁鳞）含油率高而无法直接循环利用的问题。鞍钢1780线平流池热轧油泥平均含油率达16.1%，热轧油泥堆存料场对土壤、水源和周边环境造成污染，堆积如山的干基全铁含量70%左右的油泥堆满了料场。

2011年公司安环部会同科技质量部及技术中心相关人员召开攻关会，技术中心环境与资源研究所杨大正科研团队承担了这一攻关项目。传统的热轧油泥除油方法是焙烧法和清洗法，焙烧法和清洗法都存在处理成本高和产生二次污染问题，科研团队经过探索和考察，最终确立了用气浮技术降低热轧油泥含油率的思路，在科技质量部的支持下，经过实验室和中试实验，在热轧带钢厂和鞍钢集团工程技术有限公司及公司规划发展部和技术改造部的合作下形成了工业化技改方案。

新建工程产能为年处理1.3万吨热轧油泥。利用热轧平流池，采用搅拌气浮方法，降低热轧油泥含油率，投产运营后，热轧油泥含油率由16.1%降至2.17%，除油后铁泥作为烧结原料循环利用，废油被有资质的厂家回收，减排二氧化碳约5000吨，年效益约728万元，从根本上解决了热轧油泥污染土壤、水源和异味污染环境的问题。

该项目环境与经济效益显著，解决了困扰钢铁行业多年的热轧油泥难以处理的问题，具有示范性和广泛的推广价值，该项目获得2017年全国发明展金奖，受到同行的高度认可。课题组还制定了2项行业标准并通过钢标委审定，为该项目推广奠定了基础。

工程建设单位为鞍钢股份热轧带钢厂，工程设计单位是鞍钢集团工程技术有限公司，工程主要施工单位为辽宁华孚环境工程技术有限公司。项目经理高恩运，工程负责人杨志明，科研项目负责人杨大正。

工程计划总投资：450万元。工程于2016年11月24日开工，2017年2月4日竣工。

（鞍钢股份有限公司技术改造部　邬全海）

·科技开发·

【科技开发综述】 2017年，鞍山钢铁科技创新工作紧紧围绕生产经营中心任务，立足国家战略和行业发展趋势，以市场需求为导向，加快核心关键技术研发进程。年度完成科技降本增效17亿元，超计划2亿元；1项成果获得国家科技进步奖，15项成果获得省部级科技成果奖；取得国家科技重点专项22项，科技创新指数达到70.7；年度受理专利577件，其中发明专利315件，完成专有技术认定备案353件。

1. 按照“研制一代、生产一代、储备一代”的开发思路，研发的精品有力支持了国家经济建设。F级超高强海工钢用于全球最先进钻井平台“蓝鲸一号”，助力我国可燃冰试采成功；铁路车辆转向架用钢携手“复兴号”动车组首次实现时速420千米交会和重联运行；核电钢独家供货“华龙一号”巴基斯坦卡拉奇核电项目；高强桥梁钢独家中标中马友谊大桥，为“一带一路”添砖加瓦；全流程工艺生产的TWIP1180热卷、QP1400冷轧高强汽车板实现了全球首发；研制的4000毫米超宽核级双相不锈钢板S32101达到世界领先水平。

2. 科技创新体系进一步完善。完成鞍山钢铁“十三五”科技发展（产品全覆盖）职能规划编制工作。全面实施《科研设计机构科技创新管理运行指导意见（试行）》，修订完善《科研项目管理程序》等7项管理制度，畅通了科研项目管理路径，提升了科技研发效率。出台《关键人才中长期奖励实施办法（试行）》《技术创新效益评价管理办法》《职工创新工作室支持资金管理办法》，提高了技术中心合同制运营效率，激发了科技人员创新积极性。

3. 对外合作力度明显加强。邀请北京科技大学钢铁共性技术协同创新中心首席科学家尚成嘉教授等多名专家学者来鞍作专题学术报告；与钢铁研究总院等开展了160多项科技成果交流与对接，达成合作意向50多项；与北京科技大学等签订技术开发合同13项，技术服务合同48项。积极发挥12个EVI团队作用，签订EVI合作协议58项，树立了公司良好的品牌形象。

4. 知识产权实现系统提升。按照“激励创造、有效运用、依法保护、科学管理”的思路，全力提升知识产权工作水平，在汽车家电用钢等领域形成了多项核心技术；在钢铁废弃物处理、旋转喷吹工艺等多个技术领域形成专利群。在锌铝镁镀层钢板、连铸坯均质化等技术领域签订输出合同120项，总计合同额1028万元。

5. 群众创新效果日益凸现。通过设立支持资金、蓝领创客空间、创新工作室沙龙、导师带徒活动等方式，为职工成长成才、技术攻关、发明创造搭建平台、提供支撑。拥有厂级以上职工创新工作室68个，开展技术革新947项，获得发明专利67个，实用新型专利108个。李超等2个创新工作室被命名为全国示范性劳模创新工作室。李晏家、董仁杰等创新成果分获省科技进步二等奖与冶金科学技术三等奖，有5人获“辽宁工匠”称号。

6. 科协学会工作更加完善。与中国金属学会及地方金属学会联合举办“全国炼焦节能减排关键技术研讨会”等6个会议。组织50多篇论文在“第七届钢铁模拟及仿真国际会议”等10多个学术会议上发言交流。举办12场首席工程师论坛、健康科普报告会。评选优秀论文100篇，优秀“讲、比”活动项目100项，组织24项成果获得辽宁省自然科学学术成果奖。

（鞍钢股份有限公司科技质量部　李维兵）

【节能减排技术研发】 2017年，公司始终把节能减排、绿色制造作为企业研发战略之一。研发的“新一代铁路车辆用耐蚀钢全流程关键技术创新及应用”等4项科技成果分别被鉴定为国际领先、国际先进水平；开发出世界首家5米以上超宽规格钢板轧控+热处理全流程工艺；开发出热轧油泥气浮除油技术，使固废变废为宝，实现热轧油泥含油率从16.1%下降到2.16%；开发出以低镁渣为代表的炼铁少渣、绿色清洁关键冶炼关键技术，首次建立了符合鞍钢高炉冶炼条件的多元相图理论体系，并在鞍钢股份公司实现规模化应用；开发出行业领先的宽厚板坯连铸机自主无缺陷关键技术，钢板晶界裂纹发生率从30%降至0%，铸坯表面纵裂废品率从0.60%降至0.08%；开发出国际先进的汽车大梁用热轧高表面质量钢板控制技术，使钢板氧化层中Fe_3O_4含量达到85%以上，氧化层厚度不大于10微米，创效1.3亿元，为国内首创技术；开发了国内首创的水资源利用体系信息化智能化管控平台，实现了生产废水西大沟全部处理，外排废水南大沟二次强化处理，实现废水达标排放；开发的冶金粉尘与污泥无害化综合利用技术，使钾、钠、氯元素的综合脱除率达到90%。

（鞍钢股份有限公司科技质量部　王忠润）

【新产品开发】 2017年，鞍山钢铁集团有限公司坚持目标导向，以用户需求为动力，不断优化品种结构，战略产品、独有领先产品和新产品比例不断提升，战略产品占比64.3%，同比增42.2万吨；独有领先产品占比29.7%，同比增5万吨；新产品占比12%，同比增48万吨。新产品向高效益、高技术的钢种发展，开发亮点不断。

巩固了在国内汽车用钢制造领域的领先地位。全流程工艺生产的TWIP1180HR热卷等新品全球首发，为生产高锰钢系列先进高强钢起到示范和引领作用；QP1400冷轧高强汽车板实现了全球首发，进一步巩固了鞍山钢铁在国内汽车用钢制造领域的领先地位。

具备向世界顶级钻井平台供货的资质和能力。特厚超高强海工钢，独家供货“蓝鲸1号”，助力我国可燃冰试采成功，鞍钢成为国内唯一具备TMCP态F级超高强海工钢供货资质的钢企。

成为世界首家具备5米以上超宽压力容器Cr-Mo钢板供货能力的企业。成功为国内规模最大的炼化一体化项目供应5000毫米以上超宽钢板，标志着鞍钢突破了国内超宽规格压力容器钢板生产极限。

提升不锈钢复合板产品国内影响力。接连中标武汉市青山长江公路大桥、五峰山特大桥用不锈钢复合板共计2300余吨，实现不锈钢复合板业绩重大突破。

纵向变厚度耐候LP钢在桥梁工程独家获得批量应用。鞍钢开发的耐候LP桥梁板具有节省钢材、减少焊缝和提高抗震性能等优点，独家中标并首次应用在 G5011 芜合高速改扩建工程，具有引领示范作用。

核电用钢多品种研制成功，助推核电行业发展。成功研制的4000毫米超宽核级双相不锈钢板填补了我国特种钢材短板，达到世界领先水平。成功中标华龙一号核电机组宁德6号安注箱用板材，首次国产化替代进口。

铁路车辆耐候钢实现规格全覆盖，动车转向架引领行业发展。继成功开发极薄极宽耐候钢，又攻破技术堡垒成功开发超厚铁路耐候钢，拓宽了铁路用耐候产品的市场覆盖。自主研发中国标准动车组“复兴号”转向架用钢，保证了高速动车组运行速度、安全和品质。

打破国内耐蚀磨具用马氏体不锈钢板宽幅极限，实现我国高端模具用钢重大突破。鞍钢成功开发耐蚀模具用宽幅马氏体不锈钢，成为国内唯一能生产宽度2000毫米以上的高品质耐蚀磨具用马氏体不锈钢厂家。

高强 LX86B 帘线钢产品断丝率为 1.3 次/吨，质量比肩浦项同类产品。

民用球扁钢产品完成了7个钢种、17个型号、54个厚度产品的开发，实现了8号~43号规格全覆盖，2017年产品实现供货8000余吨。

组织完成了高牌号无取向硅钢和新能源汽车电机用钢等新产品的试制，试制结果达到预期。同时实现了硅钢同板差控制水平的突破，提升了用户对鞍钢产品的认可度和满意度。

耐硫化氢腐蚀油井管产品推广取得显著进步，全年累计推广 2.25 万余吨。

（鞍钢股份有限公司产品发展部　惠兴伟）

【知识产权】 2017年，制定鞍山钢铁知识产权策略和年度知识产权工作计划。年度专利申请受理量600件，其中发明专利320件，发明专利申请比例达到53.3%，较上年提高了0.7%；获得国家授权专利360件，其中发明授权专利171件。提出专有技术申报948件，完成专有技术认定备案360件。围绕“中厚双相不锈钢板专利技术分析”等开展专利专题研究与分析，撰写专利分析报告3篇。形成专利技术核心竞争力分析报告，确定公司核心专利布局重点。在“旋转喷吹工艺”技术领域申报专利申请13件，“煤压实工艺”技术领域申报专利申请9件，“复合脱氧剂的制造工艺及其应用”技术领域申报专利申请8件，“热轧复合板”技术领域申报专利申请7件，“锌系镀层热成形钢板”技术领域申报专利申请4件，在重点技术领域形成专利群，为公司专利技术合理布局奠定基础。全年完成知识产权培训11期，440人。“一种无取向电工钢涂层半工艺产品的生产方法”等13个专利项目获得“鞍山市专利奖”。2017年累计签订技术输出合同123项，合同金额1028万元。

2017年获得授权发明专利情况

序　号	申请人	发　明　名　称
1	鞍钢股份有限公司	一种模拟海洋飞溅区的腐蚀试验装置及试验方法
2	鞍钢股份有限公司	试样自动抛光设备及其使用方法
3	鞍钢股份有限公司	一种轧钢油泥干燥方法及装置
4	鞍钢股份有限公司	一种用轧钢油泥作黏结剂的高炉氧化球团及其制备方法
5	鞍钢股份有限公司	一种热模拟试验机用砧头及其制造方法
6	鞍钢股份有限公司	一种采用直接淬火工艺的超高强船板及其生产方法
7	鞍钢股份有限公司	一种冶金焦炭的生产方法
8	鞍钢股份有限公司	一种提高半硬质镀铝锌带钢入锌锅温度的方法
9	鞍钢股份有限公司	一种轴承轴向游隙检测装置及检测方法
10	鞍钢股份有限公司	一种车削轧辊轴瓦刀具及其使用方法
11	鞍钢股份有限公司	一种气动阀内部泄漏故障的诊断方法
12	鞍钢股份有限公司	一种低抗拉强度焊丝钢的制作方法
13	鞍钢股份有限公司	一种极限调整测量装置及使用方法
14	鞍钢股份有限公司	一种提高硅钢电磁性能的热轧方法
15	鞍钢股份有限公司	一种中间包钢液的净化装置及其净化方法

续表

序 号	申请人	发 明 名 称
16	鞍钢股份有限公司	一种表面脱碳层小于 0.3mm 钢轨及其制造方法
17	鞍钢股份有限公司	一种特厚 15MnNi 钢板的生产方法
18	鞍钢股份有限公司	一种小于 300MPa 管线钢及其生产方法
19	鞍钢股份有限公司	一种无钼低温断裂韧性优良的管线卷板及其生产方法
20	鞍钢股份有限公司	一种利用 CAS-OB 精炼炉铁水预脱硅的方法
21	鞍钢股份有限公司	一种具有耐候性的冷轧马氏体钢及其制造方法
22	鞍钢股份有限公司	一种烧结用半焦的制造方法
23	鞍钢股份有限公司	具有耐候性的超高强度冷轧双相钢及其制造方法
24	鞍钢股份有限公司	一种 P110 外加厚油井管及其制造方法
25	鞍钢股份有限公司	耐海洋环境腐蚀性能优良的焊接结构用钢及其制造方法
26	鞍钢股份有限公司	一种具有抗 HIC 性能的 X52 无缝管线管及其制造方法
27	鞍钢股份有限公司	一种煤粉与粉状硅石混合压块及其制备和护炉方法
28	鞍钢股份有限公司	一种高炉护炉用钒钛铁焦及其制作和使用方法
29	鞍钢股份有限公司	一种高品质轴承钢盘条及其生产方法
30	鞍钢股份有限公司	一种中间包浇注过程中在线热修补方法
31	鞍钢股份有限公司	一种降低冷轧汽车板夹杂缺陷率的方法
32	鞍钢股份有限公司	一种双面涂敷量可控涂层机及其使用方法
33	鞍钢股份有限公司	一种提高低磷无间隙原子钢洁净度的方法
34	鞍钢股份有限公司	一种防止钢板瓢曲的热矫直方法
35	鞍钢股份有限公司	一种处理板坯连铸机滞坯的方法
36	鞍钢股份有限公司	一种超高强度热轧基板镀锌板及其制造方法
37	鞍钢股份有限公司	一种 V-N 合金化高强钢板及制造方法
38	鞍钢股份有限公司	一种带锈钢样锈层与基体结合性能的测试方法及装置
39	鞍钢股份有限公司	一种中薄板坯连铸连轧低温取向硅钢的生产方法
40	鞍钢股份有限公司	一种电工钢的热轧方法
41	鞍钢股份有限公司	一种高硅电工钢连铸生产方法
42	鞍钢股份有限公司	一种高效生产高磁感取向硅钢的方法
43	鞍钢股份有限公司	一种无取向电工钢生产方法
44	鞍钢股份有限公司	一种低铁损中频用取向硅钢超薄带的制备方法
45	鞍钢股份有限公司	一种无取向硅钢向取向硅钢工艺转换的方法
46	鞍钢股份有限公司	一种短流程中薄板坯制备高磁感取向硅钢的方法
47	鞍钢股份有限公司	一种合金钢板的拉伸矫直控制方法
48	鞍钢股份有限公司	一种连退清洗段变张力控制方法
49	鞍钢股份有限公司	火车入厂采样机弃料返还系统
50	鞍钢股份有限公司	一种盐酸再生机组含酸废水回收装置及方法
51	鞍钢股份有限公司	一种消除罩式炉锈蚀缺陷的方法
52	鞍钢股份有限公司	一种消除镀锌成品钢板卷曲错边缺陷的方法
53	鞍钢股份有限公司	一种钢包外上透气砖安装固定方法
54	鞍钢股份有限公司	一种转炉炉内预脱硅方法
55	鞍钢股份有限公司	一种卧式连续式退火炉换辊装置及其使用方法

续表

序 号	申请人	发 明 名 称
56	鞍钢股份有限公司	一种滑环变级调压在线磨削装置及其使用方法
57	鞍钢股份有限公司	解决万能轧机保持板系统故障的方法
58	鞍钢股份有限公司	一种万能轧机水平辊轴向锁紧装置
59	鞍钢股份有限公司	一种立辊中心线偏移量的测量方法
60	鞍钢股份有限公司	一种高炉螺旋布料的修正方法
61	鞍钢股份有限公司	一种减少高强度钢中心偏析和全氧含量的方法
62	鞍钢股份有限公司	一种控制连铸板坯表面裂纹的方法
63	鞍钢股份有限公司	一种化工原料输送管道的清扫方法
64	鞍钢股份有限公司	一种终冷塔清扫物的回收方法
65	鞍钢股份有限公司	一种高炉泥套的修补方法及辅助装置
66	鞍钢股份有限公司	一种解决钢锭轧制上翘的轧制方法
67	鞍钢股份有限公司	一种抑制板坯晶界裂纹的冷却方法
68	鞍钢股份有限公司	一种基于嵌入式计算机的冷轧带钢板形控制方法
69	鞍钢股份有限公司	一种改善烧结混合料透气性的方法
70	鞍钢股份有限公司	一种工作辊非对称窜辊控制冷轧带钢边部减薄的方法
71	鞍钢股份有限公司	一种高炉用熔剂性复合含碳球团的生产方法
72	鞍钢股份有限公司	一种冷连轧机自动减速控制方法
73	鞍钢股份有限公司	一种连铸坯一维变形生产特厚钢板的方法
74	鞍钢股份有限公司	一种冷连轧卷取机带尾定位控制方法
75	鞍钢股份有限公司	一种连铸坯二维变形生产特厚钢板的方法
76	鞍钢股份有限公司	一种遥控换辊方法
77	鞍钢股份有限公司	一种控制层流水箱液位的方法
78	鞍钢股份有限公司	一种显示高碳钢连铸坯枝晶组织形态的冷蚀剂及制备方法
79	鞍钢股份有限公司	一种适合水淬的热轧带钢耙片及其制造方法
80	鞍钢股份有限公司	600MPa 级高屈强比高塑性冷轧钢板及其制造方法
81	鞍钢股份有限公司	一种改善烧结混合制粒的方法
82	鞍钢股份有限公司	一种水泥固化体及其处理有毒铬渣的方法
83	鞍钢股份有限公司	一种提高褐铁矿配比的烧结生产方法
84	鞍钢股份有限公司	一种小粒度烧结矿与焦丁混合装料方法
85	鞍钢股份有限公司	一种液态渣中间包及其使用方法
86	鞍钢股份有限公司	一种液压成型钢管用热轧酸洗板及其制造方法
87	鞍钢股份有限公司	一种大方坯射钉枪控制装置及方法
88	鞍钢股份有限公司	一种有带更换连续退火机组清洗段转向辊的方法
89	鞍钢股份有限公司	一种高铬钒钛球团矿
90	鞍钢股份有限公司	一种感应加热中间包浸入式水口烘烤装置及方法
91	鞍钢股份有限公司	一种耙片用钢、生产方法及耙片处理方法
92	鞍钢股份有限公司	一种以炼焦用煤镜质组反射率为主要指标的煤岩配煤方法
93	鞍钢股份有限公司	一种焦化废水化学需氧量检测前预处理装置及方法
94	鞍钢股份有限公司	一种减少序批式膜生物反应器膜污染装置及方法
95	鞍钢股份有限公司	一种涌动式铁水扒渣方法

续表

序号	申请人	发明名称
96	鞍钢股份有限公司	一种耙片用热轧带钢及生产方法与耙片处理方法
97	鞍钢股份有限公司	一种适于酸洗除鳞的80级帘线钢盘条及其生产方法
98	鞍钢股份有限公司	一种钢液中夹杂物捕集器及夹杂物去除方法
99	鞍钢股份有限公司	一种模拟试样淬火试验方法
100	鞍钢股份有限公司	一种90级超高强度胶管钢丝用盘条及其生产方法
101	鞍钢股份有限公司	一种连退线活套小车转向辊上带钢跑偏的调整方法
102	鞍钢股份有限公司	一种无铝无取向硅钢的RH精炼方法
103	鞍钢股份有限公司	一种辊道标高快速找平方法及装置
104	鞍钢股份有限公司	铁水预处理脱硫钙粉上料、倒料装置及方法
105	鞍钢股份有限公司	一种中间包氩气流量的调节方法
106	鞍钢股份有限公司	一种LF炉精准控制钢水硫含量方法
107	鞍钢股份有限公司	一种厚规格均质靶板用钢锭及其冶炼方法
108	鞍钢股份有限公司	一种高强抗毁伤防护用钢及其制造方法
109	鞍钢股份有限公司	一种平整机组延伸率的标定方法
110	鞍钢股份有限公司	一种低粗糙度高峰值数毛化轧辊的加工方法
111	鞍钢股份有限公司	高速线材精轧机碳化钨辊环错辊偏差量快速检测方法
112	鞍钢股份有限公司	一种低碳低硅钢冶炼控制方法
113	鞍钢股份有限公司	顶底复吹转炉含磷钢冶炼方法
114	鞍钢股份有限公司	一种准确测量钢水液面的方法
115	鞍钢股份有限公司	一种超薄SA-738Gr B钢板的生产方法
116	鞍钢股份有限公司	一种提高TMCP船板钢拉伸性能的方法
117	鞍钢股份有限公司	一种采用无挡渣装置中间包的重轨钢尾坯浇铸方法
118	鞍钢股份有限公司	一种真空脱气炉真空罐坑漏钢口的封堵方法
119	鞍钢股份有限公司	一种降低加热煤气消耗的方法
120	鞍钢股份有限公司	一种除油后焦化废水的处理方法
121	鞍钢股份有限公司	一种宽薄规格汽车用高强度冷轧钢板及生产方法
122	鞍钢股份有限公司	一种双面抗磨钢板及其制造方法
123	鞍钢股份有限公司	超高强度冷轧汽车用钢及其制备方法
124	鞍钢股份有限公司	具有高强塑积TWIP钢及其制备方法
125	鞍钢股份有限公司	一种锌铝镁拉丝镀层钢板及其生产方法
126	鞍钢股份有限公司	一种超厚热镀锌拉丝镀层钢板及其制造方法
127	鞍钢股份有限公司	一种超高强度热浸镀铝钢板及其制造方法
128	鞍钢股份有限公司	一种高强度热浸镀铝钢板及其制造方法
129	鞍钢股份有限公司	一种高强度高韧性热浸镀铝钢板及其制造方法
130	鞍钢股份有限公司	一种70级帘线外绕丝用盘条及生产方法
131	鞍钢股份有限公司	一种高碳特厚模具复合坯的制备方法
132	鞍钢股份有限公司	一种极薄冷轧镀锡原板轧制方法
133	鞍钢股份有限公司	一种CrMnNiMo系特厚模具复合坯的生产方法
134	鞍钢股份有限公司	一种高温拉伸速率的设定方法
135	鞍钢股份有限公司	单锥度工作辊窜辊轧机边部减薄反馈控制方法

续表

序　号	申请人	发　明　名　称
136	鞍钢股份有限公司	一种冷连轧机带钢跟踪处理方法
137	鞍钢股份有限公司	冷轧硅钢边降控制调控功效系数的确定方法
138	鞍钢股份有限公司	一种造球原料松料布料装置及方法
139	鞍钢股份有限公司	一种低硅铝镇静钢精炼装置及方法
140	鞍钢股份有限公司	一种特厚规格临氢设备用钢板的生产方法
141	鞍钢股份有限公司	一种控制钢水氮含量的精炼装置及方法
142	鞍钢股份有限公司	一种抑制中高碳钢浇注絮流的方法
143	鞍钢股份有限公司	一种半连续炼镁还原装置及方法
144	鞍钢股份有限公司	一种真空半连续炼镁还原装置及方法
145	鞍钢股份有限公司	J55 级低屈强比电阻焊套管用钢及其制造方法
146	鞍钢股份有限公司	一种航空专用运输车大梁用特厚钢板及其制造方法
147	鞍钢股份有限公司	一种低磁性球扁钢及其挤压生产方法
148	鞍钢股份有限公司	一种超大潜深潜艇用钢及其制造方法
149	鞍钢股份有限公司	一种特厚规格超大潜深潜艇耐压壳体用钢及其制造方法
150	鞍钢股份有限公司	一种 M65 级电阻焊石油套管及其制造方法
151	鞍钢股份有限公司	一种冷作模具钢板及其制造方法
152	鞍钢股份有限公司	一种半工艺无取向电工钢的高效生产方法
153	鞍钢股份有限公司	一种重卷机组钢卷头尾搭接分卷方法
154	鞍钢股份有限公司	一种高精度含硼钢热轧轧制力计算方法
155	鞍钢股份有限公司	一种硅镇静钢经 ANS-OB 工艺的精炼方法
156	鞍钢股份有限公司	一种恒压变量泵系统及节能方法
157	鞍钢股份有限公司	一种液压系统能量回收装置及方法
158	鞍钢股份有限公司	高钛气保焊丝 ER70S-G 用钢控制钛、硫含量的冶炼方法
159	鞍钢股份有限公司	一种转炉碳氧积动态控制方法
160	鞍钢股份有限公司	一种超低屈服点抗震用钢及其生产方法
161	鞍钢股份有限公司	一种连铸自动预定板坯计划的控制方法
162	鞍钢股份有限公司	一种高硅高铝无取向电工钢带的生产方法
163	鞍钢股份有限公司	一种低成本洁净钢的生产方法
164	鞍钢股份有限公司	一种 70 级帘线外绕丝用盘条及制造方法
165	鞍钢集团耐火材料公司	一种斗式提升机的接链方法
166	鞍钢集团朝阳鞍凌钢铁有限公司	一种固体物料水分测定可追溯的方法
167	鞍钢钢绳有限责任公司	一种 2000MPa 级制绳用微合金化钢丝的生产方法
168	鞍钢集团耐火材料公司	一种防止圆锥齿轮中心轴套磨损的挡轮结构及方法
169	鞍钢钢绳有限责任公司	一种钢丝绳捻制用压瓦孔型结构
170	鞍钢汽车运输有限责任公司	一种重型牵引汽车重载故障时的救援方法
171	鞍山钢铁集团公司	一种借助铁路 GPS 系统实现的机车单耗统计方法

（鞍钢股份有限公司科技质量部　仉　勇）

【科研成果】 2017 年，“热轧板带钢新一代控轧控冷技术及应用”项目获得国家科技进步二等奖，“纵向变厚度钢板（LP 钢板）的轧控技术和性能研究及其工程应用”项目获得中国钢结构协会科学技术二等奖。有 5 项成果获得冶金科学技术奖，其中“超大容积顶装焦炉技术与装备的开发及应用”获特等奖，“超大型集装箱船用钢全流程关键技术创新及应用”等3个项目获二等奖，“钢铁窑炉烟尘PM2.5控制技术与装备”获三等奖。有9项成果获得辽宁省科学技术奖，其中“超大型集装箱船用高性能钢制造技术集成及应用”等4项成果获二等奖，“热轧高强薄材板形控制的关键技术开发及应用”等5个项目获三等奖。有18项成果获得鞍山市科技进步奖，其中“核一级关键设备用钢的研制与开发”等2项成果获一等奖，“国内首套超大容积7米焦炉工艺装备自主集成与创新”等7项成果获二等奖，“-43℃极低温环境桥梁用钢的研制及生产技术”等9项成果获三等奖。

2017年度获得冶金科学技术奖情况

序号	获奖项目名称	获奖等级
1	超大容积顶装焦炉技术与装备的开发及应用	特等奖
2	超大型集装箱船用钢全流程关键技术创新及应用	二等奖
3	煤质微观检测设备的创制与炼焦用煤快速选择技术的生产体系构建	二等奖
4	鞍钢鲅鱼圈宽厚板坯连铸机自主无缺陷关键技术集成	二等奖
5	钢铁窑炉烟尘PM2.5控制技术与装备	三等奖

2017年度获得辽宁省科技进步奖情况

序号	获奖项目名称	获奖等级
1	超大型集装箱船用高性能钢制造技术集成及应用	二等奖
2	转炉流程生产高合金洁净钢关键技术及集成和产业化	二等奖
3	冶金行业高效耐磨系列篦条筛研制与应用技术	二等奖
4	炼钢前沿技术研发与装备集成创新	二等奖
5	劣质铁矿石规模化应用关键冶炼技术开发	三等奖
6	热轧高强薄材板形控制的关键技术开发及应用	三等奖
7	焦炉烟气清洁排放控制技术研究与应用	三等奖
8	基于矩阵的煤质评价与炼焦配煤新技术开发与应用	三等奖
9	2150粗轧机新型除鳞技术的研究与应用	三等奖

2017年度获得鞍山市科技进步奖情况

序号	获奖项目名称	获奖等级
1	核一级关键设备用钢的研制与开发	一等奖
2	鞍钢冶金粉尘再资源化清洁利用集成冶炼技术研究与应用	一等奖
3	国内首套超大容积7米焦炉工艺装备自主集成与创新	二等奖
4	鞍钢水资源利用体系优化技术研究及应用	二等奖
5	鞍钢股份冷轧厂1676毫米联合机组系统升级自主集成关键技术开发与应用	二等奖
6	基于用户个性化需求的超精细钢丝加工用高碳钢盘条开发	二等奖
7	炼铁原料准备技术及国家级试验平台的研究与开发	二等奖
8	焦炉烟气清洁排放控制技术研究与应用	二等奖
9	基于矩阵的煤质评价与炼焦配煤新技术开发与应用	二等奖
10	-43℃极低温环境桥梁用钢的研制及生产技术	三等奖
11	基于多态自适应的高炉长寿技术研究与应用	三等奖
12	高炉炉缸可视化与视觉进入技术研究	三等奖
13	鞍钢涌动式微损扒渣系统开发与应用	三等奖
14	现代冶炼工艺综合测试集成新技术的研究与应用	三等奖

续表

序号	获奖项目名称	获奖等级
15	铸坯火焰清理系统关键技术的开发与应用	三等奖
16	低硅铝镇静钢转炉硅系合金预脱氧半沸腾出钢经济化工艺技术开发与应用	三等奖
17	硼系合金冷镦钢盘条研制与开发	三等奖
18	网纹特效彩涂板的开发	三等奖

（鞍钢股份有限公司科技质量部　王忠润）

【科协工作】 1. 组织开展学术交流活动。一是参加国际国内重点学术会议。组织70多人参加第十一届中国钢铁年会、第七届钢铁模拟及仿真国际会议、第六届高品质钢研讨会（高级培训班）等10多个学术会议，投稿论文150多篇，发言交流论文50多篇，其中92篇论文被“第十一届中国钢铁年会”录用，30篇论文受邀在分会场宣讲交流。二是邀请专家到鞍钢作专题学术报告。邀请东北大学祭程教授到鞍钢炼钢总厂作《铸坯偏析成因及控制措施》报告，邀请辽宁科技大学赵雪飞教授到鞍钢化工事业部作《高附加值煤沥青深加工产品开发》报告，邀请行业专家陈刚作《型钢孔型设计》报告，200多人参加。三是举办首席工程师论坛。在技术中心、炼铁总厂、质检中心、铁运公司等单位举办9场首席工程师论坛，发挥各单位首席工程师技术带头作用，为广大科技工作者传授技术经验，各单位500多人参加。

2. 开展多种形式的科普活动。一是接待来访澳门中学生代表科普考察团一行50余人，安排“钢铁是怎样炼成的”专题科普讲座。介绍采矿、选矿、炼铁、炼钢、轧钢钢铁生产全流程，并安排参观炼铁、炼钢、轧钢生产线。二是利用科技工作者日，邀请心理咨询专家来鞍钢做“压力管理　阳光心态”讲座，150多人参加。三是走访慰问一线科技人员10人次，向基础单位发放科技书籍300多册。

3. 开展成果评选和科技工作者推荐工作。一是组织优秀科技论文评选。按照《鞍山钢铁集团公司科技论文管理办法》（鞍山钢政办〔2013〕65号）规定，组织专家完成200多篇论文评审，表彰奖励优秀论文100篇。其中一等奖20篇、二等奖30篇、三等奖50篇。二是评选表彰鞍钢“讲、比”活动优秀项目。评选出优秀项目100项，其中一等奖20篇、三等奖30篇、三等奖50篇。三是组织申报辽宁省自然科学学术成果奖。24项论文获奖，其中一等奖5项、二等奖6项、三等奖13项。四是组织推荐辽宁青年科技奖。推荐鞍钢股份产品发展部韩鹏被评为第十一届“辽宁青年科技奖”。

4. 组织开展创新方法培训活动。一是加强TRIZ创新方法师资培养，组织6人次参加中国金属学会、辽宁省科协创新方法师资培训。二是有序开展一线工程师TRIZ创新方法培训，完成4期TRIZ创新方法普及培训，共63人参加；完成1期创新项目实践指导培训，指导实践典型成果10项目。三是组织参加第二届全国企业创新方法大赛，5个项目在辽宁分赛获奖，其中一等奖1项、三等奖4项。鞍钢股份有限公司热轧带钢厂“抑制带钢轧制时随机跑偏的研究”和无缝钢管厂“一种管坯锯机辅助夹紧装置”2个项目进入全国总决赛，分获二等奖和三等奖。

5. 承担辽宁省金属学会工作。一是联合举办学术会议。（1）与中国金属学会联合举办“全国炼焦节能减排关键技术研讨会”“全国炼钢厂品种、质量和成本高级专题研讨会”2个会议。（2）与地方金属学会联合举办“第二十四届八省市矿业学术会议”“第十二届耐火材料应用与发展技术研讨会”“2017年炼铁关键技术高级研讨会”“2017高效、低成本、智能化炼钢共性技术研讨会”4个学术会议。二是申报省级学术平台和成果转化服务基地。申报“辽鲁冀晋粤川京七省市矿业学术交流会”和“辽鲁冀晋川京六省市耐火材料学术交流会”2个学术交流平台为辽宁省科协省级学术交流平台；申报辽宁省金属学会为辽宁省科协第二批科技成果转移转化服务基地。三是开展科技成果评价工作。完成凌源钢铁公司“以石灰石为主要造渣材料炼钢新工艺”和“120吨转炉底吹系统与炉衬同步长寿命技术”项目、鞍钢工程技术有限公司“一排式布置高炉煤气干法除尘系统研究与应用”和“钢铁企业冷轧工序水资源综合利用技术研发与应用”项目、鞍钢矿业公司“移动‘互联网+’在大型矿山的应用研究”项目、鞍山钢铁公司“鞍钢冶金粉尘再资源化清洁利用集成冶炼技术研究与应用”“铸坯火焰清理系统关键技术的开发与应用”“鞍钢朝阳钢铁钛微合金化低成本热轧高强钢开发及应用”项目科技成果评价。

（鞍钢股份有限公司科技质量部　曹新全）

·管理创新·

【企业改革】 2017年，是鞍钢集团全面打胜扭亏脱困攻坚战的决战之年，也是鞍山钢铁集团有限公司（以下称鞍山钢铁）推进改革创新、加快转型升级的关键之年。鞍山钢铁认真贯彻落实党的十九大精神及习近平总书记“三个推进”要求，以中共中央、国务院《关于深化国有企业改革的指导意见》及其配套文件为指引，牢牢把握供给侧结构性改革和市场经济改革新要求，适应经济发展新常态，紧密围绕鞍钢集团“631”发展战略及鞍山钢铁“1+6”产业规划，着力优化资源配置、完善管控模式、规范内部管理、强化顶层设计，全面推进市场化改革，落实各级企业市场主体责任，不仅完成了打赢扭亏增效攻坚战的艰巨目标，而且实现了由“保生存”向“求发展”的跨越式转变。

1. 完善现代企业制度，规范法人治理。一是推进鞍山钢铁公司制改革。贯彻落实《深化国有企业改革的指导意见》文件精神，按照鞍钢集团关于推进鞍山钢铁总体公司制改革的相关工作部署，制定《鞍山钢铁集团公司公司制改革实施方案》并实施。在实施公司制改制的同时，同步理顺产权关系与管理关系。2017年1月25日，鞍山钢铁完成公司制改制工商变更登记工作，由全民所有制企业变更为鞍钢集团出资设立的一人有限公司。按照《中华人民共和国公司法》规定，鞍山钢铁规范建立了法人治理结构，制定了公司章程、董事会议事规则及各专门委员会议事规则，迈出了建立现代企业制度的关键一步。二是规范各级企业法人治理结构。落实国务院办公厅《关于进一步完善国有企业法人治理结构的指导意见》及鞍钢集团部署，按照原则上外部董事占多数的“3+X”管理模式，规范各级企业董事会设置，建立完善董、监事管理体系，推动子企业董、监事会规范运行。

2. 推广承包经营，提高发展质量。在系统总结2016年朝阳钢铁和鞍钢股份无缝钢管厂承包经营工作的基础上，分别按照复产脱困、持续增盈等目标，从“效率、效益、风险、成长”四个维度建立指标体系，“管、放”结合，将承包经营范围扩大到莆田冷轧、朝阳钢铁、无缝钢管厂、大型厂小型线、鲅鱼圈分公司3.8米中板线等5个单位和产线，取得较好效果。尤其是大型厂小型线通过实施承包经营，一举解决了困扰多年的产线达产达效问题，并取得了月均利润较改革前提高30%的历史性突破。

3. 推进“压减”工作，实现瘦身健体。贯彻落实国务院国资委关于压缩管理层级、减少法人户数的指示精神，促进企业加强管理、提质增效，按照鞍钢集团相关工作部署，成立鞍山钢铁“压减”工作组，针对鞍钢集团下达的2016~2018年“压减”指标，确定“压减”企业名单，明确“压减”路径，制订“压减”工作计划安排并按计划组织推进。截至2017年底，完成了长春钢加吸收合并长春激光拼焊、广州汽车钢与蒂森克虏伯合资及水泥厂的注销工作，减少法人企业3户，完成了年度目标任务。

4. 优化机构编制管理，提高运行效率。落实两个“一以贯之”思想理念，按照鞍钢集团“推进岗位管理、优化机构编制”工作安排及“鞍山钢铁管理和技术岗位占比15%”目标要求，结合实际，以“总量平衡、结构调整、差异优化”为原则，设置编制定员优化指标，制定优化方案，健全完善以市场为导向的机构编制管理机制。同时，按照国务院国资委及鞍钢集团相关规定，对党的组织机构及岗位设置进行规范，充分体现党的领导核心作用。

5. 解决历史遗留问题，减轻企业负担。贯彻落实国务院国资委关于加快剥离企业办社会职能和解决历史遗留问题的指示精神，积极推进辽宁区域“三供一业”（供水、供电、供热和物业管理）分离移交工作，并取得重要阶段性成果。按照鞍钢集团相关工作部署，按照“依法合规”及“友好协商”的原则，配合鞍山市政府制定了分离移交工作方案及维修改造费用测算标准，制订了具体推进工作计划，组织相关单位与地方政府及接收单位就分离移交范围和内容、分离移交费用、费用支付方式、业务和资产移交时点等相关事项积极沟通与协商并达成共识。同时，为妥善解决人员安置问题，确保职工队伍稳定，结合实际，就供热及物业管理业务移交后，由鞍钢房产物业公司为市供热公司提供供热和物业服务与鞍山市政府达成一致意见。在此基础上，2017 年 4 月 28 日，地企双方签订了鞍山地区供水、供电、供热和物业管理分离移交框架协议，签订协议比例占辽宁区域应签协议的 98.86%，其中供电占比 98.62%，辽宁区域超额完成了国务院国资委下达的 2017 年工作任务目标；2017 年 12 月 27 日，签订鞍山地区供水、供热及物业管理分离移交框架实施协议；2017 年底，将首批分离移交费用 9 亿元拨付至相关接收单位账户。营口地区和辽阳地区相关工作也按计划积极推进。

（鞍山钢铁集团有限公司企业管理部
刘　虹　王　茹　王恩家）

【绩效考评】 2017 年，鞍山钢铁绩效考评工作以落实公司预算为目标，坚持市场化原则，大力实施降本增效，建立“效益分区、人员分类、利益共享、风险共担、年度与任期相结合”的绩效评价体系，围绕“调整、改革、创新、党建”四项重点工作，实施与企业职工、管理人员、经营者紧密衔接的“强激励、硬约束、严考核”激励约束机制，充分调动全员职工的积极性、主动性和创造性，全面完成生产经营目标。

1. 坚持党政同奖同责，实施一体化考核。切实发挥企业党组织的领导核心和政治核心作用，把党的领导、党的建设融入企业生产经营和改革发展之中。强化监督执纪问责工作，严格履行责任追究，推进全面从严治党。通过“把方向、管大局、保落实”，发挥党建工作独特优势，引领企业发展，促进效益提升。

2. 效益分区、人员分类，实施差异化考评。按照集团公司统一原则实施单位效益分区、员工人员分类，以企业效益增长、业绩提升为目标，建立不同区域、不同类型员工效益联动考核机制，实施差异化考评。对超额完成预算目标的单位给予强激励；对效益下滑至底线以下的单位给予硬约束；对效益负增长未完成预算目标的单位实施严考核。

3. 坚持效益导向，科学设置考核指标。针对经营型单位、成本及收支差单位，差异化设置考核指标，强化利润、成本等指标考核，实现“三升三降”，即：提升销售价格、提升服务水平、提升核心竞争力、降低采购成本、降低生产成本、降低管理成本。针对环保重点单位，增设环保减排指标，确保公司合规合法生产，实现公司效益最大化。

4. 坚持责任导向，推行契约化经营。针对经营难点企业、困难企业、停产恢复生产企业推行承包经营，锁定目标、封闭责任，充分调动员工的积极性和创造性，激发企业活力，提升企业效益，确保公司实现生产经营目标。

（鞍山钢铁集团有限公司企业管理部
李　莉　王洪涛）

【风险管理】 根据国务院国资委《关于 2017 年中央企业开展全面风险管理工作有关事项的通知》及鞍钢集团有限公司 2017 年度全面风险管理的总体部署，鞍山钢铁集团有限公司充分发挥董事会对风险管理工作的领导和监督作用，强化风险管理意识，提高对经营环境变化、发展趋势的预判能力，不断增强驾驭风险的本领，全年未发生重大风险事件，重大风险处于可控状态，促进了企业持续、健康、稳定发展。

1. 完善风险管理体系，提高风险管理水平。为适应企业“公司制”运行的需要，建立健全全面风险管理体系，不断提高风险防范水平，修订发布《鞍山钢铁集团有限公司全面风险管理办法》。为加强重大事项风险评估与合规审查管理工作，提升科学决策水平和防范风险能力，制定发布《鞍山钢铁集团有限公司重大事项风险评估与合规审查管理办法》。

2. 推进专项风险评估，提高科学决策水平。根据《鞍山钢铁集团有限公司重大事项风险评估与合规审查管理办法》的要求，针对“公司制”改革、收购德邻陆港股权等重大项目，积极推进专项风险评估，出具独立的风险评估报告。并实施“5+X”联合审查工作，为科学决策提供了强有力支撑。

3. 执行风险基本流程，完善内部控制体系。按照初步建立的差异化风险管理框架，实施了风险分类管理，其中：针对外部纯粹风险，制修订自然灾害、事故灾难、公共卫生事件、社会安全事件等15项应急预案；针对内部纯粹风险，侧重核心业务领域流程层面的程序性、执行性风险控制，新增、修订制度83项。

4. 开展年度风险评估，明确风险管理重点。结合实际，系统策划组织开展了2017年度风险评估工作。按照“业务谁主管、风险谁负责”原则，落实风险管理责任部门，组织制定风险管理解决方案。在此基础上，编制《2017年全面风险管理报告》，积极做好年度重大风险管控工作。

5. 强化重大风险管理，确保重大风险可控。针对“环境保护、人力资源、采购风险、营销风险、质量与研发、安全生产、资金运营”7项重大风险，进一步明确主责部门，落实管理策略和应对措施，强化风险指标监控预警，重大风险管控成效显著。

【管理创新】 开展管理成果评审，营造管理创新良好氛围。围绕公司战略目标和企业管理的重点难点问题选题立项、精心实施、系统总结，认真评审，促进优秀成果脱颖而出。2016年度共申报管理成果36项，反映了公司开展管理创新、强化企业管理所取得的最新成就，彰显了鞍山钢铁管理软实力。其中，11项成果荣获鞍钢集团管理现代化创新成果，特等奖1项，二等奖3项，三等奖7项；7项成果荣获辽宁省管理进步成果，一等奖2项，二等奖5项；5项成果荣获冶金企业管理现代化成果，一等奖2项，二等奖1项，三等奖2项；1项成果获国家级管理成果二等奖。

【规章制度体系建设】 为适应鞍山钢铁“公司制改革”和两级公司一体化运行需要，及时固化公司制改革、差异化管控模式和体制机制创新成果，设计两级公司一体化决策流程，编制鞍山钢铁/鞍钢股份总部业务审批权限手册，开展制度立改废工作和学练用活动，提升规章制度的执行力和控制力，推动企业管理升级。

1. 按照鞍钢集团公司统一部署，系统设计和宣贯两级公司一体化决策流程，组织各部门、单位梳理两级公司总部各项业务审批权限，实施一体化整合和系统优化，形成涵盖29个部门（中心）、381项决策事项、1000多个权限节点的《鞍山钢铁/鞍钢股份总部业务审批权限手册》。

2. 修订鞍山钢铁《落实“三重一大”决策制度实施办法》，明确了鞍山钢铁“三重一大”决策原则、事项范围，明确党委常委会审议及决策事项、董事会和总经理办公会决策事项、权限与相关程序要求。

3. 组织各部门、单位按照“体系框架简化瘦身、制度内容务实管用、制度结构规范高效、专业职能监督到位”原则，与职责体系、授权体系同步策划、实施规章制度立改废工作，形成规章制度体系框架清单，完成压缩10%的瘦身目标，共审核发布规章制度83项。

4. 按照鞍钢集团巡视整改要求，组织各部门全面梳理鞍钢集团规章制度承接情况，开展修订完善工作，堵塞管理漏洞，并建立鞍钢集团规章制度承接机制，实现全流程闭环管理，确保集团制度承接落实到位。

5. 开展规章制度学练用活动，组织机关部门系统学习鞍钢集团规章制度，开展答题竞赛活动，提升员工业务素质和综合能力。

【采购管理】 优化完善采购管理制度，建立健全采购标准体系，夯实采购管理基础。一是修订完善《鞍山钢铁集团有限公司采购管理办法》，进一步明确了采购管理体制、管控模式与职责分工，优化了采购业务流程，提出了各关键环节的管理标准与运行要求，为规范采购运行管理，防范采购风险提供了制度保障。二是加强采购基础标准体系建设，组织各部门、单位开展物资采购技术质量标准、验收标准及供应商准入标准的建立、完善工作，完成大宗、通用、重要物资，B类原燃材料，以及C类材料标准中消防器材、劳动防护用品、水质药剂等总计约18.7万多个物料种类的技术质量标准梳理修订工作。组织各级采购组织完善供应商准入标准，夯实了采购管理基础。

（鞍山钢铁集团有限公司企业管理部 王家伟 初正恢 徐长维 杨新兵）

【管理体系认证】 2017年，鞍钢股份有限公司继续坚持PDCA循环，管理体系有效运行并持续改进，为公司实现经营目标提供体系保障。紧密围绕公司管理体制和运行机制的变化，根据管理体系标准要求，结合公司管理工作实际，制定并下发《2017年QEO管理体系工作计划》等体系管理文件，制修订并发布管理体系规章制度28个，为体系有效运行提供基础文件保障。质量、环境、能源、职业健康安全、TS16949管理体系顺利通过认证公司外部审核，保持管理体系认证注册资格。公司管理体系先后通过武器装备质量管理体系年度监督审核、热处理钢轨 CRCC 认证、特种设备生产许可证换证审查、JIS 换证复审、欧盟 CE 年审认证，韩国 KS 螺纹钢认证等，管理体系运行和控制有效，满足专业性管理体系认证、产品认证和顾客二方认证需要。

（鞍山钢铁集团有限公司企业管理部
董浩然　郭淳璞）

·战略管理·

【编制发展战略和规划】　做好顶层设计，谋划企业长远发展，2017 年完成《鞍山钢铁 2017～2020 年产业结构调整规划》的编制工作。开展《鞍山钢铁集团公司 2018～2020 发展战略规划》和《鞍钢股份有限公司 2018～2020 发展战略和规划》的编制工作。制定公司总体发展战略、目标、实施路径和主要措施，着力推进“1+6”产业结构调整、转型升级、科技创新和处僵治困等重点工作，围绕“产业、产线、总量”规划，进一步打造产品、成本、服务模式等独特的竞争优势，聚焦调品提质、绿色生产、智能制造等关键领域，注重质量、效益、效率，重点考虑投资额、效益、投资速度的关系，做到精准投资，推进重点产线技术完善和升级，不断改善经济增加值、净资产收益率等关键指标，全面提升企业竞争力。

【推进困难企业治理工作，促进企业扭亏脱困】　积极协调各相关管理部门和困难企业，分析亏损原因，考虑各困难企业实际，按“一企一策”原则制定了《困难企业治理方案》及《亏损企业治理推进计划》，完善了困难企业监控体系，每月分析、汇总困难企业治理进展情况，对发现的问题及时采取相应措施，并每月形成困难企业治理进展情况报告。

2017 年集团督导治理的四家困难企业共实现盈利 51207 万元，同比减亏 71447 万元，减亏幅度 353%；自行治理的三条亏损产线共亏损 16658 万元，同比减亏 89536 万元，减亏幅度 84%，完成阶段性治理目标。困难企业户数由 2016 年的 28 家减少到 2017 年的 7 家，亏损面大幅减少。

通过推进困难企业治理工作，为鞍山钢铁集团公司提升盈利能力奠定了良好基础。

（鞍山钢铁集团有限公司规划发展部　赵　利）

·信息化管理·

【概述】　2017 年，鞍山钢铁集团有限公司持续加强信息化管理，全面开展以数字化、智能化为目标的自动化、信息化顶层设计，通过全面实施数字化普及、智能化示范，着力增强关键技术装备的基础支撑能力、提升数据集成应用水平、探索制造新模式，实现数据采集自动化、业务流程规范化、信息系统集成化、运营状态可视化、管理决策智能化，推进信息化与工业化深度融合。

【信息化与工业化深度融合】　1. 完成鞍山钢铁自动化、信息化、智能化顶层设计工作。2017 年以两化深度融合为契机，组织各单位进行梳理产线装备现状，对标国内外先进钢铁企业信息化、自动化发展水平，紧紧围绕公司“1+6”发展战略，以实现“智能制造”为目标，打造“纵向贯通、横向协同、数智一体、虚实融合”的智慧空间，深入推进两化融合，深化智能装备、智能工厂、大数据和工业互联网应用，整体提升鞍山钢铁智能制造能力达到国内先进水平。

2. 持续完善两化融合管理体系。2017 年 6 月，鞍钢股份有限公司通过了两化融合管理体系第一次监督审核。2017 年 8 月国家工信部正式公布，鞍钢股份有限公司入选 2017 年两化融合管理体系贯标示范企业，成为全国首批 50 家贯标示范企业之一（辽宁省共 2 家），示范方向为现代化生产制造与运营管理。

3. 强化信息化项目预算及费用管控。鞍山钢铁在信息化项目立项和实施过程中，严格执行年度信息化项目预算，通过三级预算审价，全力降低信息化项目费用支出，2017 年共计节约信息化项目费用支出 750 万元。

4. 规范信息化合同管理。鞍山钢铁集团有限公司在信息化合同管理方面，严格执行公司相关规定，依据公司法务部门认可的标准合同范本起草合同，认真审查供应商资质，并严格履行合同的网上签审流程，确保每一项已签订的合同格式标准、条款清晰，合同内容合理、合法，符合信息化项目建设要求。

5. 信息系统优化改进，提升运维服务质量。为保障基层单位实现增效目标，2017 年以来鞍山钢铁努力提高服务的工作质量和效率，为各基层单位提升管理、服务客户、品种开发和提高效率等方面提供了有力支持，全年共计实施各类变更1243项，其中产销和SAP系统提升管理类变更175项、产销系统业务数据修改类变更616项、产销和SAP系统授权变更452项。

【信息化重点项目建设】 1. 莆田复产信息系统改造项目。2016年12月公司启动莆田公司复产工作后，为适应莆田带料加工生产管控模式，于8月先后完成了由鲅鱼圈分公司、股份公司本部及朝阳钢铁委托带料加工原料供料订单签订、生产、发货、莆田原料接收程序的修改、测试及系统投运工作。为莆田公司复产提供了顺畅的管理平台和有力的保障。

2. SAP系统优化升级项目。为有效解决SAP系统使用中出现的问题，从2016年末全面启动该项目。制定了SAP系统优化升级总体技术方案，完成了SAP系统优化升级项目单元测试、集成测试及模拟系统切换工作，于2017年11月完成了系统的正式切换，切换后系统运行稳定，响应速度有较大的提升。

3. 合同执行率报表开发项目。2017年1月公司依据业务部门提供的《保证合同执行率专项管理办法》，组织相关技术人员共同研究制定了合同执行率系统自动计算的数据采集规则，并组织完成了系统开发工作。2017年2月合同执行率统计系统顺利投运，2月5日系统自动统计并出具了《2017年1月份各产线合同执行率统计报表》，各项统计数据客观准确，按进度要求完成2017年规范合同执行率统计的工作任务。

4. 市场化运营核算项目。从2017年4月起公司进行市场化运营试运行，依据业务部门提出的《市场化运行财务指标评价方案》，对各产线不同核算模型进行了系统设计和开发，并与SAP系统实现了数据集成。经过对已投入应用的产线进行数据校验和功能测试，系统功能满足了现有市场化运行财务指标评价的要求，数据客观准确。

5. 鲅鱼圈3800中板信息化配套项目。2017年11月，完成鲅鱼圈3800中板产线配套信息系统建设项目并投入使用。

6. 大型厂民用球扁钢项目。根据产品发展部、大型厂提出的大、中型线生产民用球扁钢产品的需求，公司成功地组织了大型厂民用球扁钢信息系统项目建设。2017年5月初开始实施，对涉及项目的ERP产销系统、大型线MES、中型线MES和化检验MES进行改造，完成了各系统功能修改、数据接口的设计和开发，并完成与SAP财务成本系统集成。该项目于6月28日全部功能投入运行。

7. 炼钢大数据智能分析平台。为充分利用ERP系统及MES近10余年累积的大量数据资源，公司结合生产单位业务需求，在炼钢5号线利用大数据技术，进行相关分析，构建分析预测模型，找到影响产品质量、成本的重要影响因素，从而进行优化工艺、减少缺陷、降低成本和提高原品种成材率，进一步实现炼钢生产智能化，12月20日系统正式投入应用。

8. 鞍钢人才公寓信息化项目。鞍钢人才公寓的建设是鞍钢重视人才、引进人才、留住人才的重要举措，做好鞍钢人才公寓信息化建设，营造公寓良好的居住环境和生活条件，对公司未来的发展具有十分重要的意义。为此，公司根据鞍钢人才公寓建设的信息化需求，组织完成了鞍钢人才公寓一卡通系统的扩展建设，解决了住宿人员使用一卡通就餐的需求，并将扩展到公寓超市，实现厂区、公寓食堂就餐、超市消费的一卡通。

9. 企业补充医疗保险项目。为适应鞍山市社保局基本医疗保险系统改造，公司组织对企业补充医疗系统进行了升级改造，于2017年2月开始替换原有系统，保证鞍山区域企业补充医疗保险核销费用的及时发放，以及工会大病医疗救助的管理，顺利实现了补充医疗保险和工会医疗救助资金的核销。

10. 仓储库信息系统项目。根据管理需求，公司组织完成了仓储库信息系统的开发建设，并在市场营销中心东北公司进行了推广。通过仓储库信息系统的管理，简化了分公司管理人员与仓储库管理人员通过纸介质传递物料信息，并使分公司管理人员方便、快捷地了解各仓储库库存信息。

11. 白楼前后楼监控项目。为更好地加强安防预警保卫工作，提升白楼前后监控质量及监控范围，公司组织完成了白楼前后楼监控系统升级改造项目，2017年4月系统投入运行。

（鞍山钢铁集团有限公司信息化管理中心　柏庆岩）

· 设备管理 ·

【设备管理】 2017年，设备系统以“零故障、保功能、提精度”为目标，以点检定修为核心，以管理评价为手段，强化TPM管理，落实“五个重点”、推进“备件三化”，对标挖潜，管理提升，为公司生产经营提供设备保障。

通过精准施策，落实精细化管理，着力提升工作质量、工作效率，主要技术经济指标均取得较好成绩。主要指标完成情况如下：设备事故：2017年鞍钢股份有限公司实现重大设备事故为零。事故频次月均36.75起，事故时间月均79.24小时。其中：本部同口径较2016年月均事故频次上升、事故时间下降15.7%；鲅鱼圈较2016年月均事故频次、时间均持平。

费用指标：2017年全面完成修理费预算指标，其中本部吨钢修理费110.76元/吨，同比2016年增加42.73%；鲅鱼圈吨钢修理费94.99元/吨，同比2016年增加14.05%。

库存指标：2017年末股份公司库存实绩11.98亿元，同比2016年下降1.5亿元，降幅11.13%。其中本部下降1.13亿元，鲅鱼圈下降0.37亿元，均完成降库目标。

1. 以持续推进“五个重点”为中心，稳运行提效率。

（1）点检管理。一是结合设备运行实际，完善“四项标准”206项，其中新增78项，修订128项，支撑运行稳定。二是强化点检管理。推进点检标准化作业，规范点检行为，及时发现设备隐患并采取有效措施，有效避免32起较大事故的发生（奖励56000元）。如中厚板厂及时发现四辊轧机下辊电机电缆烧损，及时排查出电机补偿绕组单点接地，果断采取应对措施，避免重大事故。三是加强设备状态监测。加强A类机械设备和大电机运行状态监测，周期监测A类机械设备1024台次，发现问题设备131台，避免事故78台次；周期监测大电机12716台次，共发现故障问题电机446台次，及时检修，避免事故。四是开展空间精度测量，提精度保质量。为提高轧机窗口、轧辊轴承箱等空间精度，在热轧厂、冷轧厂、中厚板厂、鲅鱼圈分公司、朝阳钢铁、广州汽车钢等单位进行27台次空间精度测量，解决了广州汽车钢光整机后钢板振纹难题。

（2）定修管理。一是刚性执行定修计划。严格定修计划执行，对设备原因造成的异常检修比照事故逐一进行原因分析，落实考核。完成定、年修1110次，定修实现率96.84%。二是严格过程管控。落实“一表两会一小结”，针对“电机、变压器、电缆头”及高压供配电系统事故多发问题，组织召开设备运行管理现场会，落实《电机维修技术标准》，在将大电机、变压器离线检修列入定修计划的基础上，专项开展了排查“电机、变压器、电缆头”及高压供配电系统隐患整改行动，截至2017年底，第一轮整改工作基本结束，收效明显。三是抓年修，保功能、提精度。精细组织，保安全、保质量、保工期，圆满完成53条主体产线年修，恢复设备功能、提升设备精度，保产品质量，提规模。四是强化定修过程管控与质量验收，加强检修相关方管理，确保缺陷项目完成率、定修准确率。五是能源、环保设备纳入定修管理，提高精度，提升刚度，实现与各主体生产线合理、有序、协同检修。

（3）事故管理。一是明确目标，严格绩效。制定下发各单位设备事故目标值，建立员工绩效联动机制，严格管控。二是切实做到对事故零容忍及“四不放过”“事故三抓”。无论事故大小，追根溯源，查找问题实质，采取有效措施，做好事后封闭与考核，及时下发74起典型事故通报，举一反三，杜绝类似事故重复发生。三是强化过程管控，快速反应，科学组织，快速高效完成抢修任务，降低停机时间。四是整治安全连锁缺陷，恢复并保证设备保安功能；强化应急设备管理，对存在问题的应急设备落实整改人和整改时间，保本质安全。五是落实环保、自动消防设施的功能投入，及时整治缺陷。与安全环保部联合开展自动消防设施隐患专项排查，确定整治项目23项，总费用2000万元。

（4）功能精度管理。一是坚持检查评价。下发《2017年管理专项内审计划》，坚持每周开展内审检查。共发现问题391项，曝光典型问题315项，除需年修配合或备件到货原因外，已完成整改384项。二是结合设备状态，推进功能精度项目实施。共放行功能精度大修理项目70项，计划投资102292万元。设备专项整治项目55项，计划投资6982万元。利用同步年修合理调整检修工序，压缩检修时间，在满足不漏缺陷项量的条件下，提前13天完成新1号高炉改造性大修工作，一次试车成功，首创高炉炉内热风保温、炉外煤气火加热措施；首创高炉炉缸炉皮整体更换超静定加固支撑技术；首创炉缸砌筑网格标识测量找正技术，成功攻克高炉冬季炉壳焊接和炉缸砌筑的行业难题，实现高炉炉缸砌筑质的飞跃。三是加强设备功能精度管理，重新完善"一名录、一明细、三清单"。推动"设备功能挂牌"工作的有效开展，设备挂牌数量299个，完成摘牌265个，摘牌率88.63%。

（5）设备技术管理。一是推进"治理设备漏油、实现清洁生产"活动，排查漏油部位，制定整治措施，细化指标分解。215个公司级攻关项目，已完成210项，年可节省油脂903吨，创效747.7万元。厚板线轧机弯辊液压系统管路改进，年可节约用油11.6吨，可节约12万元；232个厂级攻关项目，已完成215项，预计年节省油脂246吨，预计年效益268万元。强化液压润滑系统在用油脂品检验，取消一次性取样瓶，重点整治清洁度，共检验6260个油样，合格率98.5%（2016年85.4%、2015年80.9%），保障液压润滑系统稳定运行。2017年油脂品消耗共计8871万元，同比下降6.4%，实现公司油脂品消耗技术指标0.32千克/吨和经济指标4.45元/吨；深化HFI指数管理，全年实现0.91。二是强化大电机、变压器、电缆头管理。组织开展在线大电机现状调查（共1102台），周期下线检修（2017年计划162台，完成169台），建立大电机档案，详细记录大电机上线、检修历史，实施全寿命周期管理；排查2564台在线运行变压器隐患，发现缺陷变压器64台，按计划推进整改，事故时间同比降低51.8%；对15503个3.3千伏及以上电缆头开展隐患排查，发现缺陷电缆头56个，均已经制定整改计划。三是强化净环水系统的浓缩倍数管理。下发《净环水浓缩倍数管理细则》，确定80个浓缩倍数管理系统，设定目标值，按周通报，截至11月浓缩倍数由4月的2.0提高到2.4~3.0之间。四是开展技术培训，提升员工素质。聘请能源管控中心和电气公司的专家，开展19期，971人次参加的变压器、高压设备及电机故障判断培训，剖析典型事故案例，广泛提升从业人员素质，为设备稳定运行提供技术支撑。五是抓检验、合规运行。结合特种设备管理新规定，全面完成492条压力管道（老旧）检验，长度26.52万米。

2. 以优质、高效、经济为中心，细管理稳保供。

（1）分类管理，分级管控。一是以"稳定、高效、可持续"为中心，对527种设备备件实施A、B、C分类管理，分类制定适宜采购方案，保证精准投入。二是强化关键备件管理，优化清单（1081条），建立三级管理责任体系。三是召开三地生产备件协调会，聚焦问题，逐项制定措施，确责落责，解决问题22项，缩短采购周期，提高采购效率，保证备件质量，满足保产保供。四是全面推进进口备件国产化，确定立项98项，结题21项，经济效益441万元。五是扩大备件协议采购和功能承包范围，利用规模优势降低成本，建立稳定高效的保障渠道。通过有效的"退出机制"督促供方技术、服务和质量的提升，最终实现现场设备和产品质量的稳定。

（2）优化流程，精准保供。一是实施"专业管理+统一协调"的计划审批流程（"管运行、清现场、严审批，管备件、控指标、严把关"），确保精度。二是进一步规范临时计划管理，严格限时上报，留存照片，最大限度地减少应急及事后计划发生。三是严格执行"锁定长招、减少短招、坚决避免临时招"。四是贯彻集团公司关于板块关联交易会议精神，"搭平台、降费用、保运营、重双赢"，推进专业化管理，对公司电机修复（含大电机精密点检）实施费用总包式的功能承包及周期下线检修，有效保障设备运行，大电机事故时间同比下降88.8%。

（3）强化机旁备件管理。一是对照系统信息，组织各单位对机旁备件实施季度盘点，信息补录，确保账物相符。二是会同公司监察部开展专项检查，对本部21个生产厂从计划申报、采购储备、领用上线、机旁管理、报废处置等环节进行了专项检查，对发现的5类问题，开展管理座谈，制定措施并落实整改。

（4）坚持"以旧换新"，实施全寿命周期管理。一是推进备件"以旧换新"，系统跟踪未到寿命周期备件，分析原因，落实责任，全年达到使用寿命周期的下机备件占比98.6%，同比上年提升2.2%；二是强化备件质量异议管理，确责落责，累计受理 190 项（新品 126 项、修复 64 项），已落实反馈 151 项（新品 97 项、修复 54 项）。对涉及的 17 家修复相关方，按相关规定进行了处罚，共计罚款 11.7 万元。

3. 以管理提升为中心，促降本增效益。

（1）强管控，严审价。共审减 11385 万元，审减率 13.3%，实现审减 10%的目标。其中修复类审减 4227 万元，审减率 19.9%；工程类审减 7158 万元，审减率 11.1%。

（2）多措施，降库利库。一是按公司压缩“两金占用”要求，分解库存指标，下发了进一步开展降库利库的工作通知。组织成立降库利库小组，清查库房备件，拟定利库方案。二是通过“修配改代”及减值、报废等方式，加速长周期库存处置，利用五年以上库存备件 9139 万元，减值 4254 万元，报废 2112.7 万元。

（3）推进降本增效项目，促系统成本降低。全力推进百吨铁水罐加盖热试、三四分厂钢水罐扩容改造、二烧烧结机环冷改造等项目，支撑公司系统降成本。

（4）强化资产管理。一是完成“公司制”改制固定资产划拨方案并督促办理。二是通过盘活、报废等多种方式，加快低效无效资产处置，截至 12 月账面价值同比上年下降 98%。三是加强资产保险管理。股份公司本部共发生赔案 131 起，赔案总估损金额 2474 万元，保险公司完成理赔 93 起，共完成理赔金额 806 万元。

【设备年修工程】 2017 年，鞍钢股份有限公司共 66 条主体生产线实施年修，其中 5 月、9 月、10 月、11 月实施了各工序相互配合的集中同步年修工程。详见下表。

2017 年鞍钢股份有限公司主体生产线同步年修基本情况表

序号	生产厂	机组名称	计划开工时间	计划工期/小时	实际开工时间	实际工期/小时
1	炼铁总厂	三烧烧结机	1 月 1 日	288	1 月 1 日	255.98
2	炼铁总厂	分厂 2 号烧结机	1 月 18 日	192	1 月 18 日	192
3	炼钢总厂	C 转炉	1 月 5 日	840	1 月 5 日	518.8
4	炼铁总厂	二烧烧结机	2 月 6 日	1080	2 月 6 日	1080
5	炼钢总厂	6 号转炉	2 月 15 日	1800	2 月 16 日	1557
6	炼钢总厂	7 号转炉	3 月 9 日	360	3 月 9 日	332.73
7	炼钢总厂	D 转炉	3 月 25 日	168	3 月 24 日	168
8	无缝厂	177 机组	3 月 21 日	360	3 月 21 日	360
9	大型厂	1150 机组	4 月 14 日	168	4 月 14 日	163
10	炼焦总厂	6K 干熄焦	4 月 11 日	360	4 月 20 日	360
11	炼焦总厂	2K 干熄焦	增加		4 月 26 日	216
12	炼铁总厂	11 号高炉	5 月 9 日	120	5 月 10 日	110.26
13	炼钢总厂	A 转炉	5 月 8 日	264	5 月 8 日	245.48
14	炼钢总厂	四分厂 3 号板坯连铸机	5 月 8 日	120	5 月 8 日	118.25
15	炼钢总厂	4 号转炉	5 月 19 日	168	5 月 19 日	148.17
16	冷轧厂	1 号线联合机组	5 月 17 日	288	5 月 17 日	287.933
17	炼焦总厂	4K 干熄焦	增加		6 月 17 日	1464
18	炼钢总厂	E 转炉	7 月 2 日	288	7 月 2 日	275.5
19	炼钢总厂	5 号转炉	7 月 17 日	168	7 月 17 日	163
20	炼钢总厂	一分厂 1 号方坯连铸机	7 月 17 日	80	7 月 17 日	80
21	炼钢总厂	一分厂 2 号方坯连铸机	7 月 20 日	72	7 月 20 日	70.7
22	化工事业部	苯加氢	增加		7 月 25 日	552
23	炼焦总厂	西部炼焦干熄焦	8 月 24 日	360	8 月 24 日	528
24	中厚板厂	4300 机组	8 月 1 日	288	8 月 1 日	307.67

续表

序号	生产厂	机组名称	计划开工时间	计划工期/小时	实际开工时间	实际工期/小时
25	炼钢总厂	B 转炉	8 月 18 日	240	8 月 18 日	228.93
26	化工事业部	一回收脱硫	9 月 1 日	840	9 月 4 日	799.5
27	炼铁总厂	分厂 2 号烧结机	9 月 13 日	192	9 月 13 日	191.62
28	炼铁总厂	7 号高炉	9 月 13 日	120	9 月 13 日	111.53
29	炼钢总厂	3 号转炉	9 月 11 日	168	9 月 11 日	168
30	炼钢总厂	9 号转炉	9 月 23 日	168	9 月 23 日	170.67
31	炼钢总厂	二工区 4 号板坯连铸机	9 月 10 日	168	9 月 10 日	166.83
32	炼钢总厂	二工区 5 号板坯连铸机	9 月 15 日	168	9 月 15 日	162.62
33	热轧带钢厂	1700 机组	9 月 11 日	216	9 月 11 日	208.37
34	炼焦总厂	新五炼焦干熄焦	10 月 7 日	360	10 月 7 日	360
35	化工事业部	二回收脱硫	10 月 11 日	240	10 月 11 日	240
36	炼铁总厂	10 号高炉	10 月 21 日	192	10 月 21 日	141.15
37	炼铁总厂	分厂 1 号烧结机	10 月 21 日	264	10 月 21 日	192
38	冷轧厂	3 号镀锌线	10 月 1 日	624	10 月 1 日	620.45
39	炼钢总厂	D 转炉	10 月 20 日	312	10 月 20 日	297.58
40	炼钢总厂	三分厂 1 号板坯连铸机	10 月 20 日	312	10 月 20 日	306.48
41	大型厂	1150 机组	10 月 12 日	168	10 月 13 日	167.82
42	大型厂	大型线	10 月 17 日	192	10 月 17 日	167.82
43	炼钢总厂	8 号转炉	11 月 11 日	168	11 月 11 日	153.8
44	炼钢总厂	二分厂 3 号方圆坯连铸机	11 月 12 日	120	11 月 12 日	119.67
45	冷轧厂	5 号镀锌线	11 月 15 日	1080	11 月 14 日	1080
46	线材厂	线材 1 号线	11 月 11 日	144	11 月 11 日	125.77
47	无缝厂	159 机组	11 月 22 日	192	11 月 22 日	192
48	炼钢总厂	C 转炉	11 月 26 日	288	11 月 30 日	249
49	炼钢总厂	四分厂 2 号板坯连铸机	11 月 26 日	120	11 月 30 日	119.6
50	热轧带钢厂	2150 机组	11 月 26 日	240	11 月 30 日	241.73
51	炼铁总厂	3 号高炉	12 月 1 日	144	12 月 1 日	138.8
52	炼铁总厂	西区 2 号烧结机	12 月 1 日	264	12 月 1 日	264
53	炼钢总厂	四分厂 1 号板坯连铸机	12 月 3 日	120	12 月 3 日	119.01
54	鲅鱼圈炼焦部	1 号干熄焦	3 月 16 日	336	3 月 16 日	336
55	鲅鱼圈炼钢部	1 号转炉	4 月 13 日	192	4 月 13 日	160.1
56	鲅鱼圈炼钢部	3 号转炉	8 月 21 日	168	8 月 28 日	168
57	鲅鱼圈炼钢部	球团	9 月 20 日	960	9 月 20 日	888
58	鲅鱼圈炼焦部	2 号干熄焦	10 月 26 日	703.92	10 月 26 日	703.92
59	鲅鱼圈能源动力部	1 号干熄焦发电机组	10 月 26 日	480	10 月 26 日	438.96
60	鲅鱼圈炼铁部	2 号烧结机	11 月 17 日	192	11 月 17 日	191.52
61	鲅鱼圈炼铁部	2 号高炉	11 月 18 日	120	11 月 18 日	115.44
62	鲅鱼圈炼钢部	2 号转炉	11 月 15 日	288	11 月 15 日	280.08
63	鲅鱼圈炼钢部	3 号厚板连铸	11 月 18 日	156	11 月 18 日	151.68
64	鲅鱼圈炼钢部	LF 炉	11 月 18 日	120	11 月 18 日	120
65	鲅鱼圈厚板部	5500 轧机	11 月 17 日	216	11 月 17 日	213.12
66	鲅鱼圈能源动力部	1 号制氧机	11 月 13 日	240	11 月 13 日	240

（鞍钢股份有限公司设备保障部　李　哲）

· 质量能源管理 ·

【标准工作】 2017 年，完成“涂镀产品国外标准体系研究”“出口建筑用螺纹钢国外标准的研究”等 2 项“一带一路”沿线国家标准研究公司级课题。完成《船舶及海洋工程用结构钢》等 16 项国家行业标准制修订项目申报立项工作。立项成功《纵向变厚度钢板》等 6 项团体标准。开展 16 项国家行业标准制修订工作，已完成《核电站用合金钢板》等 12 项标准。完成鞍钢负责的《钢帘线用盘条》等 5 项英文版标准制定。完成 130 多项国家、行业标准的识别确认，发布实施 84 项。完成 70 多项国外标准的识别确认，发布实施 47 项及 11 项标准的新旧标准指标对比表。完成鞍山钢铁 327 项企业标准复审工作。发布实施《普通结构用热轧钢板（JIS）》等 329 项企业标准。发布实施《第二发电厂技术操作规程　第 6 部分　运行作业区技术操作规程　3 号炉脱硫运行技术规程》等 16 项技术规程。完成鞍钢股份公司 324 项产品标准网上自我声明公开。组织板块公司完成 2017 年相关企业标准复审工作，顺利实现板块公司企业标准的管理交接工作。完成与鞍钢有关的《锅炉和压力容器用钢板》等 28 项强制性国家标准转化为推荐性国家标准的宣贯、讨论、确认工作。

2017 年发布实施的国家、行业标准

序号	标 准 编 号	标 准 名 称	标准类型	公司主编或参与	备注
1	GB/T 3274—2017	碳素结构钢和低合金结构钢热轧钢板和钢带	国家	主编	修订
2	GB/T 24238—2017	预应力钢丝及钢绞线用热轧盘条	国家	主编	修订
3	GB/T 27691—2017	钢帘线用盘条	国家	主编	修订
4	GB/T 33955—2017	矿井提升用钢丝绳	国家	主编	制定
5	GB/T 33966—2017	输送砂浆用耐磨无缝钢管	国家	主编	制定
6	GB/T 33967—2017	免铅浴淬火钢丝用热轧盘条	国家	主编	制定
7	YB/T 4524—2017	焦化工业茋	行业	主编	制定
8	YB/T 4525—2017	焦油渣回配技术规范	行业	主编	制定
9	GB/T 34208—2017	钢铁 锑、锡含量的测定　电感耦合等离子体原子发射光谱法	国家	主编	制定
10	GB/T 34209—2017	不锈钢　多元素含量的测定　辉光放电原子发射光谱法	国家	主编	制定
11	GB/T 20887. 7—2017	汽车用高强度热连轧钢板及钢带　第 7 部分　液压成形用钢	国家	主编	制定
12	GB/T 34560. 5—2017	结构钢　第 5 部分　耐大气腐蚀结构钢交货技术条件	国家	主编	制定
13	ISO 2408：2017	钢丝绳—要求	国际	参与	修订
14	GB/T 711—2017	优质碳素结构钢热轧钢板和钢带	国家	参与	修订
15	GB/T 33974—2017	热轧花纹钢板及钢带	国家	参与	修订
16	GB/T 34109—2017	旋挖机钻杆用无缝钢管	国家	参与	
17	GB/T 1996—2017	冶金焦炭	国家	参与	修订
18	GB/T 34534—2017	焦炭　灰成分含量的测定　X 射线荧光光谱法	国家	参与	制定
19	GB/T 33972—2017	高速列车转向架构架用热轧钢板及钢带	国家	参与	制定
20	GB/T 20564. 1—2017	汽车用高强度冷连轧钢板及钢带　第 1 部分　烘烤硬化钢	国家	参与	修订
21	GB/T 20564. 2—2017	汽车用高强度冷连轧钢板即钢带　第 2 部分　双相钢	国家	参与	修订
22	GB/T 20564. 3—2017	汽车用高强度冷连轧钢板即钢带　第 3 部分　高强度无间隙原子钢	国家	参与	修订
23	GB/T 20564. 10—2017	汽车用高强度冷连轧钢板即钢带　第 10 部分　孪晶诱导塑性钢	国家	参与	制定

续表

序号	标准编号	标准名称	标准类型	公司主编或参与	备注
24	GB/T 20564. 11—2017	汽车用高强度冷连轧钢板即钢带 第11部分　碳锰钢	国家	参与	制定
25	GB/T 34212—2017	电池壳用冷轧钢带	国家	参与	制定
26	GB/T 20887. 1—2017	汽车用高强度热连轧钢板即钢带 第1部分　冷成形用高屈服强度钢	国家	参与	修订
27	GB/T 20887. 6—2017	汽车用高强度热连轧钢板即钢带　第6部分　复相钢	国家	参与	制定
28	GB/T 34560. 1—2017	结构钢　第1部分　热轧产品一般交货技术条件	国家	参与	制定
29	GB/T 34560. 4—2017	结构钢　第4部分　淬火加回火高屈服强度 结构钢板交货技术条件	国家	参与	制定
30	GB/T 34560. 6—2017	结构钢　第6部分　抗震型建筑结构钢交货技术条件	国家	参与	制定
31	GB/T 33963—2017	载重汽车车厢厢体用钢板和钢带	国家	参与	制定
32	GB/T 33956—2017	轧钢连续加热炉热平衡测试与计算方法	国家	参与	制定
33	GB/T 33957—2017	热处理炉热平衡测试与计算方法	国家	参与	制定
34	GB/T 33962—2017	焦炉热平衡测试与计算方法	国家	参与	制定
35	GB/T 13242—2017	铁矿石　低温粉化试验　静态还原后使用冷转鼓的方法	国家	参与	修订
36	GB/T 13241—2017	铁矿石　还原性的测定方法	国家	参与	修订
37	GB/T 34211—2017	铁矿石　高温荷重还原软熔滴落性能测定方法	国家	参与	制定
38	GB/T 34207—2017	海底管线用宽厚钢板	国家	参与	制定
39	GB/T 33813—2017	用于水泥和混凝土中的精炼渣粉	国家	参与	制定
40	GB/T 34607—2017	钢铁烧结烟气脱硫除尘装备运行效果评价技术要求	国家	参与	制定
41	GB/T 6730. 31—2017	铁矿石　钒含量的测定　N-苯甲酰苯胺萃取分光光度法	国家	参与	制定
42	GB/T 6730. 38—2017	铁矿石　钴含量的测定　亚硝基-R盐分光光度法	国家	参与	制定
43	GB/T 6730. 42—2017	铁矿石　铅含量的测定　双硫腙分光光度法	国家	参与	制定
44	GB/T 34191—2017	钢铁行业带式焙烧机焙烧球团热平衡测试与计算方法	国家	参与	制定
45	GB/T 34195—2017	烧结工序能效评估导则	国家	参与	制定
46	GB/T 34196—2017	链箅机—回转窑球团工序能效评估导则	国家	参与	制定
47	GB/T 4223—2017	废钢铁	国家	参与	修订
48	GB/T 34560. 2—2017	结构钢　第2部分　一般用途结构钢交货技术条件	国家	参与	制定
49	GB/T 34566—2017	汽车用热冲压钢板及钢带	国家	参与	制定
50	GB/T 34476—2017	转炉热平衡测试与计算方法	国家	参与	制定
51	GB/T 34476—2017	转炉热平衡测试与计算方法	国家	参与	制定

（鞍钢股份有限公司产品发展部　管吉春）

【推进质量攻关管理】 2017年通过聚焦客户体验，对标先进，针对重点质量问题发布两批共156个质量改进项目，其中公司级61个，厂级95个，各项目明确了目标及进度，按月推进，通过项目实施攻关效果明显。如1780线高强钢卷取不良率降至0.25%，无取向硅钢同板差命中率提升至99.5%，镀锌产品成材率提高4.24%。

【实施重点订单管控】 以用户体验为中心，以重点订单全流程管控为主线，提高订单质量要求控制成功率。全年跟踪评价重点订单3600余个，对各产线以正激励为主，适度考核单个订单及总体的计划完成率，通过工作推进，公司重点订单原品种计划完成率达80.07%，比基础值提升25%。

【提升质量设备功能精度】 推进工艺技术点检及设备挂牌管理，全年完成挂、摘牌500余次，摘牌率达88%。以品种质量问题为中心，组织推进公司143项工艺装备改进需求提报及落实工作；组织专人跟踪炼钢系统关键装备改造及大修项目，不断增强设备保质量能力。

【严格过程质量管控】 组织动态修订公司技术规程，新规程更加完整规范，过程参数更加精准，指导性更强。重点推进炼钢关键工艺节点管理，以26类品种为依托对铸坯质量和成分精度等按月评价，20余项纯净、恒速、恒温要素，157项指标持续改进，炼钢质量保证能力不断提升。

【推进六西格玛质量管理】 2017年，经质量专家立项评审，选择对公司生产经营活动影响较大的质量、流程、效率等方面重点难点问题，充分发挥六西格玛黑带、绿带人力资源优势。组织完成第8期共21个六西格玛质量管理项目的培训、实施及评审，项目合计创效2800余万元，其中14个项目参加行业竞赛，取得优异成绩，获一等奖4个，二等奖7个，三等奖3个。持续的六西格玛管理推进，为公司质量效益双提升作出了积极贡献。

【强化产品包装质量管理】 2017年，冷轧各线实现了应用筒状塑料膜内包装，省工省料、密封性强，硅钢有效解决了钢卷内护板划伤包装膜等难题。全年组织包装储运督查及问题改进90余项，通过加大包装质量管理力度，公司产品形象及产品防护能力持续提升。

【推进产品认证管理】 2017年，全面完成汽车及帘线钢、无缝特种设备用钢、重轨钢、螺纹钢、鲅鱼圈3800产线船板钢、调质态超高强海工钢等各类产品认证工作，实施了客户二方认证、国家许可证、中铁CRCC、日本JIS、欧盟CE、韩国KS、印度BIS、泰国TISI、马来西亚SIRIM等国内外认证60余项，产品证书范围稳步扩大，为公司拓展更为广阔的国内外市场奠定了基础。

【四种产品获评"金杯奖"】 冶金产品实物质量"金杯奖"由中国钢铁工业协会组织评定，获评产品实物质量认定可达国际同类产品先进水平，是业内最具权威性的产品质量认定。2017年，公司"EDC工艺热轧盘条""钢帘线用热轧盘条""热轧酸洗板""油缸用热轧无缝钢管"四种产品荣获冶金产品实物质量"金杯奖"。

2017年鞍钢股份有限公司"金杯奖"产品一览表

企业名称	产品名称	牌号	规格	生产线
鞍钢股份有限公司	EDC工艺热轧盘条	SWRH62A-E、SWRH72A-E	ϕ5.5毫米	线材厂
鞍钢股份有限公司	钢帘线用热轧盘条	LX70A-B、LX80A-B	ϕ5.5毫米	线材厂
鞍钢股份有限公司	热轧酸洗板	SPHC-E	(1.6~5.0)毫米×(800~1500)毫米	冷轧厂
鞍钢股份有限公司	油缸用热轧无缝钢管	20号	(ϕ70~180)毫米×(6.5~16)毫米	无缝钢管厂

（鞍钢股份有限公司产品发展部　都青山）

【能源管理】 2017年，围绕公司生产经营计划目标，注重高效利用煤气多发电、充分发挥燃煤发电机组发电潜力，合理安排能源系统经济运行方式，追求能源系统运行成本最低化，不断提升余热余能回收利用水平，实现能源效益最大化目标。夯实节能基础管理，狠抓节能项目管理，创新能源监察工作，严格考核确保能源使用规范受控、损失最低。能源管控中心组织各单位大力推进节能工艺技术、装备进步和节能项目实施，降低能源消耗，提高能效水平，节能效果显著。坚持开展行业对标，强化内部对标和指标提升管理，加强与产线间的配合，全面提高能源利用效率。围绕"多发电、零放散、高效率、高效益"工作原则，持续开展各项"提指标、增效益"工作，实现了多项能耗指标的不断提升，转炉煤气回收、余热蒸汽发电量等指标取得明显进步，吨钢综合能耗、吨钢耗新水等指标创历史最好水平，完成公司2017年各项能耗指标目标。能源系统平衡管控有效，煤气、氧气等各类主要能源放散量进一步降低，能源损失实现历史最低，节能效果显著，为公司打胜扭亏增效和转型升级两大战役提供了可靠的能源基础保障。

股份公司强化能源集中管控、加大节能改造投入，不断采用先进节能技术提高节能装备水平，进一步提高能效。2017年股份公司本部吨钢综合能耗完成579.6千克标准煤，较好完成年度目标；吨钢耗新水完成2.74吨，同比降低0.66吨，再创历史最好水平。

持续推进节能项目有效实施增加创效。2017年加大节能项目投入力度，鞍山钢铁放行实施厂级节能项目21项，总投资3344万元、年效益2410万元；放行实施合同能源项目5项，总投资15070万元，年效益6698万元，其中烧结竖冷窑项目采用国际领先技术，将对烧结余热回收的工艺进步起到技术引领作用。跟踪节能项目实施尽快实现创效，2017年投运厂级节能项目16项，全年创效增加2152万元。当年4月投运的合同能源管理项目新1号高炉湿法改干法及TRT改造，年新增创效1600万元。组织节能项目后评价工作，全年对48项厂级节能项目、34项合同能源项目完成后评价，跟踪项目实际运行效果，及时纠正存在偏差，保证项目效益回收。2017年全年合同能源管理项目实现创效1.65亿元以上，实现预期节能创效目标。

优化能源管理，降低能源消耗。股份公司本部2017年继续深入推进能源使用阶梯价格管理工作，利用经济杠杆调节作用触动各工序进一步降低各类能源消耗，通过动态监控调整，促进各类能源实物消耗的持续降低，节能降耗成效显著，股份公司本部能源实物单耗量平均明显下降，公司吨钢耗电量同比降低1.8%，吨钢耗新水指标同比降低19.4%。督促各单位节约生产、生活用汽，缩短冬季采暖时间，减少蒸汽负荷200吨/时以上。

加强二次能源回收和利用管理，提升指标。开展TRT发电量、余热余能发电、煤气零放散等二次能源回收利用专项攻关活动，不断深挖潜力，提升各项能源指标。股份本部全年TRT发电量突破6.0亿千瓦时、同比增加3.7%，吨铁发电量达到35.74千瓦时/吨，同比增加2.4%，其中干法除尘吨铁发电量达到42.5千瓦时以上水平；余热余能回收利用水平进一步提高，股份本部全年余热发电量8.36亿千瓦时、同分别增加4.64%，吨钢余热发电量完成48.9千瓦时，同分别增加1.2%。优化组织动力系统经济运行，充分利用煤气实现“多发电，少耗煤，降成本，增效益”，降低外购能源成本，为公司增创节能效益。股份公司本部在努力提升自发电量前提下，优化电力负荷调整，最大限度控制上网量，控制最大负荷量，降低电费。有效发挥二发电CCPP机组高效利用煤气作用，优先保证CCPP机组多发电创效，在2017年初大修情况下全年发电量20.38亿千瓦时，股份公司本部自发电比例达到61.35%。

优化蒸汽、煤气平衡，“以气代煤”压缩动力煤消耗。股份公司本部继续实行分级按质用汽，缩短取暖时间，减少蒸汽使用，优化调整余热汽网，利用余热蒸汽替代锅炉蒸汽；做好煤气系统平衡，提前预测，动态监控，合理调度，有效调整，多烧煤气替代燃煤，减少排放。同时利用好高炉、焦炉、转炉煤气柜系统的调控作用，避免峰谷压力波动，严控瞬间放散。发挥好二发电南区3号锅炉、中央电站煤气炉和西部锅炉等用户对煤气管网调节能力，降低煤气放散，全年焦炉煤气基本实现零放散。通过降低蒸汽使用、采取以煤气替代燃煤，2017年动力煤消耗降到21.4万吨、比年目标减少8.6万吨，外购动力煤成本大幅降低，节能减排效果显著。

强化能源监察管控，提高用能效率、降低能源损失。一是强化能源监察科学管理，合理制定能源监察计划并有效落实，按照鞍钢各工序用能特点及能源管理风险防控要求，做好能源常规检查与节能专项检查结合，抓好日常检查与夜查、周末节假日检查结合，开展全覆盖能源监察工作。二是合理开展专项用能检查和全面节能监察工作。按照节能监察计划相应开展施工用能、冬季采暖及蒸汽疏水器排查、食堂、浴池用能、水系统优化整治、能源外转供等一系列专项检查、监察工作，全年共检查发现各类不合格项问题400余项，并全部落实整改。三是围绕重点工序开展节能监测工作。组织鞍山钢铁工程质量生产监测管理中心对股份公司炼铁、炼焦等8家单位的重点用能设备进行80次相关参数监测分析，并形成分析报告，提出相应整改建议要求，促进了工序能耗改善提升。四是进一步规范外转供能源管理。按照公司《关于加强外转供能源管理的通知》要求，组织各单位开展自检自查，及时梳理发现外转供能存在各类问题共计55项，通过检查督促整改，避免能源损失风险，增强各用能单位的能源管理意识。

（鞍钢股份有限公司能源管控中心　王庆洪）

·安全环保·

【安全生产工作综述】 2017年，鞍山钢铁集团有限公司（以下简称鞍山钢铁）实现了安全生产事故指标成立以来历史最好水平，并实现了重伤以上事故为零。2017 年，鞍山钢铁发生人身伤害事故 4 起，造成 4 人轻伤。千人负伤率 0.079‰，完成年初 0.15‰的目标。

2017 年，鞍山钢铁集团有限公司（以下简称鞍山钢铁）牢固树立生命至上、安全发展的理念，以安全生产标准化建设为主线，以落实安全责任作保障，以“树理念、建制度、重执行、提能力、反违章、除隐患”为重点，不断加强责任体系、制度体系、文化体系、监管体系建设，全面提升了鞍山钢铁安全生产管理水平。

【全面部署安全工作，层层落实安全责任】 1. 全面部署安全工作。为全面扎实做好 2017 年安全工作，鞍山钢铁下发《2017 年安全工作要点》（鞍山钢政发〔2017〕1 号）。1 月 10 日，鞍山钢铁召开了 2017 年安全生产起步会，总结 2016 年安全生产工作，部署 2017 年安全工作，并对 2016 年安全生产取得佳绩的单位进行表彰。各单位下发本单位《2017 年安全工作要点》，组织召开本单位安全生产起步会，对 2016 年安全生产工作进行认真总结，查找安全工作中存在的差距和不足，有针对性部署 2017 年安全工作。各单位层层签订安全生产责任状，全员签订安全生产承诺书，将安全生产责任落实到每个人，实现安全生产责任体系“横向到边、纵向到底”全覆盖。

2. 逐级分解安全职责。年初，公司总经理与 34 个单位、21 个部门签订鞍山钢铁《安全生产责任状》，将安全、职业健康目标、指标分解到各单位。实现了横向到边、纵向到底、人人有责的安全生产责任体系。

3. 深入推行“安全管理点检”，有效落实“一岗双责”。在全公司范围内实行安全管理区域负责制，并逐级开展《安全管理点检》，建立规范化、制度化、日常化“点检”工作机制，管理点检采用“六定”的模式和方法。即：定部位、定内容、定时间周期、定责任人、定量化指标、定考核评价结果。全公司共建立安全管理点检记录 1987 本，共有 998 名管理者参与安全管理点检，有效提高了各级管理人员的安全管理责任意识。

4. 封闭事故处理，强化安全履职。按照鞍钢集团公司 4 月重点工作要求，鞍山钢铁安全环保部、纪委（监察部）分别对 2016 年公司内 9 起人身伤害事故责任人员（科级及以下）处分落实情况等进行了检查，从检查看相关单位均对责任人员给予了行政处分并归档，纳入了本单位经济考核，处分影响期内没有提拔。

【完善制度体系，不断提升制度执行力】 1. 结合公司改革实际，组织修订了鞍山钢铁《安全教育培训管理办法》《生产安全事故管理办法》《安全生产责任制》《劳动防护用品管理办法》《安全生产标准化评价管理办法》《铁路道口及铁路路外事故安全管理办法》《防暑降温工作管理办法》；股份公司《危险源辨识与风险评价管理程序》《劳动防护用品管理程序》《危险化学品管理程序》等文件，不断提升制度有效性、实效性。

2. 辨识国家法律法规，保证体系有效运行。组织辨识国家安全相关法律法规、部门规章及标准。新增、修订、删除相关法律法规 100 个，确保公司安全管理体系有效运行。

【全面开展安全生产大检查，全力做好十九大前及期间的安全生产工作】 1. 全面开展安全生产大检查工作。按照国务院安委会、鞍钢集团公司要求，鞍山钢铁从 7 月开始集中 4 个月，分三个阶段开展安全生产大检查。公司下发了《关于开展安全生产大检查工作的通知》（鞍山钢政办发〔2017〕50 号），成立了以总经理为组长的大检查领导小组、统一编制、下发了安全生产大检查工作计划。为贯彻落实“7 · 20”国务院安委会全国安全生产电视电话会议及“7 · 24”鞍钢集团会议精神，8 月 1 日，鞍山钢铁召开安全生产委员会（扩大）会议，公司党政领导、部门负责人、所属单位党政负责人、安全分管负责人 116 人参加了会议。会上，签订了《安全防火目标责任状》，层层落实安全管理职责。大检查期间，公司党、政领导带队，分 10 个组检查 21 次，对 23 处重大危险源及易燃易爆、防汛等重大风险部位进行了全面检查，排查各类隐患 43 项，目前已经全部整改完毕。

各单位全面落实“一岗双责、党政同责”安全生产责任，组织本单位专业人员开展安全大检查工作，自上而下层层落实责任，做到了有计划、有部署、有重点、有整改、有总结、有考核。各冶炼单位针对熔融金属运输、防范液态金属喷爆开展了专业性检查；能源管控中心、煤化工事业部等单位对重大危险源区域的防火防爆防泄漏设备设施和安全防护设施进行了全面检查与评价，结合较大危险因素辨识管理工作要求进行了全面的安全防范措施评价，查找管理漏洞，进一步完善了管理制度与作业场所的技术措施。

2. 做好国家、省、市各级安全大检查问题的整改封闭工作。

2月24日，国务院安委会第十三考核组对股份公司及炼铁总厂进行了检查，考核组对股份公司及炼铁总厂的工作给予肯定和好评，检查过程无扣分问题。

安全生产大检查期间，国务院安委会、省安监局组织对化工事业部、炼铁总厂等单位进行了安全生产大检查。共计检查问题27项，已完成整改26项。化工事业部“紧急切断阀”项目计划年底前完成整改。同时，鞍山市安监局组织对能源管控、炼铁、炼钢、铸钢进行安全检查，共检查问题37项，已按要求全部整改完毕。根据鞍山市安监局要求，公司组织专家对能源管控煤气柜周边设施防火距离问题进行现场核查，并根据专家意见进行整改完善。为落实鞍钢集团公司《关于举一反三落实国务院安委会办公室第五督导组检查意见整改的通知》第四项检查问题整改意见，组织各单位按照《关于印发用人单位职业病危害告知与警示标识管理规范的通知》（安监总厅安健〔2014〕111号）要求进行排查和统计，补充制作职业病危害公告栏，投入资金29.37万元。

按照省、市及鞍钢集团公司统一部署，全面做好国务院安委会2016年度省政府安全工作考核迎检工作。重点对安全责任分解落实、隐患排查治理、应急管理、职业健康等方面的管理工作进行梳理完善。

【坚持常态化检查与专项检查相结合，严控事故发生】 1. 强化部门联动检查。全面组织各部门联合检查及中夜班抽查，安全环保部下发了《关于十九大期间落实安全、防火、环保、劳动纪律等风险防控检查的通知》，机关职能部门、各单位按照要求开展安全、防火、劳动纪律等风险防控检查，共计检查问题59项。同时，为强化中夜班风险管控，公司组织中夜班检查达35次，检查问题62项，从检查看，62项问题中，14项为人的不安全行为；30项为物的不安全状态；18项为管理缺陷。

2. 加强专项检查。结合季节性特点及生产实际，全年共计组织开展重大危险源、危险化学品、煤气设施及防护装置、高处浮动物、防汛、防雷、防静电装置及施工现场危险作业执行情况专项检查46次。按照《鞍山市关于加强十九大期间全市危险化学品和烟花爆竹安全管理工作的通知》（鞍安委办发〔2017〕20号）文件要求，鞍山钢铁下发了《关于加强十九大期间危险化学品安全管理工作的通知》，加强易燃易爆和有毒有害危化品的生产、储存、经营、运输、使用等各环节的日常安全管理，杜绝违章行为，防范事故发生，确保十九大期间安全生产稳定顺行。

3. 强化专项整治。为深刻吸取事故教训，公司分别下发了《关于深刻吸取“9·1”本钢高炉爆炸事故教训 全面做好近期安全生产工作的通知》《关于深刻吸取热轧带钢厂“11·9”事故教训，全面强化检修等各类危险作业安全管控工作的通知》《关于深刻吸取炼钢总厂“11·26”事故教训，全面做好工业建筑等隐患防控工作的通知》等文件，强化专项排查与治理，重点对8座高炉、13座转炉、8座电炉、工业建筑隐患、作业过程危险辨识及监管等进行全面排查与治理。

4. 强化节日期间安全检查。为保证春节、“十一”等节前、节日期间安全生产，公司下发专项文件，从节前、节中、节后，分六个方面部署节日工作。组织各单位充分利用班前会、周安全活动等开展安全培训，厂、作业区主要领导要分片包保，深入现场，直面职工进行宣传、教育，避免因层层传递导致信息衰减。同时，要在节前，开展反违章、除隐患活动，不断加大现场作业监督、监察力度，坚决杜绝在安全生产上盲目冒险、简化程序、走捷径等违章行为，保证节日期间安全生产稳定。

5. 加强“反违章”检查工作。按照集团公司统一部署及要求，组织各单位进一步完善安全检查及考核制度，落实各层级安全管理点检职责。同时，不断加大现场作业监督、监察、考核力度，严肃查处和纠正违章作业行为，双管齐下，遏制违章频发的现象，保障作业安全，实现企业安全生产的长期稳定。全年，公司开展反违章检查96次，发现违章行为49起，考核金额29500元；各单位开展反违章检查7572次，发现违章行为4059起，考核金额356854元。

【加强安全风险的过程管控，有效防控事故风险】 1. 建立健全安全监察机制，形成安全监察的

"天罗地网"。一是成立"监察大队"，利用第三方机构（实业公司）成立"现场检查大队"，对各单位日常作业、检修施工、技改工程进行监督检查；二是下发《关于进一步规范鞍山钢铁集团公司相关人员佩戴"安全监察"袖标的通知》，明确机关生产、设备、技改主管部门副处长及以上人员；各单位党政负责人、分管负责人等全部佩戴袖标，细化各级管理者现场监管的责任和义务，营造"落实责任反违章、按标作业成习惯"的氛围。

2. 全面开展较大危险因素辨识工作。组织开展了较大危险因素辨识与管控工作，建立较大危险因素台账，各单位共计辨识较大危险因素 1335 项，待整改问题 42 项，已经全部制定整改计划落实整改；参照较大危险因素辨识工作规范，组织开展了一般危险因素辨识工作。将较大危险因素辨识管控工作与危险源辨识与风险评价工作有机结合，统一实施日常动态管控，目前已经全部完成管理制度的修订和控制措施的确认。

3. 加强外地全资企业监管，实现风险防控"全覆盖"。组织汽车钢营销中心下属各全资子公司召开专项会议，要求统一纳入公司整体安全管理体系，完善各项规章制度，全面落实安全管理主体责任。6 月 15 日，安全环保部联合汽车钢营销中心对其下属全资企业（武汉钢材配送公司）安全管理情况进行了督察。武汉钢材配送公司能够按照公司要求建立安全管理制度，配备专职安全管理人员，履行"三同时"手续，并已通过了武汉市经开区安监局组织的安全生产标准化（三级）企业评审，能够按照要求依法合规组织生产。

4. 组织开展安全生产风险分级分类监管工作。按照《辽宁省工贸行业企业安全生产风险分级分类监管办法（试行）》要求，组织鞍山钢铁、鞍钢股份各单位开展安全生产风险分级分类工作。全公司 16 个涉及危险化学品、冶金单位开展了自评，蓝级 6 个，黄级 1 个，橙级 8 个，红级 1 个。各单位按要求，确定风险级别，制定防控措施，不断提升公司整体风险防控能力。

5. 组织开展安全承诺公告和员工胸卡制度的通知。按照《关于在全市危险化学品生产企业、大中型金属非金属矿山企业和石油天然气开采企业、金属冶炼企业试行安全承诺公告和员工胸卡制度的通知》要求，安全环保部组织专项会议部署、落实此项工作。炼铁、炼钢、化工事业部、能源管控等单位已经按要求，在厂办公楼等区域完成安全承诺公告，并组织编制员工胸卡，确保依法合规生产。

【加大隐患排查治理力度，提升本质化安全水平】 1. 不断加大安全生产投入，提升本质化安全水平。一是审核股份公司 2017 年安全投资项目。分三批放行安全投资项目 115 项，计划投资 3540.28 万元；组织对鲅鱼圈、铁运公司、二发电、朝阳钢铁 2017 年安全投资项目进行审核，经审核，鲅鱼圈分公司共计投入 975.35 万元，整治 24 项安全隐患；铁运公司共计投入 245.2 万元，整治 9 项安全隐患；朝阳投入 2258 万元整治安全隐患；二发电投入 25.58 万元配备报警器材。

2. 完善安全信息平台，强化隐患治理。一是按照省市要求，参加省隐患排查信息网培训，完成鞍钢股份公司的重新建档、信息填报等工作，并组织全公司进行省隐患排查信息网专项培训；二是组织排查设备、设施和环境隐患，做到了全时、全方位、全覆盖，对发现的隐患实行分级负责包保督办，确保隐患整治工作落实到位，并实现排查隐患项目信息化管理。2017 年，共计排查隐患 62959 项，已整改 61972 项，整改率 98.43%。

同时，继续实施隐患排查奖励。2017 年共评审安全隐患项目重大 190 项，较大 859 项，一般 3031 项，共计 4080 项；审核通过较大 211 项，一般项目 1394 项，共计 1605 项，奖励金额共计 587000 元。

【加强文化建设，提升全员安全意识】 1. 不断加强企业安全文化建设。一是完善"0123"安全管理模式，代表鞍山钢铁分别申报集团公司、中国钢铁工业协会管理创新成果，提升企业安全文化水平；二是组织耐火公司、线材厂迎接鞍山市安监局安全文化示范企业验收。市安监局对相关单位给予好评，并推进为省级安全文化示范企业。

2. 持续开展安全生产主题月活动。开展"推行目标管理、层层落实责任""定指标、强责任""强化危险辨识，消除安全隐患""强化相关方整治，规范'四统一'、管理""强化按标作业，安全精细管理"等 12 个安全主题月活动。通过主题月活动的开展，不断细化、优化管理流程，完善作业标准及安全规程，强化危险辨识，排查治理安全隐患，消除违章行为，不断提升安全管理水平。

3. 继续开展“一月一课堂”培训。组织鞍山钢铁、鞍钢股份各单位安全主管领导及安全主管部门负责人参加了举办“政策制度宣贯”、职业病防治、安全生产标准化等安全管理专项培训，共482人次参加此次培训，不断提升管理人员安全意识及管理水平。

4. 全面组织开展安全生产月活动。为保证鞍山钢铁集团公司所属单位安全生产月活动有序开展，下发《关于开展2017年“安全生产月”活动的通知》。6月5日，鞍山钢铁集团公司组织召开2017年安全生产月启动大会，对2017年安全生产月工作进行了全部的发动和部署。同时，公司统一订购了30余套2016年安全生产月主题宣传片《坚守生命红线》，发至各单位组织学习观看。

5. 强化应急培训及演练，提升应急能力。6月，公司组织以煤气中毒事故为背景，开展应急演练，提升全员应急能力。同时，为提升安全生产月应急演练实效，分别组织各单位开展“安全救护和灭火实战”应急竞赛，通过竞赛，提高全体员工的安全救护技能和消防安全能力，营造良好的安全生产氛围。2017年，各单位共计组织应急演练730次，其中：综合演练76次，专项演练654次，现场演练372次，桌面演练358次，参演9211人次。组织应急培训676次，培训17642人次。

【推进标准化达标，提升安全管理水平】 1. 推进安全生产标准化达标晋级。年初，下发2017年安全生产标准化工作计划，组织安全生产标准化复评工作。组织炼焦总厂等单位去首钢股份迁钢公司考察学习安全生产隐患排查系统和安全预测预警指数系统。并组织25个基层单位52名管理人员培训，收到良好的效果。5月，组织召开股份公司安全生产标准化达标晋级阶段推进会，对各单位完成情况进行检查通报，督促各单位完成自评、申报及现场整理整顿工作。10月，武汉安环院对炼铁总厂、大型厂进行安全生产标准化现场模拟审核，共计发现炼铁总厂124项，已整改完毕114项；大型厂277项，已整改完毕268项。公司对各单位标准化达标整治情况进行跟踪、通报。12月中旬，安全生产标准化一级企业评审单位武汉安环院对炼铁总厂等10个单位进行评审。同时，组织化工事业部危险化学品安全生产标准化（三级）达标晋级工作。

2. 继续开展安全管理绩效评价，提升安全管理水平。2017年，鞍山钢铁继续全面开展安全管理绩效评价工作。重点对耐火公司、炼铁总厂等21个单位进行了安全管理绩效评价，共评价问题256项。对评价的问题，鞍山钢铁进行总结、分析，提出整改意见，形成评价报告，并在季度安全例会上通报，及时跟踪问题封闭、整改情况。

3. 树立先进，推进班组安全标准化达标工作。鞍钢股份各单位2448个班次被评为安全标准化红旗班组，29940人次受到红旗班组奖励，奖励金额5128050元。

【强化分包方监管，落实企业主体责任】 1. 抓制度建设，规范相关方管理要求。为深刻吸取相关方事故教训，结合当前公司相关方管理现状，鞍山钢铁组织修订了《相关方安全管理办法》。一是明确了公开招标相关方单位评审准入职责，统一规范了公开招标相关方单位资质准入要求，解决了公开招标准入资质评审滞后的“难题”，实现了相关方准入全覆盖，提升了准入评审的实效性。二是建立了“相关方单位诚信档案”，明确了“相关方黑名单”的相关要求。公司及各单位同步建立“相关方单位诚信档案”，及时、如实记录相关方违章、违纪行为及事故情况，明确相关方单位连续一年内发生2起死亡及以上事故，即为黑名单单位，取消其单位准入资质，对其目前已承担的外委项目需停工整顿或终止相关方业务，直至具备准入资格。2017年，鞍山钢铁已在公司安全管理信息平台建立“相关方单位诚信档案”，并及时公布“相关方黑名单”。三是“下沉”评审准入“关口”。结合前期检查发现的实际作业单位资质不全，管理不到位的现象，要求各单位将评审准入的重点放在实际作业的相关方单位，并对其进行重新评审，评审不合格的单位不允许作业。

2. 抓资质评审，严把相关方准入关口。鞍山钢铁严格执行相关方准入评审，按照“谁发包，谁负责，谁主管、谁负责”的原则，开展相关方评审准入。各相关方业务主管部门负责对其管理的相关方单位进行评审，指导、督促相关方开展安全生产准入条件的自评工作，负责对相关方安全生产准入条件落实情况进行过程监管。公司安全环保部负责对相关方单位进行准入审核，对评审不合格的单位要求其整改后，方可准入。全年，鞍山钢铁共计准入相关方单位 64 家，其中：A 级 16 家，B 级 48 家。

3. 抓检查评价，提升相关方管理水平。按照鞍钢集团公司要求，鞍山钢铁按照“统一标准、统一要求、统一培训、统一奖惩”的四统一原则，利用“二季度安全管理绩效评价”，重点对各单位相关方评审、日常监管、相关方自主管理等情况进行了专项评价，共计评价相关方管理问题 21 项。

【强化职业健康管理工作】 1. 按照《职业病防治法》的规定和《鞍山钢铁集团公司职业健康管理办法》的要求，下发《鞍山钢铁 2017 年鞍山钢铁集团公司职业健康检查及作业场所职业病危害因素检测计划》，并对各单位职业健康目标指标进行分解。委托鞍钢劳动卫生研究所按照《计划》对各单位接触职业病危害职工进行职业健康检查、开展作业场所职业病危害因素检测，职业健康检查、职业病危害因素检测完成率均为 100%。

2. 不断加强职业卫生基础建设。一是按照鞍山市安监局《关于做好 2017 年度用人单位职业卫生基础建设工作的通知》的要求，对鞍山钢铁及鞍钢股份 22 家产生或存在职业病危害因素的单位开展职业卫生基础建设“回头看”检查，有 21 家单位为达标企业，1 家单位为不达标企业。二是组织各单位完成职业病危害项目变更申报工作。三是加强职工职业健康监护及检测超标岗位预防整改工作，经职业健康检查发现的职业禁忌人员及时调离职业禁忌岗位，职业病危害因素检测超标岗位立即制定并采取有效的预防控制措施。

3. 根据《中华人民共和国职业病防治法》《工作场所职业卫生监督管理规定》等法律法规和国家安全生产监管总局关于开展用人单位职业卫生基础建设达标的规定，委托鞍钢劳研所对产生或存在职业病危害因素的鞍钢股份大型厂等 6 家轧钢单位、汽车运输公司、铁路运输公司、鞍钢钢绳有限责任公司开展职业病危害现状评价。

【严守法律红线，保证依法合规生产】 1. 按照集团公司《关于加强特种作业人员培训工作依法持证上岗的通知》的要求，组织鞍山钢铁、鞍钢股份各单位按照要求，做好 2017 年特种作业人员培训组织工作。下发《关于加强特种作业人员依法持证上岗的通知》，对各单位无证上岗情况进行检查，共计对 8 个单位无证上岗行为，按禁令进行考核，确保特种作业人员 100%持证上岗。

2. 完成鞍山钢铁、鞍钢股份《生产安全事故应急救援预案》及化工事业部、能源管控重大危险源、危险化学品应急预案的备案工作。经辽宁省安全生产监督管理局评审，6 个预案符合备案要求，省局已下发备案批复。

3. 举办鞍山钢铁、鞍钢股份高危行业主要负责人、安全管理人员再教育培训班及非高危行业主要负责人、安全管理人员培训班。初次培训 20 人，再教育 239 人；举办鞍山钢铁、鞍钢股份高危行业主要负责人、安全管理人员新取证、再教育（换证）培训班。新取证培训 42 人，再教育 51 人。

4. 做好安全及职业卫生“三同时”工作。

（1）按照《建设项目职业病防护设施三同时的监督管理办法》（安监总局 90 号令）要求，公司聘请专家对炼钢总厂三分厂 1 号板坯铸机大修改造等 19 个工程项目《职业病危害预评价报告》进行评审；对鞍钢股份取向硅钢激光刻痕机组新增 AA3 机组渗氮工艺装置等 11 个工程项目《职业病危害控制效果评价报告》进行评审并现场验收、对炼钢总厂二工区 1、3 号铸机改造等 2 个工程项目《职业病防护设施设计专篇》进行审查。

（2）按照集团公司《关于完善企业独立法人资格开展建设项目“三同时”落实情况清查的通知》要求，排查建设项目职业卫生“三同时”存在的问题，清查问题 4 项，均落实整改措施。

【环保工作综述】 2017 年，鞍山钢铁集团有限公司以推进生态文明，建设美丽鞍钢为主线，实施绿色发展模式，强化过程管理及风险管控，环保工作取得了明显成效，主要指标好于去年同期水平，减排工作也取得了阶段性成果，重大环境污染事故为零，环保“三同时”执行率 100%，环境空气质量持续改进。

【完成中央环保督察迎检工作】 迎检期间，鞍山钢铁三地做到了问题有预判、责任有落实、整改有措施，应对反馈及时、准确，取得了督查反馈案件少、影响轻、无 1 人被政府追责、无 1 起损害公司声誉事件发生的优异成绩，圆满完成了历时 37 天的督查迎检工作，受到了政府环保部门的肯定。

【环境管理体系持续改进，顺利通过第三方外审】 2017年，鞍山钢铁先后制定下发了2017年鞍山钢铁废水废气内部排放限值标准，《鞍山钢铁集团有限公司环境保护管理办法》、股份公司五项环保管理程序文件和《鞍山钢铁重污染天气应急预案》以及《鞍山钢铁和鞍钢股份辐射事件应急预案》，由此，鞍山钢铁环保指标、监管、责任三位一体环境监管机制愈加完善，环保管控能力进一步加强。

【减排工作有序推进，主要污染物减排达到预期目标】 2017年鞍山钢铁共放行实施焦炉烟气脱硫脱硝改造等重点环保改造项目15项，投资6.4亿元。其中，炼铁一、二制粉噪声治理，化工事业部脱硫、鼓风区域异味治理，西大沟除盐系统浓盐水管道改造、灵山料场抑尘网等项目已按期完成，7号焦炉烟气脱硫脱硝改造、鲅鱼圈分公司异味治理、一炼焦机侧除尘和鲅鱼圈焦炉脱硫脱硝项目正在建设中。吨钢COD0.02千克，比年计划削减30%；吨钢二氧化硫0.58千克，比年计划削减11.8%；吨钢烟粉尘0.55千克，比年计划削减24.7%。

【无组织扬尘治理初见成效】 从7月起，鞍山钢铁积极响应鞍钢集团公司号召，以“关爱职工，治理身边扬尘”为主题，全面开展厂区无组织扬尘治理。一是确定了“统筹规划，分步实施，用三年时间将降尘量从30吨/(平方千米·月)降至10吨/(平方千米·月)”的规划目标及年度指标。二是统一标准，界定区域，落实责任，完善相关制度。下发了扬尘污染防治管理规定和运输车辆管理等相关规定以及9大扬尘管控区域的划分和责任主体的确定。三是组织相关部门、单位对重点扬尘区域、工序进行逐一梳理，制定整改措施，落实进度，限期整改。四是全面开展水渣扬尘专项治理，从场地、设施、道路、运输车辆以及装卸等方面进行全面治理。同时进一步理顺管理界面，取消水渣二次倒运，实施物流优化。五是增加清扫保洁机械和人力，强化道路保洁。六是强化日常监督检查，定期日检、夜检，督促整改，持续改进。形成了上下联动，各负其责，以管促治的扬尘管控新局面，促使厂区环境面貌明显改善。2017年底，厂区降尘量已从7月的24.8吨/(平方千米·月)降至19.7吨/(平方千米·月)。

【违规产能化解及历史遗留项目验收顺利推进】 鞍山钢铁“三地”全部完成了环保违规建设项目环保备案及历史遗留项目验收工作，10个大类环保违规项目和22个历史遗留验收项目均取得政府环保备案和环保验收批文，彻底消除了潜在环境风险，为生产顺行提供了保障。

与此同时，强化建设项目环境管理，坚决执行环保“三同时”制度，杜绝新违规项目产生。先后组织开展了7号焦炉脱硫脱硝工程、炼钢总厂1号铸机大修改造工程、二发电厂350兆瓦发电机组工程、化工事业部白土塔、炼钢总厂三分厂脱硫升级改造工程等34个建设项目的环评工作。

【放射源与射线装置和危险废物合规处置率100%，环境风险得到全面有效控制】 2017年，鞍山钢铁共依法处置了炼铁总厂10枚4类废弃放射源和冷轧厂1枚3类废弃放射源以及3100吨危险废物。

【三地环境信息管理平台融合为一，系统功能得到进一步提升】 2017年，新增加8台噪声自动监测装置、20个降尘罐，并计划在2018年新增加51套尘气污染源自动监测装置，监测覆盖面得到进一步扩展，环境管理执行力显著提升。

【一园两带建设和绿地升级有序进行，厂容厂貌明显改观，生态防尘功能日益增强】 2017年，先后完成厂区南侧防护林、厂区西侧防护林、厂区东侧防护林以及灵山料场防护林栽植以及展览馆、擢秀园和中央大道、和木大道、西耐大道、烧结路、大型路、二轧路绿化升级，厂区面貌大幅改善。

（鞍山钢铁集团有限公司安全环保部　屈志刚）

·财务审计·

【财务工作综述】 2017年，鞍山钢铁财务系统认真贯彻集团公司财务工作会议精神，紧紧围绕公司生产经营目标，密切对接内部、外部两个市场，强化预算控制，提升资金效率，夯实资产质量，规范会计核算，规避纳税风险，各项财务工作取得了较好成绩。

2017年，鞍山钢铁（管控）实现利润48.28亿元，同比增幅499%；其中：鞍钢股份实现利润

56.07 亿元，同比增幅 246%；朝阳钢铁实现利润 8.09 亿元，同比增幅 795%。

2017 年，鞍山钢铁（管控）流动资金周转率 2.61 次，存货周转率 6.02 次，比上年分别加快了 0.75 次和 0.73 次。资产负债率 68.35%，比上年降低 6.03 个百分点；鞍钢股份 43.27%，比上年降低 0.31 个百分点；朝阳钢铁 61.85%，比上年降低 62.89 个百分点。

【创新管理模式，提高预算管控水平】 1. 强化市场机制效能，促进生产经营效益提升。按照集团公司“效益分区、人员分类”及“三个不一样”的绩效管理原则，建立了适应市场新常态、新变化的创新机制，形成市场条件下的运行主体。运行方案按基准值、目标值、挑战值三档，并分四个维度进行制定。自市场化运营模式开展以来，效益类指标按累计，完成挑战值占比 40.5%、完成目标值占比 21.6%、完成基准值占比 24.3%。通过市场化运行机制的有效推行，使公司竞争能力进一步得到提升，也为 2018 年全面实施契约化经营积累了经验、奠定了基础。

2. 强化预算超前性管理，增强预算工作主动性。以年度预算目标为导向，密切跟踪上下游市场变化情况，研判市场走势，将预算目标与市场变化紧密衔接，动态调整修订，在保持年度预算目标刚性的同时，突出预算的灵活性，使阶段性目标更加贴近市场，执行预算更具操作性，更具有执行力。

3. 强化预算、预测精准度管理，确保预算目标受控。针对预算、预测偏差，加强了历史预测数据与实际数据间的差异及其变化规律，以及本部、鲅鱼圈和朝阳三地效益关系的研究，对实际与预测值的偏差度进行系统分析，力求发现影响数据偏差的规律性因素，制定科学合理的偏差修正模式。引入评价机制，落实责任体系，通过预算项目差异分析、评价、考核，提高各预测单元工作认知度，提升了预测精准度。

4. 强化经营分析，发挥预算引领作用。通过当期数据与本企业历史数据、行业数据的纵向、横向多维度对比，找到差距，发现问题，提出措施，实现管理提升。突出问题导向，从财务数据变化背后挖掘企业生产经营活动的影响因素，提出改进措施建议。

5. 强化资产责任落实，推进市场化评价模式。按照“谁受益、谁承担”的原则，对鞍山钢铁 2017 年公司级费用预算进行了梳理和分解，压缩公司级费用，在年初公司级费用预算 103925 万元的基础上，压缩 15349 万元，压降率 14.8%。

【统筹资金运营，实现资金效益最大】 1. 积极稳妥去杠杆，有效降低资产负债率。利用钢铁行业 2017 年以来的良好发展态势，盘活存量票据，利用市场低点贴现偿还有息负债。全年偿还银行借款及债务融资工具 57.3 亿元，同比降低财务费用 2.39 亿元，资产负债率降至 68.35%。

2. 以预算控制为导向，确保资金运行顺畅。根据年度现金流量预算的总体平衡，分解落实月资金预算。严格控制月预算的刚性，杜绝预算外支出。将子公司预算完全纳入资金集中管理结算平台，充分提高资金使用效率。与集团公司文件精神对接，严格执行管理权限，健全资金预算管理制度体系。

3. 科学合理制定定额，提高资金周转效率。层层分解落实流动资金占用指标。定期召开存货专项压降会议，制定、落实库存压降措施，提高存货周转效率。将资金周转效率与公司市场化运营相结合，加强了绩效考核指标的科学性和实效性。严格控制应收账款规模，结合钢材市场实际情况，与市场营销中心研究制定合理销售政策。加大逾期欠款清收力度，按月组织业务部门制定有效的清收方案。严控预付款项支出，加速核销进程，不断降低预付款比例。

4. 拓展融资渠道，规避资金风险。有计划地调整有偿负债规模；坚持开展电费信用证押汇支付业务；积极推进金融机构与财务公司票据互认；进一步加强子公司资金集中管理，闲置资金按时归集；及时偿还利率较高的债务融资工具；开展票据池业务，充分利用存量票据，获取低成本质押贷款；持续开展进口贸易融资业务，全年实现进口贸融 19.72 亿美元。

【挖掘内部潜能，增强成本竞争优势】 1. 深化系统降本管理工作，实现公司降本目标。积极参与公司系统降本工作，认真核定系统降本项目实现的经济效益。公司全年预计实现了系统降本 253 元/吨，为公司全面完成 2017 年生产经营目标作出了贡献。

2. 紧跟市场，强化成本对定价指导作用。每月根据市场原材料价格的走向，对公司所有产线的典型产品成本进行测算，用以指导公司产品准确定价和优化产品结构，为公司决策提供支撑。

3. 强化质量成本核算，有效支撑生产经营。针对如长材合金成本设计过高问题，对比普通产品进行成本分析，为重新修订质量成本设计，提供可靠依据。

4. 建立鞍山钢铁内部对标模式，提升三地成本管理水平。组织建立鞍山钢铁内部成本对标模式，实现了三地成本数据共享。通过对标，查找不足，学习先进经验，取长补短，使三地成本管理水平得到了有效提升。推动了鞍山钢铁各单位在方法上创新，管理上加强，立足内部挖潜，降低成本费用。

5. 发挥总部资源优势，支撑新工厂投产运行。为确保莆田冷轧、广州镀锌等新产线的生产经营工作顺利进行，组织研究制定带料加工核算办法，并派专业人员对其财务人员进行了 SAP 业务培训，使其顺利完成投产后的成本月结工作，确保财务报表按时、按质报出。

【强化投资监管，提高资本管理能力】 1. 实施子公司财务巡视，控制投资财务风险。成立检查小组，开展对财务制度执行、会计基础工作、存货管理、成本核算和信息化建设等进行全方位的检查。共检查 19 家子公司。通过巡视检查，发现问题，提出整改意见和建议，指导子公司加强财务管理，提高风险防范意识，控制财务风险。

2. 加强子公司资金管理，提高资金运行效率。进一步完善子公司资金管理制度，提高子公司流动资产周转效率，加大“两金”占用考核力度；针对子公司规模较小，投产时间较短，对金融机构缺乏话语权等情况，协调子公司融资事宜。指导和协助鞍神高强、郑州钢加、莆田冷轧及广州汽车钢等子公司开展融资业务。

3. 加强投资动态监管，提高集团化管控水平。制定两级公司《对外投资企业财务监督管理办法》，明确各部门职责；建立子公司财务数据监管体系，定期编制子公司财务监管报告，揭示问题，提出建议；动态跟踪投资公司效益及利润分配情况，确保投资收益最大化；采取多种方式，通过按子公司类别进行专题研讨、计财信息开辟专栏、召开会议等方式，搭建沟通和交流平台。促进子公司财务业务交流，有效提升财务管控水平。

4. 加强投资前、后期管理，提供财务支撑。组织投资项目资产评估、审计，进行税务筹划；开展投产项目效益测算，准确评价投资效果；完成部分子公司股权收购、股权转让、部分子公司注销清算及合并工作，有效降低了投资风险。

【规范会计核算，保证财务运行依法合规】 1. 规范核算，全面完成年度财务决算和审计工作。组织完成年度财务决算、审计工作，审计师对公司 2016 年度财务报告出具了标准无保留意见审计报告；完成国资委报表、钢铁协会报表、国家监事会年度工作报告和其他监管资料编制及提报工作；组织完成国资委对鞍山钢铁 2016 年清产核资复审工作，以及鞍山钢铁公司制改革期间审计、调账和资产评估公示及备案工作。

2. 积极助推鞍钢财务共享平台建设。成立财务共享统一核算对接组，指定关键用户和联络员，建立工作机制。按照集团财务共享服务中心要求，组织提报数据，全力推进系统上线工作。12 月末，鞍山钢铁二、三级报表单位已全部成功上线。

3. 加强涉密管理，维护国家、企业利益。严格按照保密工作制度和要求，涉密信息不在连接互联网的计算机上处理、存储或传递，单独保管好纸质涉密文件；严格做到涉密信息不上网，上网信息不涉密，避免出现漏密隐患。

【依法诚信纳税，充分享受税收优惠】 1. 科学筹划，充分利用各项税收优惠政策。制定 2017 年度税收筹划工作方案，分解落实到具体项目。针对子公司不同类别，充分进行税收筹划，力争公司效益最大化；积极开展沈薄厂 2016 年所得税税收筹划，实现了应纳所得税为零的目标。

2. 精心组织，全面完成年度所得税汇算工作。组织完成 2016 年度鞍山钢铁、鞍钢股份两级公司及各所属单位企业所得税汇算工作。办理 2016 年度鞍钢集团理顺产权关系股权（资产）划转企业所得税免税备案手续。认真总结各单位所得税汇算工作经验，下发《关于准确核算年度应纳税所得额的通知》，规范纳税核算行为，准确计算年度应纳税所得额，确保实现税收需风险目标。

3. 跟踪税政变化，快速反应，及时应对。根据财政部《增值税会计处理规定》，研究制定《关于执行财政部〈增值税会计处理规定〉有关事宜的通知》操作指南。制定下发《关于简并增值税税率等有关政策的通知》，对简并增值税税率、增值税发票开具等有关事宜进行规范；对新开征税种——环境保护税税法进行认真研读，详细测算对鞍山钢铁的影响，并拟定应对措施。

【加强资产管理　规范财务工作基础】 1. 理顺产权关系，实现产权与管理统一。按照集团公司要求，完成了鞍山钢铁及法律口径相关单位的公司制改革涉及的资产评估、产权与资产划转及账务处理等工作，公司制改革进一步理顺了产权关系，基本实现了产权关系与管理关系的统一，为规范会计核算，打下了坚实基础。

2. 清理历史债权债务，推进三供一业移交。积极清理历史遗留债权，共清理遗留问题 17 项，涉及金额 15.43 亿元，清理回款 10.02 亿元。加快三供一业移交工作，对住宅类资产进行盘点，夯实资产价值、助推三供一业资产顺利移交。

3. 加强制度建设，规范财务管理基础。按照国家新文件规定要求，对《鞍山钢铁集团有限公司国防科技工业固定资产投资项目财务管理办法》进行修改、完善；承接鞍钢集团相关制度，制定了鞍山钢铁《资产评估管理办法》《资产交易监督管理办法》《产权登记管理办法》等承接文件。

4. 压缩法人非法人机构，清理在建工程。对水泥厂、铸管厂、房地产经营中心债权债务进行清理，提出水泥厂债权债务的处置方案。对股份公司本部及股份鲅鱼圈的在建工程的状态进行清理，共清理出 74 项非正常工程，35 项清理工作年底完成决算，为鞍山钢铁全面完成 2017 年财务决算工作打下了基础。

【加强队伍建设，打造精干、高效财务团队】 1. 实行岗位优化，完成两级财务机构整合。根据公司人力资源优化方案，重新划分业务职责、核定岗位编制，突出重点业务和重要岗位，人员优化幅度达 32.43%，促进了两级公司财务管理人员优化，为打造一支业务全面的财务管理团队和全面提升财务管理效率奠定了基础。

2. 统筹规划人力资源，建立人才交流机制。打破单位、处室界限，开展横向、纵向人才交流；对财务系统人员的数量、素质、职业生涯进行全面评估和规划；加强员工素质教育，培养专业型、复合型财务队伍，为公司未来发展做好人才储备。

3. 发挥党组织和工会引领作用，增强团队向心力和凝聚力。以党支部和工会为依托，积极组织推进共产党员挑战攻关项目和共产党员工程的实施，在促进财务管理水平提升方面取得了良好成效；通过走访、慰问困难职工，让员工感受组织温暖；组织员工积极参加各项体育竞技活动，丰富员工业余文化生活，增强了团队活力。

（鞍钢股份有限公司计划财务部）

·审计监察·

【审计工作概述】 2017 年，鞍钢集团审计体系改革，成立审计中心，鞍山钢铁审计业务范围及审计人员相应缩减。

1. 审计项目情况。根据集团委托及职责范围，完成各类审计项目 17 项，其中：经济责任审计 10 项，专项审计 1 项，工程审计 6 项。审计发现和披露各类问题 91 个，提出审计意见和建议 102 条。

2. 内部控制评价情况。完成了 2016 年度鞍山钢铁和鞍钢股份两级公司的内部控制评价工作。

3. 固定资产投资项目后评价情况。完成了 1 个固定资产投资项目的后评价工作。

【开展经济责任审计，切实发挥监督作用】 按照两级审计机构管理职责和集团审计部的委托，2017 年鞍山钢铁审计部完成 10 项领导干部经济责任审计，审计发现和披露各类问题 59 个，提出审计意见和建议 59 条。在检查、评价企业负责人尽责守规的同时，关注资产管理、采购招标、销售结算、薪酬分配、信息系统等重点领域与关键环节。通过经济责任审计，增强领导干部的经济责任意识，促进企业完善基础管理，加强对领导干部履职情况的监督，为公司评价和考核任用领导干部提供参考依据。

【加强工程管理，提升工程项目审计水平】 2017 年继续对基建、技改、大年修等工程项目进行审计，重点关注工程项目决策、设计、工程造价、招投标、合同签订及执行、工程质量、工期、达产达效、竣工验收、工程财务结算等关键环节。2017 年完成 6 项工程竣工决算审计，审计发现和披露各类问题 28 个，提出审计意见和建议 35 条。为公司规避风险，节省工程投资，提高工程管理水平，保障企业利益作出积极贡献。

【审计关口前移，加大工程跟踪审计力度】 在工程跟踪审计过程中，抓住关键环节，积极促进审计关口前移，将事后审计向事中、事前审计转变。审计人员优化审计项目组织方式，对工程项目的立项、招投标、合同执行、隐蔽工程等各个环节实施审计监督。及时发现、纠正工程管理过程中存在的问题，堵塞管理漏洞，避免公司经济损失，并为被审计单位规范工程管理提供咨询服务。

【开展内部控制评价工作】 2017年修订并下发了《鞍山钢铁集团有限公司内部控制评价管理暂行办法》，进一步完善了内部控制制度体系。通过认真准备、精心组织，完成了对鞍山钢铁和鞍钢股份两级公司2016年的内部控制评价工作，通过内部控制评价促进两级公司内部控制持续改进与优化，提高企业风险防范能力。

【开展固定资产投资项目后评价工作】 2017年修订并下发了《鞍山钢铁集团有限公司投资项目后评价管理办法》，进一步完善了固定资产投资项目后评价制度体系，从制度上有效保障了固定资产投资项目后评价的规范化；完成了1项固定资产投资项目的后评价工作。通过对项目的立项决策、施工过程、收益等情况的分析评价，检查是否达到项目的预期目标，进而达到规范工程管理、提高投资效益的目的。

【完善制度体系】 进一步完善鞍山钢铁内部审计制度体系，修订并下发了《鞍山钢铁集团有限公司内部审计管理办法》等4个核心制度。

【完成协调配合集团审计部、审计中心的各项工作】 2017年鞍山钢铁审计部在审计体系改革、审计人员变动的背景下，克服人员紧张、业务复杂等各种困难，全力配合集团审计部、审计中心开展的各类审计项目30项、完成了21个审计报告的意见征求工作、对22项审计报告中提出的问题进行认真整改；同时积极配合集团审计部完成其他各项工作。

【发挥审计人员专业优势，完成各项协调配合、审计咨询工作】 协调配合向国资委监事会提供鞍山钢铁重大事项报告，负责接待、协调国资委监事会监督检查和调研工作；协调配合对审计署审计报告提出问题进行整改；协调配合国资委对鞍钢的专项审计调查；配合纪委、人力资源部等部门工作，提供审计咨询服务，出具专业审计咨询建议。

（鞍山钢铁集团有限公司审计部 孙 齐）

·人力资源管理·

【人力资源管理】 2017年，鞍山钢铁集团公司人力资源管理工作进一步加强。

1. 人力资源优化。2017年鞍山钢铁全面分析总结2016年人力资源优化工作完成情况；设定2017年人力资源优化指标并对指标进行分解，指导各单位做好统筹规划及实施工作；根据公司人力资源优化方向及思路，对基层单位新增项目及业务外包项目进行核定，从源头上控制用工数量。

2. 毕业生引进及管理。2017年，鞍山钢铁集团公司引进毕业生211人，其中，博士生2人，硕士研究生11人，本科生21人，专科生11人，技校生166人。制定并实施了《2017年新入职毕业生培养考核计划》，全方位培养适应企业发展需求的高素质人才。

3. 人力资源配置。全力支持莆田公司顺利复产，形成技术支持方案并组织实施；妥善做好“三供一业”移交相关人员工作，及时合理回应职工诉求；按照《关于印发〈鞍山钢铁集团有限公司“压减”工作方案〉的通知》，结合房地产经营中心实际情况，制定人员安置方案并顺利实施；与综合实业发展公司共同组织开展第三批富余职工转岗招聘，畅通钢铁主业富余职工分流安置通道。

（鞍山钢铁集团有限公司人力资源部
张娜斯 刘东明）

【薪酬分配制度改革】 1. 加强工资总额预算管理，完善能增能减分配机制。严格按照鞍钢集团要求，按三类人员分别核定企业职工、各级机关管理人员、企业经营者2017年度工资总额预算基数，保持三类人员工资总量合理比例结构。继续坚持效益决定分配的原则，完善职工工资发放水平与企业效益联动的能增能减分配机制。

2. 加强薪酬管理，完善规章制度。修订了《鞍山钢铁集团有限公司各单位负责人履职待遇、业务支出管理办法》（鞍山钢政发〔2017〕37号）及《鞍山钢铁集团有限公司机关工作人员履职待遇、业务支出管理办法》（鞍山钢政发〔2017〕38号），进一步规范领导人员及机关管理人员履职待遇、业务支出管理。修订了《鞍山钢铁集团有限公司各单位负责人绩效考核及薪酬管理办法》

（鞍山钢政发〔2017〕66号），进一步完善企业负责人绩效考核及薪酬管理体系，建立企业负责人激励约束机制。修订了《鞍山钢铁集团有限公司派驻人员薪酬及异地工作补贴管理办法》（鞍山钢政办发〔2017〕47号），进一步加强派驻人员管理，规范派驻人员薪酬及异地工作补贴标准。

3. 践行共享理念，让职工共享企业改革发展成果。进一步梳理薪酬分配关系，建立津补贴向一线职工倾斜的增长机制，不断增强薪酬分配导向作用。下发了《关于落实“践行共享理念 关爱一线员工”专项服务行动有关薪酬福利待遇方面的意见》（鞍山钢政发〔2017〕68号），从2017年12月1日起，用三年时间，通过“三步走”的方式，按照三年均衡增长的原则，逐步调整夜班津贴、班组长津贴等津补贴标准，真正体现收入分配向一线倒班职工倾斜。

（鞍山钢铁集团有限公司人力资源部 杨 澈）

【领导人员管理】 1. 完成2016年度直管领导班子和领导人员考核评价工作。按照鞍钢集团年度考核的相关规定，制定了《2016年度鞍山钢铁集团公司/鞍钢股份有限公司直管领导班子和领导人员考核评价办法》。会同纪委（监察部）完成了鞍山钢铁/鞍钢股份2016年度直管领导班子和领导人员的考核工作，对下属39个基层单位、22个机关部门，合计61个单位（部门）的领导班子及领导人员进行考核评价。根据年度考核结果，提出领导班子、领导人员调整意见和加强领导人员队伍建设的措施，调动和激发了领导人员工作积极性，引导和激励各级领导班子干事创业的热情。

2. 高标准、严要求选拔配备领导人员。坚持以能力、凭业绩为导向选拔配备领导人员，坚持以培养锻炼、合理使用为原则交流领导人员，改善领导人员队伍年龄结构、专业结构。2017年对两级公司直管领导人员进行20次集中调整，其中提职32人，平职交流62人，降职3人，免职（含提前离岗）7人。此外，加强对基层单位领导人员选拔任用的指导工作，对沟通备案管理领导人员认真审查分析，提出公开选拔、竞争上岗或组织选拔意见。按照规范流程和标准，组织开展了无缝钢管厂承包经营者和炼钢总厂、冷轧厂分厂厂长的公开竞聘工作。

3. 继续深化干部人事制度改革。按照集团公司党委要求，主要完成了以下几方面工作：一是全面推行任期制和契约化管理机制。贯彻落实“两个一以贯之”精神，坚持市场化改革方向，制定鞍山钢铁、鞍钢股份《关于各单位经营班子成员市场化选派工作的实施意见》，明确契约双方的权利与义务、考核与薪酬、聘任与解聘等内容，根据指标完成情况予以奖惩和任免。二是加强外部董事、监事队伍建设。制定了鞍山钢铁、鞍钢股份《专职董事、监事管理办法》，选派有经验、业务强的领导人员到子公司、合资企业担任专职外部董事、监事，提升企业监管力度，有效改进法人治理结构。三是加强年轻干部培养选拔。制定加强和改进优秀年轻领导人员培养选拔工作的实施方案；建立鞍山钢铁各级领导班子后备干部“人才库”；加大教育培训和实践锻炼工作力度，2017年选拔优秀年轻干部参加三个批次的集团公司中青年干部培训班；组织开展基层一线单位优秀年轻干部选拔配备试点工作；组织完成了10名优秀年轻干部到外埠加工线、合资公司、销售分公司挂职锻炼工作。四是进一步规范了领导人员提前退出领导岗位工作。按照集团公司党委要求，承接制定了鞍山钢铁、鞍钢股份《关于规范因年龄原因提前退出领导岗位工作的实施办法》，对领导人员提前离岗的程序、时间、待遇等内容进行重新明确，由强制执行改为自愿申请，有效发挥了各个年龄段领导人员的作用，提升了高龄领导人员的工作热情。

【专业技术人才队伍建设】 一是为畅通技术人员的发展和晋升通道，建立公司市场技术总监统筹协调技术营销的工作模式，充分发挥市场技术总监内部对接现场与研发，外部对接市场与客户的作用，制定了《鞍山钢铁集团有限公司/鞍钢股份有限公司市场技术总监管理办法（试行）》。二是为进一步激发工程技术人才的工作积极性和主动性，发挥更大作用，创造更大价值，在工程序列管理过程中，进一步完善了首席工程师的指标设定、薪酬待遇等，重新修订并下发了《鞍山钢铁集团有限公司关于建立工程技术岗位等级序列的实施意见（试行）》。三是研究制定了工程序列一、二级专家和首席工程选拔评聘工作的实施方案，根据工作实际，适时组织开展评聘工作。四是按照集团公司要求，组织完成了2017年“鞍钢工匠”（首席技师）选人的选拔推荐工作。

（鞍山钢铁集团有限公司人力资源部 刘旭东）

【劳动合同管理】 截至2017年12月31日，鞍山钢铁集团公司在职职工48851人，劳动合同签订率为100%。2017年办理解除劳动合同手续129人。

（鞍山钢铁集团有限公司人力资源部 刘东明）

【职工培训工作】 2017年，鞍山钢铁集团公司计划完成培训41278人次，实际完成41256人次，计划完成率为99.94%，全面实现培训计划完成目标。

1. 推进和加强培训制度体系管理。编制并下发鞍山钢铁、鞍钢股份2017年度员工培训实施计划。培训计划经鞍山钢铁、鞍钢股份职代会讨论通过，按照计划开展各项培训，规范培训班审批事项及流程，指导、检查基层单位培训计划及项目实施情况。

2. 推动全面从严治党向基层延伸。举办党支部书记业务知识轮训班，按照树立党建工作信心、夯实支部工作基础、实现典型经验共享、提升党建工作能力的培训目标要求，举办7期党支部书记业务知识轮训班，共计培训592人。

3. 有效实施战略经营人才的培养。以提升政策理论和经营管理水平为目标，组织副厂（处）级以上领导人员参加十八届六中全会培训623人，组织中青年干部参加北京培训班学习29人。开办领导人员战略与转型核心领导力专题讲座10项，邀请国家、省、鞍钢党校及高校教师进行专题授课，大力培养年轻干部，规划培养目标、路径、方法，促进年轻干部成长成熟，共计培训739人次。

4. 建立技术领军人才培养高地。围绕科研项目研发及生产产品调整能力提升，举办产品发展部技术总监和技术中心博士团队钢铁研发前沿技术专题论坛13个。开办高技能人才微信课堂技术攻关培训班，探索培训形式创新，将网络技术与培训应用相结合，首次创新性针对轧钢工、吊车工等工种技师及以上高技能人才，开办微信课堂技术攻关培训班，共计培训386人。

5. 实施员工执行能力培养计划。以服务深化改革和产销研一体化等中心任务为目标，举办营销战略转型高级研修班，先后邀请西门子管理学院培训顾问和合资公司职业经理人，对鞍山钢铁销售系统46名高级管理人员，采取理论和实战、讲解与互动相结合的方式开办专题研修班，激发钢铁板块营销人员创效能力，切实满足公司创新发展和转型升级需要。推进依法治企，举办营销采购人员合同法提升培训班65人，持续推动营销和采购人员业务管控能力。

6. 抓住关键工种核心人才培养。以职工技术竞赛为引导，培养全体员工竞技争先意识。全面启动2017年职工技术竞赛，以竞赛为平台，以点带面，以赛促训，推进全员岗位大练兵，做好关键工种核心人才信息库建设。以竞赛为手段，组织各单位开展关键二种核心人才培训，完善核心人才培养计划，逐步形成核心人才选拔培养、考核评价、岗位激励机制。

7. 强化导师带徒及兼工种培训。按照人力资源优化工作的总体要求，组织基层单位有计划开展职工转岗技能和兼岗作业培训，各单位有目的规划设计并组织实施转岗人员培训，采取导师带徒的培训方式，培养员工具备转岗基本技能，满足上岗基本条件，基层单位共开办36个工种370人次的转岗培训，其中340人转到新岗位工作。

（鞍山钢铁集团有限公司人力资源部 成 强）

【博士后工作站】 2017年，鞍山钢铁博士后工作站联合鞍钢集团钢铁研究院（鞍钢股份技术中心）和鞍钢股份科技质量部，首次参加并设展“中国海外学子创业周”进行人才招聘，旨在宣传鞍钢品牌，了解前沿技术，开阔员工眼界，为鞍山钢铁博士后工作站引进一批新材料、新能源、大数据等领域成熟人才，充实鞍山钢铁科研人才队伍，为企业创新发展添动力。

（鞍山钢铁集团有限公司人力资源部 顾 香）

·房地产管理·

【住宅大修工作】 2017年，职工住宅大修项目计划投资5226.89万元，经过深入细致的勘察、研究、论证、审核，最终压缩至1352.84万元。涉及屋面防水、墙体裂缝、给排水、钢窗、电气、抢修等项目。

【房产管理】 为增加非钢产业收入，调查鞍山市市场租金情况，梳理并制定《公司直管经营性房屋市场化运营方案》，该方案现已实施。

（鞍山钢铁集团有限公司规划发展部 宋国强）

· 企业内保工作 ·

【综述】 2017 年，鞍山钢铁保卫部（人民武装部）以为鞍山钢铁振兴发展保驾护航为中心，积极开展为生产经营服务、为改革发展服务、为基层单位服务、为职工群众服务“四项服务”工作，大力提高职工队伍素质建设，内保工作实现了重特大治安案件、重特大交通事故、维稳工作差错率、军事训练及武器装备事故、职工人身安全事故、职工职务违法犯罪率“六个为零”目标，荣获辽宁省综合治理先进单位称号。

【创新内保管控模式，厂区治安形势持续好转】 全面运行“三位一体”内保管控模式，强化企业资产安全管理和厂区治安防范，深入落实治安保卫工作主体责任，实现了主厂区治安环境的稳定。加快内保制度体系建设，重新修订了《鞍钢股份有限公司治安保卫管理办法》，夯实了治安保卫工作基础。协助鞍钢公安分局在厂区内建立了 2 个派出所，组织联勤联防行动 51 次，下发治安隐患整改通知书 11 份，成功破获“5 · 4”盗窃备件废钢案、“7 · 14”厂内倒卖物资案等多起典型案件。11 月初，协助鞍钢分局打掉了 1 个盗窃废钢团伙，现场收缴废钢铁 16.44 吨，刑拘 14 人。全年查获较大刑事案件 5 起，一般刑事案件 4 起，移交公安机关案件 35 起，移送犯罪嫌疑人 41 名，直接挽回经济损失 30 余万元。

【强化门卫“三检”工作，筑牢防流失稳固防线】 不断规范物资持出程序，做好重点物资持出管理工作，有效阻止了国有资产跑冒滴漏。内保一大队积极强化进出厂检查，规范排废管理，有针对性组织大干，加强综合统计工作，巩固了防流失的最后一道防线。内保二大队重新梳理重点门岗物资持出业务办理流程，有效堵塞了管理漏洞。内保三大队坚持出厂修复类物资登记销账制度，堵住了资产流失隐患源头。此外，各内保大队深入开展“四项服务”活动，以多种形式定期征求基层服务单位意见，针对重点时段及易流失部位组织巡逻、蹲守、大干，保持了防止国有资产流失高压态势。全年，累计检查进出厂车辆近 900 万台次，查处各类违规问题 1308 件，查扣盗窃摩托车 200 余台，收缴被盗废钢铁 38.42 吨、电缆 3.46 吨、有色金属 649.5 千克，索赔 32.89 万元。共押运 298 次、5902 节车皮废钢入厂，清查车底 6 万余节，实现外购废钢零流失。

【加强维稳工作，有力维护生产办公秩序】 认真贯彻落实鞍钢维稳专项工作会议精神，成立了信访维稳防控工作组，积极协调鞍钢公安分局，进一步明确了处置突发群体信访事件责任分工和工作程序，果断处置较大规模违规信访事件 15 起，妥善处置各类上访维稳事件 966 起、4024 人次，有力维护了公司机关办公秩序。提高政治站位，全力做好十九大前及十九大期间鞍山钢铁主厂区安保维稳工作，鞍钢十九大安保工作受到中央安保检查组高度评价。

【强化事故及扬尘整治，交通管理再创新水平】 交管大队大力开展道路交通安全治理整顿和车辆扬尘整治，取得重伤交通事故为零的成绩，扬尘治理工作得到公司领导高度肯定。强化路面监管，交通事故起数显著下降，全年共查处各类违规车辆 4419 台次，交通事故同比下降 5.5%，死亡人数下降 50%。强化散流体运输车辆治理，起草制定了《鞍山钢铁集团有限公司散流体运输车辆管理标准》，实现了散流体运输车辆改装全覆盖，全年共纠正违规装载、扬尘飘散、车貌不整、苫盖不合格车辆 1445 台次，厂区道路交通环境得到有效净化。强化路面隐患排查治理，全年共查处并督促相关单位整改路面隐患 59 处，高标准施划交通标线 110 千米，提升了路面安全保障水平。全力做好十九大召开前和会议期间交通安全工作，实现事故为零。深入开展交通安全宣传月活动，每月下发交通安全通报，增强广大职工交通安全意识，提高交通安全管理水平。

【加强职工队伍建设，履职尽责能力进一步增强】 以打造忠诚干净担当高素质企业内保队伍为目标，加强职工队伍思想、组织、作风、素质、形象建设，确保在公司需要的时候能够拉得出、顶得上、叫得响、过得硬。狠抓思想建设，开展了读书年活动，“两学一做”学习教育实现常态化制度化，开展学习宣传贯彻十九大精神活动，实现十九大精神学习宣传贯彻全覆盖。持续推进作风建设，组织开展了军事化队列会操比赛，积极开展效能监察，强化劳动纪律管理，职工廉洁自律观念和纪律规矩意识得到进一步增强。狠抓素质建设，有 19 人获得职业资格晋级，全年评选出先进小队32个（次），明星卫士80名、十佳卫士10名，职工职业技能得到提升。狠抓形象建设，深入开展“文明形象岗”创建、跟着郭明义学雷锋活动，收到社会各界表扬信、感谢信、锦旗近20件，树立起文明形象。深入开展“践行共享理念、关爱一线职工”专项服务行动，对15个一线岗点和交管大队办公楼暖气管网实施改造，为全体队员换发了新制服，以作训帽取代了传统头盔，一线队员工作休息条件得到持续改善。

（鞍山钢铁集团有限公司保卫部　陈家壮）

·法律事务·

【推进依法治企工作，促进企业合规经营】 按照鞍钢集团法治鞍钢建设工作部署及要求，为加强依法治企工作的组织领导，鞍山钢铁、鞍钢股份分别成立依法治企工作领导组和“七五”普法工作领导小组。法律事务部研究制定《依法治企工作规划》及《实施意见》等配套文件，同时，组织召开依法治企工作会议，对2017~2020年企业法治工作进行安排部署。法律事务部组织相关部门研究决策会议审议事项前置审核工作并下发通知，建立“5+X”决策审核机制，就审核范围、审核方式内容、审核程序等做出规定，确保决策合法合规。组织开展外埠企业合规管理提升专项活动，从企业决策、经济合同、劳动用工、规章制度四项法律审核入手，排查日常管理运营合规短板，梳理整治法律管理风险漏洞，进一步完善法律合规管理工作，为各外埠企业发展壮大提供法律支撑保障。

【推进组织体系建设，提升法律保障能力】 为贯彻落实鞍钢集团关于建立健全法律管理组织保障体系的要求，法律事务部组织开展鞍山钢铁法律管理组织体系建设专项调研，指导相关单位自检自查，在此基础上会同企业管理部、人力资源部研究鞍山钢铁法律事务机构及岗位设置，完成下属重点单位法律机构及岗位配备工作。朝阳钢铁、鲅鱼圈分公司等单位设置合署办公法律事务机构或专、兼职岗位，人员基本到位。同时，为加强鞍山钢铁总部法律管理组织体系建设，提升法律保障能力，公司在深入推进人力资源优化的大背景下，重新核定法律事务部岗位编制，配备优秀人员，公司总部法律顾问队伍力量大大增强，保障能力进一步提升。

【介入重大涉法事项，提供有力法律支撑】 2017年，法律事务部全面全程介入公司重大涉法事项处置，依法评估论证法律风险，积极寻求解决措施，研究制定工作方案，为公司决策提供法律支撑，在排除或规避法律风险，依法维护企业权益方面发挥了重要作用。参与鞍山钢铁公司制改制工作。按计划完成公司章程的起草，提前做好文件准备工作，顺利通过工商局预审，按时办结工商登记工作，取得新公司营业执照。会同相关部门指导下属单位完成工商变更登记及印章刻制、更换工作。参与鞍钢天冷欠款追索工作。为解决天冷公司欠鞍山钢铁2.4亿元借款及停付银行委贷利息问题，法律事务部会同计划财务部采取措施，将2.4亿元借款中的部分债权转让给鞍钢股份，以债务抵销方式抵扣天冷公司预付款，并以书面形式将转让事宜告知天冷公司。同时，研究制定后续债权解决方案，与天冷公司沟通追索债权，安排律师提前介入预备诉讼材料，为随时启动诉讼追索工作做好准备。参与鲅鱼圈土地办证工作。针对国土资源部通报鲅鱼圈违法用地要求限期整改问题，法律事务部对鲅鱼圈征地协议等材料进行研究，在全面分析论证法律风险基础上，对一些障碍性问题提出具体意见，并审查、修改相关法律文件。经与当地政府多次会商，双方确定了由政府出资、鞍钢出面按当前地价摘牌方式解决办证问题，使鲅鱼圈土地办证问题得到解决。参与“三供一业”移交工作。提供法律支撑，参与调研并审查、修改相关协议，介入房产物业维稳工作，全面提供法律支持。参与化工事业部公司制改革，指导起草并审查章程，咨询工商部门所涉问题并提前做好手续办理准备工作。组织相关部门对神户制钢数据造假事件可能对合资公司造成的影响进行分析，研究制定应对措施。此外，法律事务部还参与气体公司注册、矿汽公司股权划转、南通太平洋债权申报、上海钢加注销、沈薄相关资产续租、大轧土地及房屋租赁、企业压减等事项处置工作。

【落实项目法律服务，保障项目安全推进】 2017年，法律事务部全程参与公司重大项目。按照从项目实际出发、全程跟踪介入、整体审核、分项研究风险排查、严格履职把关的工作模式，围绕项目投资环境，法律政策研究、项目可行性研究、尽职调查、股权模式、风险防范、佣工等重要环节，法律事务部全程参加项目工作会议及商务谈判，及时提出法律意见和建议，起草、审核修改合作意向书、合资合同、公司章程等各类法律文件，为项目顺利推进提供了法律支持。其中，依法推进贝卡尔特股权进场交易，按预期为公司收回股权转让款 1.42 亿元。审查修改 TAGAL 技术许可所涉相关协议，出具法律意见。为长春钢加合并、华润合资项目、长春一汽鞍井股权转让、收购开炭股权、收购德邻陆港、马士基项目、弹簧钢项目、针状焦项目等提供法律保障。

【加强纠纷案件管理，实现依法维权创效】 坚持将案件预防控制与补救相结合，重点落实案件提前介入、案件统管备案、全程监管基层办案和畅通司法联系渠道四项制度。在全面妥善处置法律纠纷案件过程中，集中力量应对重大案件，及时制定应诉方案，全面收集、提供证据材料，全程跟踪督导律师办案，做好与法院的协调工作，使案件取得较好结果，有效维护各类企业合法权益。2017 年，法律事务部共组织办理鞍山钢铁和鞍钢股份两级公司各类纠纷案件共 100 余件，充分发挥了诉讼维权保障功能。其中，鲅鱼圈在岗职工劳动争议申诉案省高院判我方胜诉，部分职工再次申请劳动仲裁也未获支持；中油天宝欠款案胜诉进入执行程序，已执行回款、物合计 241 万元；营口明珠渔业案终审胜诉。深入推进依法清欠债权清收工作，制定下发《依法清欠工作实施方案》，重新全面梳理案件，查找执行线索，加大清收力度，充分发挥法律创效功能，为公司增效提供支持。依法清欠案件执行回款 491 万元。全年通过起诉、应诉和依法处理经济纠纷，避免损失达 4100 万元，超额完成集团公司考核指标。

【严控合同法律风险，保障企业运行平稳】 严格执行常规合同基层单位初审、专业部门复审和法律部门终审的三审制度，在法律信息系统内履行审签。对于无签订依据或依据不明确的合同，一律不予审签。对于送审的常规合同条款存在约定不明、表述有误、内容不公平等，提出意见返回承办单位修改，确保每份常规合同放行有据、文本规范、约定明晰、合法公平，最大限度降低了合同法律风险。全面审查送审的重大合同，针对存在的问题出具法律意见，确保公司利益得到保障。根据各部门、单位业务岗位调整情况，为相关合同签订人员办理授权，确保合同签订行为合法合规。2017 年，在法律信息系统内审签常规合同共 560 份，金额 3.75 亿元。审查重大合同 68 份。出具法律意见书 94 份。

【加强普法宣教工作，提高全员法律素质】 落实国资委和鞍钢集团关于开展法治宣传教育的第七个五年规划要求，制定下发鞍山钢铁《深入开展“七五”普法 推进依法治企工作实施意见》，以深入推进企业法治文化建设为核心，全面落实法制宣传教育和依法治企工作。采用网络、微信等新媒介方式开展法治宣传教育，拓宽职工学习渠道，整体法律素质有所提升。此外，为加强网络传播问题的预防及应对，法律事务部推进内部网络空间法治建设，积极贯彻落实网络法律法规，制定完善内部网络法治建设制度文件，开展网络生态治理和专项行动，依法开展互联网信息内容监督管理工作。

（鞍山钢铁集团有限公司法律事务部
王玉瑞　史广娟）

· 医疗卫生 ·

【卫生系统概况】 2017 年 11 月，鞍钢集团为加快推进健康产业发展，尽快发挥板块平台功能，将原“鞍钢集团（鞍山）医疗健康产业有限公司”更名为“鞍钢集团（鞍山）健康产业有限公司”（以下简称公司）。公司子企业包括 4 家独立法人机构，即鞍钢总医院、鞍钢劳动卫生研究所（鞍钢职业病院）、鞍钢千山温泉疗养院、辽宁兴业药业公司；1 家非独立法人分支机构，即综合服务分公司。其中，鞍钢总医院、劳研所、千疗截止到 2017 年末，共有在职职工 1464 人，专业技术人员 1199 人。其中高级专业技术人员 313 人，医疗床位总数 2625 张。总占地面积 33.57 万平方米，建筑面积 12.63 万平方米。主要承担鞍山及周边地区的城镇职工、城市居民、农村合作和沈铁医疗保险及鞍钢职工职业病治疗、职工健康和职业病体检、鞍钢集团鞍山区域各生产厂矿以及一些外部单位职业病危害评价项目检测等业务。2017 年共收治住院患者 38730 人次、门诊患者 83.2 万余人次、手术患者 9795 人次。

【组织机构及工作要点】 2017伊始，按照《中共中央国务院关于实施全面两孩政策 改革完善计划生育服务管理的决定》及《国务院关于进一步加强新时期爱国卫生工作的意见》等国家相关政策法规及辽宁省红十字会工作要求，突出新时期计划生育、爱国卫生、红十字会工作特点，下发了《关于调整鞍山钢铁集团公司爱国卫生运动委员会成员的通知》《关于调整鞍山钢铁集团公司计划生育领导小组成员的通知》和《关于调整鞍钢集团鞍山区域红十字会组织机构的通知》。制定并下发了《2017年鞍山区域计划生育工作要点》《2017年爱国卫生工作要点》和《2017年红十字会工作要点》。

【完善公共卫生管理制度工作】 鉴于《鞍山钢铁集团公共卫生管理办法》存在称谓上与所代行的职能不相符、内容上缺少饮用水安全的管理内容等缺陷的原因，鞍山钢铁爱卫办为消除现行的公共卫生管理制度上的漏洞，确保代行的鞍钢集团鞍山区域公共卫生管理各项工作落到实处，在经过充分的调研、参考相关的法律法规和征求相关部门和基层单位意见的基础上，最终征求鞍钢集团和鞍山钢铁两级公司主管领导同意，10月13日由鞍山钢铁办公室卫生处起草的鞍山钢政发〔2017〕75号文件即《鞍钢集团鞍山区域公共卫生管理办法》在鞍山区域开始正式施行。

【企业医疗费的审核及征缴工作】 1. 召开企业补充医疗保险定点医院会议。2017年初，组织由鞍钢离休人员医疗费定点医院和企业补充医疗保险定点医院负责人参加的鞍钢离休医疗费及企业补充医疗保险工作会议，总结2016年离休医疗费及企业补充医疗保险工作，提出2017年工作要求。坚持“三个合理”，在保证鞍钢老干部就医服务质量的同时，避免基金不合理增长，要求各个定点医院积极配合鞍山钢铁办公室卫生处监督检查工作，保证为职工提供优质高效医疗服务。并与10家鞍钢离休人员离休医疗定点医院和20家企业补充医疗保险定点医院分别签订了《离休定点医院协议书》和《企业补充医疗保险定点医院协议书》。

2. 确保企业补充医疗保险及时发放。年初，鞍山市社保局五险合一系统升级改造，鞍山区域企业补充医疗保险系统需进行对接升级改造，造成职工企业补充医疗保险费用核销困难，鞍山钢铁办公室卫生处经多次协调鞍山市社保局、鞍山钢铁和鞍钢集团两级公司信息管理部门和鞍信公司，通过传盘等多种形式，解决数据对接问题，确保在本地系统设计完成后，及时核销职工企业补充医疗保险费用，在11月中旬异地核销系统建立后，鞍山钢铁办公室卫生处核销办加班加点输入积压11个月的异地门诊数据，迅速化解了职工对职工企业补充医疗保险费用核销周期长的意见。

3. 加强离休医疗费审核管理工作。为进一步控制离休医疗费用过快增长，鞍山钢铁办公室卫生处坚持合理施治，对住院的离休人员采取定期抽查，规范定点医院医疗行为，有效监管不合理收费。2017年全年累计审核离休人员门诊人次21万人次，审核离休人员住院人次2914人次。

【卫生防病工作】 职工健康体检工作。鞍钢总医院体检中心2017年共完成职工健康体检84339人次，其中男职工70548人次，女职工13791人次。注射乙肝疫苗17923人次。体检共查出疑似肿瘤297例，病理证实恶性肿瘤24例。其中肺肿瘤2例，肾肿瘤2例，肝肿瘤2例，乳腺肿瘤18例。复查CT 222人次，CT增强36人次，MR 112人次，钼靶复查22人次。通过体检确诊住院治疗12人次。

鞍钢劳研所2017年共完成职业病体检73525人次。其中，高温13211人次，噪声16205人次，粉尘12826人次，外照射2029人次，毒物12116人次，特种作业9895人次，其他1802人次，较上年增加3170人次。

【食品安全工作】 1. 做好2017年元旦、春节期间食品安全检查工作。12月18日，为确保“两节”期间职工的饮食健康，鞍山钢铁爱卫办制定下发《关于做好2017年元旦、春节期间食品安全检查工作的通知》，对做好“两节”期间的食品安全工作提出要求，并于1月18日至25日对鞍山区域所属重点现代城市服务公司、实业公司幼教中心、矿业生产服务中心、弓矿生产协力中心和接待服务公司等24个食品生产经营场所的食品安全工作进行抽查，听取上述单位“两节”期间的自检情况汇报，现场查看食品采购、储存、加工和售卖操作情况，及时发现问题并提出整改意见，为鞍山区域职工在元旦、春节期间能够吃上安全的食品提供保障。

2. 组织召开鞍山区域2017年暑期食品安全工作会议。6月14日，鞍山钢铁爱卫办召集鞍山区域所属食品生产经营单位食品安全负责人60余人，在鞍钢工会六楼会议室主持召开鞍山区域2017年暑期食品安全工作会议，会议主要议程包括：一是介绍全国2016年和历史上鞍钢发生食物中毒的相关情况；二是就做好2017年鞍山区域暑期食品安全大检查提出四项要求即：（1）提高认识，高度重视，认真做好暑期食品安全工作；（2）明确责任，完善制度，不断提高食品安全应急处理能力；（3）认真做好相关人员的业务培训；（4）认真做好暑期食品安全的自检自查工作。三是介绍2017暑期食品安全大检查的主要内容、范围及时间安排。四是对与会人员进行了食品安全知识培训并对培训效果进行测试。

3. 开展鞍山区域暑期食品安全大检查活动。依据《鞍山区域食品安全检查考核标准》，鞍山钢铁办公室卫生处围绕管理制度、环境及个人卫生、食品采购、储存、加工和销售等工作，采取互检的方式，组织鞍山区域所属主要食品经营单位，开展了2017年暑期食品安全大检查活动。此次检查从7月4日开始至8月17日结束，共检查职工食堂（含餐厅）172个。检查覆盖率近100%。这次大检查取得成果：一是食品经营场所环境及从业人员卫生面貌进一步改善；二是食品原料采购与储存进一步规范；三是食品加工销售更加严谨。通过暑期食品安全大检查活动，鞍山区域食品经营单位食品安全管理整体水平进一步提升，为职工的饮食安全，实现全年食品安全事故为零的工作目标奠定了坚实的基础。

4. 对鞍山区域新建食品经营场所进行审核。依据《鞍山钢铁集团公司公共卫生管理办法》中食品安全管理相关规定，分别于7月18日、8月21日和9月9日，对鞍钢钢绳有限公司新建食堂、鞍钢新建人才公寓就餐大厅和耐火材料有限公司南食堂内部装修改造平面图进行审核，结合上述场所的实际情况，就食品的储存、加工、销售流程和装修材料及设施设备的配备提出多项建议和要求，得到上述单位的认可并采纳，为确保上述场所投入运营后的食品安全管理提供保障。

5. 加强对暑期食品安全的突击抽查。结合暑期食品安全大检查的结果，紧紧围绕如何做好室外早晚餐车的食品安全、中晚班销售剩饭剩菜、职工健康体检就餐和天座宾馆、健康疗养、度假餐厅的食品安全问题进行了多次突击抽查，并针对存在问题如：早晚餐车从业人员不戴帽子、苍蝇超标和个别食堂在中晚班出售剩饭剩菜等问题，分别进行了下发整改通知书和当月进行经济考核的处理。

6. 参与公司“十佳红旗食堂”评比活动。7月28日和12月8日，鞍山钢铁办公室卫生处参加鞍山钢铁工会组织的每年两次“十佳红旗食堂”竞赛评比活动，对现代城市服务公司、矿业集团生产服务中心和汽车运输公司所属8家食堂进行了检查评比。

【职业病防治工作】 1. 职业病治疗及职业健康体检工作。2017年完成职业病门诊量4215人次，累计出院692人次。完成各类职业健康体检73525人次。其中，高温环境作业职工体检13211人次，接触粉尘职工体检12826人次，特种作业职工体检9895人次，接触噪声职工体检16205人次，接触射线职工体检2029人次，接触毒物职工体检12116人次。2017年共诊断出职业病31例，其中，新诊断尘肺病13人、晋级12人，焦炉逸散无所致肺癌6人，职业病罹患率约为0.9‰。

2. 职业卫生、放射卫生检测。2017年共完成粉尘检测9726点次，噪声检测11457点次，毒物检测9735点次，高温检测4341点次，除尘器62台；完成个人剂量检测9824人次，放射源662枚，射线装置113台。

【医疗卫生科研工作】 2017年各医疗单位十分重视人才培养和技术创新，据统计，全年外送省级以上医院进修20人次，鞍钢总医院（含劳研所和千疗）举办各类继续教育学习班58个。其中，总医院32个，劳研所18个，千疗8个，参加人数共达25404人次。总医院全年立项科研项目12项。获省部级科技进步奖二等奖2项、三等奖4项，获市级科技进步奖二等奖1项、三等奖4项。总医院全年开展三新项目61项，其中新手术40项、新技术16项、新疗法5项。总医院和劳研所还参加了2017年度鞍钢集团公司重大科技技术奖终审，总医院获得1项三等奖。卫生系统医务人员2017年在国家级刊物上发表论文84篇，总医院73篇，其中SCI1篇，劳研所8篇，千疗3篇。总医院获国家知识产权局授权实用新型专利1件。

总医院麻醉科被评为辽宁省临床重点专科，

皮肤科被评为辽宁省临床重点建设专科。

【计划生育工作】 1. 认真落实计划生育目标管理责任制。一是根据中共中央国务院《关于实施全面两孩政策 改革完善计划生育服务管理的决定》要求，修改完善了《鞍山钢铁集团公司计划生育目标管理责任书》有关内容。二是与鞍山区域所属56单位签订了《2017计划生育目标管理责任书》。

2. 组织鞍山区域开展计划生育科普知识宣传月活动。鞍山钢铁计生办在鞍山区域组织开展了以“落实国家计划生育政策，关爱妇女儿童身体健康”为主题的简报征集活动。鞍山区域共有123家单位参加此次活动，评选出优秀单位48家。

3. 组织开展庆祝“六一”儿童节活动。鞍山区域各单位共举办活动100余次。其中趣味活动20次，幸福家庭活动18次，游园38次，书画摄影展32次，读书活动10次。

4. 开展计划生育主题宣传活动和政策法规培训。9月，鞍山钢铁计生办组织鞍山区域82家单位开展了以“幸福和谐家庭”主题的计划生育宣传活动，并评选出优秀单位14家，先进单位36家。10月，组织开展了“10·28”男性健康日宣传活动，鞍山区域共举办《辽宁省人口与计划生育条例》等计划生育政策法规培训班30余场。

5. 开展年度计划生育工作检查评比工作。按照全年鞍山区域计划生育工作安排，鞍山钢铁计生办于11月末下发2017年鞍山区域计划生育检查计划安排，依据《计划生育工作考核评比标准》，于12月下旬，利用近两周的时间，听取了所属48家单位计生专干全年工作汇报，查阅档案资料，组织开展了2017年度鞍山区域计划生育年总结评比活动，共评选出红旗单位38家，先进单位67家，此结果以通报形式在鞍山区域下发。

【爱国卫生工作】 1. 吸取教训强化要害场所防灭鼠管理工作。2月15日，股份公司炼焦总厂发生的鼠媒停电事故后，鞍山钢铁爱卫办迅速采取以下措施：一是到事发单位炼焦总厂事故发生地进行调查，调查结束后向办公室领导汇报。二是按领导指示，起草和下发《关于做好要害场所防灭鼠工作的通知》，围绕如何做好要害场所防灭鼠工作培训、检查和考核工作提出9项具体要求。三是按《通知》要求于3月上旬至中旬鞍山钢铁爱卫办对股份公司、铁运公司、耐火公司和二发电等大院内重点单位要害场所防灭鼠工作进行抽查。截至3月20日，股份公司所属单位检查要害场所641个，增设毒饵站860个，更新粘鼠板2228张，粉块429块，维修防鼠板等设施57处，发现并整改隐患246处。四是指出存在的问题并分析原因。五是提出加强要害场所防灭鼠工作采取的措施。上述情况汇总成《关于加强防灭鼠工作遏制鼠媒事故情况的报告》，上报公司主管领导。

2. 组织开展鞍山区域爱国卫生清洁月活动。鞍山钢铁爱卫办在鞍山区域组织开展第29个爱国卫生清洁月活动。本次活动从3月20日至4月底结束，历时一个多月，取得明显效果。据统计，此次清洁月活动，鞍山区域共组织义务劳动879次，参加人数24553人次，清理卫生死角2336处，清理垃圾1813吨，粉刷墙壁32010平方米，平整场地9万平方米，拆废旧房屋5480平方米。累计培训防灭鼠人员10401人次，投放鼠药2.1吨，设置毒饵站8903处，维修防鼠设施1748处。通过开展清洁月活动，鞍山区域所属单位的环境卫生和要害场所防灭鼠进一步加强。

3. 积极参与鞍山市创建全国文明城市活动。一是5月24日，在鞍钢工会二楼会议室，鞍山钢铁爱卫办召集现代城市服务公司、教培中心、接待服务公司和汽车公司及总医院等12家单位，就落实鞍山市卫计委召开的“鞍山市创建全国文明城控烟工作誓师大会”精神进行安排和部署，就进一步做好控烟、食品安全和环境卫生工作提出具体要求，为与会单位发放控烟志愿者袖标100个。二是8月17日针对东山宾馆、孟泰纪念馆、雷锋纪念馆和鞍钢景园小区物业存在违反《鞍山市公共卫生场所控制吸烟管理办法》相关规定及鞍钢体育馆院内卫生脏乱差的问题，鞍山钢铁爱卫办及时向上述责任单位反馈情况，强调控烟和环境卫生工作在鞍山市创建全国文明城市的重要意义。责成其迅速整改。三是9月13日，在创建全国文明城市国检即将来临之际，召集现代城市服务公司、矿业公司、重机公司、房产建设公司、接待服务公司、鞍钢总医院、教培中心和鞍钢集团资本控股公司等10余家位于市区与创城检查相关单位再一次就环境卫生、食品安全和控烟工作提出明确要求，现场实地检查落实情况，确保上述单位在创城工作中不出问题。

4. 积极参与鞍山钢铁机关“5S”管理工作。

为落实公司开展机关“5S”管理活动通知精神，提高员工综合素质，提升机关整体形象，进一步改善办公环境卫生面貌，从 3 月开始，鞍山钢铁爱卫办会同机关党委组成检查组，每月定期对机关各部室开展“5S”管理活动情况进行督促检查，通报表扬好的部室，督促存在不足的部室及时整改，进一步调动机关各部室对参与“5S”管理活动的积极性。通过开展机关“5S”管理活动检查评比活动，机关各部室的环境卫生明显改善，办公设备摆放有序，在提升公司机关整体形象的同时，为基层单位的环境卫生管理工作树立了榜样。

5. 加大对鞍山区域公共卫生管理工作的考核力度。按照 2017 年爱国卫生四季度工作安排，在 10 月中下旬，鞍山钢铁爱卫办对鞍山区域 35 家单位的秋季防灭鼠、环境卫生和控烟工作进行了抽查，依据鞍山钢政发〔2017〕75 号文件即《鞍钢集团鞍山区域公共卫生管理办法》中公共卫生考核细则，对鞍钢集团的 3 家单位和鞍山钢铁 9 家单位就其存在的防灭鼠、机关办公场所的环境卫生和控烟工作等问题，分别上报鞍钢集团和鞍山钢铁企管部考核处进行了考核。

6. 组织对鞍山区域所属单位公共卫生设施进行摸底调查。为进一步加强对浴池和卫生间的环境卫生管理，鞍山钢铁爱卫办于 11 月对鞍山区域所属单位的浴池和卫生间数量进行统计和摸底调查。统计结果显示：鞍山区域各单位现有职工浴池 516 个，卫生间 2866 个。

【健康教育工作】 1. 多渠道开展健康教育工作。一是由鞍山市健康教育所提供素材，利用鞍钢体育馆橱窗展示健康教育常识。二是在 5 月 31 日世界无烟日的前一周，鞍山钢铁爱卫办在鞍钢视讯播放烟草有害身体健康的宣传片，加大鞍钢控烟宣传力度。三是开展健康大讲堂公益巡讲活动。与鞍山市健康教育所联合开展“健康鞍山、走进鞍钢”健康大讲堂公益巡讲活动，邀请多名鞍山市知名医学专家，深入到鞍山区域基层单位的车间班组，免费为 20 家基层单位近千职工安排健康知识讲座，受到职工的普遍欢迎。

2. 制定并下发《关于进一步做好春夏季传染病防控工作的通知》。3 月初，按照集团公司主管领导关于做好鞍山区域传染病防控工作的指示精神，保护广大职工的身体健康，鞍山钢铁爱卫办制定并下发《关于进一步做好春夏季传染病防控工作的通知》，围绕甲型 H7N9 流感、流行性出血热、麻疹、疟疾、寨卡病毒病、黄热病等传染病传染病防控工作，提出如下要求：一是提高认识，切实加强组织领导；二是加强协调配合，推进重点单位防控；三是加强监测预警，做好疫情处置；四是抓住重点环节，加强综合防控；五是强化宣传教育，做好风险沟通。通知下发后，鞍山钢铁爱卫办就《通知》的落实情况，分别深入各重点单位进行调研和检查，进一步强化了基层单位广大职工防病意识和自我保护能力。

【红十字会工作】 1. 首次通过网上社团资格年检。2017 年鞍山钢铁集团公司红十字会首次通过网上社团资格年检，换发了鞍山钢铁集团公司红十字会法人资格证书。

2. 组织开展 2017 年红十字博爱送万家活动。一是接受鞍山市红十字捐赠，为 12 家鞍钢红十字会员单位的 64 名特困职工共计发放大米 150 千克、豆油 150 千克、家庭箱 30 个、急救箱 30 个、棉衣 50 件及棉被 20 件，上述物品折合人民币达 1.53 万元。二是各会员单位响应上级红十字会的号召，积极开展 2017 年博爱送万家活动。累计救助因病致贫特困职工 1657 人，发放慰问金和米面油等救济物品，折合人民币 80.40 万元。三是鞍山钢铁红十字会通过会费直接对 21 家会员单位 43 名职工发放救济金 1.7 万元救助。综上，2017 年鞍山区域红十字会博爱送万家活动总共救助特困职工 1764 名，发放慰问金和米面油等救济物品，总计折合人民币 86.63 万元。

3. 组织召开 2017 年鞍山区域无偿献血工作会议。12 月 6 日，鞍山钢铁红十字会在鞍钢工会六楼会议室主持召开 2017 年鞍山区域无偿献血工作会议，鞍山区域各会员单位及部分献血单位负责人共 50 余人参加会议。一是会议总结并通报 2017 年鞍山区域无偿献血相关情况。鞍山区域各会员单位克服人员少和生产任务重等困难，积极踊跃报名参加鞍山区域第六次无偿献血活动，全年共有 787 名职工累计献血 23.27 万毫升，创鞍山区域开展无偿献血以来最好水平。二是对在 2017 年度无偿献血工作中作出突出贡献的汽车运输有限责任公司等 36 个先进集体及汽车运输有限责任公司谢新范等 45 名优秀组织者表彰。三是对下年鞍山区域无偿献血工作进行部署。围绕献血者有哪些权利、优惠政策及献血的注意事项等知识进行宣讲。

（鞍山钢铁集团有限公司办公室卫生处　徐静滔）

·组织工作·

【党内统计】 2017年末，鞍山钢铁集团公司有党委58个，党总支部41个（居休党总支部1个，离退党总支部2个），党支部643个（居休党支部15个，离退党支部42个），党小组2121个。有党员23623名，其中离休党员427名，退休党员1235名，居家休息职工党员1924名，其他方面党员199名。全年发展党员396名，有申请入党人2540名，入党积极分子917名。专职党务干部548人。

【学习贯彻落实十九大精神】 把学习宣贯十九大精神作为首要政治任务，组织各级党组织观看了十九大开幕式，聆听习近平总书记所做的工作报告。召开了学习贯彻党的十九大精神专门会议，下发了《关于全面深入学习宣传贯彻党的十九大精神的通知》，明确了5个阶段，35项具体工作任务。各基层党支部通过党员大会、专题党课等形式组织全体党员集中学习。把企业各项工作汇聚到学习贯彻党的十九大精神主线上来。

【“两学一做”学习教育常态化制度化】 按照“两个包含”“一个细化”和“一个梳理”的工作要求承接了集团公司实施方案，制订了推进计划。在鞍山钢铁党委书记例会上做了具体解读，明确了工作目标和具体要求。各基层党委结合实际制定了本单位实施方案和推进安排表，组织各党支部实施推进。通过制定了“学习教育”方案、开展“四级”联动上党课、主题实践活动、选树先进典型，推动各级党组织和党员强化“四个意识”、坚定“四个自信”、做到“四个服从”，实现了全体党员在思想、作风、党性上又一次集中“补钙”“加油”。集团公司督查组检查调研时给予充分肯定。

【基层组织建设提升年】 根据集团公司党委《关于深入开展基层党支部建设提升年活动的通知》要求，为全面了解和掌握公司基层党支部建设情况，党委组织部梳理了28项具体检查内容，成立了4个调研检查组，通过“听、查、问、评”等形式，对公司34个直管党委所属部分党支部建设情况进行了一次全面调研检查，并纳入党建工作考核。建立检查督导长效机制，把检查支部工作常态化，并纳入党建工作考评。针对存在的问题做到举一反三，下发整改通知单，对重复性问题加大考核力度。按照“三定三帮”要求，采取实地调研、现场指导、对标交流、提供保障等措施，对72个“一般”党支部进行了全面整改，促推党支部晋位升级。对各基层单位党员活动室建设情况进行了调研，摸清了底数，按月形成工作推进计划。按照加强“三室”标准化建设，创造条件、搭建平台、完善设施、提供保障的重点工作要求，2017年共新建党员活动室60个，完成建设覆盖率85%、利用率100%的工作目标。

【党委书记抓基层党建工作述职】 按照集团公司党委《关于开展2016年度党委书记抓党建工作述职评议考核的通知》要求，围绕述职评议内容，依据述职评议流程，完成了三级党委书记抓党建述职工作。对8家现场述职单位和16家书面述职单位反馈了综合评价意见。通过党委书记抓党建述职考评，查实查准了存在的问题，压紧压实了党建工作责任，形成了责任链；进一步释放了从严从实抓党建工作的强烈信号，传导了压力，激增了动力；考准考实了党建这个最大政绩，切实提升了党委书记的履职能力，营造了从严治党的氛围。

【党支部书记、党支部委员轮训】 精心组织、精细安排，实现了高标准启动、严标准管理，对592名在职党支部书记，分7期14个班，开展了脱产10天的业务知识轮训，被称为“要求最严、内容最全、感受最深、收获最大”的一次轮训。切实提高了党支部书记的理论水平和实战能力。优化培训方案，采取自上而下，上下结合的方式，开展了党支部委员培训，对2300余名支部委员开展了业务轮训。组织召开了“党支部书记轮训实践成果交流会”，对党支部书记轮训工作做了全面总结，4家单位作了经验介绍。

【党建工作考核评价】 对《“四好班子”创建方案》和《党建工作评价办法》进行了重新修订。完善了制度体系，从基础、重点、创新等维度，细化了考评内容，实施排序考核、会议通报、绩效挂钩。注重日常痕迹管理，季度集中考评，并将生产经营绩效纳入考评之中，对综合考评得分前5名和后5名的党委进行了绩效奖惩。全年评出“四好班子”39个次，颁发了流动荣誉杯。对考评中发现的问题建立台账，剖析点评，指导整改，对连续出现问题的给予通报曝光或约谈，并督促基层党委完成整改。

【“三先两优”评比】 结合各基层党组织数量及党员结构分布等实际情况，精细制定分配方案，对上报人选严格审核把关，经鞍山钢铁党委常委会审议通过，推荐上报鞍钢集团公司党委。鞍山钢铁共有先进党支部72个，先进党小组110个，优秀共产党员131名，优秀党务工作者52名，先进党委14个被表彰。鞍钢10名优秀党支部书记标兵中，鞍山钢铁党支部书记有4名。1个党支部被命名为中央企业示范党支部。

【国企党建重点工作】 全面完成年初制定的26项重点工作。鞍山钢铁配备专职党务干部548人，兼职党务干部454人，专职党务干部占在岗职工总数的1.37%。对所属设置法人治理结构企业的基本情况进行了认真梳理，并根据其所设置党组织类型（党委、党总支或党支部），提出具体要求，进行分类指导，党建工作要求全部写入了40个法人治理结构单位的公司章程，使修订章程的过程成为了强化党的意识、落实管党治党责任的过程，真正使党组织发挥领导核心作用和政治核心作用组织化、制度化、具体化。对鞍山钢铁58个党委、7个参照党委管理的党总支进行了细化梳理和分类指导，对其中40个将组织部门划为二类部门的单位进行了调整。按照“党委组织员享受部门副职待遇”的要求，对41家单位对组织员岗位待遇做出了调整。2017年由于体制改革新成立的子企业及机构也同步建立了党组织及配备党务人员。

【专项服务行动】 按照集团公司党委要求，开展“践行共享理念，关爱一线员工”专项服务行动，围绕改善职工工作环境、改善职工生活福利设施、加强扬尘治理、安全环保等6个方面，经立项、评审、实施、验收等环节，完成鞍山钢铁级专项服务行动项目52项，以实际行动贯彻落实十九大精神和集团公司要求，让职工群众共享企业改革发展成果。

【“三查三改三提升”活动】 开展“三查三改三提升”活动，坚持问题导向，通过本级党委自查、上级组织检查、全体党员督查，查出基层党建工作共性问题68项，个性问题320余项；通过集体研讨改、上级指导改、全员督促改，制定了6个方面，260余项措施，保证问题整改落实到位，基层党组织示范引领力、目标保障力、变革创新力得到了有效提升。

【加强党员教育管理】 紧紧围绕企业生产经营中心任务，先后开展了“迎接十九大、做合格党员”和“喜迎十九大、向十九大献礼”系列实践活动，引导广大党员不忘初心、牢记使命，带领职工群众迎难而上、奋力攻坚。开展“戴党徽、亮身份、树形象、作贡献”活动，全公司2万多名党员牢记党员身份佩戴党徽上岗，勤勉工作。制定《关于加强居家党员组织管理的决定》，实现了居家党员管理的“三个100%、三个保证”的目标，切实做到居家党员管理全覆盖、全受控。严格按照要求开展党内“双评”工作，党支部参评率100%，党员参评率98%，评出未达标支部3个，不合格党员18名。开展“我为党旗添光彩、降本增效争一流”共产党员工程活动，围绕降本增效、调品提质，精准落实共产党员工程项目，围绕降本增效、调品提质，完成鞍钢级共产党员工程36项，鞍山钢铁级共产党员工程131项。

【党员管理信息系统建设】 按照《中共中央组织部关于开展党组织和党员信息采集工作的通知》要求，认真谋划、精心组织，通过调阅档案、党员本人认定、党务部门审核、党委审定，对全公司各级党组织、党员进行了信息采集；通过在网上《全国党员管理信息系统》建立党组织库，录入党组织、党员信息，完成了鞍山钢铁党委党员信息系统建库工作。

【制度体系建设】 修订印发了《鞍山钢铁集团有限公司/鞍钢股份有限公司党委常委会议事规则》和《鞍山钢铁集团有限公司/鞍钢股份有限公司党委工作规则》，明确企业重大经营管理事项，必须经党委常委会前置程序研究讨论后，再由董事会或经理层做出决定，发挥了领导核心和政治核心作用，做到把方向、管大局、保落实。进一步加强党建工作制度体系建设，对党建各项工作制度按照层级进行了系统梳理。梳理出鞍钢集团及以上文件制度98项，鞍山钢铁文件制度57项，形成了目录索引，并不断完善补充。梳理出党支部“三会一课”工作内容以及党支部委员履职常项工作，形成了年度计划表模板，并纳入党支部委员培训教材。夯实了党建工作基础，规范了党建工作流程，强化了党建工作指导和制度保障。

【开展学习先进典型活动】 学习宣传了毛丰美、廖俊波、黄大年等“外部典型”，学习宣传了郭明义、李超、于淑娟等“身边典型”。开展了“学习廖俊波同志先进事迹”学习心得征文活动，成立评审小组对学习心得进行了评审，择优向集团公司推荐上报62篇。通过对先进典型事迹的宣传，引导广大党员学先进、赶先进，争创新佳绩，传递正能量。

【党建联盟活动】 2017共签订党建联盟协议14份，公司层面与中铁物资集团、中铁物轨道集团、广汽商贸有限公司3家单位分别签订了党建联盟的合作协议，基层单位层面签订党建联盟协议11份，进一步把党的组织优势、资源优势、人才优势引入巩固和开拓市场的实践流程中，使党建工作的成效，能够直接体现在市场整体运营效果中。

【党建课题研究】 对鞍山钢铁承担党建课题深入探索，总结实践，1项课题获得中央企业政研会党建课题研究三等奖，1项课题获辽宁省党建课题研究一等奖。基层党委承担的党建课题研究工作在集团公司的评比中，一等奖占比40%，二等奖占比55%。

（鞍山钢铁集团有限公司党委组织部　李海剑）

【老干部工作】 2017年，鞍山区域共有离退休老干部3556人，其中：离休877人，退休2679人。基层单位53个。

2017年，鞍钢老干部工作以迎接党的十九大和学习贯彻党的十九大精神为主线，围绕以开展“我看十八大以来的变化，向十九大献礼”主题活动为重点，认真贯彻落实全国老干部工作“双先”表彰大会和全国老干部局长会议精神（以下简称两会精神），深入贯彻落实《意见》精神，落实好老干部“两个待遇”，不断加强“两项建设”，充分发挥了老同志独特优势，进一步强化老干部工作部门自身建设，为实现鞍钢集团全年生产经营目标作出了贡献。

1. 认真贯彻落实“两会”精神，深抓《意见》落实。2月召开了鞍钢老干部工作会议及老干部支部书记和关工委常务副主任会议，认真学习领会习近平总书记重要指示、刘云山重要讲话和全国老干部局长会议精神。会后将尹利同志在会议上的讲话及全国“两会”精神宣传提纲以文件形式下发到了各单位学习。7月，鞍钢党委组织部下发了《关于对〈关于进一步加强和改进鞍钢集团公司离退休干部工作的意见〉贯彻落实情况开展督促检查的通知》（鞍钢委组发〔2017〕60号）文件，通过自检自查和抽查相结合的方式，对各单位老干部工作情况进行了有针对性的检查，并向中组部老干局上报了自检报告。

2. 深入学习贯彻党的十九大精神，进一步加强离退休干部“两项建设”。（1）不断加强思想政治建设。年初下发了《2017年鞍钢老干部工作要点》和《2017年鞍钢老干部政治理论学习安排意见》，10月，举办了鞍山区域老干部党支部书记培训班，并组织参观了鞍钢唯一一家离退休干部党支部工作示范基地——鞍钢矿业有限公司机关离退休老干部党支部，推动了支部建设工作上水平。继续坚持每季度举办一次政治理论学习辅导报告和鞍钢生产经营形势通报。十九大后举办了专题学习辅导报告，为每个支部发放了3本学习辅导书籍。2017年，各单位组织形势报告会160场，有3462人次参加。（2）不断加强党组织建设。以学党章党规、习近平系列讲话为重点，深化“两学一做”学习教育。各单位基层党组织共上党课210次，有4292人次参加；攀钢开展了“学党章、学党史、学党纪党规”的学习答题竞赛活动，参加人员1440余人次。值得一提的是托管中心老干部房洁茹、周凯在十九大召开后分别交纳了特殊党费4000元和3000元；铁运公司老干部张英凯“七一”交纳特殊党费3000元，十九大又交特殊党费2000元；炼焦总厂在7月1日召开的党员大会上一致通过85岁的关博文同志转为中国共产党正式党员；托管中心又培养了1名86岁高龄的离休干部胡玉珍为积极分子。2017年有23个单位被评为鞍钢离退休干部先进集体，33名同志被评为鞍钢离退休干部先进个人。基层单位有26个离退休干部党支部、55个离退休干部党小组、234名老党员受到厂以上层级的表彰。

3. 以开展主题活动为契机，将为党和人民的事业增添正能量活动引向深入。2017年，开展了“我看十八大以来变化、向十九大献礼”主题活动，通过开展主题征文、建言献策、书画摄影展等系列主题活动为他们释放正能量搭建平台。（1）开展以“点赞中国、点赞鞍钢”为主题的征文活动。各单位精心组织，广大离退休老干部积极响应，参与征文的离退休干部大多数都在80岁以上，年龄最大的已96岁高龄。鞍山区域共收到征文120篇，公司老干办对优秀组织单位和优秀征文进行了表彰，并在《鞍钢日报》刊登了部分作品。攀钢也开展了“畅谈今天幸福生活，畅谈攀钢英模精神”的征文活动，共收到征文50篇。（2）在离退休干部中开展“祖国新貌·中国梦”书画摄影展活动。鞍山区域共征集书画、摄影等作品60余幅，对优秀作品进行了表彰，还精选部分优秀作品在鞍钢博物馆展出。攀钢在老干部中开展“赞祖国新貌·迎接新时代”书画摄影展活动，180幅作品在攀钢大剧院展览。（3）开展以“讲讲我们的支部生活”为主题的座谈活动。各单位围绕深化“两学一做”、怎样保持老党员本色、如何发挥党支部的战斗堡垒作用等内容，组织各类座谈会157次，参加2361人次。如大型厂老干部支委成员85岁高龄的赵金海每月上网查资料撰写学习提纲，组织老干部学习，并多次在网上发表正能量的文章。（4）组织离退休干部开展参观畅谈活动。通过组织老同志参观市容市貌、鞍钢厂区新貌及看到党中央重拳反腐、“一带一路”、精准扶贫等十八大以来党和国家振奋人心的成就，畅谈得民心、顺民意及社会风气的变化、畅谈鞍钢的变化，畅谈对十九大的美好愿景。2017年组织基层老干部党支部书记、关工委常务副主任等100余人参观了鞍钢鲅鱼圈新区，让他们看到了十八大以来鞍钢的发展变化。基层单位组织各种参观89次，1706人次老干部参加。（5）编制了“情暖夕阳映丹心”专题片《鞍钢集团老干部工作创新发展纪实》。为总结两年来鞍钢老干部工作，特别是组织老同志为党和人民的事业增添正能量为主题的各项活动取得的成效，组织编制了“情暖夕阳映丹心”专题片《鞍钢集团老干部工作创新发展纪实》，并刻录光盘发到各单位。

4. 深入开展社会主义核心价值观教育，进一步加强关工委工作。（1）结合青少年特点，积极开展各项活动。一是围绕庆祝建军90周年等历史纪念日，在青年职工中开展“四史”教育，也成为各单位新入厂员工的开篇教育。如炼铁总厂关工委组织青年职工参观孟泰纪念馆，鞍钢钢铁研究院关工委为青年科技工作者讲述老一代鞍钢科研人员对科研工作精益求精的奉献精神，引导青年职工在新的历史时期更要发扬鞍钢精神。二是积极参与社区公益活动。矿业集团大孤山铁矿关工委坚持数年，开展国学讲堂，受到社会和矿区家长的好评。大型厂退休干部马福斌带领老同志坚持10余年做公益活动，他还担任钢城街道办事处成立的“红星宣讲团”团长，对青少年开设“道德讲堂”、参与“小红帽”执勤、到网吧义务巡逻等等深受居民欢迎，他们还获得了辽宁省“最美讲师集体”荣誉称号。攀钢矿业公司开展了“读好一本书”“讲好一堂课”“唱好一首歌”活动，深受老干部们的欢迎。三是爱国主义教育基地建设得到加强。鞍钢关工委和市关工委领导分别为鞍钢展览馆、孟泰纪念馆、雷锋纪念馆、弓长岭矿三道沟“万人坑”举行揭牌仪式，成为首批鞍山市青少年爱国主义教育基地，使之成为青少年“四史”教育的好课堂、爱国主义教育好素材。（2）持续抓好捐资助学帮扶活动品牌工程。2017年鞍钢关工委老同志捐款4万余元，共资助41名家庭困难职工子女。鞍钢集团党委副书记、工会主席、鞍钢关工委主任尹利、关工委副主任王延绵一行走访慰问了部分家庭困难的职工，把资助金送到他们子女的手中。各基层单位的关工委领导也带头走访慰问了困难职工子女。21年来，鞍钢关工委累计捐款118.8万元，资助1547名困难职工子女就学。此外，6月1日，鞍钢关工委领导一行到鞍钢第十七幼儿园进行慰问，关爱下一代的成长，送去了学习和文具用品。（3）选树典型，发挥引领示范作用。6月，召开了“2017年鞍钢关工委工作表彰暨经验交流会”，表彰了8个先进集体、8名工作标兵、40名先进个人。之后又在《鞍钢日报》连续报道质检中心关工委成员、85岁离休干部赵德仁成立“义工志愿者服务队”、矿业公司弓长岭矿关工委成员退休干部孟祥玉坚持长年当好校外辅导员的先进事迹及炼焦总厂关工委、大孤山矿关工委的先进事迹，在老干部中引起强烈反响。（4）切实加强关工委组织和队伍建设。各单位通过吸收刚退休的厂处级干部和愿意参加关工委活动且有一定特长的退休人员加入关工委组织，进一步调整和充实关工委队伍，极大地调动了广大会员工作的积极性。3月，鞍钢关工委与铁东区关工委联合举办了“关工委骨干培训”，来自鞍钢的各单位关工委常务副主任和铁东区关工委负责人共100余人听了辅导讲座。

5. 积极为老干部办实事办好事，让离退休干部老有所依、老有所养、老有所乐。（1）领导带头做好走访慰问工作。重大节日，集团公司领导带头走访慰问公司老领导及遗属，同时公司老干办代表公司走访慰问了部分党支部书记、关工委常务副主任及困难患病老干部代表。各单位领导也都带头走访慰问困难老干部和患病住院、去世的老干部，全年走访慰问了479人次，共发放慰问金56.5万元。（2）认真落实“两个待遇”，让组织放心，让老同志满意。用爱心、细心、贴心、耐心、热心“五心”为老干部服好务，按政策及时办理医疗费、特需费、活动经费等，特别是做好离休干部护理费调整的前期准备和解释工作。继续坚持为老干部免费订阅一报一刊，安排为期一周的健康疗养，每个季度结合季节变化和老年疾病举办一次保健讲座和咨询服务，受到老同志普遍好评。（3）丰富老干部晚年生活，积极为老干部活动创造条件。全年组织开展了乒乓球、象棋、重阳节登山等十余项大型文体活动，共有1800人次参加活动。2017年，对鞍山区域的乒乓球室、京剧协会、麻将室、台球室及会议室更换了部分设施。每年春秋换季青年志愿者都为活动场所进行卫生大清理，加强了设施建设，改善了活动场所的环境。（4）加强老干部工作人员队伍建设，不断提升业务能力。大力宣传全国老干部工作先进工作者申宏伟同志的先进事迹，并在《鞍钢日报》进行了宣传报道，让老干部工作人员自觉对照自己，向典型学习。为提高业务水平，在老干部工作人员中开展了“学习十九大，岗位练兵”答题竞赛。2017年辽宁省老干部工作表彰大会上鞍钢2个先进集体、2名先进个人受到了表彰。

（鞍山钢铁集团有限公司人力资源部老干办 李 伟）

·宣传工作·

【推进“两学一做”学习教育，扎实做好政治理论学习工作】 1. 推进政治理论学习任务的落实。起草下发《2017年鞍山钢铁政治理论学习安排意见》，制定了2017公司党委中心组学习计划，科学规划学习内容，强化坚持问题导向，突出重点，层次分明，立足满足公司发展的现实要求。全年共组织党委理论学习中心组集中学习20次，基层单位党委理论学习中心组集中学习773次。集团公司在对党委中心组学习的督导调研中，对鞍山钢铁的学习方式、载体和特点给予充分肯定。总结党委中心组学习经验，撰写《鞍山钢铁党委发挥“新媒体+”优势创新学习方式　增强党委中心组学习创新力作用力和到位率》文稿，9月13日鞍钢日报头版刊发。

2. 深入学习贯彻党的十九大精神。党的十九大胜利召开后，迅速筹备召开鞍山钢铁/鞍钢股份学习贯彻党的十九大会议，对公司学习宣传贯彻十九大精神工作提出总体要求。起草下发《鞍山钢铁/鞍钢股份全面深入学习宣传贯彻党的十九大会议精神的通知》，划分为五大阶段推进，制定了包含35项内容的《学习宣传贯彻党的十九大精神任务展开表》，确保学习活动高起点、高质量、高水平、有特色，走在全集团的最前列。以学习党的十九大报告为主要学习内容，组织鞍山钢铁/鞍钢股份党委理论学习中心组集中学习9次，基层单位党委理论学习中心组集中学习216次。在通读原文基础上分专题学习研讨，力求学懂弄通做实，确保精准把握报告核心要义。以十九大为内容编发《党委中心组学习参考与动态》6期，《政治理论学习要点》2期，《“两学一做”学习教育简报》5期，充分利用“新媒体+”平台，在官方网站、微信、微博等新媒体平台上开设学习专栏，发布学习资料及基层学习动态200余条。

3. 加强对基层各级党委中心组学习的指导和检查力度。充分运月新媒体+党委中心组学习，组建党委中心组学习秘书微信群，要求各单位在每次学习后2天内，将学习计划、出席人员、学习笔记等内容以微信图片的形式上传入群，及时了解各单位党委中心组落实公司党委下达的学习任务完成情况，解决了过去中心组学习检查难、痕迹化管理难、互相交流不够、中心组学习针对性承接性不强等问题，做到实时记录、跟踪、考评，实现了上下一致，动态跟踪，高效沟通，相互促进，把党委中心组学习工作做在日常、抓在经常，确保学习规范有序，任务落实。编辑制作党委中心组学习资料、记录模板发放到各基层单位，对其学习记录的内容、方式、条目等进行统一布置和规范，提升鞍山钢铁党委中心组学习整体水平。

4. 扎实推进“两学一做”学习教育工作。将公司《党委中心组学习参考》改版为《党委中心组学习参考与动态》，全年共发布27期、近25万字。刊发党的十九大、十八届六中全会、习近平总书记重要讲话、“两学一做”常态化制度化等学习材料80余份，并重点推介了炼钢总厂、鲅鱼圈分公司党委中心组的经验与成果，刊发了56个基层单位中心组的动态信息。将习近平总书记辽宁团讲话编辑制作成《班前五分钟教育宣讲材料》专刊、创办并编发《政治理论学习要点》5期，发送到基层一线班组，建立起对上对下推进各级理论学习党委中心组学习全方位、立体化、全天候的工作载体，有效提升了学习效果。在官方微信、微博、网站等新媒体平台同步编辑发布“两学一做”学习内容，共发布“两学一做”专题学习资料及动态700余条，编发《“两学一做”学习教育简报》16期，在集团《“两学一做”学习教育简报》发布鞍山钢铁稿件15篇。

【开展思想政治工作，切实加强形势任务教育】 1. 围绕职工思想实际扎实开展思想政治工作。为做好改革过程中的职工思想政治工作，建立完善员工心理健康管理体系，先后到鲅鱼圈分公司炼钢部、炼铁总厂、线材厂进行有关职工心理疏导方面的思想政治工作调研。总结鞍山钢铁、炼焦总厂、炼钢总厂、朝阳钢铁、无缝钢管厂、鲅鱼圈炼钢部6个单位的宣传思想政治工作经验，分别在集团公司宣传思想文化工作会议和思想政治工作会议上做经验交流。

2. 抓好主流意识形态工作。集团公司《党委意识形态工作责任制实施细则》下发后，立即组织党委理论学习中心组学习（扩大）会，对《实施细则》原原本本地进行了学习和传达，明确党委领导班子成员对意识形态工作的组织领导责任和各责任部门在意识形态工作中的具体职责分工，对公司意识形态工作进行部署和要求。先后于2月、9月召开意识形态工作布置和推进会议，要求基层党委要认真组织学习贯彻《党委意识形态工作责任制实施细则》，公司所属各基层党委对《实施细则》进行认真传达和学习，做到层层布置，逐级落实，牢牢掌握住意识形态工作的领导权。

3. 深入开展思想政治工作理论研究。扎实推进思想政治工作理论研究，申报央企政研会课题2项，公司党委宣传部撰写的理论文章《增强宣传思想工作在人力资源优化中的作用力》，获中国冶金政研会2016年度论文二等奖。报送集团公司政研会的8项课题中，获一等奖3篇、二等奖2篇、三等奖3篇，其中有两项课题分别获得2017年中国冶金政研会二等奖、三等奖。

4. 突出主题深化形势任务教育工作。强化公司“两会”精神的宣贯与承接，起草下发了5期形势任务教育宣传提纲，编发《动态资讯摘要》10期。每周编发《班前五分钟教育宣讲材料》，共发布52期。先后编发一线岗位廉洁建设警示教育、提升产品质量、习近平总书记辽宁团讲话、普法、节能、创城、扬尘治理、十九大等8期专刊，取得了预期的传播效果。总结形势任务教育经验，撰写《鞍山钢铁党委多载体多角度全覆盖开展形势任务教育　为改革发展统一思想汇聚力量蓄积动能》文稿，8月15日鞍钢日报头版刊发，中国企业文化杂志社刊发。

【持续深化“跟着郭明义学雷锋活动”，提升精神文明建设工作的到达率】 1. 提升郭明义爱心团队的示范性。积极配合省委宣传部、省文明办在海城成功举办了“辽宁省学雷锋学郭明义集中奉献活动日”仪式。全年新增郭明义爱心团队的分队200余支，志愿者超过20万人。目前，全国已有郭明义爱心团队的分队1000余支，志愿者总数接近180万人。按照中宣部、全国总工会等关于迎接十九大系列宣讲活动——举办“圆梦中国人”全国百姓宣讲报告会的要求，完成郭明义《永葆本色　服务人民》报告稿的起草及视频短片、演示文稿制作等，9月在人民大会堂举办了首场报告会。为郭明义同志起草了署名文章《我与这五年——只要你做到了，群众就信你》，在中国纪检监察报上发表。起草郭明义在十九大分组讨论时的发言材料和宣讲十九大精神报告稿。撰写《喜看鞍钢新变化》，在中国冶金报上发表。全年起草有关会议、报道用重大材料11份，接待中央、省、市和鞍钢的媒体采访30余次，协调安排并陪同郭明义参加重大会议和活动200余个次。

2. 提升先进典型集体与个人的全面性。炼焦总厂被中宣部评为全国学雷锋活动示范点，是公司自2014年中宣部开展这项评比以来连续三年榜上有名，而且实现了公司、厂、个人三个层级均获奖的全覆盖。在省委宣传部的评比中，该厂被命名为全省学雷锋学郭明义活动示范点，并被授予“辽宁好人·最美身边雷锋（集体）”荣誉称号。炼焦总厂职工郭代义被授予全省岗位学雷锋学郭明义标兵。炼焦总厂被中宣部作为向新华社推荐的三个重点示范点之一，由新华社向全国发布通稿，新华网等同步转载。推荐了能源管控中心职工刘加纯、鲅鱼圈钢铁分公司职工谷松、于斌，荣获“辽宁好人·最美工人”和“辽宁好人·最美人物”荣誉称号。成功举办首届“鞍钢楷模”鞍山钢铁获奖楷模先进事迹报告会，并制作发放了报告会光盘，组织全体职工认真学习。编辑了10万余字的首届“鞍钢楷模”故事汇，广泛深入地开展了向“鞍钢楷模”学习的活动。

3. 提升志愿服务活动品牌的实效性。一是积极参与鞍山创建全国文明城市活动。8月3日，鞍钢集团郭明义爱心工作室在博物馆成功举行了“鞍钢郭明义爱心团队参与鞍山创城攻坚阶段志愿服务活动誓师大会”，发出了鞍钢郭明义爱心团队积极参与鞍山市创城的倡议。8月5日，利用周六休息时间，组织1200余名志愿者走上鞍山市区街头，在20多个主要交通路口开展交通秩序维护、环境清理、发放宣传单、调查问卷等志愿服务活动，开展了百支分队、千名志愿者大型创城志愿服务活动，为鞍山顺利进入全国文明城市作出了积极贡献。二是积极助力精准扶贫工作。在鞍山、朝阳、葫芦岛市委的大力支持下，鞍钢郭明义爱心工作室全体工作人员历时2个月，对三市总计近500户农村贫困户进行了逐一入户调查，核实贫困状况、沟通脱贫意愿，并发动鞍钢郭明义爱心团队和三市郭明义爱心团队共500余支，对精准扶贫建档立卡户进行建档结对帮扶，确保扶贫志愿服务精准到位，探索建立了广泛发动社会资源参与精准扶贫的新方式、新载体。目前，朝阳、葫芦岛市结对帮扶工作已经完成，鞍山市结对帮扶工作正在进行之中。

4. 提升精神文明建设工作的科学性。重新制定了《鞍山钢铁集团有限公司/鞍钢股份有限公司文明单位考核评比办法》，细化了考核内容和评比标准。同时，调整了公司精神文明建设指导委员会成员，进一步健全和完善了精神文明建设工作的组织领导机构。广泛开展了精神文明创建活动，完成鞍山钢铁申报全国文明单位复检材料的起草和上报工作，并顺利通过复检，保留了全国文明单位荣誉称号。鞍钢股份炼焦总厂、炼钢总厂、冷轧厂，鞍山钢铁铁运分公司机车厂等4个单位，荣获2015~2017年度辽宁省文明单位。推荐鞍钢股份质检中心参评2015~2017年度鞍山市文明单位评选。认真做好辽宁省爱国主义教育示范基地推荐申报工作。12月29日，省委宣传部正式命名鞍钢集团博物馆、鞍钢股份炼焦总厂雷锋纪念馆为第三批辽宁省爱国主义教育示范基地。修缮了英模墙、厂区标语和展板等宣传阵地，并在鞍山钢铁官方网站和法人微信、微博等融媒体广泛宣传了公司精神文明建设工作取得的诸多成果。“鞍钢沃土育英模——关于培育弘扬鞍钢英模文化的研究”荣获集团公司党建思想政治工作课题研究成果奖。

【加强企业文化建设，打造特色化的企业文化体系】 1. 参与《鞍钢集团文化宪章》和《鞍钢集团视觉识别系统》研究、宣贯。积极组织鞍钢文化体系宣贯，组织学习鞍钢管理法则，宣传贯彻公司核心价值理念体系、职工行为规范，推进文化体系落地深植。加强和规范公司标语管理，按照《关于进一步加强和规范鞍钢集团公司标语管理的通知》要求，组织全公司标语管理整改活动，更换和平桥和厂区主干道14处文化阵地9000平方米，指导冷轧厂、大型厂、炼钢厂修缮文化阵地和文化长廊。按要求组织了刊载张贴塞罕坝精神宣传海报工作，营造迎接十九大良好氛围。加大力度开展工业遗产保护研究，完成了鞍钢工业遗产保护规划初步方案，完成了鞍山市规划院到鞍钢就工业遗产、文物普查实地勘察测量，组织专家学者到鞍钢调研工业遗产保护工作。鞍山钢铁厂被工信部评为全国第一批国家工业遗产。

2. 建设特色化的企业文化体系。为退休职工举办庄重、规范的离职仪式，基层单位共为2242名退休职工组织了离职仪式。为增强新职工的归属感、荣誉感和使命感，党委宣传部、人力资源部、团委9月1日为20个基层单位227名新入厂职工组织规范庄重、情感链接的入职仪式。先后完成了公司职代会专题片《扬起奋进的风帆》、质量工作宣传片《捍卫我们的生命线》，季度生产经营分析会电视专题片《高举创新的旗帜》《高效执行 赢得未来》和有关奉献的专题电视片。

3. 提升鞍钢品牌影响力。在中国（重庆）汽车材料及相关零部件展览会、第二十届中国（重庆）国际投资暨全球采购会、上海紧固件专业展览会、上海客车展推介公司品牌。加强营销品牌策划，和大型厂、汽车钢营销服务中心共同策划召开铁路用钢和汽车用钢新产品新工艺新技术发布会。定期通过公司官方微信推介新产品，在9月召开的央企创新展上，重点介绍了公司钢铁新产品、新工艺，提升了品牌价值。

4. 在博物馆资质升级上取得新突破。一是展览馆成功晋级国家4A级风景区，成为全国同行业唯一的4A级景区。二是通过省市专家组审核、省文物局备案，正式更名为“鞍钢集团博物馆”，完成博物馆文物等级鉴定，434件藏品被定级为国家三级以上文物，其中15件推荐国家一级文物。三是推进博物馆申报国家二级博物馆相关工作，通过积极组织协调，完成邀请省文物局领导到馆指导、安全消防监控设施立项施工、补充国家级文物、改进服务设施等工作。同时，按照集团公司领导要求，全面参与博物馆升级改造工程方案审定、功能完善工作。

5. 积极为鞍山市创建全国文明城市作贡献。创城期间共协调更换、修缮井盖6100多个，更换垃圾箱70多个。特批资金300万元，8个地块全部按照临主干道最高标准进行围挡，设置社会主义核心价值观展板600多处。

【围绕公司生产经营、技术创新、深化改革、典型人物等方面加强对外宣传】 1. 充分利用各级各类新闻媒体做好宣传报道。1~12月，在《鞍钢日报》刊发《鞍钢股份预计盈利16.1亿元》《鞍山钢铁首季开门红》《助力鞍钢集团再创辉煌》等鞍山钢铁及所属单位新闻稿件1000余篇。接待中央电视台、经济日报等中央媒体、辽宁电视台等省、市媒体到鞍山钢铁采访50次，主动邀请中央、省、市新闻媒体采访报道重要事件开展对外宣传7次，为人民网、新华社、光明网、辽宁日报、鞍山日报等新闻媒体撰写《“鞍钢供货全球最先进超深水钻井平台‘蓝鲸1号’命名交付”》《鞍山钢铁首季生产经营开门红》等新闻通稿50篇。为《中国冶金报》投递《鞍钢股份预计2016年净利润16.1亿元》《这张奖状沉甸甸》《从连年亏损到连续15个盈利》《结束8年亏损，鞍钢无缝钢管厂的“洪荒之力”从哪来?》《上半年实现净利18.23亿元，鞍钢股份的功夫下在了哪》等新闻稿件69篇，发表47篇，其中一版头题稿件2篇，其他版面头题稿件17篇，提升了鞍山钢铁在同行业中的影响力和知名度。

2. 各级各类媒体报道鞍山钢铁的新闻稿件410余篇（条）。通过主动投稿和邀请媒体采访报道，以及各媒体的主动报道，鞍山日报、鞍山电台、千山晚报、鞍山电视台、辽宁日报、中国冶金报、东北新闻网、新浪、网易、腾讯、凤凰网等省市媒体以及国资委网站、新华社、人民网、中央电视台、光明日报等中央媒体及其网络媒体，全年报道鞍山钢铁的各类稿件410余篇（条）。鞍钢股份上半年实现净利润18.23亿元，被辽宁日报、中国冶金报、鞍山日报报道后，东方财富网、腾讯网、金融界、中国钢铁新闻网、新浪网、和讯网、凤凰网等全国主流媒体及门户网站纷纷转载报道，百度网络搜索共有12000余条相关报道。鞍钢举行铁路用钢发布会的消息，被人民网、光明网、辽宁日报报道后，百度搜索共有22万余条相关报道；鞍钢举办汽车用钢发布会的消息，新华社、人民网、光明网、辽宁日报报道后，百度搜索共有11万余条相关报道。

3. 办好鞍山钢铁官方网站、官方微博、官方微信，通过自媒体及时传播好声音。1~12月，围绕加强管理、转型升级、深化改革等方面，在鞍山钢铁官方网站完成新闻资讯、图片新闻、视频新闻更新522条、环评公告更新43条。在鞍山钢铁官方微博发布深化改革、转型升级、技术创新、加强管理等方面的信息240余条，其中原创100条。在鞍山钢铁微信公众号发布信息1608条。围绕新闻资讯、产品研发、两学一做、纪检监察、基层动态和行业动态，完成了每天“鞍山钢铁微信”制作和编发工作。微信平台拥有关注用户28303人，在鞍山钢铁微信公众号发布原创信息200余条，单篇文章最高阅读量超过12000人次。

4. 做好舆情应对工作。做好鞍钢吧的舆情监控工作，监控“鞍钢”“鞍山钢铁”“鞍钢股份”互联网舆情情况，2017年编发网络舆情简报9期。

【推进统战、史志编纂各项工作】 1. 扎实做好统战工作。开展“传承鞍钢优良统战传统、探索统战工作长效机制”课题研究，并申报辽宁省统战部课题立项。抓基层打基础，支持民主党派基层组织加强自身建设，完成所有党派的换届工作，并与市委统战部、各民主党派鞍山市委员会建立了定期会商的工作机制。不断提升选树培养具有一定影响力的党外人士，发挥引领示范作用，不断提高政协人大委员数量和影响力，完成鞍山市第十四届鞍山市政协委员推荐工作。推荐九三学社的那洪权、民建的陈福成、民盟的刘宏舒担任市民主党派副职。积极组织“爱鞍钢、献良策、作贡献”活动，确立项目39个，年创效500万元以上。

2. 扎实做好史志编撰工作。一是成功承办“亲切关怀、永远铭记”特展。承办并完成“亲切关怀、永远铭记”特展展陈大纲起草提炼、版式设计、展板制作、展陈布置、实物征集等，以及开国领导人与鞍钢画册编辑、制作、印刷，特展开幕式筹备组织等工作，受到集团公司党委和与会开国领导人子女的好评。二是按照省委、市委及鞍钢党委领导批示要求，完成李铁映与鞍钢相关档案及影像、文字资料的查找编辑整理，报送鞍山市、辽宁省史志办。三是有序落实年鉴编辑工作。出版2015《鞍钢年鉴》1500册；编辑完成2016《鞍钢年鉴》，共计85万字。完成2017《鞍钢年鉴》《国资年鉴》《中国钢铁工业年鉴》的征稿及文字编辑工作。

（鞍山钢铁集团有限公司党委宣传部　黄　辰）

·纪检监察工作·

【持续深化巡视整改】 制定《深化中央和鞍钢集团党委巡视反馈意见整改落实工作方案》，调整鞍山钢铁党委巡视整改工作领导小组，完善了责任体系。落实中央精神和集团公司要求，制定《鞍山钢铁集团有限公司党委巡察工作办法（试行）》，规范了巡察工作内容和程序。通过召开专题会议、定期督办、约谈提醒等方式，督促有关部门、单位落实主体责任，持续深化巡视反馈问题整改。对于中央巡视反馈的问题，按照集团党委要求，在已全面完成整改的基础上，组织有关部门和单位制定了66项持续深化整改措施，形成了责任清单，完成63项，“完善采购制度”等3项深化措施正在有序整改。对集团公司专项巡视反馈的问题，明确责任分工、细化整改措施、制定工作方案、系统推进落实，22项问题中已全面完成整改20项，部分完成2项，其中，涉及政府部门使用房屋等历史问题，正在集团公司的指导下主动作为，积极推进。

【履行全面从严治党政治责任】 鞍山钢铁党委切实把管党治党责任扛在肩上，通过常委会、书记专题会和工作会，研究部署全面从严治党、党风廉政建设和反腐败工作。制定《党风廉政建设和反腐败工作任务分工》，深化责任分解落实。鞍山钢铁纪委召开纪委书记会议、组织纪委书记述职述廉、推广先进单位工作经验等，促进监督责任落实。全年组织签订党风廉政建设责任状826份，促进压力逐级传导、责任层层落实，有效推动全面从严治党向纵深发展。

【管控党风廉政风险】 坚持问题导向，扎实推进建设廉洁地图工作，做到“三不放过”，即评估发现廉洁风险数量少不放过、问题领域涉及面窄不放过、整改措施制定不具体不放过。突出“五个深化”，即评估对象深化、评估角度深化、评估领域深化、评估效果深化。评估结果深化。完成了对全部52个单位的廉洁风险等级评估，其中高风险单位12个、中风险单位30个、低风险单位10个。确定物资消耗、设备维修、物资采购、保卫等4个高风险领域。发现廉洁风险问题707项、管理问题368项，进一步明晰了各单位廉洁风险状况。组织47名纪委书记为127名领导人员实施“画像”，系统掌握各级领导班子成员履行“一岗双责”等情况。为全公司15名集团直管领导人员、494名副处级以上领导人员、3334名关键重要岗位人员建立廉洁档案，全面掌握各级各类人员廉洁状况。针对履行管党治党责任不到位的问题，鞍山钢铁党委、纪委对3个单位15名党政领导、纪委负责同志进行约谈，组织所属单位党委、纪委共约谈提醒148名党组织负责人。将“两个责任”“一岗双责”落实情况纳入党建工作考核评价，对相关单位按季度予以嘉奖或考核。对于发生盗窃案件、质量事故的6个单位59名领导人员、管理人员按照干部管理权限进行了党政纪处分、组织处理，以问责层层压实“两个责任”。

【规范开展纪律审查】 围绕生产经营重点，严查采购销售、工程建设、能源管理等重点领域、关键环节案件，阻断不法供应商窃取鞍钢利益渠道。协助集团纪委开展了多项问题线索的核查和专项巡视工作。配合公安机关开展“8·08”盗窃煤焦案件和“11·28”偷盗蒸汽热能非法牟利案的侦查工作。查处了某企业改头换面重新入围新增供方、个别管理人员截留职工工资、某供货商向鞍钢股份供应以次充好备件等案件。对上海路桥诈骗鞍钢设备款涉案人员进行处理，给予10人党政纪处分或组织处理，移交司法机关5人，追缴上海路桥公司骗取的设备款2993.7万元。开展问题线索起底工作，共梳理出62件积存线索。按照监督执纪规则规范纪律审查工作流程，共受理信访举报255件次，处理122人次。灵活运用监督执纪“四种形态”，其中第一种形态74人次，占60.65%；纪律轻处分、组织处理28人次，占22.95%；纪律重处分、职务调整14人次，占11.48%；严重违纪涉嫌违法立案审查6人次，占4.92%。

【推进鞍山钢铁监防平台建设】 按照“政治化要求、管理化思维、信息化手段、模块化实现”的总体建设思路，“局部建成、整体实现”的工作原则，开展鞍山钢铁监防平台建设。成立7个业务推进工作组，从重点领域和关键环节入手，整体框架与局部建设同时推进。对监督内容进行系统调研、访谈，确定了平台整体功能层次，绘制了采购、销售、工程、纪检等重要业务的功能层次图和业务流程图。形成了重要领域业务流程的责任清单和负面清单，初步排查、整理涉及采购、销售、工程等重要廉洁风险监控点160余项，编制了风险监控功能描述，监防平台已进入信息系统建设阶段。

【深入开展专项监察工作】 组织开展防范“微腐败”治理工作。针对重点领域、关键环节存在的吃拿卡要等问题，分区域组织纪委书记研讨并开展排查、辨识，共汇总各类“微腐败”问题1000余项。围绕生产经营管理中的重要领域、薄弱环节，重点组织开展备件管理、原燃料和熔剂、生产运营重点工作落实等专项督查工作。全年共开展专项监察109项，提出管理建议186条，完善规章制度142项，避免和挽回经济损失5751万元。

【加强党风廉政教育监管】 召开警示教育大会通报了11起典型案例，对600多名党支部书记开展了党风廉政业务培训，对400多名关键重要岗位人员实施正风肃纪精准教育，组织1900多名党员干部参观反腐倡廉教育展览。组织有关单位与供应商签订廉洁诚信合作协议2636份，推送各类廉政微信文章60余篇。各单位开展理想信念教育、党规党纪教育、案例警示教育和岗位廉洁教育500余场，党员干部纪律规矩意识明显增强。落实中央八项规定精神，坚持在元旦、春节、中秋、国庆等重大节日前下发纠正“四风”通知，明确廉洁过节要求，并开展监督检查。发送提醒短信、微信1869条，提醒邮件472个；针对公车使用、业务招待费使用、违规发放津补贴和奖金等各类监督检查等275次。严肃查处违规操办婚丧事宜等违反中央八项规定精神问题，给予8名党员干部党政纪处分和组织处理。

【加强纪检监察队伍建设】 组织制定纪检监察干部年度轮训计划，选拔17名骨干参加实战业务培训，组织140余人参加两级公司纪检业务集中培训。下发了《关于开展党支部书记、支部纪检委员纪检监察工作业务培训的通知》和《关于进一步发挥党风廉政监督员作用的安排意见》，选调20名党支部书记、支部纪检委员参加纪检监察业务培训，抽调关键重要岗位人员30余人参加“以案代训”，提高了理论水平和实践经验。落实纪委书记、副书记提名考察要求，对12名拟选拔聘任、职务调整、试用期转正的纪委书记、副书记进行考核评价。召开党风廉政建设和反腐败工作经验交流会，4个单位纪委介绍了经验，发挥了示范引领作用。召开了纪委书记述职述廉会议，29名纪委书记向鞍山钢铁纪委述职述廉，确保严格履职尽责。2017年，鞍山钢铁纪委被授予辽宁省纪检监察系统先进集体荣誉称号，所属3个单位纪委被评为鞍钢集团纪检监察系统先进集体，11名纪检监察干部被评为鞍钢集团纪检监察系统先进个人。

（鞍山钢铁集团有限公司纪委监察部　孟国庆）

·工会工作·

【鞍山钢铁集团公司第十届职工代表大会第十六次会议】 鞍山钢铁集团公司第十届职工代表大会第十六次会议于2017年1月17日在鞍钢工人文化宫召开。会议由鞍山钢铁集团公司党委副书记、工会主席林大庆同志主持，鞍山钢铁集团公司总经理王义栋同志作行政工作报告，鞍山钢铁集团公司党委书记、董事长姚林同志讲话。会议主要议程为：审议公司行政工作报告、2016 年福利费使用情况和 2017 年福利费使用方案（草案）、2017 年绩效与薪酬评价考核办法（草案）、2016 年企业年金运行情况报告、2016 年集体合同履行情况报告、2016 年社会保险缴费情况报告、2016 年业务招待费使用情况报告、第十届职工代表大会第十五次会议提案处理情况报告、2016 年教育经费提取使用情况报告、2017 年员工教育培训实施计划、2017 年财务预算报告、鞍山钢铁集团公司公司制改革实施方案、鞍山钢铁集团有限公司章程；投票表决公司 2017 年福利费使用方案（草案）、2017 年绩效与薪酬评价考核办法（草案）、民主评议、民主测评鞍山钢铁集团公司领导班子和领导班子成员，审议通过关于鞍山钢铁集团公司行政工作报告的决议（草案）。

【鞍山钢铁集团公司第十届职工代表大会第十七次会议】 鞍山钢铁集团有限公司第十届职工代表大会第十七次会议于 2017 年 4 月 14 日召开，会议选举鞍山钢铁集团有限公司党委副书记、工会主席林大庆同志为鞍山钢铁集团有限公司职工董事，选举鞍山钢铁集团有限公司工会副主席袁鹏同志为鞍山钢铁集团有限公司职工监事。

【鞍山钢铁集团公司第十届职工代表大会专门委员会工作】 2017 年 4 月 25 日，召开鞍山钢铁集团有限公司第十届职工代表大会提案审查委员会会议，对鞍山钢铁集团有限公司第十届职工代表大会第十六次会议职工代表提案进行了审查，共立案 26 件。按照职工代表大会有关规定，转交公司办公室处理，并将提案处理情况提交职代会审议。

【集体合同】 按照《关于开展集体合同履行情况检查的通知》鞍钢工发〔2017〕20 号文件要求，2017 年 8 月 23 日至 8 月 31 日，分别对公司所属的鞍钢股份公司炼焦总厂等 27 个单位，开展《鞍山钢铁集团有限公司集体合同》《鞍山钢铁集团有限公司女职工权益保护专项集体合同》履行情况检查。检查组通过听取汇报、查阅资料、询问情况、召开座谈会等方式，重点对劳动用工、安全卫生等 7 个方面，按照合同条款逐条检查。对在检查中发现的问题责成各单位及时进行整改，并落实整改时间、责任人，形成集体合同履行情况报告报职代会审议。

【鞍山钢铁集团公司民主评议工作】 按照集团公司工会关于开好年度职工代表大会的要求，各单位严格按照《鞍钢民主评议干部办法》规范操作，并实行了民主评议工作事先、事后报告制度，保证了评议工作质量。各级评议委员会成员参加民主评议的全过程，对被评议干部述职、职工代表民主测评、评议结果反馈等关键环节进行严格把关，民主测评则全部采取无记名投票的方式进行。由于准备充分，组织周密，广大职工较好地行使了民主权利，实事求是、公正客观地评价了领导班子和领导干部。在鞍山钢铁职代会期间，组织开展民主评议公司领导班子和领导班子成员，领导班子和领导班子成员进行述职，接受职工代表的评议。鞍山钢铁领导班子综合评价为“好”的 466 票，占 96.08%。召开公司民主评议干部委员会会议，审议公司领导班子及成员民主评议材料，通报民主测评情况。35 个直管基层单位及其所属单位开展了民主评议领导班子工作，综合评价“好”的比率达到 90%以上的单位有 32 个，占 91.4%；评议干部 1437 人，评议率为 86.83%。其中评议副处级以上干部 486 人，占 92.7%，优秀率达到 90%以上的有 453 人，占同级被评议干部总数的 93.21%；评议科级干部 951 人，占 84%，优秀率达到 90%以上的有 890 人，占同级被评议干部总数的 93.58%。

【鞍钢股份有限公司第一届职工代表大会第十四次会议】 鞍钢股份有限公司第一届职工代表大会第十四次会议于 2017 年 1 月 17 日在鞍钢工人文化宫召开，会议由鞍钢股份有限公司党委副书记、工会主席林大庆同志主持，鞍钢股份有限公司总经理王义栋同志作行政工作报告，鞍钢股份有限公司党委书记、董事长姚林同志讲话。会议主要议程为：审议公司行政工作报告、2016 年福利费使用情况和 2017 年福利费使用方案（草案）、2017 年绩效与薪酬评价考核办法（草案）、2016 年企业年金运行情况报告、2016 年集体合同履行情况报告、2016 年社会保险缴费情况报告、2016 年业务招待费使用情况报告、第一届职工代表大会第十一次会议提案处理情况报告、2016 年教育经费提取使用情况报告、2017 年员工教育培训实施计划、2017 年财务预算报告；投票表决公司 2017 年福利费使用方案（草案）、2017 年绩效与薪酬评价考核办法（草案）；民主评议、民主测评鞍钢股份领导班子和领导班子成员；审议通过关于鞍钢股份有限公司行政工作报告的决议（草案）。

【鞍钢股份有限公司第一届职工代表大会专门委员会工作】 2017年4月25日，召开鞍钢股份有限公司第一届职工代表大会提案审查委员会会议，对鞍钢股份有限公司第一届职工代表大会第十四次会议职工代表提案进行了审查，共立案20件。按照职工代表大会有关规定，转交公司办公室处理，并将提案处理情况提交职代会审议。

【鞍钢股份有限公司民主评议工作】 按照集团公司工会关于开好年度职工代表大会的要求，各单位严格按照《鞍钢民主评议干部办法》规范操作，并实行了民主评议工作事先、事后报告制度，保证了评议工作质量。各级评议委员会成员参加民主评议的全过程，对被评议干部述职、职工代表民主测评、评议结果反馈等关键环节进行严格把关，民主测评则全部采取无记名投票的方式进行。由于准备充分，组织周密，广大职工较好地行使了民主权利，实事求是、公正客观地评价了领导班子和领导干部。在鞍钢股份职代会期间，组织开展民主评议公司领导班子和领导班子成员，领导班子和领导班子成员进行述职，接受职工代表的评议。鞍钢股份领导班子综合评价为“好”的374票，占98.94%。召开公司民主评议干部委员会会议，审议公司领导班子及成员民主评议材料，通报民主测评情况。22个直管基层单位及其所属单位开展了民主评议领导班子工作，综合评价“好”的比率达到90%以上的单位有21个，占95.45%；评议干部842人，评议率为91.42%。

【工会组织建设】 深入开展“建家”活动。按照鞍钢集团公司工会《关于鞍钢集团公司工会系统2016年度总结评比工作的通知》要求和《鞍钢集团公司工会系统绩效考核办法》规定，评选推荐37个基层工会为2016年度鞍钢集团公司先进工会；同时推荐67名工会干部为鞍钢集团公司2016年度优秀工会干部、447人为鞍钢集团公司2016年度优秀工会积极分子。各单位在职代会期间，开展了会员评家工作，有27个单位职工满意率大于或等于90%。加强工会活力建设，第二发电厂、鞍钢股份炼焦总厂、铁路运输公司机车厂分别被评为辽宁省、鞍山市活力建设典型单位。

【网络问企】 大力弘扬“鞍钢宪法”精神，深入持续推动“网络问企”活动。按照鞍钢集团公司统一部署，在全公司范围内开展推进“网络问企”改版升级工作，建立健全活动组织机构，制定活动方案，积极营造活动氛围，完善激励机制，动员和引导广大职工积极参与到活动中来。2017年鞍山钢铁职工通过“网络问企”新系统提出意见建议18116项，实施15857项。

（鞍山钢铁集团有限公司工会　项东生）

【群众性经济技术创新活动】 围绕实现公司全年生产经营奋斗目标，突出重点环节，抓住关键控制点，组织开展各种形式的劳动立功竞赛活动，发挥职工的主力军作用。参与集团公司开展的3个专项劳动竞赛成绩领先，得到集团公司主要领导肯定。一是炼钢系统纯净钢冶炼主题攻关竞赛。全集团8个炼钢参赛单位，共有89项次指标达到D级标准，其中鞍山钢铁有61项次指标达到D级标准。二是“治理设备漏油、实现清洁生产”专题攻关竞赛。完成公司级项目189项，厂级项目232项，年节省油脂1078吨，创效923万元。三是“治理身边扬尘、保障职工健康”群众性专项活动。下发班前五分钟宣讲材料，组织开展治理扬尘优秀合理化建议征集评比等活动。经过各方努力，厂区降尘量明显下降。

结合公司全年生产经营任务和不同时期的重点难点，组织开展了“大指标创优，小指标夺冠”主题劳动竞赛和冶炼系统“保规模、促稳顺”等8个专项竞赛。授予39个集体“冠军炉”称号、63个集体“冠军班组”称号。鞍钢股份炼铁总厂3号高炉荣获2016年度“全国重点大型耗能钢铁生产设备节能降耗对标竞赛”冠军炉称号。在鞍钢集团召开的“鞍钢集团公司劳动竞赛推进会”上，鞍钢股份鲅鱼圈炼钢部和热轧带钢厂分别介绍了经验。

在中国机冶建材工会组织开展的“全国重点大型耗能钢铁生产设备节能降耗对标竞赛”中，鞍钢股份炼铁总厂3号高炉、鞍钢股份炼钢总厂D转炉分别荣获冠军炉及优胜炉荣誉称号。

深入开展双增双节活动。与31家所属基层单位工会签订“双增双节”责任状，2017年，鞍山钢铁各单位制定计划措施1518项，全年实现双增双节创效1.27亿元。

创建“蓝领创客空间”职工创新工作室网络平台，职工创新工作室创建取得新进展。命名鞍山钢铁第四批职工创新工作室11个，全公司厂级以上职工创新工作室发展到59个，生产厂实现全覆盖。李超创新工作室荣获“全国示范性劳模和工匠人才创新工作室”称号，又有4个工作室被命名为辽宁省级职工创新工作室。制定下发《职工创新工作室支持资金管理办法》，截至2017年末，鞍山钢铁分三批审核放行职工创新资金支持项目204个，投入资金864万元，完成107项，年创效6000多万元。建立职工创新工作室沙龙，完善“蓝领创客空间”网络平台，召开职工创新工作室科研课题成果发布会，组织10名创新工作室带头人赴一汽交流学习，推进职工技术交流与协作。组织职工创新成果参加第22届全国发明展览会，获得金奖8项、银奖15项、铜奖17项。

【先进操作法推广评审活动】 为弘扬“鞍钢宪法”精神，汇聚广大职工的智慧和力量，2017年，持续推进“百岗千法创效，万人竞技登高”先进操作法总结推广活动。组织开展第四个年度“先进操作法推广季”，推广厂级以上先进操作法238项，培训职工8800余人次，会同人力资源部对26项先进操作法进行了跨区域推广培训。鞍山钢铁先进操作法总结推广工作在中国机械冶金职工技术协会第四届会员大会上作经验交流。组织开展2017年度鞍山区域职工技术竞赛，倡导兼工作业、一专多能，637名职工参加了10个工种的竞赛。

【工会劳动保护工作】 2017年，鞍山钢铁工会以增强监督维护能力，促进安全生产为目标，注重加强源头参与，充分发挥工会劳动保护监督作用。一是扎实有效地组织开展“安康杯”竞赛活动。强化安全责任意识，实现单位班组100%参加“安康杯”竞赛活动；与鞍钢股份各基层单位工会签订了2017年《工会劳动保护责任状》；开展“群安之星”评选活动；征集评选“安康杯”优秀论文和劳动保护工作经验。在全国钢劳联第33次年会上，鞍钢股份炼钢总厂白伟发布了班组安全建设优秀成果，在“安康杯”论文和班组安全建设优秀成果评选中分别有2篇获特等奖，4篇获优秀奖。二是积极参与“安全生产月”活动。组织工会系统积极发动广大职工开展事故隐患和职业病危害因素排查、法律法规学习及班组安全和职业健康知识答题等系列活动。举办了工会劳动保护监督检查员培训班。会同公司安全环保部开展了“安全救护和灭火实战”竞赛。三是深入开展“送清凉、保安全、促发展”活动。结合生产一线职工的实际需要，公司工会为一线职工购买了近80万元的冰柜、饮水机、药品、饮料等防暑降温用品。

【劳动模范管理】 加大先进典型选树工作力度。2017年，鞍山钢铁有6名职工获辽宁省劳模称号，1名职工获全国五一劳动奖章。加强劳模管理服务工作。春节期间，对鞍钢股份235名在岗劳动模范发放了慰问品，送去公司对劳模的关心和爱护。大力营造“劳动光荣、知识崇高、人才宝贵、创造伟大”的浓厚范围，开展“学习劳模、服务劳模、弘扬劳模精神”“五一”大走访活动，进一步了解劳模的工作、学习、生活情况，帮助劳模解决实际困难和问题。

（鞍山钢铁集团有限公司工会　王剑峰）

【困难职工帮扶工作】 2017年，鞍山钢铁集团公司坚持以人为本，关爱职工，积极协助党政解决职工群众最关心、最直接、最现实的问题。一是广泛开展“温暖送万家”大走访活动。各级工会组织按照教育实践活动要切实解决职工突出困难的要求，以实现“三不让”为目标，让职工群众有更多的获得感、幸福感，积极拓宽扶贫帮困渠道，不断探索精准扶贫的新思路，广泛开展“温暖送万家”大走访活动。据统计，全公司共走访慰问困难职工、困难退休人员16788人次，发放救济金762.35万元。二是建立困难职工档案。公司各单位对职工困难情况进行摸底调查，将特困、困难职工信息输入鞍钢困难帮扶管理系统，困难边缘户信息输入本单位困难帮扶管理系统，分门别类建立困难职工档案。三是全面推进“一帮一”“群帮一”帮扶活动，倡导职工互助互济。重点帮助职工解决医疗、子女就学、突发事件等诸多临时性生活难题，建立“一帮一”帮扶对子586个，“群帮一”帮扶对子482个，特困、困难职工结对帮扶率达95%以上。

【医疗救济】 为做好鞍钢职工医疗救济资金审核发放工作，集团公司工会专门下发了《关于下发〈鞍钢集团公司（鞍山区域）医疗救济资金管理使用办法〉的通知》（鞍钢工发〔2017〕42号），要求各单位深入住院职工和退休人员家庭，宣传政策，搜集医疗救济需要的相关材料，保证医疗救济资金在春节前发放到职工手中。集团公司工会、卫生处、居管办、退管办的有关人员组成专门审核小组，全面审查住院就医自负医疗费情况，确定救济人员和救济金额。在医疗救济金初审后，各基层单位工会对救济人、救济金额、救济原因张榜公示。全公司符合救济条件的有1582人，使用救济总额892.75万元。

【金秋助学】 以不让一名困难职工子女因家庭困难上不起学为目标，开展“金秋助学”活动。为确保活动全覆盖，采取逐一入户走访的形式对困难职工家庭及子女上学情况进行摸底调查，做到学生考试情况清，家庭收入情况清，困难程度情况清，确保了助学对象的准确性，不漏一户、不忘一人。全年“金秋助学”活动共救济困难职工子女86名，使用救济金17.25万元。

【女职工工作】 选树女职工先进典型。2017年，鞍山钢铁集团有限公司工会评选表彰了52个“三八红旗集体”，126名“三八红旗手”。鞍钢股份炼焦总厂煤焦研究中心煤质分析试验班荣获全国“三八红旗集体”称号，鞍钢股份炼铁总厂电气作业区荣获全国“巾帼建功先进集体”称号。

女职工维权帮扶。建立和完善帮扶机制，在三八节、六一儿童节期间，鞍山钢铁工会共走访慰问特困女职工和患病儿童85人次，发放慰问救济金5.35万元。以《女职工劳动保护特别规定》为重点内容，广泛开展女职工权益保护法律法规宣传普及活动，增强女职工的法律意识和自我保护意识。

关爱女职工身心健康。组织女职工进行妇科专项体检，普查率达100%；2017年，为5291名女职工办理团体安康保险，全年有7名女职工出险，共获得赔偿金30万元。

开展鹊桥联谊活动。组织单身职工加入多种交友微信群，为未婚单身职工提供更多平台，提供个性化“红娘”服务，积极为未婚职工解决后顾之忧。

创建文明家庭，弘扬家庭美德。2017年，鞍山钢铁有11户家庭分别被评为集团公司和鞍山市“五好家庭”和各类特色家庭。

活跃女职工精神文化生活。组织开展读书和征文活动，以“书香女性”征文活动为契机，培养女性阅读习惯，倡导女性和家庭“日读一小时·月读一本书”，培养科学健康、文明向上的生活情趣。

（鞍山钢铁集团有限公司工会　刘　飞）

【职工思想教育工作】 2017年，鞍山钢铁工会把学习宣传贯彻党的十九大精神作为首要政治任务来抓。按照鞍钢集团工会关于开展“喜迎十九大，一心跟党走”和“学习十九大精神，做新时代好工人”群众性主题教育实践活动安排，围绕迎接十九大、学习十九大和习近平新时代中国特色社会主义思想，开展各种形式的宣传学习活动，在学懂弄通做实上下功夫。加强职工正面宣传引导，公司工会举办了工会干部十九大报告知识答题、“多彩生活·魅力人生”迎接党的十九大职工手机摄影比赛、“喜迎十九大，颂歌献给党”居退职工文艺汇演等活动。

大力弘扬社会主义核心价值观。深入开展“跟着郭明义学雷锋”“做李超式好员工”等活动，分层次宣传选树先进典型。张允东荣获“全国五一劳动奖章”，刘加纯等4名职工被授予“辽宁省劳动模范”称号，林学斌等5名职工被评为首批“辽宁工匠”，张福多等7名职工被评为首批“鞍钢工匠”。会同鞍钢日报社开辟《走基层·寻找身边的钢铁工匠》和《图说创新故事》专栏，编采报道27人、6个创新工作室。密切关注深化改革进程中职工的思想动态，加强对改革形势、政策的宣传解读，汇聚促改革谋发展的正能量。

（鞍山钢铁集团有限公司工会　常志远）

【职工体育活动】 2017年，鞍山钢铁职工体育工作始终围绕集团公司转型升级为中心，以“我参与，我快乐，我健康”为主题开展各项职工健身活动，相继开展了乒乓球、长跑、拔河、气排球、6人制足球、羽毛球、篮球、毽球、趣味运动会、股份职工登山、股份职工羽毛球等11项体育活动。鞍钢全民健身活动形成了职工积极参与的局面，为鞍钢转型升级发挥积极推进作用。

（鞍山钢铁集团有限公司工会　冯　昶）

【居退职工管理服务工作】 2017年，各级居退管组织进一步夯实基础工作，创新工作方法，提升管理服务水平。一是开展经常性送温暖活动。全年共走访居退职工1.32万户，发放救济金498.9万元。向191名肾透析人员发放专项救济金22.92万元。为1230名符合条件的居退职工发放医疗救济金630.1万元。二是开展多样化的文体活动。组织3800多名居退职工到鞍钢展览馆参观。举办了门球、乒乓球、象棋比赛。举办“喜迎十九大，颂歌献给党”居退职工文艺汇演，为居退职工抒发对党的热爱、展示风采提供了舞台。各基层单位因地制宜地举办了居退职工喜闻乐见的登山、游园等趣味运动，有1.8万余人次参加。三是强化信访维稳工作。全年接待居退职工来信来访112件760人次，坚持解决思想问题与解决实际问题相结合原则，充分做好思想疏导工作。在全国两会、“一带一路”国际合作高峰论坛以及党的十九大期间，加大对不稳定群体的工作力度，做到重点人逐人排查、重点信息随时反馈，实现了集团公司党委提出的“五个不发生”目标。四是加强居退管组织自身建设。推广应用OA系统、QQ群等即时办公平台，建立了“居退管工作信息发布”微信群，提高了工作效率。建立完善《居退职工基本信息档案》《困难居退职工档案》《居退休劳动模范基本信息档案》，信息准确率达到了100%。举办了困难职工界定、大额医疗救助申报审核系统等业务知识培训，提高了各级居退职工管理服务人员业务能力和服务水平，推进了管理服务工作规范化。

（鞍山钢铁集团有限公司居退管办　关炳刚）

·共青团工作·

【青年思想教育引领】 结合企业实际，开展主题活动，青年思想引导工作扎实有效。

1. 加强网络新媒体建设。组织开展鞍山钢铁共青团微信公众平台“主题刊”竞赛，优化平台内容供应，提升平台发布质量。将企业的发展战略、改革创新和生产经营形势及时传递给广大团员青年，引领广大团员青年支持改革、参与改革、拥护改革，凝聚助力企业改革发展的强大动力和青春共识。全年共推送信息75期，刊发稿件347篇，阅读量突破40000人次。

2. 开展青年敬业奉献活动。组织100余名团员青年对4号高炉和11号高炉打灰线残留灰烬进行了彻底清理，为公司降本增效工作作出了积极贡献；选派8名基层优秀团干部，为开国领导人子女参观鞍钢提供志愿者服务；组织110余名青年志愿者对老干办迎宾服务中心和老干部大学进行了环境卫生清理；组织40余名团员青年对鞍钢正门外三孔桥墙面的广告进行彻底清理，并对墙体进行了粉刷。所属各级团组织广泛开展了“践行明义品格、争当雷锋传人”和“高举团旗亮身份、青春献礼团代会”等主题敬业奉献活动，共计开展活动531次，参与青年人数达8271人次。

【青年创新实践活动】 开展项目攻关，实施人才培养，青年创新登高助力企业发展。

1. 开展青年创新项目攻关。以立足岗位寻、上下工序提和市场客户需三个层面为出发点，开展选题立项工作，所属各级团组织共申报青年创新登高项目709项，其中“立足岗位寻”622项、“上下工序提”40项、“市场客户需”47项。收集并整理近年来具有推广价值的青年创新攻关成果148项，编入《青年创新登高项目成果》电子书，下发至所属基层团委，开展青年创新成果推广工作。

2. 实施青年创新人才培养。对创新人才信息库实施动态管理，将356名创新能力强、业绩突出的青年职工纳入青年创新人才信息库，作为重点培养对象。深化“导师带徒”活动，发挥公司各级职工创新工作室带头人、核心成员的“传、帮、带”作用，与青年项目负责人结成师徒对子90对，指导青年开展项目攻关，促进青年技术骨干快速成长。组织开展第二届最美青年创客评选活动，评选出创新能力强、成果推广工作突出的青年创客10名，并在公司团员代表大会上对十名第二届最美青年创客进行了表彰。

3. 加强青年创新阵地建设。以“有核心带头人、有创新团队、有攻关项目”为创建标准，创建青年创新工作室，组织引导青年开展项目联合攻关、学习研讨交流、专业技能培训等活动。结合岗位实际需求，开设“青年创客讲堂”，积极开展青年创新攻关成果的培训工作，促进创新成果的推广和应用，各级团组织共开展“青年创客讲堂”326次，培训6751人次。

【服务青年职工需求】 满足个性需求，竭诚服务青年，服务青年需求工作落到实处。

1. 聚焦青年成才需求。开设炼钢系统青年员工技能提升培训班，邀请职工大学专业教师和现场专家，以转炉生产理论知识、现场实操技术和事故应急处理为主要授课内容，以“集中授课+互动交流+模拟演练”为主要授课形式，为三地炼钢系统青年操作人员进行联合授课，进一步提升青年员工操作技能水平。以“有计划、有调研、有培训、有检验、有评定、有表彰”为工作标准，推进“精一、通二、懂三”提技能争当复合型人才主题实践活动，各级团组织共开展培训259次，培训2745人次。

2. 关注新员工入厂需求。全面统筹新员工入厂服务工作，组建青年志愿者服务队，配合鞍钢集团人力资源服务中心，为新员工入厂提供为期一周的志愿者服务，完成了入职报到、物品分发、宿舍引领等相关工作；与党委组织部联合举办通用知识竞赛、“印象鞍钢”主题征文活动和“绽放青春、筑梦鞍钢”主题拔河对抗赛；与党委组织部、宣传部共同举办了新员工入职仪式，促进新员工由学生到员工的角色转变。

3. 满足青年生活需求。组织单身青年参加“青春之约·幸福鞍山”等大型联谊活动四次，开展单线介绍72次，为单身青年交友搭建平台。举办了“羽你相约2017”青年羽毛球赛和“追逐篮球梦”青年篮球赛等文体活动，丰富了青年职工的业余文化生活。针对住宿青年对中国传统节日的实际需求，组织开展了住宿青年元宵节主题观影活动，参与青年达600余人；开展春节、中秋节等节假日走访慰问活动，各级团组织共走访青年1426人次。

【加强团的自身建设】 夯实团建基础，增强组织活力，团的自身建设工作不断夯实。

1. 完成换届选举工作。成功召开鞍山钢铁/鞍钢股份第一次团员代表大会，选举产生共青团鞍山钢铁暨鞍钢股份第一届委员会，进一步明确了今后一个时期公司共青团工作的目标和任务。

2. 完善绩效考评制度。制定《2017年基层团委绩效评价办法》，细化13个方面的基础工作量化考评，以季度为节点对排名靠前的团委进行奖励。设立亮点工作评选机制，鼓励规模较小、团员数量较少的基层团委创新性的开展工作，形成自己的主题活动和特色工作。共评选出季度优秀团委15个、亮点工作10项。

3. 加强团干队伍建设。以“每日一题、每月一测、每季一考”为主要方式，组织基层团干部开展学习团史、团章、团务知识，进一步提升基层团干部业务能力。成立网络新媒体、创新实践、品牌活动等7个工作项目组，负责公司团委专项工作，提高团干部的综合素质和工作能力。

（鞍山钢铁集团有限公司团委　杨东兴）

·人民武装工作·

【民兵预备役】 1. 民兵整组任务。2017年，根据鞍山军分区指示和鞍钢集团鞍山区域实际，突出抓好民兵防空团编组，对部分基层单位编兵任务进行了调整，确保了重点骨干队伍编组落实。对40多名基层单位武装干部进行了集中业务培训，对部分新任职武装干部进行了一对一方式的业务指导，确保了民兵整组任务的圆满完成。

2. 民兵军事训练。鞍山军分区赋予鞍山钢铁民兵训练任务为254人，其中民兵防空分队234人、人防专业分队20人。在组训过程中，一是强化民兵高炮专业技术骨干训练质量。采取以老带新，逐步缓解专业技术兵员年龄老化和断层问题。二是加大民兵防空团指挥所和高炮连训练强度和考核力度。民兵高炮连储备训练由往年的一个连全员训练，拓展为两个连全员训练，考核采取优中选优，为储备实兵实弹演练优秀兵员奠定基础。三是增强基地组训保障能力。2017年，圆满完成了军分区赋予铁东、铁西民兵高炮连基地训练协调组织保障任务，并选派优秀基干民兵业务骨干协助完成训练教学任务。协助市人防办圆满完成了三期鞍山市人防指挥干部集训组织保障任务。自行组织完成了鞍山钢铁208名新入职的职工军训任务。

3. 民兵武器装备管理。组织对武器装备及相关专业训练器材进行春季普查登记，对重武器所属部分单位维护与管理状况进行了调整，规范了高炮装备库房建设标准。每季度“炮场日”期间，集中组织高炮分队所属编兵单位基干民兵，对火炮进行了换季擦拭保养，武器装备始终保持“四无”标准，符合上级军事部门要求。2017年，保障民兵高炮训练任务，共动用火炮19门，确保安全无事故，实现了鞍钢民兵武器装备管理工作连续56年无事故。

4. 民兵政治教育和职工国防教育。2017年，部署基层武装部门，组织广大民兵深入学习习近平总书记系列重要讲话，确保十九大精神贯彻始终。以纪念建军90周年为契机，组织鞍山区域所属80家编兵单位772人开展了国防知识竞赛答卷活动。此外，还向鞍山区域所属编兵单位组织发放《一颗子弹与一部红色经典》一书，开展了以“勿忘历史，牢记使命”为主题的读书征文活动，增强了广大职工的国防意识和广大民兵牢记使命、迎接挑战、战胜困难、为鞍钢生产经营创新发展多做贡献责任感和使命感。

5. 征兵宣传。一是下发征兵政策宣传文件，部署落实鞍钢职工大学生子女积极应征入伍的宣传工作。二是组织制作征兵政策宣传展板 24 块，在鞍山区域所属单位午餐休息区进行巡回展示宣传，营造鞍钢职工大学生子女积极踊跃报名应征入伍声势。三是利用鞍钢日报新闻媒体平台，连续登载大学生应征入伍相关规定以及优抚政策，积极鼓励大学生应征入伍。2017 年，共有鞍钢职工适龄子女应征入伍 105 人。

6. 民兵号活动。鞍山区域有民兵号集体 132 个，标兵民兵号 15 个。2017 年，鞍山区域各级民兵组织结合生产经营实际，发挥民兵组织优势，深入开展“民兵号”活动，将打胜扭亏为盈攻坚战作为首要任务，深入开展劳动竞赛和修旧利废活动，努力降低生产成本和管理费用；突出安全生产、节能减排和增收节支；集中力量解难题，努力完成扭亏增效任务。八一期间，《鞍钢日报》整版宣传了鞍钢部分优秀民兵号集体及荣复转退军人先进事迹。

【拥军优抚】 一是组织走访慰问驻军部队。2017 年春节前夕，协调完成鞍钢集团公司领导走访慰问辽阳 39 集团军、海城 39 集团军 116 师、鞍山航空兵 1 师、鞍山军分区等 4 家驻军部队，并送去慰问金支援部队建设。

二是认真接待优抚对象上访。2017 年元旦、春节、两会、八一和十九大期间是各类优抚对象上访的敏感时期，全年共接待优抚对象上访 16 人次，对他们所提出的问题做到耐心细致的答疑解惑，确保了公司优抚对象无集体越级上访事件发生。

三是积极开展优抚慰问活动。鞍山区域所属单位认真执行拥军优抚各项法规政策，积极开展八一优抚慰问活动，全公司共走访慰问优抚对象 7300 余人，发放慰问品价值 85 万元。在组织走访慰问残疾军人、烈士遗属、现役军人家属、复退军人以及优抚对象特困户时，认真听取他们的意见，力所能及地为他们办实事、送温暖，帮助优抚对象解决生活中的实际问题。

四是圆满完成优抚对象统计任务。鞍山区域目前优抚对象共有 26200 余人，其中在岗 12325 人、居家 2236 人、离退休 10319 人、三类遗属和军人家属 304 人；其中荣复退伍军人 22927 人，军转 1506 人；其中残疾军人 10 人、困难优抚对象 337 人、特殊困难 16 人。

【人民防空】 2017 年，继续以人防工作与民兵工作相结合、人防分队编组与民兵整组相结合、人防专业分队训练与民兵专业分队训练相结合、人防教育与职工国防教育相结合、平时与战时相结合为原则，认真落实工作目标，圆满完成了市防办赋予的各项任务。

一是修订完善鞍山区域重点经济目标防护预案，完成了鞍山区域人防工程设施数据测量配合保障任务。

二是对自管人防工程及附属设施进行了安全检查。对发现的隐患问题及时跟踪处置，实现了人身安全、人防设施、安全防火事故为零。

三是对人防警报设施进行了维护保养。先后增设关宝山矿和大孤山铁矿 2 台人防警报设施，并对区域所属 4 台人防警报设施进行了更换，目前区域所属 30 台人防警报设施全部符合上级管理标准，完好率达 100%。

四是开展“5·12 防灾减灾日”宣传活动。组织鞍山区域所属人防重点单位，制作并悬挂横幅、标语，开展了主题宣传周纪念活动。

五是协调鞍山市人防办继续缓征鞍钢人防四项费用，全年为鞍钢集团鞍山区域所属企业节省约 65 万元。

【基地建设】 一是确立创建“四个基地”构想，强化基地设施建设。2017 年，结合武装部房屋、土地、设备、设施等现有资源，多次组织研讨、分析，统一思想，确立了创建“四个基地”构想，即鞍钢民兵训练基地、鞍山军分区民兵高炮训练基地、鞍山市人防训练基地、鞍山市国防教育（爱国主义教育）基地。全年鞍钢集团投资 100 多万元，用于基地办公楼维修改造，促进基地办公环境大幅改善。鞍山市人防办投资 50 万元，用于基地部分设施改造，改造后的多功能厅、会议室、教室、宿舍楼等训练、会议场所已接待并圆满完成了三期鞍山市人防指挥干部集训和鞍钢保卫部第一次工会会员代表大会的保障任务。鞍山军分区下拨 18 万元用于炮库、修理所改造，下拨 30

万元用于民兵训练及器材保障，确保了民兵军事训练及职工军训等相关军事训练活动的有序开展。二是组织开展党员奉献日活动，自力更生美化环境。2017 年，武装人防处积极组织全体同志开展降本增效党员义务奉献活动。修剪树墙 2000 多米、草坪 3 万多平方米；平整办公楼西侧场地和灌木丛 100 多平方米；更换训练场展板标语 8 块、平整训练场地 1000 多平方米；清理宿舍 10 间、库房 6 处；重新维修加固粉刷凉亭 1 处；更新了篮球场设施，重新铺设了篮球场地，粉刷了场地看台及花坛等。目前武装部院区内环境有了较大变化，办公区、训练区、生活服务区等美化亮景处处可见，建设成果显著。三是协调配合审计部和审计中心进驻办公前百日装修改造工程，严把建设质量，重点改造部位专人值守，确保了工期及质量。

（鞍山钢铁集团有限公司保卫部（人民武装部） 吴洪刚）

· 所属单位简介 ·

钢铁板块

鞍钢股份有限公司

【概述】 2017 年，鞍钢股份有限公司（以下简称“鞍钢股份”）党委认真学习贯彻党的十九大精神、习近平总书记“三个推进”重要讲话精神，落实鞍钢一届八次全委（扩大）会议、鞍山钢铁暨鞍钢股份首次党代会工作部署，按照坚持“一个中心”、抓住“三个关键”、落实“十项重点工作”、实现“一个目标”的工作思路，担当振兴发展责任，履行企业公民义务，党建和生产经营各项工作取得了显著成绩。

一、深入学习贯彻党的十九大精神，使命责任意识不断增强

2017 年，鞍钢股份以党的十九大精神为指引，锐意改革、开拓进取、奋发有为，企业效益实现新突破，鞍山钢铁实现利润 48.28 亿元，销售利润率 5.27%；鞍钢股份前三季度利润位列上市钢铁板块第二名，销售利润率 6.65%。产量规模跃上新台阶，鞍钢股份、朝阳钢铁钢产量分别完成 2260 万吨、228 万吨，均创历史最好水平。系统降本实现吨材 257 元，增效 39.5 亿元。八大行业重点品种结构持续优化，高端产品比例不断提升。践行共享理念，员工收入实现稳步增长。践行企业公民义务，鲅鱼圈分公司被评为国家首批“绿色工厂”示范单位。鞍钢股份荣获“中国百强企业奖”，鞍山钢铁荣获全国“五一劳动奖状”。

二、持续深化改革，企业发展活力不断增强

变革体制机制。按照鞍钢集团“强激励、硬约束、严考核”的原则，全面推进市场化运营，从“效益、效率、风险、成长性”四个维度实施运营考核评价，释放经营活力。全年 15 家单位完成了挑战值，8 家完成了目标值，5 家未完成基准值。创新管理机制。推进无缝钢管厂、朝阳钢铁、莆田冷轧承包经营，大型厂小型线混合管理模式取得良好成效。完善现代企业制度。完成了公司制改革，规范了各级子企业法人治理结构，完善了董监事管理体系建设。优化资源配置。进一步梳理单元企业和内设机构，顺利推进铁运系统集中管理。推进“脱僵治困”工作。落实鞍钢集团有关措施，4 家困难企业实现盈利 5.12 亿元，亏损企业由 28 家减少到 7 家，亏损面降至 12%。基本完成“三供一业”分离移交工作。

优化产业布局。全面落实鞍钢集团“631”发展战略，以完善产业链、提升价值链为主线，制定了鞍山钢铁“1+6”产业规划。做精做强钢铁主业。放行技改投资项目 110 项，投资额达 55.64 亿元，为品种优化、节能降本、质量升级、绿色制造提供了有力支撑。其中，重点放行质量项目 12 项，产品项目 13 项，绿色生产项目 18 项。按照“逢修必改、有修就改、不修不改”的原则，放行大修理项目 70 项。推进“两化融合”，放行信息化项目 9 项。明确相关产业发展思路。目前，德邻陆港、德邻智联相关业务全面展开；优化调整了化学科技产业布局，放行了针状焦项目；加强与主机厂、配套厂合资合作，EPS、热成型、油淬火钢丝弹簧等汽车零部件项目论证工作有效推进。

三、提升规模效益，生产管控能力不断增强

生产组织高效化。遵循“安全长寿、稳定顺行、指标优化”的原则，研究高炉炉缸侵蚀监控模型，炼铁工序实现了防风险、保稳顺。狠抓冶炼纯净度控制，炼钢工序质量稳中向好。加强产线管理，稳定坯料供应，三新产线产量持续提升。开展预期合同组织模式，汽车钢产销量创历史最好水平，发出量同比增加21.5%。强化三地协同，发挥各基地优势，整体规模效益不断提升。鞍山钢铁铁、钢、钢材产量同比分别增长1.39%、4.39%、4.39%。

降本增效系统化。挖掘全要素内在潜力，构建了12个大项62个课题攻关目标体系，持续降低生产成本。外购能源成本、物流成本分别完成275元/吨、380元/吨。实施合同能源项目，全年节能创效2.3亿元。推进“三提三降”，鞍山本部、鲅鱼圈分公司、朝阳钢铁废钢单耗分别达到147千克/吨、155千克/吨、198千克/吨，提废降铁效果明显。

运营保障规范化。加强设备管理。强化点检定修、事故管控、精度提升，设备保障能力不断提高，设备事故时间同比降低15.7%。推进公开招标采购。根据市场形势，把握原燃料采购节奏，经营原燃料实现外销创效1.63亿元，择机采购实现差异化降采23亿元，期货套期保值实现创效5539万元。扩大公开招标范围，设备资材公开招标比例达85.79%，资材综合消耗完成156.86元/吨。

风险防控常态化。畅通融资渠道，成功发行钢铁行业首单“债券通”短期融资券。创新资本市场融资方式，积极推进发行H股可转债项目。鞍山钢铁资产负债率降低6.04个百分点；实施朝阳钢铁类永续债，资产负债率降至61.85%。强化法律事务、审计、保密等工作，建立了规范的“5+X”会议决策联审机制，推进依法合规治企，确保科学决策。

安全环保标准化。推进“0123”安全管理模式，加强安全生产标准化建设，以“一月一主题”安全活动为载体，提升安全意识，加强安全辨识，治理安全隐患。构建绿色工厂，实施粉尘治理，厂区降尘量降低了30%，圆满完成中央环保督查迎检任务。

四、拓展盈利空间，市场竞争能力不断增强

加大市场战略调整。优化营销体制机制。建立由市场营销中心统一管理、管操分离的营销服务体系，实现行业营销和区域营销双驱动。加大区域销售力度。东北区域销售量达到829万吨。各区域分公司营销能力大幅提升，桥头堡作用凸显，全年盈利4.29亿元，同比增长171%。加强营销渠道建设。稳定直供客户、抓住重点工程、推进出口调品，直供比例达70.2%，中标重点工程88项，品种钢出口量增加15.4%。加强企业品牌建设。成功召开了汽车用钢、铁路用钢产品发布会、推介会，市场影响力不断增强。加快向服务商转型。开展仓储、加工配送服务，延伸产业链条，加工配送量达170万吨，实现营销增值2.57亿元。强化售前、售中、售后全流程服务，走访客户2万余次。制定客户服务标准并公开承诺，建立了快速响应的异议处理机制。深化技术营销。成立了各成材厂产销研服务办公室，强化生产对研发销售的支撑作用，市场总监协调作用得到发挥。八大行业重点产品销量大幅增长，集装箱、桥梁用钢同比增长63%、30%。

加大质量管理力度。坚持“质量第一”理念，开展质量提升行动，组织召开了第二届“3·15”质量工作会议。深化工艺点检设备挂牌管理，强化过程控制及质量督查，提升质量制度执行力。强化质量改进，实施“1+10+N”质量专项攻关，顾客抱怨率下降5%、质量外异率下降18%、重点订单原品种计划完成率提高17%。加强质量成本管理，工艺路径得到持续优化。钢帘线用盘条、热轧酸洗板、油缸用无缝管等产品荣获中钢协冶金产品“金杯奖”。

加大调品创效力度。科研创效成果显著。深入推进模拟市场科研体系合同制管理机制，全年签订科研项目合同507个，实现收入2.08亿元，技术输出合同创效1028万元。承担国家课题27个，修订国家行业标准17项。产品结构持续优化。战略产品、领先独有产品、新产品占比分别达到64.3%、29.7%、12%，调品创效12.5亿元。成功生产了国内首卷第三代超高强汽车用钢QP1400，3760毫米超宽核级双相不锈钢板填补了国内空白，特厚超高海工钢独家供货“蓝鲸一号”，转向架用钢成功供货“复兴号”。

五、加强党的建设，领导核心和政治核心作用不断增强

落实管党治党责任。筑牢国有企业的“根”和“魂”，确保党的建设在企业落地生根。26项重点党建工作任务全面完成，完善“双向进入、交叉任职”的领导体制。创新开展“三查三改三提升”活动。查出共性问题68项、个性问题320余项，制定6个方面260余项措施。对592名在岗党支部书记和2300余名支部委员进行业务轮训，对72个一般党支部和13个样板空白党委进行全面整改。新建党员活动室60个，实现覆盖率87%、利用率100%。加强领导班子和干部队伍建设。选派有经验、业务强的领导人员到子公司、合资企业担任专职外部董事、监事，选派10名优秀年轻干部到外埠加工线等挂职锻炼，评选“四好班子”40个次。强化党建工作考核评价。修订《党建工作评价办法》，完成了三级党委书记抓党建述职工作。强化直属单位党建工作季度排序考核，对排在前5名和后5名的单位实施绩效考核。加强党建品牌建设。完成了中央企业党建课题1项、鞍钢集团级党建研究课题26项、鞍山钢铁级73项。

引领宣传思想文化。以弘扬主流意识形态、传递好正能量声音为主线，提升全员思想政治素养。开展形势任务教育。加强思想政治工作，编发形势任务教育宣传提纲6份、《班前五分钟教育宣讲材料》55期，在自媒体发布信息2000余条。加强精神文明建设。持续深化“跟着郭明义学雷锋”等活动，郭明义爱心团队荣获全国“四个100”最佳志愿服务组织称号。炼焦总厂被评为全国学雷锋活动示范点。加强企业文化建设。制作《高举创新的旗帜》等宣传教育专题片5部。“鞍山钢铁厂”被国家工信部评为全国第一批工业遗产。鞍钢博物馆成为全国同行业唯一的国家4A级景区。加强对外宣传。接待市级以上媒体采访130余次，报道新闻稿件600余篇。

全面从严治党管党。巡视整改工作持续深化。坚持“举一反三”，持续推进巡视反馈问题整改，不断巩固深化整改成效。深化鞍山钢铁监督体系建设。按照“政治化要求、管理化思维、信息化手段、模块化实现”的总体思路，成立7个工作组，全面完成所属52家单位廉洁地图评估工作，查找廉洁风险问题707项、管理问题368项。深入落实中央八项规定精神。开展涵盖车辆使用、业务招待费使用、违规发放补助津贴和奖金等各类监督检查等275次。有效运用监督执纪“四种形态”。全年共受理信访举报255件次，查结问题线索146件次，处理122人次。同时，在铁矿石、煤炭、废钢、石灰石等采购方面持续开展效能监察，避免、挽回经济损失5751万元。

汇聚企业发展能量。组织开展“践行共享理念、关爱一线员工”专项服务行动。鞍山钢铁立项实施54项，基层单位立项实施407项。推进“三室”建设，现场工作生活环境明显改善。提高夜班津贴、班组长津贴、女职工卫生保健标准。全公司共走访救济困难职工16788人次，发放救济金762.35万元。审核下发医疗救助金717.78万元，惠及1932人。向塔县地震灾区捐款100万元，向岫岩抗洪抢险捐款500万元，顺利完成向市政新增500万平方米供暖面积工作。加强职工创新创效。设备漏油、现场扬尘治理等专项攻关竞赛成效显著，“双增双节”创效1.27亿元。投入职工创新支持资金611.5万元，支持项目145项，创效3000万元。命名第四批职工创新工作室11个。李超创新工作室获得“全国示范性劳模和工匠人才创新工作室”称号。在22届全国发明展上，获得金奖8项、银奖15项、铜奖17项。大力弘扬劳模精神和工匠精神，林学斌等5人当选首批“辽宁工匠”，张福多等7人当选首批“鞍钢工匠”。营造和谐稳定氛围。十九大期间圆满完成了“五个确保”目标，受到了中央第三联合督导组、国务院国资委的充分肯定。激发青年职工活力，充分发挥了团员青年的生力军和突击队作用。

（鞍山钢铁集团有限公司办公室
调研处　张　戈）

【市场营销中心】 2017年末，鞍钢股份市场营销中心共有职工350人，其中在岗职工334人。在岗职工中，具有高级职称44人，中级职称221人，初级职称52人。作为鞍钢股份有限公司的重要销售力量，该中心承担着对全公司钢铁产品的营销管理职能，大部分品种的销售单元职能，市场化运作的区域销售平台职能，也是客户服务中心。销售产品涵盖热轧系列产品、冷轧系列产品、型材产品、线材产品、重轨产品等。该中心下设人力资源部（党委工作部）、监察部（纪委）、工会等3个党群管理部门；运营管理部、营销管理部、客户服务部等3个业务管理部门；热轧销售部、冷轧销售部、长材销售部等3个专业产品销售部；东北区域公司、华北区域公司、华东区域公司、华南区域公司、中西部区域公司等5个国内销售子公司；在天津、潍坊、上海等地设有3条钢材加工线，在广州设有1个物流园，在部分城市设有办事处，营销业务覆盖国内全部区域。

该中心秉承“以精品回报客户，以诚信实现双赢”的经营理念，积极开拓市场，提升服务质量，满足客户需求，大力践行从生产销售商向综合服务商转变的发展思路，积极应对供给侧改革带来的市场机遇与挑战。深入贯彻落实十九大精神及习近平新时代中国特色社会主义思想，坚决执行两级公司的决策部署，精细化服务、创新性管理，为公司创造经营佳绩作出了突出贡献。

主要指标完成情况。2017年，销售钢材2062万吨；东北区域销售量同比增加27万吨；战略产品销量同比增加33.2万吨；直供比例同比上年提高3.77%。

完善市场机制，激发员工活力。强化市场概念，实施“底薪+绩效提成”的分配机制，从量、价、服务、成长、风险等不同维度分别对品种部和区域公司实施精准考核，合理拉开收入差距，销售人员积极性得到充分激发。

强化自主管理，提高区域公司经营活力。完善法人治理结构，还原区域公司市场地位，成立华南、华东、华北、东北、中西部五大公司，有效配置营销资源，助推区域公司做强做大。在中心的考核框架下，结合地域和自身特点，积极探索出符合自身发展的营销策略和管理模式，在市场最前沿为客户提供最优质的服务体验，桥头堡作用凸显。各区域公司认真落实成品库前移和有货销售战略，加大现货投放量。积极落实东北主销售区战略，构建平台销售、节点服务、直营体验的营销模式，打造东北最具产品价格主导权及市场控制力的优势企业。

抓好重点工程，提高鞍钢品牌知名度。组建重点工程项目团队，整合研发、技术、质量、品种等整体优势，强化中标前中后各阶段服务，确保中标重点工程。同时，建立健全工程投标管理机制，充分发挥区域公司的根系、触角作用，加大工程投标力度。2017年，共参与投标210次，中标88项，中标量70多万吨，实现了对北京新机场、中俄东线、国电荒沟抽水蓄能电站等重点工程项目的供货。

增强服务意识，提升服务能力。利用公司调度会及时反馈典型异议案例，实现了客户异议的内部快速整改。按照“基于事实，授权充分，反应迅速，客户满意”的目标，改进优化售后服务工作。贴近客户，贴近市场，授权区域公司处理客户异议，大大提高服务工作效率，客户满意度持续提高。1～12月，共处理投诉1772件，结案率97.2%，同比提高0.2%。

延伸产业链条，提供增值服务。利用现有资源，整合社会资源，积极开展仓储、加工、配送服务等，拓展服务内容，增加客户黏性，实现营销增值。中西部公司将鞍钢钢材加工成比亚迪需要的汽车零部件8000余吨，既满足了要求，又为公司创造了附加利润。华南分公司改变传统的贸易方式，将非计划冷轧板加工成导电耐指纹电镀锌板，供应家电大型企业，吨钢利润大幅提升。

提升党建统领，增强推动营销大发展的综合能力。扎实推进“两学一做”学习教育常态化制度化，加强思想政治理论学习，强化领导班子和干部队伍思想政治建设。夯实基层组织建设，完成中心党支部设置及增补选党支部委员工作，实现基层组织工作全覆盖。指导全资子公司及合资公司依法有序将党建工作纳入公司章程。制定《党建工作考核评价办法》，建立完善季度党支部书记例会制度。探索党建工作模式，打造党建联盟工作品牌，探索地企三方联盟新形式。党员创新攻关项目实现全覆盖，完成率100%，战斗堡垒和先锋模范作用进一步显现。加强宣传文化建设，全方位开展形势任务教育和内外宣传报道，着力提高见报率和头版率；着力打造具有市场营销中心特色的文化宣传主阵地。持续优化人力资源配置，组织开展机关全员竞争上岗工作，根据人员需求和层次实施精准差异化培训。

深化反腐倡廉、全面落实好从严治党新要求。结合案件，开展领导班子共同对各分公司经理集体进行廉洁谈话。细化完善现货网上操作流程和销售政策，规范分公司期货资源量分配，并实施动态监管。开展“廉洁万里行”活动，分别组织各区域公司召开“廉洁诚信　共谋发展”廉洁共建大会，共享阳光销售。开展建立廉洁风险地图工作，通过自检自查的方式共排查并整改各类问题28项，确定风险区域9个。

做好群众工作，围绕中心任务发挥作用。关心关怀困难职工，在春节、“七一”两个重要时间节点，领导班子带头到包保联系点走访慰问困难重病职工，累计走访78人次，发放救济金10.4万元。积极开展“践行共享理念　关爱一线员工”专项行动，为驻外分公司职工配置800余件室内运动小器械，丰富职工业余文体生活。共青团组织完善新时期服务青年新渠道，在产销研青年中开展“双提高”营销主题实践活动，助力青年成长成才。

（张　阳）

【原燃料采购中心】 2017 年末，鞍钢股份有限公司原燃料采购中心有在职职工 50 人，其中：管理和专业技术岗位 42 人（高级职称 10 人，中级职称 32 人），生产服务岗位 5 人，居家休息职工 3 人。离退休职工 3 人。中心下设综合管理部、商情部、矿石废钢采购部、煤炭焦炭采购部、合金有色采购部 5 个部门。

2017 年，中心实现外购原燃料与同期市场相比差异化降采 23.0 亿元，全面完成两级公司下达的各项绩效考核任务。原燃料销售创效 1.63 亿元，期货工具盈利 5539 万元。中心荣获鞍山钢铁集团公司 2017 年度文明单位称号。

积极谋划，保产保供能力不断增强。积极稳定战略主渠道，联合国内重点钢厂抵制战略供应商涨价要求，保持市场差异化优势。改变淮北水运煤炭的物流模式，降低海运费用 9%，显著压缩物流时间。参与进口战略物资的价格谈判，准确协调到货时点对接，及时安排港口回运，控制合理港存。积极提高采购执行率，加快调整废钢采购布局。在稳定原有船板、重型废钢品种的基础上，及时开发打包块，钢筋压块等高品质新品种，完成“提废降铁”工作目标。规范相关采购流程，保证公司重点复合材项目的原燃料需求。积极强化质量监管，全年质量抽查 126 次，处理质量异议 240 起。通过提高合同标准，加强质量提示，严格处罚力度等措施，使供应商供货质量显著提高。全年原燃料重点品种洗精煤灰粉 9.7%，喷吹煤合格率 97%，动力煤合格率 98%，合金合格率 98%，无一起质量事故发生。

提升集采优势，降采能力不断增强。积极把握市场商情，每周研讨原燃料市场动态，实时跟踪外部网站信息，捕捉市场热点，定期更新市场商情微信群，加强中长期采购市场研究，把控供应链业态走势，发挥集中采购优势，提高市场综合竞争力。利用规模优势，低价做多，高价做空，充分实现差异化降本。适时适量锁定高性价比品种，避峰就谷，择机降采。积极实现品种替代，根据市场形势及时调整和优化配煤、配矿和合金调配结构，用高性价比品种替代功能过剩品种，实现系统降本，优化品种价值链管理，全年品种替代降低采购成本 3700 万元。

拓宽采购渠道，市场经营能力不断增强。建立供应商激励约束机制，细化供应商准入条件和评价标准，供应商准入标准覆盖率 100%。引入优质供应商 107 家，淘汰 83 家，年末合格供应商数量达 232 家，供应商队伍实力得到显著提升。全年外销粉矿、球团矿、烧结矿 26 万吨，煤炭 41 万吨，创效总计 1.63 亿元，为公司生铁成本的降低、利润的完成作出了贡献。2017 年中心协同期货部成功开展铁矿石、炼焦煤、合金有色期货业务，盈利 5539 万元。

推进管理提升，团队业务能力不断增强。开展制度“立、改、废”和“学、练、用”活动，重新修订煤炭、废钢等重点品种的质量标准，对采购流程进行合规性检查，查出问题 28 项，考核 7 人次。完善绩效与薪酬管理办法，进行强激励、硬约束、严考核，搞活内部分配机制。推进市场化运营工作，将市场化指标层层分解，充分调动各级人员的市场参与意识和工作积极性。进一步落实保密工作条例，加强工作秘密和商业秘密涉密人员的管理力度。不断优化关键岗位人员设置，对 16 个关键岗位人员进行了交流，修订完善职工岗位说明书，明确岗位职责。

加强党的建设，营造风清气正氛围。中心深入学习贯彻落实党的十八届六中全会和党的十九大会议精神，扎实开展“三查三改三提升”活动。成立 5 个党支部，选优配强支部力量，严格落实组织生活制度，开展支部委员业务培训，创建党员活动室红色阵地，夯实党支部工作基础。开展共产党员“挑战项目”14 项，创效 17.32 亿元。明确党风廉政建设职责分工，认真开展岗位廉洁教育、理想信念教育、党规党纪教育、案例警示教育，强化全体党员干部的纪律意识和规矩意识。组织开展重点原燃料品种专项监察，严控采购实物质量，从采购业务流程查找和堵塞漏洞，防范化解风险。

（李井杰）

【设备资材采购中心】 2017 年末，鞍钢股份有限公司设备资材采购中心有在岗职工 248 人，其中管理和专业技术岗位 119 人（高级职称 25 人、中级职称 79 人、初级职称 15 人），市场 20 人，居家休息职工 51 人，编外 4 人，离退休职工 502 人。机构设置为“六部、一会、一作业区”。拥有固定资产原值 73621 万元，净值 2254.8 万元。仓储用库房 22 座，大型露天货场 2 个，总计仓储面积 22 万平方米，主要设备有各类吊车 44 台、货运电梯 4 部。

2017 年，该中心认真学习贯彻党的十九大精神和习近平总书记“三个推进”重要讲话精神，不断加强和改进党的建设，聚焦降本保供。按照“六个强化”的工作思路，加强采购管理，适应市场变化，优化采购策略，保供降本控库取得显著成绩。全年，设备备件采购综合降采 7.66%，备件库存同比降低 11.21%；受原材料价格大幅上扬影响，吨钢资材综合消耗分析后比目标计划降低 2.37 元。

保供降本能力不断增强。实施“阳光”采购。整合采购计划，备件以季度计划为主、资材以季度、半年、年度计划为主，集中打包实施公开招标，做到应招尽招，公开招标率 85.79%。实施避峰就谷采购。密切关注研判市场形势，抓住 2016 年末耐材价格较低有利时机，签订年度合同，锁定低价资源，在镁质原料综合市场价格平均涨幅 156%情况下，公司耐材采购价格平均仅上涨 6.5%。实施战略采购。针对电极价格急剧上涨，市场资源极其紧张的情况，与吉炭签订三年战略合作协议，稳定了供货渠道。实施规模效率采购。推进备件协议采购，全年签订备件采购协议 315 大项。同时，抢先抓早，完成了 2018 年油脂、水药剂、炼铁非标件等协议采购。推进资材功能承包，与生产厂联动，先后确立承包项目 30 项，金额 9.57 亿元，有效促进了提质降耗。实施性价比采购。梳理整合物料，推行备件资材分级管理，确定甲类材料 529 个品种，关键生产工具、A 类通用备件、A 类润滑油脂 2060 个品种。轧辊已采取综合价法评标采购，矫直辊剪刃等部分品种已按过钢量挂钩采购。同时，克服困难，勇于担当，在未增加建制编制的情况下，承担了鞍山区域人民币结算进口设备资材采购业务。

供方管控能力不断增强。全品种建立准入标准。根据采购物料 ABC 分类管理原则，按物料性质和加工工艺不同，合理制定差异化准入标准，严把准入关口，按物料组类别建立准入条件 3350 个。强化供方现场评审。从源头控制采购质量，建立“责任明确，分工负责，集体决定”的评审机制，依据准入条件，严格现场考察，按供方优势产品准入。全年新增供方评审考察 250 家，不合格 19 家，审核否决比例为 7.6%。强化供货过程监督。建立退出机制，突出合同评价，使用评价，建立质量异议管理档案，转变重准入轻管理现状。全年全品种取消供方 25 家，单品种取消 33 家，暂停业务往来 4 家。

质量管控能力不断增强。完善采购标准。通过网上查询、使用单位提供、同行业咨询、专题研讨等方式，完成了 8746 个 B 类资材采购标准编制，实现了全覆盖，为控制采购质量，提高采购效率奠定了坚实基础。落实管理责任。结合中心机构改革，建立质量岗位统筹管理、采购岗位具体处理的质量管控工作机制。完善质量管理制度，发挥生产厂质量检查作用，形成相互督导、相互推进、全员参与、齐抓共管的格局。强化日常监督检查。按月编制质量抽检计划，不定时组织质量抽检。全年质量抽查 150 批次，发现纠正问题 14 个批次。加大不合格品处理力度，严格供方处罚并扣款 173.02 万元。

优质服务能力不断增强。落实保供责任制。按照“谁主管，谁负责”的原则，及时组织技术交流和采购实施，定期召开工程项目调号会，密切跟踪计划执行情况，落实合同到货情况，按工程进度催交。增强主动服务意识。坚持按工号管理，深入现场服务，做好与生产厂协同，了解订货品种需求，掌握第一手信息，提前做好采购应对。强化优质供应。坚持“三个”到前沿，及时解决问题，全方位做好采购供应工作，优质完成了以新 1 号高炉、炼钢 6 号转炉、氧气厂 6 万立方米等为代表的重点工程设备资材供应。

物流管控能力不断增强。优化实物仓储。调整仓储布局，划定闲置设备备件存放区域，强化拆旧、代保管备件管理。实施新品备件集中配送，方便生产厂领用，有效控制库存增加，节约二次运费。抓好备件利库。采取生产提报需求先利库、采购计划确认利库的方式，进一步减少新品采购量。加强在库实物清理，主动与生产厂设备部门联系，请进来确认实物，在生产厂大力支持下，盘活 5 年以上老库存 9000 万元。强化实物管理。健全仓储管理制度和流程，完善收发存保证体系。完成国贸 6000 余万元进口备件入库和库存管理业务划转工作。开展物料整治专项劳动竞赛活动，清查备件一物多码542项。开展低效无效存货清理确认，处理报废备件15028件，2112万元。

基础管理能力不断增强。完善制度体系。落实集团公司强化采购管理决定及新下发的采购管理制度，调整内部程序文件，全年修订核心采购制度8个，进一步明确招标采购主体责任，确保了采购职能调整落实。加强内控管理。迎接QEO、API等内外部贯标认证12次，均未出现不合格项。推进采购工作信息化。开发出备件统计分析功能，供方管理系统上线运行。

学习贯彻党的十九大精神不断深入。组织观看十九大盛况，下发《学习安排意见》，成立宣讲团，通过开展“微信编发材料、分层辅导、我谈十九大、知识竞赛、学习笔记评比”等10项系列活动，组织党员干部学原文、悟原理，解读新时代中国特色社会主义思想内涵。党委中心组专题集中学习4次，领导班子带头上专题党课5次，邀请党校教授专题辅导1次，各党支部采取不同形式宣讲13次。

学习教育常态化制度化不断推进。重新细化《学习教育实施方案》，多措并举，多方聚力，推进学习教育。坚持中心组学习制度，每月集中学习研讨一次，牢固树立“四个意识”，坚决做到“四个自信”，中心组学习两篇成果被收录进《鞍山钢铁党建工作汇编》。加大学习教育督导，按月检查排序支部开展情况，统一下发学习笔记，按季调阅评比展示，助推了党员自觉“补钙加油”。开展为党员过“政治生日”活动，各支部以重温入党誓词等形式，强化党员“不忘初心”理想信念教育。开展“寻找闪光点，评星级党员”活动，以“三个闪光点”为一个星级，转化了学习教育效果，经过层层选拔，评选出“四星级”及以上星级党员35人。

党的组织建设不断夯实提升。落实党建工作责任制，重新修订《党委议事规则》和《党支部工作评价考核细则》，明确“一岗双责，党政同责、不抓失责”。加强党支部领导，选齐配强支部书记和委员，通过换届或增补，兼职支部书记全部实现部门经理担任。开展支部书记工作述职，落实“第一责任人”职责。抓好党支部工作评价，将党建目标与行政业绩挂钩，实现“一体化”考核，对季度排名末尾的党支部书记进行了提醒谈话。强化“三会一课”管理，编制下发固定模板，举办5次专题培训，规范会议程序、内容和记录。建立月报告制度，采取微信上传、现场观摩等形式，督导检查“三会一课”执行，严格落实党内组织生活制度。抓好阵地建设，新建党员活动室5个，覆盖面100%。开展“三查三改三提升”活动，找短板，查问题，形成负面清单，整改问题26个，一般支部转化通过了公司检查验收，党支部达标率100%。开展“党小组建设提升年”活动，推进党支部晋位升级，探索“党建+”模式、融入中心降本保供等3个工作经验被公司推广，综合管理党支部被评为集团样板党支部。

党员干部队伍建设不断加强。搭建对标交流平台，以党支部示范基地为依托，坚持走出去，请进来，拓宽工作视野，共享党建工作成果，与内外部对标交流7次、签订党建共建协议2份。搭建能力提升平台，开办中心业余党校，聘请党校老师作为客座讲师，利用工余时间，举办党的理论辅导6期。支部书记和委员参加公司轮训考试成绩优异，被公司肯定，获得优秀组织奖。搭建建功立业平台，以完成市场化经营指标为主战场，针对原材料价格上涨，开展“登高夺杯”和“大干六七八”主题实践活动，聚焦降本增效，避峰就谷采购，共产党员工程立项实施34项。

全面从严管党治党不断深化。树立主体意识，修订完善纪检监察制度，把党风廉政建设责任纳入领导人员、支部班子目标考核，聘任10名党风廉政监督员，形成“四向到边、纵横成链”的监督网络，构筑敢担当的责任防线。树立廉洁意识，抓住关键少数、关键岗位、关键时点，推行节前承诺报告、节后供方回访制度，强化“八项规定”落实，有89名党员干部按规定报告了个人重大事项。开展“用身边案例警示身边人”教育，举一反三，吸取上海路桥教训，构筑不想腐的思想防线。树立敬畏意识，建立廉洁档案，开展廉洁评价，做好领导人员廉洁画像。严格落实公司决定，对2016年以来涉案人员全部调离岗位，“双开”2名科级干部，党内严重警告1人，对主管领导全部约谈，打造忠诚、干净担当的干部队伍。搞好微腐败排查，确定“微腐败”现象34项。做好廉洁地图建设，评估出廉洁风险48项。严肃监督执纪，自办案件8个，构筑不敢腐的监督防线，党风廉政建设经验在公司警示大会上推广。

企业和谐发展正能量不断汇聚。强化安全管理。推行新时期“0123”安全管理模式，修订规章制度31个。成立安全管理专项监察小组，深化隐患排查治理，纠正问题或整治隐患240余个，拆扒重大危险源加油站1处，安全生产实现事故为零目标。强化宗旨意识，深入开展“践行共享理念，关爱一线职工”专项服务活动，立项实施15个项目。落实薪酬福利待遇调整规定，提高了夜班津贴、班组长津贴、女职工卫生保健标准。加强职工创新创效，建立职工创新活动室，开展“盘活老库存”专项劳动竞赛，降低5年以上备件老库存9000万元，双增双节创效9.37万元，备件集中配送经验在《中国冶金报》上发表。大力弘扬敬业爱岗精神，开展“寻找身边工匠”活动，选树具有中心特色工匠10名。开展“大讲堂、师带徒”活动，举办培训40次，结成师徒对子38对。加大扶贫帮困力度，走访慰问困难职工212人次，发放救济款5.93万元。实行领导班子包案制度，接待上访16人次，十九大期间信访工作受到集团公司表扬。加强精神文明建设，牢牢把握意识形态领域主导权，建立中心“设采同声”微信群，编辑转发各类学习资料40余篇，做到守土尽责。召开中心首次团代会，加强团组织建设，发挥团员青年的生力军和突击队作用，为保产保供贡献了力量。

（李永华）

【物流管理中心】 物流管理中心是鞍钢股份有限公司国内物流业务的管理和运行平台，是协调铁路、公路、港口的归口管理部门。该中心下设综合管理部、物流计划部、运输管理部、发货中心，代管鞍钢营口港务有限公司和营口新港矿石码头有限公司。2017年末在岗职工288人，其中，干部167人（高级职称12人，中级职称80人，初级职称75人），工人121人。

2017年，物流管理中心在两级公司的正确领导下，坚持以市场为导向，以成本效益为中心，以“保生产、保客户、保产品、保成本”为工作重点，全面模拟市场化运营，物流降成本工作再创佳绩。2017年，物流成本实现380元/吨材，物流效率实现到达上海12.7天，到达广东15.1天，自有港创效3663万元，降本增效7.1亿元。

认真学习党的十九大精神。中心党委认真组织学习党的十九大精神，组织党员参加学习十九大答题活动257人次、征集学习十九大体会文章35篇。扎实推进“两学一做”学习教育常态化制度化，领导人员带头严格组织生活、带头执行纪律规矩、带头完成四个专题研讨，累计上专题党课14次。确立“践行共享理念，关爱一线职工”专项服务行动项目9项，当年完成4项。充分利用鞍钢集团党建信息网，展示中心党建亮点工作及取得的荣誉。物流管理中心被评为中国物流学会产学研基地，获得全国货运行业物流创新案例“金运奖”1项，中国物流行业信息化优秀案例奖1项，中钢协冶金企业管理现代化创新成果一等奖1项。

扎实做好党建基础工作。中心党委加大党务工作者培训力度，组织支委培训85人次，党小组长培训57人次，荣获鞍山钢铁党支部委员培训优秀组织奖。扎实开展党支部“三查三改三提升”活动，查找整改问题3类15项，一般党支部工作水平不断提升。合资公司党支部按照《关于将党建工作要求纳入公司章程有关事项的通知》要求，将加强推进党建工作相关要求纳入《鞍钢营口港务有限公司章程》中，有效促进了支部党建工作。物流计划部党支部创新提出“7T”工作法及“1234”特色党支部创建思路，充分发挥引领作用。运输管理部党支部创办电子刊物《在路上》，拓宽党建宣传平台，有效增强党员忠诚度和工作责任感。扎实推进共产党员工程和共产党员“挑战项目”攻关活动，2个工程创效960万元，18个项目创效2120万元。

廉政建设营造风清气正氛围。物流管理中心党委认真履行主体责任，纪委认真履行监督责任，坚持“三重一大”制度。组织47名重要关键岗位人员建立廉洁档案，筑牢廉政壁垒。推行物流全市场化招标运营模式，全年累计招标298个项目，组织实地验点6次。做好廉洁地图建设，自检自查25个问题项全部整改。与114家供应商签订了廉洁诚信合作协议，营造了廉洁、诚信、互利、共赢的合作关系和经营环境。强化专项效能监察，3个项目创效1135万元。

抓好采购物流确保原燃料及时供应。物流管理中心及时了解和掌握生产需求、采购变化、物流动态，做好内外部信息沟通和业务协调，克服冬季保产、库存紧张、公路治超、铁路运力紧张等不利因素，平衡公路与铁路运量、运价，协商下调铁运价格，铁路回运量峰值时达 15 列/天。为降低物流成本，中心加大海运力度，积极组织内贸煤炭海运招标和船舶运输，针对内贸煤炭、废钢到港量增大的情况，以成本最小化为原则合理安排接卸港，增加鞍钢码头接卸量，累计完成内、外贸海运 636 个航次，1942 万吨。其中内贸煤炭海运招标 183 个航次，448 万吨，鞍钢码头共接卸分公司废钢 95 航次 35 万吨，累计节约港杂费 580 万元。同时以途耗为核心管控指标，与港口、理货单位、商检单位联动，把好原料入口关、仓储管理关、尾料清理出口关，途耗完成 1.46%，指标连续 3 年保持在 1.5%以内。为强化港口海运原燃料过程管控，完成港口原燃料系统建设，填补了采购物流信息化管理的空白。

抓好生产物流确保本部和外埠生产顺行。物流管理中心紧紧围绕保产保供核心目标，以变应变做好港口、自有矿山和灵山料场原燃料物流调配，做好各区域废钢、生铁等原料的及时回运。按照公司生产节奏，合理规划料场货位，制定料场各品类的安全库存定额，严格控制原燃料库存。开展系统降本工作，2017 年 5 月开始实施炼铁总厂高炉返矿直进烧结受料槽减量化运输方案，2017 年下半年高炉返矿直供烧结共 15 万吨，直供比例达 51%；优化外购石灰石粉厂内物流方案，降低损耗，提高效率，总计直供 185 万吨，其中外购石灰石粉 100 万吨，节约物流成本 1354 万元；做好小循环指标管控，通过接力运输、单次调铁等措施，压缩传搁时间，减少铁水温降，实现炼钢平均兑铁温度 1324℃，有效地减少了能源损耗。

抓好销售物流确保物流成本最优。物流管理中心以提高物流效率，保证交货期为重心，打破原来“启运港集港”物流模式，开展上海、广州“目的港集港”交货业务，完成了上海、广州两个目的港信息系统的建设，上海和广州地区交货周期分别缩短了 3~5 天，大幅度地提升了内贸海运物流效率。为了力求完成降成本任务，针对上年 11 月铁总下发调整铁路运费文件，中心多次与沈局、鞍山货运中心协商谈判，最终达成最惠企协议。在铁路装载材料的使用上，针对热轧卷装载方案复杂，包装方式、捆绑方式、出口苫盖方案较多，将装载方案由草支架运输改为钢架运输，共节省费用约 30 万余元。

优质服务满足客户个性化需求。物流管理中心持续扩大汽运物流“最后一公里”延伸服务范围，加强物流管理的衔接和货权监管，改革配送招标价格方式，提供多条线路的港到库、港到门、库到门物流配送服务，满足不同客户的不同需求。经九江码头组织物流配送 2.5 万吨，主要客户为浙江物产、中船、鞍钢广州国贸等；经南沙码头组织物流配送 43.5 万吨，主要客户为广船龙穴、文冲船厂、浙江物产、鞍钢广州汽车钢、珠海格力等；经广州集装箱码头组织物流配送 7.5 万吨，主要客户为珠海格力、鞍钢广州国贸等；经上海码头组织物流配送 3.5 万吨，主要客户为沪东中华、海门森达等。物流管理中心全方位做好成品库入库、启运港集港、装船作业、目的港卸船仓储等作业环节监管，全流程不接受缺陷，不制造缺陷，采取中心内部检查，会同主管部门、生产单位及客户对产品包装、装载材料、运输车辆、装卸工具等进行专项检查，加强监督检查频次和力度，建立与销售、售后、客户的物流服务质量沟通渠道，就检查发现的问题，及时反馈，及时处理，及时答复。全年共产生物流异议 28 次，较计划降低 60%。

（朱　宏）

【能源管控中心】 2017 年末，有职工 2685 人，其中管理和专业技术岗位 282 人（高级职称 35 人，中级职称 159 人，初级职称 64 人，副厂处级及以上干部 11 人，科级干部 89 人），生产、服务岗位 1860 人；离退休职工 4516 人。中心机关设置为“七部、一会、一中心”，即党委工作部、综合管理部、生产技术部、节能管理部、产品销售部、设备保障部、安全保卫部、工会（含居退管办公室）、调度中心。基层机构设发电分厂、供电分厂、氧气分厂、燃气分厂、给水分厂和设备保障工区。分厂/工区设置汽机作业区、变电一作业区等 28 个作业区。厂区占地总面积 270 多万平方米，固定资产原值 72.86 亿元，净值 25.64 亿元。拥有发电机组 18 台、锅炉 10 台、鼓风机组 81 台，制氧机组 7 套、各类气体压缩机 89 套、54 个水站、3 套湿法高炉煤气洗涤系统、5 套干法高炉煤气除尘系统、8 套 TRT 发电装置、8 座煤气柜；管辖运行变电所 52 座。设备总质量 500327 吨。

创新进取，实现指标最优。2017 年，能源管控中心全力践行“绿色、可持续发展”能源管理理念，坚持“履行一个职能、实现两个保障、防控三个风险”的工作思路，开拓创新，攻坚克难，各项工作取得新突破，为公司扭亏脱困转型发展提供了能源动力保障。全年发电量、吨钢取水量、转炉煤气回收、外购能源成本等主要指标均创历史最好水平。公司总发电量突破60亿千瓦时；吨钢取水量降至5.4吨；转炉煤气回收达到118立方米/吨；外购能源成本完成275元，同比降低7元，实现创效1.2亿元，成效显著。

科学组织，实现保产保供。建立高效的生产管理体系，抓住关键，超前预判，动态调整，发挥专业协同优势，实现生产经济、稳定运行；加强设备事故控制，推行“分层管控、多级点检”管理模式，设备事故频次、时间同比降低21%、63%，全年实现三级以上设备事故为零；组织6万立方米制氧机组、新1号干法除尘、发电电除尘等项目建设及运行；开展设备漏油治理、电网事故整治、特种设备隐患排查等活动，逐步完善设备功能精度，为生产稳顺提供有力保障。

精益管控，实现提质增效。优化系统平衡，采暖蒸汽用量、上网电量分别同比减少80吨/时、966万千瓦时；实现节新水300立方米/时。建立“外部、三地、内部”三级能源对标体系，确立一级能源对标指标30项，二级对标指标42项，三级对标指标56项，通过树标杆、找差距，推进各项能源指标持续提升。全年吨钢综合能耗完成580千克标煤，中心发电量完成19亿千瓦时，创历史最好水平。积极拓展产品销售渠道，能源产品销售收入7.5亿元，其中低温液体销售收入4650万元。

科技引领，推动创新创效。开展全员常态化技术攻关，共解决生产经营难题678项，累计创效7000多万元。全年申报11项专利、42项专有技术、28项重大合理化建议、7项科研项目。其中，“鞍钢水资源利用系统优化技术研究及应用”获得鞍山市科学技术进步二等奖、鞍钢集团公司重大科学技术二等奖。完成创新工作室体系建设，28个作业区级创新工作室完成技术创新和修旧利废项目196项；3个分厂级创新工作室获得公司备案；刘加纯创新工作室被评为全国冶金行业优秀职工创新工作室和辽宁省劳模创新工作室，其申报的创新成果在全国第22届发明展览会上获得金奖。

严控风险，促进和谐稳定。一是防范安全风险。全面开展“安全大检查”活动，常态实施安全管理点检、量化式安全检查，不断夯实安全管理基础。全年排查安全隐患6136项，整改完成6089项，整改率为99%。向公司申请安全隐患治理资金636万元，完成了煤气管道安装防撞梁、电缆隧道增设灭火装置等15个安全消防项目建设，提升了设备本质安全水平，实现安全、火灾事故为零的目标。二是防范维稳风险。接待来信来访397人次，积极协调解决合理诉求，实现重大群体事件、恶性事件为零的目标。三是防范资金风险。圆满解决炼钢板坯切割用气遗留问题，维护了公司利益，化解资金风险。

履行责任，提升企业形象。一是完成供暖项目建设，如期向市政新增500万立方米供暖提供热源。二是推动节能技术应用，放行实施项目26项，其中烧结竖冷窑项目的实施将对烧结余热回收工艺技术进步起到引领作用。三是加强生态文明建设。严控污染物排放，二氧化硫等污染物排放总量超额完成年度指标；开展扬尘治理，对脱硫剂仓和炉渣库等进行抑尘改造，改善了厂区空气质量。四是推动“三供一业”供水移交，完成分离移交框架协议及实施协议的签订。

夯实基础，积蓄发展动能。一是完善规章制度体系。开展规章制度“学、练、用、改”活动，修订管理制度32项，规程标准28项，新增设备标准51项，促进管理制度内容及流程更加严谨、规范。二是完善绩效评价体系。建立经营者、管理人员、职工三类人员绩效评价办法，提高绩效分配比例，完善激励机制，真正体现“三个不一样”，充分调动了职工积极性。三是完善青工星级培养体系。建立班组—作业区—分厂—中心四级培养模式，共培养星级青工236名，提升了青年职工技能水平。

关爱员工，实现成果共享。一是调整薪酬福利待遇。将收入向一线职工倾斜，职工人均年收入同比增长近16%。开展高技能等级序列评聘工作，评聘高技能人才119人。提高倒班职工夜班津贴、女职工卫生保健标准，三年内逐步提高班组长津贴。二是坚持精准帮扶。全年走访慰问职工841人次，发放救济金30万元，发放慰问品309份。三是努力为职工办实事。多渠道收集并答复职工普遍关注问题181项。投入130余万元修缮食堂、浴池及办公场所公共设施，为员工更新休息、办公桌椅 307 件，配置洗衣机、微波炉、饮水机等小家电 339 件，进一步改善职工工作和生活环境，让职工共享企业发展成果。

责任担当，加强党的建设。深刻领会全面从严治党的重要性，坚持落实“四同步”“四对接”，推进党建工作责任落实。制定“两学一做”学习教育常态化制度化推进方案，建立工作推进小组，下发推进安排表。开展“迎接十九大　做合格党员”系列主题教育实践活动，制定推进《学习贯彻党的十九大实施方案》，开展“手抄党章”活动。开展“四查四改三提升”活动，组织各级党组织共进行专门学习 101 次，组织职工座谈 562 人次，查摆出问题 90 项，制定整改措施 222 条。狠抓党支部基础工作提升，进一步规范党支部季度评价标准、亮化党员活动室建设，制定完善党建制度 5 项，坚持党支部季度检查评价。发挥党员先锋模范作用，深化共产党员工程和共产党员“挑战项目”攻关活动，围绕降本增效、技术创新、安全管理等方面，设立完成共产党员工程 108 项，“挑战项目” 12 项。

多措并举，规范干部管理。完善干部制度建设，修订《员工绩效评价办法》和《干部问责管理细则》；制定《干部任职试用期满考核方案》，完成对上年人力资源优化竞争上岗的 266 名干部进行试用期转正及考核评价工作。严格按编制、岗位任职条件配备干部。开展管理和专业技术岗位“规章制度学练用改”活动，督促干部学好制度、练好制度、用好制度。制定干部请假休假审批权限的规定，规范管理专业技术人员请假休假批准手续。扎实做好干部基础工作，完成干部劳动合同的续签、变更工作；细致核查 413 名女职工档案信息工作；推荐 1 名青年后备干部参加北京班学习。

凝心聚力，加强文化引领。建立中心-基层-典型三个维度的宣传架构，及时宣传中心在指标创效、项目投产、技术创新、安全环保、节能降本等方面取得的成果，累计在《鞍钢日报》等新闻媒体刊发稿件 96 篇；刘加纯先后获得央企优秀共产党员、辽宁省劳动模范、鞍钢楷模、鞍山好人、市政协委员提名等荣誉。创新开展形势任务“抓重点 面对面”活动，激发党支部书记工作热情，加强与职工进行沟通、交流，保持能源管控中心稳定和谐。组织职工参加鞍山市企业文化研究会举办的《鸿・腾飞的钢都——2017 年职工春季美术展》。坚持为退休职工举办离职仪式，传递企业的人文关怀，激励在岗职工努力工作。定期组织职工参观鞍钢博物馆开展的各项专题展览，提升职工对企业的认同感，累计组织参观 134 人次。

严纪重教，推进廉洁从业。推进党风廉政建设责任制落实，制定《能源管控中心 2017 年党风建设和反腐败任务分工》，明确责任；组织各级领导人员、关键重要岗位人员 101 人签订《廉洁承诺书》。开展廉洁档案建立工作，建立领导人员廉洁档案 9 人、关键重要岗位廉洁档案 320 人。配合公司开展廉洁地图建设工作。开展理想信念、党规党纪教育，加强《党章》《中国共产党廉洁自律准则》《关于新形势下党内政治生活的若干准则》等党规党纪的学习，强化纪律和规矩意识。开展案例警示教育，组织党员观看《将改革进行到底》专题教育片，先后两次组织 240 余名中心职工参观反腐倡廉展览馆。开展岗位廉洁建设，查找岗位风险因素、确定风险等级、制定防范措施，确定高廉洁风险岗位 132 人，中廉洁风险岗位 207 人，低廉洁风险岗位 371。开展节前廉洁教育，在元旦、春节等节日期间实施节前对党员干部、关键重要岗位人员进行廉洁教育提醒，节中进行监督检查，节后落实节日期间廉洁情况汇报制度，使红线常在、警钟长鸣。落实警示会议精神，严查违纪违法行为，给予党内严重警告 3 人，党内警告 1 人，免职 1 人。警示全体职工从中吸取不履责尽责，就要严肃追究责任的深刻教训。围绕生产经营管理开展效能监察工作，制定方案推进蒸汽使用效能监察、降低水损失率 2 个厂级专项效能监察项目。在鞍山钢铁监察部指导下，开展外供能源管理效能监察，通过外供能源管理和监察，为增加和创造效能监察效益提供了坚实基础。

（赵春华）

【中厚板营销（服务）中心】 中厚板营销（服务）中心组建于 2013 年 6 月，组建之初为中厚板事业部，2014 年 10 月，根据工作需要，鞍钢股份将中厚板事业部机构调整为中厚板营销（服务）中心。中厚板营销（服务）中心主要业务范围是负责鞍钢股份鞍营两地 4 条产线（2500、3800、4300、

5500）中厚板产品营销及服务。

中厚板营销（服务）中心下设市场开发部、合同管理部、营销管理部3个部门。2017年末，中厚板营销（服务）中心共有在岗职工32人。其中，高级职称1人，中级职称29人，初级职称2人。

经营绩效。2017年，鞍钢股份中厚板营销（服务）中心贯彻落实两级公司工作部署，坚持“销量提高靠渠道，价格提升靠调品”的原则，以公司推行市场化运营为契机，以品种钢销售为中心，将销量指标和价差指标分解至班组、落实到岗位。2017年，该中心完成销量353万吨，实现利润2.18亿元，战略品种销量实现191万吨。

渠道建设。2017年，该中心坚持“细分行业市场、拓展行业新客户”原则，共走访新客户160余家次，累计开发中航威海造船有限公司、江苏扬子江造船、蓬莱京鲁造船、中建三局第三建设工程有限责任公司、中石化中原油建工程有限公司、北京中电华创电力设备有限公司等43家直供新客户，累计订货23.7万吨。

新产品开发。2017年，该中心积极发挥EVI团队协作开发作用，联合产品研发、技术、生产等部门走访用户，了解客户新产品需求信息，研发并批量供货桥梁钢08Ni3DR、低屈服钢LY160q、储罐用钢09MnNiDR、临氢容器SA387Gr.11CL2、高端模具718H、不锈钢复合板S31603+Q370qE等34个全新牌号，品种涵盖容器储罐、不锈钢、LP板、复合板、桥梁钢、模具钢等品种，累计订货3.4万吨。

专业营销建设。2017年，共参与150项工程项目投标，中标60项重点工程，实现中厚板销售50.4万吨。其中，国之重器项目7项：特厚超高强海工钢独家供货“蓝鲸1号”，助力我国可燃冰试采成功。5000毫米超宽规格SA387MGr.11CL2供货在建国内最大规模炼化—浙江石化转油线项目。纵向变厚度Q345qDNH-LP板应用芜湖至合肥“林陇桥”项目，国内首例。双向不锈钢S32101应用于“华龙一号”核电站，达到世界领先水平。特厚止裂钢E47、EH40应用于大连船舶重工20000TEU集装箱船，替代进口。5毫米超宽规格钢板应用于国内首条招商局重工80-95舱位极地探险邮轮；与外高桥船厂的2000舱位超大豪华邮轮行业领先项目正在无缝对接并共同立项。整船供货外高桥船厂建造的世界上最大40万吨超大型矿砂船。

紧随“一带一路”倡议，联合国内优秀制造企业，实现钢材依托项目参与“一带一路”5个项目，实现销售6.2万吨。5个项目分别是援马尔代夫中马友谊桥、孟加拉国帕德玛大桥、斯里兰卡汉班托塔LPG接收站球罐项目、巴基斯坦K2K3核电项目、莫桑比克马普托桥。

（段春雨）

【汽车钢营销（服务）中心】 2017年末，汽车钢营销（服务）中心有在岗职工65人，其中高级职称10人，中级职称41人，初级职称14人。汽车钢营销（服务）中心是鞍钢汽车钢产品的专业销售服务平台，集鞍钢汽车钢产品市场布局、市场开发、客户管理、产品销售、技术服务、新产品研发与应用推广、加工配送服务为一体，统筹协调资源优化配置，统一面对汽车客户，建立以客户为中心的快速反应机制与贴近服务体系，进一步提升汽车钢产品竞争优势。该中心统一管理鞍钢汽车钢产品销售、客户服务、计划、价格、合同评审、产品认证、EVI管理及加工配送等相关业务；协调ANSTEEL、TAGAL、AHK、攀钢等与汽车钢相关的技术研发、产品发展、加工配送及客户服务等相关业务。汽车钢营销（服务）中心下设销售与市场部、供应链管理部、客户服务部、综合管理部等4个部门和长春钢加、一汽鞍井、沈阳钢加、大连钢加、郑州钢加、武汉钢加、合肥钢加、鞍钢金固、广州钢加、广汽宝商等10个钢加中心。2017年以来，该中心紧紧抓住汽车工业发展强劲势头，科学研判行业形势，以客户需求为中心，研究制定未来发展规划，通过推进深化营销服务、转变产销模式、市场化运营、加强客户开发力度、加强党的建设等工作，持续推进品牌建设，不断提升鞍钢汽车钢市场认可度，汽车钢品牌影响力明显提升。全年实现鞍钢股份汽车钢销量147万吨，1~12月，鞍钢股份汽车钢全品种累计结算价格高于钢协均价768元/吨，取得销售量、价齐飞，均创历史最好水平。获评全国钢铁产业链汽车板优秀制造商3A级企业，广汽传祺“优秀合作供应商奖”，江淮汽车“质量贡献奖”，浙江金固“最佳合作伙伴奖”，浙江铁路离合器股份有限公司“战略合作伙伴奖”等荣誉。

1. 深化营销服务，推进向综合服务商转变。

一是建立质量异议预警体系。在营销体制上，围绕重点问题制定快速通报制度和应急预案，派出技术服务团队承诺48小时内到达客户现场进行调查和处理。每周组织质量投诉专题例会，及时发现质量缺陷，持续改进实物质量。通过一系列措施，提高快速满足客户需求的市场反应能力，为客户提供更加高效、快捷的服务。

二是开展客户QCDDS的定制化服务。推行全面服务模式。以“一户一表一承诺”为载体，即每一家鞍钢汽车板用户、“用户商务+技术服务管理表”和承诺的增值服务，建立客户最关注的质量Quality、成本Cost、交付Delivery、研发Development、服务Service五个维度，即QCDDS的定制化服务。推进QCDDS评价模式，依托三级服务体系，明确售前、售中、售后服务过程中的职责，为客户提供个性化服务。

三是强化技术服务营销。全力推进从汽车板产品、半成品加工技术、成型加工技术到白车身制造的系列技术研究与支持，形成完整的技术解决方案树。2017年汽车钢EVI团队先后完成用户模具调试工作和量产稳定性分析工作40余次，为20余家客户解决了实际冲压试模问题。为重点用户提供选材、成形分析等技术支持，推进高强钢应用技术对接交流，以联合实验室为依托开展新车型先期介入，有效改进客户体验，增强客户黏度。

2. 转变产销模式，打造强有力供应链保障。转变产销模式，由按即期合同订单组织生产向按优化预期合同订单组织生产转变。该中心创新营销模式，通过构建“计划制造”数据模型，全力推进企业产销模式转变。一是，结合汽车市场价格波动常态以及汽车客户调产周期缩短、调幅加大的趋势，定期跟踪了解客户分车型产量计划、车型份额的波动情况，科学分析并准确把握各重点车企的产品需求状况，合理引导各区域汽车钢销售工作。武汉钢加率先实施合同预期交付模式，当月到货率大幅高于行业水平，被东风商用车评定为合同交付标杆企业。二是，建立不同库存状态下的备货管理机制，有效指导接单工作，建立完善分客户车型分零件断点管理模型，确保客户用料稳定。三是，协调归并钢质代码，实现集批生产，有效缩短生产周期，提高合同交付率。全年，中心归并合同量共计58.7万吨，占冷轧汽车钢总订货量的64%，成功缩短生产周期7～15天，其中长城合同交付率从今年3月开始，连续10个月实现100%。

3. 加强客户开发力度，全力提升市场占有率。一是推进汽车品牌全覆盖认证。2017年，鞍钢股份通过菲克汽车全球认证，具备广汽菲克供应商供货资格；实现对广汽集团汽车品牌认证全覆盖；通过上汽通用沈阳钢加现场审核；完成上汽大众/上海汇众、长城汽车酸洗高强钢认证；组织一汽富维、广汽乘用车、长城汽车座椅用钢和高强钢交流；通过一汽丰田、东风日产、上海舍弗勒现场质量监察；启动东南汽车、上汽乘用车、吉利汽车全系列钢种认证工作。

二是实现客户开发崭新领域。中心从客户产品实际出发，一面极力争取新车型供货份额，一面着力实现在产车型材料转换，分别在上汽、一汽、广汽、力帆等重要客户中获得了新车型和在产车型的新份额。同时，重新进入了吉利供应商体系，实现了比亚迪某车型稳定供货、实现一汽解放EPS热轧卷供货，获得了迪欧姆公司首次订购鞍钢超光面材料3000吨供货份额。中心还加大汽车钢出口业务推广，实现出口西班牙镀锌汽车钢2550吨。在推广汽车钢高端产品热成型用钢方面，实现了冷轧某产品在凌云的试模和采购。

4. 推进市场化运营，着力强化责任落实。中心按照鞍山钢铁提出的“坚持以市场为导向，以经济效益为中心，以契约化经营为统领，全面推进市场化运营机制”的总体要求，从“效益、效率、风险、成长性”四个维度建立绩效考核指标体系，按照“定性执行、定量完善”原则，持续完善绩效考核指标，通过发挥绩效考核的导向作用，激发销售人员主动性、创造性，全面推进市场化运营。同时，按照“强激励、硬约束、严考核”思路，实施钢加中心业绩评价，激发各地钢加中心改革创新活力，释放市场价值创造力，为企业经营多创效。2017年以来，钢加中心盈利水平显著提升，全年各钢加中心共实现盈利1.8亿元，同比增长77%。

5. 加强党建工作，树立汽车钢良好的品牌形象。一是加强“四好班子”建设，强化政治引领力。以“四好班子”创建为契机，不断提升领导班子的领导水平和执政能力。狠抓领导干部履职能力建设，积极推进市场化运营，强化责任落实，强化对领导班子和领导干部的日常管理和考核。2017年以来，中心领导班子二、三季度连续两个季度荣获鞍山钢铁集团公司党委授予的“四好班子”称号。

二是构建“四个体系”和“五大员建设”，提升钢加中心运行管理力。带队中心业务骨干，深入钢加开展调研，梳理管理制度流程，查找问题，制定措施，建立起党建、工会、纪检监察、管理制度“四个管理体系”和纪检监督员、服务质量督导员、党建工作联络员、环境安全管理员、市场信息员“五大员建设”，夯实管理基础和保障。对标公司先进党支部，各钢加中心建立党员活动室，加强阵地建设，促进党组织活动的经常化、制度化、规范化。

三是发挥党组织政治优势，提升目标保障力。发挥党建工作融入进入作用，同企业经营工作深度融合，切实将党组织的政治优势转化为企业竞争力。通过与大型车企建立党建联盟，有力推动了鞍钢汽车钢的研发、销售、应用一体化联动。举办“做一周广汽人”“做一周鞍钢人”、篮球友谊赛、“拔河外交”等丰富多彩的文化体育活动，进一步带动同客户企业开展全方位的交流合作，实现互惠互利，共同发展。举办鞍钢汽车用钢新产品发布会，成功邀请了全国46家汽车主机厂、81家汽车零部件配套企业的310名代表以及来自德国蒂森克虏伯、日本神户制钢等国外知名企业的高级管理及专业技术精英参加此次会议。制作鞍钢汽车钢形象宣传片，有效提升鞍钢汽车钢品牌影响力。

四是心系职工冷暖，提升职工服务力。落实“践行共享理念，关爱一线员工”专项服务行动。成立职工关爱服务小组，24小时随时为出差在外的职工解决各种难题。为职工统一选购带有鞍钢logo的多功能电脑包、棉衣、水杯等差旅用品，温暖职工差旅生活。邀请国内外产品与服务专家开展员工专业培训，选派优秀员工代表到大连Tagal对标学习，全面提升员工专业技能水平。评选属地化优秀员工，并组织来鞍钢学习交流，有效提升职工企业荣誉感、归属感和凝聚力。

（刘媛媛）

【鲅鱼圈钢铁分公司】 2017年末，鲅鱼圈钢铁分公司有职工4888人，其中在岗职工4405人，管理及专业技术人员共754人（高级职称124人，中级职称470人，初级职称127人），工人3651人；居家职工414人，编外人员18人；市场职工51人；离退休职工750人。该公司机关设置综合管理部、人力资源部（党委工作部）、工会、监察部（纪委）、安全环保部（武装保卫部）、制造管理部、技术质量部、计划财务部、设备保障部9个部门；设置炼焦部、炼铁部、炼钢部、热轧部、厚板部5个事业部；设置能源动力部、物流管理部、设备检修中心、化检验中心、信息化管理中心5个职能中心。厂区占地总面积8.32平方千米。固定资产原值为319.91亿元，净值为177.50亿元。拥有能源动力、焦化、烧结、炼铁、炼钢、轧钢以及公辅配套设施，主要装备有6.98米52孔焦炉4座、405平方米烧结机2台、4038立方米高炉2座、260吨顶底复合吹炼转炉3座、双流1450毫米板坯连铸机2台、单流2300毫米板坯连铸机1台、1580毫米热轧带钢生产线1条、5500毫米宽厚板生产线1条、3800毫米中厚板生产线1条，以及原料仓储、成品码头、铁路运输、理化检验等辅助设备，其中5500毫米厚板轧机为世界之最。

2017年，该分公司认真学习贯彻党的十九大精神和习近平新时代中国特色社会主义思想，全面落实公司各项工作部署，以“树立新目标，明确新思路，实现新跨越”为指引，以“聚焦目标、创新引领、改革突破、品牌塑造”为方略，稳步推进“塑品牌、站一流”发展规划，不忘初心、继续前进、再攀高峰，切实履行了中央企业的经济责任和社会责任，促进企业实现了新的发展。主要体现在：

经营效益再创历史新高。2017年实现盈利13.7亿元，超额完成11亿元的挑战值目标；销售利润率达到7.1%，在大型钢铁企业名列前茅。热轧线销售利润率达到14%，产线盈利能力显著提升；厚板线实现盈利4917万元，一举摘掉投产以来长期亏损的“帽子”；中板线按公司部署成功投产，通过实行新机制、焕发了新活力。

生态钢铁建设成效显著。坚定不移地推进“生态一流”建设，贯彻绿色发展理念的责任感、主动性和实践力不断增强。2017年环保投入9.13亿元，推进环保项目13项；COD、SO_2排放等指标全面好于清洁生产一级标准，单位平方公里厂区月降尘6.5吨，优于辽宁省城市降尘8吨的标准。成功进入国家第一批绿色工厂示范名单，成为辽宁省唯一绿色钢铁工厂。

2017 年，该分公司积极顺应钢铁行业形势变化，有效抓住供给侧改革的战略机遇期，加快企业变革创新，不断开创发展新局面。

生产经营取得新成效。坚持“按效益组织合同，按合同组织生产”的原则，以稳顺为基、规模为本，强化流程优化和系统保障，实现经营效益最大化。炼焦竭力优配提质，炼铁着力高炉稳顺，炼钢尽力提废增产，热轧极力以效换产，厚板大力调品增量，中板全力达产达效，实现了资源配置最优化。全年生产焦、铁、钢、材分别为 237 万吨、524 万吨、550 万吨和 564 万吨。其中，中板 12 月产量达到 7 万吨，单月盈利 14 万元，实现当年投产即盈利的优异成绩。高效组织以 2 号高炉为中心的同步年修，滚动整改设备功能精度项目 318 项，设备事故频次和时间同步分别降低 7 次和 7 小时，设备保障能力显著提升。强化产线差异化调品，热轧、厚板铁材差分别达到 1372 元、1491 元，同比分别提高 356 元、407 元。加强检验管理，严控来料入口和产品出厂质量关，检验量达到 333 万件，同比提高 5%。协同大物流、港口、商检等环节，物流效率不断提高，粉矿直通率达到 97.5%。紧跟市场变化，动态调整库存定额，存货周转率提高到 7.42 次，企业资产保持良性循环。

降本增效取得新突破。深化“高效、优质、低成本”的经营理念，以系统降本为主线，注重资源降采和多元创效，深挖潜力，创新攻关，2017 年降本增效达到 1.76 亿元。在系统降本方面，建立少渣冶炼、控费降本等 8 类 37 项攻关课题，设立 23 项“三环”循环攻关项目，把降本增效工作提升到新的高度，系统降本达到 181 元/吨。在资源降采方面，充分发挥沿海优势，研判市场变化趋势，优化配煤配矿结构，实施择机采购，有效规避 2017 年 4 月澳洲煤价大幅回调的风险。全年生铁成本达到 1948 元，比肩优秀民营钢铁企业水平。坚持以价值创造为根本，大力开发增收创效点，外销化工副产、球团、钢渣等各类产品创收 5.5 亿元，检修中心承担外委项目节约支出 180 余万元，物流拓展仓储业务创效 47 万元。强化费用管控，筹划资金调配，适时偿还借款 6 亿元，财务费用同比降低 61%，吨材期间费用同比降低 16.1%，均创历史最好水平。

品牌建设取得新发展。坚持走鞍钢鲅鱼圈一流品牌发展之路，持续提升企业核心竞争力。热轧在产品全覆盖的基础上，着重中高碳、薄材、硅钢等品种的提质增效。薄材产量达到 38.4 万吨，同比提高 25.6%；中高碳钢、高端刃具钢产量同比分别提高 5%、81%；分卷年产量达到 75.1 万吨，超出设计产能，创开工以来历史最好水平。厚板着力推进高端调品增效，完成船用止裂钢、抗大变形管线钢 X80M、纵向变厚度钢板等品种的批量生产，实现国产化独家供货；开创世界首家批量生产超宽规格 5030 毫米临氢铬钼钢的先河，极大提升了该分公司的品牌影响力。坚持精品钢铁理念，强化现场基础管理，实施质量专项攻关，质量成本占营业收入比例同比降低 1.73%。在炼钢、轧钢工序确立合同执行率、重点产品客户排序等 23 类一流指标、193 项攻关项目，分级实施关键控制点，产品质量取得较大改善，获得国内外客户的广泛赞誉。全年一流产品比例达到 41%，出口欧美、日韩等 10 个国家和地区达到 30 万吨，有力提升该分公司的国际影响力和市场竞争力。

绿色发展取得新成果。加强绿色制造体系建设，不断提升生态钢铁建设水平。着力推进能源高效利用，加强精细化管控，以三地对标为指导，大力实施生活水降压改造、优化 CCPP 热值运行图等节能创效措施，开展蒸汽管道疏水器整治、冲渣皮带吹扫自动控制等 7 项节能项目，推行设备编号、机台评价和节能停机动态管理，实施水、电阶梯价格管理，有力提高能源利用功效。吨钢外购能源成本达到 131 元，自发电比例达到 66.4%，吨钢综合能耗达到 563 千克，主要能源指标均处于行业先进水平。积极倡导践行环境保护，以迎接环保巡视为契机，以钢铁行业排放新标准为基准，排查法律风险 19 项，梳理重点监控点位 139 个，建立环保日报监控制度。加强管理责任落实，在管理考核基础上把违规排放及环保敏感问题纳入绩效评价，开展拉网式排查整改，专项整改问题 40 项，重点开展球团脱硫、转炉一次除尘、钢尾渣整治等攻关达标工作，环保指标全面达标并好于去年同期，实现重大环保事故为零目标。政府驻厂检查、环保巡视迎检等工作，得到了当地政府的充分肯定。

企业管理取得新提升。坚持改革创新，注重

效率提升，不断激发企业发展新活力。全面深入推进市场化运营，落实目标责任，激励价值创造，企业现场创造力和市场竞争力得到显著提升。探索实践新机制新模式，实施中板线承包经营改革，实现改革、经营“双丰收”。推进组织机构优化，合并成立物流运输部，增设技术质量部和信息化管理中心，管理效率和专业管控能力显著提升。优化人力资源改革，推进全员竞聘上岗，劳动生产率和员工活力进一步提升。加强安全生产责任体系建设，推进安全生产标准化达标晋级工作，开展“本质安全建设年”活动，夯实相关方“四统一”管理，安全管理水平不断提升。大力推进科技创新，完成股份公司级及以上科研课题8项，取得授权专利39件，认定专有技术61项。围绕重点敏感领域，开展效能监察项目30项，避免和挽回经济损失811万元。积极谋划未来三年发展规划，为该分公司长远发展明确方向。

和谐兴企取得新进展。坚持依靠员工办企业方针，深入开展“践行共享理念，关爱一线员工”专项服务行动，实施了27个关爱项目，投入750余万元，超过前三年累计投入额，“党员活动室、员工休息室、创新工作室”三室建设稳步推进，后勤福利条件显著提高，员工队伍的凝聚力不断增强。坚持“工人的事情工人办”的原则，开展群众性建功立业活动，搭建群众性创新平台，全面汇聚职工力量，有效激发现场潜能，全年共实施完成287个职工创新项目，同比增加583%，累计创效1.6亿元，作业区覆盖率达到83.3%。关注职工生活质量，在不断提升企业效益的前提下，实现职工收入稳步增长。深入开展送温暖活动，走访慰问职工1131人次，发放救济金45.9万元。大力弘扬劳模精神、工匠精神，培养和选树各层次先进典型，宋运涛、于斌两名同志分别荣获省市劳动模范，该分公司被授予“全国五一劳动奖状”荣誉称号。积极开展青年创新登高活动，推动青年更好地成长成才。丰富职工业余文化生活，广泛开展多样化、趣味化文体活动，展现了广大职工蓬勃向上的精神风貌。

（阚　迪）

【炼焦总厂】 2017年末，炼焦总厂共有职工1882人。其中在岗职工1541人，管理及专业技术人员157人（高级职称11人，中级职称92人，初级职称33人），生产操作人员1384人；居家职工283人，离退休职工2702人。总厂机关设置生产技术室、安全环保室、设备管理室、综合管理室、党委工作室和工会。基层设12个作业区。炼焦总厂现有大型焦炉12座，其中6米焦炉8座，7米焦炉4座，处理能力为190吨/小时的干熄焦装置2座，处理能力为140吨/小时的干熄焦装置3座和处理能力为125吨/小时的干熄焦装置1座，以及与之相配套的配煤系统。焦炭设计生产能力730万吨/年，干熄焦蒸汽回收1012.5万吉焦/年，年消耗洗煤1020万吨。主要产品是为炼铁生产焦炭，回收焦炭显热产生蒸汽用于发电，同时为化工事业部提供荒煤气。

2017年，面对巨大的生产经营压力和挑战，炼焦总厂快速适应公司要求，全面落实公司各项工作部署，全厂干部职工不忘初心、开拓创新、攻坚克难，圆满完成了公司下达的各项工作任务，实现了各项工作的新发展。全年生产焦炭751.49万吨，超设计产能2.94%，焦炭质量全面完成公司计划，焦炭产量、冷热态强度指标均创历史最好水平，达到行业一流水平。其中，M40比公司计划提高2.0%，M10比公司计划改善0.9%，硫分比公司计划改善0.22%，灰分比公司计划改善0.06%，CRI比公司计划改善2.59%，CSR比公司计划提高4.79%；全焦单位成本比公司下达计划降低26.09元/吨，降低成本1.96亿元。

深化责任体系建设，安全防火实现新进步。在安全生产责任体系建设上发力，严格落实“一岗三责”，明确从管理者到一线职工的安全责任。持续开展季度安全防火评价，完善评价办法、评价内容，采取正激励调动各单位参与安全管理的积极性。提升安全风险管理水平，强化27个场所45项较大危险因素管控，及时开展动态危险因素辨识。运用安全管理信息平台、开展专项检查和综合大检查，全年整改隐患6720项，隐患整改率达到100%。以安全生产标准化红旗班组评选活动为载体，规范管理人员参加班前会频次和班组管理检查，班组自主管理水平逐步提高，顺利通过国家安全生产标准化一级企业评审。

强化环保责任落实，环境治理实现新发展。完善环保责任体系建设，紧盯责任落实情况，实现全员履行环保责任制度化。推进环保扬尘专项治理工作，辨识扬尘污染源点3.96万个，将控制措施分解落实到岗。定期排查并动态更新环保缺陷，全年共投入4829万元用于生产装备和环保设施整治，环保设施硬件水平稳步提高。定期对6米焦炉除尘装置参数进行测量和排查，采取横向对标，进一步完善除尘设施。强化危险废物和放射源管理，规范储存及处置过程管理，稳步控制环保风险。加强噪声污染整治，组织对全厂26个干熄焦疏水阀安装消音器，极大地改善岗位操作及周边环境。

细化预算分解落地，降本增效实现新贡献。以预算管理为根本，以预算指标倒逼成本，各项指标费用分解落地。全年围绕系统降成本目标和市场化运营指标，层层分解年度、月度预算，全面落实降本增效措施，强化重点指标预测等工作。克服环保检测、焦炉控烟等不利因素，焦炭产量实现超产3.31%的目标，全焦耗洗煤定额、冶金焦率、全焦率创历史最好水平。全焦单位成本各月均超额完成公司下达的预算目标，全焦单位成本比预算降低26.09元，降低成本1.96亿元。

优化生产运行效率，焦炭产量实现新提升。进一步提高生产运行效率，强化配煤、装煤操作，加强煤线焦线及煤塔秤的检查。及时调控粉碎机锤子，控制粉碎细度在最优范围内，增加装煤堆比重。强化炉窑管理，对影响焦炉炉体状态的各类因素认真梳理，明确检查标准与检查周期。针对炉体窜漏、耐材破损等比较突出的问题，集中全厂焦炉维护力量开展整治，焦炉炉体状况明显改善。加强对生产关键工序、关键控制点的过程管控，对关键技术指标进行分析、评价，及时修正、调整重点生产工艺参数。

强化设备基础管理，设备保障实现新作为。践行“管理无盲区、技术无空白、点检零缺陷、服务零异议”的工作理念，夯实设备基础管理工作，完善设备管理制度11个、修订四项标准180余条，实现设备制度管理的全覆盖。加强点检定修管理，全年完成检修项目1502项，设备可开动率月平均值达到99.45%。强化检修、年修工程管理，全年实施100余项检修工程，高标准完成5套干熄焦年修，重点解决四炼焦氨水管道泄漏、2号煤车电气系统老化等问题，有效提升设备的功能精度。加大设备检查力度和检查频次，开展专项检查109次，检查整改问题564项，现场管理能力逐步加强。咬定“零缺陷”目标，全年整治设备缺陷11260项，设备保障能力进一步提升。

固化科技创新模式，科技成果实现新突破。围绕生产经营重点、难点广泛开展科技创新工作，持续推进科研成果的转化和应用模式，解决诸多生产经营关键环节中的瓶颈问题。着力开展网格化管理体系建设，充分发挥各级工程师技术核心作用，有序组织开展“鞍钢经济炼焦配煤技术的开发与应用”等鞍钢集团重大科研项目。运用专业室、煤焦研究中心技术人员和研发装备、试验焦炉设施等优势，与生产实际、自身特点相结合，全年开展26个股份公司课题研究。组织基层单位结合生产实际，针对作业区的工作难点开展攻关，全年立项“两革一化”500余项。

量化考核评价体系，党建工作实现新跨越。开展了“三查三改三提升”活动，共查找问题29项，全部得到整改。建立了“4+1”党支部工作考核评价办法，从干部管理、基础工作、党员绩效、制度执行和工作创新5个维度进行评价，实现党支部考核定量与定性的有效结合。新建党员活动室7个，党员活动室创建率达到100%。先后制定下发《炼焦总厂领导班子成员联系职工群众制度》等7个党委制度和8个基层党支部制度，形成较为完善的制度体系。强化党支部基础工作，建立月检查制度，党支部基础工作有了质的提升。总厂党委被鞍钢集团公司党委授予先进党委荣誉称号，二炼焦作业区党支部获评集团公司样板党支部。

亮化雷锋精神建设，企业文化实现新升级。持续推进“我身边的雷锋”评选活动，共评选“我身边的雷锋—六最佳明星”典型6名和先进集体2个。组织职工参观抚顺雷锋纪念馆、沈阳军区雷锋团，撰写体会文章，编写了雷锋文化研究会成果汇编。张允东被授予全国五一劳动奖章，郭代义被评为“鞍山好人·最美人物”。总厂先后获评全国学雷锋示范点、辽宁省学雷锋学郭明义活动示范点、全国企业文化建设优秀单位。雷锋纪念馆被授予辽宁省爱国主义教育基地。总厂学雷锋工作经验在公司推广，新华社编发通稿宣传总厂开展学雷锋活动经验。全年共编发《总厂通讯》7期，“炼焦雷锋号”订阅号35期，共约15万字。在新闻媒体发表稿件47篇。

深化关怀服务意识，职工权益实现新保障。围绕改善职工工作环境、改善职工生活福利设施和做好人文关怀等方面，紧紧抓住职工最关心、最直接、最现实的利益问题，件件惠及职工、事事温暖人心。组织编写《炼焦技术问答》等3本书籍，丰富现场生产技术学习资料，为职工提升技术水平和岗位技能搭建平台。聘请综治办专家普及法律法规知识，为职工提供法律咨询和援助，切实维护职工合法权益。持续改善职工就餐、洗浴和工作环境，认真落实体检、休假等福利待遇，进一步提高职工收入。为全厂99名女职工办理了团体女性安康保险，向全厂94名住宿职工购买发放了冬季防寒棉被，全年走访慰问困难职工451人次，发放救济金（慰问品）15.4万元。开展“践行共享理念　关爱一线员工”专项服务行动，先后完成了六炼焦作业区焦侧增加自行车场等16项服务项目。

（魏　威）

【鞍钢化学科技有限公司】 2017年，该公司共有职工1330人，其中在岗职工1152人，居家职工151人，编外人员23人。在岗管理及专业技术人员159人（高级职称28人，中级职称91人，初级职称32人）。该事业部机关设有产品制造室、综合管理室、设备保障室、安全环保室、规划发展室、技改办、营销中心、工会、党委工作室（人力资源室），基层设有11个作业区。该事业部主要产品有萘系列、苯系列、酚系列、吡啶系列等品种。

2017年，该公司坚持以“内降成本、外增收入”为工作主线，以“提升价值创造能力和综合竞争实力”为核心目标，抓好“六个强化”、开展“五项攻关”，全年实现化产品营业收入18.3亿元，利润2.37亿元，同比增加1.37亿元，超公司预算3738万元。实现了安全、火灾、环境污染、人身伤害、厂内交通事故为零；三级以上生产操作、设备事故为零的目标。

强化安全防火工作，保障了生产经营稳定顺行。完善安全生产责任评价体系，将各部门安全生产责任制分解细化到每个岗位，有效促进“一岗双责”的落实。建立“各岗位区域负责、作业区管理人员专业排查、部门定期抽查”的三级网格化隐患排查体系，提升隐患排查质量，全年排查整改隐患4972项，解决了苯加氢油槽无紧急切断阀的重大隐患。安委会成立7个检查组，从6方面开展为期4个月的安全生产大检查，累计检查整改问题1144项。迎接国务院安委会、省安委会8次检查，并针对提出的问题，修订管理制度。

强化改革引领，推进公司制改革。完成了与先进单位全方位对标、管理界面梳理、公司章程制定、各项运营资质办理及公司注册的准备。推进市场化运营。将市场化运营指标细化分解到各单位管理岗位，在条件成熟的作业区试运行。做强东北核心销售区，东北区域销售比例达88.3%，同比增加1.3%。在中温沥青、软沥青、改质沥青品种之间合理调整，加强直采开发，实现了与本钢、通钢粗苯、焦油采购增量。

强化创新驱动，增强了市场竞争新动能。完成4项课题效益评审，实现创效557万元。利用中试生产基地开展2-甲基喹啉、异喹啉、3，5-二甲酚生产，已生产异喹啉13吨，实现销售收入50余万元。酚油塔界面仪测量检定技术荣获第22届全国发明展览会银奖。组织技术总结、“两革一化”、科技论文、QC成果征集评审，共确立成果227项。全年完成42件专利、27件专有技术的审核与修改。

强化管理提升，促进了运营效能新提高。回收三大产品收率、焦油精制率、苯精制率均超计划；苯加氢和焦油精制均实现满负荷生产。确定10项降本增效项目，西部焦油精制作业区管式炉强制通风、一回收南区节能优化等项目通过标定，年节约加工成本1200余万元。严控环保指标。对废水、废气、废弃物强化管控，在货源地管理、焦油监装、入厂验收、接货时间、储存使用等方面改进，既提高了原料采购效率，又提升了为客户服务的水平。

（周　赫）

【炼铁总厂】 2017年末，炼铁总厂共有职工3581人，其中在岗职工2940人，管理及专业技术人员307人，生产操作人员2627人；居家休息职工547人，离退休职工4622人。总厂机关设置为“六室一会”，即生产管理室、技术管理室、安全环保室、设备管理室、综合管理室、党委工作室和工会，下辖28个作业区。固定资产原值为105亿元，净值为47.5亿元。主体设备有大型现代化烧结机6台、带式球团焙烧1台、大型现代化高炉8座。主要产品是人造富矿和制钢生铁，副产品主要有水渣、高炉煤气、炉尘等。

2017年，炼铁总厂认真贯彻“安全长寿、稳定顺行、指标优化”工作方针，以提升炼铁规模效益为主线，全面深化改革，优化系统降本措施，全力提升“六种能力”，为公司扭亏为盈作出了重要贡献。

全年完成生铁1683万吨，烧结矿1899万吨，综合焦比510千克/吨，入炉焦比343千克/吨，煤比148千克/吨，生铁一级率91.68%，生铁40S率2.98%，高炉矿耗1665千克/吨；人造富矿2050万吨，烧结碱度稳定率97.60%，品位稳定率99.15%，一级品率97.15%，合格品率98.66%。

1. 提升生产管控能力，产量规模再创新高。严格落实“安全长寿、稳定顺行、指标优化”工作方针，通过对各高炉操作参数及长寿监控数据进行调查分析，完善《高炉长寿管理细则》《循环水水质及药剂技术管理细则》等长寿管理制度，修改高炉环碳温度及热流强度控制规定，增加高炉铁口维护规定，保证制度的有效性。针对高炉炉身圆周方向水温差不均匀的问题，在每座高炉炉身圆周8个方向安装水温电偶，监控炉身各方向的水温差情况，分区域对高炉水量进行调整。针对高炉铁口区域环碳温度受窜煤气影响大幅波动的问题，采取使用含钛炮泥、二套压浆、倒换铁口等措施，改善高炉炉身煤气流合理分布，促进了高炉稳定顺行。

以炉缸温度场、炉芯温度、铁水温度、圆周方向温度场、圆周方向水温差等关键参数为依据，综合判断炉况运行的趋势，建立炉缸、炉身管控模型。通过对高炉的布料矩阵进行优化，确立合理的角位差，并针对高炉顺行状态及时调整边缘及中心的矿焦比例。通过采取疏导中心、适当抑制边缘气流、调整风口布局、稳定炉温、吹风压，改善高炉初始煤气流分布，合理疏导边缘煤气流，壁体温度趋于稳定，崩滑料的现象得以抑制。通过开展无悬料攻关竞赛等措施，强化高炉操作，降低高炉悬料次数，实现了高炉群稳定顺行。

严抓精料方针，依靠科学管理，保持系统最优，达到降低生产成本的目的，全年实现系统降成本7.47亿元。通过对八家子料场挖潜，共回装精矿5.22万吨、粉矿7.47万吨、杂料3.6万吨、镁石粉1.14万吨、焦粉0.47万吨，合计降本6645万元。通过对煤粉上料系统的改造，安装除尘和喷淋管，使炼焦产生的CDQ粉，全部用于高炉喷吹，降本5400万元。通过烧结调整用料结构，多用混料，少用精矿，解决混料库存高带来的环保问题，降低了烧结成本7800万元。通过对4号、5号高炉及烧结运输方式改变，将高炉返矿直接直付烧结使用，降低运费、加工成本1200万元。

2. 提升事故预防管理能力，设备运行水平不断提高。贯彻“控制事故就是最大的降本增效”的管理理念，筛选周、月的事故风险防控点，提前组织预防预警，加大控制力度和考核力度。评估重特大事故源点风险，从源头控制事故发生，预防为主，加大技术防范和预防预警管控，建立设备分级应急管控体系。如对高炉送风系统、水冷齿轮箱等核心设备、烧结风机和各类环保风机形成多点多层覆盖管理，关键设备参数温度、振动等远程监测，成功的避免了11号高炉热风炉供顶扩大段烧穿和2号高炉水冷齿轮箱倾动减速机漏油损坏等恶性事故发生。全年设备事故影响高炉系统休风率4.23%，同比减少0.36%，烧结作业率94.58%，同比提高0.73%，实现三级以上重大设备事故为零的目标，设备总体运行状态稳定受控，高炉设备实现稳定运行。

强化项目“三控一管理”，以1号高炉大修工程、二烧环冷机大修项目为代表，实现了设备升级改造。1号高炉大修工程实现“三个首创”“多个一次成功”。二烧环冷机大修工程应用新型水密封式环冷机，降低了二烧漏风率，推动烧结系统的设备功能提升。丰富“年修提升精度，定修恢复功能、日修维持功能”的三修界面管理内涵，以检修作业票平台为手段，推进检修作业日清日结，加大定修期间隐蔽部位点检力度，加大UPS、蓄能器等应急设备管理，提高周期性检修项目的比例，规范定修标准化工作。推进内部检修单元的峰值协同与外委峰值相结合的作业模式，对历史沉积的环保设备缺陷专项治理，有效的弥补了检修工种短板，提高了检修效率和质量。

全面落实“三级六位一体”全预算管控模式，丰富完善备件“以旧换新”“以用为耗”、区域库房管理、机旁备件管理等制度。推进提高工作效率的备件采购、储备、使用的“三过程、三红线”控制模式。以备件交货时间为红线，倒逼采购环节工作有效落实，以备件账、物一致为红线，倒逼储备管理有效落实，以收件与报废平衡为红线，倒逼备件全寿命有效落实。持续按关键件、事故件、常耗件、生产用件、材料件分类管理，按备件的关键等级落实责任人，对备件寿命跟踪信息检查，推进备件上线、下线的记录准确，确保备件使用寿命准确核定。

3. 提升风险防控能力，安全环保工作逐步改善。按照“一岗一职责、一人一清单”的原则，修改完善了安全生产责任制。厂领导与124名安全管理人员签订责任状，全员签订安全生产承诺书。深化厂领导、部门、作业区、班组的“四级”安全管理点检，针对“关键点、问题点、风险点”等“三点”问题，建立点检模板，进行多层覆盖式的管理点检，实行周检查周通报，提高隐患辨识整改执行力。全年共排查隐患7765项，已整改7760项，整改率99.9%，其中被评为公司级隐患治理项目127项，获得奖励4万余元。通过公司立项整改一排变电所消防设施故障等9项安全防火隐患，厂领导挂牌督办整改“烧结系统焦炉煤气管道腐蚀”等10项重大隐患。进一步规范应急预案管理，修订完善17个厂级预案、698个作业区级现场处置预案。2月24日，炼铁总厂代表两级公司迎接国家安委会安全生产专项检查，受到好评。

深入推进环保提标达效工作，采用固定喷雾抑尘装置，解决球团料场等10处无组织扬尘问题，完成烧结脱硫增压风机和一、二、三制粉噪声整治，厂界噪声和岗位噪声明显改善。加大岗位环境整治力度，重点实施59项攻关项目，在新烧K12、K13转通廊等18处无除尘部位，安装了单体除尘；对10高炉焦丁筛、返焦等3处除尘管道风量进行优化，通过公司立项，正在实施2号、3号高炉矿焦槽槽上移动通风槽除尘改造，将解决西区矿槽系统岗位环境超标问题。炼铁总厂顺利通过此次中央环保督查组检查，得到公司领导好评。

通过与宝钢、首钢、沙钢等先进单位对标，重点推进冲渣筛网材质、冲洗水压、渣仓放料等攻关项目；通过粉刷亮化中央马路两侧厂房及通廊，在南门等主厂区新建绿地4500平方米，维修破损道路1.85万平方米，清理整治违规活动房12个，清理各类工业垃圾9600吨，厂区环境持续改善。集中开展运上料系统设备漏灰漏料缺陷整治，现场环境达到2015年清扫劳务退出以来最好水平。组织回收非生产性废钢铁10056吨，实现降本增效1407.8万元。

4. 提升企业管理能力，企业发展根基逐渐扎实。组织全员开展了“管理提升大讨论”活动，通过制度梳理、修订完善、贯彻执行，评价改进管理工作流程，不断提高管理执行力，逐步实现管理工作规范化、模式化和常态化。通过全面梳理，查找出制度短板和疏漏，查找出文件制度修订不及时、与上级文件要求不符，各类相关方协议中对相关方考核条款不细致、考核力度轻，新增作业活动无规程、岗位整合规程未废止、规程内容不完善等问题269项。此次活动的开展，使各级管理者思想观念得到真正转变，各项规章制度得以进一步健全完善，基础管理工作得以不断夯实，形成了靠制度管人、管事、管思想的良好工作机制。

通过制定《炼铁总厂2017年绩效与薪酬评价考核办法》，修订完善该厂《薪酬管理细则》、作业区和部室绩效与薪酬管理规定模板，指导作业区和部室做好工段（班组）绩效评价，增强岗位绩效考评的精准性、实效性，使岗位绩效与岗位贡献、单元绩效、专项考核有机结合，让合理的收入差距激发岗位活力。一是按照公司统一原则实施人员分类，以企业效益增长、业绩提升为目标，建立不同类型员工效益联动考核机制。二是建立整体联动的指标体系，突出成本和消耗指标考评，体现效益性，突出产量和作业效率指标考评，体现效率性。设置成本贡献系数、产量贡献系数，提高激励精准性，对超额完成预算目标的单位给予强激励，对未完成预算目标的单位给予硬约束。三是实施差异化考评，合理分解目标定员，重新核定各单位工资基数，各单位根据绩效完成情况，合理设定本单位绩效奖基数。通过“强激励、硬约束、严考核”，拉开作业区间收入差距，以高炉作业区为例，各高炉之间绩效分数相差高达10分，这样绩效完成好的高炉相当于多增提近4万元，人均多收入630元。

组织修订完善《炼铁总厂科级管理岗位人员管理办法》《炼铁总厂工程技术岗位等级序列实施方案》等制度11项，促进了该厂在干部选用过程中规范化、流程化和透明化。制定了《炼铁总厂单位班子和管理及专业技术岗位人员综合考核评价办法》，强化各级领导人员的日常管理考核，多方位、多角度、立体式地考察干部，真正使绩效与岗位职责、单位指标、专项考核结合起来，实现精准绩效。组织起草《炼铁总厂基层关键岗位后备人才选拔及培养办法》，为做好后备人才培养提供了制度保障，畅通了人才晋升渠道。2017年，共计调整管理、专业技术岗位人员111人次，其中科级干部52人次，提职13人、降职（免职）7人次、平职交流32人次；工程序列交流11人次；一般岗位交流48人次。

5. 提升创新能力，不断推进“两化融合”。积极营造创新氛围，大力开展技术创新活动，着力提升职工自主创新能力。制定《创新项目管理细则》和《炼铁总厂关于推进创新项目实施的有关规定》，做到日常工作有人抓，项目推进有人管，项目验收有评价，项目成果有激励，初步形成了创新管理体系。成功召开炼铁总厂创新大会暨科协会员大会，确立了未来三年创新工作总体目标和具体工作任务，为创新工作的开展指明了方向。2017年，共完成管理创新项目153项，技术创新项目198项。与技术中心合作完成了“高炉风口回旋区模拟实验研究”等5项课题，“长寿型高炉铜冷却壁的研制与应用”等12项在研课题结转下年度，新立“鞍钢生产自熔性球团矿研究”等11项在研课题，“高炉生产过程信息化、智能化、大数据平台建设”“炼铁360平方米烧结机超厚料层烧结技术的研究”两个项目申请鞍山钢铁重大课题，为全面推进科技兴厂战略提供了强有力的支撑。

6. 提升服务职工能力，劳动关系和谐发展。充分运用“互联网+”等新媒体开展形势任务教育工作，全力做好形势、任务的压力传导，政策、决策的信息传递与解读，使思想政治工作真正融入日常生产和管理之中，起到了统一全员思想认识，提升职工的精气神，激发全员共克时艰、克难制胜的勇气和干劲的作用。通过宣传选树“孟泰式最美党员”等典型人物，引导广大职工向先进看齐，弘扬和传承孟泰精神、劳模精神、劳动精神和工匠精神。围绕生产难点和重点，大力开展立功竞赛活动。以“大指标创优，小指标夺冠”主题劳动竞赛为载体，大力开展“冠军炉、最佳烧结机”竞赛，评选冠军炉24炉（次），最佳烧结机12台（次）。开展“治理设备漏油、实现清洁生产”专项攻关竞赛和开展“治理身边扬尘，保障职工健康”群众性专项活动。共排查出254处扬尘点，完成攻关项目15项，治理漏灰漏料缺陷185项。以“控制事故和保产保供”为关键点，开展了“控制设备事故，实现精准点检检修”劳动竞赛、开展“保生产、保质量、保运行”劳动竞赛和开展“快速更换风口、确保安全检修”竞赛，最大限度地调动职工积极性和创造性。

践行发展理念，让职工共享企业改革发展成果，大力推进“践行共享理念，关爱一线员工”专项服务行动，实施公司级项目15项，总厂级项目13项，切实增强职工的获得感和幸福感，职工队伍的凝聚力和战斗力进一步提升。建立困难职工帮扶机制，对困难职工实施动态管理，全年救助困难职工1052人，发放救济金45.1万元，发放慰问品250份，价值4.3万元。解决了区域近2000名职工洗浴难问题，集中解决160处休息室门窗破损、43处暖气不热等问题，在二高炉打造“宾馆式班组休息室”样板。关注青工成长，引导团员青年立足岗位作贡献，开展“创新登高活动”和“跟着郭明义学雷锋”奉献活动，实施“创新登高”项目30项，创效达800万元。

计划生育、教育培训、保密、档案、防火、武装、道路交通安全工作获得公司年度红旗单位和先进单位称号。

（金　峰）

【炼钢总厂】 2017年末，有在岗职工4222人，其中管理、专业技术岗位人员330人（高级职称68人，中级职称184人，初级职称63人），在职职工5239人。离退休人员5576人。厂机关设五室一会，即综合管理室、党委工作室（含纪委、团委）、生产技术室、安全环保室、设备管理室、工会；划分四个分厂一个工区，即一分厂、二分厂、三分厂、四分厂和设备保障工区；下设二十四个作业区，即炼钢一作业区、连铸一作业区、转炉点检一作业区、连铸点检一作业区、吊车一作业区、炼钢二作业区、连铸二作业区、转炉点检二作业区、连铸点检二作业区、吊车二作业区、炼钢三作业区、连铸三作业区、转炉点检三作业区、连铸点检三作业区、吊车三作业区、炼钢四作业区、连铸四作业区、转炉点检四作业区、连铸点检四作业区、吊车四作业区、转炉检修作业区、连铸检修作业区、机电作业区。

鞍钢股份有限公司炼钢总厂成立于2011年4月23日。由原第一炼钢厂、第二炼钢厂、第三炼钢连轧厂（炼钢、连铸部分）、热轧带钢厂连铸部分整合组建而成，设计年产钢、坯 1900 万吨。主要设备有公称 100 吨转炉 6 座、180 吨转炉 3 座、200 吨转炉 2 座，260 吨转炉 3 座，8 台板坯连铸机、5 台方坯连铸机，形成“铁水预处理—全转炉—炉外精炼—全连铸”装备一流的现代化生产工艺格局。

2017 年，面对钢铁行业产能规模持续扩大、品种质量不断提升的市场考验，该厂广大干部职工紧密围绕“保生存、求发展，坚决打胜扭亏脱困攻坚战”的工作主线，深入推进对标挖潜、稳产提质、系统降本、工艺优化、绿色发展等工作，努力实现大指标创优，小指标夺冠，生产经营各项指标全面向好，职工生活和作业环境有了新的改善。

动态适应市场变化，产量规模再创新高。该厂全年共产钢 1709.71 万吨，较上年增产 57.3 万吨，创历史新高；最高日产达到 5.29 万吨，最高月产达到 152.06 万吨，其中 2 号线方圆坯最高月产突破 21.9 万吨。动态适应市场变化，坚持内部挖潜，强化生产过程管控，落实重点工作日生产组织预案，最大限度地满足了公司释放产能的需求。突破生产限制环节，大力开展大出钢口应用、优化氧枪喷头、改进挡渣方式等攻关活动，缩短转炉冶炼周期 2.09 分钟。优化生产组织，改鱼雷罐专线运输为接力式运输，提高兑铁温度 8℃。牢牢抓住提废降铁主线，废钢单耗、铁水单耗均创历史最好水平，生铁块单日最大使用量达到 1700 吨，日平均用量达到 1500 吨；铁水单耗完成 974.82 千克/吨，较 2016 年降低 21.18 千克/吨；废钢单耗完成 146.12 千克/吨，提高 19.12 千克/吨。

深入挖潜增效，生产成本不断降低。该厂全面推行三级成本点检模式，逐级细化分解成本费用指标，建立日点检、周预测、月分析的市场化成本管控机制。打破传统生产定式，深入推进少渣冶炼、系统温度优化等重点项目，少渣冶炼项目取得重大突破，镁质材料吨钢降低 10.7 千克，入炉渣量吨钢降低 12 千克；优化系统温度，钢包周转频次由 4.6 次/日提高到 5.0 次/日以上，平均出钢温度由 1687℃降低到 1675℃。提高转炉经济炉龄寿命。在 5 号线 D 转炉改“平滑形”炉底为“梅花桩形”炉底，炉底侵蚀速度同比降低 50%以上，平均碳氧积达到 23.8，降低 12%，实现全炉役可视底吹，3 支底枪可视寿命达到 5949 炉，创造了鞍钢底吹单枪及同时可视的最高寿命纪录。推进功能包保，转炉、钢包、中间包、RH 等大宗耐材全部实现整体承包。稳步实施节能降耗项目，转炉蒸汽自平衡利用项目，年减少外购蒸汽 7 万吨、20.65 万吉焦，占公司外送市民供暖 500 万平方米“民生工程”总量的 30%。持续开展能源对标，吨钢综合能耗达到-6.99 千克标煤，同比降低 1.01 千克标煤；转炉工序能耗达到吨钢 -20.3 千克标煤，同比降低吨钢 0.58 千克标煤；继续保持全工序负能炼钢。同比上年该厂全年共降本 2.15 亿元，较年预算目标多降本 7300 万元。

依靠技术进步，品种质量明显改善。坚持面向用户，提高全员质量意识，全面推进关键工艺节点管控体系，设立可视化质量管理展示板，实施工艺技术点检设备挂牌管理。以“恒温恒速、低氧纯净”为中心，建立工艺参数控制目标体系；以提升客户体验为目标，建立过程控制、实物质量、用户满意三个方面质量评价体系。大力开展重点品种钢质量攻关，对影响质量的关键问题实行挂牌督办，确立公司级质量改进课题 24 项。铸机恒速率达到 92.8%，中包钢水温度合格率完成 82.8%，同比提高 0.3 个和 1.8 个百分点。铸坯原品种合格率完成 99.5%；帘线钢综合评分完成 860.9，创历史最好水平；冷轧夹杂缺陷率完成 0.56%；取向硅钢泡疤缺陷率为零；质量异议率完成 0.007%，降低 25%。各项质量指标较上年均有较大进步。确立完成“鞍钢高锰钢中厚板工业试制及稳定化”国家级课题 1 项，“铁脱氧工艺优化与研究”等公司级课题 26 项，厂级课题 263 项；提交专利和专有技术 158 件，26 篇科技论文在全国各学会、期刊发表。注册 QC 小组 45 个，“提高连铸扇形段辊缝合格率”项目参加冶金行业优秀质量管理评审，连检一作业区电气点检班获冶金行业质量信得过班组。

坚持持续改进，设备管理更加精细。以“强保障、稳运行、零事故”为目标、规范点检定修管理，修订、完善设备管理细则与应急预案 22 个，开展紧固润滑、机旁备件等专项检查 27 项。坚持“精细点检、精品检修、精准管控”，深入开展“创建点检质量年”活动，持续深化“管理者点检”和吊车系统“操检合一”，实施关键设备分级管控和三级点检管理。加强设备趋势化管理，全面推行事故管理严判机制，及时消除设备隐患，提高设备在线运行能力。全年设备事故时间降低50.1%，转炉和连铸系统平均设备可开动率达到95.04%和94.7%。大力开展HFI攻关，油脂指标同比降低12%，3号线大连铸系统实现集中供油，年节约油桶回收费用23万元，集中供油做法在全公司推广。满足生产工艺需求，组织实施C转炉大修，6号炉强制循环锅炉改造，280吨吊车增容等技改工程。突破原制造厂家的技术封锁和价格垄断，自主测绘、研发、制造，仅用110万元完成了报价450万元的旋转环制备，实现了钢包旋转台轴承国产化。增加方坯铸机功能和精度投入，重点实施了输出辊道、冷床液压、轻压下等一系列技术改造，为方坯稳产高产提供了有力的设备支撑。

加强安全管理，推进环保绿色发展。加强安全标准化建设，以夯实班组安全基础管理为重点，全面推行“岗位达标、专业达标、企业达标”工作。完善安全体系建设，核定安全规程7537条。加强相关方管理，严把相关方准入关，落实区域管理责任。加强职工安全培训，开展各类应急预案演练131次，职工安全意识和应急防护能力明显提高。坚守环保“红线”，落实环保责任，环保设施同步运行率达100%。加强日常监督检查，下大力气整治厂房冒烟、除尘器和外排水等环保问题，全厂58台除尘设施、51个外排水井口全部实现挂牌管理。在中央环保巡视组巡视和党的十九大会议召开期间，实现环保达标排放。加强危废管理，设置含油废物集中回收点，全年回收废油桶4800余个。结合中央环保督查情况，编制了该厂成立以来的第一份《环保现状自查评估报告》，为推进绿色环保发展提供了长远的、具有指导性的意见。

夯实基础管理，企业管理全面升级。完善制度体系建设，修订及制定管理细则136个。加强专项管理考核，修订绩效评价及专业管理评价标准52项，建立工作专项督办机制，每周开展一次专项检查，强化管理的执行与落地。实施市场化运营管理，采取四级分解将市场化运营推行至班组；以三分厂5号线和四分厂精炼区域为试点，设立推行“炉长竞赛龙虎榜”和“AB炉长制”，形成赛马机制，激发一线岗位员工的积极性和潜能。持续推进人力资源优化，采取兼工兼岗、提高自动化程度、顶替外委等措施。进一步理顺生产工艺管理，将3号线转炉工艺及吊车系统全部划拨至二分厂，实现了产线一体化管理。加强全员技术培训，签订导师带徒协议70对，举办技术培训班3098个，培训9.95万人次，连铸一作业区常威夺得鞍山钢铁炉外精炼工技能竞赛状元。

关心关爱职工，和谐发展氛围浓厚。大力开展“践行共享理念，关爱一线员工”专项服务活动。围绕改善职工生产生活环境，处理职工代表提案、劳动保护巡视和厂长联络员会议意见和建议42件次；修缮“样板”操作室及休息室5个，修理完善食堂、车场、卫生间等设施35处，新增电动车应急充电装置57个；重新对一分厂职工浴池进行改造，新配置更衣箱500个。围绕职工成长成才，组织开展职工技能拉力赛、先进操作法评选等活动，26名拉力赛冠军晋级高技能人才等级序列，评选厂级先进操作法19项，创新工作室4个项目获第22届全国发明展金奖1项、银奖2项、铜奖1项。加大扶贫帮困力度，全年走访救济困难职工805人次，发放救济金62.83万元。落实全民健身“十、百、千”三年行动计划，6000多人次参加了毽球、跳绳等大众体育活动。

切实加强党的建设，为实现生产经营目标提供坚强政治保障。学习宣传贯彻党的十九大精神掀起新热潮。党委中心组专题学，党员干部研讨学，“三会一课”重点学。该厂三级领导班子成员进班组，到岗位开展十九大精神大宣讲活动，组织159名党员干部参加十九大精神知识竞赛，营造了学习贯彻落实党的十九大精神的浓厚氛围。“两学一做”学习教育实现常态化、制度化。一是在“深学”上下功夫，二是在“实做”上见实效，总结出的“六位一体”学习方法在鞍钢集团公司交流推广。该厂党委《理论武装专题研究》一文获鞍钢集团公司一等奖。全面加强党委对意识形态工作的组织领导，党的十九大之前重点做好工作布置安排，制定印发了《炼钢总厂网络舆情管理办法》，确保意识形态工作和网络舆情稳定顺行。党支部达标创先、晋档升级工作实现新突破。晋级公司样板党支部1个，党支部示范基地、样板党支部比例占党支部总数的74%。干部队伍牢固树立“七个管理理念”，作风建设成果显著，持续推进“七个管理理念”落实，党支部书记坚持每天五小时在现场，每周解决五件事，零距离贴近现场、面对面贴近职工。党风廉政建设阳光监督体系日臻完善，推进网络预警，该厂预警平台建设工作获鞍钢集团现代管理成果二等奖，在鞍山钢铁推广，深化效能监察，开展轻烧镁球、机旁备件等效能监督14项，创效2022万元。

（李红颖）

【热轧带钢厂】 2017年末，热轧带钢厂有职工1907人，在岗职工1548人，其中管理及专业技术岗位189人（具有高级职称34人，中级职称119人，初级职称34人），生产及服务岗位1359人；离退休职工2043人。全厂设“六室一会”（生产技术室、安全环保室、销售室、设备管理室、综合管理室、党委工作室、工会）和15个作业区。厂区占地总面积52.63万平方米，建筑面积33.68万平方米。固定资产原值71.38亿元，净值16.91亿元。拥有1780、1700ASP、2150ASP三条热轧带钢生产线。

主要生产设备有：

（1）1780线：步进梁式加热炉4座，板坯高压水除鳞箱1台，定宽侧压机1台，E1立辊轧机1架，R2四辊可逆粗轧机1架，保温罩1套，边部加热器1台，转鼓式切头飞剪1台，精轧高压水除鳞箱1台，精轧立辊轧机1架，四辊精轧机7架（F2~F4为PC轧机），ORG在线磨辊装置4套（F4~F7），层流冷却装置1套，地下卧式卷取机3台，检查线2条，分卷平整机组1套，横切机组1套，以及相应的辅助配套设施等。

（2）1700ASP线：步进梁式加热炉3座，板坯高压水除鳞箱1台，大立辊轧机1架，二辊可逆粗轧机1架，四辊可逆粗轧机1架，热卷取箱1台，转鼓式切头飞剪1台，精轧高压水除鳞箱1台，四辊精轧机6架（F3~F6为可窜辊轧机），层流冷却装置1套，地下卧式卷取机2台，以及相应的辅助配套设施等。

（3）2150ASP线：步进梁式加热炉3座，板坯高压水除鳞箱1台，带有前后立辊的四辊可逆粗轧机1架，保温罩1套，转鼓式切头飞剪1台，精轧高压水除鳞箱1台，四辊精轧机6架（预留F7机架），层流冷却装置1套，地下卧式卷取机3台，分卷平整机组1套，以及相应的辅助配套设施等。

三线可生产集装箱、管线钢、汽车梁、船板等25个系列、487个品种、一万多个规格的钢板产品。

2017年，该厂认真学习贯彻党的十九大精神以及习近平总书记“三个推进”重要讲话精神，落实两级公司职代会确定的目标任务，深入推进“十项重点工作”，牢牢把握坚持“一个中心”、抓住“三个关键”、实现“一个目标”的工作思路，厚植规模、品种两个根本，追求质量、效率两个提升，全面履行企业职责，生产经营各项工作取得了显著成效。全年完成产量1083.7万吨，超计划10万吨，利润水平超公司挑战目标，吨材成本同比降低2.6%。一次通过国家安全生产标准化一级企业现场复评，全年火灾事故、环保事故为零。

强化差异调品，提升创效能力。一是坚持市场导向，推动产品升级。依托“稳定性控制技术，轧机精度控制技术，表面质量控制技术”三大技术体系，以极薄、超厚、超宽、高强为主导，开发独有领先产品，全年共计开发19个钢种、31个规格。除厚规格管线钢X80正在试制外，其余均可稳定量产。二是遵循利润排序，着力经营调品。坚决增高效品种、减低效品种。2017年，军工、耐蚀、集装箱、汽车、低合金、管线6大类高效品种同比增量24.01万吨，增幅34.58%；普碳、出口、低碳等低效品种同比减量44.58万吨，降幅16.24%。全年吨材调品创效30.18元，累计创效1.09亿元。

强化系统降本，实现精细管理。一是统筹降本项目，深挖增效潜能。细分成本构成，挖掘降本全要素内在潜力，构建了完成产量计划值摊薄成本、提高成材率降低原料损失、提高作业率和热装率降低能源消耗、上下工序联动工艺优化提质增效等4个主课题、12个子课题的攻关目标体系，全年吨钢降本13.51元。二是推行精益管控，制定有效措施。针对成本构成大指标，重点突破。通过优化生产组织，热装率同比提升8.85%，吨钢煤气同比降低0.10吉焦，增效6563万元；通过提高作业效率，优化能源停机管理，作业率同比提升1.04%，吨钢电耗同比降低7.26千瓦时，增效4082万元。针对水、油脂等小指标，精细管理。环水替新水223点、回收外排水1点、精准控水位12点，下半年吨钢新水消耗下降到252

吨，降幅30%。全面治理三线漏油关键点9处，年降低油耗85吨。推进精确给脂471点，年降低脂耗14吨。

强化质量管控，坚持持续改进。一是聚焦核心问题，构建攻关体系。针对长期困扰用户、使用反响强烈的质量问题成立16个攻关团队，构建以客户体验为中心的质量改善体系，均取得了一定进展。2150合金化条纹、1780酸洗板麻点、2150IF钢边裂、1780线O5板铁皮等质量缺陷均得到系统改善。初步满足下游工序质量提升需求。二是依托技术创新，持续优化工艺。开展带钢中心线轧制、导尺功能改进、板形系统优化等技术攻关项目，三线钢卷卷形质量明显提升。

强化隐患治理，确保设备稳定。一是推进精密点检，系统辨识隐患。全年，为各产线分别配备了红外热成像仪、轴承听诊器等检测仪器，为精密点检创造条件，提升点检质量和效率，开展预防性点检；通过笔录仪在线监测变频控制实时数据、利用DP网络测试仪在线诊断网络状态，进行趋势预报，开展预先性诊断；利用周期定修时间，开展轧机牌坊窗口实物尺寸精度检测、液压伺服及传动变频控制动态响应精度测试、凸度仪等大型仪表实物检测精度测试，达标三项精度，开展预知性维修。二是实施隐患分级，消除潜在风险。大力推进全系统隐患排查，并依据潜在风险等级，实施隐患ABC分级管控。全年共排查出A级隐患494项，包含重大隐患53处，有效避免重大事故发生。全年三级以上设备事故次数同比下降53.8%，无四级以上设备事故发生；有计划处理B级隐患1343项，有针对性地修改完善四项标准58项，三线月均停机时间同比下降26.4%。

强化绩效改革，推进科研创新。一是依据结果导向，完善干部绩效。落实公司“强激励、硬约束、严考核”的绩效管理要求，在全厂深入推进领导人员关键绩效管理，实现收入和业绩强相关。首先，抓住关键少数，将分厂领导、中层正副职、技术序列工程师和调度系统共66人纳入了绩效管理。其次，明确关键目标，从生产运行、事故管理、安全防火、改革创效和成本管理等五个维度共选取评价指标64个。最后，发挥关键作用，以解难题、保稳顺、引领示范、创新突破为出发点，划出管理红线和底线，强化担当履责。实施关键绩效考评以来，有效促进了企业绩效的改善。二是全面改革创新，提升竞争实力。全年共申请发明专利34件，专有技术55件。开展集团公司科研课题1项，股份公司科研课题5项，集团重大合理化建议4项，公司级质量攻关课题6项，厂级质量攻关课题10项。申请“讲理想、比贡献”活动立项23项。完成QC成果10项，其中行业内推广1项，省内推广1项。评选全省质量信得过班组1个。征集钢铁年会论文10篇。在年度企业创新方法大赛中，我厂参评的“带钢轧制时的随机跑偏问题研究”获省一等奖，将代表我省参加全国比赛。

开展“三查三改三提升”活动，全力推进党建提升年建设。该厂党委坚持“两学一做”常态化教育，抓住市场机遇，直面企业改革发展中的“不平衡不系统”问题，扎实开展三查三改三提升活动，全力推进党建提升年建设，党建和生产经营各项工作取得了显著成绩。一是干部和人才队伍建设能力进一步提升。坚持过好两级班子“双重”组织生活；组织召开中层干部管理提升研讨会，坚定树立“完成任务是天职”的底线意识，明确“四有”班子建设标准，转作风、抓管理、练本领、提效率；年终总评引入“公开讲评”机制，让干部得到锻炼、单位之间得到借鉴；结合市场化改革要求，修订了《领导人员关键绩效考评办法》，新建了《科级岗位人员管理细则》，全年提职12人，平职交流13人，降职使用13人；实施高技能和工程技术等级序列人才目标考评14人次；以技能大师工作室和创新工作室为依托，引领创新登高，荣获首批辽宁工匠、鞍钢工匠和首席技师1人，全国发明展览会金奖1人、银奖2人，冶金科学技术二等奖1人，鞍钢集团技术能手7人。二是组织建设能力进一步拓展。配齐基本队伍，增补党委委员3人，增补支委委员14人，强化支委选拔，保证党建工作人力资源；强化党内履职，组织支委和党小组长培训、讲党课。完善基本制度，以“全国党建网”和“鞍钢集团党建信息网”建设为契机，规范党内政治生活；制定《政治工作考核评价实施意见》，推进支部工作评价；修订《党员教育管理制度》，规范党日活动规则。开展基本活动，组织了“喜迎党的十九大”系列活动，全年党员工程立项167项，完成138项；组织党日活动8760人次，通过党日示范，打了样，明了标准，通了思想；组织了“控事故、稳生产、提规模”等主题劳动竞赛，全年累计发放竞赛奖41.54万元。三是思想建设能力进一步增强。搭建“绿色宣传通道”，建立以“热轧核心工作群”为中心，18个“支部党员工作群”为结点，点餐群、居家群、创新工作群等为补充的微信群网；创办《热轧之声》和《支部e生活》，已累计发布13期和15期，受到广大职工的普遍关注和好评，发挥了“主流舆论场”的阵地作用。加强形势任务教育，内树典型，外塑形象。完善《宣传报道管理细则》，本着业务谁负责、初稿谁负责、宣传谁有责的原则，明确各级组织的宣传目标、方向和责任；开展网媒“主题刊”竞赛，推送西部吊车党支部等3期；开展职业化主题教育活动，涌现出“三个表率”15人、“绿叶之星”18人；依托鞍钢日报、鞍钢视讯、微信等媒体，发表宣传报道40余篇，充分展示了大厂责任和形象；编发《热轧简讯》25期，宣讲党的十九大精神，宣传张福多、曲晓东、董仁杰、王葛等先进事迹和身边典型。四是监督执纪能力进一步提高。着力建设监督体系，开展廉洁风险地图建设，梳理问题45项；选聘厂级党风廉政监督员25名，选优支部纪检员18名，畅通了民主监督渠道。着力开展效能监察，落实纪委监督责任，全年组织备品备件、质量异议、工程、材料、缴库管理专项监察5项，查处考核、诫勉谈话32人次，提出监察建议26项，规范管理流程4个。着力构建廉洁文化，落实党委主体责任，组织签订党风廉政建设责任状68份、“一岗双责”和廉洁承诺书346份，建立廉洁档案346份；组织召开廉洁警示教育大会，通报了10起典型违纪违法案件；组织开展“严守党的纪律、严明党的规矩”主题教育、“廉洁警句”评比和“廉洁在我心中”主题演讲等活动。五是共享建设能力进一步加强。强化创先争优，凝聚员工智慧，诠释工匠精神。围绕降本增效，开展“双增双节”立功竞赛，确立攻关项目和修旧项目89项，全年修旧1695件，实现“双增双节”创效1136万元。董仁杰创新工作室升级为鞍山市职工创新工作室，王葛创新工作室11项创新项目获集团资金支持63.11万元，实现创效809万元。在第22届全国发明展览会中，曲晓东同志获金奖，王葛、李林同志获银奖。张福多同志先后荣获“辽宁工匠”“鞍钢工匠”等称号。共享发展成果，组织开展“践行共享理念，关爱一线职工”专项服务行动，心系扶贫救困，改善员工福利。积极开展走访慰问送温暖活动，建立困难职工管理档案，加大帮扶力度，组织谈心谈话168人次，走访困难党员干部群众718人次，发放慰问金27.89万元。全年组织开展各项丰富多彩的文体活动，满足职工精神文化需求。

（侯永利）

【冷轧厂】 2017年末，冷轧厂在岗职工总数2444人，其中干部410人（高级职称26人，中级职称271人，初级职称80人，员级25人，无职称8人），工人2045人。居家职工322人，编外职工28人，市场人员75人，离退休职工1514人。冷轧厂设六室一会，5个分厂，3个工区，2个直属作业区；党委下属4个党总支，21个党支部，党员1270人。2017年，冷轧厂认真学习贯彻党的十九大和习近平总书记“三个推进”重要讲话精神，全面落实公司全委（扩大）会议及公司职代会确定的目标任务，抓住市场向好的有利时机，勇担鞍钢创效主体责任，扩模调品，生产经营各项工作取得了显著成绩，商品材产量达到593万吨，创冷轧历史新高，实现营业利润19亿元，创近10年冷系产品利润新高。

1. 坚持效益导向，盈利能力不断增强。提升规模效益。冷轧厂抓住钢铁行业升温的有利时机，扩大生产规模，力保效益最大化。强化高效协同，以轧机生产稳顺为运行重点，通过进一步规范产线品种定位，优化轧机生产计划，破解制约轧机生产效率的难点问题，促进产能充分释放，轧机工序增量32万吨，同比提高5.6%。以抓点检、保定修、提精度为重点，推行管理点检，落实事故防范措施，不断提升设备运行效率，为高负荷生产保驾护航，2017年联合机组作业率同比提升1.9%。提高生产效率，坚持推行连续机组生产效率专项评价管理，精准实施产线间产能动态互补，推行原料和在产品动态库存管理，实现生产组织高效化。坚持逢修“必改、必提、必新”，倡导预知、预防维修，通过在三分厂试点尝试旬修定修模型、引入专业维保模式等措施，不断提高检修效率，保持设备状态持续稳定，全厂改良、预防性维修比例分别达3.2%、84.2%。加强备件保供，完善备件采购流程及“寿命跟踪评价”机制，拓宽应急采购渠道，制定停产备件替代方案，解决了 D11 卷取传动 IGCT、张力计备件停产等问题。充分整合资源，打造冷系多地多产线整体管理模式，对三线建设提供大力支持，协调解决鞍神物料倒运问题，派遣长期及短期技术支持人员 100 余人次，助推三线达产达效。通过以上措施，2017 年冷轧厂商品材产量大幅提升，同比增加 6.7%。

加大调品创效力度。把脉市场动向，紧抓高效品种生产，全年战略产品完成 489 万吨，同比增长 12%；汽车板直供量突破百万大关，同比增长 13%，其中，酸洗汽车板完成 10 万吨，同比增长 28%；家电产品完成 111 万吨，同比增长 9%。实现调品创效 7500 万元。不断提高市场占有率，推进市场开发，通过了菲克、吉利等 10 个用户 12 个牌号产品的认证；关注用户痛点，解决了酸洗板锈蚀、冷轧低合金高强钢冲压橘皮、镀锌板锌流波痕等缺陷，实现舍弗勒、长城汽车等用户大幅增量；彩涂产品销售实现重大突破，国内市场销售增量 144%，抢占澳柯玛 50%的市场份额，成功进军高端家电产品市场，中标北京新机场项目，为今后进入高端建筑和家电领域打开通道。推进新领域高附加值产品开发，成功实现核电用钢的开发及供货，填补冷轧核电领域空白；完成了 AQP1180、MS1500 等超高强产品的轧制，实现 AQP1400 全球首发。

加大降本增效力度。全年实现降本 1346 万元。通过大力推进小循环，强化成本预算管理，实现路径合理、成本最优的全流程成本管控。持续开展能源降耗，通过制定节能监察计划、实施正负激励，提高全员节能主动性；利用能源数据分析平台进行横向对标，梳理、解决耗能短板；推进冷凝水回用、炉区负荷平衡优化煤气用量、压减蒸汽等节能项目实施，全年综合能耗降至 53.34 千克标煤/吨，同比降低 2%。开展漏油治理专项活动，完成公司下达油脂降耗指标，HFI 指标处于公司先进水平。

2. 坚持用户至上，市场竞争力不断增强。以满足用户需求为导向，强化内部质量管控。一是提升实物质量，有效控制家电板板形不良、酸洗板横折印、O5 板轧辊印等缺陷，全年现货率同比降低 0.05%，汽车产品原品种成材率同比增长 0.12%。二是加强过程管理，实施质量专检及夜检 122 次，查处并解决问题 600 余项；通过更新 PFMEA 文件、严抓关键工艺点管理、制定质量应急反应计划、提高三级点检有效性等措施，完善了质量管理体系，全年接受外部审核 22 次，全部通过。三是推进联动攻关，实现多方合作共赢，通过与上工序联动，促进原料质量提升，减少质量损失 500 余万元；通过与供应商联动，实施供应商现场服务及培训 16 次，提高 A 类材料供应标准，提高原材料质量；通过与用户联动，改进供格力、日产等用户包装方式、采用新型包装材料，提高包装防护等级，获用户好评。2017 年，鞍钢汽车板获全国钢铁产业链汽车板优秀制造商 AAA 级企业，热轧酸洗板带荣获年度冶金产品实物质量金杯奖荣誉称号。

以提升用户满意度为目标，不断升级服务质量。一是内强管理外重服务，打造精准服务模式。以质量月为契机，召开质量大会，梳理短板、着眼问题解决，实施异议全流程网上管理，开展质量异议回头看专项检查，提高异议整改效果。规范服务行为、强化专业培训，打造高效的技术服务团队；通过重点用户专人服务、普通用户区域服务，实现点面结合的精准服务模式；以襄阳日产、东风日产为试点开展分厂技术人员“走进用户、走进冲压”活动，加强技术互动。此外，为分公司及钢加中心对外服务提供大力技术支持，提高整体服务水平。二是满足个性化需求。通过改进工艺控制、联合攻关、专项管理等措施，助力日产降低生产成本、解决三菱钢板加工时的跑偏问题、提高上汽大众产品性能过程能力、满足斗原基板质量要求、解决供 TAGAL 高表面产品微观形貌粗糙等问题，不断增强用户黏度。2017 年用户满意度大幅提升，日产、长城 ppm 指标达到历史最好水平，得到了用户的高度评价；同时冷轧、镀锌产品在江淮汽车、广汽乘用车、东风商用车、海信集团分别获得质量贡献奖、最佳合作奖、交付保证奖和战略互信奖，品牌价值登上新台阶。

3. 坚持变革创新，发展活力不断增强。管理创新成效显著。通过持续挖掘管理潜能，促进整体效率提升。着力推动分厂制管理效率提升，构建总厂统筹、宏观调控，分厂管控、权力下移，作业区与分厂联动的生产经营模式，全面推进市场化运营，有效释放了区域自主经营的活力，员工收入大幅提高。平稳推进人力资源改革，通过合岗并岗、局部区域劳务置换等措施，完成了人力资源优化目标，劳动生产率增幅达32%。推动酸再生包保运营，从公司氧化铁粉一体化管理的大局出发，积极推动再生整体外包项目实施，并实现平稳过渡。加快“两化”融合工作步伐，积极推动三分厂数字化试点生产车间立项工作，带动智能化工厂建设全面推进。此外，与宝钢进行深入对标，学习先进管理理念，为冷轧进一步深化改革奠定基础。

技术创新硕果累累。以扩模调品、提质增效为核心开展创新工作，发挥创新工作室引领作用，加大创新项目奖励，发放奖励金41万元，激发全员创新热情。全年完成质量攻关项目6项，厂级创新280项，专利和专有技术59项，评选厂级先进操作法60项，实现创效3000万元，获得省部级以上奖项7项。其中，一分厂设备作业区的“激光焊机设备精度及功能控制的新方法”获冶金行业QC成果二等奖，三分厂设备作业区的“一种提高钢卷重量计算精度的方法”等4项专利获全国发明展览会铜奖，李超创新工作室荣获“全国示范性劳模和工匠人才创新工作室”荣誉称号，张哲创新工作室荣获“辽宁省职工创新工作室”荣誉称号。

改造创新焕发活力。围绕厂三年规划，以精准投入、提早见效为原则，全年推动投资类项目放行40项，总计划投资1.72亿元，其中5号镀锌线炉区大修、3号镀锌线炉区设备升级、1号镀锌线烘干炉功能改进、一分厂罩退BCU大修等13个项目得以完成，设备功能精度有效提升。稳步推进一分厂酸洗机组改造、新建清洗机组两大重点技改项目进程。

4. 坚持底线思维，风险防控能力不断增强。防控安全风险。深入贯彻习近平总书记对安全工作重要指示、批示精神，以《中共中央、国务院关于推进安全生产领域改革发展的意见》为纲领，落实国务院、省、市的安全管理工作部署及要求，实现依法合规生产。全年开展各类安全、防火专项检查共计106次，检查曝光问题1991项，查处生产安全险肇事故18起。开展“逆向辊”专项整治活动，逐步用“物理隔断”替代“人员监管”方式，有效降低了安全风险。以安全管理包保制为核心，开展安全专项活动，强化管理责任，加大管理者现场监管力度。开展隐患排查治理，投入520余万元整治资金，其中，自动消防子站升级等项目的完成，提升安全标准化水平。职业病危害因素检测和职业健康体检完成率100%。强化相关方现场监管与安全管理评价，提升相关方自主安全管理水平。

防控环保风险。依据国家环保法，落实环保工作合法合规管理。编制危险废物管理手册，落实“三防措施”，依规报废处置一分厂测厚仪用放射源；推动三分厂废水站改造项目通过环评，降低环境危害风险；推进环保设备改进，二分厂、三分厂废水站实现中水回用，联合机组头部除尘器过滤提升，有效降低排放指标。通过国家、省、市各类环保督察及审核评估。

强化效能监察。抓住企业生产经营工作中的重要环节、重点部位及职工关心的热点问题开展效能监察工作。全年共实施效能监察5项，针对备件、生产耗材进行了重点跟踪监控，有效降低了备件消耗，挽回、避免经济损失及创效共计681万元。

5. 践行共享理念，企业凝聚力不断增强。启动“践行共享理念、关爱一线员工”专项服务行动。稳步提高员工收入，提高夜班津贴、班组长津贴、女职工卫生保健费标准。改善员工工作生活环境，推进“三室”建设，共维修20个操作室、12个卫生间、2个浴池；整治破损道路近3000平方米，新建机动车停车场，为职工创造便利条件；为入住人才公寓职工配置绿植和整理柜，发放加厚棉服。加大困难帮扶力度，全年走访慰问困难职工452人次，发放慰问金34万元。此外，精心组织越野定向赛、羽毛球赛等多种文体活动，缓解工作压力的同时增强了凝聚力。

坚持依靠职工办企业。一是深入开展“网络问企”和“厂长接待日”活动，有效办结意见和建议804条。二是开展技能培训、岗位练兵、三争竞赛等活动，员工技能不断提升，一分厂谢建兴荣获公司天车工“技术状元”称号、三分厂李亮等6人荣获公司“技术能手”称号。在“实现六个零攻关对标擂台赛”中三分厂联合机组甲、乙两班班产创近年最高纪录。三是大力弘扬劳模精神和工匠精神，李超、齐云勇当选首批“辽宁工匠”“鞍钢工匠”。

6. 加强党的建设，领导核心作用不断增强。统一思想把方向。全面落实从严治党责任，不断加强党的建设，努力把党的政治优势和组织优势真正转变为企业的竞争优势和发展优势，保证企业正确的发展方向；严格落实“两个责任”，正确运用执纪监督“四种形态”，保证企业正确的廉政方向。

参与决策管大局。根据冷轧厂的发展历程和当前市场形势、提出了冷轧厂要始终处于鞍钢排头兵、国内同行业前三名、向国际一流企业迈进的发展目标。科学制定滚动式三年发展规划，加强与先进企业的对标，从机制和体系上不断加强和改进安全管理、生产管理、质量管理、技术管理和人力资源管理，为冷轧厂超额完成挑战目标奠定了坚实基础。

抓住关键保落实。将用好干部、管好人才、带好队伍，作为责任落实的关键。用好干部，采取强激励、硬约束、严考核的手段，不断提高干部队伍的执行力，同时坚持严管和厚爱相结合，不断提高干部队伍的战斗力。管好人才，就是加强专业技术人才队伍和技能人才队伍建设，不断完善以项目为载体的技术人才运行和管理机制，同时进一步研究探索打通技能人才晋升通道，不断提高企业的核心竞争力。带好队伍，通过强化思想政治工作、加强职工技能培训、开展职工关爱行动等多种方式，不断提高职工队伍的凝聚力和向心力。二分厂生产作业区党支部被评为中央企业第一批基层示范党支部。

（于　游）

【冷轧硅钢厂】 截至2017年末，冷轧硅钢厂有在职职工1189人，其中，管理岗位45人，专业技术岗位83人，生产岗位1052人。全厂具有大学本科以上学历的114人，具有专科以上学历的796人。全厂职工平均年龄41岁。厂下设工会（居退管）、党委工作室、综合管理室、生产技术安全室、设备管理室5个部门，东区生产、西区生产、机械等8个作业区。

以效率为核心优化生产组织，合理释放产能。东区以酸轧工序高效稳产为推手抓产能释放，对外牵动公司原料保供，对内推行产线定位制度，确保了连退机组高效稳定运行。西区重新设计和优化了生产组织模型，以1台轧机保AA2机组生产，并推行跨月生产组织模式，实现了各机组一次起停。强化调度指挥协调职能，为生产顺行提供有力支撑。通过深入现场、靠前指挥、高效协调、快速反应，确保了产量任务超额完成。强化系统降本管理。提升机组工艺速度、优化生产组织模式，大幅降低了能源消耗，改善了板面质量。西区推行轧机轮换生产组织模式，提升了轧机效率。全年实现东区酸轧机组产量99.83万吨，连退产量98.59万吨，重卷产量92.6万吨，西区高牌号产量5.35万吨，均创建厂以来最高水平。

梳理完善质量体系文件。对27个生产、质量管理细则进行了全面梳理整合，新编制完成了《用户技术服务管理细则》，修订了《质量考核与奖励管理细则》《产品质量异议考核细则》等19个管理制度，对10个技术规程的部分内容进行了规范完善。强化质量过程管控。实施三级工艺点检，加大工艺纪律、工艺参数及设备功能精度检查力度，进行日通报、周评价，工艺参数合格率达到98%，工艺制度得到严格保障。提升产品实物质量。优化轧机窜辊及辊形控制，推进上厂原料改进，同板差不大于8微米的合格率由75%提高到95%，全年同板差用户抱怨率为零。

关注重大风险。规范A类设备的点检及维修管理，全年共组织500千瓦以上大电机出厂检修16台次，组织排查高压设备及电缆头146处，全年无重大事故发生。优化定修管理。推进“峰值检修”“检修工时制”和“中夜班保产班组”等措施的落实，提升定修保障能力，全年东区主线机组作业率同比提升3.1%，全厂设备事故时间同比降低72时/月。开展“治理设备漏油”专项活动，HFI指数由1.07降为0.6，油脂消耗费用同比降低37%。

强化调品和销售管理。结合硅钢产品特点及国内外市场需求周期的差异化规律，通过出口买断和备货销售等方式扩大销售业绩。开发了宁波德昌电机制造有限公司等8家无取向硅钢新客户，新客户订货量不断增加。加强技术与售后服务。及时有效处理用户投诉，确定了“差异服务、无缝衔接、快速反应、闭环管理”原则，依据硅钢产品用户的重要程度划分战略用户、重点用户、一般用户和新用户，实施差异化服务管理。通过“驻在服务、定期走访服务、临时服务”等形式开展定向服务。全年厂领导带队走访华南华东北方地区硅钢战略用户、重点用户5次，技术人员走访用户59次，售后服务人员走访55次。实现了服务交流全覆盖，产品跟踪无间断，提升了用户满意度。

推进高磁感取向硅钢产品研发。开展低温成分高磁感取向硅钢研发，炼钢、热轧和冷轧生产过程控制能力和工艺参数分析评价能力显著提升，形成了取向硅钢成分控制、低温热轧生产工艺、冷轧后渗氮及表面质量控制等一批新技术，厚度0.30毫米高磁感取向硅钢研发取得了阶段性进展。无取向硅钢调品升级取得新进展。打通了鲅鱼圈1580产线50AW1300、50AW800产品工艺路径。出口高硬度50A－BYG产品、高性能35AW270、无涂层产品和厚规格65AW530、65AW470、65AW400新产品的工艺已固化并开始量产。35AW300S、50AW310S、鞍钢自用大电机用钢50AW310-1产品取得了较大进展。新能源汽车电机专用薄带30ADG1500、30ADG1500Q产品已进入试验研究阶段。个性化专用钢松下MA101、35AD1800、35ADG1700已完成产品设计。

加强环境风险管控。配合公司圆满完成了中央环保督察组迎检工作和取向硅钢项目验收备案及AA3机组渗氮项目环评验收工作。改善东区废水站作业环境，对废水处理池采取封闭措施，最大限度降低了环境异味风险。通过建造单独存储区域等措施加强危险废物管理，全年共合规存储、处置各种危险废物970.7吨，清除生产现场多年积累废碱袋8.4吨。全年环保因子合格率达到93.3%，同比提高1.58%。实现了重大环境污染事故为零。

做好人力资源优化工作。制定了《冷轧硅钢厂全员竞聘上岗实施方案》，组织全厂公开竞聘。开辟了炼焦、莆田、生活协力、鞍钢博物馆、厂内劳务替代等人员安置渠道，完成了劳务替代转岗培训及现场操作实习，人员优化比例达25%，全员劳动生产率由上年末的730.4吨/(人·年)提高到1009.8吨/(人·年)。推进大工种兼岗作业工作，全厂共有118人取得了吊车兼岗作业特种作业证，对西区9台吊车实施了兼岗作业，进一步提高了人力资源效率。推进制度体系建设。对QEO体系文件进行了全面修订完善，做好QEO外审前各项迎检准备工作，实现了外审无不符合项。加大人才培养力度。开辟了对标学习、师带徒、案例教学、专项培训等人员培训、人才培养新途径，职工技能素质有效提升。全年共培训管理人员386人次、专业技术人员和高技能人才376人次，选派技术人员参加西门子自动化系统培训等专项培训31人次，组织厂内岗位技能培训4565人次。

（高　瑞）

【中厚板厂】 2017年末，中厚板厂职工总数1191人。其中，在岗1007人，管理及专业技术岗位129人（高级职称13人，中级职称81人，初级职称35人），生产及服务岗位878人（高级技师32人，技师85人，高级工354人，中级工247人，初级工160人），离退休1008人。该厂下设一会、四室及8个作业区。固定资产原值23.16亿元，净值4.81亿元。厂区占地面积41.01万平方米，建设面积17.56万平方米。

主要设备有：(1)厚板线。最大轧制力可达800吨的4300四辊可逆轧机1台，额定矫直力达3400吨的热矫直机1台，额定矫直力达2700吨的预矫直机一台，最大矫直力达4200吨的冷矫直机一台，推钢式、步进式加热炉各1座，4300毫米轧辊磨床1台，组合剪1台，两座罩式炉，固溶式热处理炉、直燃式常化炉1座和无氧式常化炉两座，淬火机两座，还有抛丸机一套，切头剪1台，喷打字机两套，千吨压力矫直机1台，年探伤20万吨钢板探伤机1台，高压水除鳞设备1套，自动控制层流冷却设备和超快冷设备1套。生产工艺及产品质量达到国内一流、国际先进水平，成为国内最先进的宽厚板生产企业之一。现生产能力达到120万吨/年。(2)中板线。推钢式汽化冷却加热炉3座，二辊可逆式轧机1套，四辊可逆式轧机1套，矫直机3台，切头剪1台，圆盘剪1台，滚切剪1台，辊底式常化炉1座，喷打字机1台，高压水除鳞设备1套，自动控制层流冷却设备1套，X射线测厚仪设备1套。现生产能力达到90万吨/年。

主要产品分为12大类：普通碳素结构钢、低合金高强度结构钢、锅炉板容器用钢、优质碳素结构钢、造船用钢、桥梁钢、工程机械用钢、管线钢、军工钢、汽车钢、刃模具钢、新成品等。广泛应用于军工、造船、桥梁、工程机械、锅炉压力容器制造、电站、海洋采油平台、石油与天然气输送和军工等行业。产品规格为厚度4~180毫米，宽度1200~3950毫米。所能生产的钢板品种规格可达1000多种。

2017年该厂主要生产经营指标完成情况：全

年实现人身伤害事故和重大生产、设备、质量、环境污染事故为零的目标。完成产量 172 万吨，超计划 1.7 万吨；原品种成材率完成 89.54%、综合能耗完成 70.95 千克标煤/吨，同比均有较大改善；实现利润 1.28 亿元，比上年减亏 3.73 亿元，结束了连续 8 年亏损的历史，打胜了扭亏为盈翻身仗，企业焕发了新的生机和活力。

强化平稳可控，安全生产稳中有进。安全管理持续深化。深入落实安全生产责任制，大力推进安全标准化建设，完善四级安全管理点检评价体系，班组、作业区和相关方安全管理水平进一步提高。完成隐患整改 1592 项、纠正管理缺陷 219 项，强化了安全过程管控。顺利通过安全标准化一级企业复评，全员安全意识和动态安全风险辨识能力得到显著提高。

生产组织得到加强。加强周生产能力预测，合理安排生产计划，细化生产管理流程，超额完成了公司下达的生产任务。优化 MES 系统，完善重点合同信息传递途径，严控在产品库存，分阶段管控制造周期，有效提高了物流效率，合同执行率达到95%以上，最大限度满足了用户对交货期的个性化需求。

强化品牌建设，产品竞争力显著增强。优化品种结构，推进产品向高端化迈进。成功开发的不锈钢产品通过核电合格供应方审核及九国船级社认证，拓展了市场发展空间；桥梁钢成功应用于沪通长江大桥等国内外重大桥梁工程；容器钢板出口巴基斯坦和斯里兰卡，助力国家“一带一路”倡议布局；自主研发的转向架用钢通过“复兴号”高铁机车时速 420 千米测试；高级别海洋工程用钢应用于首次海域可燃冰试采的海上采油平台“蓝鲸一号”，为我国发展清洁能源做出了贡献；5 毫米超薄超宽钢板和模具钢批量生产，耐磨钢市场份额逐步扩大，形成新的效益增长点。

践行质量承诺，满足用户个性化需求。以提高军工钢、不锈钢、耐磨钢等高端产品的质量为引领，推行《中厚板厂质量督察管理规定》，全流程规范质量控制标准，切实提升全工序质量管理水平。通过改进钢板吊运和堆垛方式、治理设备缺陷等措施，提高了钢板表面质量；通过建立内控标准，优化冷、预矫直机工艺，改善了板形质量；抓好关键工序质量控制点，船板和桥梁钢等产品质量控制能力有了较大提高。自主创新能力有所增强，2017 年，共申报专利 30 项、专有技术 30 项。

强化设备保障，技术改造取得新进展。全面加强设备运行风险防控，提高运行效率，完善功能精度。明确“保定修，压日修，控事故”管理思路，完善日、定修组织方式，针对制约设备平稳运行的瓶颈环节进行专项检查整治，提高了轧机、控冷和组合剪等重要设备的功能精度。推进机旁备件和材料集中管控，追求账物卡一致、规范可控的管理目标。持续推进技术改造，冷床改造性大修、轧机精度提高和传动轴系统改造等项目已完成立项并已实施。

强化成本控制，系统降本增效再获新成果。完善全链条、全覆盖成本管控体系。以扭亏为盈预算指标倒逼成本控制，层层分解成本指标，完善成本管控体系。通过提高成材率、优化生产节奏、提高物流效率，降低生产成本。采取精细管理设备维修费用、修配改代等措施，降低设备运行成本。以“全员降本增效立项攻关活动”、职工创新工作室、劳动竞赛为载体，营造全员创先争优、拼争奉献的浓厚氛围，为厂实现扭亏为盈的目标提供了有力保障。

强化改革引领，汇聚共建共享新能量。坚持问题导向，以创新思维破解改革发展难题。以市场化运营为切入点，深化收入分配机制改革，初步建立起导向鲜明、指标量化、考核精准的中层管理人员绩效评价和薪酬分配新体系。搭建人力资源需求信息和竞岗交流的平台，进一步优化了人力资源配置。完善人才培养机制，制定《中厚板厂管理和专业技术人员管理办法》，完善操作岗位等级序列评聘细则，开展岗位技能培训，2 人晋升为高级技师，6 人晋升为技师，对 26 名素质提升和兼工种作业人员进行了奖励。田宇同志荣获首届“辽宁工匠”“鞍钢工匠”称号。加强企业基础管理，建立风险防控预警机制，档案管理、保密工作、综合治理等专项工作均得到进一步加强。

坚持依靠职工群众办企业。积极开展“践行共享理念　关爱一线员工”专项服务行动，坚持面对面倾听、第一时间落实，持续坚持领导班子成员与职工座谈沟通制度，对职工代表提出的意见和建议整改解决 91 条，答复率 100%。加大对特殊困难职工帮扶力度，开展扶贫帮困送温暖活动，共救济困难职工537人次，发放慰问金、救济金18.77万元。

（张　璐）

【无缝钢管厂】 2017年末，无缝钢管厂共有职工1536人（在岗1105人），其中干部148人（在岗90人），高级职称14人，中级职称95人，初级职称25人，无职称12人。工人1388人（在岗1015人）。离退休职工2184人。该厂设有营销研发中心、运营管控中心、综合管理部、党委工作部、工会、159分厂和177分厂。固定资产原值14.88亿元，净值5.94亿元。厂区占地总面积31.1万平方米，建筑面积17.84万平方米。该厂现拥有2条热轧生产线和2条管加工生产线，即：ϕ159MPM限动芯棒五机架连轧管机组、ϕ177PQF三辊五机架连轧管机组、管加工一生产线和管加工二生产线。设备总质量2.86万吨，具有46万吨年设计生产能力。

ϕ159MPM限动芯棒五机架连轧管机组主要设备有：YJQ-270数控硬质合金卧式圆锯床、环形加热炉、小角度锥形辊穿孔机、德国西马克米尔公司MPM五机架连轧机、三辊机架方形脱管机、中频电感应再加热炉、14架微张力减径机、步进式冷床、奥地利MFL排管锯、ϕ168七辊矫直机、ZGL68液压快开式十辊矫直机、涡流与漏磁探伤机及辅助设备。

ϕ177PQF三辊五机架连轧管机组主要设备有：二台YJQ-270数控硬质合金卧式圆锯床、环形加热炉、锥形辊穿孔机、德国西马克米尔公司PQF五机架连轧机、三辊机架方形脱管机、中频电感应再加热炉、14架微张力减径机、步进式冷床、奥地利MFL排管锯、JGLC-180十辊矫直机、漏磁+四探头超声波测厚探伤机、双径通径机、测长称重机、7″×80兆帕2台水压机、涂油机及辅助设备。

管加工一生产线主要设备有：日本KY-4012N接箍车丝机、沈阳及埃马克接箍车丝机、日本5B矫直机、油管外加厚机、比利时高力耐MPM-T7管体车丝机、法国克立丹NO-TUBING管体车丝机、美国OMC拧接-通径机、日本山本水压机、7″×110兆帕水压机、淋涂方式SZT型涂油机、SI-184切管机、CH-013接箍镗孔机及辅助设备。一套感应热处理线、超声探伤机及辅助设备。

管加工二生产线主要设备有：1整条由西安重型研究所设计的热处理线，主要设备含淬火、回火加热炉、高压水除鳞、水淬设备、5台冷床、热矫直机、端头及在线超声波探伤机及辅机。比利时高力耐RPP07-5管体车丝机2台、NJJA-7拧接机、140兆帕高压双管水压机、自动测长称重、喷字、涂色环设备、淋涂方式涂油机、蒸汽烘干机、PACD钢管自动倒棱机及辅助设备。

主要产品分为四大类、18个系列。四大类即：油井管、管线管、合金管、普碳管。18个系列产品即：油井管8个系列（API油井管系列、隔热石油管系列、非API热采油井管系列、非API抗H_2S腐蚀油井管系列、非API经济型抗CO_2腐蚀油井管系列、非API高抗CO_2腐蚀油井管系列、特殊扣油井管系列、石油钻杆料）、管线管4个系列（API管线管系列、酸性服役条件管线管系列、高强结构管系列、起重机臂架管系列）、合金管6个系列（地质钻探管系列、非开挖钻杆用管系列、高压气瓶管系列、油缸管系列、耐磨管系列、军工管系列）。

抓机制体制改革，承包经营工作方面取得突破。2017年超额完成了公司下达的挑战目标，利润比去年同期减亏2.98亿元，5月实现单月盈利，结束连续8年亏损后，8～11月又实现连续盈利，承包经营各项工作取得全面突破。一是改革管理体制，在原有的“两厂、两室、两中心、一会”基础上进一步优化职能，实现扁平化管理，全厂减少主管级以上人员29人。二是完善薪酬分配机制，以承包经营目标为底线指标，按照管理技术人员、操作人员分类管理的“强激励、硬约束、严考核”分配原则，设定基准值、目标值、挑战值，绩效工资上封顶160%，下保底60%，职工收入既与单位指标挂钩，又与个人贡献挂钩。在营销系统实行临时考评机制，局部作业区域推行了计件和功能包保等灵活的绩效分配机制。三是优化人力资源，全厂干部职工全部解聘，重新竞聘上岗。职工总数从1170人，优化到1095人，比例为6.3%。其中，管理和专业技术人员由165人优化到99人，比例为40%。

抓降低产品异议率，质量管理方面取得突破。充分发挥运营管控效力，建立《工序赔偿制度》《质量禁令》《现场目视化管理、工艺技术点检及设备挂牌管理细则》三项管理制度，严抓工艺、设备管控，强化不传递、不制造、不接受缺陷的管理理念。建立质量评价体系，通过“五个一次质量指标”和“工序评价体系”的监控，使质量工作达到了实时掌控工序功能目标，实现质量一体化管理。一是提高质量意识。每周通报用户抱怨，每月召开质量专业会议，每季度召开全厂质量大会，曝光质量缺陷，真实反映客户抱怨声音，提高全体职工质量意识。二是强化考核力度。梳理质量控制关键点，在 7 个方面形成质量禁令，对违反质量禁令的责任人加大考核力度，严重的进入厂人力资源中心轮岗培训。上年 6 月，针对 159 分厂出现的 5 个质量问题，分别考核分厂主任和书记各 6400 元。三是强化体系评价，提升产品实物质量。顺利通过了 QEO、国军标、五国船级社认证、特种设备制造许可认证、探伤机设备认证、中石油一级供应商现场审核，20 号油缸管获冶金实物质量“金杯奖”。质量异议率比去年同期下降 0.21%，降幅 58%，质量异议损失额减少 80.4 万元，减幅 45%。

抓合同保价格，市场拓展方面取得突破。充分发挥营销领航先导作用，积极寻找专用管及高端产品的目标市场、目标客户，以产销研一体化为攻关营销机制，加大对高端、高附加值、高效品种的市场攻关、开发、营销力度，促进产品品种结构的进一步调整和优化，在保证生产合同量同时提高产品售价。一是拓宽销售渠道。直供用户比例同比提高 17.01%，开发新用户 50 家；成功开发陕西延长油田市场，销售高附加值产品抗 H_2S 腐蚀油井管 2.3 万吨。北京新机场航站楼使用鞍钢 Q345B 网架用管 2000 吨。积极参与一带一路项目：新疆国际会展中心、北京西站、南京南站、广州新国际展览中心、成都双流国际机场 T1、T2 航站楼等项目的网架用管。全年订货量前 10 名用户订货比例达到总量的 55.62%。主销售区东北、华北订货比例达到 79.89%，超计划 1.89%。加强了对市场价格信息的调研分析，对产品的价格走势进行预判。二是实现量价齐升。抓住市场回暖有利时机，调整品种结构，提升产量规模，推高产品售价，售价同比提高 1734 元/吨，扣除市场涨价因素，依靠自身努力推动价格提高 407 元/吨，平均结算价格达到 4154 元/吨。对重点客户的定金合同及用户定金订单合同及时跟踪，积极防范销售风险，确保货款回笼。三是优化营销模式。形成“品牌+服务+创效”的营销模式，调整品种结构，实现调品提价增效；设立行业代表，负责石油石化行业重大项目、专用品种工程项目招标工作，成为中石油流体管甲级供应商；对客户分星级管理，坚持星级客户全流程 VIP 服务模式，加强与现有客户合作，实现由营销商向营销服务商转变，密切跟踪行业重大项目，承接了大量高价格、高效益合同，订货价格同期相比大幅提高。四是设立驻外服务代表。负责市场跟踪、信息收集、客户服务等工作，加快市场响应速度，实现快速对接。五是优化评价方式，拉大收入差距，收入与销售业绩直接挂钩，调动营销人员积极性。

抓瓶颈问题攻关，新产品研发方面取得突破。对制约产品质量的瓶颈问题进行攻关，先后解决了 156×17.5 AG80S 接箍料性能不合等问题 18 项，实现创效 1066 万元。尤其是对提升军工钢质量进行专项攻关取得突破，全年共生产军工钢 1247 吨，比上年多生产 370 吨。177 分厂的“提高 N80Q 平端套管原品种成材率”获得辽宁优秀 QC 小组称号，159 分厂“降低 73.02×5.51 油管现货率”项目获得冶金行业第二届优秀 6Sigma 项目一等奖。继 2016 年开发出 88.9×6.45 毫米规格射孔枪管后，2017 年又成功开发出 101.6×9.5 毫米规格射孔枪管。该产品规格的开发对产品的几何尺寸、性能控制和钢管爆破后的涨径率等方面都提出了更高的技术要求，标志着鞍钢向着开发全系列射孔枪管又迈进了重要一步。非开挖钻杆家族添加了新成员，成功开发了非开挖钻杆料 AG980CY。以往非开挖钻杆料都是按照国标牌号生产，该产品的开发意味着鞍钢在非开挖钻杆领域由国标产品向鞍钢自主品牌又近了一步。攻克了强度与抗腐蚀性能控制、大壁厚钢管淬透性等重要技术难题，成功开发 AG95S 抗 H_2S 腐蚀油套管及接箍坯料，为开发更高强度、腐蚀性更强的油套管产品开发工作打下了坚实的基础。生产、销售等部门的联动性也有了长足的进步。由被动开发产品转向主动寻找市场，加强对新用户要求的技术识别工作，确保了产品的质量要求。战略产品、独有领先产品、新产品比例分别达到 54.5%、29.4%、23.0%。全年共计开发新产品 4 个，研发创效 1022 万元。加大军工用无缝管开发力度，较难轧的特厚军工管，通过工艺控制和孔型的优化，消除钢管内六方，用户满意。2017 年军工管产生纯利润 298.043 万元，较上年多创效 74.953 万元。

抓产线全链条管理，系统降本方面取得突破。一是抓缺陷治理，实现质量降本。对影响产品质量关键因素的原料严格把关，全年向上厂退料 2900 吨。建立工序评价制度，强化过程管控能力，提高了原品种成材率，原品种成材率由年初的 88.44%提高到 90.6%。二是抓项目攻关，实现科技降本。开展降低现货率攻关，原品种现货率由 2.67%降低至 1.09%。开展提高综合成材率攻关，综合成材率由 90.08%提升至 90.92%。围绕质量提升建立公司级攻关项目 3 项，厂级攻关项目 11 项，分厂级攻关项目 22 项。三是抓品种结构优化，实现调品降本。加强新产品的开发与储备，全年共开发新品种 4 个，巩固扩量 22609 吨，累计创效 919.27 万元。四是抓备件、工具、材料消耗，实现管理降本。对报废定径辊和旧芯棒改制后再利用，两项合计节省 600 万元。五是抓产能提升，实现规模降本。随着市场回暖，以质量和交货期为支撑不断推高价格，为产能释放提供了有力支撑。从年初开始产能逐渐增长，5 月，抓住各方面有利因素，商品量更是达到了 30050 吨，创近年来最好水平。

抓形势任务教育，转变观念方面取得突破。一是开展讨论，统一思想。新一轮承包前开展了“凝心聚力保生存、改革创新求发展”“勠力同心砥砺奋进，坚决完成新一轮承包经营改革目标任务”“不忘初心继续前进，以鞍钢无缝人的名义”为主题有大讨论活动，三个活动递进展开，互为支撑，统一了思想、振奋了精神。二是以观影《长征》为契机，加强危机意识教育，激励职工在困境中增添求生存的勇气和信心，增强危机意识和使命担当，在绝境中寻找生机，在迷茫中找到方向，走好无缝“新的长征”。三是鼓舞士气，凝心聚力。完成 1 月控亏目标后，致全体员工一封公开信，讲形势、讲任务、讲未来，以无缝钢管厂的发展愿景激励员工向着既定目标奋力前行，增强员工与企业休戚与共的荣辱感。四是加强文化引领，凝聚前行动力。通过开展“通勤车文化”、“四美”评选、设立“无缝英雄谱”、评选“扭亏增效”标兵和先进个人等载体，传递好声音，释放正能量，树立美形象，为企业发展凝心聚力。

抓职工参与企业经营，民主管理方面取得突破。坚持依靠职工办企业，大力弘扬“鞍钢宪法”精神，扎实推进班组建设。代表鞍山钢铁出席了“中国冶金系统职工生活保障年会”，并作经验介绍。以郭明义、李超等先进人物为榜样，以“四美”评选为契机，充分挖掘、培养、选树和宣传身边的先进典型，充分调动了职工群众的劳动热情。积极开展岗位练兵、生产竞赛、“省时省力省人工”和职工创新工作室等群众性创新创效活动。全年“双增双节”实现创效 570.8 万元。徐鑫明创新工作室年创效近 100 万元，被授予公司级创新工作室荣誉称号。开展了“践行共享理念，关爱一线员工”专项服务行动。修缮了职工浴池，为 600 名职工更换了更衣箱。为基层购置 4 台冰柜、32 台微波炉、60 台电风扇。开展了“走百家进千户”党员干部大走访、大下访活动。走访慰问职工 735 户，救助困难职工 621 人，发放救济金 36.5 万元，慰问品 1876 份。

（鄂　岩）

【大型厂】 2017 年末，大型厂在岗职工 954 人。其中管理、技术岗位 128 人，具有教授级高级职称 1 人，高级职称 18 人，中级职称 76 人，初级职称 21 人，生产、服务岗位 826 人。下设党委工作室、工会、综合管理室、居退管办、销售室、生产技术室、产品开发室、设备管理室、安全环保室等 9 个管理部门，以及轨梁分厂、连轧分厂、大型分厂、中型分厂、小型分厂、轧辊作业区、热处理作业区等 7 个基层单位。固定资产原值总值为 27.7 亿元，固定资产净值总值为 14.3 亿元。

2017 年全年实现总产量 227.46 万吨，其中万能线产量 66.24 万吨，连轧线产量 95.42 万吨，大型线产量 4.52 万吨，中型线产量 2.31 万吨，小型线产量 58.97 万吨，百米轨合格率 84.58%，高速轨合格率 71.7%，全年实现利润 4.2 亿元，实现了重大安全、质量、火灾、设备、环保事故为零的目标。

2017 年，大型厂面临着生产计划不均衡，成本指标压力巨大等诸多困难，全厂干部职工紧紧围绕“保安全、抓培训、提产量、稳质量、降事故、控成本、争双赢”工作方针，发扬“爱家”精神，同舟共济、奋发图强，稳步推进市场化改革，圆满完成了公司下达的各项工作任务，实现了多项工作的新突破。荣获了“鞍钢集团公司先进单位”“鞍钢集团公司先进党委”等荣誉称号。

市场化运营取得新突破。2017年初，实施了轧辊作业区内部市场化运作改革。通过调整薪酬分配机制，职工绩效由班组考核改为岗位计件考核，促进了轧辊作业区车削保产职能作用的发挥。轧辊加工产量逐月攀升，职工收入也体现出了“多劳多得”“少劳少得”的分配原则。

2017年8月，实施了小型线市场化运营改革。改革效果逐步显现，小型线9月、10月两个月连续产量达6万余吨，创历史最高水平；11月，实现历史性突破达8.62万吨，在日达产的基础上实现了月产量超设计产能。技术指标大幅提升，综合成材率由改革前的96.05%提高到99.32%、负公差利用率稳定控制在-2.5%～-3.5%。截至2017年9月，小型线自承包经营以来，半年时间内实现了扭亏为盈、再创效益的目标，全年实现利润4562万元。

产销研联动取得新突破。组建了小型线螺纹钢销售团队，成立了市场化经营办公室和监察评价办公室，通过采取开辟沈阳和鞍山现货销售市场、全力跟踪重点工程项目、开发南方市场等措施，螺纹钢销售工作成效显著。2017年被评为全国钢铁产业链热轧带肋钢筋优秀制造商A级企业。

成立了民用球扁钢开发管理团队，高效推进了鞍钢民用球扁钢进入造船市场，大型厂陆续参与了16家船厂的招投标工作，去年累计中标20条船球扁钢1.53万吨。

拓展海外销售渠道，重轨出口工作取得了可喜的成绩。2017年，出口印度尼西亚、巴基斯坦、尼日利亚等国钢轨2.18万吨。

为增加新的利润增长点，开拓型材产品市场，满足客户的特定需求，坚持“服务前移”理念，大型厂组建了型材加工中心，主要实现特殊定尺型钢加工和仓储两大功能。截至2017年底，仓储功能已经实现。

科技管理取得新进展。为分享前沿技术、扩大品牌影响，大型厂成功承办了主题为“携手同行、共铸未来”的鞍钢铁路用钢新技术、新工艺、新产品（全球）发布会，发布会的成功举办成为大型厂与下游企业加深合作的一个新起点。

为增加全厂淬火钢轨供货的品种，批量试制了60N U71MnGH，通过了铁路总公司组织的上道试铺评审；2017年陆续开发、试制了17个规格民用球扁钢，已完成全系列民用球扁钢批量试生产；2017年10月，小型线的7个牌号、8个规格的韩标螺纹钢顺利通过现场审核。

发挥“产销研”团队作用，全年共实施“鞍钢股份有限公司科研、质量提升与改进”等技术创新66项，创效1890余万元；申请专有技术18件，通过公司认定12件；申请专利20项，被国家知识产权局授权14件。“重轨超声探伤组合式探头随动装置”等2个发明专利获鞍山市专利奖二等奖和鞍山钢铁优秀发明专利一等奖；“钢轨腰偏技术改进”获鞍山钢铁优秀专有技术一等奖；“降低弹体钢废品率”项目获冶金行业第二届优秀六西格玛项目竞赛二等奖；“高速铁路钢轨全万能孔型轧制工艺开发应用”获得“第二十二届全国发明展览会银奖”。

成立了“大数据”中心，以实现“通过对生产过程数据进行收集、分析，发现生产过程中的瓶颈和痛点，针对性地进行改进和调整”为目的，着手申报了万能线数字化工厂项目，小型线智能化建设项目已处于方案论证阶段。

企业运营取得新进展。安全、环保管理扎实推进。完善安全管理制度体系，修订安全管理制度11个，事故应急预案2个，现场处置方案44个。加大现场作业检查及考核监管力度，共检查不合格项344项，考核金额7.9万元。2017年，大型厂荣获鞍钢集团“安康杯”竞赛优胜单位、鞍钢股份公司安全生产先进单位，大型厂通过了国家安全标准化一级企业复评。

产量规模屡创新高。万能线全长淬火轨实现稳产，班产屡创新高，最高已达170支；连轧线班产量不断被刷新，最高班产已实现1678吨；小型线2017年11月产量8.6万吨，相当于年产量104万吨的水平。

设备运行能力得到保证。开展了“完善点检作业标准化体系”“完善设备功能精度管理体系”等一系列设备标准化活动，设备管理水平有所提高；强化能源管理，推动节能项目开展，做好非连续性生产时的节能工作。

“爱家”活动开创新局面。“大型是家、我爱我家”理念渗透到了生产经营的每个环节，树立“爱家理念”、开展“爱家活动”、推进志愿者服务，“爱家”活动得到了扎实推进。

轨梁分厂、连轧分厂分别建立了“孟泰仓库”使修旧利废活动落到了实处。职工广泛参与企业管理，利用“创新网”平台，献言献策，提合理化建议1271条。王军创新工作室被鞍山市总工会授予“鞍山市劳模创新工作室”。

为扩大“大型是家、我爱我家”活动影响力和辐射面，大型厂成立了“周德全老年志愿者爱心互动团队”，发挥余热，服务企业、造福社会。修车、理发活动走进厂区、社区；殡葬服务活动走进家庭、送去温暖；夕阳红文化娱乐活动，凝聚人心，传播正能量，促进了退休职工队伍稳定。在党的十九大召开前夕，爱心团队将亲手缝制的5万个小布垫捐献给了厂里，激发了在岗职工爱岗敬业的工作热情。

以人为本，服务职工，和谐发展取得新局面。轨梁分厂万能生产乙班和班长马启亮分别荣获2017年度鞍山市“优秀班组”和“优秀班组长”荣誉称号；轨梁分厂吊车丙班获得2017年鞍钢集团“安康杯”竞赛“标准化示范班组”称号；轨梁分厂邢尚武和连轧分厂李娜分别获得2017年度鞍钢集团公司技术竞赛“技术能手”称号。

坚持“以人为本、切实为职工解决实际问题”的原则，围绕优化作业环境，修缮操作室5个、更换座椅160把；围绕改善职工生活福利设施，对职工休息室、浴池等设施进行合理维修，向班组发放饮水机、微波炉百余台；收入分配坚持向一线职工倾斜，提高了生产竞赛奖励力度，一线职工岗位收入较上年明显增高，企业职工“双赢”目标初步实现。同时，加大对特殊困难职工的帮扶力度，各单位走访在职、退休困难职工751户，发放慰问金79万元；大型厂成立了“家”基金会，广泛筹集基金，规范和明确基金的管理、使用、监督流程，发放基金3人次，切实帮助解决实际困难，让困难职工感受到党组织的温暖和企业的关怀。

（陈　杨）

【线材厂】 2017年末，该厂职工总数479人，在岗职工342人，生产及服务岗位282人。设五室一会、五个作业区。固定资产原值12.95亿元，净值6.50亿元。厂区占地面积12.58万平方米。主要设备：摩根高速线材轧机1套，达涅利高速线材轧机1套，步进梁底组合式加热炉1座，步进梁式加热炉1座，PC-2500打包机2台，PHC-4SBH5/5500打包机2台。2017年，该厂全年盈利1.95亿元，比上年减亏4.89亿元，全年模拟市场盈利3.95亿元，扭转了企业连续6年亏损的局面，全面打胜了扭亏为盈攻坚战。

生产运行管控稳中求进。该厂坚持以“求稳顺、保规模、提效率”为主导思想，逐步搭建“出租车”式生产组织管理模式，推行“PDCA+责任+落实”工作方法，规范生产调度管理行为，实施市场化生产组织考评，加大贡献奖励力度，增加错误惩处成本，促进了生产稳定运行；实施原料组织、计划排产、生产准备、停机项目、生产节奏、设备运行等全过程受控管理，确保产量规模最大化；推进小循环自主管理，通过制度化、标准化促进部门及作业区之间沟通协调，提升有效作业时间，实现稳产高产。2017年，该厂完成产量138.15万吨，比公司及厂计划分别提高了11万吨和3万吨，比上年提高了17万吨；其中1号线提高10.8万吨，2号线提高6.2万吨，为近5年最好水平。

系统降本工作成效显著。该厂细化生产组织预案，利用阶梯电价、热装热送低成本管控手段，科学安排日合同组织计划，实现低成本运行。推行项目制管理，通过滚动立项、按月评定、分层级推进落实、加大奖励力度一系列组织和激励措施，充分调动全员降本热情，圆满完成“降低产成品库存”“优化HRB400E合金含量”“钢坯修磨方式优化”等系统降本攻关项目，收到预期效果。有效运行“客运站”物流管理模式，通过开展原料、产成品库存资金占用清理活动，清理网碳及小批号等问题造成的积压产品8000余吨，组织进行钢坯冷回收2000余吨，降低资金占用3000余万元。全年加工成本实现309元/吨，比公司计划降低31元/吨，比上年降低36元/吨，全年系统降本1.22亿元，超额完成公司下达的系统降本目标。

质量管理水平持续提升。该厂全品种推行TS16949体系管理，开展“8D”管理、SPC、六西格玛、热眼使用原理及质量事故案例等培训，提高对重点及关键因素有效控制和改进能力；深入推进工艺三级点检管理、质量看板管理，对影响质量的关键设备实施挂牌管理，实现操作可视化、流程化、规范化、标准化。细化产品标准及对应的质量控制标准，针对不同类别产品质量计划和技术协议，优化工艺路径及检验标准，严格执行生产控制预案，实现产品质量精准控制，促进质量管理工作落实、改善和提高；产品综合成材率实现96.63%，比计划提高了1.63%，比上年提高0.96%；帘线钢原品种成材率93.36%，比上年（87.07%）提高6.29%；冷镦钢初检合格率提高4.56%。通过了IATF16949质量管理体系再认证审核、JIS质量管理体系再审核、KS韩标螺纹认证，顺利通过比利时贝卡尔特、韩国高丽制钢二方认证；钢帘线用热轧盘条和钢丝绳用热轧盘条（EDC工艺）获2017年冶金实物质量金杯奖，连续获得辽宁省用户满意企业称号。1号线生产作业区工艺点检班获辽宁省质量信得过班组称号。

品种结构调整取得实效。该厂结合公司营销体制改革实际，成立产销研办公室，配齐配强人员，明确工作职责；与公司市场营销中心快速建立各项工作的沟通及交流机制，根据产品盈利能力不同，制定效益优先销售策略，外贸大幅压减一直亏损的出口合同，内贸上组织销售并轧制大批顺应市场利润率较高品种，提升整体利润水平；加大品种开发力度，深入实施产品开发项目管理制，强化开发责任落实，全年开发高端领先钢种25个，在研钢种15个，帘线钢、焊丝钢产量及品种开发数量达到了历史最好水平，月均帘线钢产量稳定在1.5万吨以上，高等级帘线钢实物质量超过韩国浦项水平，高合金焊丝钢品种数量累计达70余个，实现ER70S-G焊丝钢月均产量2500吨，国内占有率达70%以上，弹簧钢、桥索钢等重点品种研发也取得了突破。参加第八届上海汽车紧固件展，进一步提升鞍钢线材品牌市场的影响力。

设备保障能力持续增强。该厂转变设备管理理念，初步搭建起“产、机、电一体，操、检、修合一”“4S店”式的设备运行管理模式框架；全年完成1号线布料器卡停、分线识别系统等设备系统攻关21项。深化点检定修管理，有效运行操作人员、点检人员和管理技术人员“三级点检制”，提高设备点检到位率、有效率、命中率。设备事故时间比上年下降18.1%，修订点检定修等27个管理制度及点检维修标准62条；完善六大类设备技术档案，下发两线《设备操作使用说明书》71个，汇编下发关键设备快速处理方法116项，完成下发《电气事故快速判断及处理预案》106条，开展专业技术培训，提高点检、维修、操作水平；开展备件国产化及长寿化研究及攻关，实现2架粗中轧减速机和双模块锥箱、压下减速机等自修，减少外委修复费用40余万元，实施备件修、配、改、代再利用及导卫承包，降库创效140余万元；确立并完成了“1号线分线识别系统”“高压水除鳞压力远程监控”等改进项目，提高设备运行稳定性，提升自动化、智能化水平。强化能源管控，降低能源成本592.1万元。开展“治理设备漏油，实现清洁工厂”专项竞赛活动，彻底解决76项漏点问题，油品消耗比上年降幅达10%。积极推进智能工厂建设，形成了网络覆盖、生产集中管控、质量过程控制、智能运维4个项目方案。进行智能仓储系统、智能点检运维系统、水冷和风冷工艺智能控制等技术交流，整理现阶段具备实施条件7个子系统项目，具备项目合同签订条件。

科研创新能力稳步提升。在该厂开工30周年纪念日召开创新大会，系统总结上年创新工作，对51项创新成果进行表彰奖励，对2017年创新项目进行立项，为开展好全年创新工作，助推扭亏为盈奠定基础。形成专利、专有技术20余件，“基于用户个性化需求的超精细钢丝加工用高碳钢盘条开发”及“硼系合金冷镦钢盘条研制与开发”项目分别获鞍山市科技进步奖二等奖和三等奖；《鞍钢免铅浴线的开发与应用》收录2017年中国钢铁年会论文集；《线材生产EDC控冷技术研究》论文获2017年鞍山钢铁公司优秀科技论文二等奖；“关于改善冷镦钢表面质量的建议”等3项合理化建议分别获鞍山钢铁集团公司重大合理化建议和技术改进成果一、二等奖；“远宵QC小组”获辽宁省优秀质量管理小组称号。以“王广军”创新工作室为载体，开展职工创新攻关立项活动，7个创新攻关团队，年初设立创新攻关项目47项，2017年共完成30项，创效647.98万元。

企业管理体系日趋完善。该厂有效运行了“0123”安全管理模式，全面修订《安全生产责任制》等制度，落实各级安全管理责任，利用事故案例有针对性开展安全教育培训，实施安全生产绩效评价，扎实开展安全管理点检，持续推进危险因素辨识，加大现场安全、防火、环保的检查、曝光、考核力度，实现了2017年工伤、环保、火灾事故为零。深化企业改革，采取导卫区域功能承包及1号线打包机区域集中一贯制管理，有效解决制约生产瓶颈问题，体现岗位人员能者上、平者滞、庸者下竞争体制；在公司率先提出并实施市场化绩效评价，推行市场倒逼模式，强激励、硬约束、严考核，细化量化生产经营指标，层层分解落实，现场显示屏数据动态更新，市场化绩效即时体现，实现企业效益与职工收入紧密结合、同步增长。组织修订管理细则106个并实现电子会签，强化管理体系过程控制，定期进行检查和评价，通过公司QEO体系内部审核。

职工幸福感逐步提升。该厂2017年在岗职工人均月收入较上年增长1022元，增长比例20.2%，多角度评价不同群体，体现市场效应，人力资源优化带来的效果显著，职工市场化意识逐步增强；较好完成导师带徒、员工技能达标考评、攀钢员工实习代培及公司、厂各类培训任务，员工综合素质及技能水平进一步提高，涌现首届“鞍钢工匠”1人、鞍钢技术能手2人。积极推进以职工代表大会为主要形式的民主管理和厂务公开，持续开展“网络问企”和“践行共享理念、关爱一线员工”专项服务行动，适时征求职工意见建议，重大节日开展走访慰问活动，切实为一线职工解决困难和实际问题，增强了企业打胜扭亏为盈攻坚战的凝聚力和战斗力。救济困难职工214人次，发放慰问金、慰问品共7.74万元。

（刘　丹）

【资源储运经营中心】 2017年末，资源储运经营中心（以下简称中心）有职工648人，其中：生产和服务岗位431人，管理和技术岗位72人（高级职称4人、中级职50人、初级职称18人），居家职工135人，编外6人，人力资源市场4人。机构设置为“五部一会一队”、五个作业区和一个代管单位（原料回收加工厂）。固定资产原值15313.6万元，净值6063.6万元。主要设备有1250吨液压冷剪机、1000吨液压打包机，吊车58台（其中：桥式起重机33台、门式起重机13台、抓钢机12台），龙门吊车2台，储油罐33个、酸罐2个、卤水罐3个、解冻库系统1台。

2017年，该中心深入学习贯彻落实十九大精神，以贴近市场为主线，细化管理为保障，持续加强生产管控能力建设，挖掘资源经营内在新价值，克服生产组织难度大、设备满负荷运转等难题，全力推进可持续发展。全年实现了人身伤害事故和重大生产、设备、质量、火灾、环境污染事故为零的目标。废钢加工和输出质量显著提高，实现废钢输出总量215.26万吨，超计划31.68万吨，比上年同期多输出37.67万吨。实现废钢单耗151千克（5~12月），比上年同期提高18千克。全年原燃料收发1178.04万吨。材料入库金额29.31亿元，入站金额6041.77万元。水渣销售收入2.63亿元，比计划多完成2.27亿元。

生产运行平稳高效。为实现“提铁降废”目标，中心强化生产组织，加大装槽质量考核力度，提高槽子单重合格率，废钢单耗水平和输出总量不断创出新高。2017年6月起废钢单耗达到150千克/吨水平，比上年同期提高18千克。全年实现废钢输出总量215.26万吨，超计划31.68万吨，槽子单重合格率98.53%，比上年同期提高了0.19%，为公司创高产作出了贡献。组织再生产品冷回收钢坯的接收工作，实现回收55891.47吨。挖掘重型废钢资源，将长期无法使用的特种钢坯约1000吨，加工成1吨以下供炼钢一、二、三工区普通槽稀释使用。合理调整装槽槽形，将原中、南跨装三工区老线小槽子调整到1号、2号、3号线装，把1号、2号、3号线的四分厂大槽子调整到中、南跨装，实现废钢轻重合理搭配，减少废钢倒运费用。合理安排原燃料货位，高效完成了原燃料装卸工作。优化流程，提高材料配送效率，实现了配送准确率、及时率和用户满意率3个100%的目标。全力挖潜、盘活库存废钢，全年加工使用特种废钢68422.29吨，创造经济价值4359.19万元。严把质量检验关，在废钢接收中共扣废物17030.6吨，避免损失1259万元；合金返厂51车1935.46吨，节约价值2021万元，为公司降低采购成本作出了贡献。

矿渣产品销售大幅提升。中心牢固树立市场观念，强化经营意识，拓宽销售渠道。培育营销重点客户，在保产保供的基础上，不断挖掘再生资源的潜在价值，实现效益最大化。开发新用户，扩大再生资源销售覆盖面；创新水渣输出方式。针对客户汽运自提车辆减少的问题与鞍山铁路货运中心合作，采用汽车集装箱短途倒运到铁路实现汽车、火车联运的水渣输出新方式，提高了运输效率。充分发挥水渣质量优势及地理位置优势，实现水渣价格差异化销售，水渣价格在东北地区同行业领先，与其他钢厂相比多创效 4000 多万元。依据国家“一带一路”倡议，水渣出口至韩国、阿联酋、孟加拉国等国家，实现销售渠道国际化。全年水渣销售 842 万吨，比上年同期多销售 28 万吨，比计划多销售 122 万吨，为公司增利创效 2.63 亿元。加强现场管理，对水渣现场进行整体改造，完成 6700 平的混凝土路面，解决尾矿坝水渣现场扬尘问题。

设备管理水平稳步提升。夯实设备基础管理工作，大力推进点检标准化管理，修订了《设备定修管理细则》，强化了设备定修过程管理，充分发挥岗位点检的基础作用，有力推动了各级点检的有效性。全年设备故障停机率为 0.6%，同比下降 0.4%。组织开展严控电机烧损专项活动，配备了监控电机温度的电子测温枪，及时扭转了电机烧损的被动局面，全年同比电机烧损台数下降 20 台，降幅 23%。强化维修费用指标管理，推进全员参与预算控制。强化备件领用验收细节管控，规范备件领用验收流程。组织开展“治理漏油、降低油脂消耗”活动，全年共查找出漏油点 32 处，立即整改 32 处，节约资金 1.8 万元。修改、完善《能源基准和标杆管理细则》《监视和测量设备管理细则》《能源因素管理细则》，细化能源因素辨识，确定能源优控因素，通过建立能源管理体系，逐步规范能源管理行为，借助认证约束机制，实现持续改进，不断提高系统能效水平。完成了冷剪机、打包机、水渣间、合金库房轨道、北跨厂房、冷剪桥吊司机室等一系列维修工程，有效解决了重大设备、安全隐患等问题。

安全环保工作得到强化。全面落实安全生产责任制，推进安全生产的自主管理；落实安全责任主体，层层签订安全责任状，将安全生产重心下移到基层班组，指标分解到岗位；加强事故预防工作，开展隐患排查治理，全年对排查出的 3581 项安全隐患，全部实施封闭整改处理。强化安全风险控制，确定危险源及作业风险 195 个。其中一级风险 110 个，二级风险 85 个，对排查的风险制定控制措施。以问题为导向，结合实际解决安全生产中的突出问题，坚持实施安全管理绩效评价的做法，成立安全管理绩效评价领导小组，每季度对作业区进行安全管理绩效评价，落实区域主体责任，将相关方日常安全管理工作纳入对作业区绩效考核。实施安全生产目标承包奖惩制度。全面推行新时期“0123”安全管理模式，采用每月一主题、观看纪录片、全员安全知识答题、开展“事故反思大讨论”、主题征文、事故演练、致职工家属一封信等多种形式，筑牢职工的安全思想防线。全年有 121 个班组被公司评为安全标准化红旗班组。做好季节性防火工作，组织对重点区域防火隐患进行处理，累计清除杂草约 5 万平方米，清理可燃物及易燃物约 2 吨。解决了北跨工业建筑和灵山料场抑尘网施工等在建过程中的重大安全、防火隐患和问题，全年实现安全生产事故为零的目标。

防范保卫能力进一步提高。认真汲取“8·08”煤焦盗窃案教训，组织开展防范国有资产流失、堵塞管理漏洞的专题教育活动。针对物料流转过程没有技术防范监管手段，中心积极落实整改措施，通过扫描车厢电子标签的方式，实现对进出灵山料场路局车厢的自动识别；通过生产调度电话录音系统，实现了对路局火车进出情况的智能化管控。通过不断增强对每个物料流转环节的管控能力，有效地堵塞了管理漏洞。强化治安防控体系建设，落实管理责任，形成了“厂级、作业区级、班组级”三级治安保卫管理架构，将“人防、物防、技防”与之实现高度融合。人防方面，巡逻队每天对中心区域内的库房、料场进行 24 小时不定期巡逻、蹲守，充分发挥安全保卫队巡逻队机动灵活的优势，极大地震慑了不法分子，形成了打击不法分子违规行为的监管模式。物防方面，加大对区域内的围栏、围墙、厂房建筑物的完好和大门封闭情况开展常态化巡查。全年巡查 961 次，在治安防范中检查发现问题 85 项，其中纳入经营管理绩效考核 19 项，驱离不法分子 69 人次，避免废钢流失 3.5 吨。技防方面，充分发挥视频监控系统的作用，有效实现“人技合防”，全年共完成偷盗事件处置 27 次，驱离不法分子 38 人次，收缴被盗废钢铁 4500 余公斤。

党建思想政治工作取得新实效。中心党委将政治优势、组织优势转化为优化运营模式，加快变革创新的特色管理模式，积极探索从决策层、职能层、业务层，融入中心、嵌入管理、发挥作用。在党委层面，从强化“四好”班子建设入手，定期召开党委会专题研究部署、月度工作例会安排总结，推进了 103 项党建工作措施的落实；认真开展“三查三改三提升”活动，为中心保产经营注入了引领力和推动力。二季度，中心领导班子荣获了鞍山钢铁集团有限公司“四好”班子称号。在党支部层面，以开展党支部建设提升年活动为契机，对新整合后的10个党支部进行了委员补选，配齐配强了支部班子；编制并下发《党支部规章制度汇编》，使党支部16项制度得到有效完善；通过“抓两头、带中间”“结对子”“三定、三帮”等措施的实施，促进党支部整体工作水平的提高。中心党委组织开展的创建“铸就堡垒，不忘初心”品牌党员主题日活动在鞍山钢铁集团有限公司党委特色工作评选中，荣获三等奖。在党员层面，加大党员的教育管理，先后评选出4个方面的10名先进典型、34名“最美传播者”，完成30项共产党员工程、共产党员挑战项目，创效4010.58万元，得到公司党委的充分肯定。

企业管理不断加强。坚持效率就是效益，不断提升企业管理水平。构建制度体系，开展了“规章制度一学、二做、三提升专项活动”，修订完善核心管理文件20个、《岗位说明书》74个、作业标准35个，中心计划管理和绩效管理两个体系得到改进和提升。通过了军工钢外审和公司QEO内审以及公司档案检查工作。

全面深化安全生产标准化体系建设，严格落实“党政同责、一岗双责、齐抓共管”责任机制建设，全年实现安全事故为零的目标。持续推进三项制度改革工作，实施生产服务岗位人员全面解聘竞争上岗工作，实现了转岗人员的平衡过渡。认真履行党风廉政建设监督责任，强化风险防范，开展效能监察，避免和挽回经济损失248.91万元。加大基础设施的投入，推进“三室”建设，先后对职工浴池、食堂、休息室、环境设施等进行修缮，职工的生活环境明显改善。加大作业现场的环境整治力度，规范办公场所和生产作业现场的管理，统一物品摆放，实行定置定位管理，新建绿化长廊1处、平整货位4处、清理残土废物3200多吨、制作标识板21块，职工的工作环境明显改善。

职工队伍和谐稳定。坚持依靠职工办企业方针，深入开展群众性建功立业活动，解决生产难题12项，双增双节创效75.6万元。紧紧围绕保产保供的重点、难点，深化劳动竞赛活动，组织开展了“重点绩效指标创优夺冠”和“保输出、增单耗、提废降铁、创优夺冠”等项活动，有效解决了生产经营中的难题，提高了废钢单耗。大力推进群众性自主创新活动，进一步推进“刘万文”创新工作室建设，全年完成创新项目7项，创效37.5万元，荣获鞍山钢铁公司级创新工作室称号。命名“解明顺吊车电机点检五步操作法”为中心级先进操作法，在基层单位全面推广。切实关心职工实际困难，全年走访慰问职工291人次，发放救济金10.28万元。深入开展“践行共享理念，关爱一线职工”专项服务行动，改善职工现场作业环境、修缮卫生间、更换班组座椅；高温季节和严寒冬季慰问一线职工，发放防暑降温用品和暖贴；跟踪评价食堂服务，提高职工的就餐质量；为职工发放生日礼品；增加职工收入，提升了职工的获得感和幸福感。丰富职工业余文化生活。广泛开展乒乓球、跳长绳、拔河、游泳、气排球、跳单绳、踢毽及趣味运动会等寓教于乐的文体活动，有力增加了企业凝聚力。

2017年，该中心荣获鞍钢集团公司交通安全管理优胜单位、鞍钢股份安全生产优胜单位、鞍山钢铁/鞍钢股份文明单位、鞍钢集团公司2016年度“网络问企”优秀组织单位、鞍钢集团公司2016年度先进工会、2017年度鞍钢“安康杯”竞赛优胜单位等荣誉称号。

（马文莉）

【质量检验中心】 鞍钢股份有限公司质量检验中心（以下简称“中心”）主要承担股份公司大宗原燃料入厂质量检验及验收、厂际间半成品质量检验、出厂成品质量检验和生产厂内部部分工艺流程控制检验。检验品种涵盖钢铁产品、铁合金、冶金辅料、焦炭、煤、生铁、精矿粉、人造富矿、炉渣、药剂、水质、油质、煤气、含铁废料、成品材等15大类，257项国家实验室认可检验项目。中心机关设有五室一会，基层设有化验室5个、检验室2个、点检维护室1个。2017年末，在岗职工491人，居家职工96人，编外职工11人，市场人员22人，离退休职工1562人。在岗职工中管理和专业技术人员72人（副高级职称15人，中级职称52人，初级职称5人），生产操作人员419人（高级技师13人，技师34人，高级工189人）。党员339人，其中在岗党员277人。团员35人。工作面积约3万平方米，其中试验场地2.02万平方米，拥有冶金企业最大的洗精煤全深度取样车、冲击试样加工中心、各类先进光谱仪、ZWICK 全自动拉伸试验机等取制样、化检验设备 1165 台（套）；其中具有国际先进水平的进口检测设备 216 台（套）。固定资产总值 2.11 亿元。

加强质量把关，服务生产需要。2017 年完成检验件数 1178.0 万件，避免经济损失 2484.11 万元，成本费用指标完成 9411.34 万元。强化外购原燃料入厂把关，密切跟踪公司生产节奏变化，加强对煤、焦炭、铁精矿、生铁、合金、炼钢辅料、石灰石等外购物料的质量把关，敦促化检验工艺纪律的有效执行。加强外购物料检验，满足公司产能释放对外购物料质量把关和检验周期要求；为了应对铁路车皮紧张局面，千方百计提高来煤检验速度，及时完成外购燃料的质量验收工作。加强中间转序品过程检验，强化铁前系统质量控制，关注精矿粉、东烧取样、人造富矿、生铁等物料制样质量、检验数据的准确性，进行有效监督；强化烧结用外购石灰石粉、外购冶金石灰直付取样；制定烧结矿碱度超标上报制度，实现对烧结矿检验数据有效监控；借鉴宝钢全氧分析样品处理经验，全面推进炼钢在线全氧检验。严格产成品出厂检验，开展实验室内部及试验室间数据比对；有效利用外部资源，与北京钢研院、鞍钢钢铁研究院及鲅鱼圈进行数据比对；开展帘线钢与贝卡，汽车钢与丰田、本田等国际知名用户的标准和数据比对工作。配合公司调品和新钢种开发，重点解决推进高强耐磨钢锯切、双相不锈钢检验及厚规格 X80 管线钢、无缝 AG80S 油套钢管的检验等问题；建成中部检验室、厚板检验室备样保管库，通过样品保留，实现检验过程可追溯。

加强质量督查，强化过程控制。通过严格把关，全年发现不合格地矿洗精煤 1228 批，108.93 万吨，占比 67.3%；地矿烟煤 15 批，8225.34 吨，占比 11.1%；合金 2858.7 吨，返厂 21 批物料，1310.2 吨，占比 2.4%；炼钢辅料 90 批，1201.34 吨，占比 2.1%；地矿石灰石粉 92 批，11.41 万吨，占比 12%，共避免经济损失 2484.11 万元。钢铁产成品检验发现不合格品 17330 批，占比 4.6%。完善督查机制，加强队伍建设，为保证外购物料验质数据真实准确，坚持中心机关全体人员质量督查制度，14 个督查小组对原料地方煤、炼钢辅料、地产铁精矿、地产生铁等物料的取样、制样、化验过程进行质量督查，实现 24 小时全天候无缝对接；探索合金取样、制样过程的科学方法，采用截流取样，提高样品代表性。实施重点督查，强化质量预警，针对公司对部分地方煤实行船运到港口，再经铁路运输进厂，以鲅鱼圈港口商检结果作为结算依据的新机制，及时调整质量督查工作重点，取得明显效果。对鲅鱼圈港口返装煤从抽检改为普检，发现大量不合格品洗精煤，为炼焦调整配煤提供预警，保证了化工焦炭质量的稳定。

加强设备管理，提升保障能力。强化设备引进，提升装备水平，完成中部技改新建厂房配套设施建设，引进数控车床、铣床、冲击试验机、顶锻试验机、高温炉等设备及厚板检验室 120 吨电子拉伸试验机、维氏硬度计和体式显微镜及核电用双相不锈钢科研项目所需配套设施；引进中心化验室合金分析用进口碳硫仪、炼钢化验室高精度光谱仪、炼钢化验室西区氧氮仪等设备设施。加强中心自动化、智能化及信息化建设，对中心现有 249 台自动化设备调查统计，制定自动化完善项目 20 项，信息系统建设及功能完善项目 6 项；通过多次与设备厂家技术交流，全自动炼钢化验室项目，铁前原料自动取样、无人值守、远程操控项目，C5 焦炭自动采制样系统项目方案已经成熟。完成设备功能恢复，自行研制简单设备，自主修复彩涂进口紫外线老化试验机和 2 台待报废进口摩擦试验机，西部分室 2 台帕纳科荧光仪恢复运行；完成中心化验室全自动黏度仪自动进样系统修复、炼焦对辊破碎机修复等；通过技术攻关，实现试验机虎口片配件进口替代工作；开展自主创新，完成焦炭检验磨球机制作。

加强基础管理，提升管控能力。落实费用指标，服务公司改革，结合生产经营形势，分析工序成本构成要素，认真研究各项支出压缩空间，对能够分解的费用指标全部分解到实验室，落实成本控制责任人。同时，为满足公司市场化运行，对工序之间实行生产原料按质论价、优质优价原则，为炼钢与炼铁之间、炼铁与炼焦之间财务结算提供客观公正的化检验数据。实行化检验收费，模拟市场运行管理，推进中心生产经营方式转变，分析实验室对应产线化检验需要，重新核定化检验收费价格，从 4 月开始实行化检验收费管理。截至 2017 年 12 月，实现检验收入 1.24 亿元，利润5105.2万元。强化职工培训，提升操作技能，针对人力资源优化后，岗位人员紧张、技能水平下降的实际，强化岗位人员技能培训。2017年，职工验证岗位考试通过率100%。评聘公司级高技能人才21人、中心级技师46人。开展环境整顿，取得明显效果，以实验室整合搬迁为契机，组织实验室全面开展环境整治工作，部分实验室面貌发生巨大变化，一些历史遗留问题得到解决。炼焦化验室、成品检验一室中部完成重新装修。

加强基础工作，提升党建水平。一是推进“两学一做”学习教育常态化制度化。制定《质量检验中心党委关于推进“两学一做”学习教育常态化制度化的实施方案》，召开推进会，促进落实，整改提高；规范组织生活，党委委员、党支部委员分别参加包保党支部、党小组组织生活会和专题研讨，“七一”前党委委员为联系点党支部讲专题党课，公司联系点领导先后两次到中心调研及参加炼铁化验室组织生活；严格党内选举，按程序推荐十九大代表候选人；提高党务部门人员待遇，调整党委工作室为一类部室，设立党委组织员岗位，享受部门副职待遇。二是加强基层党组织建设。扎实开展“基层党支部建设提升年”“三查三改三提升”活动，完善党内制度，制定下发《质量检验中心党支部党建工作考核评价办法(试行)》等5项文件，修订党支部“三会一课”、思想政治工作等15个基本制度，增强指导性和实用性，规范党费收缴使用，做好清理收缴党费管理使用，下拨25605.2元党费供党支部开展喜迎十九大活动；层层培训提高整体水平，组织开展党支部书记、支委、党小组长“三级”培训，强基固本，凝心聚力，基础工作持续提升，中心化验室党支部成功晋级“样板党支部”，申报为党支部建设示范典型。推进“一般”党支部整改，效果明显，三季度检查排名跃居首位；坚持季度党支部工作检查及情况反馈、通报，修改基层党支部工作评价细则，固化党支部书记例会和季度党群工作例会，到化工事业部苯加氢作业区党支部工作示范基地对标学习，开拓基层党务工作者眼界，加强横向交流，促进共同进步；规范系统管理及阵地建设，完成《全国党员管理信息系统》建库，鞍钢党建信息网建设与维护，实现与超讯系统三网并行，率先完成各项工作，获得公司高度肯定。发展党员3名，预备党员转正6名，新建机关、居退党员活动室，改扩建炼焦党员活动室。三是党内活动成果显著。党委书记、党委委员做好党建工作，党委书记现场述职排名居鞍山钢铁前列，设立“关于提升新形势下党员诚信教育实效性的探索与实践”等2项党建课题、“提升专兼职党务工作者业务能力”等3项党委委员抓党建项目，全部结题；扎实推进“共产党员工程”和“挑战项目”攻关活动，全年设立“共产党员工程”项目27项，党员“挑战项目”20项，其中，鞍钢集团级“共产党员工程”项目1项、鞍山钢铁级10项，除2项工程因客观原因延期进行，其余项目已全部完成；发挥特色主题活动作用，开展“迎接十九大、做合格党员”“跟着郭明义学雷锋”志愿服务等系列主题活动，开展廉洁党课、微型党课征集等，喜迎建党96周年，组织党员重温入党誓词，为全体党员过政治生日，赠送党员生日礼物和生日贺卡，开展党内典型表彰，救济帮扶困难党员52人次、共计2.98万元。

加强思想建设，提升政治觉悟。一是学习宣传贯彻落实党的十九大精神。党委中心组开展专题学习3次，通读原文，结合实际谈体会，形成《质量检验中心党委关于全面深入学习宣传贯彻党的十九大精神的通知》；为全体党员发放报告原文及新《党章》，编发专题简报5期，张贴宣传海报，悬挂宣传标语，供全体党员学习，营造浓厚氛围；四季度，党委委员分别为包保党支部讲授十九大专题党课，参加包保及所在党组织专题民主生活会。二是坚定政治理论基础。按照《质量检验中心2017年政治理论学习安排》推进两级班子理论学习，中心组全年集中学习20次、开展专题研讨4次；制定《党委中心组学习制度》，进一步规范中心组学习；及时下发《党委中心组学习参考与动态》《政治理论学习要点》到党支部、党小组，促进全体党员坚持学习政治理论和技术业务知识，不断提升个人能力素养；把握意识形态，加强舆情管控。成立党委、党支部、党小组各级微信群，形成联动，实施有效监控。三是加强精神文明建设。认真总结“鞍钢楷模”姜静事迹，姜静作为宣讲团成员，在鞍山钢铁范围内进行事迹宣讲，事迹被整理成故事，录入“鞍钢楷模”事迹集锦，荣登7月“中国好人”榜；起草中心精神文明单位及各类典型事迹申报材料，获评年度鞍山钢铁文玥单位，推荐申报鞍山市精神文明单位；综合取样班获评鞍山钢铁标兵民兵号，一大批先进集体、个人获得两级公司和中心的先进党支部、红旗党员责任区、优秀共产党员、模范党员先锋岗等荣誉称号；开展学习廖俊波、黄大年等优秀党员干部事迹活动，广泛深入宣传“鞍钢楷模”、中心“平凡榜样”事迹，组织参加调度会人员观看《将改革进行到底》，强化机关及基层管理人员“四个意识”，坚定信心，拓宽思路，实现创新性改革发展。四是加强内外宣传工作。在《鞍钢日报》发表《零差错不是我们的目标》等宣传报道13篇，在鞍钢视讯播报中心化验室严守外购物料质量、中心党委“七一”系列活动等新闻2期，编发《班前五分钟》20期，转发鞍山钢铁教育宣讲材料59期；加强企业文化，《关于打造新形势下诚信文化的探索与实践》在《鞍钢》杂志发表；制作中心年度先进典型光荣榜，供全体职工学习，组织参观鞍钢博物馆，按要求逐步更新视觉识别系统，规范举办退休职工离职仪式和新职工入职仪式，增强职工荣誉感和使命感。

加强人才培养，发挥先锋作用。一是加强领导班子建设。修订《质量检验中心“四好”领导班子评比办法（试行）》，全年7个实验室16次获评中心“四好”领导班子；实施干部年度考核，积极配合公司完成中心领导班子及领导人员年度考核，联合综合管理室完成基层领导班子及14名中层管理人员年度考核，3名正科级管理人员考核结果为优秀，其余为胜任。二是规范干部日常管理。加强副科级及以下管理技术人员管理，依据《质量检验中心管理和专业技术人员管理办法（试行）》，施行层层管理评价模式，各实验室/部门对9名副科级管理人员和41名专业技术人员进行年度考核，结果由党委工作室审核备案；严格执行《质量检验中心工程技术岗位等级序列管理办法（试行）》，对2名主任工程师、4名主管工程师进行年度考核；规范干部管理，动态维护全体干部信息，聘任正科级1人，调整正科级5人次，对七级质量事故中负有技术管理责任的2名实验室管理人员免职处理、1名主任工程师给予行政记过处分，对实验室出现严重管理问题的2名管理人员实行内部免职处理；鼓励管理技术人员职称晋级，2名晋级工程师；举办工程师论坛4次。

加强纪检监察，发挥监督效能。一是加强反腐倡廉体系建设。有效落实“两个责任”和“一岗双责”，16名中层管理人员在党风廉政建设责任状签字仪式上签订责任状。组织领导班子、重要管理技术岗位、关键重要操作岗位232人签订廉洁承诺，分别进行3名正科级、4名原料化验室值班长岗前诫勉谈话；完善廉洁风险防控体系，全员竞聘上岗后，重新确定廉洁风险岗位79个、人员256人，排查岗位权利事项288项。制定防控措施614条，建立中级风险以上岗位人员廉洁档案165份，全过程参与成品检验一室彩涂分室竞聘上岗；推进廉洁地图建设，制定验质验收流程方面的指标、赋分参考标准及具体评价标准，为公司评估组更加科学客观评估提供依据。对照评价标准全面梳理、排查管理漏洞，扎实开展自我评估，排查出检验、包保等8个方面25项问题，全部制定整改措施；开展“微腐败”“亚腐败”问题专项调查，排查典型现象49项，汇总合并后，上报公司32项。二是开展特色诚信文化建设，依托“坚持廉洁从业，推进改革创新”主题教育活动，有效发挥廉洁文化阵地作用，组织百余人2次参观鞍钢反腐倡廉展览馆，开展重温入党誓词宣誓、党委书记讲廉洁专题党课等系列活动，编发廉洁教育专刊4期；用身边事教育身边人。召开中心化验室承担外购料取制化工作的重要岗位人员座谈会2次，针对个别供应商的投诉开展讨论，要求职工远离供应商，严格按照各项制度规定做好本职工作，要求党员干部发挥表率作用，管住自己，做好监督；开展诚信特色活动，深化“诚信讲台”和“共产党员诚信监督岗”活动，扩大宣讲范围和宣讲频次，为监督岗党员重新制作标牌，亮监督岗党员身份。三是落实监督责任。组织业务部室逐项梳理，排查出可能影响检验数据准确性的管理问题24项，全部落实整改，全力以赴做好原燃料验质验收等公司级重点项目，同时，扩大监察重点，在厂际间结算、设备备件采购、化检验材料质量等重点环节，设立《加强入厂铁精矿把关验收，降低炼铁生产成本》等4项效能监察，全年共避免和挽回经济损失1899.7万元，原燃料验质验收监督方面采取的措施和取得的成效得到公司纪委的充分肯定，迎接攀钢纪委来此学习交流；有效实施岗位监督，充分发挥党风廉政监督员作用，邀请鞍山钢铁/鞍钢股份监察部领导对中心纪委委员、党支部书记、党支部纪检委员和两级党风廉政监督员进行警示教育及业务培训，转发《关于进一步发挥党风廉政监督员作用的安排意见》，明确监督员职责，加强管理；保质保量完成公司纪委布置的专项工作，开展巡视整改及十八大以来问题线索处置情况、处分执行情况等自检自查，在重大节日前开展深入落实中央八项规定精神，坚决纠正“四风”专项整治活动，开展安德利电气产品、重点原燃料和熔剂管理等专项监察，及备件管理人员专项培训。

加强群团建设，凝聚职工力量。发挥工会作用。坚持“促进企业发展，维护职工权益”原则，深化主题劳动竞赛，开展“全员保准确、争及时、创先进”“岗位合并，学习提高”等竞赛，发挥职工主人翁作用；推进自主创新，马森普创新工作室成功晋级为鞍山钢铁创新工作室，全年立项21项，创效201万元；深化“双增双节”。实现创效21.94万元；巾帼建功活动取得新成效，中心化验室化验班荣获年度鞍山市“三八”红旗集体；开展“星级员工”“安康杯”等专项活动，切实维护职工的生命安全和职业健康；承办鞍钢集团化学分析技术竞赛，获得1名状元、4名能手的优异成绩。开展全员技术竞赛，选拔中心7个工种的技术状元和能手，鼓励职工不断提升技术技能；组织全体职工迎“五一”“十一”登山系列活动，参加公司乒乓球、羽毛球、元宵节灯谜会、文化大讲堂等活动，丰富职工业余文体生活；开展救助帮扶，发放慰问金12.71万元。履行共青团服务职能。开展“我身边的学习榜样”系列活动，以身边事教育身边人，引导青年成为中心创新创效的先锋；扎实推进青年创新登高计划活动，青年创新项目立项并完成结题15项，建立创新人才信息库，持续开展“导师带徒”“创客讲堂”、敬业奉献活动，提升青年技能，激发青年干劲；服务青年生活需求，关爱住宿职工，在春节、寝室搬迁期间，走访住宿青年54人次，送去组织温暖。关注青年需求，开展全体青年思想状况调研，掌握青年动态，解决难点问题，增强团员青年向心力。中心团委获评全国钢铁行业五四红旗团委、鞍山市先进团委。

（王诏静）

【技术中心】 2017年末，技术中心共有职工395人，在岗职工383人，其中干部341人，工人42人。中心下设人力资源部（党委工作部、工会）、综合管理部、科研管理部、条件保障部4个管理部门，钢铁产品研究所、冶金工艺研究所、军工产品研究所、理化检验研究所、科技信息研究所、汽车与家电用钢研究所、环境与资源研究所、中间试验研究所8个基层单位。技术中心固定资产原值3.07亿元，净值1.28亿元，占地面积4.72万平方米，建筑面积4.69万平方米。

2017年，技术中心认真学习贯彻党的十九大精神和习近平总书记“三个推进”重要讲话精神，紧紧围绕两级公司职代会确定的工作目标，稳步推进科研改革，全力推动创新创效，全方位支撑公司生产经营，砥砺前行，任事担当，为提升鞍钢核心竞争力作出了积极贡献。

全面完成2017年绩效目标。承担公司级以上课题525项，创历史新高；科研合同收入19537万元，超额完成目标值；获批国家课题22项，创历史最好水平；签订技术输出合同120项，技术贸易总额1004万元，同比增长100%；理化分析准确及时率100%；申报发明专利181件、专有技术106件，超额完成计划；25项科研成果分获冶金行业、鞍山市、鞍钢科技进步奖；11件专利分获第二十二届全国发明展览会金、银、铜奖。

擎旗引航，鞍钢“智造”捷报频传。新一代超高强汽车钢TWIP1180HR、QP1400实现全球首发，“世界首卷全流程TWIP1180HR钢在鞍钢下线”入选《世界金属导报》2017年世界钢铁工业十大技术要闻。世界首家开发出5米以上超宽规格钢板轧控+热处理全流程工艺。×××对称球扁钢独家供货首艘国产航母。×××钢助力055型万吨级驱逐舰首舰下水。F级超高强海工钢用于全球最先进钻井平台“蓝鲸一号”，助力我国可燃冰开采。转向架用钢携手“复兴号”动车组在京沪高铁完美亮相，首次实现420千米交会和重联运行。15MnNi核电钢独家供货“华龙一号”巴基斯坦卡拉奇核电项目。550兆帕级高强钢首次在铁路集装箱使用并用于中欧班列、桥梁钢独家中标中马友谊大桥，为“一带一路”添砖加瓦。

强化创新驱动，增强鞍钢核心竞争力。一是国家政府类课题申报喜获丰收。贯彻“强化行业引领、彰显鞍钢重要地位”工作要求，大力推进政府类项目申报。全年获批国家课题 22 项，其中负责项目 1 项，负责课题 8 项，参加课题 13 项，基本实现重点研发计划品种全覆盖。“十三五”国际合作项目通过国家评审。承担“十三五”军工科研课题 4 项。承担辽宁省联合基金项目 1 项、博士科研启动基金和重点研发指导计划项目 7 项。“专用 Q460 钢板的工艺技术研究”等 7 项国家课题均按计划完成。

二是新工艺新技术研发取得新进展。超厚料层烧结完成工业试验，75%以上大比例铁精矿料层达到 950~1000 毫米，提产 11.74%。热轧油泥气浮除油技术应用于 1780 平流池改造，铁泥含油率由 16.1%降至 2.16%，解决排放难题。水资源利用网络智能化信息平台技术，节省新水 1500 立方米/时，吨钢耗水成本降低 10%。35 台对开式铁水保温装置在线应用超过 8 个月，铁水温度平均提高 42℃以上，温降速度降低 20%，残铁平均降低 8.9 吨/罐。

三是独有领先产品研发实现新突破。“提升××型号用系列舰船钢质量及保供能力综合技术研究”攻克多项技术难题，为重点型号建设提供保障。TWIP1180HR、MS1500、QP1180、QP1400 等超高强系列新产品助推鞍钢汽车钢品牌提升。“超大型集装箱船用钢”和“新一代铁路车辆用耐蚀钢”全流程关键技术创新及应用达到国际领先水平，替代进口。3760 毫米超宽核级双相不锈钢填补国内空白，实现核电关键材料国产化、自主化重大突破。管线钢助力亚洲最大管径海底输油管线一次投用成功，承接中俄东线项目，率先实现最高应用级别、最宽规格抗大变形 X80 管线钢国产化应用。耐候钢桥梁用 LP 板填补国内空白，实现鞍钢技术垄断。工业纯铁新增 5 个牌号，达到国际领先水平。

四是高创效产品推广取得新成绩。薄规格防弹钢填补国内空白，打破国外技术垄断。装甲钢用于重型装甲车亮相朱日和阅兵，份额超过 75%。舰艇用钢质量提升，热连轧高强产品合格率提高 5%以上，提高军品竞争力。转向架用钢批量供货 0.6 万吨，创效 1500 万元。新型耐蚀钢 S450AW 纳入中国铁总标准；率先使用耐候钢代替热镀锌防腐，示范引领耐候铁塔应用。在线热处理钢轨供货 3.5 万吨，创效 2675 万元。高强双相钢产品推广量超 10 万吨，创效 6443 万元。辊压用汽车大梁钢供货 11.47 万吨，创效 5336 万元。试制汽车用 1800 兆帕级超高强热成型钢，实现冷/热轧产品供货。

五是技术支撑显著提升。全年完成技术支撑 5411 项，同比增加 58%。其中，EVI 技术服务 505 项、产品开发 922 项、产品认证 39 项、技术支持 3945 项。汽车钢 EVI 迈入国际先进水平，晋级新能源平台轻量化技术服务企业。船舶用钢团队与中集来福士等组建联合实验室。管线卷板团队打通高端产品“产—学—研—检—用”开发模式。石油管团队成功推介耐硫化氢应力腐蚀油井管产品。止裂钢、低温钢、船用双相不锈钢全系列产品完成船级社认证。海工钢全系列 52 个牌号通过船级社认证，供货全球最大海工项目俄罗斯 LNG 用极地凝析油船、极地甲板运输船建造。船用无缝钢管通过 5 国船级社认证，具备 14 个牌号制造能力。

六是科研支持系统助力创新创效。开发检验方法 3 项，完成科研分析检验 3750 项，同比提高 46%。改变思维模式，打破专业界限，提升设备效率，最大限度压缩试验周期，完成试验钢冶炼 511 炉，同比提高 20%，轧制 1460 块，同比提高 59%，烧结杯试验 362 杯，同比提高 36%。拓展专利业务，防范侵权法律风险，有效支撑核心技术知识产权保护。健全科研课题管理系统，保障网络信息安全，满足科研发展需求。

全面推进改革，激发创新发展新动能。一是推行科研课题合同制。推进市场化改革，科研课题合同制正式运行。科研经费独立核算系统投入使用；规范课题合同签订，按期执行合同；提高研发质量，确保合同额足额到账。全年承担公司科研课题 525 项，同比增加 32%。参与或主持制定标准 17 项，同比增加 70%。签订科研合同 506 个，总额 47144 万元，其中 2017 年到账合同额 19537 万元，超额完成年度目标。

二是建立市场化运营管理体系。制定《技术中心 2017 年市场化运营工作实施细则（试行）》，按工资总额比例设定各研究所合同收入的基准值、目标值、挑战值。各研究所按岗位层级分解、落实指标到个人，形成“人人肩上有指标”的责任体系，被公司评为市场化运营工作先进单位。

三是健全绩效联动考评机制。以创新创效为主要评价要素，健全绩效联动考评体系，按不同绩效单元实施差异化考评，形成合同收入、创效、成果与本岗位收入挂钩的联动机制，激励科研人员为公司多创效益。

四是实施管理权限下放。落实公司改革政策，在出差经费使用、实验检验经费使用、科研用材料备件自主采购、科研奖励分配等方面授予研究所、课题组一定的权限，提升科研效率，实现精准激励。

五是实施新一轮改革。认真贯彻唐复平董事长科研创新系列讲话精神，以推动科研尽快取得突破性成果、激发科研人员创新活力、形成强大内生动力为目标，加速推进钢研院新一轮体制机制改革。制定并下发《鞍钢集团钢铁研究院深化改革实施方案》，成立6个推进组落实各项工作。

以国家重点实验室为牵动，提高研发效率效能。一是加快推进创新平台建设。完成国家重点实验室修缮方案设计、施工材料选型、1号实验楼修缮设计招标等工作。系统推进基础实验室、专业实验室和联合实验室建设，新增检测仪器和试验设备200台（套），总投资7443万元。强化设备运行和维护，提高保障能力；汽车用钢实验室、水污染控制及资源化实验室通过CNAS认可。检测中心完成复审，扩项111项。

二是加强国家重点实验室和联盟工作。实施国家重点实验室开放课题4项；新组建联合实验室5个，利用双方实验平台推进研发工作，提高知名度。针对腐蚀和焊接领域技术薄弱环节开展走访交流，提高研发能力，补齐应用技术短板。耐蚀钢产业技术创新联盟在钢铁行业科技创新大会交流经验，晋级中国钢铁工业协会试点联盟。

三是加强对外交流与合作。借力“外脑”开展技术合作21项，签订技术合同额3372万元。与辽科大共设联合基金，首批资助10个项目。与高校和科研院所联合举办高端学术会议3次，邀请7名国内外知名专家来鞍钢交流，逐步提升鞍钢影响力。

四是加强人才引进和培养。秉持开放思维，打通外聘专家渠道，引进知名客座教授6名。外派13名科研骨干参加短期培训、出国交流考察。举办全英文技术论坛、英语技术交流42场次。“魏勇创新工作室”挂牌并晋升鞍山钢铁创新工作室。

五是加强管理提高效能。完善试样委托加工、检验和试验管理，优化流程，解决“瓶颈”，提高研发效率。完善档案管理，制定工作规范和标准，同步加强保密、文秘、接待、安全、防火、环保等工作，实现设备、安全、火灾、能源、环保等事故为零，治安刑事案件为零，失泄密事件为零。

加强成果转化，培育科研创效新途径。一是拓展成果转化新领域。为朝阳钢铁开发120吨转炉底吹改造及复吹工艺优化技术，为西昌钢钒开发铁水涌动式扒渣技术，为国贸公司开展新品种铁矿石烧结和球团性能评价，为攀钢开发钛白生产大型回转窑煅烧及控制工艺技术，促进成熟技术转化，提高公司降本增效能力。

二是探索技术输出新途径。向铸钢、实业等公司内部单位输出技术，提高工艺水平，降低生产成本。向大连TAGAL、重庆TAGAL、鞍钢神钢等合资公司输出技术，替代外方技术。向天津金桥、发蓝股份、钢研纳克、北京国网富达、吉林长吉图国际物流、东北大学、营口中板等下游企业输出技术，拓宽原料供应渠道，降低采购成本。技术输出全面带动产品销售，提高公司创效能力。

三是支撑推动产业化项目。先后到上海本特勒、上海弹簧、广州华德等企业调研，通过技术先行，快速推动高端热成型、高强高精度辊压成型、高强空心稳定杆、油淬火回火弹簧钢丝等汽车零部件生产线项目进展，确定工艺技术方案和产品定位，为产线合资合作及建设奠定技术基础，支撑公司“631”战略落地。

传承创新文化，汇聚企业发展新活力。一是加强文化建设。规范国家重点实验室标识、标牌、PPT模板、二维码等识别系统，建立微信公众号，提升知名度。《鞍钢集团钢铁研究院志　第二卷（1986~2015）》完成中国钢协成果鉴定，总结回顾钢研院改革开放30年来的发展历程，秉承历史借鉴，汇聚创新动能。

二是关心关爱职工。牢固树立“面对面、心贴心、实打实”服务职工理念，为职工办实事、办好事、解难事，救助困难职工337人次、13.84万元。“金秋助学”资助困难职工子女5名、0.7万元。开展丰富多彩的文体活动，活跃职工业余文化生活，增强凝聚力。

（王柏羽）

朝阳钢铁有限公司

【概况】 鞍钢集团朝阳钢铁有限公司前身是由鞍钢集团与凌源钢铁集团有限责任公司共同出资组建的合资公司——鞍钢集团朝阳鞍凌钢铁有限公司，简称“鞍凌公司”。占地面积367万平方米，企业注册资本28亿元，鞍钢和凌钢分别持有75%和25%股份。2014年9月15日凌源钢铁与鞍山钢铁签署了《国有股权无偿划转协议》，凌源钢铁将其拥有的25%全部股权无偿划转给鞍山钢铁。2014年9月26日，经鞍山钢铁党政联席会议讨论决定，“鞍钢集团朝阳鞍凌钢铁有限公司”更名为“鞍钢集团朝阳钢铁有限公司”，简称“朝阳钢铁”。朝阳钢铁作为鞍山钢铁全资子公司管理。

截至2017年12月末，企业总资产56.6亿元。在职职工人数2213人，其中管理技术岗位人员306人，岗位操作人员1843人；居家及编外人员64人，退休职工人数63人。公司机关设9个职能部门，分别为综合管理部（党委工作部）、市场营销部、物资采购部、生产制造部（安全环保部）、科技质量部、设备保障部、计划财务部、纪委（监察部）和工会。下设7个基层单位，分别为焦化厂、炼铁厂、炼钢厂、热轧厂、能源动力厂、加工储运中心、计量化检验中心。

规划规模年产400万吨钢，一期产能200万吨热轧板材。现拥有1座综合原料场，2座50孔焦炉以及干熄焦等配套设施，1台265平方米烧结机，1座2600立方米高炉，2座120吨顶底复吹转炉及2座LF炉、2台单流板坯连铸机，1条1700ASP连轧生产线，3台10000立方米/时制氧机，1座容量为3×25兆瓦的热电站，以及供电、供排水、燃气、热力、制氧、石灰、总图运输等配套设施。

2017年，朝阳钢铁认真学习贯彻党的十九大精神，落实鞍钢集团、鞍山钢铁两级集团公司决策部署，坚持保生存、求发展工作总基调，深化改革，创新管理，完善承包，抢抓机遇，生产经营取得了令人瞩目的成绩。

2017年公司实现盈利8.4亿元，同比增利7.48亿元，分别是承包经营利润目标值的4.2倍、挑战值的2.8倍。其中9月、10月、12月均取得单月盈利过亿元的重大突破。2017年轻伤以上安全事故、火灾事故和环保事件为零。公司获得“辽宁省先进集体”和“辽宁省思想政治工作先进单位”荣誉称号；职工薪酬较快增长，实现了经营业绩和职工收入双丰收。

【强化精益制造，过程管控能力显著增强】 一是优化生产组织。强化“生产稳顺是最大效益、事故损失是最大成本”理念，以保稳顺、扩规模、重效率为重点，充分释放全线产能。提高原燃料质量，精心操作，保证了高炉稳定顺行；全线协同，推进提废增钢，2017年铁水单耗完成906千克/吨，树立了新标杆；从严生产计划管控，提高效率，合同执行率实现100%。2017年生产铁207万吨、钢228万吨、材225万吨，同比分别增长9万吨、22万吨和14万吨，产量均超预算水平，其中钢产量创历史新高。二是推动系统降本。大力实施低成本制造，以抓问题、抓项目、抓创效为原则，全面梳理、有效落实9大类、65项系统降本措施，冶金焦、生铁、钢坯成本分别比行业平均成本低335元/吨、164元/吨、87元/吨，冶金焦、生铁成本分列行业第3位和第6位。强化对标挖潜，向先进民营企业看齐，公司31项技术经济指标，24项同比改善，10项创历史最好水平。三是加强设备保障。围绕保功能、保精度、保稳顺，强化设备运行管理。加强“三位一体”点检，落实区域化设备承包和工时制，严控设备事故，提升设备运行稳定性，设备故障频次、故障时间同比分别降低37.8%和22.6%。坚持逢修必改、不改不修，抓重点、补短板、强弱项，2017年投入资金7700万元，完成维修项目232项。开展全系统停产同步年修，对缺陷、隐患进行全面修缮整治，4号热风炉、延长解冻库和烧结成品筛改进等重点项目相继投入使用，增强了企业发展后劲。

【高效对接市场，经营创效能力显著增强】 一是开展降采增效。研判市场，避峰就谷，把握采购节奏和方式，实现了低成本保产保供。合理选择铁矿资源，地精矿2017年结算均价折合后比65%普氏指数均价低15美元/吨；进口矿与日照港平均成交价相比，降采846万元。积极开展品种替代，混合粉和超特粉替代部分PB粉，创效9000余万元；高钛氧化球团矿替代块矿，创效3100万元。煤炭采购以国有大矿优势煤种为主，择机补充地方煤种降成本，洗煤和无烟煤采购成本实现“三地（鞍山区域、鲅鱼圈区域、朝阳区域）”最低。择机采购钢坯2.5万吨，创效460万元。提高招标和厂家直采比率，降低备件采购费用2200万元。二是开展营销创效。统筹兼顾稳定客户和提高效益，扩大年度协议销售，协议客户由上年的5家提高到14家，协议供货量达到总量的80%以上。跟踪区域市场价格走势，适时调整产品流向，增加华东华南市场销量11万吨；抓住流通材价格领涨机遇，增加普碳系列比例12%；充分发挥产线生产薄材优势，抢占薄材市场，2.75毫米及以下薄材销量47万吨，同比提高7万吨。通过调整结构提高售价13元/吨，增加销售收入2900万元。2017年销售利润率10.8%，达到行业先进水平。三是开展提质增效。强化现场操作和工艺纪律执行，提高产品实物质量，品牌形象持续改善，质量抱怨率0.1%，质量异议率0.07%，质量异议损失0.2元/吨，均保持较低水平。强化技术攻关，重点解决了45号、65Mn脱碳层厚度超标问题，改善了汽车大梁钢板形瓢曲问题。加强质量回访和技术交流，根据客户体验和产品用途识别，调整SPHC、45号等钢种工艺参数，满足客户个性化需求。开展QC小组活动，完成重点项目57个，创效3800万元。

【深化改革创新，企业发展动能显著增强】 一是深化契约化管理。承接鞍山钢铁下达的经营目标，按照市场化原则，层层分解指标，对主要生产厂和创效部门继续实行内部承包经营。坚持“强激励、硬约束、严考核”，传递压力，释放活力，炼铁厂、炼钢厂、焦化厂、热轧厂4个基层承包单位市场化利润，与年度承包经营指标比，分别增利4.3亿元、2.4亿元、6887万元和1976万元。二是推进三项制度改革。实施新一轮管理技术岗位全员竞争上岗，13名生产操作岗位人员走上管理技术岗位；大胆使用年轻干部，3名优秀人才聘用到领导岗位，营造了良好的选人用人环境。将效益效率和产量成本作为关键绩效指标，建立承包经营者、管理技术和生产服务三类人员差异化薪酬考核分配体系；将20%的基本岗薪与绩效工资捆绑，扩大薪酬固活比，实现人员分类、利益共享、风险共担、精准激励，激发了职工的积极性、主动性和创造性。劳动生产率提高到1108吨钢/(人·年)，创历史最好水平。三是强化创新驱动。加大产品开发力度，成功开发制管用钢ZJ500、弹簧钢60Si2MnA、刃具钢30MnB5，65Mn 2.4×1400毫米品种创造了鞍钢宽幅最薄生产纪录，提高了产品附加值。积极开展有针对性和实用性的创新试验，LF炉电极涂层降低炼钢成本4.6元/吨，缓解了电极涨价推高炼钢成本压力；镍铜合金替代镍板、铜板2017年创效390万元；应用转炉底吹技术创效920万元。以廉洁地图建设为抓手，针对自检自查发现的问题逐项进行整改，促进制度体系不断完善。管理创新取得突破，获得第24届全国企业管理现代化创新成果二等奖1项。

【全面强基固本，持续发展能力显著增强】 一是改善资产状况。通过贷款转类永续债和自身大幅盈利，资产负债率由2017年初的124.7%降低到61.8%，资金运转步入良性循环。提高资金使用效率，流动资产周转次数3.7次、存货周转次数8次，同比分别提高0.2次和2.2次。加强资金运作降低成本。在偿还1.5亿元贷款的基础上，“反哺”母公司7亿元，改委托贷款为自营借款，2017年减少财务费用3688万元。二是提升本质安全压实安全责任，层层签订责任状和承诺书。开展危险源辨识和风险评价活动，辨识出风险8504项，各类风险得到有效防控。加强隐患排查和治理，整治2683项安全防火隐患。按国家要求推进合规建设，完成4号热风炉和氧气球罐项目的安全、职业卫生“三同时”工作，取得危险化学品经营许可证；完成高焦煤气柜区和转炉煤气柜区两处重大危险源备案。投资1888万元对热修整备间等隐患进行立项整改，大幅提升现场本质安全水平。开展有针对性和实效性的安全培训，参加培训3027人次，提高了全员安全风险辨识能力和突发事件的应急处置能力。三是打造清洁工厂。落实央企社会责任，不断完善环境保护管理体系，承接法规制定环保管理制度15项。以环保督察为契机，从生产操作、设备改善、环保设施运行等多方面制定控排措施，全方位控制污染，实现污染物达标排放，顺利通过了中央环保督察。开展企业环境信用评价，被评为辽宁省环保诚信企业。完成工业污染源全面达标排放评估，通过辽宁省环保厅备案。投资1004万元推进17项环保设备设施完善改造，保证了环保设备功能。按期取得火电及焦化排污许可证，实现依法合规排放。巩固春植绿化效果，修缮厂区道路，集中整治现场，厂容厂貌焕然一新。

【彰显人文关怀，和谐企业建设显著增强】 一是坚持依靠职工办企业。大力开展建功立业和劳动竞赛活动，实施共产党员工程和挑战项目169项，创效1.1亿元；开展提质增效攻关52项，创效1.2亿元；开展双增双节活动，创效5835万元；开展青年创新登高活动，创效157万元；开展三保一争劳动竞赛，助力年修顺利完成。推进创新工作室建设，完善设备设施，王立翌创新工作室被评为“鞍山钢铁职工创新工作室”。“网络问企”征集建议3752条，有效办结2727条。思想政治工作弘扬正能量，树立新形象，在中外企业文化长沙峰会上，荣获“2012～2017年度企业文化建设”优秀单位。二是关爱职工群众。积极开展“践行共享理念、关爱一线员工”专项服务行动。解决操作室、休息室和食堂等职工关心的热点问题37项，改善了工作、学习和休息环境。调整薪酬福利待遇，将收入向一线倾斜，提高夜班津贴、班组长津贴、女职工保健标准。加大帮扶力度，帮助困难职工178人次，走访慰问困难职工13人，发放救助金16.4万元。认真落实上级扶贫任务，出资23万元帮助上桃村脱贫；组织郭明义爱心团队帮助11户困难家庭，捐献帮扶款3.5万元。开展各类文体活动和职工休闲度假，丰富了职工业余文化生活，职工满意度不断提升。

【朝阳钢铁焦化厂概况】 2017年末，焦化厂有在职职工255人（居家人员6人），管理技术岗位16人，生产操作人员239人。下设4个工区，即备煤工区、炼焦工区、煤气净化工区、检修工区。拥有1套炼焦煤输送系统，年输入和输出能力均为147.2万吨；2座6米50孔焦炉，1套125吨/时干熄焦装置，年生产焦炭100万吨；1套焦炉煤气净化系统，处理能力48000立方米/时。

2017年，该厂以全面完成公司下达的生产经营任务为工作目标，切合实际地制定了“一手抓安全生产、一手抓降本增效”的基本工作思路，确保优质焦炭稳定供应，副产品品质大幅度提升。该厂通过实施精细化管理模式，完善组织构架责任体系；深入开展技术创新，解决制约生产瓶颈问题；强化设备维护保养，保证系统生产稳顺；严格考核激励机制，提升职工爱岗敬业的责任意识，实现以顺行管理向精细化管理的完美蜕变。2017年全面完成了公司下达的产量、质量和成本指标任务，突破2017年2.9亿元的既定目标，全焦成本指标始终保持“三地”较低水平，JN60-6型焦炉实现了高产、优质、低耗、长寿的生产工作状态，各项指标连续突破历史最好水平。

坚持以焦炉为中心组织生产，强化精细管理措施落实。该厂针对公司的单线生产模式，焦炉频繁倒换煤气作业的实际现状，通过文献查阅、理论研讨和经验总结，整理出一套最优操作方法，缩短煤气倒换时间约0.5小时，降低倒换煤气对焦炉炉体的冲击和焦炭冷热态指标的影响。为保证干熄焦系统长寿化生产运行，制定干熄焦长寿化运行模板，设定了12个关键部位监测点，全天24次连续监测，保证干熄焦系统长寿化管理，使干熄焦系统连续生产运行36个月，大幅度延长年修周期，达到行业先进水平。2017年实现生产焦炭92万吨，生产副产品硫铵0.99万吨，粗苯1.16万吨，焦油2.96万吨。全焦耗洗煤1402千克/吨，干熄焦率88.05%。

夯实设备基础管理，为生产稳顺保驾护航。该厂强化点检定修管理，提高备件保供能力，严控事故，不断追求“功能完善、精度最佳、事故为零、费用最少”的管理目标，为实现承包经营目标提供强有力的设备保障。完成设备管理制度换版工作，制定设备机台“6S”管理工作规划，完成春季设备检查和缺陷治理工作，完成火车装车台缺陷维修工程的施工工作，组织多方研讨煤气鼓风机在线更换UPS方案，实现运行条件下更换煤气鼓风机UPS工作。2017年4月，完成了焦炉煤气旁通管道在线对接工程，避免因煤气管道大面积泄漏导致重大事故发生，确保系统生产的稳定运行。全年完成三级以上事故为零，故障频次零次/月，故障时间零小时的设备管理工作目标。2017年10月，完成了干熄焦年修工程，使干熄焦系统具备长期、高效的运行条件，为高炉长期使用优质焦炭提供强有力保证。

强化技经指标控制，促进成本、质量齐头并进。该厂围绕配煤成本、冶金焦率、M40等重点技经指标，着重深抓内部挖潜工作，将大指标细化分解为16项小指标，成立QC攻关小组9个，集中技术力量逐个击破。通过来煤质量的科学研判，料场存煤的强化管理，小焦炉试验频次的大幅度增加，2017年共对16个外来煤种进行综合性分析，将3个优质煤种加入配煤结构中，使配煤结构得到优化，确保配煤比变更过程中焦炭质量的“零”波动。2017年全焦成本完成1289元/吨，低于计划指标9元/吨，焦炭热反应性20.97%、热反应后强度66.91%。

强化安全管理责任落实，推动安全生产稳定顺行。该厂以“增强安全意识，加强安全教育”为主导思想，以推行安全生产制度，加强安全检查，消除各种安全隐患为安全生产管理方针，以深刻剖析和整治既往身边发生的违章典型案例为重点内容，采取抓班组长带动班组成员的形式不断推进安全管理。一是利用多种形式增强职工安全意识，强化安全例会制度，广泛宣传各类案例，使职工的安全意识能够入脑入心。二是深入细致开展安全检查工作，开展排查安全隐患专项工作，做到预防为主，2017年共计开展综合检查13次，专项检查35次，治理隐患433项，整改率100%，形成闭环管理。三是实现安全一体化管理，组织区域内相关方单位，按照主体标准建立统一的安全规程，班组记录，安全培训记录，安全管理点检记录等，规范协力单位班前会、周安全工作模式，实现安全一体化管理。四是开展安全培训工作，开展全员持证上岗，春节安全教育，职业卫生，法律法规制度培训等6项专项培训工作，2017年共计开展专项培训46次，累计培训1326人次。

强化环保缺陷整治工作，确保系统环保达标运行。该厂修订各项环保管理制度，其中，承接制定环保制度6项，执行公司环保制度7项，自行自定环保制度2项，完善了环保管理标准化制度体系。为控制可视污染，对煤气净化区域地面进行硬化，硬化面积达3000平方米；开展绿植工作，2017年累计种植各类树木1200余株；为防止废水再次污染，导致指标波动，对6000平方米缓冲池进行清淤作业；为降低蒸氨废水指标对废水系统的影响，对蒸氨塔塔盘进行改造更换，提高蒸氨塔的处理能力；为防止危险废液污染，对硫黄膏存放处增设防雨防渗厂房；为防止粉尘污染，对焦炭置场实行动态苫盖；对各除尘器布袋进行整体更换，装煤除尘器箱体和喷吹设施整体更换，保证排放指标稳定达标；为降低焦炉荒煤气放散造成的环保风险，对集气管放散塔进行整体优化升级，保证放散点火系统正常运行；增设集气管稳压系统，保证集气管压力稳定，避免荒煤气放散。

强化党组织建设，争创先进党员团队。该厂党委深入学习宣传贯彻党的十九大精神、习总书记参加12届全国人大辽宁代表团审议时的重要讲话精神和全国国有企业党的建设工作会议精神，大力推行“两学一做”学习教育常态化制度化，制定“两学一做”学习教育常态化制度化具体工作安排，牢固树立“四个意识”，紧紧围绕生产经营中心任务开展党建工作。健全、完善党建工作制度，制定党委、支部、小组党建工作规划。开展“达标创先”“基层党支部建设提升年”“迎接十九大、做合格党员”“党员奉献日”“主题党日”“主题团日”“主题团课”“全员学习十九大”“共产党员挑战项目”和“共产党员工程”等党组织活动。其中：共产党员工程立项8项，创效340.44万元；共产党员挑战项目立项24项，创效797.87万元。广泛开展“学习廖俊波、黄大年同志先进事迹”工作，组织全体党员撰写学习体会文章，并以此项工作为契机，继续开展“戴党徽、学党章、背誓词”活动，鼓励和引导全体党员在工作中发挥先锋模范作用和帮带作用。强化党委、支部班子思想政治建设，提高党委、支部班子的综合素质和能力，着力建设政治素质好，经营业绩好，团结协作好，作风形象好的“四好”班子。着力开展宣传工作，全面展示该厂生产经营动态、技术攻关、“两学一做”学习教育的开展和落实，充分彰显了该厂良好的工作氛围。推进效能监察，完善效能监察领导体制和工作机制，加大对备品备件提报、使用、管理的监督检查力度，堵塞管理漏洞，2017年通过效能监察立项实施，实现增效124.65万元。着力推进“样板”党支部建设工作，向集团公司推荐炼焦工区党支部为“样板”党支部。开展党委书记、党委委员讲党课工作，2017年党委书记、党委委员给党员讲课6次，参与党员累计224人次。开展党委、党支部各类党课23次，参与党员累计614人次。

关心职工，和谐发展氛围浓重。适时更新宣传橱窗，方便职工及时了解企业动态、职工风采。开展“一日厂长”活动，形成厂务公开体系。建立帮扶救济制度，建立困难职工档案，定期对困难职工家庭进行走访慰问，让职工感受企业的温暖。开展金秋助学工作，对2017年度考入大学的职工子女给予经济奖励。深化“网络问企”活动，共收集建议1264条，创效649.29万元。组织职工技术竞赛、安全环保知识竞赛等活动，营造“比、学、赶、帮、超”的良好学习氛围，强化职工的学习意识。组织春节文艺汇演、五一趣味体育竞赛、六一亲子绘画活动、十一趣味体育竞赛等活动，丰富职工业余生活，缓解职工工作压力，展现职工才艺，增加职工间的友谊。建立“红旗评比”机构，每月对红旗岗位、红旗班组人员进行奖励，提高职工的工作积极性。开展群众性生产工作，深化大指标创优、小指标夺冠“冠军炉”竞赛、“治理设备漏油、实现清洁生产”竞赛、“节约用水用电、实现节能增效”专项攻关竞赛，对该厂生产稳顺提供了强有力的保证。深化“双增双节”活动，2017年累计创效1079万元。开展先进操作法评选工作，评选出厂内先进操作法5项，创效354.673万元。通过青春之焦化创新工作室立项13项，创效335.71万元。

2017年，该厂荣获2017年度鞍钢集团先进工会，团委荣获朝阳钢铁“五四红旗团委”，炼焦工区党支部荣获鞍钢集团“样板”党支部称号，赵鸿武同志荣获鞍钢集团先进生产者，王健家庭荣获鞍山钢铁“比翼争先、携手共进”最美职工家庭。

【朝阳钢铁炼铁厂概况】 拥有1台265平方米烧结机，年生产能力为262.35万吨；1座2600立方米高炉，年生产能力为200万吨。2017年末，炼铁厂职工总数294人，其中：在职职工285人，居家7人，列编外2人；管理和专业技术岗位人员23人，生产操作岗位人员262人；本科及以上学历77人，大专学历75人，其他学历142人；高级工程师职称4人，工程师职称28人，助理工程师职称23人，员级19人；技师5人，高级工54人，中级工84人，初级工100人。实行扁平化管理，不设科室和作业区。机关设置22个管理技术专业岗位，下设8个工区，分别是：高炉工区、喷煤工区、运转工区、原料工区、高炉检修工区、烧结工区、配料工区、烧结检修工区。

安全生产超额完成公司下达的契约化经营目标。2017年，该厂安全生产实现“轻伤以上事故和火灾事故为零，环境污染因子排放达标”的总体目标，安全生产管理水平得到明显提升。2017年生产铁207万吨、同比增产9万吨，高炉利用系数平均达到2.176吨/(日·立方米)，高炉一级品率完成97.59%。生产烧结矿269.68万吨、同比增产11万吨，烧结利用系数完成1.226吨/(平方米·时)，烧结碱度稳定率93.15%，均创历史最好水平。生铁成本2017年平均完成1848.86元/吨，比行业平均成本低164元/吨，行业排名第6位，连续创“三地”最低。2017年实现利润5.8亿元，比公司下达的年度承包经营指标增利4.3亿元，为企业的持续发展奠定了坚实的基础。

加强设备点检定修制，设备作业率明显提高。紧紧围绕保生产顺行，加强设备运行管理，保证设备系统运行稳定，按计划完成全系统定修和年修工作。烧结、高炉设备可开动率分别达95.58%和97.56%，比2016年同期分别提高0.93%和0.46%，设备运行稳定性得到明显提升，设备可开动率均创历史最高水平。

2017年新建4号热风炉，于12月26日正式投产运行，高炉实现热风炉系统两烧两送工作制。

开展技术合作和科技创新，成果显著。通过与鞍钢技术中心进行合作建立了高炉碱金属分析、高炉入炉矿冶金性能分析等合作项目；组织开展科技创效项目5项，创效约4800万元。提报集团公司级合理化建议12项，创效约2800万元。

加强基础管理，提升管理水平。推动QEO体系的全面有效运行。完成现行106项规章制度、标准和规程的换版，形成制度到岗目录清单，完成新制度的培训和考试，使各项工作制度化、程序化，在完善制度体系建设的基础上，重点抓落实和执行。进一步完善经济责任制考核体系，重新优化三级绩效考核评价指标，推行职工绩效每班次评价打分和公示制度，按月评选厂级和作业区级明星班组，加大成本考核力度。各级管理人员工作效率和执行力得到明显提高。

加强党群基础工作建设，为企业发展营造氛围。炼铁厂党委下设3个党支部、8个党小组，118名党员。完成党员纳新9名，预备党员转正11名。结合“两学一做”学习教育常态化制度化和“两创一献”活动，组织实施党员工程10项，党员挑战项目14项，创效近1800余万元。组织成立炼铁厂郭明义爱心精准扶贫团队，团队成员31名，为精准帮扶对象家庭筹集帮扶款3100元，帮助其女儿开美甲店1处。积极开展了“我为企业献良策”和“网络问企”有奖征集活动，征集各类合理化建议 337 条。加强创新工作室建设，开展创新项目 11 项，创效 925.96 万元。组织开展修旧利废 581 项，双增双节项目 111 项，创效近 1100 万元。

该厂荣获 2017 年度朝阳钢铁先进单位、2017 年度辽宁省工人先锋号。

【朝阳钢铁炼钢厂概况】 2017 年是炼钢厂实施契约化经营的第二年，炼钢厂贯彻稳中求进工作思路，以“抓稳顺、提规模、保质量、重效率”为主线，充分发挥铁水温度和产能优势，强化生产组织，增加废钢配量，提高槽重，降低铁水单耗，实现节铁增钢，全面完成公司下达的生产经营指标。

炼钢厂 2017 年共完成产量 228.3 万吨，超计划产量 16.3 万吨，较上年同期增加 21 万吨。2017 年铁水单耗累计 906 千克/吨，较上年降低 47 千克/吨，为公司多创效 5000 万元以上。2017 年实现轻伤以上安全事故和火灾事故为零，生产、设备、质量、环保七级事故为零。被评为鞍山钢铁先进单位，鞍山钢铁安全生产先进单位。

围绕“保稳顺”，强化生产管控。一是强化生产预案管理，确保生产稳顺。该厂组织生产技术骨干编制了生产组织预案 12 个，转炉区域操作预案 19 个，转炉一般性生产事故处置预案 25 个，钢包精炼区域操作预案 14 个，一般性生产事故处置预案 17 个，连铸区域操作预案 10 个，一般性生产事故处置预案 44 个，并制定了详细的培训计划及考评制度。二是强化生产运行管理，做到责任落实。强化厂调度岗位人员的配置管理，实行四班指标管理，实施末位淘汰制度。逐步建立起了以值班长、质量调度为核心的生产管理体系。细化生产管理绩效管理，明确考核负责人。值班长在生产组织中对影响生产时间或因素本着“四不放过”原则，追究原因、落实责任，实行精准考核。三是围绕生产经营目标，制定合理的横班考核指标。借鉴上年横班指标管理经验，结合每月的生产经营目标，对横班的生产、质量、成本、技术四大指标的权重进行相应调整，突显厂部在质量管理和生产组织管理上工作重心的转变。四是优化生产组织模式，实施连铸高效化恒拉速生产。固化连铸高效化恒拉速生产组织模式成功经验，细化各钢种连铸恒拉速的规定，建立浇次非恒拉速统计台账和每浇次拉速曲线，并上传至厂微信群内，相互监督管理，恒拉速率基本保持在 85%以上的高水平运行。五是强化生产计划的柔性管理，使生产与计划有机结合。强化质量管理岗位生产计划的编排，执行责任追踪。对每天生产计划做到心中有数，编排生产计划与当天铁水量、设备状态、生产情况相匹配，确保计划执行率 100%。

围绕“提规模”，强化节铁增钢。以热平衡计算作为理论基础，制定合理的铁水单耗目标；加高废钢槽，保证废钢槽重大于 15 吨；制定激励政策，加大自装废钢槽数，保证转炉双槽率；分钢种、分转炉确定合理的入炉废钢量，保证终点不过吹、不损伤炉体；改变入炉物料结构，降低生料加入量。通过以上措施铁水单耗明显降低，2017 年铁水单耗控制在 906 千克/吨以下，较上年同期下降了 47 千克/吨，相当于一年完成 13 个月的产量，为公司提产增效作出了巨大贡献。

围绕“保质量”，强化指标控制。为提升产品质量，提高顾客满意度，对质量管理体系进一步进行完善。一是对原有 10 项质量关键控制点进行了更新，将倒炉渣料压渣面等 4 项已稳定的指标不再作为质量关键点，仅作为常规检查项目。新增了“连续点吹、炉口淌渣、铸机恒拉速率、加热后测温情况”4 项指标作为质量关键控制点，促进铸坯内部质量提高，降低铸坯夹杂疑义率。二是严把物料质量关，逐批对进厂物料进行质检，避免因物料原因造成生产周期延长，钢包温降过饱和。采用铝粉替代了铝线段，提高顶渣改质速率，降低了絮流的风险，净化钢水内部质量。三是改进工艺流程，增加筛分系统，保证转炉石灰质量。2017 年铸坯质量合格率为 99.99%，比计划值提高了 0.09%。原品种合格率为 99.91%，比计划提高了 0.41%。

围绕“重效率”，强化成本措施落实。2017 年共确定降本措施 17 项，通过狠抓落实，确保降本措施落地有声。一是将降本措施与具体指标联系在一起，每周对指标完成情况进行汇报，对未完成指标进行分析并制定整改措施。通过指标时时监控，确保实现降本目标。二是对 9 项可控指标重点跟踪、异常消耗实时反馈。以可控消耗指标做支撑，确保全月成本完成目标值。比如：挡渣成功率完成 90.3%，较上年提高 0.85%，实现吨钢降本 1.26 元。与吉林建龙等民营钢企对标，对钙铁包芯线消耗进行攻关，钙铁包芯线消耗由上年的 0.95 千克/吨降低至 0.80 千克/吨，吨钢降本 1.1 元。坚持连铸机中间包钢水低过热度浇注，中间包钢水过热度同比上年降低 0.98℃，吨钢降本 0.86 元。三是开展劳动竞赛，促进指标提升。采取正激励措施，以提高操作水平为目标，每月组织 1 次关键指标提升竞赛，累计奖励 60 余人次。充分调动了岗位操作人员的积极性，有效促进了指标提升。

强化精度管理，提升设备保障能力。一是实施设备升级改造，为稳定持续生产奠定基础。落实转炉及 LF 炉增加二级的整改方案，实现数据自动传输，减少人为干预导致出错情况。针对炼钢 180 吨、200 吨吊车主起升调压调速设计缺陷，在吊车主起升控制系统内加装电机欠电压判断保护装置，保证吊运安全。利用现场废弃监控设备，组织修复，并将其安装至铸机机前，不仅解决了人员监控的安全问题，而且节省费用近万元。在二次除尘器顶部安装转炉吹炼监控装置，及时预报跑渣等无组织排放现象，确保管理人员及生产操作人员第一时间进行处理及整改。避免环保事故的发生。完成 2 号转炉喷爆后遗留的重大消防缺陷整改，共整改缺陷点 355 点。对转炉 3 台除盐水泵进行维修改造，由原来 55 千瓦电机替换为现在 30 千瓦电机，保证生产稳顺同时，大大节约电能。完成溜渣板支架基础改造，检修时间由原来 8 小时减少至 6 小时，2017 年创效 23.4 万元。对连铸火切机执行机构进行改造，降低割枪振动，减少铸坯切损，2017 年创效 14.9 万元。二是开展节能降耗、助推降本增效。实施二次回用水改造，厕所用水、一次除尘系统水封逆止阀、一次除尘 V 形水封溢流等均使用回用水，节水效果显著。连铸水处理 2 号闭路机械泵实施节能改造，在流量、压力与原水泵相同的情况下，电流由 19.7 安降至 15.8 安，节电效率 20%，2017 年节省电费 21 万元。为解决自产白灰粒径小、面子多影响钢水质量问题，投资 115 万元，在散料上料前端增加筛分系统，解决了自产白灰质量问题，减少白灰外采量，2017 年降低生产费 496 万元。将转炉钢车电机由原来的力矩式改造为重锤式，降低故障率、降低电缆消耗。开展节能停机，做到检修期间必节能停机，而非检修期间凡具备单铸机生产时间超过 8 小时，便启动节能停机方案。三是前瞻运筹年修工程，确保良性设备运行。2017 年年修项目多，检修量大，为此，该厂领导给予高度重视，把年修作为根除设备隐患的有利时机，先后多次召开会议完善年修计划和前期准备。本次年修计划工期为 2 号转炉 15 天、实际完成 14.3 天，1 号转炉计划工期与高炉同步为 6 天，实际完成 5.75 天，提前 6 小时完成年修任务。各工区提出专业缺陷共计 175 项，完成缺陷 175 项，完成率为 100%；质量检查项目共计 77 项，通过检查、督促、整改，质量合格率达到 100%。炼钢厂各区域一次试车成功率 100%，其中转炉电缆夹层改造、2 号铸机钢包回转台更换关节轴承、炉口上段、下段、活动烟罩更换、200 吨吊车增容改造等重点难点项目均按期保质完成。

全面夯实党建基础，提升政治保障能力。一是强化理论和业务学习，提升党务干部自身工作能力。工欲善其事，必先利其器。为打造一支有激情、懂业务的支部书记队伍，该厂党委狠抓学习，着力提升党务干部自身工作能力。强化理论学习，该厂党委成员和支部书记一道认真学习党的十九大报告，学习习近平总书记新时代中国特色社会主义思想。通过学习，进一步统一思想，党委和支部两级委员对新形势下党要管党、从严治党有了更加深刻的认识。与此同时，结合《鞍山钢铁集团有限公司全面贯彻落实从严治党要求，开展“三查三改三提升”活动的实施意见》要求，以推进基层党支部工作规范化、制度化、科学化为目标，通过实施“四个强化”，着力把党支部打造成为团结群众的核心、教育党员的学校、攻坚克难的堡垒。强化党的业务知识学习，为提升从严治党的能力，该厂党委先后组织学习了《党建工作责任制度实施办法》《党委常委会议议事规则》等 11 项制度，为开展“三查三改三提升”活动奠定了坚实的基础。参加上级组织的培训，该厂党委紧紧抓住鞍山钢铁第 7 期党支部书记培训的有利时机，尽管生产任务十分繁重，下大决心安排全体支部书记脱产培训，通过 1 个月的培训，支部书记的业务能力有了明显提升，为支部夯实党建基础工作奠定了坚实的基础。二是以党支部提升活动为契机，全面夯实党建基础工作。落实文件要求，全面开展自查自摆。该厂从党委、支部、党小组三个层面对基础工作进行了一次全面梳理，党委组织统一查、支部组织互相查、小组组织党员查。通过检查验收，进一步规范了党建工作。该厂支部党员活动室覆盖面100%，“三会一课”按期开展，质量有所提高。在实“做”上深化拓展。推进党委书记抓党建课题落实，做好带头示范。广泛开展主题实践活动，深化共产党员“挑战项目”18项、共产党员工程19项，党员参与面100%。着力培养自己的典型，选树10名先进典型。围绕重点工作，开展形势任务教育。从2017年下半年开始，围绕降低铁单耗，召开了全体机关和炼钢工区班组长以上人员参加的专题动员大会，宣讲公司“三点发力”的战略意义，讲清楚“增钢节铁”给公司带来的效益，在全厂营造降铁水单耗的舆论氛围。三是落实“两个责任”，党委履职落实，纪委监督到位。全面开展“微腐败”“亚腐败”问题专项调查。该厂党委按领导班子成员、科级干部、关键重要岗位人员、其他机关工作人员、一线管理人员、班组长和普通党员4个层面开展调研，共查找16个方面、20个问题。在此基础上该厂党委狠抓整改落实，利用支部组织生活会对问题进行曝光，要求相关人员对照问题查找根源，并制定整改措施。坚持落实中央八项规定常态化。积极做好节日期间落实中央八项规定的警示教育。节前必召开重申八项规定专题会议，并安排人员深入相关方进行明察暗访。配合公司画好“廉洁地图”。学习贯彻落实《关于新形势下党内政治生活若干准则》和《党内监督条例》，把党风廉政建设纳入政治工作考核之中，加强对关键重要岗位人员廉洁从业警示教育，为领导班子成员和26名关键岗位人员建立了廉洁档案，建立炼钢厂风险防控图，悬挂于会议室等醒目位置，营造风清气正的政治生态。配合鞍山钢铁纪委完成廉洁地图的描绘，并对廉洁地图检查组提出的问题，逐一落实措施、责任人及整改完成时间。四是开展全员创新，关心职工生活。完成炼钢厂创新工作室的建立。以此为基地，组织创新立项21个，其中有9项上报鞍钢集团公司，获得创新支持计划资金39.7万元。王立翌创新工作室被评为鞍山钢铁创新工作室，朝阳钢铁获此殊荣的仅此1家。关心职工生活，为5名职工申请了救助金，安排专人走访。开展安康杯主题演讲比赛，组织协力单位一道开展“放飞心情　健行健康”主题健步走活动。积极开展青年创新登高活动，确定创新登高项目38项，2017年创效150余万元。

【朝阳钢铁热轧厂概况】 2017年末，热轧厂共有职工239人，其中女职工19人，管理技术岗位职工22人，生产服务岗位217人。设机关、轧钢工区、精整工区、设备工区。热轧厂获得鞍钢集团2017年度信访维稳先进单位，鞍山钢铁2017年文明单位，朝阳钢铁2017年先进单位。

该厂主体设备为1套拥有完全自主知识产权的1700ASP热轧生产线，和1套年处理能力30万吨平整分卷机组等。主要包括2座步进式加热炉、1架粗轧机、1台热卷箱、1台切头剪、7架精轧机、2台卷取机及平整分卷机组等相关的辅助配套设施。全线由鞍钢自主设计、自主集成、自己施工，设备国内制造，从规划设计到建设投产的全过程，遵循经济效益与环境效益、社会效益的和谐统一，融入了现代循环经济的崭新理念，配套了当今世界最先进的环保设施和能源回收设备，是高效、紧凑、节能和生态保护型的现代化短流程生产线，设计年生产钢材200万吨。

2017年，面对竞争激烈的市场环境和必须完成的成本、产量指标，该厂领导班子认真分析形势，积极采取应对措施，在生产组织上积极探索新方式，在成本控制中努力实现新突破，在产品质量上不断提升新指标，各项基础工作均取得了可喜成绩。全年生产钢材225万吨。

加强基础管理工作，提高责任心和执行力。该厂2017年基础管理工作以QEO体系建设为框架逐步展开，以承接公司各级管理体系文件、制定修订厂级管理体系文件为重点，以工作实际需要为原则制定管理细则，最终形成厂级管理体系文件53个，实现了管理制度为生产实际服务的宗旨。

推进安全工作，建立标准化机制。安全工作以开展安全标准化为契机，以“安全、现场、操作”三个标准化为框架，建立了危险辨识与风险评价的机制。签订各级《安全生产责任状》，要求各级管理人员必须严格履行“一岗双责、管业务必须管安全”的安全职责，明确了安全管理责任，实现安全承诺全覆盖，2017年该厂实现轻伤及以上事故为零。

强化降本意识，细化工序间成本控制。随着生产的稳定，该厂针对轧钢、分卷工序特点，抓住成材率、能源、材料备件消耗等重点环节，制订了一系列的降本方案。通过努力，2017 年的各项成本指标呈逐月向好的趋势。

建立健全质量体系，各项指标实现新突破。为保证优质的产品质量，该厂结合生产初期的实际情况，制定了包括 9 个关键工艺质量控制点，有效的保证工序质量。轧钢系统各项主要精度指标综合排名集团前 3，其中 CT 温度指标达到了行业一流水平。

开展科技攻关，积极进行调品工作。共调试新产品层别 2715 个，产品族系高达 10 个，钢牌号 75 个，产品厚度规格覆盖 1.5～12.7 毫米。利润空间大的薄材产品比例持续上升，最高达到 19.14%，超极限规格的轧制量达到历史新高，实现集团最高。

加强党的建设，助力企业发展。加大“共产党员工程”“共产党员挑战项目”工作力度，引导广大党员参与其中。共立项 23 项，创效 504 万元；充分发挥“汇智”创新工作室的引领作用，立项 13 项，创效 400 多万元。围绕热轧厂中心工作，广泛开展青年生产实践活动申报青年创新登高项目 15 项，创效 206.07 万元。把开展“双增双节”主题活动与生产经营和精细化管理工作结合起来，鼓励职工全员参与，进一步将双增双节引向深入。2017 年集团双增双节立项 6 项，创效 67.5 万元。朝阳钢铁公司内部双增双节创效 900 余万元。以“网络问企”为载体，大力推进“技术攻关”“合理化建议”等创新工作，2017 年职工共提出合理化建议 370 余条。该厂党委高度重视，切实提高政治站位，把开展“践行共享理念，关爱一线员工”专项服务行动，作为推动厂实现 2017 年生产经营任务目标的重要保障，为职工办实事、做好事。对现场卫生间及浴池环境进行改善，为职工配备操作椅坐垫，善了职工的作业条件，使职工能够更加全心的投入到工作中。

【朝阳钢铁能源动力厂概况】 2017 年末，能源动力厂有在职职工 419 人。女职工 49 人，管理技术人员 31 人（高级职称 2 人，中级职称 28 人，初级职称 1 人）；生产操作人员 388 人（中级职称 12 人，初级职称 2 人，技师 11 人，高级工 82 人，中级工 164 人，初级工 117 人）。组织机构包含能源动力厂机关、发电工区、供电工区、制氧工区、燃气工区、给水工区。

各系统主要设备及生产能力：发电系统：2 台 JG-130/5.30-Q 型次高压煤气锅炉，2 台 C25-4.90/0.981 型抽凝式汽轮发电机组，1 台 N25-4.90 型纯凝式汽轮发电机组；1 台高炉鼓风机，额定送风量 6255 立方米/分。供电系统：建有炼铁、炼钢、热轧、制氧 66 千伏总降压变电所 4 座，由 220 千伏柳城一次变供电，龙城一次变提供一路保安电源。燃气系统：由高焦加压站、转炉加压站、煤气净化和 TRT 系统以及各类煤气管网组成。其中 15 万立方米高炉煤气柜、5 万立方米焦炉煤气柜、8 万立方米转炉煤气柜各 1 座，高炉煤气干法除尘系统 1 套，精制焦炉煤气净化系统 1 套，TRT 发电机组 1 台，额定发电能力为 16 兆瓦。给水系统：建有新水站 1 座（负责工业新水、软化水、生活水的生产与制备）、污水站 1 座（负责生产废水处理及二次回用水配送），新上生活水超滤装置 1 套，产量 140 立方米/时。生产能力：生产消防水 1500 立方米/时，生活水 80 立方米/时，软化水 150 立方米/时，二次回用水 400 立方米/时。制氧系统：3 套 10000 立方米/时制氧机组，氧气生产能力 32000 立方米/时，氮气生产能力 32000 立方米/时，氩气生产能力为 460 立方米/时，普压空气生产能力 1740 立方米/分，高压空气生产能力为 42 立方米/分。

能源动力厂通过强化生产运行管理，长周期地保证了生产安全稳定运行，为公司能源动力高水平稳定供应提供了保障。

加强运行管理，保证动力系统高效运行。以开展好发电工作为重心，通过采取强化发电操作管理，锅炉主蒸汽参数维持上限运行，克服外部煤气波动影响，提高发电效率；动态调整保持汽轮机高真空运行，提高汽轮机效率；充分发挥煤气柜柜容优势，动态做好煤气平衡调整，提供有利煤气条件；强化电网运行调整，避免发电机负荷受限，实现发电量最大化；持续进行 TRT 机组 PID 参数优化，在确保高炉顶压波动稳定前提下，增加吨铁 TRT 发电量；进行 TRT 入口荒煤气管道保温改造，提高 TRT 入口温度，增加 TRT 发电量等措施。2017 年汽轮机发电量实现完成 56578 万千瓦时，TRT 发电量实现完成 10475 万千瓦时，合计发电量 67053 万千瓦时。

狠抓安全生产，为公司主体生产提供可靠的保障。根据公司对重大风险管控部位实行三级领导挂牌督办管理制度的要求，能源动力厂按照专业分工分层级进行检查，同时将检查频次从每半月1次缩短至每星期1次，使重大危险源检查更具专业化、职能化、规范化。进一步规范动火作业、有限空间作业、高压电气设备作业、带煤气作业、交叉作业、抽堵盲板作业等危险作业，2017年各类危险作业无安全问题。

创新攻关，突破瓶颈难点。强化发电操作管理，克服外部煤气波动影响，提高发电效率；持续进行TRT机组PID参数优化，在确保高炉顶压波动稳定前提下，增加吨铁TRT发电量；强化电网运行调整，实现发电量最大化；采取二次回用水管网高压运行等措施，推动吨钢耗新水指标持续改善；通过严控氧气高压放散，减少低压放散；严控高炉鼓风机入口滤芯压差减小阻力损失等方式降低动力综合电耗。

改革创新，做敢于担当的表率。强化设备管理，为确保设备安全稳定运行。2017年优化设备定修模型，科学编制设备定修计划，精心组织实施能源动力系统设备同步检修，共完成定修项目146项，年修项目188项。按全面预算管理原则开展工作，强化材料备件和库存资金占用管理，严格执行备件审批制度和“五查四落实”审批流程，严格控制设备维修工程外委立项，加大自主维修力度，科学管控新品备件、维修工程等各项设备维修费用。

坚持思想政治工作与生产经营的有效融合，为生产经营提供保障。全面贯彻落实党的十八大、十九大精神，扎实推进“两学一做”学习教育常态化制度化，以公司下达的生产经营任务为目标，鼓足干劲、努力拼搏，为完成生产经营任务提供坚强政治保障。

2017年度能源动力厂荣获鞍山钢铁集团消防安全工作优胜单位；武立军同志荣获鞍钢集团劳动模范。

【朝阳钢铁加工储运中心概况】 截至2017年末，加工储运中心有在职职工211人。女职工20人，管理技术人员20人（高级职称1人，中级职称11人，初级职称8人）；生产操作人员178人（技师1人，高级工32人，中级工58人，初级工76人）；居家职工14人。体制改革后取消了职能科室、作业区编制，重新设立3个工区，分别是：料场工区、加工工区、铁运仓储工区。

加工储运中心承担朝阳钢铁公司冶金石灰、磁选、原料场和铁路运输生产作业及各种资材备件的实物验收、仓储、保管、配送任务。负责废钢、可利用含铁物料加工工作；负责冬储物料防寒工作；负责原燃材料、设备资材等物资的实物状态验收和统计核算工作；负责各类存储物资定置定位、保养、盘点管理等工作。拥有1座机械化综合原料场，配备2台翻车机和4台堆取料机，年吞吐物料量1181.8万吨，输入和输出能力分别为590.9万吨；建有年产20万吨冶金石灰回转窑生产线。

加工储运中心于2013年11月组建以来，紧紧围绕生产经营工作中心通过不断加强制度建设、组织建设，不折不扣地落实公司各项措施，同时实现了自我发展。

深化体制改革，提高管理水平。2017年1月，根据朝阳钢铁统一部署，加工储运中心结合自身实际和深化体制改革要求，重新梳理岗位定员编制，通过周密准备，精心组织，按期完成了全体管理人员竞聘工作。梳理后的15个管理岗位全部进行了公开竞聘，竞聘后17名管理人员严格履行了聘任程序，并实现了平稳过渡。体制改革后管理人员真正达到了精干、高效编制。

完善安全责任体系，落实《安全生产法》。2017年初召开了加工储运中心安全防火工作会议，会议对上年安全防火工作进行了全面总结分析，提出了2017年安全防火工作思想、工作目标、工作重点，对2017年安全防火工作做了部署。由中心主任代表中心与料场工区、加工工区、铁运工区负责人签订了《安全生产责任状》，各工区工长与倒班工长签订了安全防火生产目标责任状，共计12份；全员签订了安全承诺书189份，签订互保对子97份，完成全员持证上岗考试188人次。

完善环保管理体系，整治厂容厂貌，改善生产经营环境。2017年，加工储运中心编制修订环保管理体系文件6个，制定下发了2017年环保工作要点，对全年环保工作进行安排。料场防尘网建成投入使用，降低了粉尘二次污染及物料损失。新增抑尘雾炮4台，封闭卸料点抑尘32处，主要路口增设了洗车轮设施，大大减少了可视污染；对区域内环厂北路、钢铁三路、矿焦西路、钢铁四路、原一、二、三路道路两侧场地进行平整，共计平整倒运土方13000立方米，清理绿地面积

3500平方米，整理各区域库房5处、备件10吨。经过全体职工的共同努力，2017年接受了国家、省、市及集团公司的多次检查，均顺利通过。

强化服务意识，优化生产组织，全面完成保产保供任务。回转窑系统通过加强原料管理、制定合理热工制度规范操作、优化回转窑煅烧温度和煅烧时间等工艺管理措施，保证回转窑生产稳定；原料系统通过合理调整料场货位，提高物料调整灵活性，充分利用生产间隙，完善设备运行状态，机动调整检修频次及周期，内部优化生产组织，外部加强与主管部门协调沟通，克服冬季生产的不利因素，满足了烧结、焦化、高炉、转炉四条生产线的物料需求，完成了保产保供任务。

提升设备运行管理，夯实基础管理工作，为生产稳定提供有力支持。制定、下发了《设备功能精度分级管理办法》，要求各工区按制度建立设备等级台账，分级管理，使管理更有针对性，做到精准管理，进一步提升设备精度，完善功能，从而保证设备的可开动率，另外加强点检，消除点检盲区，掌控设备状态，避免、减少设备故障、事故。严肃四大标准的各项要求，从点检入手，落实好维修技术标准及维修作业标准，严格按照给油脂标准完成润滑工作，严格执行定修模型，组织好定修准备，确保设备状态，为生产保驾护航。

加强党建和思想政治工作，为实现中心发展目标提供政治保障。加工储运中心党委自成立以来，一直把党建工作与生产经营工作同步落实，不断加强组织建设、党员队伍建设、制度建设、思想建设、党风廉政建设，牢固树立政治意识、大局意识、核心意识、看齐意识，带领加工储运中心全体员工不忘初心、砥砺奋进，保证各项工作任务圆满完成。

加工储运中心下设机关、料场工区、加工工区、铁运仓储工区4个党支部。党员总数123人（含预备党员10名），其中管理技术人员20人，生产服务人员103人。2017年加工储运中心党委紧密围绕生产经营中的难点、重点开展工作。深入开展共产党员攻关活动、共产党员“挑战项目”活动，2017年完成13项，其中2项已达到历史同期最好水平，项目参与党员100余名，创效达260万余元，为公司扭亏增效工作作出了贡献。

【朝阳钢铁计量化检验中心概况】 计量化检验中心成立于2013年11月。2017年末，有在职职工174人，其中，技术管理人员13人（高级职称2人，中级职称4人，初级职称7人）；生产操作岗位155人（技师1人，高级工21人，中级工28人，初级工105人）；居家职工6人；实际在岗职工168人。退休2人。协力劳务55人。员工平均年龄34岁。管理技术岗位人员占员工总数7.5%。女职工57人，占员工总数32.8%。全日制本科46人，占员工总数26.4%。

计量化检验中心领导班子共3人，设中心主任（兼党委书记）1人；设党委副书记、纪委书记、工会主席1人；设副主任1人。下设5个工区：计量工区、中化工区、煤焦工区、钢化工区、原料工区。

计量化检验中心党委于2016年2月25日成立，下设4个党支部。2017年末，共有党员107人，其中预备党员11人。党员占员工总数的61.5%。

计量化检验中心共有设备825台（套），其中计量设备472台（套），化检验设备353台（套）。包括汽车衡、轨道衡、阵列秤以及光谱和荧光等大型精密仪器设备。

计量化检验中心负责公司出入厂物资及厂际间产品的计量管理；负责公司采购的各类物资的产品质量检验管理；负责公司中间产品的物理和化学检验管理。

化检验主要业务范围包括10大类、涉及88个品种、571个检验项目。10大检验类别有合金检验、铁矿检验、熔剂检验、煤炭检验、副产品检验、水质检验、油脂检验、煤气检验、钢铁成分检验和物理性能检验。

计量主要业务范围包括进出厂物资和转序产品的检斤，以及厂际间的风、水、电、气等能源计量。

加强劳动组织管理，提高劳动效率。实施劳动组织管理，开展兼工作业。在加强职工培训的基础上，深入推行大工种作业，打破岗位间的壁垒和业务上的条块分割，发挥人员的互帮能力。优化作业班制和工作地布置，适应公司全时段计量、检验的需求。实行兼工作业，鼓励一岗多能，解决人手不足问题。

注重人才队伍建设，打造拼搏进取团队。该中心针对岗位需求，对人才状况进行了研究，并制定了一系列人才队伍建设措施，实施效果显著。实施了“一体两翼”人才队伍建设项目（一体：员工队伍整体水平。两翼：一翼为中心开展的“大工种作业”活动；一翼为中心开展的“标准化作业”活动）；长期开展员工的三级业务培训。对重要岗位和关键人员实施重点培养。开展中心“管理大讲堂”活动，工人讲班组管理，干部讲专业管理；开展标准化作业活动；走出去，请进来；实施专题科研攻关项目等。

固化管理三种模式，强化规范管理。深入推进“0123”三大管理运行模式，开展标准化管理。中心通过深入开展技术质量、设备运行、安全防火三大管理运行模式，规范了中心管理，提高了生产过程控制，清晰了管理路径，明确管理责任，实现了管理目标。质量督察管理中，中心开展的产品（数据）缺陷排查质量管理活动中，各工序发挥了较好的“四级过滤网”作用。

加强设备保障管理，加速技术改造和升级。一是积极树立“预”字为先的管理理念，从以前的“有病看病”向“没病找病”转变。工作的主动性、预知性明显增强，设备精度得到提高。二是点检维护水平进一步提升，设备故障时间明显降低。三是备件管理实行信息化管理，从粗放管理向精细化管理靠近，设备管理已初步形成制度化和规范化。四是加速完善公司能源系统改造，强化电、水、气等系统的计量功能，为公司能源深度管理打下基础。五是推进两化融合计量化检验信息化建设。六是实现设备升级改造。煤的结焦性测定仪的应用，4460直读光谱仪，钢样铣床，200吨汽车衡器，落锤撕裂等项目不断推进等。

计量化检验中心连续4年未发生过一起人身安全、防火、环保、质量和设备事故。生产有序地进行。

计量化检验中心党委将纪检监察工作与生产经营深度融合，打出一系列“管理组合拳”，逐步形成“转变一个观念、落实两个责任、建立三级督查、形成四级过滤”的管理模式并取得了初步成果，为朝阳钢铁持续健康发展贡献廉洁力量。2017年实现无违纪违法事件，干部队伍风清气正，廉洁奉公，工人队伍忠于职守，遵章守纪。

不断开展创新，助力企业发展。一是管理创新。计量化检验中心在鞍钢集团公司技能等级序列基础上，结合中心高技能人才短缺的实际，实施了技能等级序列延伸。内部向下延伸了人才培养和成长阶梯，在公司技师层级下面设立了中心状元和中心能手两个层级，并相应地制定了激励政策，调动了员工学技能的积极性和工作的创造性。二是技术创新。鼓励创新，激发潜能，体现价值，唤起热情。中心依托赵忠朋创新工作室，充分发挥年轻人思想活跃，创新求变的特点，鼓励引导大胆创新，成果显著，先后解决多项技术难题，荣获国家专利两项，1项专利正在申报中。2017年赵忠朋创新工作室陆续立项7项，解决了生产急待解决的问题。在赵忠朋先进人物感召下，中心内部形成团结向上、积极进取、求真务实、敢于创新的热潮，一些技术创新项目不断落地生根，见成效。三是党建管理创新。中心党委结合中心实际提出党建工作2017年总体思路：以围绕“明、硬、带”工作这3条主线来开展。

“明”：中心党委2017年工作方向要明，目标要明，责任要明，措施要明。工作明确，思想统一，才能工作到位。

“硬”：党支部战斗堡垒要“硬”。就是要筑牢党支部，发挥战斗堡垒作用，保证党支部坚强有力。

“带”：发挥党员先锋模范带头作用，特别是党员领导干部的引领作用。以“带”促“硬”，争做合格党员。

加强企业文化建设，凝心聚力。计量化检验中心成立后，中心领导班子针对职工队伍软、懒、散的局面，制定出该中心企业文化精神、团队方针，生存发展之道，转变职工观念，树立团队目标，激发团队活力。

向改革要动力，向创新要活动，向市场要压力，向困难要能力。

通过实施企业文化建设，计量化检验中心找到了困扰中心发展的金钥匙。凝聚了人心，聚集了力量，增强了战斗力。员工们爱岗敬业，爱厂如家，工作有了目标和干劲，工作的自觉性增强。

提升生产运行及技术质量管理。2017年，计量、化检验的准确率、及时率实现100%；质量异议胜诉率98%以上，被集团公司评为文明生产先进单位和综合治理先进单位。生产、安全、设备、质量、环保事故为零；纪检、信访、刑事案件为零。计量化检验中心通过了QEO 9001国家质量、安全和环保体系认证、出口欧洲CE-CPR认证。

为安全管理标准化二级单位。

（鞍钢集团朝阳钢铁有限公司　王　莹）

IATF 16949：2015 汽车供应链质量管理体系首次认证第二阶段审核。

（杨凤新）

鞍钢冷轧钢板（莆田）有限公司

【概况】 冷轧钢板（莆田）有限公司（以下简称莆田公司）成立于2010年2月5日，主要经营黑色金属压延加工，钢材轧制的副产品和冶金零部件的生产制造，销售钢材产品，钢材产品的加工及相关服务。主要机组有酸轧联合机组、冷轧连退机组、热镀锌机组各一条，生产用于家电、汽车行业的高质量冷轧和镀锌产品，产能规模100万吨/年，其中冷轧70万吨/年，镀锌30万吨/年。

莆田公司由鞍钢股份有限公司（以下简称鞍钢股份）独资成立，2011年注册资本达到12亿元。2012年莆田市国有资产投资有限公司、福建三钢闽光股份有限公司进行了增资、入股，分别注资1.5亿元，各占比10%，增资后注册资本为15亿元。2012年11月20日鞍钢股份将股权转让给鞍钢国贸。2015年4月28日鞍钢国贸又将股权转让给鞍山钢铁集团公司。

2014年1月莆田公司正式投产。2015年7月末，鞍钢集团决定该公司实施重大技术革新于2015年8月起暂停生产。

2017年1月，鞍钢集团决定恢复鞍钢冷轧钢板（莆田）有限公司生产经营，确定了“鞍钢股份委托加工”的经营模式，将莆田冷轧纳入集团调度系统统一管理，在合同结构、热轧原料、物流运输、技术支持等方面优先保障。

莆田冷轧精心筹备，3月11日50000千伏安变压器恢复供电，4月15日酸轧机组恢复轧钢，5月25日镀锌机组恢复生产，6月23日连退机组恢复生产。莆田冷轧2017年接收鲅鱼圈热轧钢卷22.54万吨，成品缴库16.41万吨，其中冷硬产品3.22万吨，冷轧产品3.12万吨，镀锌产品10.07万吨。成品发出15.26万吨。

2017年7月获得RoHS、REACH环保指令认证检测合格证书，2017年9月获得ISO9001质量管理体系，ISO14001环境管理体系，ISO18001职业健康安全管理体系认证证书；2017年12月通过IATF 16949：2015汽车供应链质量管理体系首次认证第二阶段审核。

钢铁紧密协作板块

第二发电厂

【概况】 2017年末，第二发电厂共有职工620人，其中干部97人（高级职称6人、中级职称63人、初级职称23人），工人523人。离退休职工638人。下设党委工作部、综合管理部、生产技术部、设备部、工会5个职能部门，北部、运行、机械、电气、燃料、热工、化学7个作业区。厂区占地面积63.11万平方米，建筑面积14.56万平方米，装机总容量645兆瓦。主要设备有2台110兆瓦纯凝汽式发电机组，1台125兆瓦带抽汽的凝汽式发电机组，1台300兆瓦蒸汽-燃气联合循环发电机组；2台370吨、1台480吨电站锅炉；4台150兆伏安、3台180兆伏安、1台300兆伏安电力变压器。2017年实际完成利润1.47亿元，分析完成3.24亿元，超额完成公司下达的利润指标，全年完成发电量41.03亿千瓦时，为公司安全保产、节能降耗、实现跨越式发展作出了应有的贡献。

【安全管理水平进一步提升】 全面修订完善安全生产责任制，逐一确定岗位安全职责，做到“一岗一职责”，实现“安全生产，人人有责”。围绕“安全活动月”主题，聚焦安全生产、事故预防和安全法规开展宣传教育，凝聚共识，树立安全生产红线意识。以安全生产大检查为契机开展隐患排查，落实责任人、整改时限及处置预案，确保隐患整治彻底。强化三级安全培训，明确厂、作业区、班组培训内容，结合现场实际开展“一月一课堂、一季一主题”培训，实现培训工作的“全员、全方位、全过程”。以“贴近实战、注重实效”为原则，开展应急演练36次，提升职工应对突发情况的处置能力，在公司举办的防火事故演习获得第一名的好成绩。开展反违章、危险辨识专项活动，增强职工安全意识和辨识能力。严格执行安全资质审查，落实安全培训和安全交底，实行旁站式监管，实现相关方从准入到施工检修的全方位、全过程可控。

【顺利完成 CCPP 机组第八次大修】 第八次大修是 CCPP 机组成功实现跨三年长周期运行后的首次检修。为全面做好大修各项工作，厂部成立大修指挥部，精心组织，严格控制检修质量和进度。由于此次大修跨越元旦、春节两个节日，为确保工期进度，参战职工加班加点，放弃了休息时间，实行 24 小时不间断施工，全力奋战，圆满地完成了大修任务。

【机组经济运行再上新台阶】 推进市场化运营管理，围绕“效益、效率、风险、成长性”四个维度分解指标，不断转变干部职工思想理念，既要“懂生产”，更要“会经营”，以经营者的思想站位谋划全局工作；细化完善绩效考核管理办法，充分发挥绩效考核激励约束作用，围绕提高机组经济性创造性地开展工作。积极与公司相关部门沟通，做好煤气平衡，保证 CCPP 机组满发多发。创新小指标竞赛方式，按值、按机组开展竞赛，充分调动职工的积极性、主动性，在保证机组平均负荷提升的同时，实现主汽温、真空、排烟温度、飞灰含碳量等指标的明显好转，发电煤耗、水耗、厂用电率创历史新低。

【降本增效取得新成绩】 大力开展降本增效，为全面完成生产经营任务提供支撑和保障。2017 年完成科技攻坚项目 19 项，其中，新老厂开展降低酸碱耗，累计创效近 30 万元。加强动力煤入厂管理，严格控制煤质指标，全年共查处 42 批、218 车次、1.4 万吨指标不合格煤，避免了不必要的经济损失；开展清车底，全年回收动力煤 2055 吨，创效 150 万元。稳步推进 CCPP 机组降混合热值工作，年降低发电成本约 500 万元。开展跑冒滴漏排查，更换生活水等管道，减少能源浪费；加强外供能源管理，规范表计检定和日常检查，避免能源流失。严格落实新品备件采购“五查四落实”制度，严控新品采购；规范机旁备件管理，实现机旁备件信息资源的共享，减少资金占用。开展绿色再制造及修旧利废工作，节省资金 160 余万元。

【设备管控能力进一步提高】 细化完善管理制度，规范点检行为，强化点检责任，提高设备缺陷处理的及时性，设备设施“带病运行”状况明显好转。严格执行定修管理，严控检修质量，不断完善设备功能，设备可靠性明显提高。严肃事故考核，坚持“四不放过”原则，认真总结经验教训；严格落实会签制度，从源头减少事故的发生。充分利用春秋检机开展排查整治，变电所设备过热现象大幅减少，变电所设备运行稳定性进一步提升。开展设备漏油专项治理，降低油脂消耗；加强日常检查，增强对漏油设备的动态掌控。强化“四管”防泄漏管理，四管泄漏事故明显减少；组织实施了 3 号炉扩大性检修，为冬季保民生供暖提供设备保障。1 号炉安装炉烟风机，解决制粉系统爆燃难题。加强金属监督管理，完成 1 号、2 号机组安全寿命评估；吸取内外部事故教训，排查整治重大设备隐患 4 项，降低设备运行风险。运用新工艺、新技术，解决长期困扰我厂合金管座裂纹及热处理等问题，设备维护能力进一步提升。

【环保工作上新水平】 按照环保管理的新变化、新要求，不断改进环保工作，努力提升环保工作水平。强化指标的日常管理，按日分析考核，确保机组达标排放，满足小时达标的新要求。加强在线仪表管理，为生产调整提供数据指导，严控指标风险。高度重视，全面梳理排查，整治环保风险点，顺利通过中央环保督察。开展扬尘治理活动，重点整治煤场、灰库等扬尘场所，加强厂区道路的保养和清扫，扬尘现象明显好转。加强外排水的取样化验，严控外排水量；开展下水井排查、封堵，降低周边企业污水对我厂外排水指标的影响。加强旧电池、催化剂等危废的合规处置，避免产生二次污染。

【顺利完成人力资源优化工作】 通过合理设置岗位，严谨制定方案流程，职工多种选择，全程公开监督，顺利完成生产服务岗位人员竞聘工作。充分利用公司相关政策调整的有利条件，采取清理检修保产项目、收界面、顶替劳务，共优化 172 人，优化比例 26.26%。完成公司下达的优化目标，既保证职工利益，又合理安排人力资源配置。

【企业管理不断提升】 完善制度体系建设，全年共修订规章制度 115 项，并严格执行，取得良好成效。制定市场化运营实施细则，对生产经营指标进行分解，层层落实。建立“人员分类、利益共享、风险共担”的绩效考核与薪酬分配体系，发挥绩效考核的导向作用，激励职工立足岗位创新创效。严格实行三类人员薪酬区别管理，确保薪酬分配合理、规范。依据发电量、利润完成指标，与公司主管部门沟通进行分析考核，实现职工利益最大化，全年工资增长率达 9.63%，人均收入排在公司前列。治安综合治理、档案管理、计划生育、人力资源管理等均受到公司好评，全年无合同纠纷。加强网络建设，加强人员培训，完善 MIS 系统，进一步发挥 MIS 系统覆盖面广、模块功能多等优势，提高工作效率，提升电厂信息网络化管理水平，为企业实现信息化、数字化、智能化管理奠定基础。按照“三供一业”的工作部署，顺利完成大西街住宅供暖移交工作。

【和谐发展共建共享】 坚持以职代会作为民主管理的主要形式，发挥党风党纪监督员、厂务公开信息员作用，畅通职工诉求渠道。坚持依靠职工群众办企业的方针，开展“治理设备漏油、实现清洁生产”等竞赛活动，实现创效 2.6 万元。坚持以职工为本，围绕改善职工工作环境、生活福利设施等六个方面，确立“践行共享理念、关爱一线员工”专项服务行动项目 8 项，已完成 5 项，切实解决职工最关心、与职工利益最直接的问题。坚持共享企业发展成果，职工收入实现稳步增长。坚持开展帮扶救助，与职工面对面、心贴心交流，切实了解职工需求；深入开展“大走访”，采取定期救助与突发性临时性救助相结合，为困难职工排忧解难送温暖。全年共走访慰问困难职工 261 人次，发放困难救济金 10.29 万元，为 3 名职工办理大病救助。关心重视女职工，安排女职工“两病”普查，普查率达 100%。走访慰问单亲困难女职工 9 人次，发放救济金 2700 元。关心居家职工、退休人员基本生活，帮助解决实际困难，走访慰问居退休职工 150 人次，发放救济金 3.73 万元，为 27 名退休人员办理异地就医。围绕重大节假日、纪念日，广泛开展了羽毛球、足球、排球、钓鱼等主题鲜明、内容丰富、形式多样的文体活动，凝聚职工的向心力，创建和谐电厂。

（齐金龙）

铁路运输分公司

【概况】 鞍山钢铁铁路运输分公司现属鞍山钢铁集团有限公司钢铁紧密协作板块，主要承担鞍钢原燃材料输入、成品输出及铁水、钢水、钢渣等工序运输任务，同时也为市政部分单位提供铁路运输服务，是鞍钢生产工艺的重要组成部分。

2017 年，铁路运输分公司认真学习贯彻党的十九大精神和全国国有企业党建工作会议精神，不折不扣地落实两级集团公司党委和行政的各项工作部署，团结带领广大职工砥砺奋进、攻坚克难，全面完成了党建和生产经营各项任务，为鞍钢再创“长子”辉煌作出了积极贡献。

全面完成集团公司各项考核指标。普通车运输量 5710 万吨，超计划 358 万吨，周转量 70202 万吨 · 千米，超计划 6516 万吨 · 千米；冶金车运输量 5446 万吨，超计划 96 万吨，周转量 34904 万吨 · 千米，超计划 4154 万吨 · 千米；装卸量 745 万吨，超计划 65 万吨；运输收入 49340 万元，装卸收入 4512 万元；局停时 26 小时，压缩 1 小时，厂停时 20.3 小时，压缩 0.2 小时。2017 年由于鞍山钢铁“公司制”改制，铁运分公司增加土地、固定资产折旧等费用 1.1 亿元，面对严重亏损的不利局面，在鞍山钢铁的政策支持下，广大干部职工勠力同心、攻坚克难，全年扭亏为盈，实现利润 78 万元。

【安全生产】 全年实现重伤及以上人身伤害事故、行车大事故和火灾事故为零的目标。排查各类安全、火险隐患 1205 件，整改 1175 件，整改率为 97.5%。以中央环保督查为契机，全面抓好噪声控制、扬尘治理、危废管理等环境保护工作。克服人员紧张、设备老化等诸多困难，主动采取措施，破解生产难题，确保了铁路运输稳定顺行。筹划铁运分公司生产指挥中心建设项目，为实现生产指挥集约化和人力资源优化创造了条件。

【创收降本】 以鞍山钢铁提升产量规模为契机，努力提高运输收入，全年累计实现增收 4625 万元。实施“重大项目立项攻关”活动，创收降本 2146 万元。开展自修工程 36 项，节约费用 395 万元。加强工程全流程管理，实施 104 项节约维修费 196 万元。总能耗同比降低 12.5%，工序能耗同比降低 18%。

【设备管理】 完成内燃机车、电力机车大中修 30 台，车辆大中修 291 辆。推进遥控机车项目和电力机车升级改造。维修铁路线路 20 千米、道岔 114 组，更换各类枕木 6838 根。设备故障时间同比下降 7.2%。完成鞍山钢铁级科研项目 5 项，技术改进项目20项，申报专利3项、专有技术2项。完成科技降本增效项目22项，科技创效2285万元。“基于GPS卫星精确定位下的鞍钢铁路运输系统优化研究”项目获鞍钢集团公司重大科技三等奖。获得QC成果奖9项。

【公司改革】 贯彻落实鞍山钢铁铁路运输系统实施集中管理的工作方案，稳步推进“两运”融合、“两修”整合、机关部门组织机构改革，优化了资源配置，减少了管理界面，降低了运营成本，提高了运行效率，实现了集约化、专业化管理。有序推进人力资源优化工作，实现了阶段优化目标，提升了劳动效率。

【党群工作】 坚持“两学一做”学习教育常态化制度化，不断增强两级班子政治能力和履职能力；压实党建责任，推动全面从严治党向基层延伸，支部建设提升年活动取得新成效，完成共产党员“挑战项目”81项，创效1478万元。组织党内大型奉献活动16次，党员义务献工2614人次；加强思想政治工作和精神文明建设，加大形势任务宣传教育力度。强化控访维稳措施，保持了职工队伍稳定。评选首届铁运楷模10人，汇聚正能量，营造了昂扬向上氛围；推进党风廉政建设和反腐败工作，为企业改革发展提供纪律保证，效能监察立项11项，实现创效480万元；发挥群团组织桥梁纽带作用，为职工办好16件实事。开展“践行共享理念、关爱一线员工”专项服务行动34项。激发企业内生动力，全年实现“双增双节”创效1076万元。网络问企办结845条。助推企业和谐发展。“马龙职工创新工作室”分别被评为鞍山市和鞍钢集团职工创新工作室。

（徐书泽）

【运输总站概况】 2017年末，运输总站在册职工1041人，其中在岗干部67人（高级职称7人，中级职称44人，初级职称16人），在册工人838人，居家135人，市场5人。下设四部一会，七个车站。运输总站是鞍钢铁路运输公司运输保产主体单位，主要承担鞍钢各生产厂矿所需原、燃材料的输入、产品输出及部分厂矿工序链接任务。

2017年，该站完成运输量5624万吨，超计划155万吨；周转量69270万吨·千米，超计划3505万吨·千米；销售收入42400万元，超计划1400万元；利润3745万元；局车在厂停留时间26.0小时，比计划压缩1.0小时；厂车一次作业时间20.3小时，比计划压缩0.2小时；用户满意率100%。

2017年鞍山钢铁保持了稳步向好的发展态势，钢铁产量持续走高，运输需求大幅增加。面对突增的保产压力，运输总站不断优化运输组织，科学调度指挥，在运量同比增加20%，人员紧张的情况下，深挖内部潜力，科学高效组织生产，实现了运输生产安全顺行、高效运行，经济化运行质量明显提高。

安全方面，坚持“安全第一、预防为主、综合治理”的方针，落实“党政同责、一岗双责、失职追责”安全生产责任制，安全生产在深刻反思、全面整改中逐步扭转被动局面。灵山站发生“8·6”轻伤事故后，组织开展“大反思、大讨论、大排查、大整改”安全专项活动，通过圈点重点作业区域，管控重点作业环节，排查重点作业环境，把控重点作业人员，有效遏制了威胁安全生产的不利因素，创造连续17年无重伤及以上事故的历史纪录。全年因避免事故或治理隐患受到铁运分公司调度命令表扬135次。

坚持安全法治，健全安全管理规章制度。修订《运输总站生产安全事故管理办法》《运输总站行车（生产）事故管理办法》等多项制度，并利用ERP终端实现制度到岗。组织全员参与隐患排查治理工作，全年共排查各类隐患271项，全部实现闭环管控。为提高职工安全素质，采取班前会全覆盖、重点人一对一等多种形式，针对热点、焦点问题及季节性安全重点，突出事故案例的警示作用，全面加强安全教育和培训。扎实开展安全防火应急演练，在鞍山钢铁灭火实战竞赛活动中，荣获三等奖。开展家属座谈会、谈身边事说身边险等形式新颖、有声有色的安全文化活动，促进职工提升安全意识，提高按章作业的自觉性。落实相关方安全准入制度，择优上岗，确保相关方调车协力工安全受控。

科技创新能力不断提高，全年实现科技降本增效300万元。4项合理化建议和技术改进成果通过鞍钢集团公司鉴定，荣获一等奖1项，二等奖3项。重新梳理各站作业流程26项，积极参与智慧物流信息化建设，参与灵山货场棚化及抑尘网建设、西区筒仓建设等重点工程的铁路设计，制定相应作业办法。广泛调研，推进修订小运转列车调车员尾部执乘规定。生产技术QC小组荣获

2017 年度冶金行业先进质量管理小组称号。“一种铁路手动道岔锁闭装置”的实用新型专利通过专利局审查。

运输总站西部站党支部被鞍钢集团授予样板党支部，北部站党总支和东鞍山站党支部被鞍钢集团授予 2016 年度先进党（总）支部，完成“共产党员工程”8 项，“共产党员挑战项目”22 项。

（马　薇）

【机车厂概况】 2017 年末，机车厂有在岗职工 944 人，其中在岗干部 59 人（具有高级职称 6 人，中级职称 30 人，初级职称 19 人），在岗工人 885 人，下设四部一会，6 个作业区。拥有内燃机车 42 台、电力机车 32 台，普通车辆 2172 辆。该厂为鞍钢铁路运输提供运输保产任务和负责机车、车辆的检修任务。

设备保障。开展了运输设备风险评估工作，制定了三年整治规划，2017 年投入降本资金 200 余万元，解决风险隐患。完成车辆自修中修 50 辆，电力机车 7 台次，内燃机车 6 台次，车辆 128 辆的两机车车辆专项整治局修。组织进行车轴探伤 122 辆次，车钩分解检查、轴温检测千余辆次，处理问题车辆 176 辆次。分阶段，有重点地解决运输设备存在的运行风险。

加强设备管理实施两个专项行动效果显著。通过提升设备维护保养水平和设备检修质量专项行动开展，全年减少机车故障 146 台次。列检对车辆趋势性故障的管控能力提升，实现了车辆安全运行。做好现场设备保障工作，多方协调，对内架煮洗设备、联合调节器试验台、万向轴动平衡机故障等进行了修复。

加强能源管理。全年工序能耗、工序耗水、机车综合能耗均控制在计划之内，动力费同比降低 5%，完成了年初预定指标。

强化企业管理，加强风险管控。吸取“8 · 08”案件教训，组织了 23 场次、1021 人参加的违法案例专项教育，全员签订了《践行“反盗窃、反物料流失”承诺书》。全方位风险排查，确定 43 个重点风险岗位，进行诫勉谈话 7 人次，制定防范措施 120 余条。

开展规章制度管理升级和学练用活动。运用激励机制，激发职工的劳动潜能，继续实施了机车厂岗位绩效工资差异化分配。实施模拟市场化运营绩效等激励政策，坚持按劳分配，体现多劳多得。

落实铁运分公司 2017 年度生产服务岗位人力资源优化方案。坚持公开、公平、公正的原则，优化生产服务岗位 37 个。适应人力资源变化，合理调整劳动组织，满足了运输保产需要。

职工教育培训工作。确立了 59 项分级培训内容，组织工程技术人员，采用集中授课和现场实作，自选教师与外请专家相结合的方式，保证了培训效果。发挥高技能人才、技术状元及生产骨干的作用，结成导师带徒对子 11 对，在解决生产难题中，实现了技术传承。开展了第四十七次“1+2”技术竞赛暨青年岗位能手技能大赛，涌现 8 名技术状元、30 名技术能手、6 名青年岗位能手，推荐考评树立机车厂“大工匠”5 名。推荐优秀教案 4 个，优秀技师论文 5 篇。

技术质量。2017 年完成《关于研制应用内燃机车冬季预热装置》等合理化建议及技术改进项目 5 项。发表《铁道车辆车体钢结构防腐处理研究推广应用》等论文 5 篇。南部列检作业区列检班组被评为 2017 年冶金行业质量信得过班组。“李国刚创新工作室”的 QC 成果“电力传动内燃机车静液压变速箱试验台”的研制获辽宁省质量科技成果二等奖。进一步提高了电力传动内燃机车大中修规程兑现率和用户满意度。GKD2 型机车齿轮箱改造的实施和推广，解决了齿轮箱的漏油问题。全年实现科技创效 800 余万元。

强化安全管理，责任落实。修订了《机车厂安全生产责任制》，进一步明确了全厂所有岗位的安全生产职责。促进了“一岗双责”“党政同责”以及“安全生产、人人有责”的有效落实。创造性地落实“0123”安全管理模式，继续开展安全诚信达标管理，职工季度达标率 84%，违章违纪率较 2014 年下降 45%，职工安全诚信度显著提高。进一步完善安全风险防范重点 AB 类管理，与区域安全风险管控同步实施动态辨识，全厂新增 A 类管控 2 项，建立厂级风险管控 8 项，作业区级风险管控 154 项。连续 4 年实现了责任行车事故为零。

路外事故防范成效显著。2017 年发生非责任路外事故 4 起，同比减少 6 起，减少事故损失 90 万元。

认真落实新《环保法》。制定完善制度 6 项。辨识危险废物 6 种。投入 24 万元，新建东门车场、灵山站修线等危险废物存放点5个，完善了危险废物基础管理。整治漏油和噪声污染效果明显。多次接受市环保局专业检查，做好国家环保督察组对辽宁督查期间的环保工作，针对有关问题进行落实和整改，促进我厂环保工作的进一步夯实并建立长效机制。

消防安全工作实现了消防安全管理能力和执行力双提升。选派3名职工参加集团公司举办的灭火实战演练，取得了二等奖的佳绩。吸取本钢“9·1”火灾教训，组织开展以电气火灾为重点的火险隐患排查整改活动。全年共查处火险隐患26处，整改26处。投入资金，加强维护，消防设施安全有效。被评为鞍山钢铁防火优胜单位。

保产创收。针对立山等地区电力机车供电网压超高造成电车故障频发的问题，果断采取了调整一二级预备机车，组织人员抢修等措施。积极争取并得到公司支持，对变电所进行改造。

降本创收成效显著。厂成立3个攻关组，从降本和创收两个方面，选方向、立题目、定方案。确立5项立题攻关项目，定期组织会议，协调项目推进。扩大自主修，减少外委修，创效322.28万元。深化模拟市场在班组机车组的运行，创效247.6万元。特别是在货物周转量同比增加6.98%的情况下，大幅降低柴油、直流电消耗，创效90.82万元。完成1台外部内燃机车事故局修和股份公司化工厂3台内燃机车定修任务，开展爱车效能监察，加大事故收费，拓展创收69万元。

（宋长宝）

【修建厂概况】 铁路运输分公司修建厂主要承担鞍钢铁路运输信号、通信、站场照明、电车线和铁路线路的维护检修工作。

2017年，该厂认真贯彻落实上级公司职代会、政治工作会议精神，紧密围绕安全保产工作中心，拼搏进取，攻坚克难，全面推进生产经营各项工作，为运输保产工作作出了新贡献。

全年实现了人身伤害、重大行车、环境污染、火灾、交通事故及相关方各类安全事故为零的目标。严格执行预算管理制度，全面推行模拟市场化运营，实现利润指标1604万元。

安全管理制度体系进一步健全完善，实现了作业区、班组安全责任包保全覆盖。形成了覆盖全员、全过程、全方位的安全生产责任体系。全年开展预案演练6次，开展全员职业健康培训考试210人次。全年共组织各类安全专项检查700余次，排查隐患105项，已整改96项。

规范调度指挥，严肃调度指令，做到了事故抢修、故障处理果断、迅速，全年设备故障率同比下降11.2%，处理故障时间同比下降3.6%。全年排查治理各类设备隐患297件，整改率为97%。

实行课题攻关包保责任制，完成自主管理成果32项；完成冶金系统及辽宁省优秀QC质量成果1项，实用新型专利1项，鞍钢专有技术1项，双革项目9项。相继完成了信号微机联锁室内柜体改造，3处光纤传输方式区间闭塞改造，33座变配电室、18座箱式变电站、77台在用变压器等设备的停电检修；配合改造完成了腾房身新建公路接触网、电力线路迁移以及黑牛线电力、接触网线路迁移两项市政技改工程项目，为提高设备整体水平和运输生产效率提供了可靠的硬件保证。

全年清理现行有效的核心及专业管理制度321项，修订、新建规章制度62个。不断加强对作业区、班组贯章贯制的检查、考核，全年共开展专项检查230余次。深化作风建设，规范岗位职责、工作流程。在铁运分公司发表“四好团队”8项成果中，2项被评为最佳成果，6项被评为优秀成果。

完善全员成本目标管理“责任、指标、考评”体系。强化物资供应管理，全年实现降库存119余万元，年末库存指标达到400万元以下。加大工程自主施工和设备自主维修力度，全年完成电务维修工程28项，节约费用108.8万元，完成自修工程19项，约费用56万余元。

推进班组“升级达标、夺杯登高”竞赛活动，完善班组建设管理考评模式。供电作业区值班室荣获鞍钢集团2017年度“五好班组标杆”称号，尹安伟同志荣获鞍钢集团2017年度“优秀班组长标兵”称号。充分发挥厂、作业区、班组三级培训体系优势，全年共开办各类专项技术培训班百余次，选拔出铁运公司信号工、各类别技术状元1人、技术能手2人；选拔出信号等四个工种厂级青工生产岗位带头人10人。

深入开展精神文明创建活动。修建厂被评为鞍钢集团先进单位，高振国同志荣获鞍钢集团劳动模范称号。代玉柱荣获首届“铁运楷模”称号，赵允涛同志获得“铁运楷模”提名奖。紧密围绕安全保运保产中心工作，全年共提合理化建议180条，“网络问企”建议460件，充分调动了广大职工参与企业改革发展的能动性和创造性。

（徐　慧）

【机装厂概况】 2017年末，机装厂有在岗职工352人，其中干部38人（高级职称5人，中级职称23人，初级职称10人），工人314人。机关设党委工作部、综合管理部、生产经营部、设备技术部、工会五个职能部门，下设四个作业区。固定资产原值0.7098亿元，净值2082.165万元。主要装卸设备有液压挖掘机14台、电动抓料机2台、装载机12台、推土机21台、松动机2台、门式起重机5台。

科学组织装卸生产和设备运用，应对生产节奏变化的能力显著增强，生产运行效率不断提升。实行调度系统扁平一体化管理，提高了过程控制和协调能力。完善装卸作业ERP系统，实现装卸生产与原料、铁运分公司网络信息化对接与实时监控。开展装卸作业现场专项整理整顿、夏冬两季保产竞赛，多次打赢高峰保产攻坚战，受到物流中心、铁运分公司和生产厂的好评。鞍钢冬储上库存，面对人员减少、设备老化等难题，及时启动保产预案，外租设备六台，顺利完成保产任务，创班装卸车604辆的新纪录。全年启动生产和抢修突击队应急保产预案19次，抢修设备42台次。积极配合原料单位挖潜积料16.52万吨，创效90.85万元。获得物流中心、铁运分公司命令号表扬245班次，保产及时率和服务满意率100%。全年完成原燃料装卸量744.49万吨。

仓储配送作业区通过自主改进吊装设备，创新装载方案，提高了作业效率和包装质量。全年接卸发运重轨10.94万吨，质量合格率100%。

推进企业管理标准化建设，实施科学化、规范化管理。进行规章制度流程体系优化，新发制度42个，修订19个，废止17个，形成有效制度清单173个。开展规章制度“学、练、用”活动，建立微信群进行交流和督学，有效提高了各级管理人员掌握制度和执行制度的能力。

组织开展生产服务岗位人力资源优化，实施《生产服务岗位竞争上岗实施细则》。生产服务岗位定员由321个减少到292个；整合调度系统和工段管理层，调度系统人员由16人减到9人。工段管理人员由3人减至2人。提高关键技术岗位吸引力，实施《液压挖掘机司机岗位操作人员激励暂行办法》，缓解了关键岗位缺员、后备力量不足的矛盾。

全面开展市场化运营工作，围绕年度预算利润目标、经营管理者绩效指标，通过精准对标、精细分解，20项指标层层分解到班组、机台和责任人，并与单位绩效和岗位绩效挂钩，形成目标责任体系为牵动，班组核算管理为手段，落实成本管控措施的绩效评价考核体系。以市场化运营机制倒逼经营机制转换，强化“降成本就是增效益”意识，通过广泛发动，全员参与，采取多种措施，促进经营管理者绩效指标和生产经营指标的完成，成本和利润超额完成铁运分公司下达的预算目标。

积极开展重大项目立项攻关活动。确定增收项目2个，降本项目5个，责任到人，落实措施，实现了预期目标，增收降本创效合计345.56万元。开展节能降耗和修旧利废活动，全年修旧利废备品备件131项，创效249.783万元。2017年，通过全厂广大职工共同努力，成本费用较上年降低75.38万元。

“马龙创新工作室”完成“VOLVO液压挖掘机发动机试验台研制”等鞍山钢铁创新支持项目2项，创效105万元，完成机装厂技术攻关立项12项，创效116.4万元。“马龙创新工作室”晋升为鞍钢集团公司级职工创新工作室和鞍山市劳模创新工作室。申报取得鞍钢专有技术一项，获鞍钢优秀质量管理小组二等奖，液压挖掘机维修班获辽宁省质量信得过班组称号。

（任丽文）

汽车运输有限责任公司

【概况】 截至2017年末，该公司现有在岗职工3981人，在职职工998人。公司机关设：企业规划部、人力资源部、市场营销部、设备保障部、物资采购部、技术质量部、计划财务部、安全保卫部、企业文化部、办公室、工会和托管中心。独立法人基层单位：鞍钢矿山汽车运输有限公司、鞍钢汽车检测有限责任公司、中石油鞍钢油气销售有限公司、德邻陆港（鞍山）有限责任公司。其他基层单位：第一运输分公司、第二运输分公司、第三运输分公司、鲅鱼圈分公司、朝阳分公司、天津分公司、修理一场、修理二场、广达发展分公司、仓储配送分公司、综合服务站。总资产11.03亿元，净资产4.16亿元。厂区占地面积共45.2万平方米，房屋建筑面积10.27万平方米。有各种运输设备及工程机械1315台，载重吨位2.13万吨。该公司股权结构为鞍山钢铁集团公司48%、大连中远海运集装箱运输有限公司20%、鞍钢国际贸易有限公司17%、营口港务集团有限公司15%。经过多年不懈地探索与实践，该公司已发展成为以公路运输业为主，集物流策划、仓储配送、货运代理、设备维修、物流商贸、汽车检测、油品经销等相关服务功能为一体的综合性物流企业。2017年，完成运量5993万吨，较上年增加6.89%；完成周转量21.57亿吨·千米，较上年增加3.62%；实现营业收入20.91亿元，较上年增加68%；实现利润3239万元，较上年增加25.7%。其中，利润创近7年来最好水平，运量、周转量、营业收入三项指标再创历史新高。

【企业发展根基得以巩固】 面对近年来钢铁行业遭遇的严峻形势，该公司研判行业发展趋势，积极谋划由传统物流向现代物流的转型，一方面在钢铁行业低迷困难时期，努力挖掘内部物流第三利润源潜力；另一方面力争通过打造现代物流产业，提升自身核心竞争力与资源支配力，最终实现产业升级、内外联动创效。在生产经营上，涉足货代业务服务销售物流、承揽特种设备业务降低主业负担、拓展整车及配件销售业务、适时抢占汽车后服务市场、创新模式涉足油品营销业务、利用自身资源推进业务优化、盘活闲置资源涉足体育产业；在经营管理上，生产组织通过管理创新实现顺行、内部管控通过夯实基础实现提升、人力资源通过对内挖潜实现稳定、专业管理通过挖潜创新实现增效、安全管理通过责任监督实现突破，企业发展根基得以巩固。

【物流产业链条得以延伸】 2017年，该公司为转型发展重点打造的德邻陆港业务板块，经营业务不断拓展，物流生态圈辐射范围正稳步做实放大。无车承运平台运营良好。2017年底，交通运输部对无车承运试点企业进行了复核，德邻陆港以辽宁省第一的身份顺利通过考核。依托钢铁产业所独有的资源，德邻陆港无车承运平台已吸引汇聚社会运力约2300多台。涉足供应链金融业务。2017年初，德邻陆港抓住有利时机，充分利用自身存量资金，开展供应链金融业务。依靠良好的企业信誉和发展潜力，吸引了多家知名金融机构前来洽谈合作，为企业开辟了新的收入增长点。

【对外创效业务得以完善】 “放大自身优势，盘活存量资产，打造服务品牌，面向社会创效”是公司立足产业转型发展的经营策略之一。2017年，广达汽贸业务外部收入占比达96%以上。广达汽修业务多点开花。2017年，该分公司扩建了机电维修和钣金车间，凭借“鞍钢”这块金字招牌和团队干事创业的激情，该公司通过深化与合作机构的经营合作，不断提高服务品质和完善基础设施，广达汽车服务品牌在鞍山已深入人心。广达车辆检测备受瞩目。2017年2月15日，车辆安检、环检项目顺利上线，成为鞍山市区首家检测业务“三线合一”服务商。短时间内日检车辆就超过了130台。现已具备年检测车辆4万台的能力。广达文体产业声名鹊起。2017年，相继开发建设了羽毛球馆、排球馆、小型足球场、跆拳道馆、乒乓球馆，并先后与鞍山市体育局、体育总会、鞍钢工会联合承办了多项大型赛事和体育文化节活动，通过赛事活动和广告营销推广，广达体育文化品牌在钢城的知名度和影响力正与日俱增。

【经营管理要素得以优化】 生产组织通过管理创新实现顺行。面对集疏港货源宽幅波动、生产物流保产任务繁重、厂内外治超力度加大、挂车司机流动性增加、内部运力资源短缺等诸多不利因素影响，公司生产运营系统能够动态掌握生产一线信息，科学合理调配内外部资源，充分发挥内部协同作用，通过优化人力运力配置，推行甩挂运输、陆海联运、GPS调车等先进方式，努力提高运输生产效率，从而确保了鞍山钢铁物流运营安全、平稳、高效、顺畅。内部管控通过夯实基础实现提升。2017年该公司通过开展“立改废”工作制定完善了31项规章制度，还先后帮助修理二场、广达发展分公司完成基层单位的制度汇编；加强法人治理结构和风险管理制度建设，完善了《总经理议事规则》《“三重一大”决策制度实施办法》《全面风险管理与内部控制管理办法》等8个文件；按ISO9000：2015标准完成了质量管理体系换版升级，发布了新版《质量手册》和《程序文件》。加强采购与招投标管理，2017年利用鞍钢招标平台完成委托招标128项；管理成果再获殊荣，该公司代表鞍钢申报的“分立发展生产性服务业，推进冶金道路运输企业转型升级的探索与实践”管理创新成果获得2017年度辽宁省企业管理进步成果二等奖。人力资源通过对内挖潜实现稳定。随着近年该公司经营范围不断拓展，管理专业技术人员缺乏已成制约企业发展的瓶颈。该公司积极实施“青年人才孵化与培育工程”，通过创办青年人才培训班，邀请党校、高校知名教授授课，让青年人才学习掌握企业现代化管理知识，提升综合素质，为企业培养后备管理人才。以工匠精神为引导，继续在维修岗位开展技术等级评定和技术能手选拔培养工作，263人参加评定，评出高级工1人，高级副8人，中级工127人，中级副86人，并从中选拔出技术能手11人。该公司通过开展季度“四好班子”评比，强化对中层领导干部履职尽责考核，督促领导干部提高责任担当意识和业务管理能力。针对生产岗位流动性加大、居退人员增多而导致出现在岗人员短缺情况，公司通过扩宽用工宣传渠道、调整用工政策等方式，及时弥补了部分岗位人员不足问题。专业管理通过挖潜创新实现增效。通过规范和创新能源、工程、采购、技术管理，深挖内部降本潜力。2017年，结合车辆技术状况和作业环境变化，公司重新核定了燃料消耗定额，使油料消耗定额更加科学准确合理；专业部门通过建立微信平台，实时反馈检点问题，动态监督问题整改，探讨技术方案，大大提高了管理效率；通过加强协调沟通，完善设计方案，强化监督指导，确保了对炉园区加油站、综检线项目改造工程的顺利实施；按照集团公司重新修订的采购管理制度要求，进一步规范了内部招标采购管理，并对采购物资的技术和验收标准进行了全面梳理；强化修旧利废管理，加强税收政策专项研究；按照新业务需要，及时完成了网路敷设和监控系统搭建工作，以确保信息技术能够及时应用到各项经营管理当中。安全管理通过责任监督实现突破。通过认真贯彻落实“安全第一、预防为主、综合治理”安全生产方针，强化“党政同责、一岗双责、失职追责”安全主体责任落实，深入开展安全隐患排查整治行动，完善安全应急预防控制体系，充实安全培训内容，规范安全基础管理，来有效提升安全生产治理能力。2017年，经上下共同努力，实现了“同等责任以上交通死亡事故为零、生产事故为零、食品安全事故为零、职业健康达100%”管理目标；全年公司重特大事故得到有效遏制。

【外部协作关系得以深化】 随着该公司转型发展步伐加快，企业的社会影响力和行业地位也在不断提升。新打造的德邻陆港物流实体凭借与现代物流产业的高度契合，以及强大的线上线下综合业务能力和先进的经营发展理念，成立仅一年多就成为政府、行业和集团公司的关注焦点。2017年年初以来，国家、省、市以及鞍钢两级集团等各级领导先后多次到德邻陆港物流园区，就分立发展生产性服务业、打造现代物流新业态、无车承运平台运营、内陆港集装箱场站建设、智慧物流应用等课题进行调研考察，对德邻陆港运营模式给予了高度肯定。德邻陆港现已成为地企融合的典范，并在“推进实施新一轮东北振兴战略”“助推鞍山实体经济发展，构建新的产业生态体系，实现钢都全面振兴”等省市政府工作规划中被赋予重要角色，同时也为企业加快对外转型发展带来了难得的机遇。2017年5月，汽运公司以鞍山市物流协会会长单位身份，受邀参加了在长春举行的第三届中国国际物流展，其间，在东北区域物流业务对接会上，被推选为东北七城市物流联盟会长之一；8月，德邻陆港被推选为中物联智慧物流分会副会长；11月，该公司受邀参加了广州“中国物流企业家年会论坛活动”，就“国企改革发展”主题与参会的国内专家、学者进行了广泛交流；下半年，汽运公司还应辽宁省交通厅邀请，参与了东北三省一区物流全供应链联盟章程的制定，并与东北业内企业进行了合作洽谈和广泛交流；全年公司还先后与国内同行业的莱钢、本钢、马钢、重钢、宝钢、邯钢、包钢、武钢进行了对标交流，在全面掌握行业发展动态的同时，不断学习行业先进模式，补缺自身经营短板。通过广泛与外界进行业务交流往来，不仅提升了企业知名度与影响力，也为公司面向社会构建“共创、共享、共赢”的物流生态体系创造了有利条件。

【企业特色文化得以弘扬】 汽运公司继续以构建“实力汽运、活力汽运、和谐汽运、幸福汽运”为目标，积极采用“互联网+新载体”方式，宣传培育企业文化，通过创建和谐人文环境，汇聚企业发展正能量，将企业发展红利回馈广大职工。2017年，企业从职工利益出发，为1731名退休人员办理增加养老金待遇，为219名居家休息人员办理增加居家补贴；在经营效益好转情况下，继续为在岗职工增加了工资收入。继续加大对困难职工的救济力度，全年走访慰问困难职工1326人次，发放各类救济金合计432700元，其中走访慰问居家、离退休职工953人次，发放救济金269300元；走访慰问在岗职工373人次，发放救济金163400元；继续对考入大学的在岗职工子女给予了优教奖励，向51名困难职工子女发放“金秋助学金”24500元。关心职工身心健康，继续为特殊工种人员进行了职业病健康检查，为全体在岗职工进行了健康体检，为在岗女职工进行了专科体检。继续为所有在岗职工赠送了生日礼物，向光荣退休的职工发放了《职业生涯鉴定》和退职纪念品。工会通过组织开展形式多样、健康向上的文体活动，丰富了职工业余文化生活。凭借近年在体育文化推广当中所作的突出贡献，2017年该公司被国家体育总局授予“全国群众体育先进单位”荣誉称号，并在攀枝花全国性体育工作经验交流会上进行了发言。公司篮球队、排球队在鞍钢比赛中均获冠军，还代表鞍钢集团和冶金体协参加了全国行业比赛，均获得第六名的较好成绩。信访工作总体处于稳定状态，一些历史遗留问题得到有效缓解。

【德邻陆港（鞍山）有限责任公司概况】 2016年8月，鞍钢汽运公司注册成立“德邻陆港（鞍山）有限责任公司”（以下简称“德邻陆港”），德邻陆港致力于打造线上线下深度融合的“互联网+物流企业”运营模式，与社会各界联手构建“共创、共享、共赢”的物流生态圈。凭借强大的货运组织能力和车辆整合能力，以及较为完善的物流信息平台与业务相适应的信息数据交互及处理能力，德邻陆港无车承运平台于2016年12月成为交通部全国首批283家试点单位之一，也是辽宁省唯一拥有大量货源支撑的无车承运企业；2017年底，交通运输部对无车承运试点企业进行了复核，德邻陆港以辽宁省第一的身份顺利通过考核。此次复核中，取消资格的企业总共有54家，其中不乏罗宾逊、京东、中远、中外运、宝供、华鹏飞等较大规模企业。为整合鞍山钢铁物流资源，实现物流规模效益最大化，经鞍钢集团、鞍山钢铁批准，2017年12月30日，鞍山钢铁收购了汽运公司持有的德邻陆港100%股权（公司注册资金为15366万元）。目前，德邻陆港在鞍山管理2个物流园区，占地面积36余万平方米，年钢材吞吐量800余万吨。

德邻陆港业务平台基于生态圈的理念，积极打造多元化品牌，为不同客户提供全方位的贴心服务。

【德邻畅途：互联网+高效运输】 德邻畅途以无车承运作为货源入口和业务管理，积极推进当地专线加盟与线下管理，可充分发挥互联网在客户体验、服务管理、资源整合方面的优势。德邻畅途旗下的“德邻管家”“德邻伴侣”，为客户和司机提供全方位定制服务，追溯整个订单的运行轨迹，第一时间接收订单发货量、成交量等信息，实时监控货物在途运输情况，并为客户与司机间打通高效沟通渠道，实现移动化办公。平台上线以来共承运货物527万吨，其中社会货源130万吨，业务范围覆盖全国大部分省市自治区，2017年实现产值4.1亿元。截至目前，平台共吸引了163家承运商加盟，整合了3361台货运车辆及3745名司机。

【德邻云仓：互联网+智能仓储】 德邻云仓运行以来，手机微信端收发货物、智能盘点、信息在线查询、远程智能监控可随时为您传递货物信息，您可以足不出户时时了解您货物的物流动态，让物流变得更加可视透明。通过对两个园区的统筹规划，热轧卷板库容增加10万吨，冷轧卷板库容增加2万吨。2017年吞吐量共计800万吨，比去年同期增加11%。未来，德邻陆港作为鞍山钢铁物流产业运营发展平台，将以产品销售为导向，加快在东北、华北、山东区域物流园区网点布局。目前，位于沈阳经济开发区的自建物流园正在建设；在大连、沈阳、哈尔滨、山东东营、天津地区合作的物流园已经启动。

【德邻云嘉：互联网+钢材全自动剪切加工】 德邻云嘉剪切加工流水线定位于服务钢铁产业链上的加工用钢终端用户群，为用户提供加工及制品交易服务和用材技术支持等一站式钢材加工服务。

德邻云嘉于 2017 年 11 月正式运行。目前拥有 3 条全自动剪切线，年加工能力 50 万吨，拥有独立仓储及开卷场地 22776 平方米，其中室外 13896 平方米，室内 8880 平方米。钢卷开平厚度为 1.5～20 毫米，宽度为 600～2000 毫米，12 毫米厚度以下开平强度可达到 800 兆帕，12 毫米厚度以上开平强度可达到 600 兆帕，同时具备开平切边能力（对角线误差平均为 2～3 毫米）。2017 年完成加工量 1953 吨。

【德邻智园：互联网+智慧园区】 德邻陆港智慧园区，依靠在仓储管理行业积累的丰富经验，以本着“园区+互联网”的理念，融入社交、移动、大数据、云计算，运用现代计算机信息技术，结合智能硬件设备和物联网设备，对传统仓库进行全面信息化改造，集合了智能化现场管理、自动配单、仓容管理、在线预约、快速货位变更等业务和管理功能。具有可实时上传仓储数据，实现 24 小时远程监控，对货物的流转进行全过程跟踪的特征。经数字化、信息化、智能化改造后的智慧园区可使仓库管理更加标准化、精细化、透明化、智慧化。我们将实现的功能：监控集成、智能到厂预约、智慧停车、智能闸口、综合服务大厅等全新功能。

【德邻 e 宝：互联网+供应链金融服务】 德邻 e 宝是以德邻陆港为实体支撑，采用互联网手段探索产业链金融发展道路的产业链金融平台。为上下游客户提供在线支付、融资服务等多项业务。德邻陆港已获平安银行、建设银行、葫芦岛银行近 15 亿元授信额度。自 2017 年 1 月涉足供应链金融业务后，截至目前，2017 年实现销售收入 9.6 亿元。

【德邻玛特：互联网+网上产品销售】 预计包括：汽车销售，机动车配件销售，轮胎销售，汽车装饰用品、日杂用品、电瓶、车载通信设备、音像制品、电子产品、通信产品、数码产品、皮具箱包、户外用品、家用电器销售，润滑油、防冻液销售，成品油零售（加油卡）。

【德邻大数据：互联网+物流大数据挖掘、分析】 德邻大数据对产业链上丰富的生产数据、交易数据、库存数据、物流数据、用户数据、资金数据进行采集、加工和分析，进一步提升数据的价值。对于上游钢厂，以产业大数据指导，帮助传统企业从规模化、大批量的生产制造理念转化为小批量、定制化和专项化的服务，进而“两化融合”为物联网形态，最终实现生产服务化。对于下游经销商和终端客户，提供价格、运输、库存等趋势的预判，为下游用户的生产经营提供数据支撑。目前统计的现货交易数据有销售情况分析、客户情况分析、库存情况分析、销售区域流向分析等；物流数据有全国物流流向分析、当天/总发车统计、各品种运输占比 TOP10、线路运量 TOP10、车辆运输轨迹跟踪、在线成交统计等。

【鞍钢矿山汽车运输有限公司概况】 2017 年末，该公司总资产 1.27 亿元，净资产 1.07 亿元。厂区占地总面积 5.9 万平方米，房屋建筑面积 1.52 万平方米。有各种运输设备 682 台，其中运行 537 台，载重吨位 7895 吨。公司在岗职工 859 人（高级职称 1 人，中级职称 31 人，初级职称 48 人）。机关设七部一会，基层单位有 6 个运输大队、1 个危化运输大队、1 个检修中心。该公司主要从事汽车运输、汽车修理、土石方工程、吊装工程。

2017 年，该公司以“保生存、求发展”为主线，以落实生产经营责任为重点，积极实施精品服务战略，坚持重安全、提效率、降成本、增效益的工作方针，认真贯彻落实职代会制定的各项措施，克服了运输价格持续低位运行、人工成本不断攀升、车辆严格限载、小型车亏损运营等诸多不利因素，攻坚克难、开拓进取，经过全体职工的共同努力，较好地完成了年初职代会确定的各项工作目标。全年完成运量 541.28 万吨，比上年增加 24.82%；完成周转量 1.03 亿吨·千米，比上年增加 8.63%；实现营业收入 1.36 亿元，比上年增加 20.35%；实现利润 219.19 万元，比上年增加 335%；职工收入实现较快增长，比上年增加 12.06%。

该公司面对困难局面，全公司上下不等不靠，主动出击，想办法，解难题：一是积极保产，体现服务生产主体的大局意识，稳定现有运输市场份额。二是积极与用户沟通协调，依托鞍钢公路运输集中管理调度平台，努力开发鞍钢运输市场。三是努力开发社会运输市场。四是周密筹划，科学调度，合理组织生产，充分发挥车辆运行效率。五是强化管理，服务质量逐步提升。

该公司以计划为龙头，以指标控制为核心，以过程控制为抓手，千方百计做好降本增效工作。

一是认真抓好计划的分解工作。二是努力做好单车边际利润考核和油耗否决考核。三是优化人力资源配置，提升工作效率。四是在物资采购管理上下功夫。五是积极开展技术革新、改造和修旧利废活动，努力提高公司设备检修能力，改善设备技术状态。六是盘活存量资金，年实现收益48万元。

该公司大力夯实管理基础。一是严格贯彻落实安全生产标准化规定。二是继续加强设备运行管理和点检定修工作。三是丰富培训方式，提升培训效果，深入开展职工“素质工程”建设。全年共举办各类培训65项次、培训2657人次。四是大力推进质量管理体系建设。五是以季度综合检查为抓手，以考核为手段，提高公司规章制度执行力。

【鞍钢汽车检测有限责任公司概况】 该公司是鞍钢汽运公司全资子公司，注册资本500万元，固定资产总值434万元。2017年在岗职工32人，有主要检测配套设备41台，总占地面积18000余平方米。2017年检测站共检测车辆20100台次；实现产值273万元。主要经营项目：汽车综合性能检测，汽车软件设备的软件开发与维修，机动车安全技术性能检测，机动车环保尾气检测。

2017年是鞍钢汽车检测有限责任公司业务转型的一年。2月15日，机动车安全技术检验和排气污染物检测正式营业，从单一的道路运输车辆综合性能检测业务迈向机动车检测三位一体一站式检测服务模式，走在了机动车检验检测机构转型的前列。该公司质量管理体系坚持“方法科学、检测公正、结果准确、优质服务”质量方针，加强软硬件建设，加快推进新增检测参数认定和变更扩项，努力扩大检测覆盖面。不但提高自身的技术能力，也提高服务水平，是第一家设有导检服务的检测站，为以后的发展夯实了基础。顺利完成综检升级改造、安检、尾检扩项工作。进一步完善了车辆检测的各项规章制度，做到了车辆检测“公开、公平、公正”，使车辆检测工作更加制度化和规范化，受到了广大用户的一致好评。强化检测人员业务素质教育，组织检测人员学习业务并进行技能考试，促进了检测人员学习积极性。

【中石油鞍钢油气销售有限公司概况】 中石油鞍钢油气销售有限公司由鞍钢汽车运输有限责任公司与中国石油天然气股份有限公司合资成立，分别持有51%和49%股份。公司注册资本600万元，截至2017年末，该公司有职工71人，运油车辆9台。设有运营部、计财部和综合部三个管理部室；下设两个加油站：铁东区和平路加油站、鞍钢厂区内外运路矿渣加油站；一个危险化学品运输车队；一个昆仑好客超市。经营业务有成品油、润滑油、日用品、烟、酒、轮胎、防冻液、汽车装饰用品的销售和成品油的仓储配送。截至2017年底油气公司共发展直营客户22家、零售客户51家、个人会员卡3023张，实现成品油直销6.7万吨。

（赵　阳）

耐火材料有限公司

【概况】 2017年，耐火材料有限公司有职工1082人，在岗职工834人。其中干部117人（高级职称11人，中级职称44人，初级职称48人），工人722人（高级技师3人，技师33人，高级工181人，中级工214人，初级工249人）。离退休职工3201人。下设生产部、设备部、财务部、销售部、综合管理部、党委工作部、工会7个部室。冶金石灰第一作业区、冶金石灰第二作业区、机电作业区、检修作业区、原料运输作业区、生活服务作业区6个基层单位。居退管办1个实体单位。拥有固定资产原值7.46亿元，净值3.47亿元，厂区占地面积21.83万平方米，建筑面积10.02万平方米。主要设备有4座机械化石灰竖窑、4座气烧活性石灰竖窑、6条活性石灰回转窑，具有年产一级冶金石灰、三级冶金石灰等熔剂材料196万吨生产能力。

2017年，该公司生产冶金石灰160万吨，其中一级冶金石灰65万吨，三级冶金石灰95万吨；实现销售收入6.8亿元，比预算增加7523万元；在一级冶金石灰大幅降价的情况下，实现同口径利润1731万元，完成集团公司下达的奋斗指标；产品能耗指标完成125.3千克标煤/吨；实现污染因子合格率100%。

【抢先抓早，完成保产保供任务】 2017年，该公司紧盯鞍山钢铁的生产节奏，抢先制定生产预案，及时调整窑炉运行状态，严格梳理排查设备隐患，科学制定备品备件采购计划，有效排除各种影响生产的故障，为全年的高强度生产打下坚实的基础。各部门和作业区密切配合，快速反应，小修补往前抢，急难活不过夜，确保了冶金石灰的稳产高产。三级冶金石灰日发出量最高达 3523 吨、月发出量最高达 88233 吨，创公司老竖窑改造以来单日、单月最高发出纪录；一级冶金石灰日发出量最高达 2427 吨、月发出量最高达 58588 吨，创公司建厂以来单日、单月最高发出纪录，产能得到充分发挥。

【落实责任，安全防火常抓不懈】 以“党政同责”为统领，以“失职追责”作保障，严格贯彻落实全员“一岗双责”理念，持续加强安全责任体系建设，将安全生产指标逐级分解到作业区、班组，层层签订安全生产责任状，全员签订安全生产承诺书，实现了安全生产责任体系“横向到边、纵向到底”的全覆盖。深入推进安全管理点检工作，建立健全“网格化”点检管理体系，形成持续改进的长效安全机制。全年实现轻伤及以上事故为零，一般及以上火灾事故为零；继续保持国家安全生产标准化二级企业资格；截至 2017 年 12 月 31 日已实现连续累计安全生产 1175 天；安全工作被评为鞍山钢铁集团优胜单位。

【真抓实干，环保工作取得成效】 环保工作从工艺覆盖转向工序控制。2017 年对全部除尘设备运转状况、存在问题进行了摸底，建立运行档案，确保生产与环保设备同步运行。开展生产环境大整顿活动，完成了冶金石灰第二作业区 4 号回转窑除尘器入口管道改造，确保达标排放。冶金石灰第二作业区电除尘环保设施通过鞍山钢铁监测中心验收，并获得市环保局 74.4 万元环保资金补贴。逐点逐线进行扬尘治理，对 18 个转运站、16 个成品料仓装料间进行密封降尘改造，完成皮带通廊门窗封堵 456 处，完成 21 项扬尘治理项目。通过全体职工的不懈努力，环保工作取得了长足的进步，在 2017 年 5 月中央环保督察和 11 月辽宁省环保回头看等专项检查中，受到鞍钢集团的充分肯定。

【完善体制，综合管理持续提升】 2017 年 3 月，该公司实施公司制改革，由全民所有制变更为鞍山钢铁一人有限责任公司。以此为契机，对全公司 152 个现行有效制度分专业进行辨识，按新增、继续使用、修订、废止 4 种状态进行了系统梳理，确认 124 项有效制度，其中核心管理制度 35 项，专业管理制度 89 项；废止管理制度 28 项。优化了管理体系，提高了管理效率。充分发挥绩效考评的导向和激励作用，落实公司全面预算管理，建立了领导班子、中层管理人员、基层职工紧密衔接的“正激励、硬约束、严考核”激励约束机制。加大综合检查、治理整顿力度，全年通过检查共发现问题 334 项，其中考核 111 项，整改 223 项。全年实现增绩效加奖 35.32 万元，绩效否奖 2.78 万元；专项加奖 7.96 万元，否奖 6.52 万元。

【开源节流，降本增效成果显著】 在强化对鞍钢内部市场服务的同时，大力开拓外部市场，全年共签订外销合同 27 个，实现外销收入 2795 万元，同比 2016 年增加 511 万元，增幅 22.4%。重新理顺了持出程序，生产、销售、综合部多部门联合协作，保障了客户持出的便利。为降低各项成本费用，在对全区域生产用水和生活用水进行详细调查、全面掌握各节点用水情况的前提下，全力封堵漏水点，实现每天节约新水 150 立方米，全年同比少用新水 25.8 万吨，节约费用 82 万元。公司大力开展“保产量、保质量、降本增效比贡献”竞赛活动，石灰一作业区技术攻关延长皮带寿命；石灰二作业区全员管理降能耗；机电作业区千方百计回收旧吨袋；原料运输作业区与铁路对标减运费；检修作业区回收空压机油等各项活动累计降低成本费用近千万元。

【共建共享，促进企业和谐发展】 不断完善以职工代表大会为基本形式的企业民主管理制度，畅通职工反映意见和诉求的渠道，鼓励职工参与企业管理。2017 年，公司、作业区两级单位共召开职工代表大会 16 次，召开大型通报会、座谈会两次，广大职工发挥主人翁精神，积极建言献策，提出意见、建议等提案 8 项。全心全意为职工办实事、办好事，投入 200 万元建成了鞍钢一流的职工食堂，开设特色窗口，增加单炒、特色包子等 10 余种职工喜欢的主副食品种，受到广大职工的好评；为了解决全体职工生活饮用水的问题，与鞍钢乳业签订桶装水供应合同，放置饮水机 38 台；为作业区铺设板油路面共计 5360 平方米，解决了职工雨季上下班行路难的问题。

【凝心聚力，提升职工队伍素质】 认真组织学习贯彻党的十九大、习近平总书记新时代中国特色社会主义思想，学习鞍山钢铁第十届职代会第十八次会议和公司职工代表大会、政治工作会议精神。围绕中心，服务大局，以班组为阵地，有针对性地开展形势任务教育大宣讲活动，围绕不同时期的工作重心，撰写系列“班前五分钟宣讲材料”6篇。

开展学习郭明义、李超、赵恒起活动和学习鞍钢楷模活动，在全公司掀起学先进、争上游、创佳绩、比贡献的热潮。做学习型、技能型、创新型员工，做高素质鞍钢人，成为全体职工的自觉行动。“赵恒起创新工作室”目前拥有各类创新成果22项。开展“进百家门、暖千人心”大走访活动，走访慰问救助困难职工350人次，发放救济金51.59万元，困难职工救助率100%。

【立足长远，建设特色企业文化】 举办退休职工离职仪式，为46名达龄和特殊岗位职工举行了规范的离职仪式。组织开展征集评选最佳好人好事活动，2017年，共征集最佳好人好事56件，评出最佳好人好事6件。组织100名各级各类人员赴鞍钢展览馆参观学习，进行爱国、爱鞍钢教育。深化企业文化建设，进一步完善橱窗文化墙，使之成为企业文化建设和员工职业化宣传教育的标志性工程。摄制完成一部反映耐火材料有限公司90多年来发展历程的大型电视专题片《向一流企业奋进》。

（李绍银）

维苏威耐火材料有限公司

【概况】 截至2017年末，鞍山鞍钢维苏威耐火材料有限公司有在岗员工326人，其中管理和专业技术岗位人员109人；办理正式退休手续32人。公司设置生产部、技术质量部、销售部、安全监察部、设备部、采购部、财务部、综合管理部、研发中心、人事党务部、工会。设有不烧砖、铝硅质不定型、镁质不定型、铝硅质预制件、镁质预制件、透气砖六条生产线，主要生产转炉、钢包、中间包以及炼铁用各种定型及不定型耐火材料，产品主要销往鞍钢股份公司。固定资产原值1.4亿元，净值0.3亿元。主要设备60米隧道干燥窑、DDWK-1000全自动配料车、HC2100液压压砖机、J67系列摩擦压砖机、R19倾斜式混炼机、RV15倾斜式混炼机、干式筒磨机等。

【生产经营】 该公司2017年共生产耐火材料11.4万吨，其中机压耐材制品4.6万吨，散料产品5.8万吨，预制产品1万吨，实现销售收入5.5亿元，实现盈利105万元。

【安全管理】 全面推行安全管理区域负责制，通过推进安全管理点检，构建“网格化”管理点检体系，有效落实安全职责，预防风险和事故的发生。通过安全能力上台阶系列活动，识别危害因素新增23项，重新评审、修订规程13项，增加22条，建立隐患排查治理信息平台，排查安全隐患195项，已整改验收178项，正在实施17项，最终达到及时治理安全隐患的目的，2017年该公司以优异成绩通过安全生产标准化二级企业的评审，提升了公司安全工作管理水平，实现了安全生产管理工作的规范化、科学化。同时公司依据安全生产标准化一级企业标准开展内审对标工作，力争进入安全生产标准化一级企业。该公司按照《环保法》相关规定，修订完善《环保责任制》《环保责任追究管理办法》和《危险废物安全管理制度》，加强环保检查和除尘、污染防治设施运行的管控，建立整套完善的环保管理制度体系。

【降本增效】 1. 全力稳控生产，有效释放产能。年初由于转炉砖需求增多，造成公司罐衬砖库存报警，产品发出随时受到影响。公司通过开展“保安全、保质量、保发出、提高生产效率”劳动竞赛和“强化设备现场管理，提高设备运转率”及“查改设备缺陷，促进设备运转率提高”等系列活动，有效释放产能。2017年产量因素增利220万元。

2. 打造公司特有的服务战略，搭建有效的客户沟通服务平台，为客户提供优质服务。公司通过邀请钢厂进行技术操作讲座，与钢厂共同成立项目攻关小组，加大客户走访力度和频次，细致听取客户诉求，认真梳理好每项需求，提升服务质量，实现服务增值，确保最终将客户无形需求转化为预期订单。目前用户因合资公司产品发生事故率为零。

3. 提升技术工艺水平，最大限度减少异议损失。公司牢固树立“品种质量是企业生命”的理念，强化质量控制，完善质量管理体系。通过开展质量季、质量月、PPS等系列活动，2017年申报14个活动小组，完成11个PPS立项和27项质量改进方案，保证产品质量稳定，减少异议损失。

4. 面对原料价格大幅上涨的严峻挑战，公司通过制定下发《绩效考核管理办法》《“细化管理、降本增效”管理办法》等措施，建立全工序、全流程的市场化绩效考核评价机制，实现精准激励，激发了员工的积极性、创造性，确立公司级降本增效措施88项，实现增利407万元。

【科研开发】 以科技创新为先导，打造效益增长点。截止到2017年年末，该公司完成RH无铬化项目、转炉砖的生产、铁沟料提寿项目攻关等三大重点项目，提前实现了对鞍钢部分产品的保产保供。2017年，该公司经过对产品使用状况和客户需求的分析，通过完善科技创新激励机制、修改工艺配方、研发新技术和耐材长寿化等系列措施的有效推进落实，实现增利3056万元。

（刘翰林）

营口市鞍钢水业有限公司

【概况】 2017年，营口市鞍钢水业有限公司在岗职工74人。公司设有综合管理部、生产运行部、技术设备部、财务部和规划部五个部门及玉石水库、杨家店净水厂两个基层单位。玉石水库位于盖州市矿洞沟镇，汛限水位201米，最大库容8852立方米；杨家店净水厂位于盖州市徐屯镇，设计日净化水能力为12.6万吨。水库水厂自2003年6月开始向营口市及鲅鱼圈区供水，2017年平均日供水8.73万吨，满足了营口市及鲅鱼圈区钢铁分公司的供水需求。2017年实现销售收入6325万元，至年末水库蓄水达到7491万立方米。

【保产保供工作】 主汛期的超强度降雨，导致水库水体浊度居高不下，在随后两个多月高浊度水处理过程中，经历了工作量突增、不确定问题频发、药剂投放随时调整等诸多变故，成立了水处理加药组、水质检测试验组、设备抢修组，结合工艺特点，按照国家标准，科学合理地采取加药、排泥、冲洗等措施，在极度困难的条件下，保证了出厂水指标，满足了客户的用水需要。

【度汛防洪工作】 主汛期的8月3日夜间，水库遭遇了一场罕见的特大暴雨，公司领导和水库职工先后赶回水库投入抗洪一线，关注雨情变化、了解水量水位变化、掌握入库流量变化，及时向上级报讯。组织人员检查防汛设备、供电设施，察看廊道情况及船只安全情况，确保万无一失。根据汛情及时与市长带队的防汛检查队伍商议泄洪一事，在得到市防办批准后，水库于09：00时开始以150立方米/秒流量泄洪，有效地控制了水位上升的趋势，到5日清晨水位趋于稳定不再上升，安全度过了突发汛情。

【设备的日常管理】 日常管理落脚点就是设备的岗位日常点检，通过点检发现设备存在的问题，立足于自己解决，做到随时发现、随时解决问题，全年发现并解决问题31次，预防和防止设备发生技术故障，消除设备隐患，达到保产的目的。对于我公司自身无法处理的情况，及时安排专业维修。

【加强环保工作】 编制了《玉石水库生态供水调度管理方案》和《玉石水库良好水体保护方案》等制度，达到了环保要求，通过了专家的评审。在《玉石水库生态供水调度管理方案》的编制中，对水库下游进行了实地考察，掌握了必要资料，同时，通过当地政府对现有耕地面积、人口分部情况进行了解，并结合水利局管理部门掌握的资料，请教了多名水利专家，完成了方案的编制。在《玉石水库良好水体保护方案》编制上，公司通过招标方式委托第三方利用3个月的时间完成了方案的编制工作，通过了专家的评审，得到了环保部门的批复。

（张媛媛）

电子商务中心

【概况】 2016年5月20日，鞍钢集团电子商务中心由鞍钢集团成建制划归鞍山钢铁集团有限公司，由鞍山钢铁注册成立鞍山钢铁集团有限公司电子商务中心（以下简称鞍钢电商），负责鞍山钢铁电子商务平台的开发和运营工作。鞍钢电商下设综合管理部、业务运营部、服务支持部3个部门，在平台的开发、建设、运行过程中，培养了一支具备“互联网+”思维，既懂业务又懂技术的复合型人才队伍。2017年末，拥有在岗职工18人、其中高级及以上职称11人，中级职称7人，平均年龄40岁。

鞍钢电商凭借广泛的市场影响力和强大的技术力量，先后打通了钢厂、贸易商、加工、配送、终端用户、供应链金融的信息壁垒，优化了网上销售流程，使供应链中各个环节的信息在电商平台互联互通，并且改变了传统交易模式，在促进钢铁主业发展的同时，更使得非钢产业健康、高效的发展。

现货电子交易平台在为交易客户开辟更加高效、公平、公正的网上交易新渠道，创新销售模式，给鞍钢创造效益最大化的同时，促进了鞍钢产品的客户群不断扩大，小微客户、终端客户也稳步增长。2017年末，电商平台现货销售量276万吨，现货销售额达108亿元，注册客户8684家、交易客户数量达2000家，基于多种竞价模式创效3966万元。

销售电子商务平台构建了全面、多样、立体式的营销服务模式，从用户出发，致力打造快捷、高效的鞍钢服务形象，拓展营销渠道，降低交易成本，提高交易效率。其中长城汽车供应链协同服务平台的成功上线运行，极大方便地挖掘客户需求，开启了鞍钢电商供应链协同服务从原有的“EDI”通道模式，扩展到“供应链+互联网”平台服务模式，使企业电子商务实现全供应链升级。该平台通过云仓部署、数据对接、信息交互等技术手段，打通与外埠仓库的信息流，夯实了供应链全过程的底层数据，实现了供应链可视化，提升了鞍钢供应链协同服务能力；同时，通过向长城汽车提供精细化、专业化服务，通过“一键式要料”“一键式配送”在线操作，提升了上下游企业间的供应链协同效率，为下一步与更多的汽车厂商合作奠定了扎实的基础。

鞍钢电商顺应市场和客户需求，根据鞍钢不同销售区域的现货销售特点、仓库运行模式，实现了仓储库管理的规范化、精准化，增加了鞍钢钢材库存管理透明度、真实度，降低了管理成本，保障了钢材的有效管控。同时推广多模式的电子出库单自助服务系统，改变了原传统业务模式，实现出库单自助服务在各销售单元全覆盖，使销售人员每天的工作效率提高了近1.4倍。

鞍钢电商紧抓非钢产业发展的有利契机，开创“互联网+煤化工”营销模式，开发成为东北地区最大的电子商务煤化工平台，该平台的上线运行标志着煤化工产品的传统营销模式与“互联网+”营销模式的深度融合。有利于探寻区域市场价格，发现市场潜在需求，实现阳光销售；减少资源分配过程中的人为干预，客户根据价格承受能力决定采购量；进一步提升工作效率，优化现货销售模式。同时，充分展示了鞍钢煤化工品牌形象，为打入国内电商市场奠定坚实的基础。

（刘 熹）

钢铁相关产业板块

鞍钢铸钢有限公司

【概况】 截至2017年12月末，鞍钢铸钢有限公司在岗职工总数689人（其中全民职工524人，集体职工65人，设备、生产等工序包保人员96人），管理岗位人员98人（高级职称4人，中级职称49人），生产操作人员655人（其中高级技师11人、技师25人、高级工140人、中级工259人、初级工130人）。

公司下设：生产技术部、设备部、营销管理部、计划财务部、安全环保部、综合管理部、党委工作部和工会；三个工区：炼钢工区、铸造工区、设备工区。

2017年，公司在鞍山钢铁集团公司的大力支持下，抓住钢铁行业形势趋暖的有利时机，扩产能、降消耗、拓市场，深入推进市场化经营，全年实现钢产量12.90万吨，比上年增长107%；销售收入5.92亿元，比上年增长113%；实现盈利216万元，实现成立四年以来由亏转盈的重大转折和历史性突破。

【生产经营和质量提升】 坚持稳中求进，通过产量规模的扩大，不断增加盈利空间。2017年的产量实现12.90万吨，比2016年增加6.67万吨，这是公司成立以来在生产运行中新的历史纪录。实践证明，只有坚持稳中求进，扩大产能释放，提高边际利润，才能稳步发展。

公司借鉴炼钢总厂在质量控制方面的经验，建立提高质量的关键控制点，在材料准备、电炉冶炼、钢水罐、精炼、铸锭、连铸等六个方面建立提升质量关键控制点和管控模式，并按照质量控制点进行日常检查。在特殊钢种的冶炼生产过程中，工艺员对脱硫率、脱氮率、氧含量、渣中氧化铁等方面进行跟踪统计，有效确保氧含量平均控制在0.0023%左右，为稳定产品质量提供了保证。

【深化改革】 深化企业改革，优化人力资源，实现精简高效和职能转变。2017年10月，公司将生产运行部与质量保障部合并为生产技术部，由权力管控型向服务管理型转变；成立党委工作部，加强党建工作力量；为提高劳动生产率，实行兼工种作业，兼工种作业的职工收入得到一定的提高。

根据实际情况，开展市场化运营工作。确定效益指标、效率指标、风险指标、成长性四大指标为主要考核指标。市场化运营以正激励为主，实施强激励、硬约束、严考核，调动了广大职工的观众积极性。

【新产品研发】 注重新产品研发，充分发挥技术创新优势，依托新产品开拓市场。公司研发的电渣抽锭产品，全年实现销售257吨；将铸钢轧辊作为铸件固定产品之一，通过提高质量，加强工艺和市场研发，全年共销售轧辊686吨，354万元；全年完成7件挂舵臂生产，为同鼎船用钢产品市场夯实了基础。

瞄准前沿市场，阻尼钢、4J36不锈钢研发等重点产品取得效果。开发连铸圆坯，全年实现销售收入2848万元。

【企业管理】 公司积极做好体系认证和各项管理工作。完成鞍钢集团公司对铸钢公司核电的外审工作和体系培训工作；完成华信公司体系外审，针对不合格项认真组织整改。完成铸件、钢锭认证，该公司钢锭已通过5家船级社认证，铸件通过二级船级社认证；在生产制造挂舵臂过程中，通过国内和国外三家船级社的资质认证和技术考核。

全面落实安全生产目标责任制，明确安全职责。按照“党政同责”“一岗双责”原则，坚持谁主管谁负责，管业务就要管安全的工作思路，进一步落实区域管理责任和安全生产责任。结合公司实际，制定隐患排查相关制度，定期对现场隐患进行治理好整顿；制定《星级站所室评选标准》，评选星级部室2个，星级站所室3个。

加强现场消防设备的管理、维护和改造。对现场损坏的消防管道和消防水炮进行修复改造，解决防火隐患。2017年荣获鞍山钢铁集团公司消防优胜单位。

加大环保工作的管理和投入。先后对大除尘放灰仓、中频炉吸风口、电渣炉吸风口进行改造，杜绝烟尘外溢。改善中频炉、电渣炉的环境隐患，对现场的除尘效果进行有效的监控。

【党建工作】 公司党委掀起学习贯彻党的十九大精神新高潮，制定“两学一做”学习教育常态化制度化实施方案，各党支部共上党课16人次，转发党建信息120多条。

不断夯实党建基础工作，将党建工作总体要求纳入企业章程。企业改革和党组织建设同步规划、同步实施；强化党支部主体作用，落实党支部书记与工区行政领导交叉任职和“一岗双责”；同年7月，公司党委依靠自己的力量，筹建设备工区、铸造工区党员活动室。铸造工区木型工序的党员还发挥聪明才智，自制党员活动室会议台桌。

积极开展党员建功立业活动。公司围绕挂舵臂浇注、铸钢轧辊生产开展技术攻关和共产党员“挑战项目”，共完成20个“共产党员工程”项目，累计增效创效423万元；各党支部、群团组织围绕生产经营中心工作开展创新创效活动，不断推进创新工作室建设；张执涛创新工作室荣获鞍山钢铁公司级创新工作室称号，全公司共完成创新项目20项，创效400余万元。

【职工生产生活】 把关心职工生活，为职工创造和谐的工作环境作为头等大事。为职工修建150平方米的自行车场；对生产现场的主控室、操作室和霞普气站等进行装修和美化，粉饰浴池休息室4000多平方米；及时更换浴池电风扇40套和照明灯125套；更换淋浴头、开闭器120多套；还在食堂为职工安装热水管，方便了广大职工群众。

积极开展“面对面、心贴心、实打实”献爱心送温暖活动。2017年春节、“五一”和“十一”三大节日慰问困难职工173人，发放救济款67600元。2017年5月，公司党政工团发出倡议，为患病需要手术治疗的员工捐款 51670 元；坚持绿色环保，加大了环保投入，对现场除尘进行监控，为广大职工改善工作环境。

（杨永宏）

鞍钢钢绳有限责任公司

【概况】 2017 年，鞍钢钢绳有限责任公司面对严峻的发展和经营形势，全体员工克难求实，奋力拼搏，通过系列改革创新举措和扎实有效的工作，不断提升内部管理和经营活力，提高外部市场竞争力，企业运营实现健康发展。

【推行改革创新举措】 全面落实鞍山钢铁市场化运营工作要求，创新经营管理模式，在内部生产系统和销售系统实施团队率先实施承包经营管理。承包改革实施以来，团队配合更加密切，职工干劲明显增强，钢绳产量持续增长，提升企业内在经营活力，提高了品牌创效能力。全年完成钢绳产量 17985 吨，实现销售收入 15092 万元。重点品种钢绳产量增长 12%，人均劳动生产率提高 67%。

【完善管理体系建设】 强化质量管理。以“强化质量管理、严把产品质量关”为主线，开展“反违章、抓质量、树精品”质量治理主题活动，满足客户日益增长的质量要求。全年产品综合合格率 96.71%，同比提高 3.21%，其中钢丝绳合格率 98.55%，同比提高 0.33%。

强化精品管理。建立的精细化管理体系，针对索道、三角、港机、皮带、特殊钢绳等拳头产品，建立质量档案，形成严密的技术工艺。加大调品提质力度，充分发挥 EVI 项目团队效用，以高性能钢绳产品和个性化服务，成功替代进口钢绳市场，全年开发新用户 30 家，建立矿井替代进口绳档案 17 家，以高性能钢绳产品和个性化服务，成功获取替代进口钢绳合同 560 吨。

强化采购管理。建立采购供应商档案，适时审核、鉴定合格供应商，确保战略性生产物资采购的稳定性。完善招标流程，改变采购模式，全年实现降低采购成本 314.9 万元。

强化安全管理。开展培训和隐患排查治理力度，排查各类安全隐患 817 项，整改 816 项，整改率达到 99%以上。加强现场环境治理，实现了规范化定置定位摆放。

强化创新管理。全年通过了中国船级社年度定期审核，ISO9001 年度监督审核，安全标志现场评审和生产许可证分类监管检查，获得认证证书。

强化人力资源管理。实施全员竞聘上岗，调整运行方式，变三班二运转为四班三运转，实现竞聘过程中生产经营和职工状态“双平稳”。

【关爱职工生活】 食堂搬迁改造抓紧进行中，解决职工的饭缸子，努力为职工提供舒适的就餐环境。冬季为现场职工购置了电暖气，解决防寒用品，修缮现场厂房，最大限度地改善保暖条件。建立困难职工档案，全年开展走访慰问困难职工、金秋助学、医疗救助等多项工作，救济困难职工 392 人次，发放救济金 21 万元。

（时　研）

钢铁服务板块

工程质量生产监测管理中心

【概况】 2017 年，鞍山钢铁集团有限公司工程质量生产监测管理中心（以下简称管理中心）广大干部职工紧紧围绕鞍钢集团有限公司开展的学习习近平总书记系列重要讲话精神、党的十九大会议精神和鞍钢集团有限公司“保生存、求发展”的工作目标要求。引领广大职工爱岗敬业、诚实做人，圆满完成了管理中心全年生产经营目标和各项管理工作，为鞍钢集团公司扭亏增效、转型升级作出了贡献。

【生产经营】 1. 2017 年鞍钢工程质量监督站主要监督的工程项目。外埠工程：鲅鱼圈分公司球团烟气脱硫工程、鞍钢朝阳钢铁在线环境监测装置、增建热风炉和氮压机节能等 6 项改造工程、广州汽车钢热镀锌线改造收尾项目、沈阳钢材加工配送公司新增翻钢机改造工程、长春钢加和长春激光拼焊相关设备搬迁工程。鞍山本部工程：炼焦总厂七号焦炉脱硫脱硝工程、新一号高炉大修工程、鞍钢轧辊公司 100 吨铁水罐倾翻系统项目、鞍钢股份能源管控中心增建液化装置、炼铁厂新烧分厂1号烧结机竖冷窑节能改造项目、炼铁总厂三烧烧结机、环冷机大修、鞍钢股份能源管控中心6万立方米制氧机工程、鞍钢股份能源管控中心增建2台污氮压缩机改造项目、鞍钢股份能源管控中心北部3号、4号干熄焦发电机组改造、炼铁厂11号高炉4号热风炉大修、鞍钢铁西职工宿舍修缮工程、鞍钢股份能源管控中心高压除氧器蒸汽气源改造、鞍山钢铁职工住宅修缮工程、鞍钢北门保产路北段局部修复工程、西区水渣场、炼铁厂环境整治工程、化工事业部一、三回收鼓冷区尾气治理项目、化工事业部一、三回收脱硫区尾气治理项目，共计148项，并陆续投入生产使用。

在工程质量监督管理工作中，坚持从“事前方案检查控制、事中监督监理旁站、事后检查评价”等工作入手，精心组织、严格管理、合理安排，让工程质量监督管理与监理做到：职责分清、责任一致；形式分开、内容不分；协同工作、归口管理；兼职作业、目标一致。把工程质量监督管理和监理有机的整合起来，优化现有人力资源，力争做到每个工程项目监督到位，责任落实到位，加强了工程质量管理的有效性。及时发现和避免了一些重大质量问题，消除了可能发生的事故隐患，避免了经济损失，使工程实体质量得到有效的监管和稳步提高。

2. 环保监测主要工作。

（1）环保自动监测系统运行情况。2017年度环境自动监测共获得数据132062711个，其中：环境空气自动监测系统10276637个监测数据、污染源在线自动监测系统114554308个监测数据、外排废水自动监测系统7231766个监测数据。

（2）空气质量在线自动监测。鞍钢冶金厂区，目前安装3个空气子站，为1号、2号和3号子站，其中1号子站为鞍山市空气质量指数鞍钢代表站，三个空气子站的主要监测项目有PM10、PM2.5、SO_2、NO_2、CO、O_3等，三个子站全年共约获得有效监测数据10276637个。其中：PM10共获得有效监测数据818812个、PM2.5共获得有效监测数据823974个、SO_2共获得有效监测数据821145个、NO共获得有效监测数据817229个、NO_2共获得有效监测数据817917个、NO_x共获得有效监测数据817860个、CO共获得有效监测数据817616个、O_3共获得有效监测数据823788个、风速共获得有效监测数据725202个、风向共获得有效监测数据817616个、气温共获得有效监测数据725209个、气压共获得有效监测数据725069个、湿度共获得有效监测数据725200个。

（3）废气在线自动监测。废气在线自动监测子站共66套，其中：“国控源”19套现为委托运营、厂家自主管理21套、管理中心管控22套、二发电省委托运行4套。主要监测项目有烟尘、流量、温度、SO_2、NO_x等，全年共获得有效监测数据约114554308个。其中：颗粒物有效监测数据27240445个、SO_2有效监测数据13652814个、NO_x有效监测数据11145146个、烟气流量有效监测数据23590936个、烟气温度有效监测数据24376655个、含氧量有效监测数据14548312个。

（4）外排废水在线自动监测。外排废水在线自动监测子站有省控西大沟监测子站，主要监测项目有COD、氨氮和废水流量。公司管控7个废水监测子站，主要监测项目有COD、氨氮，全年共约获得有效监测数据7231766个。其中：COD有效监测数据3359432个、氨氮有效监测数据3259408个、废水流量有效监测数据612926个。

（5）环境综合管理信息平台。所有在线自动监测子站的数据都由无线传输到环境综合管理信息平台，每日实时监控、统计超标时段、每月汇制报表。

（6）在线与人工比对。每季度对54个污染源进行在线监测与人工监测比对，全年进行21次。

3. 污染源烟尘、烟气、噪声监测。2017年全年共取得烟气监测数据6824个、厂界噪声监测数据3080个。

（1）污染源烟尘、烟气监测主要对鞍钢公司15个生产单位210个（含1个无组织原料开放尘）污染点位按月、季、年进行监测和无组织原料开放尘测试。2017年颗粒物监测6824个数据（含盐酸雾和铬酸雾）。其中：烟温1478个数据、静压1478个、烟气流量1478个、颗粒物浓度1478个、SO_2监测432个、NO_x监测432个。无组织原料开放尘监测了1个生产厂的开放料场，每个料场监测了3种原料，共48个数据。

（2）厂界噪声主要对鞍钢冶金厂区、股份公司中厚板厂厚板线和线材公司的厂界昼夜噪声进行监测，全年测定308个点位，报出监测数据3080个。

4. 废水监测。面对国家把建设生态文明保护环境作为基本国策要求形势下，鞍山钢铁集团有限公司全面加强环境保护管理力度，特别是在环境监测方面，加大了污染源监测力度，管理中心全体分析人员克服人员少、任务重的困难，按照鞍山钢铁集团有限公司安全环保部的工作要求和管理中心的工作部署，全面完成本年度公司废水监测工作。

（1）全年连续监控公司西大沟外排水中悬浮物、化学需氧量、总氰化物、氨氮及总氮等项目排放情况。全年累计完成废水监测取样 1307 组，取得监测数据 6313 个。

（2）完成降尘监测 30 个点位 180 个数据及烟气实验室分析工作。

（3）编制每月监测报告及监测情况分析，全年完成监测报告 326 份、监测数据分析 12 份、污染因子分析 12 份。

（4）为保证在线监测子站的顺利运行，按需及时配制 COD 在线仪器使用试剂，并完成在线与人工监测比对工作。

5. 能源测试。2017 年能源监测共取得测试数据 1180 个。

（1）测试加热炉热平衡及热效率 20 台次，共获得有效测试数据 720 个。其中：环境数据 80 个、炉体表面温度数据 400 个、钢坯数据 80 个、烟气数据 80 个、冷却水数据 80 个；发出加热炉热平衡及热效率测试报告 60 份。

（2）测试高炉炉体散热损失 24 台次，共获得有效测试数据 144 个，发出高炉炉体散热损失测试报告 36 份。

（3）测试热风炉炉体散热损失 36 台次，共获得有效测试数据 216 个，发出热风炉炉体散热损失测试报告 36 份。

（4）测试水流量 24 次，共获得有效测试数据 100 个，发出水流量测试报告 72 份。

6. 环保监察工作。2017 年依据《鞍山钢铁集团公司环境保护管理办法》的规定，按照鞍山钢铁集团有限公司安全环保部要求对所属 18 家单位环保设备运行状况、脱硫设施运行情况进行日常监察，重点监察点位、重点监察区域进行日检与周检，并接受鞍山钢铁集团有限公司安全环保部临时安排的监察工作，具体工作如下：

（1）监察炼铁总厂、炼钢总厂、炼焦总厂、耐火公司、能源管控中心、二发电厂等单位污染物排放情况，共计 935 家单位次（包括节假日、夜间检查）。

（2）针对炼钢、炼铁等单位除尘器及脱硫设施（二发电厂 1 号、2 号、3 号锅炉，炼铁总厂二烧、三烧、新三烧、西区烧结，能源动力中央电站、北区电站）运行情况进行检查，累计检查脱硫设施 191 台次，检查除尘设施 672 台次。完成鞍山钢铁集团有限公司安全环保部安排的各单位除尘设施的专项检查工作。

（3）针对炼铁总厂等 12 家单位净环、污环水处理设施运行情况进行检查，累计检查水处理设施 158 台（套）次。完成鞍山钢铁集团有限公司安全环保部临时安排的大型厂、热轧厂、厚板厂等 12 家单位检修时排水情况调查。

（4）监察西大沟水系、北大沟水系排水情况。

（5）完成鞍山钢铁集团有限公司安全环保部要求的节假日监察及夜间监察，全年共计 54 次。

（6）完成鞍山钢铁集团有限公司安全环保部安排的厂区内道路扬尘综合治理监察工作。按鞍山钢铁集团有限公司安全环保部要求对厂区内道路扬尘、料场扬尘、转运站、通廊、卸灰点扬尘进行污染监管，重点对厂区内运输车辆装载时进行无遮盖、超高、飘洒和滴漏等违规行为检查。

（7）协助鞍山钢铁集团有限公司安全环保部对鞍山钢铁 18 家单位 2017 年度环保设备台账建立和记载工作的检查。

（8）协助鞍山钢铁集团有限公司安全环保部完成每周环保日常检查违规曝光片制作工作及临时专项违规曝光片的制作。

7. 配合鞍山钢铁集团有限公司安全环保部完成各项环境监测、监察临时工作。

（1）配合鞍山钢铁集团有限公司安全环保部迎接中央环保组督查。2017 年 5 月在迎接中央环保组督查期间，环保节能监测部全体职工不怕吃苦、任劳任怨，不分休息日、节假日，进行全天候 24 小时对厂区各污染源排放情况进行监控。同时配合鞍山钢铁集团有限公司安全环保部及生产厂家对颗粒物、二氧化硫、氮氧化物、盐酸雾、铬酸雾等进行监测；与鞍山市环境监测中心站对鞍钢外排水进行同步抽查监测比对分析工作，数据及时准确；严格进行环保设备的监察，及时有效地完成各项监测监察任务，为集团公司环境监测工作提供了有力支撑，受到鞍山钢铁集团有限公司安全环保部的表扬。

（2）在完成正常监测工作同时，本着为基层服务、为主管部门服务的精神，管理中心环境监测人员多次利用休息时间及时完成集团有限公司安全环保部下达的各项监测任务。

1）为消除噪声扰民工作，配合炼焦总厂、能源管控中心蒸汽管道加消声器改造测试，炼铁总厂二烧、新三烧脱硫风机、一、二制粉烟囱加消声器改造测试；配合炼铁总厂球团机头除尘改造对风罩风机进行测试多次；配合排污许可证的取得为能源管控中心和二发电厂的煤粉炉测试汞及其化合物、林格曼黑度及氨气等。

2）受集团有限公司安全环保部委托，重点调查西大沟排水各单位氨氮、总氮排放情况；完成西大沟二期深度水处理水质连续监测工作；完成西大沟二期深度水处理、冷轧厂3号线废水处理站改造工程监测验收工作等。

8. 培训、考核、环境监测资质认证工作。为保证监测数据科学性、准确性，并保证今年资质认定换证工作顺利进行，本部门做了大量质量管理工作：

（1）全年进行技术培训8次，质量检查6次。为保证实验室检测质量，全年共组织监测人员进行了17个项目的国家标准样品考核，考核结果均合格。

（2）8月由鞍山市总工会、市环保局和环境监测中心联合举办的鞍山市第二届环境监测技术大比武竞赛活动，本部门派出6名实验室分析人员组成的两个代表队参加了比赛，两个代表队分别获得团体总分第一名和第二名的好成绩。

（3）完成部门内部《质量手册》和《程序文件》的修订工作。

（4）11月通过了辽宁省技术监督局计量认证复评审工作。在复评审工作中，共有15名同志参加了省专家组织的23个现场技术考核，并全部通过考核；计量认证资料准备充分，并一次性通过了省级计量认证评审，确保资质证书的延续。

9. 监测收费情况。

（1）鞍钢股份公司环境监测收费：1526.45万元。

（2）鞍钢股份公司能源监测收费：16万元。

（3）鞍山钢铁集团公司环境监测收费：49.69万元。

（4）计划外监测收费约10万元。

合计：1602.14万元。

10. 特种设备检验主要工作。

（1）特种设备检验完成情况。2017年定期检验起重机械1307台，其中：合格1300台、不合格7台。对因未安装起重量限制器的7台起重机械出具了特种设备检验意见通知书，告知使用单位整改。全年锅炉内检64台，锅炉外检38台，全部符合要求。压力容器定期检验482台，对于安全阀、压力表超期未校验、超出设计年限、材质不明、未安装压力表、密封损坏等问题的91台压力容器出具了特种设备检验意见书。压力容器年度检验459台，压力管道在线检验384条，共162345米。压力管道全面检验179条，共42234米，对管道壁厚严重减薄的两条管道出具的特种设备检验报告。通过对特种设备定期检验计划的落实和实施，使特种设备存在的安全隐患得以及时发现和整改，全年无一例因特种设备检验引发安全事故，保证了集团公司特种设备的安全运行。

（2）安全教育培训完成情况。2017年安全教育培训共培训11979人次。通过培训，使各单位培训人员掌握本岗位作业的理论知识，了解了国家法律法规，提高了操作技能，并顺利通过取证、换证考试。为集团公司安全生产作出了贡献。全年特种部共收费800余万元。

（3）顺利完成检验检测人员的取、换证培训和相应法规学习，提高检验检测人员的自身业务素质。

（4）积极配合股份公司压力管道整治工作，开展压力管道定期检验。2017年，鞍山市质监局“经开分局”要求股份公司在用的492条压力管道进行检验并办理使用登记。特种部积极配合股份公司压力管道整治工作，增购了2台超声波探伤仪及探伤所需试块、耦合剂等辅助材料，做好检验检测工作的准备工作。压力管道检验人员克服重重困难，全面开展工业压力管道检验工作，经过检验检测人员的共同努力，圆满完成了股份公司压力管道检验工作。

（5）2017年5月和11月，管理中心分别接受了省质监局、安监局组织的特种设备作业人员、特种作业人员培训机构专项检查。检查组对管理中心培训部门的硬件和师资进行肯定的同时，对培训收费信息公示、教考分离、培训档案管理提出了整改要求。特种部对检查组提出的整改要求高度重视，积极应对，结合自身特点，对整改提出要求进行推进。并以此为契机，狠抓自身管理，完善管理制度建设，提高了全员培训水平。

到2018年3月，管理中心特种设备检验资质到期，特种部为顺利通过换证审核，2017年12月份组织专业人员成立了质量体系文件修订小组，根据《特种设备检验检测机构核准规则》《特种设备检验检测机构质量管理体系要求》要求，结合企业自检机构特点，对特种设备检验质量体系进行全面修订。对检验工作进行全方位监督、检查，把不符合要求、影响管理中心检验资质换证的约束提前消除，确保换证审核工作顺利通过。

【贯彻公司长远发展】 按照鞍山钢铁集团有限公司要求，加强政治理论学习和开好民主生活会。管理中心在深入贯彻学习党的十八大、十九大做出了详细的部署，党支部和每名党员都能自觉地参加学习，加强党风廉政建设，与中央保持一致，严格按照“准则”和“标准”要求去做，加强理论学习，提高掌控能力。认真学习唐复平同志的讲话精神，实现“631”目标，坚持契约化生产经营模式，打胜鞍钢盈利攻坚战。在组织召开的管理中心民主生活会上，班子成员就如何开好民主生活会进行了统一思想，认真分析民主生活会的材料、开会时间及会址，为管理中心今后的发展献言献策，为下年度打下良好的基础。

【生产经营情况】 2017年管理中心从生产经营模式上发生转变，从原来的费用单位转变成为收支平衡单位。2017年鞍山钢铁集团有限公司下达的生产经营目标为“收支差”为零。在管理中心领导和全体员工的共同努力下，全年超额完成了公司下达的生产经营目标，全年实现收费2889万元，支出1867万元，实现“收支差”为1022万元（其中：管理中心完成693万元、监理公司完成329万元）。为公司扭亏为盈作出了贡献，同时也提高了广大职工的收入。

【帮扶困难职工渡难关】 2017年管理中心帮扶困难职工27人次，其中：患特大疾病职工2人次、一般困难职工25人次。

【关心职工生活】 2017年管理中心为职工办公场所购买了空调和洗衣机。今年夏季持续高温，职工正常工作受到影响，经领导班子会议讨论决定，将办公场所没有空调的房间均安装了空调，空调和洗衣机安装后极大鼓舞和调动了职工的积极性，真正体现了党组织的关心和关爱。

【及时消除安全隐患】 特种设备检验培训部下设安全教育培训中心，因房屋及供电系统年久失修，供电线路存在安全隐患。经报请鞍山钢铁集团有限股份设备保障部同意进行大修，从而消除了安全隐患，确保了供电系统正常运行和特殊工种培训工作正常进行。

【严格执行规章制度】 有法必依、违法必究，管理中心在贯彻规章制度上不打折扣，全年共有4人次因违反劳动纪律被通报批评及受到相应处罚。

【圆满完成“国控源”过渡】 2016年由鞍山市监控的“国控源”21处子站监控系统划归鞍钢管理，管理中心领导高度重视，积极布置移交后的各项工作，按照公司要求及时配备生产运行人员，并先后派生产运行人员参加理论和实际学习，很快掌握设备的操控、运行，使交接后的“国控源”设备稳步运维并及时上传数据。

（梁希为）

资产经营中心

【概况】 资产经营中心（以下简称中心）于2017年12月18日划归鞍山钢铁集团有限公司，是鞍山钢铁集团有限公司直属单位，负责鞍钢集团总部和除攀钢外的各子企业的资产转让、招租等资产处置业务和鞍山钢铁存续资产及军工项目管理。功能定位：各子企业闲置资产、废旧物资信息共享平台；各子企业闲置资产、废旧物资协同运营平台；各子企业闲置资产、废旧物资对外处置规范运营平台；各子企业闲置资产、废旧物资经营创效平台。运营方式：按照鞍钢集团公司闲置资产与废旧物资内部调剂的计划安排，发布鞍钢集团闲置资源信息，根据各子企业提出的资源需求，组织跨区域、板块闲置资源内部调剂；按照鞍钢集团闲置资产与废旧物资处置计划，受理鞍钢集团及各子企业的资产转让、招租等资产处置委托，制定资产转让方案与销售方案，统一组织查验分类、信息发布、现场展示，组织进场交易、公开销售、招租；开展社会市场调研，收集闲置资源需求信息，对闲置资源提出经营意见，或受产权单位委托开展直接经营，通过销售、租赁、合作经营等方式，盘活存量资产。该中心内设综合管理部、资产处置部、资产经营部。现有管理、专业技术人员 18 人（其中高级职称 8 人，中级职称 4 人，初级职称 4 人）。

【资产经营成果显著，实现效益最大化】 2017 年，该中心完成资产处置成交额 4.494 亿元，超目标计划 2.494 亿元，资产交易及时率、资产处置工作依法合规律均实现 100%，充分发挥了集团公司资产处置平台与经营平台作用，实现了效益最大化，为集团公司全面打胜扭亏增效作出了新贡献。

【完善制度，优化机制，全面提升企业管理】 2017 年，该中心以健全完善的规章制度、科学合理的管理体制、顺畅运行的管理机制为导向，全面完善制度建设，企业管理工作得到全面提升。按照集团公司差异化管控，规章制度立改废工作要求，从完善制度建设，推进管理创新入手，高质量完成中心制度体系的建立。2017 年，重点做了《鞍钢集团公司实物资产、土地使用和矿业权和境内股权处置管理办法》和《鞍钢集团公司国有产权及国有资产进场交易管理办法》。2 个核心管理制度的落实推进，全面提升经营管理水平，规范国有资产转让工作程序，有效保障各项工作的顺利运行，推进了中心健康发展。同时进一步对攀枝花分部资产处置和处置流程进行规范，实现制度统一、报表统一，降低交易费用。

2017 年，按照集团公司《关于推进岗位管理优化机构编制的指导意见》全面推进中心岗位和机构优化工作，目前已完成界定管理岗位和技术岗位范围、序列、名称规范，形成中心机构编制优化方案，打破岗位界限，进一步优化机构编制，提升中心管理效率。

【强化资产管理与调剂，存续资产管理规范有序】 该中心作为集团公司资产处置的平台之外，还负责账销案存、改制（解体）企业剩余资产及改制企业交回资产、集团理顺产权及内部改革重组剩余资产的管理。按照“管理规范、账物准确、点检到位、快速处置”的原则。2017 年，接收国贸剩余资产 122 项，原值 650 万元；配合鞍山钢铁公司制改制，调出 569 项固定资产，原值 42817 万元。接收房屋产权 19 项，移交 89 项，无偿划归 2 项。对 14 个单位无偿使用的 961 项固定资产进行清理；对中心所属的 18 项固定资产进行报废处理，解决了球扁钢项目没有验收无法报废问题；签订保管协议 5 份，收取租金 205 万元、资产出租收入 774 万元；回收废钢铁 165 吨，金额 37 万元；资产调剂 2 项，金额 11.3 万元；在接收军工项目等资产管理、处置、报废工作中，做得底数清、账目明、状况准。同时在厂内房屋拆扒、灭籍工作中，勇于挑战、创新工作，避免房产税款的缴纳，形成规范流程。2017 年，提交各类处置报告 89 项。

【千方百计挖潜增效，提升资产经营成果】 2017 年，该中心在做好大连轧钢厂闲置生产线设备、房地产经营中心剑桥花园房产、东北风冷轧机组、综合实业废旧物资，房产公司商业网点、商品房、公有住宅使用权，钢绳公司汽车、各板块设备处置等项目基础上，重点对朝阳钢铁有限公司公寓楼、鞍钢股份高炉灰、建设公司自卸车、集团纪委收缴车辆、鞍钢莆田等项目的实施；其中在高炉灰项目中提前介入，组织相关单位落实处置流程，解决看样展示、物资交接、现场提货等环节问题，该项目竞价 799 手，溢价 484.8 万元，该项目 2017 年实现溢价 1939.2 万元；莆田项目，该中心克服时间紧、标的无现货、处置期货经验少等不利因素，积极开展工作，提升资产经营成果，经与国家拍卖机构多次商讨、严密论证推演，创新进行混合打包拍卖，以差价最高成交方式确定竞拍规则。该项目在底价 268.78 万元的基础上，经过 9 小时激烈竞价，最终以 1508.27 万元成交，溢价 1239.49 万元。实现了效益最大化，为集团公司扭亏增效作出了新贡献。

发挥传统媒体“鞍钢资产转让公告”和“互联网+”现代信息传媒作用，对集团公司纪委收缴的三台进口车辆进行广泛宣传吸引意向购买者，实现溢价 35.3 万元。

2017 年，该中心组织进场交易、公开拍卖（网络竞价）完成项目 310 项，溢价 3349.8 万元。

【围绕中心工作，党建工作取得新成绩】 该中心党支部以夯实支部基础工作为出发点、落脚点，加强党支部的基础工作，在制定下发《鞍钢资产经营中心党支部班子建设制度》《鞍钢资产经营中心党支部“三会一课”制度》《鞍钢资产经营中心党员目标管理考核细则》《鞍钢资产经营中心党支部思想政治工作制度》基础上，完善制定党支部、党员承诺制度和党员目标管理考核办法，进一步夯实中心党的组织体系和制度体系，增强中心党组织的凝聚力和战斗力。在党支部建设中连续两个季度被集团机关党委评为“四型”党支部，中心党支部被评为2016年度集团公司先进党支部。

（白振云）

房产物业管理中心

【概况】 2017年末，房产物业管理中心（以下简称中心）共有在职职工1358人，其中干部247人（高级职称29人，中级职称138人，初级职称58人）。离退休职工4599人。设党委工作部、纪委（监察审计部）、工会、综合管理部、财务部、安全环保部、规划部、物业管理部、供暖管理部、物资保障部、工程管理部、经营管理部、资源治理部13个部室，下设22个基层单位。负责对鞍山市供热集团913.28万平方米各类房屋进行冬季供暖维修服务工作，服务用户约13.5万户，对1071.25万平方米房屋进行管理、维修和收费，服务用户20.36万户。

【生产经营工作】 2017年，该中心广大干部职工通过共同努力，实现房费收入4302.98万元、网点租金收入2717万元，清理历年陈欠1086.16万元，其中采暖费651.16万元、房费435万元。强化工程管理，圆满完成了鞍山钢铁下达的大修工程2590万元、厂内工程880万元、班组建设项目158万元工程任务，实现工程创效50.26万元。全面完成鞍山钢铁生产经营分析考核指标。

【企业管理工作】 开展商业网点基础数据普查工作，开发商业网点信息管理系统，为精细化管理提供保障。进一步优化了物业OA信息系统，增加收缴历年欠费功能，提高了办公及业务办理的准确性和时效性。强化纪律考核，两级机关安装考勤机29台。加强费用管理，严格压缩控制招待费、差旅费、会议费、印刷费等各项费用支出，使可控费用降至最低，实现费用节约160余万元。严格落实安全生产责任，贯彻“0123”安全管理模式，推进开展标准化班组建设，与各基层单位签订《安全生产责任状》。深入开展隐患排查治理工作，排查整改各类生产事故隐患80余项，实现了安全生产事故为零的工作目标。

【服务工作】 强化服务过程控制，规范服务行为。根据服务补充协议内容，完善接待服务流程，加入鞍山市供热集团客服中心工作微信群，及时处理维修服务报修和民心网投诉工作。通过对投诉报修系统进行科学管理，统计报修信息、民心网投诉信息，组织相关人员对用户进行电话回访和入户抽检，结果录入系统中，实现了报修闭环管理。公司全年共收到锦旗7面、感谢信14封，用户满意率达到98%以上。围绕物业公司服务工作特点开展优质服务活动，成立维修奉献服务小分队清理卫生死角、修复小区路面530平方米，设置分类垃圾点196处，维修更换井具6000余套，为鞍山市创建全国文明城市作出了积极贡献。

【和谐企业建设】 针对2017年生产经营和改革发展面临的新挑战、新机遇，开展形势任务教育。以干部会、生产调度会、每日班前班后会等为主要形式，以报纸、微信、OA网站等为主要平台，及时将工作任务、主要目标、重点举措宣传到基层、班组、岗位，引导广大干部职工解放思想，积极面对新形势、新任务，并组织110余名中层干部和班组长参加集团公司管理能力提升的培训。推进厂务公开，继续强化厂务公开信息，将职工关心的考核、分配等内容公之于众，接受职工监督。

【维护职工利益】 围绕集团公司开展的“践行共享理念、关爱一线员工”专项服务行动，投入158万元资金，改善职工工作环境和生活福利设施。相继对职工休息室、小食堂、浴池、卫生间等12处环境设施进行整理修缮。为职工更新换发了劳动保护用品，提高了职工群众的满意度。开展了送清凉活动，为基层单位发放电风扇170台、汽水400箱，并配备了防暑药箱。关心职工生活，克服各种困难，加大对各类困难职工的救助力度。落实“一帮一”“群帮一”措施，中心领导班子成员与28名职工结对子，基层单位领导与困难职工结成帮扶对子56对。救助困难职工703人次，发放救济金23.32万元；送达慰问品139人次；为31名职工子女发放了“金秋助学金”1.55万元；组织职工开展了登山、棋类、羽毛球等喜闻乐见的文体活动。

（李海鹰）

房地产经营中心

【概况】 2017年末，房地产经营中心有职工15人（全部为在岗职工），其中高级职称6人，中级职称9人。中心内设机构有经营部、房改售房部、住房补贴业务部和集团公司计财部驻在组。拥有固定资产原值444.53万元，净值137.48万元。

【业务范围】 房地产使用权转让、差价换房，房地产交易政策信息咨询等。此外，该中心根据主管部门安排，还承担着办理集团公司房改售房、集资建房、鞍钢住房货币化补贴审核等项业务。

【主要工作】 1. 公有住房交易工作。全年完成公有住房交易业务518户，建筑面积2.34万平方米，实现公有住房交易收入154.20万元。

2. 公有住房租赁证管理工作。共办理租赁证991户，其中更名办证483户，交易办证464户，互换办证2户，补发办证30户，换发办证5户，遗留问题办证4户，合户办证3户；完成动迁区域11栋房屋租赁情况统计及汇总工作；修改完善租赁证信息239户；配合房改划价查询更名信息135户；接待法院和律师事务所调查住房更名情况8人次，协助有关单位查阅个人住房情况1人次。

3. 房改售房工作。完成房改售房业务1125户，建筑面积5.53万平方米，实现房改售房收入1791.13万元。其中办理现住房出售（含部分产权补购全部产权）1120户，建筑面积5.5万平方米，实现房改售房收入1757.45万元；办理集资房出售手续5户，建筑面积0.03万平方米，实现房改售房收入33.68万元。完成产权证办证审核1128户。

4. 住房货币化补贴工作。根据公司要求，完善了《鞍钢职工家庭住房信息管理系统》，进行住房补贴有关政策咨询和解答，配合自动化公司和各单位处理遗留问题和完成2015~2016年度家住农村退休职工住房核实和认定工作。

5. 房屋租赁工作。最大限度地盘活中心权属办公楼房屋资产，依据与鞍钢集团资本控股有限公司签订的房屋租赁合同，年实现租金收入241.28万元。

6. 认真开展好党群工作。按照机关党委要求，通过开展“两学一做”学习教育等活动，服务意识进一步增强，工作作风进一步改进，工作质量进一步提高。积极参加机关工会组织的乒乓球、“踏青”登山比赛和活动等，增强了职工集体荣誉感。

（孙琳琳）

人力资源服务中心　托管中心

【概况】 人力资源服务中心　托管中心（以下简称中心）是鞍山钢铁集团公司直属单位，2017年末，管理托管人员40525人，其中：委托管理33692人、拨款管理2035人、直接管理4798人。人员类别：居家、工伤长病、离休、退休、遗属、退养、五七工、六十年代精简。中心下设综合管理部、业务运行部和人力资源服务部，现有管理人员19人。

【推进管理升级，管理效能得到突显】 一是不断优化制度体系。按照“体系框架简化瘦身、制度内容务实管用、制度结构规范高效、专业职能监督到位”优化制度体系的要求，新建管理制度6项，承接公司制度12项，新建工作流程2项，形成了由36项核心制度组成的较为完善的制度体系。抓制度执行和落实，规范了遗属认证和待遇发放，停发遗属待遇39人次，管控手段更加完善。完善了绩效考核办法，全年因工作效率不高、执行力不强考核管理人员7人次。二是优化人力资源。中心采取“师带徒”、跨部门兼职、整合工作职责等措施，选拔任用年轻干部3人，优化比例达41%，工作效率大幅提升。三是全面完成费用指标。2017年，中心层层落实责任，深挖各种潜力，细化费用管控措施，大力压缩费用开支，实际完成356.5万元，节约费用5.5万元，完成了公司下达的降本增效任务。四是加强机关团队业务素质培训。2017年，共有61人次参加集团公司的39个项目的培训。同时，中心举办干部大会15次，由党校老师及中心领导为全体管理人员作关于职场减压、执岗能力、党史、学习党的十九大、形势任务教育等方面的10个专题讲座，提升了工作本领，激发了工作动力，提高了服务的质量和效率。五是加强资产管理。对房屋资产情况进行自检自查，移交了3个活动站及2块土地的资产管理权，报废处理4项固定资产，对中心固定资产进行盘点；加强资产看守岗位日常检查和管理工作，督促看守人员履行好职责，杜绝火灾、失窃事件的发生，保证实物资产的安全。六是加强安全管理。在抓好安全教育同时消除各类安全隐患，定期对管理区域进行隐患排查，注意防火、用电安全，及上下班外出时的交通安全，避免出现任何伤害事故，实现了安全、消防等各类事故为零的目标。

【牢记服务宗旨，优质高效完成服务保障工作】 一是按时、准确完成调待任务。2017年调整了退休人员基本养老金4300人、83号文新中国成立前参军人员生活补助金19人、参战参试人员生活补助金28人、退休军转干部生活补助金164人、居家职工待遇及军转干部生活补助金195人次、离/退休/在职遗属生活救济费279人、为7名企业退休教师补发了2016年工资待遇差等；解决22名退休人员纠偏和折算问题；为托管系统38名列编外人员办理了居家审批手续，中心本部接收6名附企无主办单位的居家人员。二是努力为托管人员办实事送温暖。根据公司要求，对各类困难人员进行普查，摸清致困原因，建立档案，纳入公司工会帮扶管理系统。全年共走访救济各类人员1306人次，发放救济费414300元，慰问品49000元，重阳节为托管人员发放各种副食品453000元；对11名患尿毒症透析、肾移植人员给予了定期救济；为77名享受劳人险〔1983〕3号文待遇人员发放了一次性慰问金38500元；为617名荣复转退军人发放了“八一”建军节慰问品；帮助病故离、退休人员家庭处理丧事175人次。组织230名离退休职工千疗疗养、130名居家及编外职工健康体检。三是开展推进优质服务、争做星级服务标兵活动。按照“服务本领好、服务质量好、工作业绩好、思想品德好、组织纪律好”五好标准，每季度评选星级服务标兵，给予奖励，调动了全体党员干部的积极性，促进服务效能和服务质量的不断提升。四是服务于托管系统的效能不断提升。按时完成托管费用的预算申报、审核、审批、拨付和使用，保证费用及时落实到位并下拨到各托管办；全年托管系统费用预算25950万元，实际完成23535万元，费用指标得到了有效管控；建立托管系统季度例会制度，总结推广经验，协调解决问题，进行政策解读，提出工作要求，提升了系统的运转效率。中心主办的托管系统管理人员“健康行”登山活动、第八届“托管杯”乒乓球比赛，受到广大托管人员和管理人员的欢迎。同时，各托管办也结合各自实际，组织托管人员、管理人员参加公司老干办、居退管办举办的乒乓球、象棋、门球等活动及健康疗养、健康体检，极大地丰富了广大托管人员和管理人员的文化生活，提升了队伍士气。2017年度，表彰托管系统先进个人83人。

【健全维稳长效机制，托管队伍持续稳定】 一是完善信访维稳工作机制。中心党委高度重视信访维稳工作，建立了包掌握情况、包思想转化、包解决化解、包息诉息访的领导包案机制及三级联包机制，做到层层落实，齐抓共管，最大限度地解决信访人的合理诉求和实际困难。二是耐心细致做好信访接待工作。全年召开信访维稳专题工作会议6次，接待个人访200多人次，到公司及上级部门接访25次，对因房补问题而闹访民已故离退休人员家属，因工龄、职称、工资待遇、工伤、遗属办理等问题而缠访的离退休人员及家属，因法院错判而缠访的退休人员等来访者，热情接待，在耐心细致地做好思想工作的同时，高度关注他们的动态，及时与有关部门沟通信息，预防越级上访和过激事件的发生。在全国“两会”、北京“一带一路”国际合作高峰论坛及党的十九大召开等特殊时段、敏感时期，中心先后共三次派人进京赴省参与信访接待、现场处置和劝返等工作。确保在重点时段、敏感时期中心没有重大群体性事件和极端事件的发生。三是努力化解历史积案。中心党委认真落实公司部署，梳理信访积案及重点人，制定一对一的化解措施和包保责任制，按照“关注需要、适应心理、了解差异、拉近感情”16字方针，有针对性开展工作，以制度法规为依据，以个案措施有效与事要解决相统一为原则，采取得当的办法，解决他们的实际问题和困难。诉求合理或者贴边儿的想尽办法解决，确实困难的给予帮扶，特别是对一些工龄折算、纠偏等历史遗留而且政策层面不够清晰的问题，积极与省市和鞍钢主管部门沟通协调，取得政策支持和最大限度的帮助，保障弱势群体的合法权益。针对群体访的居家重点人、93退休重点人及被列入市上访重点人实行一案一策、点对点的化解措施，目前已息访。经过努力，历史积案基本得到化解或在可控范围。四是实现了党的十九大期间“四个确保”工作目标。党的十九大是在全面建成小康社会决胜阶段、中国特色社会主义发展关键时期召开的一次十分重要的大会，做好维稳工作是中心党委义不容辞的政治责任。为此，在党的十九大期间，中心党委坚持“大事不出、小事也不出、有事及时处置”的工作原则，举全中心之力做好维稳工作。召开信访维稳工作专题会议3次，直接接待上访群体2批次，到家中劝访稳控20人次，接待个人访12人次。选派经验丰富的工作人员赴京参与信访接待、现场处置和劝返工作，组织人员到西客站、火车站等地控访，确保实现了排查准确率100%、信息预警率100%、稳控率100%和集体、个人去省进京上访为零的工作目标，为鞍钢实现十九大期间进京上访为零的工作目标作出了积极的贡献。2017年8月9日，托管中心在集团维稳工作会议上做了经验介绍，连续多年被评为集团维稳工作先进单位。

【关心职工生活，企业凝聚力、向心力不断增强】 一是开展了“践行共享理念、关爱一线员工”专项服务活动，确立的4个项目全部得到落实；二是围绕服务管理、维稳及环境卫生建设等开展劳动竞赛活动，调动了全员职工的积极性；三是为在岗及在职人员调整了津补贴；四是完成公司下达的绩效考核指标，职工收入不断提高。

（尚　峰）

攀钢集团有限公司

·概　　述·

【生产经营】 2017年，攀钢集团有限公司（简称攀钢）围绕“扭亏为盈和新攀钢建设”两大核心任务，抓住有利时机，采取贴近市场、积极销售的营销策略，深入细致做好供产运销衔接工作，钛白粉、重轨、汽车用钢等重点效益产品产销规模创历史最好水平，实现扭亏为盈。

2017年，攀钢实现工业总产值550.68亿元，同比增加28.31%；实现营业收入663.21亿元，同比增加33.42%；盈利5.71亿元。

铁、钢、钢材分别完成980.67万吨、924.22万吨、833.32万吨，铁、钢、钢材产量同比减少0.09%、0.27%、0.65%；铁精矿完成1136.87万吨，同比增加3.06%，钛精矿完成88.69万吨，同比增加44.20%；钒渣完成43.08万吨，同比减少2.96%；高钛渣、钛白粉、海绵钛、钛材分别完成16.04万吨、19.99万吨、1.59万吨、0.3万吨，同比分别增加20.33%、65.62%、11.41%、14.63%。钢铁重点产品重轨、汽车用钢、攀长特自炼钢材分别完成135.02万吨、145万吨、17.2万吨，同比分别增加5.36%、2.84%、29.09%。

钢材综合产销率为98.34%，同比下降0.71个百分点。热轧板卷、冷轧板卷、轨梁材实物产销率分别完成100.72%、100.61%、99.29%；钒铁、钒氮合金、高钛渣、钛白粉产销率分别完成99.47%、101.64%、97.79%、94.07%。

实现出口销售收入2.55亿美元，同比减少2.42%，其中钢材出口5.71万吨，同比减少75.16%，钒钛产品出口4.9万吨，同比增加25.48%。

【战略与规划】 按照鞍钢集团公司“631”产业发展战略，结合新攀钢建设，编制完成《攀钢发展规划（2018~2020）》，按规定履行了攀钢审批程序并行文上报鞍钢集团，已下发执行。规划对《2017年攀钢生产经营白皮书》的制定发挥了引领作用。

在战略规划指引下，积极开展对外战略合作。建立了一系列战略合作平台，签订了相关战略合作协议，主要包括：工业互联网平台（找钢网）、战略投资平台（攀枝花国投）、供应链合作平台（钢城集团、重庆川仪、中唐空铁）。

加强战略研究管理，成立攀钢发展研究委员会，产业发展部为办公室单位；设立攀钢发展研究中心和攀钢研究院信息所“一个机构两块牌子”。启动了“积微智慧产业园发展模式研究”等5个课题研究任务。

“去产能”“处僵治困”工作完成预期目标。按照2016年初国务院正式下发《关于钢铁行业化解过剩产能实现脱困发展的意见》（国发〔2016〕6号）及有关文件要求，制定攀钢去产能目标计划；开展了攀长特去产能工作复查以及攀成钢去产能内部验收和配合国资委验收工作，攀成钢70吨/年电炉去产能工作通过了国资委验收。与相关子企业签订攀钢特困企业治理目标责任书，每月监控特困企业治理进展情况，按季度上报困难企业治理监测表。及时组织协调解决困难企业治理过程中的相关问题，如攀成钢金堂分公司和温江疗养院注销等问题，确保公司完成了2017年特困企业阶段性治理任务。16户国资委核定的鞍钢集团监督治理的僵尸特困企业中，移交地方国资委1户、注销退出3户、扭亏为盈8户、大幅度减亏3户；17户攀钢自行组织治理的特困企业中，注销退出7户，破产清算1户，股权转让退出1户，扭亏为盈4户，大幅度减亏2户。

【投资管理】 1.鞍钢集团批准攀钢2017年度调整投资计划为19.29亿元，其中：固定资产投资18.81亿元、股权投资4785万元。全年完成投资18.93亿元，其中：股权投资3053万元、固定资产投资11.10亿元、历史工程欠款支付7.53亿元，计划完成率98.15%。

2.牢固树立“环保达标就是企业生命线，环保能力就是企业竞争力，环保投入就是发展投入”理念，2017年攀钢安排节能环保投资3.95亿元，完成环保隐患排查整治，顺利通过中央及省市环保专项督察。

3.加强投资风险控制。加强投资项目前期工作论证，对所有投资项目均制定了《目标任务书》；项目可研报告、初步设计均由攀钢组织审查，并按照公司核心业务权限履行相应立项审批程序。每个投资项目均编制《专项风险与合规评估报告》，特别对2017年实施重大投资项目如攀钢高炉渣提钛产业化示范项目进行了《专项风险与合规评估报告》综合性审查。重点项目编制工程建设网络，并严格按建设网络进行检查。加强投资管理，在项目实施阶段广泛采取招投标采购模式，降低投资成本，加强项目建设进度管理和质量管理。认真研究国家、省市政府相关政策及专项资金支持方向，积极申报，2017 年累计获得政府资金支持 6437 万元。获得政府资金支付的项目主要有：攀钢高炉渣提钛产业化示范项目、攀钢集团钒钛资源股份有限公司钒氮合金生产线扩能改造工程、股份公司 1.5 吨/年氯化法钛白氧化试验装置工程等。

4. 按计划推进项目后评价，2017 年公司后评价工作基本按计划完成。对“攀长特连轧厂棒材精整线改造工程”和“钛冶炼厂铁水循环利用工程”两个评价为部分成功的项目进行了考核，并在全公司范围内进行通报。

5. 探索创新投资管理模式，将公司利益与项目单位相关人员利益进行有机结合，实现项目管理的全周期一贯制管理，全面完成投资预期目标，起草了《投资项目联合跟投管理办法（暂行）》，通过管理模式创新，实现从项目规划建设，到达产达效全生命周期的责任跟踪管理，该办法已经公司党委常委会、总经理办公会审议通过。

6. 重点项目前期工作稳步推进，启动红格南矿区开发项目前期工作，会同矿业公司制定了《红格南矿区开发项目关键节点指导书》《红格南矿区开发建设工作方案》，红格南矿区调规和争取矿权工作正在按计划推进。启动 6 万吨/年熔盐氯化法钛白项目前期工作，正在完善项目可研报告，进一步落实氯气供应等外部条件。

【工程管理】 1. 2017 年工程项目整体按计划稳步推进，按计划开工项目 36 项，已建成项目 21 项。其中：攀钢产品结构优化调整改造工程、西昌钢钒热轧新增 E1R1 粗轧机及定宽压力机项目、攀钢钒冷轧厂 3 号镀锌线技术改造工程、钒业公司钒氮合金扩能改造工程（两座推板窑）建成投产。攀钢钒炼铁厂新增事故应急贮槽项目、攀钢钒炼钢厂 2 号转炉一次除尘改造项目、攀钢钒炼铁厂 3、4 号焦炉装煤除尘改造工程、矿业公司石灰石矿破碎除尘改造工程、选钛厂粗粒干燥生产线异味深度治理项目等 65 个环保治理项目按期投产。攀钢高炉渣提钛产业化示范线、8 万立方米转炉煤气柜、攀长特新建 45 兆牛挤压生产线、股份公司钛冶炼厂钛渣电炉煤气回收利用、积微物联公司昆明达海物流园、矿业公司矿山项目等工程按计划稳步推进。

2. 解决历史项目问题。2017 年 2 月份对 2008 以来的工程项目进行了彻底的清理，共有 241 项未完成封闭，涉及未结算合同 798 个、未决算项目 88 个。2017 年 3 月发布《关于下达 2008 年—2017 年 2 月已完工历史项目结、决算计划的通知》，专项推进历史项目问题的解决。全年共办理合同结算 774 个，项目决算 72 个。同时，采取措施有效控制了 90 项有欠款项目的法律风险。针对项目存在的纠纷，重点对西昌钒钛资源综合利用项目结算进行多次协调，对合同优化条款的执行进行了专题协调，加快了项目总体结决算工作进度。

3. 平衡资金支付计划，有效化解法律风险。严格按照公司资金支付流程和原则办理资金支付计划相关事宜，完成每月资金支付计划平衡与下达。全年实际资金支付 18.93 亿元。对当年投资计划内项目依据工程进度和现金流进行统一平衡，确保投资计划与资金支付同步。

结合实际制定《攀钢集团投资项目 2017 年度应急支付内控管理要点》，按照风险高低，适当安排历史欠款资金应急支付，全年应急资金支付历史欠款 7.53 亿元，有效化解了法律风险。同时与债权方积极协商打折支付方式，共节省投资约 1500 万元左右。

【信息化管理】 1. 推进两化融合工作。2017 年 9 月《攀钢集团两化融合总体规划报告（2018～2020）》完成编制和发布，12 月多次修编完成 2018 年两化融合固定资产投资项目计划并上报鞍钢集团。截至 2017 年底，钛冶炼厂 MES 项目、攀钢钒远程计量集中值守项目、攀长特锻轧 MES 项目及西昌钢钒质量管理系统已下达投资计划和实施计划。

2. 积极配合鞍钢集团推广覆盖人力资源系统、实物资产、土地和矿业权信息管理系统、项目投资管理系统、网络问企系统，协助鞍钢集团推进客商信息共享平台、法律事务管理系统、专家管理系统、审计系统等项目建设，组织编制、审查鞍钢集团与攀钢关联系统的接口方案并组织实施。

3. 以信息化促进管理优化和转型升级。2017 年 6 月根据《攀钢集团有限公司信息化管理办法》

发布《攀钢集团有限公司信息化管理工作手册》；组织开展采购系统及相关系统配套改造、销售系统钒钛产品相关功能改造、成都医院信息系统升级改造、攀钢钒产销系统及财务系统改造项目，加强集团管控，支撑业务变革和优化整合；积微物联以长虹为试点，实现销售、仓储、加工、物流配送、金融服务的全产业链一体化集成，建成云采和循环平台，探索数码仓建设，不断完善积微CⅢ产业生态圈。

4. 持续加固网络信息安全防线。积极配合攀枝花市国家安全局、市公安局和鞍钢集团开展各项信息安全工作；有效开展勒索病毒防范和应急处理工作，未出现感染事件；6月积极配合鞍钢集团圆满完成网络和信息系统安全活动周有关工作；完善攀钢集团网络安全与信息化组织架构，落实各单位网络安全和信息化管理组织机构和人员，建立网络安全联络机制；信息化调研及网络安全检查工作全覆盖，针对各单位信息安全的薄弱环节提出了具体改进意见，不断加固信息安全防线；2017年11月2~3日，在积微物联协助下，在攀成钢学术报告厅举办网络安全和信息化专题培训班，组织参观考察西门子成都数字化工厂和达海产业园，加深学员对两化融合和智能制造的认识，进一步增强学员的网络信息安全意识、提高防范技能。

【供销管理】 与鞍山钢铁、鞍钢矿业集团进行管理对标，对攀钢与子分公司两级供销管理制度进行完善，采购方面重点对采购责任主体、质量管控标准、验收方式及程序、定额确定办法等进行了进一步的明确，销售方面主要对先货后款、价格追溯、抵款管理等审批流程及权限进行了调整和完善，通过制度优化加快了市场响应速度。推进实施钒钛营销机构的整合，将钛业贸易业务及机构整合到钒贸公司，实现钒钛贸易营销一体化平台。整合采购业务，提高采购集中度，贯彻集中采购思想，主体单位采购业务调整到物贸公司，采购集中度达到93%。根据客商共享系统项目进度情况，配合鞍钢集团招标有限公司完成客商共享系统业务配合和系统接口方案审核。深入开展采购成本对标工作，坚决执行控（降）价策略，保持采购成本优势。

【设备资产管理】 强化设备基础管理，设备事故次数同比下降。针对设备备件的专项管理、基础管理与再生修复等持续完善组织管理体系和制度体系，持续开展人员培训，截至2017年底已实施9批540名专职点检员和6批180名设备基层管理人员培训，同时已全部完成两期共60名工程和设备高层管理人员培训；开展“治理设备漏油、实现清洁生产”专项攻关竞赛活动，共清理治理项目1234项，已完成1124余项整治。2017年各主要单位设备事故同比下降17次，降幅24.56%。

充分盘活低效无效资产，加快推进闲置资产处置工作，有效缓解公司资金压力。2017年公司低效无效资产累计处置收入1.8亿元（不含土地），房屋出售及租金收入0.2亿元，设备处置累计收入1.3亿元，其他资产处置累计收入0.3亿元。

【科研管理】 深化科研设计机构体制改革，公司制、项目合同制、科技创效分享机制、科技成果转化基金等“三制一金”改革初见成效。研究院制订了《钒钛院科技成果转化基金实施细则》。举办了科技管理制度培训，组织全公司相关管理人员对修订完善后的科技管理制度进行了系统培训。

2017年研究院各单位科研收入1.42亿元（不含税收入），政府项目经费1112万元。科研支出累计1.27亿万元。

2017年达成了4个联合实验室共建合作协议：与四川大学共建钒电池关键材料联合实验室，与清华大学苏州汽车研究院共建汽车金属材料联合实验室，与哈尔滨工业大学共建航空航天金属材料联合实验室，与西南交通大学-中国铁道科学研究院共建轨道交通金属材料联合实验室。公司与东北大学、上海大学、钢研总院等9家单位签订科技外协合同16项，合同总额1996.5万元。合作领域涉及特钢产品开发、汽车板应用、选矿技术、提钛尾渣资源化利用等公司亟待解决的技术难题。

【知识产权和科技成果】 知识产权：申请专利821项，其中发明专利631项，实用新型专利190项，国际专利7项。获得授权专利466项，其中授权发明专利341项，授权实用新型专利125项，国际专利11项。累计有效专利3020项，其中发明专利1948项，国际专利78项。依托攀钢“一号工程”——高炉渣提钛产业化项目，完成《炉渣提钛技术全球专利分析报告》及《商业秘密保护分析报告》。完成了研究院、攀钢钒等单位申报的

33 项专有技术专家评审工作，其中 20 项通过公司认定，为保护公司高炉渣提钛、钢轨、钒、钛等领域核心技术起到了积极推动作用。

科技成果：取得省级及行业协会鉴定（评价）科技成果 48 项，其中“基于高炉-转炉的高铬型钒钛磁铁矿冶金分离技术研究”项目通过中钢协组织的技术成果鉴定（评价），为公司将来争取红格南矿区矿权提供支撑。获四川省科技进步奖 16 项（其中一等奖 1 项、二等奖 4 项）。

【安全环保】 2017 年攀钢总计发生 8 起职工伤害事故，共造成 6 人轻伤，两人重伤，首次实现了职工工亡为零的指标。攀钢吨钢综合能耗 624.89 千克标煤，同比下降 0.92%；吨钢耗新水 3.97 吨，同比下降 2.22%；SO_2 排放量 7866 吨，同比下降 2.4%；COD 排放量 185 吨，同比下降 11.1%。

安全管理工作中，高度重视全国安全生产电视电话会议精神的贯彻落实。精心策划组织实施了为期四个月的安全生产大检查工作，各单位共计发现隐患 1968 项，截至 11 月底，已整改 1849 项，每月定期同步跟踪检查各单位实施情况，督促整改落实。根据四川省、攀枝花市关于实施《国务院关于安全生产领域改革实施意见》的具体办法，下发《实施意见》进行宣贯学习，督促各单位深入研究省市相关安全生产改革工作举措，及时制定承接措施并融入具体管理，满足法律法规要求。强化安全督查，严格事故及检查考核和责任追究，14 起事故共计经济考核 140 万元，对 18 名处级干部和 10 名科级干部进行了责任追究；加强日常监管，对检查发现的 45 项问题共计考核 11.2 万元。严格按要求足额提取及使用安全生产费。安环办于 12 月对各单位安全生产费用管理情况进行了检查，各单位均足额提取安全生产费用，2017 年共提取安全生产费 3.24 亿元，实际支出 2.94 亿元。加强消防安全管理，严格危险化学品安全管控，强化道路交通安全管理。

加强环保管理。2017 年，攀钢认真贯彻落实环保“党政同责，一岗双责、失职追责”，以中央、省市环保督察为契机，建立完善环保工作机制，全面开展环保问题排查及污染整治，各区域环境质量得到较大改善，并顺利通过了中央环保督察。成立以党委书记、董事长段向东为主任的安全环保委员会，各主要单位均建立完善了本单位环保委员会。逐级成立环保督导办公室，实行 24 小时值班。省市环保督察共提出环保整改问题 58 个，涉及整改项目 81 项，攀钢及各责任单位逐级建立项目整改责任清单，做到一项目一档案，逐项对措施、整改时限、责任单位及责任人落实，实行销号清单管理，重点项目实施挂图作战，截至 2017 年底已完成整改 72 项，整改实施中 7 项，另 2 项计划 2018 年开工及完成，要求 2017 年限期完成的项目已全部完成。攀钢 30 个中央举报案件中涉及 67 项整改问题，截至 2017 年底已完成整改 61 项，余 6 项正在实施整改。

【财务管理】 严格预算管理。强化预算导向，制定供销价格差增利、规模增利、优化经济指标、优化品种结构、优化人力资源、政策创效等八个方面降本增效措施，分解落实，完成增利 54 亿元。推动“以月保季，以季度保年度，以年度保战略”的滚动预算体系执行。

定期落实预算执行情况，强化预算分析与考核。

系统量化降本管理。通过科技攻关，不断优化工艺水平和技术经济指标，降低单位产品成本；针对重点环节，开展专项对标工作，与鞍钢股份持续开展配煤结构对标、攀钢钒与西钢钒重点工序对标、钒产品与承德、建龙对标等，深入剖析存在的问题，提出改进建议，指导生产经营；通过公司每月定期召开供产运销与系统量化降本专题会通报执行结果，研究、解决执行中存在的问题，提出改进措施；2017 年，公司在连续多年可比成本降低率达到 5%左右的高水平和环保大幅增加成本的情况下，实现了 5.79 亿元系统量化降本增利。

强化资金管控，防范资金风险。加强银企沟通，力保存量融资，全年办理存量融资续做业务共计 395 亿元；达成西昌项目银团贷款展期，有效缓解 2017~2018 年偿债压力；通过融资租赁取得增量融资 14.7 亿元；开展以攀钢钒为发债主体，在证券市场公开发行 20 亿元公司债券项目（小公募），2017 年 12 月通过上交所预审。

强化存货管控，提高存货周转速度。严格按照鞍钢财发〔2017〕70 号要求，制定 2017 年存货控制目标 75.99 亿元的分解方案，全环节、全流程控制，确保存货周转率 7.74 次控制目标。

加强债权债务管理，降低内外部资金占用。

从严下达外部债权考核指标，按月分析考核，有效控制外部债权占用资金；积极办理抵账降低债务风险，全年共办理抵账345笔，抵账金额42.78亿元；加强内欠管理及考核，降低内部资金占用，将内欠清理纳入单位季度考核体系，加速内部资金周转。

全面清理银行账户，提高资金集中度，杜绝资金浪费。对无用银行账户进行全面清理，拟定撤销90个账户的年度目标，2017年实际撤销账户95个，完成率106%；对有接口可做而未做资金挂接及新开户中可做挂接的银行账户，限期要求及时办理资金挂接，杜绝资金闲置和浪费；遵照公司核心业务权限规定，严格账户开立。

【产融创新】 合作设立基金，扩大资金来源。合作设立攀枝花钒钛产业基金，基金由攀枝花市政府主导设立，攀枝花市国有投资（集团）有限公司、基金管理人和攀钢三方作为出资人，首期规模8.1亿元，主要投向攀枝花市的钒钛重点项目；合作设立攀西战略资源开发投资基金，由优先级资金、四川产业振兴发展投资基金有限公司和攀钢三方共同投资产业基金，总规模100亿元，首期拟募资25亿元，攀钢和川振兴作为劣后级出资5亿元（攀钢出资3亿元），优先级出资20亿元，基金投向攀钢钒钛产业开发项目。

推动利用债转股基金，降负债率、降杠杆、调结构、降成本。2017年7月，利用兴业银行债转股第一期资金50亿元，通过类永续债方式置换鞍钢借款30亿元和鞍财本部自营借款20亿元，降低攀钢合并资产负债率5.1个百分点；2017年12月，向鞍山钢铁发行类永续债25亿元（盛京银行），降低攀钢合并资产负债率2.4个百分点。通过两次债转股，攀钢合并资产负债率由年初91.84%降低至84.27%，共计降低7.5个百分点。同时，已将先期50亿元债转股利好纵向延伸传递，分别置换攀长特和西昌钢钒的内部委贷26亿元和24亿元，使攀长特资产负债率由置换前126%降低至54%，年化财务费用减少2.77亿元；西昌钢钒资产负债率由置换前84%降低至77%，年化财务费用减少1.37亿元。

积极推动产融结合，打造全生态链产融公司。根据鞍钢集团公司《关于进一步推进鞍钢集团金融产业发展的意见》，实现“以融促产”和“产融深度结合”，结合自身实际，攀钢党委会已研究同意金融改革新思路。即围绕攀钢自身产业资源、构建金融服务平台，运用金融工具方法、实现产融充分结合，助力攀钢战略发展、创造新增盈利空间。按照组建方案，将天府惠融调整为攀钢一级子公司，力争打造冶金行业第一流、全生态链产融公司。增加天府惠融基金管理人资质，整合相关金融类股权至天府惠融，攀钢和昆明物业所持733万股交行股票已完成过户。自运营以来，天府惠融通过凡太聚宝平台、保理、融资租赁等业务，为280家供应商和攀钢内部成员单位提供金融支持共计13.96亿元（截至2017年末，互金业务6.78亿元、保理业务2.18亿元、融资租赁业务5亿元）。

推进积微物联上市等IPO项目，助力产业转型升级。初步拟定积微物联、攀钢钒钢轨业务和攀长特特钢业务3项IPO项目。按要求对拟上市资产范围、商业模式及盈利能力进行可研，形成初步方案；对关联交易、同业竞争等问题进行梳理；探索核心员工持股和混改引入战略投资者。

【会计管理】 完成2016年度财务决算工作。2016年财务决算工作面对攀钢深入推进转型升级结构调整、僵尸特困企业治理、攀钢钒钛重大资产重组、审计署专项审计、重点企业人员分流安置等重大事项。财务人员同心协力、互相理解、互相支持，在预定时间内全面完成了公司2016年度财务决算工作。

推动各项会计工作检查。2017年3~5月，攀钢财务部成立两个会计基础工作检查小组，对子分公司会计基础工作进行了抽查。根据检查情况，相关部门召开专题讨论会，对各单位费用报销、薪酬管理及资产管理等执行过程中出现的偏差，进行专题研究，提出了明确的规范意见，经公司批准执行。同年11月，攀钢财务部对公司会计基础工作整改情况进行了复查，确保整改落实到位。通过鞍钢内部、财政部、审计署、国资委等系列检查，单位负责人、财务负责人对会计基础工作的重要性，会计工作的法律意识有所提高，财务预警、风险防范能力有所增强。

【人力资源管理】 截至2017年12月底，攀钢（含下属单位控股公司）在册职工48836人，其中在岗职工43445人（包括退二线1053人、短期息岗107人）。在册职工同比减少5407人，在岗职工同比减少2905人。

推进人力资源优化，劳动生产率进一步提升。完成汽运公司、生活公司、鸿舰公司、冶材公司等单位人力资源优化改革，共办理协商一致解除劳动合同1015人、内部退养142人。截至2017年12月底，钢铁主业在岗职工人数14922人，其中攀钢钒11109人、西昌钢钒3813人，钢铁主业劳动生产率604.35吨/(人·年)，同比增加40.95吨/(人·年)。

加强劳务用工管理，劳务费用持续降低。按照鞍钢集团2017年劳务费降低指标要求，提出了2017年指标内劳务费在2016年实际发生基础上降低10%以上的工作目标。2017年攀钢“指标劳务”劳务用工人数5793人，其中劳务派遣2011人，共发生劳务费2.21亿元。与2016年实际发生额相比，降低2101.23万元，降低比例8.7%，劳务用工人数增加309人。

加强培训工作。全年开展安全教育50000余人次，组织特种作业（特种设备作业）人员培训8407人次，经考试合格办理特种作业（特种设备作业）人员证书7944个。全年参加职业技能鉴定考试报名3360人，共完成53个工种2370人的职业技能鉴定工作。开展各级技能大师工作室的申报及综合评审工作。向四川省国资委和鞍钢集团推荐申报了20人（次）的各级工匠候选人。举办了多种职业技能培训和比赛。

完善专业技术职务管理，修订完成《攀钢集团有限公司专业技术职务任职资格管理办法》《攀钢集团有限公司人才工作管理办法》。2017年新增专业技术职务228名，其中委托四川省评审通过正高级8名、副高级35名；攀钢评审通过高级76名、中级154名；审核确认参加国家统一考试获得技术、职业（执业）资格131名。

加强人才引进管理，2017年引进高校毕业生86人，其中博士研究生2人、硕士研究生25人、本科毕业生32人、专科毕业生27人；引进高端紧缺人才2人。

【机构改革】 2017年11月17日，攀钢下发《关于印发〈攀钢集团有限公司总部职能机构调整改革方案〉的通知》（攀钢管理创新〔2017〕135号），对公司总部进行职能机构调整改革，总部部门由原16个优化调整至13个（内设处级机构共41个），定员219人（不含集团公司领导）。主要调整变化为：撤销规划发展部（钒钛产业办）、经济运行部、技改与设备部，新组建产业发展部、运营改善部2个部门；产融办公室、武装保卫部调整为分别与财务部、安全环保部合署；科技管理部更名为技术发展部（军工办）。部门及主要职责如下。

1. 办公室（党办、董办）：主要职责为行政管理，调研管理，机要管理，保密管理和信调民政管理。

2. 产业发展部：主要职责为战略规划，固定资产投资，矿产资源管理，产业重组，合资合作、控参股企业股权管理和运营监控，资本运营项目，土地管理，工程管理，信息化管理。

3. 运营改善部：主要职责为运营管理，能源动力管理，计划统计管理，期货交易管理，设备资产管理。

4. 技术发展部（军工办）：主要职责为钢铁技术管理，钒钛技术管理，科技综合管理。

5. 安全环保部（武装保卫部）：主要职责为安全管理，环保管理，武保管理。

6. 财务部（产融创新部）：主要职责为预算管理，产融管理，产权管理，税务管理，会计管理。

7. 人力资源部（党委组织部）：主要职责为党建工作，领导人员管理，劳动薪酬管理，员工发展管理。

8. 管理创新部：主要职责为管理创新，风险与绩效管理。

9. 法律事务部：主要职责为诉讼管理，法律保障。

10. 审计部：主要职责为专项业务审计，经营审计，内控和风险评价。

11. 纪委（监察部）：主要职责为监察审理，党风检查，纪委综合管理。

12. 政工部（党委宣传部、统战部、企业文化部、团委、机关党委）：主要职责为宣传与统战工作，机关党委工作，共青团工作。

13. 工会（文联）：主要职责为组织民管工作，生产生活保障工作。

【管理创新】 在基础管理方面大力推进五制配套和精益六西格玛管理，制定《示范作业区和优秀作业长评选标准》《精益六西格玛管理优秀项目和个人评选标准》等相关制度，组织矿业公司等单位到梅钢、马钢交流学习，开展了两期78人次五制配套专题培训，组织30名精益六西格玛黑带讲师培训，组织138人精益六西格玛黑带考前培训，对攀长特、鸿舰公司等单位进行调研辅导，组织开展示范作业区验收评价，通过现场考评，评选出示范作业区7个。

在规章制度管理方面进一步完善授权体系和制度体系。2017年7月、12月两度修订发布《攀钢集团有限公司总部核心业务审批流程》，12月新制定发布了《攀钢集团有限公司核心业务授权体系》，修订发布《党委常委会议事规则》《董事会议事规则》《总经理议事规则》《落实“三重一大”决策制度实施办法》《人才工作管理办法》《供应管理办法》等制度。

在绩效管理方面构建契约化管理体系，完成以“两书三办法”为核心的契约化管理制度体系设计。创新绩效考核模式，按效益指标线将子分公司（单位）分A、B、C三个区域进行考核。按照科研机构公司制运作、科研项目合同制、科研单位参与项目利润分享原则修订研究院的考核办法，突出科技创新、科技创效的考核和激励，建立科研人员参与项目利润分享的激励机制。制定下发《攀钢集团有限公司产业创新创效奖励试行办法》，对产业链金融、产业链贸易、期货套保等新兴产业和业务实施的商业模式创新创效事件或事项进行奖励，调动和激发创业人员在新兴产业商业模式创新创效中的活力和动力。继续试行自主经营管理模式，继续在物联金融、医疗健康、城市服务、工程技术等非钢领域实行“自主经营、独立运行、自我发展”的经营管理模式，将具备自主经营条件的机电学院纳入试行范围。“8+2”自主经营试点单位全年实现利润8456万元，同比增长16.9倍。

在全面风险管理方面完善《全面风险与内部控制管理办法》，建立了重大事项专项风险评估与合规性审查“1+6+X”联合监督审查机制。组织开展全面风险评估，形成了《全面风险管理报告》，明确现金流风险等2项重大风险，环保风险、退市风险等重要风险6项。对重大、重要风险进行了监控，总体上处于受控状态，没有发生重大、重要风险事件。

【“三供一业”分离移交】 1. 完成了新钢业长宁街办移交。2017年，新钢业陆续将长宁街办人员（共13人）、社区管理职能、相关道路、路灯、绿化、卫生清扫等移交给西昌市人民政府。

2. 积极推进企业办市政设施的移交。根据国家有关文件规定，攀钢对市政设施进行了认真清理，但有相当数量的市政设施与“三供一业”重叠。攀钢采取以下措施：（1）向市政府专题报告，详细列明攀钢符合移交条件的具体项目，恳请市政府研究决定，争取全面接收。（2）考虑到市政府全面接收的难度巨大，按照先易后难、成熟一个移交一个的原则，成立专门工作机构与市政府及区县政府加强对接沟通，争取先期就公共道路、桥梁、道路照明设施以及公园、广场等项目的移交与地方政府达成一致意见并尽快办理移交手续，后续再逐步对其他项目开展分离移交。

3. 稳步推进“三供一业”分离移交情况。攀枝花区域正与供电、供水接收方抓紧协商分离移交实施协议，物业分离移交工作与所在地政府进行了多轮协商，尚未达成一致意见；成都区域已完成“三供”分离移交框架协议签订工作，已部分完成“三供”维修改造施工协议（合同）草案，对除接收方是民营企业以外的“三供”进行了国有经营预算资金申报；西昌区域只涉及供电和物业移交，已签订了分离移交框架协议，并完成国有资本经营预算资金申报；重庆区域只涉及物业移交，已与辖区街办签订分离移交框架协议。

【法律事务管理】 2017年法律事务管理工作紧紧围绕集团公司“扭亏为盈和新攀钢建设”两大核心任务，积极推进法治攀钢建设；组织处理攀钢诉讼、仲裁和听证等司法活动，全年管控案件481件，涉案金额16.9亿元，案件得到妥善处理，减少、挽回经济损失3.9亿元，节约律师代理费1850万元；加强法律审核、合同管理和授权委托管理，办理工商、公证、鉴证，以及商标、商号、企业名称等法律事务，全年共审核公司经营决策93项（其中重大经营决策60余项），对公司新颁发的9个管理办法、4个规章制度、子公司章程进行了法律审核并出具法律意见；审查重大经营合同50份（不含重大决策项目合同）、经济合同2100余份并出具修改意见；提供专项法律服务和法律咨询300余人次，从源头上防范公司的法律风险。

加强工商事务管理，规范商标使用和授权委托事项办理。按照鞍钢集团《关于加快推进“多证合一”改革的指导意见》要求，清查了攀钢及各子分公司的工商登记事项和资质证照，对存在的48项不规范事项进行了彻底整改。规范公司商标使用，办理了PG、PZH等41件商标的续展，组织了PG商标中3类被他人申请撤销的答辩证据，办理了攀研院、金属制品公司使用PG商标许可事宜。依法合规办理公司各项授权。为攀钢部门及子分公司合同签订、银行印鉴预留、车辆年审、房屋过户、案件代理等事项依法合规办理授权手续，保障公司各项业务合法规范运行。

【内部审计】 2017年，攀钢内部审计坚持“持续完善审计体系建设，及时反映公司重大风险隐患，推动公司改革和扭亏增效”的工作目标，结合子分公司（单位）审计需求，制定年度审计项目计划并落实执行。修订完善内部管理制度39项，进一步提高了各单位规范经营的责任意识。2017年，攀钢内部审计从领导人员经济责任审计、专项管理审计、经营审计、内部控制评价、供销后评价、自主经营单位绩效审计等方面开展工作，提高了审计监督的全面性、针对性和有效性。全年实施并完成审计项目31项，共计揭示各类问题353个，提出审计意见和建议94条，有效履行了内部审计职责，共计挽回或避免损失3392万元。

【党建工作】 2017年，攀钢党委切实加强基层党组织建设，下发2017年度党建工作考核评价办法，设立10个大项164个量化指标，按季度进行考核排序通报。制定《攀钢党委<贯彻落实全国国有企业党的建设工作会议精神重点任务>分解落实方案》，针对4个方面28项重点任务制定90条具体措施。充实基层党建工作力量，坚持党的建设与公司改革发展“四个同步”，建立健全基层党务工作机构，配齐配强党务工作人员，在攀钢党委组织部设立了党建工作处，7家子公司设党建室，配备党委组织员67人。明确加强基层党支部建设的方向，开展了为期2个月的基层党组织工作专项调研，共调研104个党支部，形成了“教育引领强、书记能力强、队伍素质强、支部作为强”的“四强”党支部建设工作方向。推进基层党支部工作晋位升级，扎实推进“基层党支部建设提升年”活动，对公司853个党支部进行综合评价排序，创建2016年度鞍钢集团党支部工作示范基地5个、“样板”党支部12个。狠抓党支部书记队伍建设，分批次对全体党支部书记进行集中培训、集中考试；与攀枝花市委组织部联合在浙江大学举办了为期5天的基层党组织书记培训班，35人参训；首次评选表彰了11名优秀党支部书记标兵，2名党支部书记荣获鞍钢集团“优秀党支部书记标兵”，2个基层党支部在鞍钢集团作经验交流。

【宣传工作】 做好形势任务教育，紧密结合钢铁行业和攀钢生产经营形势变化，及时将工作任务、主要目标、重点举措宣传到基层、到班组、到岗位。开展形势任务宣讲活动，先后编发两级公司职代会报告解读文章，编印《宣传工作信息》8期、《班组五分钟》10期至基层作业区班组，撰写《攀钢推进供给侧结构性改革措施和成效》文章，编发董事长段向东关于新攀钢建设内涵的讲话，增强了干部职工的信心和决心。

开展先进典型培育宣传。大力培育先进典型，坚持发现和培养并重，打造各类先进典型，攀钢职工杨林荣登“四川国企十大工匠”和“四川工匠”榜，张超获攀枝花市第四届道德模范“敬业爱岗模范”，李伟获攀枝花市第四届道德模范“助人为乐模范”提名奖，黄明安家庭获四川省首届天府好家规提名奖，全年在各类媒体宣传典型人物560多人次，形成了浓厚氛围。

开展鞍钢楷模学习宣传。组织撰写攀钢区域鞍钢楷模长篇通讯6篇，拍摄鞍钢楷模照片60余幅，利用报纸、电视、微信公众号广泛传播鞍钢楷模事迹；7月12~18日，先后在攀枝花、西昌、成都和江油举办了4场鞍钢楷模先进事迹巡讲报告会，近1500名干部职工现场聆听，并通过报、台、微信等媒体对鞍钢楷模先进事迹和巡讲报告会进行全方位宣传，反响热烈，让鞍钢楷模精神得到广泛传扬。

【纪检监察工作】 2017年重新修订《攀钢集团有限公司纪委监督执纪工作管理办法》，制定《攀钢纪委监督执纪工作流程》，印发了《2017年攀钢集团公司党风廉政建设和反腐败工作任务分工》，编印了《违纪违法警示录》《中饱私囊者的悲歌》等警示教育资料。

开展“落实党建、生产经营两个主体责任，实现全年生产经营目标”专项监察。发现一些单位存在领导班子建设薄弱、党委工作制度落实不到位、全面从严治党责任意识弱化等16项89个党建主体责任方面的问题；利润进度目标完成不力、挖潜创效不够、转型升级步伐缓慢、基础管理不到位等11项69个生产经营主体责任方面的问题，责令5家单位党组织作出书面检查，约谈2名履行责任不到位的领导人员，经济处罚3人3000元。

强化“关键少数”和选人用人的监督，防范廉洁风险。把同级班子成员、内设机构和二级单位主要负责人作为监督重点，21名纪委书记对92名班子成员进行了“画像”，建立廉洁档案3000余份。全程参与领导人员提名酝酿、岗位调整的监督，认真审核拟提拔人员廉洁自律的情况，做好“党风廉洁意见回复”，2名拟提拔人选暂缓提拔使用，1名党员取消评选优秀党员资格。

用好问责利器，促进责任落实。针对履责不到位的，约谈各级领导人员27人；对履行全面从严治党责任不力的汽运公司党委通报批评，给予6名班子成员党纪处分；攀钢钒对履行党风廉政建设不到位的物流中心党委通报批评、问责16名领导人员；矿业公司纪委对履行“一岗双责”不到位的2名领导人员给予党内警告处分。失责必问、问责必严逐渐成为常态。

围绕重点领域和环节，开展专项监察和效能监察。开展了备件管理、闲置资产清理、矿产资源开发保护、废旧资源处置、科研外委等专项监察，发现问题168个，对2人进行提醒谈话，经济处罚9000元。各单位全年确立了200项专项监察项目，发现问题467个，提出建议316项，约谈37人，提醒谈话14人，经济处罚20.01万元，避免挽回损失及创效1.35亿元。

开展专项治理，落实中央八项规定精神。开展违规公款购买消费高档白酒、领导人员违反车改规定及违规使用培训费等专项检查。严肃查处违规操办婚丧喜庆事宜、以出差名义办私事及违反车改规定等6起案件，给予党内严重警告2人、党内警告1人、行政警告2人。各级纪委紧盯年节假期重要节点，开展监督检查，矿业公司纪委节日期间暗访餐饮娱乐场所36家。攀长特、汇裕供应纪委开展“三公经费”专项检查。

2017年，攀钢纪委受理问题线索232件，立案审查79件，给予117人党政纪处分，直接挽回经济损失676.47万元。

【工会工作】 2017年，攀钢工会聚焦“扭亏为盈和新攀钢建设”两大核心任务，认真履行工会各项职能，激发职工干劲，汇聚职工力量，切实攻坚克难，努力创新创效，获四川省总工会、市总工会工作目标竞赛一等奖。

2017年开展公司级重点劳动竞赛16项，8项公司级专项阶段性劳动竞赛。子分公司（单位）级竞赛318项，厂矿级竞赛672项。总结提炼职工先进操作法206项，攀钢公司命名先进操作法5项，各子分公司（单位）命名先进操作法84项，推广应用职工先进操作法206项。召开群创工作推进会，部署2017年群创重点课题，全年共完成自主管理创新课题1360项，选送了18项群创成果参加二十二届中国发明展览暨第二届世界发明创新论坛，取得4金、11银、1铜的好成绩；开展“建言献策”暨征集“金、银、铜”点子活动，表彰金点子10项，银点子20项，铜点子38项。

召开攀钢三届二次职代会，规范完成各项议程。攀钢民主管理工作在公司改革发展中维护企业利益和维护职工利益发挥了重要作用，获“全国厂务公开民主管理先进单位”“四川省集体合同示范单位”荣誉。开展人力资源现状调研和职工福利费用使用情况调研，召开生产生活福利委员会审议职工福利费用调整方案，有效维护职工利益。落实《攀钢集团有限公司“网络问企管理”办法》，组织“网络问企”活动经验交流，对2016年优秀建议进行了表彰奖励。全年网络平台收到职工建议意见4.2万余条，其中处理1.6万余条，办结1.4万余条。

走访慰问劳动模范、困难职工和退休人员24630人次，发放救济金和慰问品655万元。

【统战工作】 组织统战干部和统战成员认真学习贯彻习近平新时代中国特色社会主义思想和党的十九大精神，组织召开公司统战成员座谈会，传达学习国有企业统战工作会议精神。

将“爱攀钢、献良策、作贡献”主题活动作为统战工作的一项品牌进行打造。表彰公司“爱献作”先进集体15个、先进个人38名；并择优推荐项目，获评鞍钢“爱献作”优秀项目一等奖2项、二等奖5项、三等奖8项。省政协委员、九三学社社员、教授级高级工程师李俊洪牵头开展的“大规格模具钢热处理工艺系统集成技术研究”项目，解决了长期困扰攀长特锻造生产大规格模具钢产品的质量瓶颈问题，为企业创造经济效益达 2500 万元。

党外知识分子工作，注重发现挖掘优秀党外人才、将其放到重要岗位上锻炼提升，并坚持在同等条件下优先考虑安排。目前，有 18 名党外人士担任厂处级以上领导干部职务；有各级政协委员 52 名，党外人大代表 12 名，其中全国、省人大代表各 1 名，全国、省政协委员各 1 名。坚持邀请党外代表人士列席党代会、职代会，定期向党外代表人士通报生产经营、改革发展和决策部署等重要情况。

搭建建言献策平台，积极引导统战成员参政议政，充分调动统战成员参与企业和地方发展的积极性。在市政协九届一次全委会期间，攀钢学习小组作了题为《攀钢高炉渣提钛产业化的展望与挑战》发言，获大会优秀发言奖；提交了《关于加大食品监管力度的建议》等 5 件集体提案，36 名市政协委员提交 34 件提案。

【共青团工作】 2017 年，先后出台了《攀钢青年“接轨”工程实施意见》《攀钢青年“双导”活动管理实施细则》《攀钢青年人才库管理实施细则》《攀钢青年创新工作室管理实施细则》《攀钢青年安全监督岗条例》《青年安全示范岗管理实施细则》等相关文件制度。青年创新登高立项 380 项，完成近 300 项，完成率近 80%，针对相关青年创新登高项目和上下工序建议开展交流 10 余次。全年申创青年创新工作室共 27 个。

开展青年安全环保微公益创意赛活动，收到“图片类”“平面类”和“视频类”三个类别共计 200 余篇作品；围绕各阶段安全工作要求，组织安全教育 33 次、安全规程演练 70 余次，青年安全检查 300 余次，查找并整改安全隐患 287 项；各级团组织围绕厂区环境整治、“跑冒滴漏”等开展青年突击队活动 500 余次。

深化“跟着郭明义学雷锋”活动，弘扬“奉献、友爱、互助、进步”的志愿者精神，利用“3 · 5”学雷锋纪念日，开展“跟着郭明义学雷锋”志愿者便民服务活动。攀钢青年志愿者协会坚持“志愿攀钢　情满花城”的理念，先后前往格萨拉乡、盐边县共和太田教学点，捐赠衣物、文具等物资 200 余包，书籍 500 余册；定点帮扶盐边县择木龙留守儿童 4 名。西昌钢钒和攀长特围绕地方实际，开展“守护邛海蓝天在行动”和“保护涪江河”志愿服务活动。

举办攀钢第二届青年文化节。矿业公司团委承办青年文化节开幕式并组织“聚焦绚丽青春　感受多彩人生”青年才艺展示，攀钢机关团支部承办青年安全环保微公益创意赛，工程公司团委承办“展现青形象　聚力新攀钢”寻找攀钢青年主持人，鸿舰公司团委承办“读好书、铸工匠、兴攀钢”读书展示活动，每项活动均得到广大团员青年的积极参与，参与人数达 2000 余人次。读书展示活动进行网络直播，点击高达 19 万人次。

【企业文化】 2017 年，以构建鞍钢企业文化体系为契机，将攀钢文化融入鞍钢集团文化体系之中。通过各种形式广泛征求干部职工对鞍钢企业文化体系的意见建议，将以“艰苦奋斗，永攀高峰”的攀钢精神为核心的攀钢文化积极融入鞍钢文化体系之中。加强鞍钢企业文化体系宣传。充分利用报、刊、台、网等媒体大力宣传《鞍钢集团文化手册》和《鞍钢集团公司视觉识别系统》，提高了职工对鞍钢文化体系的认同。严格执行视觉识别规范。组织各单位企业文化管理人员参加鞍钢集团视觉识别系统培训，对攀钢视频分会场背景板和各单位标识应用进行了规范。

通过中央文明委全国文明单位复检，继续保留“全国文明单位”荣誉称号；按照攀枝花市的统一安排部署，积极参与文明城市创建活动，抓好攀枝花市创建全国文明城市各项指标测评的落实。

加强新闻宣传工作队伍职业素养教育，组织新闻采编人员参加国务院国资委新闻中心举办的“新媒体 新技术”融媒体人才培训班；建立激励制度，评选表彰季度优秀新闻作品 42 篇，表彰名记者、名编辑、名通讯员 3 人。

深化与主流媒体合作，在《中国冶金报》对攀钢汽车板、积微物联等进行整版形象宣传。强化同各级媒体联系，接待新华社、中央电视台、四川日报等中央及省市级主流媒体 30 余批到攀钢采访报道，建立了良好的企媒关系。中央电视台国际频道《走遍中国》栏目播出 5 集系列宣传片《盛开的攀枝花》，其中 3 集对攀钢打造世界级钢轨品牌、创新钒钛资源综合利用、推动企业转型升级进行了全面展示。

发挥政研会作用，系统做好课题研究，申报中央企业党建政研会“攀钢宣传思想文化工作助推扭亏脱困转型发展实证研究”课题，系统总结了近年来攀钢宣传思想文化工作的创新做法和理论实践，获得中国冶金政研会和鞍钢集团优秀成果一等奖。申报鞍钢级课题6项，申报中国冶金政研会课题3项，均获评优秀成果。

·主要生产单位简介·

【攀钢集团钒钛资源股份有限公司】 攀钢集团钒钛资源股份有限公司（简称“攀钢钒钛”）于1993年3月成立。经过数次重大资产重组，已发展成为专营钒钛、致力于钒钛资源开发的上市公司，是世界领先的钒制品生产商，我国最大的钛原料供应商，重要的钛白粉生产商。拥有经营钛精矿80万吨/年，生产钒制品（以V_2O_5计）2.2万吨/年、钛白粉23.5万吨/年、高钛渣20万吨/年的综合生产能力，产品畅销国内外市场，广泛应用于钢铁工业、电子工业、有色金属及涂料油墨、航空航天、国际军工等领域。

2017年完成钒制品（以V_2O_5计）2.28万吨，同比增长22.11%；生产高钒铁9191吨，同比增长25.62%；生产钒氮合金4839吨，同比增长12.51%；生产钒铝合金72.2吨，同比增长1446%。生产钛白粉19.99万吨，同比增长65.62%；钛渣16.04万吨，同比增长20.37%；钢铁产品6.2万吨，同比增长11%，氯化钛白初品5924吨，高钒四氯化钛1964吨，经营钛精矿76.97万吨。

【攀钢集团攀枝花钢钒有限公司】 2017年底，攀钢钒公司总资产238.71亿元，同比增加22.32亿元；净资产80.73亿元，同比增加9.84亿元；在岗职工人数11109人，同比减少219人。全年完成铁产量594万吨、钢产量543万吨、重轨135万吨、热轧276万吨、冷轧100万吨、成都板材产品41万吨，实现营业收入401.65亿元、报表利润96728万元。

大力开展环保项目整治，全面梳理环保历史遗留问题。重点开展了苏铁自然保护区红线问题、渣场环保问题、沿江排污口整治等专项工作，效果明显。加大环保投入，全年投入3.53亿元，实施35项环保整治项目，目前已经完成24项。积极做好迎接中央环保督察的各项工作。认真对待，扎实准备，全力工作，顺利通过了中央、省两级环保督查，实现零停产、零追责、零罚款的总体目标。

科技创新成效显著。2017年全年下达科技项目115项，其中中长期项目（A类项目）6项，重点项目（B类项目）21项，C类项目88项，项目计划完成率达90.96%；设立93项科技创效项目，累计创效5.48亿元，其中：11项重大技术突破项目和16项重点项目共计创效3.06亿元，占创效总额的55.84%；试制新产品25.95万吨，独有领先产品比例达35.83%；独立研发项目“多通道钢轨超声波探伤装置国产化开发与应用”“热连轧低成本生产关键工艺技术研究”获四川省科技进步奖三等奖；新申报专利112件，其中发明专利31件，获专利授权91项，其中发明专利46项。

产品结构调整。彩涂新产线实现快速达产达效，技术经济指标达到设计水平，投放市场后快速在云南及攀西地区树立了第一品牌地位。棒线材项目当年建成、当年达产、当年盈利。万能二线品种向万能一线转移初见成效，成功实现50千克/米钢轨向万能一线转移，累计生产1.86万吨，合格率95.82%，成材率90.81%；100米定尺钢轨、余热淬火钢轨、道岔钢轨产量均创历史新高，分别达80.62万吨、62.53万吨、6.24万吨。启动热轧镀锡基板开发工作，完成1炉（6卷）MR-T2.5镀锡原板工业试制。供日立、松下空调底盘用热镀铝锌板实现稳定批量供货，累计生产3921吨。S350GD+AZ、S550GD+AZ结构用镀铝产品具备批量供货能力，累计生产7948吨。

技术经济指标进一步优化。炉役后期高炉实现稳产高产，日均生铁产量较2016年提高221吨；高钛型钒钛烧结矿成品率较2016年提升0.9个百分点；高炉吨铁动力成本较2016年降低1.61元；煤气利用率较2016年提升0.65个百分点。万能一、二线百米钢轨合格率提升明显，万能一线连续三个月、万能二线连续六个月合格率达93%以上，全年累计较2016年分别提升2.51、1.15个百分点。热轧加热炉热工工艺持续优化，氧化烧损率较2016年降低0.07个百分点；热轧产品头尾切除量有效降低，切损率较2016年降低0.07个百分点。打通彩涂板低成本生产工艺，吨材降本30元；冷轧酸轧机组宽规格产品辊型优化初见成效，浪形由20I降低到8I；边粘缺陷得到有效治理，降级改判率由 0.99%降为 0.34%。

【攀钢集团西昌钢钒有限公司】 2017 年，西昌钢钒实现营业收入 199.63 亿元，同比增加 59.66 亿元，实现建成投产六年来首次盈利。铁、钢、热轧材、冷轧材分别完成 386.34 万吨、359.77 万吨、351.91 万吨、144.05 万吨；全流程钢铁料消耗、热轧综合成材率、冷轧综合成材率指标全年累计分别达到 1111.68 千克/吨、97.73%、93.75%，环比优化 0.28 千克/吨、0.21%、0.66%。

产品质量稳步提升。质量降级改判率、吨钢废次品量、质量损失分别较 2016 年分别降低 0.30%、0.23 千克/吨、66.03 万元/月；顾客满意度较目标值高 2.49；外部产品质量异议率 1.49‰，较目标值低 0.31‰。

汽车客户产线、产品认证进入加速阶段。通过广州本田、东风本田、长安福特、一汽富维对西昌钢钒产线认证。开展长安福特、东风神龙、东风日产、一汽大众等国内合资及自主汽车厂多个钢种产品认证。其中合资品牌新增东风神龙、长安福特两家用户批量供货；自主品牌进入长安汽车轿车市场（同比增幅 1429%），东风商用车完成 2 个牌号酸洗板成功切换宝钢冷轧板，实现驾驶室用材零突破（同比增长 90%）；五菱工业供货占比同比增幅 20%以上。

供销两端成绩显著。与物贸公司一起，扩大资源渠道，建立多维度资源保障体系，同时严格价格管控，坚持“缓涨、少涨，早降、快降”的价格策略，实现了经济保供；与国贸公司一起，加强市场推广和区域市场维护，热轧产品川滇地区销售占比、冷轧产品西南地区销售占比、直供比例，分别比上年提高 1.7%、6.4%和 5.4%。全年，供销剪刀差增利 12.59 亿元，比目标高 3.49 亿元。

加强财务管理。公司存货周转天数比目标快 7 天，比行业快 37 天；流动资产周转率比目标快 0.91 次，比行业快 3.97 次。通过利用设备与平安融资租赁公司开展融资租赁、积极与浙商行和成都农商行开展授信工作、向攀钢钒发放类永续债、严格管控票据到期兑付风险等融资工作，降低资金成本 1.09 亿元，资产负债率比年初降低 7.35 个百分点。实现政策创效 2.3 亿元，其中留存电量和直购电优惠 1.31 亿元，铁路运费“一口价”优惠 0.99 亿元。

【攀钢集团成都钢钒有限公司】 攀钢集团成都钢钒有限公司（简称“攀成钢”）地处成都市青白江区团结南路，注册资本 57.1 亿元。截至 2017 年末，公司总资产 89.64 亿元；在册职工 2194 人，处级机构 10 个。

根据公司主业关停，转型发展的现状，年初调整了组织机构，二级机构由 22 个减少为 12 个，三级机构由 120 个减少为 47 个。11 月再次对组织机构作出调整：强化园区开发和园区服务，整合成立了园区开发中心和园区服务中心，管理部门压缩到 4 个，重新设立了业务中心 5 个；根据战略调整需要，注销金堂钢管有限公司设立分公司；三级机构压缩到 43 个。全面梳理管理流程，管理制度由 204 项减少为 79 项，初步理顺了新构架下的管理体系。注销了盛必成商业管理有限公司、攀成伊红石油管有限公司、攀成钢建设工程有限公司、攀成钢冶金工程技术有限公司等 6 家子公司，完成了“压减”任务。

完成棒线材机组转移的后续工作。配合鞍钢集团，开展 340 机组及部分配套产线搬迁的前期工作；挂牌处置 PYP8 万吨车丝生产线，启动设备拆除相关工作；210 平方米烧结机组、圆坯连铸机等设备已完成资产评估开始挂牌处置。全年销售库存钢管 4 万吨，其中出口管 1.2 万吨。集团内部转让库存备件 2230 万元，转让棒线材机组机旁备件 4450 万元。全年累计降低存货 3.28 亿元。废旧物资处置统一纳入“积微循环”平台，加快了变现处置步伐。全年累计处置废旧物资 5 大类 40 项共 2.5 万吨，创效 3354 万元。对外租赁收入 1271 万元，盘活闲置资产 1.08 万平方米。挂牌交易 23 套房产，实现房产收入 1362 万元。处置汽车 35 辆，实现收入 392 万元。8 月取得了石油套管 API 5CT 证书和管线管 API 5L 证书。启动了攀成钢质量体系证书、生产制造许可等资质工作。11 月通过了特种设备型式试验现场评审，12 月 25 日正式取得型式试验证书；金堂钢管分公司于 11 月 30 日复产，同时开展了与长钢组建新的特种精密管生产线的前期工作。通过与日方多轮谈判，完成了攀成伊红股权转让。

2017 年政策创效 1.3 亿元。其中淘汰落后及化解过剩产能争取政府奖补资金 9744 万元，变更基本电费计费方式和直购电优惠创效 1920 万元，减免企业办社会费用520万元以上，争取稳岗补贴181万元，争取房产交易税收优惠115万元，土地使用税及房产税减免286万元。组织完成了淘汰4座高炉、80吨转炉、100吨提钒转炉中央奖补资金项目通过国家审计、人大督察、财政核查；完成淘汰70吨电炉除尘系统成都市财政奖补项目的核查、评估、验收。

【攀钢集团江油长城特殊钢有限公司】 攀钢集团江油长城特殊钢有限公司（简称攀长特）是攀钢的全资子公司，注册资本43亿元，占地面积8466.1亩，厂房104.7万平方米，固定资产净值26.4亿元。公司具备年产特殊钢50万吨的生产能力。

2017年在岗人员3570人，其中技术人员及研发人员370人。

2017年，公司（含钛材、存续）产钢21.2万吨，比上年增加22.05%；产材35.19万吨，比上年增加18.97%，其中自炼钢成材17.05万吨，比上年增加28%。实现主营业务收入27.56亿元，比上年增加40.76%，产品毛利率7.28%，比上年增加19.34%。实现利润412万元，同比减亏1.99亿元。

2017年，攀长特有8个国家级项目通过审计，2个省级项目完成节点任务，17个对外技术合作项目完成阶段目标，3个集团协同项目、28个公司重点项目、36个一般项目完成率达到100%。“钻地弹用高强高韧钢大截面锻材开发”项目获省科技进步奖二等奖，“快锻与精锻机组锻造工艺研究及应用”等两个项目获三等奖，“新型运载火箭发动机用S系列钢关键工艺技术研究”项目获集团公司科技进步一等奖。提交专利申请13项，获国家知识产权局专利授权4项，成功通过四川省企业技术中心认定。

【攀钢集团矿业有限公司】 攀钢集团矿业有限公司（简称矿业公司）成立于1973年5月1日，原为攀枝花冶金矿山公司。1993年6月并入攀钢（集团）公司，1994年更名为攀钢集团矿业公司。2008年4月，改制为攀钢集团矿业有限公司。

公司拥有钒钛磁铁矿、石灰石矿、白云石矿、硫铁矿等矿山。截至2017年底，境界内可采基础储量约4.45亿吨。主要生产钒钛磁铁精矿、钛精矿、石灰石、生石灰粉、高镁石灰等矿产品。经过四十余年的发展，已形成年产钒钛磁铁矿石3500万吨，钒钛磁铁矿精矿1150万吨（品位54%~57%），钛精矿95万吨（品位不小于47%），石灰石成品矿85万吨的实际生产能力。目前正在积极争取红格南矿区矿权，进一步提高资源优势和保障能力。

截至2017年12月末，公司资产总额134.01亿元，其中：流动资产16.99亿元，固定资产净值60.09亿元，在建工程12.45亿元，无形资产34.85亿元（其中采矿权10.20亿元），其他资产22.08亿元。上缴税费6.63亿元，居攀枝花市前列。

公司现有5个生产单位，1个科研单位，4个全资子公司，2个综合管理处室，11个机关部室，在岗职工6671人。公司自成立以来，先后荣获首届全国矿产资源合理开发利用先进矿山企业、第二届全国冶金矿山“十佳厂矿”、钒钛磁铁矿资源综合利用示范基地、全国冶金绿化先进单位、四川省名牌产品称号——攀枝花牌钛精矿、四川省创先争优活动先进基层党组织等荣誉称号。

2017年，公司完成铁矿山采剥总量1.09亿吨，为年计划的100.14%；输出铁矿石3516万吨，为年计划的99.45%；生产铁精矿1136.9万吨，为年计划的98.86%，较2016年有一定幅度的增长；钛精矿88.7万吨，为年计划的126.71%，创历史最好水平，居全国第一；石灰石粉矿33.6万吨、生石灰粉42.9万吨、高镁灰4.9万吨。铁、钛精矿产销率分别为99.11%、87.39%。公司实现营业收入45.14亿元，报表利润5.32亿元，考核利润2.38亿元，超基本目标6835万元，超奋斗目标3835万元，实现全年生产经营目标。

（攀钢集团有限公司综合服务中心　黄长银）

单位简介

·板块公司·

鞍钢集团矿业有限公司

【概况】 2017年末，鞍钢集团矿业有限公司（简称矿业公司）有在岗职工19696人，其中干部4143人（高级职称570人，中级职称2206人，初级职称1052人），生产工人15553人。拥有固定资产原值251.42亿元，净值107.82亿元，新增值5.66亿元。占地面积1.34亿平方米，房屋建筑面积323.98万平方米。下设37个基层单位。机关按照“大部制”模式，设立董事会办公室、决策支持部、海外事业部、生产运营部（安全环保部）、工程设备保障部、计划财务部（资本运营部）、纪委（审计监察部）、党务工作部和工会共计9个部门。2017年8月，矿山建设公司从鞍山钢铁集团划归鞍钢集团矿业有限公司。2017年11月完成了复州湾黏土矿、弓长岭生产协力关闭撤销，同年12月完成了瓦房子锰矿法人单位、技工学校事业法人单位执照的注销工作。

2017年，矿业公司上下全面推进“三个转变”，努力克服市场波动、税费上升、改制翘尾和生产条件变化等诸多不利因素，通过落实系统优化、改革调整和科技创新等一系列措施，全面完成了各项目标任务，为集团公司实现扭亏为盈作出了突出贡献，得到了集团公司的充分肯定。

全面完成预算目标，经济效益显著。全年完成铁矿石5895万吨，同比提高345万吨，增幅6%；铁精矿2006万吨，同比提高73万吨，增幅4%；烧结矿311万吨，同比提高10万吨，增幅3%；球团矿668万吨，同比提高133万吨，增幅25%；石灰石646万吨，同比提高26万吨，增幅5%。铁矿石和铁精矿产量创历史最高水平。实现降本增效11亿元，盈利12.5亿元，剔除公司制改制影响，实际盈利25.5亿元，超额完成考核指标。铁精矿完全成本控制在470元/吨，比预期降低49元/吨，在国内骨干矿山中处于领先水平。

牢固树立“以人为本，安全发展”的理念，以实现“双无”为目标，认真落实安全生产责任，深化安全标准化建设，全面提升安全管理水平，实现轻伤以上事故为零，安全生产综合指标创历史最好水平。

加强安全标准化建设，安全管理基础进一步夯实。加大安全标准化企业、作业区、班组和岗位建设力度，强化对“安全标准化星级作业区”“安全标准化作业区”达标晋级的审核评价。全年有49个作业区通过“安全标准化星级作业区”达标评审，有5个作业区通过“安全标准化作业区”达标评审。目前，共有116个“安全标准化星级作业区”，占总数61.7%；175个“安全标准化作业区”，占总数92.6%。

加强环境治理工作，矿区环境进一步改善。全面开展达标治理，完成锅炉脱硫改造等36项环保重点工程，实现重大环境污染事故为零，顺利通过中央环保督察，得到督察组的好评。

践行共享理念，实现企业与员工共同发展。启动“践行共享理念、关爱一线员工”专项服务行动，积极创造条件增加职工收入，通过薪酬改革、提高夜班津贴、班组长津贴等措施，在岗职工收入水平实现同比增长。制定多项职工福利设施和服务管理制度，投资1100余万元维修职工福利设施，职工工作环境明显改善，有效解决了职工生产生活中的实际问题。

【矿业发展步入新阶段，竞争优势更加凸显】 近年来，矿业公司全力推进战略落地和规划实施，可持续发展能力不断增强，管理水平全面提升，实现了“两步跨越”目标，在国内同行业形成全面领先的竞争优势，跨入国际铁矿企业先进行列，为实现矿业新发展奠定了坚实基础。2017年又制定了新的矿业发展战略，重新编制了铁矿山建设、产业化发展、科技创新及体制机制创新等系列发展规划，明确了“打造国际领先的资源开发企业”发展目标。特别是开阔思路，推进了产业化发展。与鞍山市合资合作开发西鞍山铁矿项目，已完成合资公司的注册；与美卓矿机共同承接国内矿山采矿服务项目达成协议；与中钢衡阳机械达成销售钻头协议；与五矿矿业达成承接工程和采矿服务项目协议；与辽宁地矿集团达成合资开发省内石灰石、金矿等非铁资源协议。公司产业化发展格局已初步形成。

【改革工作全面深化，重点领域实现突破】 两项重点改革稳步推进。完成瓦矿人员分流和法人单位的注销工作，棚户区改造已经落实。矿建混改工作全面启动，制定了改革实施方案，完成了资产核查工作。契约化管理全面推进。建立配套制度，分级分类制定契约化考核指标，为全面推行契约化管理提供了保证。机构和编制压缩目标全面完成。撤销7家处级单位；将作业区减少90个，精简30%，管理技术岗位编制定员减少1090人，占在岗职工总数比例由原20%降至14.9%。困难企业治理取得成效，5家单位实现盈利，完成了集团公司下达的治理目标。规范党委会、董事会、总经理等议事规则，法人治理结构逐步完善。

【强化管理提升，发展基础更加夯实】 严格预算管理，坚持全员参与全过程控制的预算管理原则，严控各级预算管理权限，实现预算项目支出的刚性管控。加强安全管理，落实安全生产责任，实现轻伤以上事故为零。强化采购管理，扩大招标范围，推进进口物资国产化，降低采购成本4684万元。严格项目管理，维简项目全部实现公开招标，维修项目管理水平全面提升，项目建设效益显著提升。

【依法经营取得突破，可持续发展能力不断提升】 矿权办理、项目环评和征地动迁工作取得重大进展，满足了矿山依法合规经营的需要。先后启动的30项矿权办理，全年完成8项，累计完成17项；启动的32项环评办理获批复16项，列入备案9项。完成锅炉脱硫改造等36项环保重点项目，实现重大环境污染事故为零。一期、二期征地工作全部完成，三期征地被列入辽宁省委督办项目。通过与各级政府的有效协调，化解了突出矛盾，营造了良好的生产经营环境。

【强化创新驱动，创新动力充分激发】 完成科研机构管理体制和运行机制改革，建立以项目合同制为核心的科研管理新模式。完成科研项目29项，10项成果获省部级以上科技进步奖，实现科技创效3.9亿元。国家科技支撑项目“地下矿山新型崩落采矿技术研究”通过验收。研发尾矿改良盐碱地技术，具备了大规模推广条件。完成10项国家标准的制定和发布。取得国家受理专利170件，国家授权专利109件，获第22届全国发明展金奖4项、银奖1项。推进全员创新，职工创新工作室增至50个，完成创新项目65个，创效2300万元。成功承办“冶金与绿色制造”论坛，建立了高端智库助推矿业转型发展的新模式。

智慧矿山建设加快推进。完成“两化融合”顶层设计，确定了33个重点项目。自主完成卡拉拉ERP项目，大幅提升了海外生产运营管控力。联合清华大学、联想、华为等17家单位成立智慧矿山联盟，联合东北大学成立智慧矿山研究中心，形成集智能制造、科技创新为一体的智慧矿山整体解决方案。

【党建工作得到新加强】 推进党建一体化建设，落实党建工作主体责任和党委书记第一责任。制定了《党委工作规则》《党建工作责任制实施办法》等系列制度。持续开展政治工作考核评价，深化了先进党委评比活动。召开了基层党组织书记抓基层党建工作述职评议会。完成5个基层党委换届工作。6家法人单位全部完成党建工作写入公司章程。成立卡拉拉公司党支部，实现党建工作全覆盖。深化党支部建设提升年活动，新增鞍钢党支部工作示范基地1个，样板党支部7个。鞍千公司党委实施“双督导”工作机制，加强扁平化管理体制下基层党支部建设的做法，得到集团领导的肯定和批示。东烧厂党委开展的“一规两基”活动、弓长岭球团厂党委开展的“一个支部一个特色”品牌创建活动、生产服务中心党委实施的“三统一”模式等提升了党支部建设水平。深入开展向十九大献礼系列活动，发挥了党员先锋模范作用。实施共产党员工程项目100项。齐选厂党委实施的党员创新领航工程、供销公司党委开展的降采增效、弓长岭选矿厂党委开展的安全四个第一、动力厂党委开展的“三项工程”建设、质计中心党委开展的“三保两降一提高”等活动都取得明显成效。

“两学一做”学习教育常态化制度化扎实推进。以“坚定理想信念、严格遵守党纪党规、强化宗旨观念”三个主题教育为主线，做到专题研讨学、全面系统学、跟进深入学。召开了学习教育推进会。全公司两级班子成员全部按要求参加了所在党支部组织生活会并到联系点讲党课。

【干部队伍建设取得新成绩】 坚持党管干部原则，落实好干部标准，突出“五注重”用人导向，实施“4+2”差异化多维度动态考核综合评价模式，全年调整任用副处级以上领导人员78人次。深入开展“六查六看”主题实践活动，推动干部作风转变。加大问责力度，全年问责、组织处理处级领导人员27人，科级干部76人。强化两级机关建设，制定机关办公设施规范管理标准以及两级机关干部下基层联点等系列制度，厂级领导参加班组交接班会做到了全覆盖。畅通人才发展通道，评聘工程等级序列 56 人。

【宣传思想文化引领实现新提升】 在全国各级媒体刊发稿件 670 多篇。央视《新闻直播间》栏目组和“砥砺奋进这五年”报道组分别走进矿业生态园，集中报道了矿业公司生态文明建设成果，引起强烈反响。广泛开展形势任务教育，编发宣传提纲 480 余篇、班组小教材 280 余篇。推进“三位一体”思想政治工作模式，围绕改革过程中的难点和焦点问题，完成课题立项研究 37 项。该公司及基层党委有 9 项成果在国资委、全国党建政研会组织的创新成果评选中获奖。眼矿党委实施的“3 阶 12 法”思想政治工作模式获冶金行业党建思想政治工作研究成果二等奖、鞍钢思想政治工作研究成果一等奖。构建独具矿业特色的行为文化。公司被中国企业文化研究会评为全国“2012-2017 年度企业文化建设先进单位”。公司两项成果分获第十届中国企业文化学术论坛二等奖、冶金行业创新成果一等奖。深入开展文明单位创建活动，齐大山铁矿被评为第五届全国文明单位。加大典型选树力度，《海外员工感人故事》入选国资委故事案例，孙利东获第十三届全国见义勇为英雄称号。

【党风廉政建设取得新进展】 不断巩固强化巡视整改措施和成果，制定整改措施 42 项，新建制度 24 个。组织开展了首轮党委专项巡察工作，发现问题 25 项，下发巡察整改通知 24 件，已全部完成整改。深入落实“两个责任”，坚持有责必问，以问责督促履责担当。在集团公司率先组织开展了“廉洁风险地图”创建试点工作，梳理出 306 个廉洁风险点，制定了 326 项廉洁风险防控措施。开展微亚腐败专项调查工作，深入了解发生在职工群众身边的微亚腐败问题，为进一步正风肃纪奠定了基础。加大对“关键少数”和重点领域的监督力度，组织开展了对各级领导班子成员新一轮“画像”工作。在物资备件管理、工程管理等领域开展效能监察 83 项，创效 7468 万元。开展线索核查工作，全年受理各类线索 145 件，查结 127 件，立案 7 件，给予党政纪处理 11 人，给予约谈提醒、批评教育、诫勉谈话、调整岗位等组织处理 98 人。推进廉洁档案建设，建立 298 个领导人员和 2592 个重要关键敏感岗位人员廉洁档案，进一步筑牢了廉情监督“防火墙”。

【群团工作取得新成效】 各级工会组织开展了双增双节劳动竞赛和班组极限挑战赛等活动，双增双节创效 9958 万元。推进职工创新工作室建设，全公司厂级创新工作室增至 50 个，设备检修协力中心杨福斌创新工作室被评为辽宁省劳模创新工作室，大孤山铁矿张忠威创新工作室被评为辽宁省职工创新工作室。齐选厂职工谷安成、眼矿职工郑义被评为首届“鞍钢工匠”。全面开展“践行共享理念，关爱一线员工”专项服务行动，制定浴池、食堂等多项福利设施和服务管理制度，开展职工福利设施和劳动保护督导检查工作，投资 1100 余万元，维修职工食堂、浴池等福利设施 368 项，更换职工更衣箱、桌椅 7600 余件，职工工作环境明显改善。完善困难职工帮扶体系，发放救济金 568 万元，通过节日慰问、医疗救济、困难走访、金秋助学、温暖工程等形式救助困难职工 4743 人次。为职工办理大病保险理赔，将理赔额度从 5 万元提高到 8 万元，全年有 52 名职工获 375 万元理赔。各级共青团组织开展了一系列卓有成效的立功竞赛活动，实施共青团工作项目化管理，成功举办了青年创新创意成果分享会，全年青年创新登高创效 478 万元，促进了青年岗位建功立业。鞍千公司团委被评为中央企业五四红旗团委。信息中心青年集体荣获中央企业青年文明号。科协、民兵、统战、女工等组织也发挥了重要作用。

（温熙鑫）

【齐大山铁矿概况】 齐大山铁矿有在岗职工 1818 人，其中干部 240 人（高级技术职称 29 人，中级技术职称 177 人，初级技术职称 54 人），工人 1578 人。拥有固定资产原值 54.6 亿元，净值 5.02 亿元。

2017 年，全矿上下全面推进“三个转变”，克服了采场能力受限、产量大幅增加、成本持续降低等诸多不利因素，全面超额完成了生产经营任务。全年完成采剥总量 5315 万吨，铁矿石 1534 万吨；铁精矿 385 万吨；发电量 1.01 亿千瓦时；蒸汽量 76 万吉焦；精矿品位 66.81%，输出一级品率 99.55%；实现利润 6.15 亿元。

采矿生产组织水平进一步提高。坚持以采场能力接续为生产主线，严密执行采掘进度计划，大幅提升穿爆、采矿、运输设备效率，实施“五品联动”管理模式，强化采场质量、计量和选别系统质量监管，实现自产总量上水平，保证采矿可持续发展，全年验收采出总量盈吨 31.8 万吨。

选矿技经指标水平进一步提高。加强采场原矿综合配矿，开展破碎粒度攻关。对磁尾进行再浓缩，实现最优经济效益生产。供“两选”原矿溢流品位超额完成公司计划，选矿破碎粒度达到公司技术标准，铁精矿输出“两率”超计划，全年铁精矿超产增收 1.58 亿元。

设备管理保障水平进一步提高。坚持以经济运行为中心，实现设备闭环科学管理。全年采矿主体设备故障率 2.2%，选矿主体设备故障率 0.08%、比上年下降 0.04%，采矿设备可开动率 90.07%，选矿设备可开动率 89.47%，TnPM 综合管理连续三个季度获得公司第一名。

企业管理创新水平进一步提高。推进管理创新累计创效 1417 万元。形成包含 206 项内容的现行有效管理制度体系，深化“网络问企”，完善绩效考核办法，落实日常考核管理责任，充分发挥单元绩效考核的激励和约束作用，制定科学合理的目标编制计划，齐矿“电子皮带秤链码提升机构技术开发与应用”项目获得第二十二届全国发明展览会暨世界发明创新论坛银奖。

文明创建水平进一步提高。推进穿采文明生产，依法加大环保治理。全矿有 4 个作业区被公司评为安全标准化星级作业区，有 6 个班组和 6 个岗位被公司评为安全标准化百佳班组和百佳岗位。打造了采场公路管理、选矿文明生产、TnPM 综合管理、学习郭明义“四化”成果等十大品牌，保持矿业现场环境治理示范单位称号，获得全国文明单位殊荣。

基层党组织建设进一步提升。矿党委建立健全了《党建工作责任制实施办法》等多项党建工作制度，深化细化党支部“三承诺”工作模式，深入开展党员立项攻关、共产党员工程和“当先锋、做模范”等主题实践活动，推进基层党建工作科学化水平不断提升。全矿现有辽宁省先进党支部 1 个、鞍钢党支部工作示范基地 2 个，艾喜民同志获得鞍钢集团“党支部书记十大标兵”称号，郭明义同志再次当选中央候补委员。

干部作风建设进一步改进。矿党委深入开展“六查六看”主题实践活动，加大问责力度，解决了少数党员和干部不思进取、不敢担当、不善作为的“三不”问题。深入开展机关干部“下基层、察实情、解难题、办实事”“履职尽责、深入基层、服务一线”等主题实践活动，坚持机关干部“当一日岗位职工”、安全工作走进班组等，发挥了广大干部的表率示范作用。

思想文化建设进一步拓展。矿党委实施“三位一体”思想政治工作运行机制，运行思想政治工作网络，广泛开展形势任务教育。广泛开展“跟着郭明义学雷锋”系列活动，不断扩大学习郭明义活动“四化”成果，接待中国工程院院士、新华社等媒体和有关单位来矿参观、采访、学习活动，充分地展示了良好企业形象，齐矿荣获全国文明单位荣誉称号。

党风廉政建设进一步加强。矿党委坚持“党要管党、从严治党”的方针，认真履行“两个责任”，明确党风建设和反腐败工作任务分工，从防止“微腐败”“亚腐败”抓起，细化责任和措施的落实，始终保持党风廉政建设和反腐败工作的高压态势。制作领导班子成员党风廉政牌匾，制定防止“四风”反弹措施 42 项，签订党风廉政责任状 30 份，成立党员岗位巡逻队 22 支，聘任党员义务监督员 87 人，实施效能监察项目 30 项，避免经济损失 350 多万元。

群团组织作用进一步发挥。各级工会组织认真履行“四项职能”、实施“五项工程”、开展“六项活动”，组织职工代表视察，总结先进操作法，开展技术大练兵和为一线职工服务等活动。建立周六修旧利废活动日制度，全年修旧利废创效 300 余万元，双增双节创效 820 万元，马连成创新工作室获得“鞍钢矿业集团级职工创新工作室”荣誉称号。实施“践行共享理念，关爱一线员工”专项服务行动，为全矿职工办理了安康险。通过“大走访”“送温暖”“献爱心”活动，全年救济困难职工 383 人次，发放救济金 40.26 万元。共青团组织引导广大团员青年积极投身于生产经营实践，开展义务奉献日志愿服务活动 16 次，建立青安岗 21 个，青年创新登高创效 216 万元。科协组织广大科技人员征集合理化建议累计创效 4764 余万元。武保工作积极服务于生产经营和社会稳定，开展民兵号挖潜创效 200 余万元，矿区治安保卫和综合治理取得明显成效。统战、女工等组织都能够充分发挥自身优势，各项工作取得新成果。

（王晓双）

【大孤山铁矿概况】 截至2017年末，大孤山铁矿在职职工1003人，其中，干部135人，生产工人804人，居家休息职工54人，长病列编外10人。矿下设“四室一会”（生产技术室、综合管理室、设备管理室、党委工作室、工会），10个作业区。矿区占地面积1027.67万平方米，建筑面积6.15万平方米。拥有主体设备电铲7台，电机车9台，自翻车52台，牙轮钻机7台，生产汽车22台，推土机9台，破碎机3台。全员劳动生产率达到2.29万吨/(人·年)。

2017年，该矿以迎接党的十九大召开和学习宣传十九大精神为工作主线，按照两级公司确定的目标任务，克服产量任务重、成本压力大、人员结构差等诸多不利因素，持续深化“品牌创建”工作，全面完成了公司下达的各项任务指标，并荣获鞍钢集团公司先进单位荣誉称号。

生产任务提前超额完成。深化精益化生产组织，科学制定采据计划。2017年采剥总量完成2256.8万吨，超计划456.8万吨，矿石完成516.1万吨，超计划66.1万吨。其中，磁铁矿完成269.7万吨，碳酸铁完成246.4万吨。

安全形势稳定受控。积极推进安全标准化创建工作，汽运、筑路、西井三个作业区顺利通过现场验收。开展安全教育培训，提高了职工风险辨识能力。强化环境整治和危险废物处置工作，有效改善了职工的作业环境。结合季节特点，开展各类专项整治活动，加强采场重点部位的安全管理，增强了系统风险的防控能力，实现了安全、设备、火灾等事故为零的目标。

设备运行可靠高效。深化TnPM管理，全年共检查通报24期，考核问题114项，整改问题268项，在矿业公司设备检查评比中名列前茅。通过淘汰高能耗设备、集中供暖、缩短汽车运距等方法，有效降低能源消耗，采矿工序能耗比计划降低12.28%。大力推进压库工作，全年压缩库存800万元。2017年设备综合故障率为1.55%，比公司目标值降低1.45%。

成本管控精准到位。细化53项降本增效措施，全年降本增效完成2950.8万元，超计划265.5万元。广泛开展劳动竞赛、党员工程、技术攻关、双增双节等活动，全年创效500多万元。严格控制各类消耗，杜绝预算外支出，资金预算执行率全面达标。全年利润指标比预算增利1000万元，全面完成了矿业公司下达的各项成本利润指标。

企业管理全面升级。积极开展规章制度“立、改、废”工作，现行有效制度共计361项，其中，新增22项，修订28项，废止38项。进一步优化人力资源配置，2017年全矿共有53人办理退休，为132人办理转岗。深入开展“网络问企”，全年共征集建议1035项，其中创新类建议185项，创效47.3万元。科技创新成果丰硕，实施岗位创新项目共计107项，创效400多万元；完成受理专利7项，申报专有技术11项，发表科技论文2篇；全年上报管理创新成果8项，其中鞍钢级成果2项，矿业级成果6项。

职工幸福指数不断攀升。积极推进以职工代表大会为主要形式的民主管理和厂务公开。积极开展“践行共享理念　关爱一线员工”专项服务行动，对职工会议室、休息室和浴池内的福利设施进行维修更换。精准帮困扶贫，全年共计走访救济困难职工、困难退休人员150人次，发放慰问金6.9万元，发放金秋助学款3000元。开展丰富多彩的文体娱乐活动，共有1000多人次参与，极大丰富了职工的业余文化生活。组织职工健康疗养度假400人次，使职工感受到企业的温暖和关怀。

（侯　丽）

【东鞍山铁矿概况】 2017年末，东鞍山铁矿在岗职工726人，其中，干部104人（高级职称11人，中级职称58人，初级职称35人），工人622人。矿下设“4室1会”（生产技术室、综合管理室、设备室、党委工作室和工会），9个作业区。固定资产原值75568.28万元，净值为30082.41万元。矿区占地面积11.17平方千米，建筑面积5.61万平方米，主要生产设备有钻机5台，电铲20台，电机车12台，大型生产汽车20台，破碎胶带系统2套，振动放矿系统2套。从业人员劳动生产率达到13429.84吨/(人·年)。

2017年，该矿各级组织和广大干部职工紧紧围绕深化改革、降本增效工作主线，广泛发动职工，细化工作措施，积极应对成本费用持续压缩、生产工艺重大转型等诸多挑战，较好地完成了降成本、保供矿、促改革任务，各项工作也都取得了可喜成绩。

生产经营稳定顺行。全年采剥总量完成993.81万吨；输出铁矿石完成497.13万吨，满足了东烧厂需求；矿石输出品位完成31.17%，超计划0.37%。加速采场循环调整，拓展采场空间，提高了矿石接续能力。强化综合配矿，保证了选矿指标稳定。狠抓矿破胶带系统工程施工和生产组织管理，2017年8月9日，矿石破碎胶带系统正式运行，顺利实现生产工艺转型，为期10年的2期扩建工程圆满收官。

经济运行提档升级。积极探索生产工艺转型新的生产组织模式，经济运行能力稳步提升。加强预算、物耗和工序成本分析，生产运营成本管控能力得到加强。制定实施降本增效措施16项，实现降本增效2432万元，完成目标计划。铁矿石完全单位成本73元/吨，比计划降低2元/吨；实现销售收入4.03亿元；利润分析后完成3931万元，超计划1239万元。

科技创新助推发展。开展大型露天矿“精准采矿、智能配矿”关键技术研究，科学组织生产能力得到加强。丰富完善以往科技创新成果，“无基础、可移动矿用汽车智能称重系统”“大型矿山生产实时智能控制系统”，在日常生产组织中发挥了积极作用。与东北大学共同研发的“东鞍山铁矿天空地一体化边坡智能监测与安全预警研究”项目，经过专家组审核，获得了中国测绘地理信息学会科技进步奖。

职工生活持续改善。积极落实“践行共享理念，关爱一线员工”活动要求，通过薪酬改革、提高夜班津贴、班组长津贴等措施，职工收入在严峻的生产经营形势下实现了增长。职工浴池、休息室、作业环境得到改善。实施“温暖工程”，救济困难职工164人次，发放救济金、医疗救济款8.7万元。安排350名一线职工、先进模范健康疗养。

党建工作责任进一步落实。修订完善了《东矿党委工作规则》《东矿党委会议事规则》《东矿落实“三重一大”决策制度实施办法》等系列制度。召开党委会32次，就加强党的建设、干部交流等事项进行研究讨论，有效发挥了党委把方向、管大局、保落实的作用。组织召开了中共东矿第十六次党代会，顺利完成了两委“换届”工作。修订了党支部“三会一课”、党员管理等9项制度，建立起检查评价整改的管理闭环，促进了“三会一课”等制度落实。在作业区层面推行了党政领导交叉任职制度，提升了党支部的领导力和战斗力。开展了创建鞍钢“样板”党支部活动，穿采党支部申报参评了鞍钢样板党支部。推进党建与生产经营深度融合，2017年，共确立共产党员工程项目37项，实现创效600多万元。评出党员先锋岗91个，党员责任区43个，部门优秀工作成果12个，党员的先锋模范作用在完成生产经营任务中得到了充分体现。广泛开展“三查三带三整改”活动，促进了安全生产责任制的落实，为实现安全“双无”目标提供了保证。及时走访慰问困难党员和老党员，发放救济慰问金6.02万元。

干部人才队伍建设进一步加强。制定实施了《东鞍山铁矿加强机关建设、持续转变干部作风》《东鞍山铁矿领导包作业区、机关干部包班组》等规定，推动了机关管理服务重心向基层、向一线下移，增强了各级干部的服务意识和责任意识。推进了党务工作人员与行政管理人员双向交流机制，有2名支部书记交流到行政岗位，2名行政干部交流到支部书记岗位。

宣传思想政治工作进一步加强。在《鞍钢日报》《鞍钢视讯》《鞍钢矿业》等媒体发表各类宣传稿件116篇，传播好声音，弘扬正能量。开展形势任务宣传教育，编发形势任务宣传提纲8期，精心制作了《砥砺奋进的2014~2017》专题片。持续开展向孙利东同志学习活动，孙利东同志被授予“全国见义勇为英雄”荣誉称号。深入践行“六种群体行为意识”，持续开展“三四六”星级文化管理活动，推进了企业文化建设。

党风廉政建设进一步加强。推进了“两个责任”落实，与作业区负责人签订了《2017年度东鞍山铁矿党风廉政建设责任状》。加大对“关键少数”的监督力度，对5名矿级领导履行党风廉政建设责任情况进行了“画像”，对95名重要关键敏感岗位人员进行了廉政情况常态化记录、动态化管理。开展“微腐败”“亚腐败”问题专项调查，了解掌握了发生在职工身边的小毛病、小倾向和小陋习，为强化监督执纪发挥了指向作用。针对两级公司巡视、巡察中发现的问题，认真分析、研究，制定整改措施和方案，已全面整改到位。强化效能监察工作，全年挽回和避免经济损失210万元。

群团工作进一步加强。组织开展了双增双节劳动竞赛和班组极限挑战赛等活动，双增双节创效480万元。组织开展了职工技术大练兵活动，产生矿级技术状元19人，技术能手56人。选送35人参加矿业公司技术选拔赛，有1人夺得公司技术状元，17人夺得公司技术能手。注重劳动保护，为每名在岗职工购置了保温水壶，为一线岗位职工送西瓜2000余千克。完善和推广先进操作法，完善先进操作法3项，组织先进操作法大讲堂3场，80人参加了学习。组织开展文化体育活动，在“五一”和“十一”举办了两次大型登山活动，并邀请职工家属参加，受到了广泛好评和赞誉。帮扶困难职工群体，全年共走访救济困难职工164人次，发出救济金、医疗救济款8.7万元。

共青团组织深入开展“创新发展，青年争先”主题活动，“动态成本智能管控系统研究”被评为鞍钢青春创新登高金牌项目。学习孙利东小分队服务敬老院活动被公司评为金牌青年志愿服务项目。组织青年参加公司团委举办的“青年安全知识竞赛”，获得3等奖。科协、民兵、统战、女工、信访、居退管等组织也发挥了各自优势，为完成全年生产经营任务作出了应有的贡献。

（由继宏）

【眼前山铁矿概况】 2017年末，眼前山铁矿共有职工587人，在岗职工435人，其中干部80人（高级职称11人，中级职称45人，初级职称24人），工人355人。该矿下设四室一会和4个作业区。固定资产原值7.85亿元，企业占地面积1334.7万平方米。主要生产设备共有55台。

该矿以“保生存求发展”为主线，克服各种困难和不利因素，取得了生产经营和改革发展新成绩。全年采掘总量、铁矿石（工程带矿）、铁矿石输出分别完成217.36万吨、175.52万吨、177.26万吨，比2016年分别提高40.39%、25.68%、25.26%。全年实现轻伤以上人身事故和重大设备、交通、火灾事故及较大环保事故为零。

保当前顾长远，深部井下工程建设取得新成果。该矿在保证生产运营稳定的前提下，积极推进工程建设。深部井下一条生产线重负荷联动试车，标志该矿露天转井下取得又一个阶段性成果。通过协调组织、技术创新、保养维护等手段，以动态管理解决重负荷联动试车中存在的问题，实现深部系统试生产，达到日产6000吨矿石水平，同时按计划紧密推进第二条生产线的工程建设。

实行一体化管理模式，生产运行质量明显提高。该矿推行相关方一体化管理，促进与外包工序衔接。强化生产准时化管理，确保上下工序衔接顺畅、能力匹配。适应新生产模式，实行平装车和竖井提升同时出矿、加快采准进度、增加回采作业、科学调整生产部位、加强爆破管理和矿石质量管理，提高了生产能力和矿石输出品位。加强设备岗位操作规程、点检标准的制定和培训，开展设备本体和运行环境的专项整治，规范备件计划和消耗管理，设备管理一体化水平进一步提高。

落实各级责任，安全“双无”活动持续推进。建立完善了从矿领导到岗位职工的全员安全责任体系。加强隐患整改，全年开展专业检查33次，查出隐患672项，整改率达到100%，现场隐患逐步减少，危险源点得到有效控制。加大作业现场和环保整治力度，先后开展井下生产现场，井下通风排水、井下防火防炮烟，露天公路扬尘及河道清淤整治，安全环保质量有了明显改善。加强安全培训，创新安全教育方式，建立安全微信群，促进职工安全生产。加强对相关方安全管理评价和考核，促进了相关方加大安全管理力度。

发动全员智慧，降本增效取得新成绩。全矿干部职工积极建言献策，开展双增双节、提合理化建议等活动，创效1033万元；开展技术攻关，发挥职工创新工作室作用，创效906.65万元；开展管理创新增效，提质增效277万元，优化采准巷道标准创效378万元，加强管控、降低物耗26万元，实行躲峰节电160万元。完成全年成本指标，为实现扭亏脱困打下坚实基础。

推进改革创新，管理升级再上新水平。高起点制定该矿今后发展目标和发展战略，确定了三个阶段发展目标和突出一个中心、实现六个转变、推进六项工程的“166”发展战略，明确发展方向。完善了工序外包生产、安全、设备一体化管理模式，理顺与外包单位生产关系。在重点岗位实行计件工资，调动了职工积极性。开展井下安监员和井下新增岗位人员竞聘上岗及首席工程师聘任工作，劳动人事改革迈出了新步伐。加强信息系统、矿产资源保护和防火、综治、保密、计生管理，为生产经营和改革，提供了基础保证。

突出和谐稳定，维护职工权益得到新加强。加强职工技术培训，举办各种技术培训班 49 个，3441 人次参加。参加矿业公司技术竞赛，1 人获技术状元、18 人获技术能手。聘任 27 人为高级技师和技师。安排 315 名先进人物和一线职工健康疗养。金秋助学、救济困难职工 478 人，发放救济款 13.3 万元。特困职工家庭生活有了明显改善。在极其困难的情况下，职工工资收入保持稳定。

（李　娜）

【大孤山球团厂概况】 2017 年末，该厂共有职工 1050 人，其中管理技术岗位 123 人（具有高级职称 17 人，中级职称 74 人，初级职称 27 人），生产服务岗位 876 人，居家休息职工 47 人，列编外 4 人；离退休职工 849 人。下设 4 室 1 会、10 个作业区、1 个分厂，分厂已停产。固定资产原值 12.64 亿元，净值 4.44 亿元。全厂占地总面积 3547842.6 万平方米，建筑面积 207388.9 万平方米。球团生产线采用目前国际较为先进的链箅机-回转窑氧化球团生产工艺，其设计能力为年产酸性氧化球团矿 200 万吨。选矿主要设备有球磨机 34 台、破碎机 11 台。全年铁精矿产量完成 203.97 万吨，超计划 9315 吨；球团矿产量完成 223.89 万吨，超计划 38.89 万吨；铁精矿、球团矿单位完全成本分别达到 420.03 元/吨、559.55 元/吨，分别比计划降低 3.13 元/吨、3.99 元/吨，总成本比计划降低 1531.6 万元；实现利润 4835 万元，比计划多完成 3655 万元。千人负伤率为零。

2017 年，该厂干部职工克服了难选矿增多、备件供应不及时、产品输出不畅、降本增效难度增大等困难，全面完成了生产经营任务，各项工作取得了新成效。一是生产经营保持了稳定运行。在外部供矿条件变化大，生产组织难度大的困难条件下，有针对性制定了“四控三稳一降”方案，优化破碎供破矿组织、两选转车方式和球团生产运行方案，实现了铁精矿和球团矿全年突破 200 万吨“双超”目标。二是设备技术状况得到了明显改善。以确保设备稳定运行为重点，合理安排主体设备计划检修，先后组织了球团计划修和破碎调整修，超前做好球团年修准备。以磁选为重点开展了选别设备集中整修，提高了选别设备技术状况。以推行无故障运行管理为目标，开展了设备升级达标活动，强化设备点检定修。通过优化工艺流程，提高单机效率，降低设备故障率，提高自修比率等措施，最大限度挖潜降耗。三是安全生产实现了事故为零目标。以推进“双无”为主线，推行了“一厂一策”工作，建立了“一二三五”安全管理机制；强化了安全生产责任制落实，全面实施了部门安全值周检查通报和作业区“一周双查”制度；强化现场治理，推进“双达标”工作；全方位抓好隐患排查整治、防火安全、厂区道路交通安全和重点部位安全风险防范；加大了尾矿库抑尘力度，完成了破碎除尘改造和尾矿锅炉脱硫工程，有效控制了环境污染。四是技改项目取得了新进展。有计划、有重点、有步骤地推进技术改进和攻关项目以及双革合理化项目的实施，发挥了各层面、各系统、各专业创新创效作用。全年完成科研项目 1 项、双革合理化建议项目 43 项、技术攻关项目 5 项，报公司科技创效项目 7 项，实现创效 2567 万元。其中 E 指数的研究及应用、尾矿再选工艺技术研究、三选短流程改造、H8800 破碎机架体止口修复、振动筛筛片改型、陆凯双层复振筛试验、新型助滤剂工艺试验、尾矿库多管池田放矿抑尘等项目取得明显成效。五是企业管理工作有了新提升。有效推进专业化、标准化、集中化、信息化和差异化五项管理。在专业化管理上，挖掘检修作业区人力资源潜力，推行了检修工单和执行检修工时定额，重新整合保产保洁人员，逐步推广专业化维护、巡检、检修和保洁；在集中化管理上，组建了物资总库，对全厂物资实行集中统一管理；在标准化管理上，强化了岗位操作、班组基础和作业区管理三个标准化，深入开展了样板班组创建和岗位达标活动，推进了技术大练兵活动，获得厂技术状元 12 人、技术能手 34 人，获得矿业公司技术状元 1 名、技术能手 20 人；在信息化管理上，进一步完善球团、磁选自动化系统，积极推进“两化融合”管理；在差异化管理上，重新制定了战略绩效考核办法，改革分配机制。同时，强化了专业部门管理和考核，推行了部门双周检查通报制度，加大了检查考评的力度。六是和谐企业建设迈出了新步伐。组织开展了以“保生存、降成本、抓改革、求发展”为专题的形势任务教育活动，形成了齐心协力渡难关的良好氛围。深入推进了“两学一做”学习教育常态化制度化，进一步加强了领导干部作风建设，营造了风清气正的政治生态。“五小”思想政治工作成果荣膺中国冶金职工思想政治工作研究会优秀成果一等奖。注重关心职工生活，开展了“践行共享理念、关爱一线员工”专项服务行动。全年共走访慰问离退休人员、困难在职和居家职工 456 人次，发放救济金及慰问款 28.09 万元，发放慰问品价值 2.5 万元。组织了全厂职工健康体检，安排 480 名一线职工、先进模范人物健康疗养。为 1099 名职工发放了生日餐物品。成立了职工文体兴趣俱乐部，举办了丰富多彩的文体活动，活跃了职工业余文化生活。

（张绍平　张明洪）

【齐大山选矿厂概况】 2017 年末，齐大山选矿厂有在职职工 831 人，其中管理专业技术人员 119 人，生产服务人员 712 人。下设四室一会、八个作业区。固定资产原值 10.6 亿元，净值 3.58 亿元。

2017 年，该厂干部职工齐心协力，锐意进取，以降本增效为核心，抓创新促发展，全面完成了各项目标任务，为矿业公司作出了重要贡献，得到了矿业公司的充分肯定。

党建工作全面加强。该厂广大干部职工深刻学习贯彻习近平新时代中国特色社会主义思想和党的十九大精神，聚焦全面从严治党在基层落地生根，为实现齐选发展新跨越提供了坚强的政治保证和组织保证。厂党委制定了《党委工作规则》和《党委会议事规则》，召开党委会专题研究党建工作 21 次。季评“四好班子”“四型机关”，持续推进机关作风建设。实施政治工作绩效考核，落实党建工作与生产经营“五同时”。夯实党建基础，“三会一课”执行率 100%，动力党支部晋升为鞍钢样板党支部。在全体党员中开展了“当先锋、树标杆、创品牌，向十九大献礼”主题系列活动，全年完成共产党员工程 20 项，党员微创新 82 项，创效 600 余万元。深化党风廉政建设，推进“两个责任”落实，层层签订责任状，形成了逐级负责、全员监管的良好局面。强化效能监察工作，全年创效 304.78 万元。开展了“规范小权力，关注小倾向，杜绝小问题”揭查改活动，查找管理缺陷、漏洞 27 项。深化廉洁教育，开展了廉洁书法漫画作品展、“心廉心”家庭助廉等活动，营造了风清气正的良好氛围。该厂党委连续三个季度荣获矿业公司先进党委称号。

铁精矿产量创历史最高水平，尾矿品位创新低。该厂面对年初 7000 万元利润缺口的巨大生产经营压力，通过优化原矿预报模型、实施经济转车模式、强化技术攻关等措施，不断提升生产运行质量，圆满完成了 2017 年任务目标。生产铁精矿 314.2 万吨，超计划 17.2 万吨，输出铁精矿 314 万吨，超计划 17 万吨，精矿品位 67.54%，超计划 0.04%，尾矿品位 9.94%，低于计划 0.56%，铁精矿产量、尾矿品位创历史最好水平，全年利润超矿业公司考核计划 2300 万元。2017 年在岗职工人均工资比上年增多。

贯彻绿色发展理念，安全环保工作取得新进展。把清洁生产贯彻始终，维护职工健康，共建碧水蓝天。先后完成了锅炉脱硫、除尘系统改造、尘泥回收、尾矿库喷洒抑尘剂等环保项目，解决了一系列制约选厂绿色发展的历史性难题。以全员、全系统、全空间提升为重点，深化安全管理，班子成员深入到班组与广大职工共话安全，共谋发展；机关部门“每周一查”与作业区“每周双查”相结合，层层落实安全责任；实施了“星火计划”，深度推进“双无”工作，全年实现轻伤及以上、火灾、环保事故为零的目标。

创新成果丰硕。实施了《齐选厂全员创新管理办法》，规范了创新项目立项、实施、评价程序，全年完成创新项目 35 项，创效 2500 余万元，充分发挥了全体职工的积极性和创造性，促进了职工自我价值的实现与企业核心竞争力的提升，为企业创新发展奠定了坚实的基础。

以弘扬工匠精神，培育和造就工匠级岗位精英为目标，深植工匠文化。该厂一选作业区生产乙班班长谷安成被授予“辽宁省劳动模范”称号。2017 年 12 月，谷安成荣获首届“鞍钢工匠”称号，成为鞍钢选矿产业工人的优秀代表。

技术优势更加突出。全年完成科研攻关 3 项，“不同螺距螺旋溜槽选矿效率试验研究”获矿业公司优秀科技成果三等奖。常温药剂推广应用，使浮选温度最低降到 17℃，全年节约动力煤 8000 余吨。知识产权工作有新成绩，全年受理专利 7 项，认定专有技术 6 项，申报矿业公司重大合理化建议 7 项。

管理提升再上新水平。实施管理创新项目 24 项，“P 指数模型联合应用系统在企业管理运营中的应用”荣获辽宁省企业管理进步二等奖，齐选厂荣获全国冶金矿山优秀厂矿称号。提升设备管理水平，推进 TnPM 工作，开展设备综合评价，每月评选星级作业区，强化故障预防预判和计划性检修，主体设备故障率比计划降低 0.32%，保证了设备长期稳定高效运转。

幸福选厂建设取得新进展。全年举办各类培训 355 项，培训 13500 余人次，2017 年晋级高级工程师 2 人，工人技师 6 人，荣获鞍钢技术状元 1 人、鞍钢和矿业技术能手 30 人。完善作业现场条件，特别是中细破区域整治，良好的作业环境，已成为矿业公司标杆，为齐选厂争得了荣誉。解决职工诉求 20 项，新建了职工候车室，修缮了职工浴池，改善了职工就餐环境，安排 500 余名一线职工和离退休职工进行了健康疗养，发放困难救助金 11.97 万元，走访救助困难职工 419 人次。

（穆余利）

【东鞍山烧结厂概况】 截至 2017 年末，东鞍山烧结厂有职工 1270 人，其中干部 170 人，工人 1027 人，居家休息职工 65 人，列编外 8 人。离退休职工 1818 人。下设四室一会，9 个作业区。拥有固定资产原值 14.99 亿元，净值 5.3 亿元。厂区总占地面积为 475.6 万平方米，总建筑面积 26 万平方米。

2017 年，该厂以市场标准为生存底线，以优化生产全要素为载体，以改革创新为动力，深入推进科技创新、管理升级、对标挖潜，全年铁精矿、烧结矿、活性灰三大产品产量分别完成 175 万吨、310 万吨、22.5 万吨，单位成本分别完成 518.98 元/吨、705.51 元/吨、298.73 元/吨，实现销售收入 21.68 亿元，减亏增效 2070 万元。

推进生产全要素优化。协调工序产能与指标平衡，提高了选矿系统运行效率。优化烧结铁料结构，应用低价焦粉，加强生产操作与关键质量点控制，实现了经营效益最大化。

推进科技创新。实施了选矿再磨闭路改造、烧结元素在线检测与碱度自动控制技术、“铁料烧结定额成本管控系统平台”项目。开展了选矿新型旋流器、熔剂筛板、耐磨钢球等工业试验。11 项专利获得国家授权或受理，5 项技术获得鞍钢专有技术认定。科技创效 6000 万元。

推进绿色生产。开展除尘设施大修改造，实施了尾矿库、原料料场抑尘整治，喷洒覆盖剂 46.65 万平方米、铺设抑尘网 4000 平方米、增设喷淋装置 16 套、清透除尘管道 500 余米、修复消声板 53 套。

推进基础管理。以现场管理为突破口，全面提升基础管理水平。完成制度“立改废”32 项。开展规范管理检查评价，94 项典型问题得到整改。实施了动力作业区区域包修制改革。完成外委转自修 160 项，节约修理费 373 万元。

该厂召开了第十六次党员代表大会，谋划了未来三年实施五项战略，打造实力东烧的奋斗目标及工作思路。厂党委认真学习贯彻党的十九大精神，深入开展“两学一做”学习教育活动，实施了机关干部 24 小时值班、靠前指挥、两级机关周五劳动制度，全年两级机关干部在厂奉献 960 余人次。强化形势任务教育和宣传发动，全年下发宣传提纲 17 期，各级干部跟班讲形势 286 人次，对外发表稿件 154 篇，编发《东烧快讯》405 篇。开展专项效能监察 4 项，避免经济损失 252 万元。开展群众性建功立业活动，完成 15 个漏油攻关项目，治理 25 处扬尘点，全厂职工共提出网络问企建议 410 项，实现双增双节创效 702 万元。开展“践行共享理念，关爱一线员工”专项服务行动，为一线职工安装净水装置、开水器 21 套，更换桌椅、更衣箱 484 个。救济困难职工 291 人，发放救济款 8.42 万元。

（张仁友）

【鞍千矿业有限责任公司概况】 2017 年末，鞍千矿业有限责任公司（简称鞍千矿业）共有职工 1003 人，其中干部 87 人（教授级职称 2 人，高级职称 12 人，中级职称 51 人，初级职称 22 人），工人 916 人。下设四室一会，12 个作业区。企业固定资产原值 20.3 亿元，净值 7.25 亿元。厂区占地面积 460 万平方米（选厂 44 万平方米），建筑面积 5.42 万平方米。主要设备有 4 立方米电铲 14 台，10 立方米电铲 8 台，牙轮钻机 11 台（YZ35 型 9 台，YZ55 型 2 台），生产汽车 100 台（斯太尔 2 台，沃尔沃 36 台，卡特 30 台，小松 10 台，TR100 22 台），推土机 16 台，PXZ1216 粗破机 3 台，H8800 中碎机 2 台，H8800 细破机 2 台，HP800 细破机 2 台，ϕ5030 毫米×6400 毫米球磨机 6 台，SLON 立环脉动磁选机 18 台，过滤机 15 台。

2017 年，在生产经营压力持续加大的情况下，鞍千矿业牢牢把握“保生存、求发展”的工作基调，优化各项举措，在增产保质、降低成本、提升管理、创新创效等各项工作上均取得了新的成绩。全年完成采剥总量6238万吨，铁矿石1299万吨，铁精矿255万吨，实现利润4.13亿元。特别是在降本增效方面，全年实施12个方面62项降本增效措施，创效1.43亿元。

生产组织模式持续优化。采矿生产以“采掘并举、剥离先行”为原则，通过优化生产组织模式、优化采场运输系统、优化综合配矿模型，进一步加快重点部位岩石剥离，拓展采场空间，确保了采矿生产能力持续稳定。选矿生产以“精细化、最优化”管理为基础，坚持以销定产，优化转车方案，探索出“优质、低成本”运营新模式。以“稳质增产”为原则，统筹平衡磨机台时、作业率和原精尾等技经指标，通过开展“提质降尾”试验研究，精矿两率分别超计划0.92个百分点和3.13个百分点，尾品比计划降低0.08个百分点，实现了精矿增产6万吨的目标。

安全环保取得新进展。严格落实安全生产责任制，强化区域管理责任追溯，全年实施责任连带考核24次。积极推进环保治理工作，重点跟踪落实除尘系统改造、事故池等环保项目施工、改造和日常监测，制定扬尘治理等13个方面生产工艺环节的环保风险管控措施，梳理汇总15个方面环保基础管理档案，开展了“治理身边扬尘，保障职工健康”群众性专项活动。推进标准化创建工作，制作安全标准化演示片10部，有3个作业区晋级矿业公司安全标准化星级作业区。

设备管理水平不断提升。持续深化设备“零缺陷”管理，提升了设备管控能力，确保设备在高水平下运行。承接和制定设备管理制度13项，使管理更具约束力和执行力。完成部分设备四大标准的修订，使标准更加合理、精准。完善检修作业管理制度和相关流程，使设备缺陷从提出到完成实现全过程追溯，提高了全流程设备管控质量。持续开展设备管理评价，现场卫生、设备隐患、定置定位等多方面检查整改100余项，使现场管理有了明显提升。设备专项治理漏油工作取得较好效果，累计完成项目50余项，创效150余万元。

技术创新活力充分激发。针对制约生产和降本工作的重点、难点和关键环节，开展技术创新立项攻关活动。组织实施中储矿仓增容改造、优化过滤机配置等项目27个，累计增效6000万元。完善高原品、高亚铁矿石流程控制和操作办法，加强中强磁电流控制，促进了指标稳定和改善。积极开展科研试验，推广应用“四新”项目，其中，开展矿业公司科研项目4项，国家科技支撑项目和国家重点研发专项项目各1项，为企业长远发展提供了技术支撑。

党的基层组织建设取得新成效。结合扁平化管理实际，建立实施政治工作“双督导”工作制度，明确了每名班子成员和专职政工干部的工作联系点。落实鞍钢党委开展“基层党支部建设提升年”活动要求，加强党支部基础建设，17个党支部52个党小组做到了组织机构健全、支委分工明确。强化支部工作对标学习，加强支部书记和支部委员培训，推进选配兼职支部副书记工作，作业区党支部副书记配备率达到三分之一。围绕生产经营的重点、难点环节，深入开展了共产党员工程和“我为党旗添光彩、我为企业献良策”合理化建议征集活动，全年开展党员工程项目86项，党员提合理建议66项，创效1897万元。汽运作业区党支部被命名为鞍钢“样板”党支部，鞍千矿业党委加强基层党支部建设的工作经验受到鞍钢集团公司党委领导批示肯定。

宣传思想文化建设取得新成绩。深化形势任务教育，组织编写班前5分钟宣传提纲36期，下发形势任务教育材料12期，中层干部跟班讲形势96人次，营造了拼搏进取、共克时艰的氛围。全年在冶金企业文化、鞍钢日报、鞍钢视讯、鞍钢矿业报等媒体发表稿件140余篇，树立了鞍千矿业的良好形象。坚持“1+5”职工思想工作模式，重点关注和做好病困职工、居家休息职工和劳务用工三个群体工作，保证了队伍稳定。办好局域网，创刊《鞍千》杂志，成为宣传动员职工群众的有效载体。确立了“与企业同心、与改革同行、与发展同向”的鞍千文化理念，引导职工增强主人翁责任感，与企业同呼吸共命运。鞍千矿业推进“同心同向”文化建设的研究与实践成果，荣获中国冶金行业党建思想政治工作研究三等奖和矿业公司2017年思想政治工作课题一等奖。鞍千矿业被中国企业文化研究会评为企业文化建设优秀单位。

服务职工群众解决实际问题。认真履行集体

合同，贯彻落实《职工代表视察制度》，解决部分岗位空调损坏、采场个别路段照明不亮等15项问题。深入开展“践行共享理念、关爱一线职工”专项服务行动，改善了职工生产生活条件，更新更衣箱165个，更换办公桌椅、会议室桌椅等132个，修缮浴池360余平方米，切实地提高了职工群众的满意度。建立困难边缘职工帮带对子12对，帮助解决日常生活中遇到的实际问题。对6名患大病的困难职工进行了医疗救助，共核销医疗救济金4.99万元。积极开展贫困职工救济和走访慰问活动，全年累计帮扶困难职工175人次，发放救济金7.67万元。

（潘　洋）

【关宝山矿业有限公司概况】 截至2017年末，关宝山矿业有限公司共有职工207人，其中管理技术岗位33人（高级职称7人，中级职称25人，初级职称1人），公司机关设“四室一会”，下设6个作业区。拥有固定资产原值、净值21.67亿元。主要设备有PXZ－1216悬挂式旋回破碎机1台、H8800中破机2台、HP800细破机4台、2YAH2460圆振动筛8台、ϕ6.2米×9.0米溢流型球磨机2台、VTM－1500立磨机6台、ϕ3000立环脉动高梯度磁选机7台、浮选机34台、ϕ50米浓缩机4台、ϕ38米浓缩机2台、ϕ60米浓缩机2台、ϕ38米机械加速斜板澄清池2台、VPA 2040－54压滤机3台、35吨锅炉3台。

生产经营按期完成。2017年实现满负荷生产，全年完成采剥总量1599.6万吨，超计划399.6万吨；铁精矿167.5万吨。尾矿品位平均降低0.1%，增产精矿0.84万吨。降低强磁尾矿品位，创效422万元。通过开展工艺矿物学和可选性试验研究，创效97万元。

安全管理不断提升。制定下发《鞍钢集团关宝山矿业有限公司关于对相关方实行一体化安全管理实施办法》《关宝山矿业有限公司生产经营管理问题问责制度》等管理制度70余项。不断健全安全管理体系，以实现安全“双无”为目标，认真执行安全标准化星级作业区标准，有3个区域通过了公司星级标准化评审，严格落实安全生产责任制，深入开展隐患排查整治工作，实现轻伤以上事故为零。

设备管理不断夯实。修改完善了“三大规程”和“四大标准”，形成了近35万字的设备标准、规范资料，推进TnPM管理工作，通过6S活动和6H治理，设备完好率100%，逐步建立健全规章制度体系，使各项工作有据可依，为设备稳定运行奠定了基础。

企业管理逐步规范。通过岗位职工业务界定、大区域巡检、检修维护项目重新整合、外委费用重新核定等措施，不断优化人力资源管理。建立绩效评价考核体系，实施《2017年绩效评价考核办法》，充分发挥绩效考核的导向作用，促进了各项管理工作有效贯彻和落实。开展全面风险管理工作，建立健全各项内控制度，制定了风险事件辨识和年度重大风险解决方案，形成科学决策和监督机制。

职工素质稳步提升。紧密围绕生产经营重点、难点开展全员参加的技术培训、岗位练兵和技术竞赛活动，将技术练兵与日常教育培训相结合，理论培训与实际操作演练相结合，做到自下而上、全面覆盖，实现整体提升的目标。职工技术大练兵活动全面展开，有3人获得鞍钢集团公司技术能手称号。

群众工作持续深入。认真落实密切联系职工群众“四个一”制度。关心职工生活，以职工群众切身利益为重点，对职工浴池进行修缮，加强对职工食堂、通勤车的监督检查，帮扶工作顺利开展。春节期间开展大走访活动，共走访慰问困难职工、先进人物等40多人次，发放救济款17100元，购买慰问品近2万元，为2名职工办理职工重大疾病保险及职工安康保险，把对职工的关心转化为实际行动。全年安排生产骨干、先进人物30名、一线职工60名到天座宾馆度假疗养。

（唐　磊）

【大连石灰石新矿概况】 2017年末，大连石灰石新矿矿有职工800人，其中在岗543人，居家休息237人，列编外20人，在岗人员中干部136人（中级职称72人，高级职称6人），工人407人。离退休职工773人。矿机关设生产技术室、设备室、综合管理室、财务室、党委工作室、工会及供应站和武装保卫队，下设7个车间级单位。产品主要有四个品种：小优（15～35毫米）、大优（30～55毫米）、碎石（0～15毫米）、粉矿（0～3毫米）。现有YZ－35牙轮钻1台，SWDA165潜孔钻3台，SWDE120边坡钻机1台，WK－4电铲5台，EC290BLC、EC360BLC液压挖掘机各1台，

EC460BLC液压挖掘机2台，3307B矿用生产汽车2台、TR50矿用生产汽车2台、TR60矿用生产汽车11台（原沃尔沃生产汽车6台由矿业公司调拨给鞍千公司；由弓长岭露天矿调拨来TR60矿用生产汽车5台），PX1200/180旋回破碎机1台。固定资产原值为4.1334亿元，新增值1643.5万元，固定资产净值2.225亿元。工业占地193.5万平方米，建筑面积3.1894万平方米。

根据鞍钢集团公司处理困难企业及“压减”工作要求，针对复州湾黏土矿目前已经停产的实际，经矿业公司2017年11月24日党委扩大会议研究决定，对复州湾黏土矿实施管理体制改革，下发了《关于复州湾黏土矿管理体制改革的决定》（矿业政发〔2017〕110号），将复州湾黏土矿与大连石灰石矿整合，整合后单位名称仍为大连石灰石矿，由大连石灰石矿设立复州湾作业区，科级单位。

2017年12月8日，该矿第八次党员代表大会召开，进行了改选换届，明确了该矿未来五年的发展方向。

根据《关于规范鞍钢矿业集团　鞍钢集团矿业有限公司及所属单位名称（简称）使用的通知》（矿业政办发〔2017〕32号）精神，大连石灰石新矿规范注册名称为：鞍钢集团矿业有限公司大连分公司，自2017年5月8日起执行。

2017年，该矿实现采剥总量487万吨、原矿441万吨、石灰石输出289万吨，分别超计划23.3%、27.8%、18%；产品质量合格率达99.62%；销售收入实现12149万元，超计划16%；利润亏损3291万元，较公司预算减亏828万元。

该矿紧贴生产实际筑牢风险防范体系，安全标准化建设再上新台阶。在公司的星级安全标准化作业区现场评价中，破碎作业区、输出作业区、生活服务中心被评为一星标准化作业区，至此该矿所有作业区均进入公司星级安全标准化作业区行列。

按照大连市政府的要求，报废了四台燃煤承压热水锅炉，更换为三台燃气承压热水锅炉，彻底解决了燃煤锅炉粉尘污染问题。

石灰石产品销售实现新突破，全年增加粉矿销量19.75万吨，实现计划外增销22.42万吨，增加收入1700万元。生产效率和综合效益进一步提升。优质石灰石产率提高5个百分点，创效78万元。电铲、钻机、生产汽车、输出系统、粉矿系统故障率较计划指标降低16%、55%、57%、18%、52%。采剥电单耗、破碎电单耗、粉矿电单耗分别控制在0.29千瓦时/吨、1.69千瓦时/吨、4.6千瓦时/吨以内，生产柴油单耗较计划降低3.2%；非生产用能较去年同期相比下降2.31%；全系统用电最大负荷有效管控节约电费48.5万元。

该矿于2017年8月对中破碎机进行了技术改造，将H8800破碎机更换为PYT-B2200破碎机。通过此次重大技术改造，块矿产率提高到62.63%，为降本增效发挥了突出作用。

2017年，完成创新立项98项，创效866万元；完成专利1项，专有技术2项；职工网络问企299条，已完成220条，线下处理等79条；征集职工合理化建议101项，实施86项；修旧利废实现创效263万元，较计划增加67%；物资采购资金较预算降低76.65万元。全年共实施立项培训59项，培训人员1520人次。修华春同志在矿业公司技术大练兵财务专业比赛中获得状元称号。

（刘敬俊）

【动力厂概况】 动力厂是矿业公司所属的集供电、电网检测维护、电机维修、通信信息网络维护、计量装置和电气自动化维护等多种业务于一体的专业化维护单位。截至2017年末，该厂共有职工606人，其中管理技术岗位113人（高级职称9人、中级职称83人、初级职称20人），生产服务岗位493人。下设9个作业区，机关“四室一会”。厂区占地面积15.9万平方米，房屋实有建筑面积3.7万平方米。固定资产原值6.05亿元，净值3.52亿元。

2017年，该厂广大干部职工在保产稳供要求高、新增检维业务重、完成利润压力大等困难面前，齐心协力、踏实工作，实现总收入14.49亿元；利润4557万元，全面完成了矿业公司下达的生产经营任务。

学习贯彻党的十九大精神，将党的政治建设放在首位。通过对十九大精神系统的学习和深入研讨，厂党委班子达成了主动承担矿业公司降成本指标，拓展动力厂服务范围的共识，研究确定了向外部市场拓展经营范围等发展思路。党委部门定期指导和督促党支部完善基本制度，夯实工作基础。全年完成共产党员工程56项，创效510万元。认真落实“两学一做”学习教育常态化制度化要求。党委委员定期参加联系点党支部民主生活会，撰写教案上党课。为全体党员购买学习资料和学习笔记，组织全体党员“两学一做”学习教育知识测试和全体职工参与的十九大精神测试活动，党员和群众参与率达到100%。

经营指标不断优化。全年完成配电量13.67亿千瓦时，实现总收入14.49亿元。其中实现检信维护收入8242万元。在克服种种不利因素的基础上，全年实现利润超年计划520万元。设备完好率、供电损失率、电网力率均优于公司下达的计划指标。

安全工作成效明显。全年实现了轻伤以上安全事故为零目标。一个作业区进入公司三星级“安全标准化星级作业区”行列；两个作业区进入公司一级“安全标准化作业区”行列；五个班组、四个岗位进入公司百佳安全标准化班组及百佳安全标准化岗位行列。

电网保供能力显著增强。2017年完成了新121、122变电所建设工作；基本完成了崔关线66千伏铁塔线路改造工作；改善电网装备水平，维修更换了主变压器、户内外高压隔离开关、直流开关、综合保护装置等各类设备设施91台（套），为保障电网稳定运行奠定了坚实基础；认真落实点检制度，特别是为确保电网安全运行和变电所值班人员人身安全，实施了矿山电网与市国网公司和其他转供电用户线路交叉部位专项点检，发现整改线路隐患6处，拆除易造成反送电的转供电用户发电机1台。

保产服务稳步提升。完成了对设备检修协力中心自动化作业区的整合，业务范围进一步拓展；强化对电气、电机、信维、自动化等内部承修业务的流程梳理；及时组织实施关键环节重要设备的综合整治和完善备件、材料储备等工作；自动化作业区开展如何降低故障率大讨论活动，全体职工建言献策，初见成效；广泛开展了用户走访活动，厂领导班子走访生产单位，面对面听取意见和建议，召开专业会议，制定工作措施，做到条条有落实，有力地促进了保产服务工作。

创新能力更加凸显。完成了矿业公司立项的“大型矿业供电智能控制优化系统研究”科研项目，获矿业公司科学技术奖二等奖、鞍山市科技进步奖三等奖；“球磨机给矿量智能控制装置项目”获第二十二届全国发明展览会优秀奖；全年还申报实用新型专利2项，认定专有技术1项，授权实用新型专利1项，有力地助推了生产经营工作。

基础管理日益完善。全面开展了清产核资工作，盘点各作业区仓库29个，摸清了资产“家底”；开展了规章制度“立、改、废”工作，制定了《物资领用仓储实施细则》等制度44项；重新编制了满足企业发展需要的岗位说明书，按照高效精干原则，合理编制了人力资源规划和定员方案。与此同时，职工培训、居退管理、治安综合治理、消防、保密、信访、计划生育和档案管理等工作都取得了较好成绩。

企业文化建设再上台阶。推进职工素质工程建设，2名职工被评为矿业技术能手，36名职工被评为厂技术状元和技术能手；检试作业区试验二班获“全国优秀质量信得过班组”荣誉称号；深入开展“践行共享理念、关爱一线员工”专项服务活动，为职工浴池加装了取暖设施，为职工休息室更新了桌椅，改善了职工生活和休息环境；关心困难职工，全年走访慰问困难职工90人次，发放慰问金、救助金5.97万元，为职工送去了温暖与关怀；全年开展了形式多样、丰富多彩文体活动，陶冶了职工情操，激发职工奋发向上精神。

（丁伟伟）

【设备检修协力中心概况】 2017年末，设备检修协力中心（简称协力）共有职工412人，在岗职工337人，其中干部人数70人（高级职称5人，中级职称54人，初级职称11人），工人342人（高级技师8人，技师31人），离退休职工557人。中心下设“三部一会”（生产经营室、党委工作室、综合管理室、工会），5个工区。拥有固定资产14024.56万元，净值6087.09万元。主要设备有机械加工车床53台，起重设备28台，动力设备5台，检验检测设备10台。

2017年，面对异常严峻的生产经营形势，协力干部职工坚定信心，迎难而上，全面完成了公司下达的各项任务目标。

生产经营创造新业绩。共计完成工程类收入6840.9万元，同比增加1218.9万元，增幅21.7%；完成协议类收入1.22亿元，同比增加4610.2万元，增幅60.5%；完成复合管销售收入

600.9万元，同比增加296万元，增幅97.1%。合计全年总收入1.97亿元，较上年增加2541.8万元，盈利133万元。

企业管理再创新水平。强化安全责任，落实“双无”措施，深化安全文化建设，在矿业公司2017年度安全管理评价检查中获辅助单位第一名；建立内部市场运作模式和用工激励机制，较好解决了人力资源不足问题，实现了检修效率与效益的双提高；狠抓建章建制，形成了覆盖全部管理职能的制度体系；优化检修组织结构和物资管控，保证了生产运行工作平稳过渡，调剂、调拨各类闲置物资10余万元，回收废钢铁104.5吨，废杂油7.2吨。

职业化团队建设实现新突破。协力先后以杨福斌、魏宏超创新工作室为技术引领，成立创新协会，开展专项攻关研究活动。杨福斌创新工作室被评为辽宁省劳模创新工作室。

科技创新取得新成果。全年完成科研项目35项，创效355万元。完成专利8项，专有技术1项，发表论文19篇，核心期刊2篇。其中，1项科研成果获中国冶金矿山科技进步奖一等奖，1项科研成果获鞍山市科技进步奖特等奖，1项QC成果获辽宁省优秀质量管理奖，1项专利获全国22届发明博览会金奖。

和谐建设迈出新步伐。投入资金6.1万元为职工妥善解决了饮水、洗衣、蒸饭等难题。走访慰问职工289人次，大病医疗救助21人次，温暖工程基金救助5人，全年共发放救助款合计16.6万元。同时，还开展了全员身体健康普查和有益身心健康的各种文体活动。

（梁　岩）

【辅助材料厂概况】 辅助材料厂成立于2008年7月。截至2017年年末，有全民在岗职工168人。其中，干部71人，工人97人。另有居家职工32人，离退休职工874人；在岗干部具有高级职称5人，中级职称24人，初级职称22人。辅助材料厂机关设置为“四室一会”，即党委工作室、综合管理室、生产技术室、设备室、工会。下设4个作业区，即钻具作业区、制剂作业区、工业用布作业区、机修作业区。

辅助材料厂现有固定资产原值5370万元，净值产1780万元。各类机械设备主要有：钻具作业区：专用加工中心、数控车床、普通车床等机械设备100台套；制剂作业区：储罐、反应釜等机械设备60台套；工业用布：智能型分条整经机、挠性剑杆织机、烫光机等纺织设备9台套；机修厂：普通车床、立式镗床、龙门刨床等机械设备50余台套。该厂主要生产矿山专用钻头、钻杆、钎头，产品型号为KX-255、KX-310矿用钻头，年生产能力达6000支；适应不同矿石性质的KS系列选矿药剂、低温药剂，年生产能力4500吨。各种高、中、低挡有机和无机冷却液，年生产能力5000吨。各种选矿过滤机用工业用过滤布编织加工，年生产能力150000平方米。

2017年，全厂实现收入1.18亿元，利润196万元，实现扭亏为盈。各作业区、部门均超额完成了各项计划目标。钻具作业区提质创效、开发新产品，连续几年创效超千万元；制剂作业区实现收入4671万元，创历史新高，首次实现盈利；机修作业区完成收入2451万元，同比增加70%。2017年，“一矿一品”产品研发策略得到有效实施，全厂形成了三大类四个规格12个产品的系统布局。目前已初步形成了KX6-32、KX7-32、KX8-32、KX8-45等7个系列的钻头产品，有针对性地为各矿配送，使钻头产品实现了效益最大化，全年提质创效480万元。针对齐矿和鞍千矿的极硬岩，研发了全密封轴承结构K845A钻头并形成批量生产，全年生产400支，平均米道比去年同期增加8%以上，达到了预期效果，创造效益约130万元。

TD-II和辅助抑制剂K6-1组合通过了公司科技部认证，在东烧、齐选厂成功推广，浮精提高0.76%，浮尾降低1.62%，温度降低7.1℃。两年来，捕收剂TD-II和辅助抑制剂K6-1组合在各选厂推广应用工作取得巨大成功，每年可为矿业集团创效6000万元。实现了新型过滤布ks209-1升级定型，齐选厂过滤机利用系数由1.5提高到2.0，为主体降低消耗300万元。形成了减速机、皮带滚筒、振动筛，圆盘给料机等七个定型产品；SEW进口减速机，电铲钢套、铜套、中心轴螺帽，破碎机水平轴等零部件实现了进口备件国产化。安全标准化工作取得新进展，四个作业区全部晋级公司标准化作业区，其中，钻具作业区晋级矿业集团三星级作业区，工业用布作业区成功晋级矿业集团二星级作业区。

制定了辅助材料厂厂三年发展规划，在公司

政策支持下，三年内建立“三个基地”，即矿业采矿钻（钎）头基地、矿业选矿药剂、过滤布基地、矿业鞍山区域大中修、修复、修旧、机械加工、备件基地。力争实现年销售收入两亿元的奋斗目标。

（李清峰）

【瓦房子锰矿概况】 截止到2017年底，瓦房子锰矿有职工587人。其中：在岗干部80人（高级职称1人，中级职称39人，初级职称40人），工人507人。居家职工89人，编外职工4人；离退休职工1380人。企业占地面积40.3万平方米，房屋建筑面积为32.3万平方米。固定资产原值24787万元，净值13115万元。

该矿下设5个采矿作业区和冶炼、运输、机修、房产、医院5个基层单位；设质检站、物资供应站、武装保卫部3个辅助单位（部门）。矿机关由工会、党委工作室、综合管理室、财务室、生产技术室、设备室、安全监察室等7个部门构成。

主要生产设备有冶炼锰铁高炉（114平方米）一座，电力机车20台，空气压缩机9台，提升机5台，生产汽车5辆，铲车4辆。

2017年是该矿“脱僵治困”重要的一年。党的十九大闭幕以后，鞍钢集团加大了“处僵治困”力度，矿业公司在前期工作基础上，也加快着手解决该矿的问题。

转变观念，提高技能，正确理解当前形势。该矿处在停产的困难时期，广大职工放弃“等、靠、要”等各种幻想，认清当前形势，转变思想观念，结合自身实际状况，提高技能，做好充分的思想和心理上的准备，对自己下一步的工作岗位去向做出严肃、认真、明智的判断和选择。

只有转型，才能最大限度地保护职工利益。该矿关停是从维护职工利益最大化角度出发的必然选择。只有关停，才能实现转型经营。也才能最大限度地做好人员安置。

企业停产后整体转型势在必行。加快企业转型，开辟新的工作领域，鼓励职工走出单一依靠瓦矿的“围墙”，充分利用矿业公司提供的转型转岗平台，尽快实现整体转型，走出长时间等待和收入减少的沼泽之地。

积极主动摆脱困境，转型求变，才有生机。2017年年底，为了让该矿职工尽快重新走上新的工作岗位，矿业公司积极争取主动承揽了鞍钢集团朝阳钢铁有限公司矿渣干选项目，该矿干部职工牢牢把握住此次机会，以鞍钢主人翁精神在新的工作岗位上作出新贡献，用勤劳的双手，以实际行动去创造美好的新生活。

（闫　晗）

【设计研究院概况】 鞍钢集团矿业设计研究院有限公司是国家级高新技术企业、省级企业技术中心和中矿协工程技术中心，截至2017年底有职工273（全部职工292）人。其中各类专业技术人员223人，享受国务院政府特殊津贴专家3人，教高5人，高级工程师44人，工程师132人；研究生以上学历31人；各类国家注册工程师97人。2017年，该院继续保持冶金行业设计甲级、工程咨询甲级、工程勘察甲级、工程监理甲级等专业资质。

2017年，该院全面落实集团公司提出的“三个转变”，克服市场持续低迷、改制翘尾等不利因素，通过落实系统优化、改革调整和科技创新等一系列措施，以实现多元化发展为重点，持续深化改革，扎实推进各类技术服务，积极发展科技产业，努力开拓内外部市场，各项工作取得了新的成绩。

生产经营计划稳步推进。全年共开展工程总承包5项，完成工程设计133项；承担两级公司重点科研项目17项，开展院内科研项目8项；完成勘察测量36项；执行监理项目15项；完成信息化维护和机械维护69项。全年实现收入1.3亿元，实现利润171万元。

科技研发取得新成果。开展了“新型含钛纳米材料制备及应用技术研究”“磁铁矿双介质、短流程选矿新技术研究与应用”“地下矿山全尾砂膏体制备与充填关键技术研究”“新型高强韧轻质耐磨复合材料的研究与应用”“脱硫灰的处理及综合利用技术研究”“关宝山选矿厂工艺流程诊断及新药剂开发研究”等17项鞍钢集团和鞍钢矿业重点科研项目，其中4项通过了公司评议。开展了“东部矿区选矿工艺优化研究”“高铝、低硅红土铁矿选别新技术研究”“地下采矿工程及岩石力学实验室建设及应用方案研究”等8项院内科研项目，取得了不同程度的技术突破。全年受理专利47项，其中发明专利32项、实用新型15项。获得鞍山市第二届专利一等奖2项、二等奖1项、三等奖1项。“一种赤铁矿尾矿分别磨矿、强磁-反浮选回收工艺”“一种用于铁矿石反浮选的药剂及组合使用方法”和“鞍千湿式预选尾矿应用技术研究”等3项专利获得第22届全国发明展览会金奖；“盘式过滤机滤液汽水分离装置”获得第22届全国发明展览会鼓励奖。

铁矿山建设项目完成公司计划。完成了东部尾矿再选工程初设、西鞍山铁矿采选工程选厂方案论证、齐选厂应用浮选柱代替浮选机工程可研和初设、六个矿山安全设施等高阶段设计；完成了鞍千二期许东沟岩破系统工程、121号和122号变电所改造和大连新矿中破碎改造工程、关宝山补充环节能力等施工图设计；完成了公司各厂矿隔音墙、抑尘、生活污水处理以及锅炉房脱硫除尘改造等工程设计。完成了大连甘井子石灰石矿地形图和矿山二期征地土地出让宗地图等测绘工作；完成了鞍千矿业公司采区二期开采和鞍钢矿业集团风水沟尾矿库排水系统等勘察工作。完成了东部矿区尾矿管线输送工程、风水沟尾矿坝回水工程、攀钢截洪沟工程、聚鑫选矿厂机电安装工程等监理服务，为铁矿山建设的增产扩能奠定了坚实的基础。

多元化发展初见成效。攀矿白马铁矿1号排土场岩石胶带输送系统工程破碎站-4a转运站段已联动试车，5a-3c段正在施工，预计2018年末全线竣工投产；钢渣防渗工程正在进行工程结算；攀钢密地选厂精矿输送系统和攀钢白马三期扩能工程全部完成；大球三选干选总承包工程正在进行前期准备。跟踪了陕西洋县粗尾矿管线输送系统工程；参与了东澳慕斯山铁矿、巴基斯坦项目、西芒杜铁矿项目、印尼海砂矿等国外项目的研究和前准工作；开展了青海润德科创环保科技有限公司茫崖石棉尾矿综合利用预处理工程的施工图设计和北衙矿业的技术服务；完成了材料所中试基地建设；与清华大学紫荆浆体管道工程股份公司、辽宁庆阳民爆器材有限公司签署战略合作协议。

企业管控能力稳步提升。落实经济责任制考核，建立全员覆盖的工资总额与利润挂钩的工资效益联动机制；落实工程等级序列要求，完成各级工程师的任期考核；优化人力资源配置，引进11个专业的应届毕业生14人；完成各项资质的换证、年检和力通公司注销存档；通过了高新技术企业和对外贸易经营资质认定；获得了辽宁省“重合同守信用”企业称号。优化管控体系，规范业务授权和审批流程，完善32个管理制度文件，重新发布了院“三标”管理体系文件，通过了“三体系”年度外审；加强业务建设，完善15项院级标准图或模板；强化产品质量、进度和过程管理，严格程序，严肃考核，全年无重大质量事故发生；严格资金预算管理，全面控制贷款额度，全方位降低财务费用，确保了资金红线不失；落实安全生产目标管理，制定《安全管理工作考核细则》，修订《安全技术规程》，开展隐患排查治理，实现了环境污染、人身伤害、火灾事故为零的目标。继续开展基础设施建设，实施暖气维修、消防管道改造、日常维修等3项工程；完善信息平台功能，规范设计审核流程，提升系统运行稳定性；完成全站仪、百分表等仪器仪表和生产、科研设备检测70余台次；更换计算机500多台，新购置计算机软件5项；购置高压辊磨机1台等，新增固定资产80余万元。

依靠员工办企业持续深化。积极推进以职工代表大会为主要形式的民主管理和厂务公开，重大决策审议率达到100%。开展帮困扶贫、“金秋助学”和关爱职工等活动，走访慰问一线职工和劳动模范136人次，组织100多名职工到千疗度假疗养；走访慰问离退休职工84人次，发放救济款1.98万元；救助困难职工47人次，救济金额1.28万元；为6名职工子女赠送升学礼物；为职工配备显示器台架320多个等。深入开展“建言献策”和“双增双节”活动，全年搜集合理化建议20多条，双增双节完成10万余元。开展形式多样的文体活动20余项，参加人数达2100余人次，极大地丰富了职工业余文化生活，增强了企业凝聚力。

（高　峰）

【鞍钢矿山建设有限公司概况】　截至2017年末，鞍钢矿山建设有限公司在职职工737人，在岗职工585人，其中干部172人（高级职称17人，中级职称98人，初级职称57人），工人565人，离退休职工272人。公司现有人力资源部（党委工作部）、综合管理部、设备管理部、技术质量部、工程管理部、安全环保部、武装保卫部、财务部、经营计划部、物资设备经营中心、工会11个部门，下设14基层分公司。是全国500家最大经营规模、最佳经济效益建筑施工企业之一。该公司于2007年7月顺利完成了辅业改制工作，注册资本8545.73万元，其中鞍山钢铁集团注资4187.41万元，占股权49%，职工个人注资4358.32万元，占股权51%。

该公司拥有大吨位吊车、运输车辆、移动式搅拌站、混凝土运输车、井巷施工设备等，总体装备数量和先进程度均居国内同行业领先水平。具备大批量加工C60以下技术要求商品混凝土的能力，可同时建立3个搅拌站。具有乙级测绘资质，是鞍山地区唯一具有井巷测量、竖井定向测绘资质单位，可承担高精度位移观测。井巷建设专业是鞍山地区唯一具有此项施工资质的建筑施工企业。于1996年在建筑行业中率先取得了ISO9002国际质量管理标准的认证，2007年又通过了质量、环境、职业健康安全管理标准认证。

2017年，矿建公司紧紧围绕矿业公司保生存求发展的总体布置，积极应对挑战，完成产值5.6亿元，实现利润615万元。签订鞍钢和矿山市场合同额47191万元，外部市场签约额5815万元。实现了在职职工轻伤以上事故为零的目标，杜绝了重大设备、火灾和交通事故的发生。

积极推进改革，股权结构进一步优化。2017年，根据集团公司、矿业公司的总体安排和部署，制定了混合所有制改革方案。优化股权结构由原鞍钢集团工程技术发展有限公司持股49%，变更为鞍钢集团矿业有限公司持股34%，鞍钢集团工程技术发展有限公司持股15%，鞍钢矿山建设有限公司持股职工持股51%，为下一步引进战略投资者，实现股权进一步优化做好基础性准备工作。撤销了广州分公司和电控公司，实现了专业整合和统一化管理。将眼矿生产服务公司与井巷公司专业合并管理，为打造生产服务型专业化队伍奠定了坚实的基础。

继续推进基础管理工作和贯标工作的有机结合，经营管理进入常态化。该公司优化精干各类管理岗位，推行岗位职责全民化监督，打造廉洁高效的管理团队。推行网络办公管理信息化，形成规章制度、风险管理、内部控制、岗位职责等多功能一体化管理信息平台。整理了矿建公司现有机关部门及基层单位岗位说明书，明晰了各岗位的职责和权限。

注重质量管理，强化“一岗双责”责任制的落实。2017年该公司组织施工的眼矿露天转井下开采工程，于2017年12月试生产成功，为眼前山铁矿矿石产量作出了贡献，该公司与眼前山铁矿签订产值为3.5亿元的井下生产工序总承包合同，成功融入矿山生产大循环。东鞍山铁矿二期扩建工程、通化钢铁公司烧结机包保工程都按期保质量完成，为内外市场发展奠定基础。开展多项“安全生产”活动，全面提升现场作业人员的安全操作水平和安全防护意识。推行安全管理模板，重要部位实施安全管理人员旁站监管。强化季节性防范措施的落实和涉爆作业人员、物资管控，实现了安全生产。严格执行“三检制”，着重落实技术质量管理人员痕迹管理，坚持日常检查与专项检查相结合。2017年该公司取得专有技术3项、发明专利2项、实用新型专利2项。

加强文化建设，职工生活更加丰富。2017年更新《鞍钢矿山建设有限公司企业文化建设纲要》，推进企业形象识别系统、理念识别系统和行为识别系统建设。规范施工现场的“五图一板”设置和现场环境标准化建设。设立了宣传橱窗、“LED”宣传屏和《鞍钢矿建》微信公众平台，传递正能量，营造了良好的企业文化氛围。加大困难职工帮扶力度，走访慰问困难职工、一线职工106人次，发放救济金2.25万元；出资11.2万元为职工进行健康体检；对升入重点高中、大学院校的职工子女给予奖励，共计2.6万元。同时公司党委和工会举办了登山、职工运动会、羽毛球、台球、乒乓球等职工喜闻乐见的文体活动，为公司团结协和、和谐发展贡献力量。

（于洪涛）

【复州湾黏土矿概况】 截至2017年11月末，复州湾黏土矿在岗职工91人（其中工人61人，干部30人），列编外4人，居家休息职工16人，离休职工8人，退休职工1119人。拥有固定资产原值2313.18万元，净值118.19万元；占地面积158.41万平方米。管理机构设生产技术室、综合管理室、计划财务室、党委工作室和工会共计5个部门，基层设有一个物业管理中心和8个资源看护岗点。

2017年，该矿主要工作任务仍是日常管理、资源看护和供暖供水及物业管理，干部职工围绕“保资产、保稳定”中心工作，默默无闻，踏实工作。

费用指标超计划完成。该矿作为费用单位，2017年鞍钢矿业公司下达的费用预算指标是2473万元，运营压力巨大。该矿干部职工着眼大局，发扬了特别能吃苦、特别能忍耐的精神，本着节俭高效的原则，通过实施月度资金预算平衡会制度等费用管控措施，辅之以降本增效活动以及效能监察措施的落实，超额完成了费用计划。

安全管理工作持续稳定。该矿高度重视安全管理工作，以“双无”为目标，下发了3个相关文件强化安全管理；严格落实了大连市安监局制定的企业安全承诺日报、周报、月报制度；组织了月度安全大检查11次，查改安全隐患29项；落实区域管理责任，进行专项现场安全检查6次，督促整改隐患13项，安全生产工作持续稳定。

发展红利不断惠及职工。该矿落实矿业公司政策，为各类人员调整待遇近1300人次，对在职职工人力资源信息进行了重新普查，健康体检93人，健康疗养37人；积极与大连市人力资源和社会保障局沟通，完成了对100多名陈旧性工伤人员进行鉴定移交的工作；为2名职工办理了大病保险，理赔金额13万元；组织111名在职职工参加了大连市总工会的医疗互助活动；首次享受到大连市政府下发的稳岗补贴，并经请示矿业公司同意，依规实现了稳妥发放，为283人次发放补贴合计19.09万元；走访慰问、解难救困421人次，发放米面1530斤，发放救助款、慰问金等合计27.74万元。

思想政治工作持续加强。“两学一做”学习教育深入推进，周三政治学习、腐败案例警示教育、书记上党课活动常态化，“为党庆生”系列活动参与党员400余人次，展示了党员的模范作用，多措并举，使党员教育得到加强，支部建设和党员管理更加规范，党员作风更加务实，党组织和党员的“四个意识”得到提高。

退管工作凝心聚力。退管办设计划分了18个居退职工管理片，民选产生了18个片长、59个片组长，实施网格化分片管理，信息传递迅速，工作落实井然有序。周板报、月简报、年活动和月片组长会、季经验交流会、年总结表彰会，以及余热建功和“走千家、坐床前、到医院、入病房”走访慰问等活动坚持多年。2017年末，该矿退管办获得了矿业公司“退管工作先进单位”称号，离退居家职工活动中心也连续第15年获得了矿业公司“模范退休职工活动站”称号。

集思广益，谋寻出路。该矿干部职工有着顾全大局，勇于吃苦，甘于奉献的优良传统。面对矿业公司困难的经营形势和该公司现状，该矿班子发动干部职工主动面向社会开展市场调研，积极找寻企业转型发展新出路。依据金普新区部分地域获批辽宁自贸区大连片区、政府正筑巢引凤的“天时”和该矿地处金普新区并有着丰富的闲置土地资源的“地利”以及该公司拥有的很想干事也很能干事的干部职工队伍的“人和”等资源优势，先后经过近三个月的慎重调研，分别于2017年3月10日形成了《关于在大连自贸区创办公司的建议》、于2017年11月22日形成了《关于在复州湾矿投建集装袋生产项目的建议》，并及时递交给了矿业公司相关领导。

2017年11月24日，鞍钢矿业公司召开了党委扩大会议，决定对该矿实施管理体制改革，下发了《关于复州湾黏土矿管理体制改革的决定》(矿业政发〔2017〕110号)，决定将该公司与大连石灰石新矿整合，成为大连石灰石新矿复州湾作业区（科级单位)，该矿非法人分支机构的营业执照注销，对该矿人员采取实行居家休息、转岗到生产服务岗位、协商一致解除劳动合同三种渠道分流安置，12月开始按新体制运行。

（王明传）

【鞍钢矿业爆破有限公司概况】 2017年末，鞍钢矿业爆破有限公司在职职工339人，其中干部51人（高级职称12人，中级职称28人，初级职称10人)，生产工人288人。下设5个部门，分别是：综合管理（党群）部、财务部、安全生产（保卫）部、科技质量部、供销部，三个生产经营单位，分别是：化工原料制备厂、大连分公司和弓长岭分公司。公司2017年全年实现营业收入8.4亿元，利润总额6735万元，净利润5632万元。

安全实现事故为零。2017年，该公司严格执行国家相关法律法规，牢固树立“以人为本，安全发展”理念，坚持“安全第一、预防为主、综合治理”的安全生产方针，在全体员工的共同努力下，安全生产形势总体平稳。全年实现了轻伤以上事故为零的目标，进一步消除环保风险。全面落实环境保护责任，确保环保工作措施到位、效果显著。提高各级管理人员环保法制意识。积极推进大孤山锅炉改造，通过了大孤山地面站的环境验收工作，消除了环保风险，保障了合法经营。

科技创新助力生产。科技创新取得新成果。一项发明专利和一项实用新型专利的申请被受理。两项成果分别获得鞍钢集团、鞍山市和鞍钢矿业集团的科技进步奖，一项QC成果、一项重大合理化建议获得矿业、鞍钢集团及以上奖励。编制了矿用炸药技术改进与成果转化实施计划，进行乳化铵油炸药配方优化成果转化、重铵油炸药技术应用以及井下爆破黏性炸药技术研讨论证。乳化粒状铵油炸药配方优化研究自2017年7月开始推广使用，同时，推广重铵油炸药的应用，大大改善了爆破效果。

基础管理夯实规范。将公司组织架构进一步压缩调整为五个职能部门、三个生产经营性单位。精简机构和人员，将机关由原来54个岗位精简到36个岗位，进一步提升公司运营效率。

完成了公司股东会、董事会年度会议，全年共召开四次股东会、四次董事会。先后审议通过了2017年年度经营目标方案、公司领导班子人员调整、董事调整以及党建工作进章程等各项议程。

加强制度体系建设，结合企业管理和生产经营实际需要，积极稳妥地推进制度创新和制度建设，努力破除制度缺失和体制机制制约。

完善目标责任考核体系。制定完成总经理、经营班子及总监目标考核责任书，确定各生产经营单位、工程项目目标责任考核方案，力求达到既能够充分激励员工，又能够确保公司整体生产经营目标实现的双重目的。

财务管控能力提升。实施全面预算管理，全方位、多角度完成2017年降本增效任务。物资采购部门通过增加硝酸铵供应厂家，充分发挥市场竞争优势、减少流通环节、争取采购优惠政策、设备采购招标等措施为公司节约了采购资金；工程板块合理配置各项生产要素，优化炸药产品结构，促进生产经济运行。通过采取优化孔网参数、装药结构和用药品种等一系列措施降低爆破成本；民爆板块积极开展科技降本、修旧利废活动，合理组织生产，减少设备开停，减少废药产生；严格管控外委工程、运输费用；人力资源部门通过完成生产单位定岗定编进一步提高劳动生产率，降低人力资源成本。

市场开拓取得突破。2017年该公司先后签订6个外部营销项目，合同工期为3年，保证了施工的连续性及外部营销项目的稳定性。签订合同额共计3亿元。通过与矿业集团业主方实施二次营销，在计划基础上追加工程量3200万吨，增加产值近3亿元。

企业资质不断提升。可持续发展能力不断提升，取得了采掘类安全生产许可证，进一步完善了“矿山民爆一体化服务”的企业资质。办理完成了矿山施工总承包二级资质、高新企业资质等证照，为2018年开足马力、奋力前行提供了强大的动力。

（蔡金超）

【供销公司概况】 2017年末，矿业供销公司在职职工272人。公司现有计划招标、设备采购、材料采购、原料采购、储运管理、纪检监察、综合管理、矿产品销售、弓长岭总站在内的9个职能处室，下设6个仓储区域供应站和库房。固定资产原值211504437元，占地面积300020.47平方米，建筑面积85705.21平方米。

2017年，供销公司紧紧围绕矿业公司保生存、渡难关的总体部署，积极应对挑战，降本增效、创新管理。完成生产、维修物资采购26.95亿元，维简工程物资采购9344.5万元，全面完成了矿业公司各项财务指标。

安全管理水平有了新提升。实现了轻伤以上人身事故、设备事故、火灾事故为零的目标。强化安全隐患的整治工作，全年检查整改隐患65项；强化现场治理工作，齐大山、眼前山两个区域供应站通过了矿业公司安全标准化星级作业区验收；大孤山、东鞍山、油库三个区域库站通过了矿业公司安全标准化作业区复检。齐大山区域供应站山下加油站、眼前山区域供应站关宝山保管班，通过了安全标准化班组验收。

降本增效取得了新成果。全体专业人员迎难而上，抢先抓早，积极优化采购方案，扩大公开招标范围，形成了充分竞争局面，公开招标率达到了89%，同比上年增加了28%。特别是水处理药剂降幅达70%以上。通过努力，全年实现降本增效4684万元，超额完成1194万元。

管理职能得到了新体现。定期对厂矿计划准

确率、新增编码准确率、物资领出及时性、物资质量反馈情况进行梳理和通报考核，促进了管理效能的提升。制定了物资采购全流程的工作效率考核细则，促进了工作效率的有效提升。强化合同执行情况的落实，对供应商实施了动态考核评价，处罚供应商73家，其中取消合格供应商资格5家，停止一年投标资格10家，延期付款26家，警告32家，促进了保供能力的有效提升。

基础管理进一步夯实。强化制度建设，先后制定和完善了《矿业公司物资采购管理办法》《矿业公司物资采购招标竞价管理办法》《矿业公司合同管理办法》等专业管理核心制度。强化定额管理，对物耗定额进行重新标定，建立定额消耗模型，进一步提升了成本的精细化管控水平。强化物资编码管理，建立了新增编码评议会审制度，确保编码科学、完整、规范。强化大宗原燃料的质量跟踪，检查钢球、煤炭等大宗原燃料到货质量529批次，累计扣款315万元。

信息化建设取得新成效。完善物资全寿命周期跟踪管理系统，目前跟踪范围覆盖了电铲、钻机等采矿设备的50%；破碎机、球磨机、磁选机等选矿设备的90%以上，已记录异常数据150余条，计算出200个品种备件的平均使用寿命和性价比，为推广备件性价比采购提供了条件。

（郝俊淇）

【质量计量中心概况】 2017年末，质量计量中心共有在职职工380人（含居家），其中干部46人（高级技术职称7人、中级技术职称24人、初级技术职称11人），工人318人，居家职工16人（含干部1人）；离退休职工399人。

该中心机关设五室一会（党委工作室、综合管理室、质量管理室、计量管理室、生产技术室、工会）和东鞍山检查站、大孤山检查站、齐选检查站、齐矿检查站、鞍千矿业检查站、关宝山检查站、输出产品检查站、环保监测站、检定室九个基层站室。拥有固定资产原值5319万元，净值2109万元。主要设备有：轨道衡8台，汽车衡9台，皮带秤5台，荧光分析仪9台，化验设备510件。

2017年该中心通过不断强化质量管理工作，铁精矿、烧结矿、球团矿三大输出矿产品6项质量指标全面超额完成年度质量计划，质量创效4266万元。全年实现了轻伤以上人身、设备、火灾事故为零的目标。完成化检验件数101.5万件，正检率为100%，外验抽检合格率为99.64%，过磅量4363万吨，过磅率99.65%；环境监测率达100%，质计量等各项收费4204万元，降本增效92万元，完成公司考核指标。

2017年，面对矿业公司改革发展新局面，质量计量中心广大干部职工紧紧围绕年初确定的工作目标，克服了费用压缩、设备老化、人力资源紧张等不利因素，进一步提升质计量管理水平和服务质量，较好完成了生产经营任务。

围绕质量管理提升开展的各项质量工作成效显著。完善质量体系建设，建立了质量规章制度学练用计划并实施。落实标准修订工作，负责编写的《铁矿石　水分含量的测定　重量法》国家标准已上报国家批准。强化绩效考核，对5项指标进行了工资扣减，对一起质量事故进行了处罚。开展了全面质量管理小组和质量月活动，取得实效。推进公司质量管理创新，每半月对公司产品质量情况进行分析通报，使各单位相互借鉴加以改进。强化输出产品质量的跟踪协调，及时了解炼铁高炉生产状况，满足了用户需求。

狠抓检化验基础管理工作，服务公司生产。完善了工序质量管理，以工序质量的稳定来保证产品质量稳定。加大了对入厂原料和生产过程产品的检测力度，杜绝不合格品的购入和使用。强化检化验抽查及考核，全年抽查4190件，扣款750元。举办检化验理论和实际培训班3期，提高了职工操作技能。对荧光分析设备定期巡查，减少维修次数和成本。加强了各站药剂检测情况检查，对存在的问题进行落实整改。强化了检化验收费、质量计划、指标统计工作，确保数据准确。

坚持精准计量，计量管理水平进一步提升。规范计量管理制度，制定了直付物资、铁运矿产品复验数据等相关规定。全年检定各厂矿计量器具4986台件，为量值传递和安全环保提供了优质服务。对中心所属的7台汽车衡、6台轨道衡和5台皮带秤进行检定，保证了计量设备的准确性。加强量值管理，充分发挥复检功能，对管道输出皮带秤不定期进行自检校准，确保了公司输出效益不受损失。强化汽运和外委计量的监督，通过在线监控、装车及磅单抽查等措施，规范矿石运输计量流程。开展技术攻关，对轨道衡称重转换器升级改造，提升计量设备自动化水平。加强设备点检维护，及时发现并处理衡器故障 6 次，避免重大事故 5 起。在公司外销矿产品及鲅鱼圈精矿输出过程中，提供了专业精准的计量服务和监督管理，服务好公司生产。

2017 年，该中心各级党组织以党的十九大精神和习近平总书记系列重要讲话精神为指导，全面加强党的建设，充分发挥党委的领导核心作用、党支部战斗堡垒作用、党员先锋模范作用，推进从严治党向基层延伸，收到明显成效。

提高政治站位，党建工作彰显重要力量。国有企业党建工作会议，深刻回答了国有企业党建面临的一系列重要问题，为新形势下加强国有企业党的建设提供了依据。一是承接了《党委议事规则》《“三重一大”决策制度》《党建工作责任制》，制定了《党建工作考核办法》，解决了基层党建“谁来抓”“抓什么”“怎么抓”问题。二是制定了《领导班子抓党建联系点实施办法》，针对党支部如何成为“团结群众的核心、教育党员的学校、攻坚克难的堡垒”作了专题辅导。三是坚持党管干部原则，明确党管干部程序，推进党群与行政、机关与基层、站室与站室之间干部交流，激发了干部工作积极性。四是以党支部建设提升年为抓手，强化每月党群例会和季度党支部书记例会制度落实，配齐配强专兼职党支部书记，规范党组织工作方式方法，使党组织在发挥作用上，实现了组织化、具体化、制度化。五是为了认真解决党建工作和生产经营“融入进入”问题，要求党支部全面推行“一定二诊三帮”班组思想政治工作模式，制定目标 46 个，诊断原因 59 条，制定措施 87 项，解决问题 30 个。六是围绕国企党建 26 项重点任务，组织党支部、党小组和党员在自主设计的党建管理网上开展了党内积分卡有奖竞赛活动，使党组织和党员参与党内活动做到了全覆盖。

传导压力责任，提升党建“内功”。该中心根据公司《党建工作责任制实施办法》的要求，重新组建了党建工作领导小组，明确了党委书记履行第一位责任，纪委书记履行监督责任，班子其他成员实行“一岗双责”。同时明确了党支部书记是基层支部建设的第一责任人，其他支部委员实行“一岗双责”。中心党委与基层党政领导签订了党风廉政建设责任状，建立了廉洁地图防控体系，举办了 14 期典型案例教育，组织党员干部和 44 名关键岗位人员到辽阳警示教育基地进行了参观。针对班组长岗位廉洁风险实际，以“过硬的精品、过硬的人品”为主题，开展了廉洁从业教育活动。与 46 名班组长签订了廉洁承诺书，建立了廉洁档案，开展了家庭助廉、走访谈心活动。同时强化了效能监察工作，避免经济损失 50.52 万元。

强化政治引领，发挥“独特”优势。该中心根据公司党委关于加强群团工作的意见，广泛开展了党群共建，党建带工建、党建带团建活动。在广泛开展技术大练兵活动的基础上，成立了“马彩云创新工作室”，召开了成立大会，制定了工作目标，各站组建了技术攻关小组，开展了群众性技术攻关活动。围绕降本增效目标开展技术攻关，全年创效 23.1 万元。开展关爱职工纵深行活动，全年救济困难职工 44 人，救济金额 28800 元，医疗救助 5 人，金额 28300 元，走访慰问职工 40 人次，金额 11000 元。同时举办了登山、趣味运动会、乒乓球比赛等职工喜闻乐见的文体活动。共青团、科协、统战、女工等组织也结合自身特点做了大量工作，为质计中心的和谐发展作出了突出贡献。

（洪　冰　李　凯）

【技工学校概况】 截至 2017 年末，技工学校在岗职工 67 人，其中干部 62 人（高级职称 29 人，工人 5 人），居家职工 2 人，党员 56 人，离退休职工 242 人。下设党委工作室、综合管理室、教学管理室、学生管理室、招生就业指导室、工会 6 个部门及基础、专业、实习 3 个教研室。学校占地面积 8.2 万平方米，建筑面积 3.2 万平方米，固定资产总值 4027.5 万元，具有一流的教学设施和实习基地。

该校是鞍钢矿业集团职工素质工程建设培训基地，集企业职工职业技能培训、职业技术教育于一体，于 1964 年建校、1996 年晋为国家级重点技工学校，是鞍山市安全技术培训中心培训基地、鞍山市特种作业人员考核基地、辽宁省冶金技工教育培训集团成员校、中华全国总工会命名的全国职工教育培训示范点，具有丰富的技工教育办学经验，常年开设有矿山设备机械检修、矿山设备电气检修、大型汽车运用与维修、电力机车运输、皮带运输、电铲司机、牙轮钻司机、采矿工艺、选矿工艺、烧结工艺、球团工艺、焊接加工、铆配技术、机械加工、计算机应用等矿山特有专业和通用专业培训。

2017年，学校全体教职工勠力同心，围绕创新培训、推进管理、降本增效、产业化经营、党的建设等工作开拓进取，工作基调更加准确、转型升级深入展开、培训作用越发凸显，圆满地完成了各项工作任务。主要工作如下：

拓展教育培训。更新培训项目，多轮回征集培训需求，承接计划外培训，扩大培训总量。全年完成鞍山、弓长岭、烟台矿三地区职工培训66个项目、186个班级、12074人次，实现培训数量新突破。

深入推进管理。健全制度体系，制定制度15个。安全、综治、消防、交通、计生、档案、保密等专项工作取得成效，受到上级好评。教职工心系学校，自主管理，全年值夜班720人次、值白班426人次。

抓好降本增效。执行“双减一保”原则，压费节支、力保工资、创利增收。节水、节电、延长消耗品的使用周期、压缩取暖费缴纳额度共计10万余元。自行维修38个项目、350余次，节约费用5万余元。由矿业公司统一组织、学校协调运作，实现培训创收533万元。

起步产业化经营。确立了利用信息技术开展网络教育培训、利用教育资源实施联合办学、利用校舍等基础设施开办服务机构、利用实训设备设施进行企业内部租赁的四个产业化经营方向，为后续产业化经营奠定了基础。

加强党的建设。迅捷而有力地掀起了党的十九大精神学习宣传贯彻热潮，推进“两学一做”学习教育常态化制度化，建立廉洁地图、廉洁档案，履行两个责任，执行“三重一大”决策制度，推进作风建设，创建“样板党支部”。学校荣获2017年度矿业公司红旗党委、先进单位、先进工会，职工技术大练兵先进单位、保密工作先进单位、宣传报道工作优胜单位。

（张雅娟）

【弓长岭露天铁矿概况】 弓长岭露天铁矿在岗职工1018人，其中干部155人（高级职称8人，中级职称62人，初级职称45人），工人863人。矿下设“四室一会”（生产技术室、综合管理室、设备室、党委工作室和工会），14个作业区。主体设备95台，其中钻机15台，电铲34台，生产汽车46台。

2017年，该矿广大干部职工在上级公司的正确领导下，深入贯彻落实十九大精神，主动作为，奋力进取，全面完成了矿业公司下达的各项生产经营任务。

主要技经指标持续改善。全年完成采剥总量5499万吨，超下达计划277万吨；输出矿石1005.2万吨，超年计划0.2万吨。输出矿石品位完成26.69%，超计划0.3%；钻机效率5.2万米/(台·年)，超计划2704米；电铲效率229.3万吨/(台·年)，超计划39.3万吨；生产汽车效率239.6万吨千米/(台·年)，超计划82.7万吨·千米；实现考核利润2.13亿元，超下达计划3691万元。

铁矿石生产能力得到有效保障。以保障矿石生产能力为核心，动态优化全矿生产布局。独木采区外扩工程完成剥岩2000万吨。何家干选工业场地及248米铁路迁移前期准备工作全部完成。大砬子采区北帮扩建工程稳步推进，确保弓长岭区域采选平衡打下了坚实基础。

降本增效工作成效显著。全面优化独木采区排岩运输系统，节约运输成本895万元。回收大砬子采区南帮挂帮矿石55万吨，实现创效1375万元。320米干选系统迁移至独木采区后，回收矿石34.1万吨，实现增效431.93万元。强化质量创效措施，创效802万元。深入开展修旧利废活动，节约备件费用103.7万元。收回外委项目35项，节约外委人工费用80.56万元。

安全标准化建设稳步推进。全年修订完善管理制度57项，建立完善环保管理制度和应急预案10项。新增矿业公司星级安全标准化作业区3个，新增安全标准化班组5个。先后代表矿业公司和辽阳市接受了辽宁省安全检查，得到上级公司和政府部门充分肯定。

设备综合保障能力全面增强。持续深化以机台长为核心的设备自主管理体系建设，设备故障持续下降，牙轮钻机、电铲、生产汽车三大主体设备故障率同比分别下降0.24%、0.33%和0.02%。通过实施电气巡检、开展采掘设备电气检修职工大练兵竞赛活动等综合手段，设备综合管理能力进一步提升。

企业管理能力实现新提升。以实现精细化管理为目标，进一步明确了16个管理专业及162个管理专业技术岗位职能。深化“操检合一”改革，强化机台人员特殊工种操作培训，机台特殊工种持证总人数达到了 225 人，持证率达到了 65%。取得管理创新成果 9 项，征集各类合理化建议 300 项。

基础研究和技术创新取得新成果。完成了“弓长岭露天矿边坡滑坡机理与控制对策研究”和“基于多元信息融合的弓长岭露天铁矿采场边坡稳定性监测及预警研究”两项基础研究，实现了对边坡失稳的预测预警。《关于独木采区新建贮矿场提升矿石输出能力的建议》等 5 项合理化建议获得鞍钢重大合理化建议和技术改进奖。取得专利成果 8 项，取得软件著作权 1 项、专有技术 4 项。

职工群众智慧和力量得到充分发挥。开展全员成本目标管理劳动竞赛及单机台成本极限挑战赛活动，确保了全矿生产顺行；深入开展修旧利废和双增双节活动，解决技术难题 13 项，完成双增双节 758 万元；征集先进操作法 9 项，1 项被鞍钢初审为鞍钢级先进操作法。1 名职工获得矿业公司电气专业技术状元称号。

（韩　萍）

【弓长岭井下铁矿概况】 2017 年末，弓长岭井下铁矿在岗职工 809 人，其中，管理和专业技术岗位 116 人（高级职称 12 人、中级职称 66 人、初级职称 27 人），生产服务岗位 693 人。机关设生产技术室、设备室、综合管理室、党委工作室、工程指挥部和工会“四室一部一会”，下设 7 个作业区。拥有固定资产原值 124991 万元，净值 44883 万元。矿区占地面积 400.86 公顷，建筑面积 31504 平方米，设备总台数 1579 台。

2017 年，该矿在矿业公司的正确领导下，认真贯彻落实“四个转变”要求，坚持“安全第一、质量至上、效益优先”的原则，以安全生产为主线，以改革创新为动力，以管理提升为重点，积极推进矿业发展战略落地，系统优化人力资源配置，大力开展对标挖潜、降本增效活动，各项工作取得了显著成绩。

安全生产水平持续提升。围绕实现安全“双无”目标，该矿深入落实安全生产责任制，积极开展“一矿一策”“一区一策”活动，以“安全标准化星级班组”创建为抓手，通过观看事故案例录像、征集安全合理化建议、组织应急救援演练和危险因素辨识，着力提升职工的安全文化素养。中央环保督查工作开始以来，共制定下发了 5 个环保专项管理制度，组织各作业区及相关方建立了危废品库房，设置了管理台账，投资 200 多万元进行了杨木山居民区沥青路面铺设和栈桥隔音板设施安装。实施安全激励机制，对评选出的 13 项安全合理化建议奖励 7500 元，对评选出的 4 个安全标准化班组奖励 12000 元，为 48 名退休职工发放安全终身成就奖 126600 元。特别是强化作业现场整治，严格执行领导带班下井、跟班作业和安全检查制度，全年共计检查通报现场隐患问题 1299 项，考核罚款 43360 元，整改率达到了百分之百。该矿连续 7 年实现轻伤以上事故为零，重大设备事故、火灾事故和环保事故为零。

生产经营实现历史性突破。该矿下大气力狠抓降本增效措施的落实，优化残矿回收部位，减少生产剥岩量；开展修旧攻关，降低材料和备件消耗；强化采场调整，实施区域综合配矿，稳定矿石质量；实行分区域供电，躲峰用谷，减少能源消耗。矿石入选量完成 230.4 万吨，超计划 0.4 万吨；采掘总量完成 318.1 万吨，超计划 5.1 万吨；矿石输出品位完成 34.5%，超计划 0.1 个百分点；全员劳动生产率完成 3933 吨/(人·年)，超计划 368 吨/(人·年)；矿石完全单位成本完成 139.54 元/吨，比预算降低 18.56 元/吨；报表利润 363 万元，剔除公司考核因素后实际完成 6887 万元，比预算超利 1880 万元。

科技创新取得显著成效。该矿全年实施创新攻关课题 22 项，征集重大合理化建议 9 项，征集科技论文 20 余篇。其中，上报国家专利 4 项，上报专有技术 8 项。针对富矿生产的“块矿开采综合技术研究”经过多次现场调研，确定了精采精出方案，提交发明专利 2 项、论文 3 篇。

党建工作成绩突出。矿党委认真贯彻党的十九大精神，扎实推进“两学一做”学习教育制度化常态化工作，紧紧围绕生产经营中心，发挥党委的政治核心作用，团结和发动广大干部职工，为全面完成生产经营任务、维护企业改革发展稳定提供了坚强的政治保证。

（刘春刚）

【弓长岭选矿厂概况】 弓长岭选矿厂是矿业公司弓长岭地区铁精矿原料生产基地，1957 年 6 月建厂，有三条生产线。一选生产线为青矿生产线，二选生产线和三选生产线为赤铁矿生产线。2017 年 12 月末在岗职工 1472 人，其中干部 165 人，工人1256人，居家职工51人。拥有固定资产原值20.86亿元，净值8.67亿元。

2017年，该厂以“保生存，求发展”为工作主线，积极应对挑战，优化生产组织，开展技术创新，深化对标挖潜，推进企业改革，强化降本增效，各项工作取得新成果，全面完成生产经营任务，实现了重大设备事故、轻伤以上事故为零的目标。

生产经营完成目标任务。全年完成铁精矿507.4万吨，超计划7.4万吨。磁铁矿精矿品位完成67.06%，高于计划0.06个百分点；赤铁矿精矿品位完成67.46%，低于计划0.04个百分点；磁铁矿、赤铁矿精矿一级品率分别达到98.10%、90.68%，分别高于计划8.10个百分点、0.68个百分点；磁铁矿尾矿品位完成8.78%，低于计划0.02个百分点，赤铁矿尾矿品位完成11.09%，低于计划0.01个百分点。在矿石价格持续波动的情况下，通过优化技经指标、设备高效顺行等一系列卓有成效的措施，完成了利润考核目标。

强化安全环保责任管理。全面贯彻安全是“全厂的第一工作、干部的第一责任、部门的第一管理、职工的第一素质”的工作要求，以实现“无违章、无隐患”为目标，层层落实安全责任，与10个作业区签订安全生产目标管理责任状，作业区与职工签订安全承诺书，规范了领导干部安全检点和作业区安全互检工作。加强相关方单位管理，考核相关方1.4万元。排查各类安全隐患3163项，整改完成3003项。安全奖励8.72万元，考核10.96万元。组织开展尾矿库救援演练，提高了相关人员应急处置能力。56个班组进入矿业安全标准化班组行列。安装微米级干雾抑尘系统，抑制了粉尘外溢。在尾矿库采用洒水车洒水和坝内支管放矿的方法控制扬尘，确保环保达标。

设备运行改善提高。按照“供矿破矿、检修项目、检修力量、检修时间”四个集中原则，将“七分准备，三分检修”的理念贯穿于检修全过程，优化检修模式，推进操检联酬，保证了设备高效稳定运行。检修作业区承担外委维修及备件修旧、制作项目42项，创效155.8万元。破碎、新破的设备运转作业率完成77.05%、54.93%，分别比上年提高3.65%、2.6%。一选、二选、三选的设备作业率完成85.50%、91.22%、96.30%，分别比上年提高7.17%、4.69%、3.77%，全厂平均设备故障率0.56%，同比降低0.04%。加强能源管理，实现躲峰用谷经济运行，全厂电单耗完成36.21千瓦时/吨。新水单耗完成0.11立方米/吨，节省费用18万元。环水单耗完成1.01立方米/吨，节省费用95万元。

改革管理持续深化。开展“落实四个转变，加强作风建设”大讨论活动，抓转变、促整改，推动各项工作向纵深发展。重新修订、完善《战略绩效与薪酬评价考核办法》和《操检联酬多元分配实施办法》，形成了公平合理的薪酬分配机制。从业人员劳动生产率达到10468吨/(人·年)，同比提高12.6%。积极开展效能监察，堵塞管理漏洞，杜绝浪费流失，完成310万元的目标。

科技攻关稳步推进。围绕优化技经指标组织重点攻关，实施一选回精返回一选流程工艺改造项目，为降低尾矿品位创造了条件，年节省费用600万元；开展赤铁矿应用脱磁器研究，提高了选别效果，年创效115万元。过滤作业区应用双真空过滤机，磁精矿水分由10%降至9.72%，球团取消干燥工序，年节约干燥成本1000万元以上。开展了岩场边坡滑坡机理与控制研究，在查明岩场现状的基础上，提交岩场边坡治理及检测方案，为确保岩场稳定和生产延续奠定了基础。申报专利项目9项，上报专有技术4项。

切实维护职工利益。在岗职工人均月收入同比增加507元。积极开展送温暖活动，救济困难职工654人次，使用救济金15.58万元。持续开展“三深入”活动，解决各类问题122项，办结率90%。征集OPS合理化建议548项。双增双节创效797万元。3项操作法被评为矿业公司先进操作法，3项被评为优秀奖。持续开展职工技术大练兵活动，评选厂内大练兵状元15名，能手52名。在上级公司大练兵活动中，获鞍钢技术能手3名，获矿业公司技术状元2名、技术能手22名。

深入学习贯彻党的十九大精神。厂党委制定了《弓选厂党委学习宣传贯彻党的十九大精神推进计划》，成立了工作推进小组，召开了学习教育推进会，保证了学习教育有序开展。下发《弓选快讯》12期、《宣传提纲》22期，切实把思想和行动统一到党的十九大精神上来，以永不懈怠的精神状态、一往无前的奋斗姿态和勤勉务实的工作作风、持续有力的工作举措，确保党的十九大精神在弓选厂落实。

党组织建设水平持续提升。进一步规范了《党支部“三会一课”制度执行办法》《弓选厂党员目标管理实施办法》等相关制度。开展争创鞍钢样板党支部活动，新破作业区获鞍钢样板党支部称号。深入开展党建课题攻关研究活动，《关于充分发挥“三个”作用，健全完善党建工作考核评价体系的专题研究》获2017年度鞍钢党建课题研究成果一等奖。《党旗如帜砥中流》党员教育片获鞍钢第十五届党员教育片评选一等奖，《党旗下的铿锵玫瑰》获第十四届全国党员教育片评审三等奖。以“区、岗”为主体，创建红旗党员责任区32个，党员先锋岗281个，创效285.63万元。围绕生产经营重点、难点，积极开展共产党员工程活动，立项攻关20项，创效103.8万元。

“两个责任”有效落实。以强化党委主体责任、纪委监督责任为重点，深入贯彻落实党风廉政建设责任制。创建党风廉政教育基地，强化党规党纪宣传教育，党员教育率100%，廉洁从业意识显著增强。落实廉洁谈话、重大事项报告、述职述廉、民主生活会及“三重一大”等制度，充分发挥了监督作用。开展廉洁风险防控，建立了113名关键岗位人员廉洁档案。强化效能监察，制定了《效能监察工作方案》，创建效能监察工作室，配强效能监察工作队伍，开展原矿质量管理、物资管控、能源管理等效能监察10项，创效340万元。

2017年，该厂被授予辽阳市文明单位。该厂工会、纪委、团委分别被评为“鞍钢集团先进工会”“矿业公司先进工会”“矿业公司先进纪委”“矿业公司红旗团委”。

（潘　英　刘帮贺）

【弓长岭球团厂概况】 弓长岭球团厂两条球团生产线分别于2003年10月和2004年11月投产，截至2017年末，共有在岗职工653人，其中干部113人（高级技术职称10人，中级技术职称62人，初级技术职称39人），工人540人。下设“四室一会”：生产技术室、综合管理室、设备管理室、党委工作室、工会，6个作业区。拥有固定资产原值6.73748亿元，净值1.43046亿元。厂区占地总面积18.6万平方米，球团矿设计生产能力400万吨/年，全铁品位达到65.54%，生产采用煤基链箅机—回转窑—环冷机工艺，从配料、混合、造球布料到焙烧、冷却全部采用PLC控制系统。

2017年，该厂广大干部职工认真贯彻落实两级公司职代会精神，凝心聚力，攻坚克难，履职尽责，经受住了球团矿产量任务加重、降本增效额度增加、环保整治压力凸显等诸多严峻考验，守住了两条红线，补齐了关键短板，打亮了球团品牌，完成了矿业公司下达的各项生产经营任务。

运行节奏把控有力，生产目标全面实现。该厂加强内外部沟通协调，强化生产指挥中枢职能，细化生产组织预案，提升生产组织动态响应能力，解决了青红矿配比变化频繁，精矿水分、品位波动和季节性影响等因素给生产组织带来的困难，实现了两线经济高效运行。通过严格落实工艺点检制度，健全两级工艺点检机制，强化关键岗位操作，解决了以往由于各部位漏风多、大小滚筛调整不及时、各关键点温度控制不精准等所造成的产品质量波动，实现了工艺水平持续提升。全年生产球团矿444.5万吨，销售球团矿442.8万吨，其中：外销球团矿17.28万吨，为矿业公司多增收1.28亿元，全年实现销售收入31.3亿元。球团矿全铁品位、合格品率、一级品率分别为64.85%、99.86%、99.54%，球团矿产量、销售量、两率均创两线投产以来最好水平，实现了球团矿质量异议为零目标。

设备保持平稳运行，二线年修顺利实施。该厂严格落实三级点检制度，加强定修大修管理，大力推进工艺装备升级改造工作，保持了两线长周期稳定运行。实施了两线磨煤系统改造，增设了2个高挥发分煤粉仓，解决了等离子点火不畅的难题；实施了一线干返料系统改造，杜绝了干返料全部落地带来的产量损失和环境污染，此项目为该厂工程技术人员自行设计；针对干燥窑封停，对配料系统进行优化改造，增设了3个精矿配料仓，使原料的缓冲能力大大增加。上述项目投入使用后，对提高球团矿产量和稳定产品质量起到了积极作用。2017年9月2日开始，组织实施了计划工期为30天的二线年修。制定了《2017年球团二线年修施工方案》，对施工标准、安全防火、现场清料、大修项目和施工网络进行了反复论证。高标准完成了回转窑耐火材料更换、链箅机头、尾轮及运行链更换、制煤系统大修、精矿料仓改造等299项检修项目，由于前期准备充分，当期施工组织严密，提前3.5天实现了一次性热负荷转车成功。

“双无”措施有效落地，环保治理成果显著。2017年，该厂大力开展“一矿一策”活动，严格落实安全生产责任制，认真践行绿色发展理念，确保了“双无”和环保治理工作同步推进。加强星级标准化创建工作，焙烧一作业区通过了矿业公司星级标准化作业区现场初审，原料一作业区通过了标准化作业区复审，3个班组和3个岗位进入矿业公司“百佳班组”和“百佳岗位”行列。结合季节特点，开展了隐患专项排查整治活动，全年治理各类隐患391项，从本质上消除了安全隐患。开展了以防火、防爆、防CO中毒为重点内容的专项培训和应急演练3次，提高了职工自我防护能力和应急处置能力。加强职业健康管理，对345名接尘、接噪及高温作业人员进行了职业健康体检。认真贯彻落实各项环保法规，加强两线脱硫系统运行管理，定期组织对产尘、溢尘点进行检查，二氧化硫和粉尘排放物全部达到国家标准。高质量地接待了国家环保督察组到该厂的检查工作，得到各级环保部门和两级公司的肯定，环保工作成绩在辽阳市电视台进行播放。尤其是经过长时间不懈努力，圆满完成了球团厂环评备案工作，解决了两线投产以来违规生产问题。

企业改革步伐加快，管理效能大幅提升。推进薪酬分配制度改革，坚持按有效劳动分配原则，打破作业区之间的界限，实行了以同班次班组关键绩效指标考核、部门专项考核和个人贡献度激励考核为主要内容的岗位绩效考核机制，充分调动了广大职工积极性，有力地保证了降本压费任务全面完成。煤、土、电三大定额消耗指标均有大幅度降低，剔除脱硫系统电量影响，同口径均创两线投产以来最好水平。推进人力资源优化，扩大岗位看管范围，对3个生产服务岗位定员进行核减，把24名富余人员充实到缺员岗位，解决了政策性离岗所造成的部分岗位宽紧失衡现象。开展了清理不规范劳动关系工作，与2人解除了劳动合同。严密组织落实内外部培训计划，全年组织干部职工参加各类培训2438人次。加强制度体系建设，全年制修订管理制度31个，提高了制度的严密性。加强“网络问企”工作，全年征集合理化建议106条，采纳实施69条。

维护职能全面履行，创新创效作用突出。认真执行民主管理制度，全面落实厂务公开制度，保证了职工群众有效行使各项民主权利，全年共有3个班组被评为矿业公司厂务公开示范班组。开展了“双无”主题系列活动，排查整改安全隐患39项。开展了扶贫帮困送温暖活动，注重政策帮扶、制度帮扶和互助帮扶相结合，全年计提救济款40000元，发放救济物品36600元，扶助贫困职工102人次。聚焦服务职工群众，先后组织420名生产技术骨干进行了健康疗养。积极搭建岗位创新创效平台，开展了以降本增效为主题的献计献策活动，共征集合理化建议97条；开展了“双增双节纵深行”活动和群众性技术攻关活动，总结推广先进操作法6项，其中获矿业公司先进操作法1项。大力推进岗位大练兵活动，2名同志获矿业公司技术状元称号，9名同志获矿业公司技术能手称号。丰富职工文化生活，开展了羽毛球、登山、趣味运动会等丰富多彩的文体活动，满足了职工多元精神文化需求，提振了广大职工的士气。

（王　霞）

【弓长岭铁运公司概况】 弓长岭铁运公司承担着弓长岭区域铁矿石、铁精矿、球团矿和矿区原燃材料的铁路运输任务，具有全天候露天动态作业，点多、线长、面广、管理跨度大的工作特点。截至2017年末，该公司有在岗职工846人，其中在岗干部110人，在岗工人736人。下设四室一会和8个作业区。铁路总长73.933千米，机车总数33台，自翻车总数395台，拥有固定资产净值1.44亿元。

2017年，面对艰巨繁重的经营任务，该公司以高度的责任感和使命感，团结一心、攻坚克难，坚定不移地推进“保生存、求发展”两大中心工作，取得了较好的经营成绩。完成周转量2.38亿吨·千米，实现降本增效943万元。

安全形势保持稳定。坚持以标准化管理为主线，落实层级责任，严格考核奖惩，建立了自上而下的安全生产联动机制。加大现场检查力度，组织日常检查、专项检查、夜查等120余次，发现整改问题296项。扎实开展安全生产月、“反三违　保安全”“找违章、查隐患、反事故，加强自主管理”等活动，职工安全意识得到进一步提升。强化安全教育培训，开展了全员持证上岗、岗位规范“学、练、用”、安全管理人员资格证等培训工作，累计培训1300余人次，合格率达95%以上。深入推进“安全标准化作业区”创建，3个作业区进入“矿业星级安全作业区”行列。实现了人身伤亡、重大生产设备、火灾事故为零。

设备保障稳步提升。深入开展TnPM周检查曝光和内部评价活动，共检查曝光问题320项，整改率达到100%。严格落实点检定修制，更换混凝土枕1100根、木枕900根、岔枕150立方米、钢轨200根；清理翻浆冒泥220处，整治冻害75处、大抬道8千米；电机车、自翻车可开动率分别比计划提高2.3%和7.8%，保障了设备安全稳定运行。开展防洪专项整治活动，重点对防洪设备设施、物资储备、防洪工程等进行跟踪检查，清理涵洞、涵管16处，清理排水沟2600米，修复防洪沟70米，确保了运输安全稳定。重新修订和完善电机车、自翻车检修“市场化”运行方案，提高检修质量，降低了维修成本。

管理创新不断深化。扎实推进日常岗位绩效考核，严格执行“365”条考核制度，考核2287人次。实施机构改革，推行“兼、并、代”，依法规范了劳动用工，提高了劳动效率。作业区由10个压缩为8个；连接员岗位和列检员岗位合并，兼岗作业29人。加强成本考核，深入开展作业区、班组、机台的成本核算工作，全方位降低各项成本。强化物资管理，对物资管理方面存在的问题进行全面检查，发现各类问题55项，全部得到整改。认真抓好维稳工作，较好地解决了“雷击石”居民动迁、茨沟南桥居民饮用水的问题。广泛开展岗位技术大练兵活动，在矿业公司大练兵活动中获得状元称号1人，获得技术能手称号11人。

职工生活明显改善。关爱职工身体健康，组织体检924人次。重新登记和界定鞍钢困难职工5人，边缘困难职工27人，发放救济款7.6万元。安排先进人物、技术骨干、一线职工健康疗养150人次。为一线机车司乘人员配备保温桶、保温壶，解决了吃热饭、喝热水的难题。开展铁运力量健步走、拔河比赛等活动，丰富了职工业余文化生活。

党的建设得到持续加强。该公司党委深入贯彻党的十九大会议精神，充分发挥党组织的政治核心、战斗堡垒和党员的先锋模范作用，应对挑战，攻坚克难，为完成全年生产经营各项任务提供了坚强的政治保证。以深化“两学一做”学习教育为切入点，将习近平总书记系列重要讲话精神及矿业公司的工作部署作为中心组学习的核心内容，围绕打造“平安铁运”的奋斗目标，以学习促发展的能力进一步增强。全面落实党委委员包保责任制，实现了责任包保覆盖率100%。修订了《铁运公司政治工作考核评价办法》，实现季度评价考核，赋分排序，奖优罚劣，促进了党支部工作的规范化。在两级机关开展对照“六查六看”，转变工作作风“学、查、纠、树”活动。开展“亮身份、当先锋、创佳绩”主题实践活动。建立党员责任区38个，评选党员先锋岗44个。开展降本增效建功立业活动，全年实现降本增效47万；深化党员“五项”活动，完成创效75.6万余元。深化双增双节、修旧利废达标竞赛等建功立业活动，全年创效310万元。强化“两个责任”的落实，深入开展党风廉政教育，进一步加强作风和纪律建设。建立完善了《铁运公司党风廉政建设考核细则》《铁运公司“三重一大”决策制度实施办法》《铁运公司效能监察管理办法》等多项制度。

（佟中原）

【弓长岭灯塔石灰石矿概况】 2017年末，弓长岭灯塔石灰石矿在岗职工541人，干部85人，其中高级职称3人、中级职称34人、初级职称38人，工人456人。下设四室一会（综合管理室、生产技术室、党委工作室、设备室、工会），一个供应站，七个作业区（采矿作业区、山城碎石作业区、缸窑作业区、检修作业区、铁运输出作业区、综合运输作业区、生产服务作业区）。固定资产1.87亿元，净值0.69亿元。矿区占地面积120万平方米，建筑面积7.4万平方米。

该矿现有内燃机车3台，自有专用铁路线14.37千米，铁路主干线为50千克重轨。矿山采场主要设备有液压潜孔钻机3台、沃尔沃反铲3台、推土机2台、豪沃汽车8台、装载机8台等，采场装备能力达到460万吨/年水平。

2017年，该矿紧紧围绕“抓改革、保生存、促转型、求发展”的总体经营思路，在外部市场需求波动，环保制约工序运行，内部持续超常压费等不利条件下，凝心聚力，奋力拼争，先后采取产品市场抢占、工序系统保障、规范管控模式、创新攻关增效、资源补充优化等一系列新举措，全面完成矿业公司下达的各项工作任务，石灰石商品量352万吨、销售收入2.52亿元、盈利280万元，实现了矿山持续发展。

资源后续补充成效显现。完成了东大山采场林地批复报告。委托矿山设计院，完成了东大山、上缸窑采场圈定保有矿量及补充勘探增加矿量规范设计方案，一、二期设计方案初步确定矿界范围资源总量达到4000万吨，按生产石灰石350万吨/年测算，矿山服务年限可达12年以上，为矿山持续发展转型升级拓展了空间。

生产运行效率充分释放。针对制约工序运行的瓶颈，将相关方附企、爆破公司、质计纳入管理范畴。2017年因爆破、装运、质量等工序系统影响，考核相关方2.54万元，内部考核5万元。在山城、缸窑破碎生产线实行了对岗交接，每天增加产线运行2小时，实现了在线产能的充分释放；依照矿山赋存状态，在矿岩交界处实行了分穿分爆，严格杜绝混岩，同时及时动态跟踪调整供矿部位，加强综合配矿，确保了产品质量满足输出需求。加大铁路输出组织力度，提高了局车装载率及周转速度，实现铁路产品输出稳步增加；成功实施了缸窑粉磨振动筛分系统改造，实现增产粉矿2000吨/月。

深化管理工作取得成效。加大了系统工序整合和新增机构推进力度，完成了缸窑碎石作业区与山上汽运系统的整合，实现了同区域专业化统一管理。完成了调度室和供应站机构增设工作。对现行规章制度进行了全面梳理。全年修订管理制度文件39个，废止文件23个，现行有效制度文件186个，构架起矿山长效的制度管理运行机制；加大劳动纪律检查频次和考核力度，全年组织检查56次，受检2236人次，查出违纪人员28人，经济考核1500元，促进了矿山整体工作秩序的明显改善。开展了形式多样有针对性的培训工作。全年开展各类培训44次，参培1390人次；加强了矿产资源保卫工作，重点加强了夜间的检查频次，有效杜绝了矿石外流。加强安全管理，落实全员安全管理责任，实现了轻伤以上事故为零。

设备保障能力明显提高。针对设备管理制度缺陷，重新修订完善设备管理办法16个，初步实现了设备管理制度全覆盖。以TnPM管理为工作主线，按照六维评价工作标准，采取内部周常态检查通报、定期专项整治及月评审排名考核曝光机制，全年累计检查曝光39次，检查缺陷项目145项，考核5600元，有效促进了各级设备管理者责任意识的提升。强化了设备维修工作。全面推行维修方案提前审定、工时定额、现场维修影像写实工作，促进了维修时间和质量有效提升。全年实现主体设备可开动率达到97.05%，设备作业率87.7%，满足了生产需求。

降本挖潜增效成效明显。面对完成利润指标的巨大压力，全矿上下紧紧围绕制约矿山增利的短板和瓶颈，凝心聚力、广言纳谏，经过深入充分的调研和反复的论证，构建了党建思想政治、管理创新、科技创效、技能攻关、降耗节支五条线降本增效长效机制，确定了矿级增效项目10项，作业区增效项目20项，逐项落实了进度要求及责任人。经过稳步有序的组织实施，全年降本增效创效854.9万元，为实现全年盈利目标提供了有力保证。

关爱一线员工取得实效。全面开展“践行共享理念关爱一线员工”专项服务行动，征集项目和建议46项，筛选确定16项，投入费用742万元，工作环境逐步改善。强化了破碎生产线洒水抑尘工作管理，最大限度控制了产线扬尘。燃煤锅炉全部更新为电锅炉，推进了安全环保设备升级。生活福利水平逐步提高。对浴池、食堂等福利设施进行了全面维护。收入分配向一线逐步倾斜。从2017年12月1日起，提高了夜班津贴、班组长津贴、女职工卫生保健费标准。加大帮困扶贫工作，发放救济金19.55万元。认真接待和处理职工群众来信来访，保证了矿区生产和生活秩序的稳定。

（袁士杰）

【弓长岭机械厂概况】 2017年末，弓长岭机械厂共有全民职工226人，其中管理技术岗位55人（高级职称6人、中级职称29人、初级职称18人），生产服务岗位161人，居家休息职工10人。下设“四室一会”和七个作业区。该厂是以生产铸钢球、铸钢件、加工件、铆焊件、电机修理等产品为主的机加工企业。占地面积为6.6万平方米，建筑面积为2.74万平方米。固定资产原值12399.7万元，净值4420.4万元。

党建工作卓有成效。党委中心组深入学习贯彻党的十九大和习近平总书记系列重要讲话精神，施行了“两学一做”量化式百分考核办法，通过实施责任量化，明确各级干部“一岗双责”的责任；厂党委在全体党员干部中开展查思想、查学习、查工作、查纪律、查不足，促干部转变作风的“五查一转”活动，打造出一支思想素质高、道德品行好、履职本领强、工作作风实的干部队伍；围绕新形势、新任务，开展“五同模式”“四零工程”以及党支部书记述职交流等活动，研究推动深化改革和降本增效的思路及措施，提升了破解发展难题的能力，全年确立共产党员工程7项，年创造效益110多万元；积极推进《廉洁风险地图创建》工作；开展“微腐败”“亚腐败”的专项整治，梳理出典型示例21条，做到“勤扯袖子、常咬耳朵”；确立自选效能监察重点，全年避免经济损失224.33万元。

生产经营稳中求进。全年完成生产总量2.21万吨，其中：钢球1.88万吨、铸钢件2138吨、加工件1064吨、铆焊件121吨，维修电机1133台。全年实现销售收入15011万元，实现利润83.75万元，完成公司下达的成本利润计划。

安全工作不断加强。夯实安全基础，修订安全管理制度9项、各类台账5项，组织签订保产安全协议书3项。组织观看警示教育片600余人次，职工自我安全意识普遍增强。全年检查发现消除现场隐患93项，经济考核1.4万元。开展安全标准化创建，全年评出厂级“优秀标准化班组”3个、“优秀标准化岗位”4个。

设备治理能力增强。加强TnPM管理，组织专项检查28次，现场发现问题110项，全部督促整改。加强点检管理，设备平均开动率达99%。强化基础管理，修订、完善了设备管理的“三大规程、四项标准”。加强能源管控，采取调整优化铸球热处理变压器运行模式，年节约用电19.3万千瓦时，节约电费10.2万元。

技术质量成果明显。组织开展专利、专有技术等科技成果申报工作。“合金铸球模具的加工修复方法”等四项专利获得国家专利受理，“铸球模具余温自回火工艺”等五项专有技术获得公司认定备案，《关于优化一选球磨机衬板材质 降低生产成本的建议》等三项合理化建议通过公司初审。

综合管理持续升级。加强制度管理，着力推进规章制度“立、改、废”工作，形成厂现行规章制度体系目录。加强绩效管理，突出安全、成本、质量等刚性指标，切实发挥绩效考核的激励和约束作用。加强信访管理，全年实现越级访、集体访和进京访为零目标。加强劳动纪律管理，全年查出违反劳动纪律16人次，经济考核2068元。

和谐企业发展共享。开展“践行共享理念、关爱一线员工”活动，为一线职工申报各类福利品20余万元。加强人文关怀，对困难职工、患病职工、居家困难职工进行走访慰问，发救济款5.73万元。积极组织开展网络问企活动，全年收到意见建议60项，全部由相关部门进行了答复。为职工办理三大疾病保险，有3名职工获得保险理赔共计18万元。开展了“爱生活、爱健康、职工健步走”活动。组织40名优秀和一线职工参加了矿业公司健康疗养。

（宫雅娜）

【弓长岭汽运公司概况】 2017年末，弓长岭汽运公司共有全民职工356人。其中，管理和专业技术岗位58人，生产服务岗位289人，居家休息职工9人。下设“四室一会”和六个基层作业区。该公司主要承览弓长岭区域各厂矿客货运输、选厂舍岩、球团精矿倒运等以保产服务为主的车辆运输服务。2017年，该公司全面完成了各项生产经营任务，实现了事故为零安全工作目标。

经营成果再创历史新高。该公司通过进一步优化生产组织、主动承担矿业自营工程、合理开动设备、实施经济运行等具体措施，全面完成了矿业公司下达的2017年各项生产经营任务指标以及各项保产服务工作任务。全年完成产值收入7838万元，超计划806万元，实现利润571万元，超计划533万元，经营成果创历史新高。

企业形象得到明显提高。该公司继续坚持以“保产及时、优质服务”为服务宗旨，以满足各厂矿用车需求为服务中心，坚持“效率第一，用户满意”为服务原则，面对岗位缺员、运力不足和设备老化等诸多困难，通过进一步优化生产组织，合理调配车辆，尤其是通过加强对矿区市场的服务和跟踪，高质量完成了选厂排岩公路改造、火药库路面改道等多项临时工作任务，受到了用户单位的好评和上级领导的表扬，使公司的服务能力得到了进一步增强。

设备管理水平显著提高。该公司继续坚持以推进TnPM管理为工作主线，以“确保设备本质安全，提升开动率和完好率”为工作中心，全面推进落实设备月检、设备达标和内部评价等重点工作，进一步提升了设备管理水平。严格执行考核通报制度，全年通报整改各类问题145项。收集采纳合理化建议122条、现场改善项目162件、培训单点课课程189次、清除六源项目126项。全年达标设备224台，达标合格190台，参检设备合格率达到85%。强化设备保养和自主维修，减少外委维修工程，实现由外委修向自主修的转变。

企业管理取得新成效。该公司承接新增及修订完善专业制度17个。结合生产经营实际，全面优化人力资源结构，完善了战略绩效与薪酬评价考核办法，调动了基层作业区工作积极性。继续推进“网络问企”工作，全年共计提出合理化建议58条，采纳35条，实现创效21万元。全年完成三类培训共26项，培训职工1184人次，尤其是公司“车辆坡路应急演练培训”受到矿业公司和弓长岭区交警大队的肯定。积极开展大练兵活动，1名职工获矿业公司大练兵状元，7名职工分获汽运公司7个工种的状元，实现了大练兵活动覆盖率95%以上。

安全环保工作效果明显。该公司制定下发了《安全生产责任制》《汽运公司班组交接班管理规定》等安全管理制度，使安全制度体系得到了进一步完善。加强对通勤客车、相关方采场通勤车、危险货物运输、选厂岩场舍岩作业、吊车作业、受限空间作业等重大事故风险关键部位的监管力度，杜绝了重特大事故的发生。严格落实各项环保措施，在弓选排岩场降尘和尾矿库抑尘任务中，公司加大设备投入力度和管理强度，做到24小时洒水抑尘，实现了生产达标排放和环保责任事故为零的目标。全面推进安全标准化创建，二队、四队作业区进入安全标准化星级作业区行列。

职工利益得到切实维护。该公司在生产经营非常困难的情况下，贯彻落实“践行共享理念，关爱一线职工”专项服务行动，重新改造了作业区电锅炉、休息室等职工关心的重点部位，全面改善了作业区的职工休息环境。持续推进“面对面，心贴心，实打实，服务职工在基层”活动，全年救济困难职工115人次，发放救济金3万元，组织了41名先进模范人物进行了健康疗养。开展了丰富多彩的文体活动，举办了职工登山、拔河、长跑和职工文艺作品大赛，丰富了职工文化生活。继续开展职工福利设施专项检查，全面落实职工福利设施和劳动保护工作，维护了职工合法权益。

（张宏禹）

【弓长岭动力厂概况】 弓长岭动力厂主要承担弓长岭地区生产的能源供给工作，供电、供水、供暖三大系统东起何家，西至松泉，南临汤河，遍布30里铁山。2017年末，在岗职工292人，其中：干部47人（高级技术职称2人，中级技术职称22人，初级职称27人），工人245人（高级工及以上59人，中级工90人，初级工77人）。设有“四室一会四个作业区”，即生产设备室、综合管理室、能源管理室、党委工作室、工会，供电作业区、供水作业区、锅炉作业区、检修作业区。厂区占地面积2.78万平方米，建筑面积3.3万平方米。

固定资产2.63亿元，供电系统10个66千伏变电所，总装机容量238800千伏安，年均配出电量8亿千瓦时；供水系统7个水泵站，设计供水能力4000立方米/时，年均输送水量520万立方米；供暖系统生产锅炉总吨位251.68吨，年均产汽量53万吨。

强化安全管理。该单位针对新一年企业生产经营面临的严峻形势和艰巨任务，结合工作实际，始终把安全工作实现“双无”目标作为工作中心，积极探索安全管理新方法、新措施、新模式。开展“行业典型事故案例分析”“阶段性和季节性安全教育”“管理层安全论坛”和“消防安全应急演练”等活动，使职工的安全意识和安全技能进一步提高。开展季度综合检查和评价，查出和整改安全隐患和影响设备安全运行等各类问题324项，挂牌奖励97750元，调动了各级人员参与安全管理的自觉性和积极性，安全管理水平进一步提升，在矿业公司2017年“星级作业区”评审中，检修作业区、供电作业区进入了二星标准化作业区行列。

强化环保与节能管理。该单位加大能源管理力度，对供电系统应用红外线测温装置，消除了高压盘内部的点检死角；在老选和三选变电所安装188个电缆头测温点，实现了电缆接头温度的计算机监测。供电和供水系统分别对变电所高低压设备、配出线路和输水管线，采取“定时间、定路线、定责任人”的点检方式，发现并排除8

处较大设备或运行隐患。供暖系统坚持实施“常年炉轮停整修、季节炉全停整备”，为设备稳定运行创造了条件。动态调整变电所电容补偿，有效控制功率因数，获奖励电费 59 万元。适时调整变电所主变运行方式，节约基本电费 444 万元，为完成生产经营任务奠定了基础。

强化体制改革与创新管理。该单位按照矿业集团的要求，两次清理管理制度，修订 97 项，新增 38 项，作废 14 项，现行管理制度 155 项，实现了与矿业制度体系的紧密对接。加强制度培训学习和制度执行的检查考核，提高制度执行力。

将上级公司下达的战略绩效考核指标逐项分解落实到作业区、部门，按月考核评价。狠抓两级机关劳动纪律管理和工作执行力，扭转“松、散、懒”现象，解决工作不细、不实问题，促进了机关的工作作风转变和工作效率提高。

强化人力资源管理。该单位采取“以赛代训”的方式，进一步细化了内部技能等级评定的培训和考核标准，实现了职工岗位技能培训由课堂式理论培训向现场模拟操作培训的转变，创新培训方法，针对职工文化和技能差异，采取了“单兵单练”；针对变电岗位和调度岗位采取了“精准培训”，满足了职工需求，提高了职工操作技能。开展 9 项内部技能评定培训，有 155 人参加，有 72 人受到奖罚，奖罚金额 16560 元，很好地调动了职工的学习积极性。

（朱　哲）

鞍钢联众（广州）不锈钢有限公司

【概况】 鞍钢联众（广州）不锈钢有限公司前身为联众（广州）不锈钢有限公司（以下简称“鞍钢联众”或“公司”），由台湾烨联钢铁有限公司投资建设，于 2001 年 12 月 30 日成立，位于广州经济技术开发区东区联广路 1 号，占地面积 112 万平方米。2014 年 10 月 17 日鞍钢集团与台湾义联集团签署投资协议与合资合同，鞍钢集团以增资扩股方式认购并持有义联集团所属的联众（广州）不锈钢有限公司 60%股权和瀚阳（广州）钢铁有限公司 60%股权，重组为鞍钢联众和鞍钢瀚阳（广州）钢铁有限责任公司（以下简称“鞍钢瀚阳”）。2017 年 12 月 22 日，鞍钢联众吸收合并鞍钢瀚阳。合并后鞍钢联众占地面积 115.5 万平方米，投资总额 94.44 亿元人民币，注册资本 34.6 亿元人民币。

鞍钢联众设立董事会和经营层，建立了监督、激励、控制和协调相统一的公司治理结构和组织机构。公司下设董事会秘书室、综合管理部、党委工作部（人力资源部）、经营发展部、财务部、采购部、市场营销部、产品制造部、炼钢部、热轧部、冷轧部、光亮部、设备保障部、能源动力管控中心、储运中心。2017 年末，在职员工 2407 人。

鞍钢联众是国家鼓励发展的项目，为华南地区第一家炼钢、热轧、冷轧一贯作业不锈钢厂和最大的专业不锈钢生产基地，主要生产不锈钢扁钢胚、不锈钢钢板、热轧不锈钢黑皮钢卷、热轧不锈钢钢卷、冷轧不锈钢钢卷、光亮不锈钢 BA 钢卷等产品，钢种遍及 200 系、300 系、400 系，实现钢种和表面等级全覆盖。产品广泛用于化工、能源、食品、医药、纺织等工业领域及建筑装潢材料、汽车零部件、厨具刀具、家电等民生行业。

2017 年，鞍钢联众通过落实“调整、改革、创新、加强党的建设”四项重点工作，积极应对钢铁行业宏观调控和环保督查力度不断加大、不锈钢行业的供需失衡、原燃料价格大幅上涨等诸多不利因素，坚持稳中求进，开创了生产经营新局面，实现自炼钢 153.69 万吨，钢材销售 198.48 万吨，营业收入 147.58 亿元，净利润 3.78 亿元。

【生产运营管控实现新突破】 1. 规模效应初步显现。全年实现销售收入 148 亿元，销售利润率 2.6%。通过优化生产组织，合理分配各工序负荷，抓住缴库重点环节，快速调整产销节奏，全年实现自炼钢 153.69 万吨，同比增加 22.5 万吨；实际缴库量 194.9 万吨，比预算增加 26.6 万吨。突破 VOD 产能瓶颈，全年生产 VOD 钢种 10.9 万吨，同比增加 5.4 万吨。

2. 安全环保不断改进。落实安全生产责任制，构建了事故管理考核、安全生产责任目标考核、月度安全管理考核“三个覆盖”的安全考核体系。建立危险因素分级管控，对 238 项较大危险因素，制定了相关防范措施和应急方案。全年实现重伤及以上安全事故为零，事故总量同比下降 71.43%。保持环境信用评级蓝牌。污染物自行检测完成率98%以上，年度污染物总量达标排放，颗粒物、氮氧化物、废水氟化物等均远低于排污许可证核发量。全年环境污染事故为零。

3. 设备保障不断改善。持续加大设备维修费用投入，总计3.2亿元，解决设备长期严重欠修难题和历史遗留问题。变革设备体制，将点检统一化管理改变为各生产厂的区域化管理，加强各生产部门设备点检定修机制的推行与设备的维护，实现各生产线成本完全自主管控。

4. 过程管控得到加强。在生产管理方面，通过标准制程管控模式，从接单开始到缴库作业结束，严格控制每站别配料需求及尺寸设定，保证了订单相关要求。在质量控制方面，结合在线品检及线下复判模式，严格控制产品化学成分、表面质量、力学性能等相关品质因素，同时利用再处理作业体系，对异常品质钢卷、钢坯进行二次品质提升，保证品质达标。

5. 组织架构实现优化。实施三级化改革，压缩管理层级，由原有的“公司经营层—部—厂（处）—科（作业区）—股”五级组织架构，调整为“公司经营层—部—作业区（科/室）”三级组织架构，减少处级组织27个，减少股级组织69个（均为鞍钢联众内设组织层级）。完善OA流程上线工作，实现效率优先、流程最简。鞍钢联众吸收合并鞍钢瀚阳工作顺利完成。

【人力资源优化实现新突破】 1. 运行全新薪酬分配模式。以全面预算为基础，推行“一部一策”绩效考核方式，实现收入与绩效挂钩，调动员工积极性、主动性和创造性。2017年，员工月人均薪资同比增长10%；月人均绩效奖金同比增加25%。

2. 建立权责对等的问责机制。完善各类事故管理办法，建立既不封顶也不保底的责任追究机制。严格遵照《任用与升迁办法》《副厂（处）级及以上人员平调与晋升核准流程的暂行规定》，执行干部人事任免65人次。问责各级领导人员64人次，有4人降职使用。

3. 广纳人才。实施内部推荐新员工入职奖励及差异化招聘，拓展人才选聘渠道。修编了《员工子女入读公办学位管理规定》及《鞍联公司集体户暂行管理办法》，解决优秀人才户口挂靠、子女入学等问题。企业凝聚力持续增强，员工离职率降为15%，为历年最好水平。

【市场占有率实现新突破】 1. 适应市场变化。400系产品由月度竞价、月度分次竞价向集中销售模式转变，月销量持续稳定在5万吨以上，保证了自炼钢规模最大化。细分市场，200系部分流通产品通过减衬纸、调整测厚方式、收缩销售半径等措施，提升市场竞争力。加大近域销售力度，200系产品佛山市场份额稳步上升。

2. 拓展国际市场渠道。在国内市场售价出现下滑时，积极调整产品结构，通过加快外贸接单节奏及提高出口数量，提升高附加值高效材产品、新型钢种的销售量，成功扩大新品种热轧材料在海外销售规模，全年实现钢材出口19.21万吨。利用国内外销差价及人民币汇率波动的契机，在国际市场不锈钢价格相对高位时，单月出口量达到1.7万吨，增加总体边际利润。

3. 优化产品结构。努力开发直供用户、拓展重点直供渠道。2017年，按客户需求开发新产品和新性能产品10万吨。其中，429、436L、439L钢种通过了日本丰田认证；409L汽排钢种最高订单量达9000吨/月；409L/2B冷藏箱外板成功推广使用，目前累计交货超过5000吨；电梯用途钢种443/2BA品质得到认可，销量同比增加16346吨。增加普碳钢销售，全年碳钢销售量13.41万吨，丰富了销售品种，为柔性组织生产创造了条件。

【技术优势向竞争优势转化实现新突破】 1. 积极开发新品种。强化新产品市场开发力度，坚持以市场为导向，加速冷藏箱204C、工业用高耐蚀317L、双相钢2205、420/425系列、321钢种等新产品开发，提升产品附加值，扩大市场影响力。2017年，高效品种销售目标是8.4万吨，全年销售13万吨，同比去年增加7.73万吨。

2. 完善工艺促稳定。通过工艺摸索与改善，进一步减少生产过程波动，稳定产品的一级品率，保证交货期和成本受控。小钢种301L、310、409L、443、420和430J1，同比都有大幅上涨。

3. 科技降本多创效。通过提高炼钢金属回收率、优化炼钢配料结构、提高热轧成材率、减少冷轧折价销售损失等项目的持续技术攻关，全年创效1.7亿元。

【降本增效实现新突破】 1. 坚持“成本唯先”。以各产线目标成本倒推各项指标，逐项分解，落实到每月预算指标中，并与当月部门绩效挂钩，以炼钢满产、热轧调坯轧制填充富裕产能来提升产量规模，摊低固定成本。积极推进连铸辊整备、运输车辆运维、天车维保，RAP、WRAP 乳化液、轧制油消耗等项目的专业化、社会化包保业务，降成本，保运行。

2. 优化采购管理。采取即期与远期合同量价互换策略，保证了当期正常生产，高碳铬铁比宝钢、青山、太钢降采均过亿元。开发战略供应商，降低石墨电极采购资金 2480 万元。争取直购电优惠，降低电费支出 5390 万元。热轧实施 LPG 改 NG，降低燃气成本 987 万元。预判市场趋势，择机采购，降低转炉耐材采购成本 942 万元。积极推进进口品牌国产化及国产品牌替代，累计降本增效 573 万元。

3. 全面预算管理成效显著。在严格的预算管理下，同口径比较降低了各项费用支出 2900 万元，并在管控下通过加强流动资产、两金占用及资产周转率的管理，减少了资金占用，有效降低带息负债，全年降低财务费用 2.2 亿元，并推进实施“类永续债”，将部分“股东借款”转列入“权益工具”，将负债率由年初 93.55%降至年末的 75.89%。同时积极拓展融资渠道，全年新增 4.5 亿元授信使用额度，财务风险得到有效控制。

【党建工作开启新篇章】 1. 认真学习宣传贯彻党的十九大精神。开展“喜迎十九大、争创新业绩、实现新发展”主题教育实践活动，汇聚公司发展正能量。采取党委中心组学习、派驻干部组织生活会、党支部书记会议、“三会一课”、党内外先进模范人物学习体会交流会等多种有效方式，组织广大党员干部和职工群众深入学习宣传贯彻党的十九大精神。组织全体党员撰写党的十九大会议精神学习体会。公司领导班子成员深入基层为党员上专题党课，广泛宣讲党的十九大精神。

2. 全面落实全国国企党建会议精神。积极推进党建工作要求进公司章程，并于 2017 年 3 月完成。组织开展了学习《全国国有企业党的建设工作会议精神学习问答》专题报告会，并通过“三会一课”等方式对全体党员进行教育，提高认识，统一思想。先后制定了《鞍钢联众公司党委会议事规则》《鞍钢联众公司落实“三重一大”决策制度实施办法》《鞍钢联众公司党委中心组学习制度》《鞍钢联众公司党群工作例会制度》等 13 项制度，完成了党委、纪委基本工作制度的建立，进一步健全了党委议事决策机制和相关党建工作规范，并严格加以执行。

3. 积极履行基层党建工作责任。坚持把班子建设和鞍钢派驻干部队伍作风建设放在重要位置，提出了鞍钢派驻干部身在“特区”，但思想和行为上不能特殊，要时刻保持住共产党人的政治本色，体现出鞍钢干部的优良作风。严格落实“两个责任”，执行“一岗双责”和廉洁承诺制度，制定了领导干部、核心岗位人员廉洁从业的相关规定。开展了工程管理、物资采购等 6 个方面的专项内部巡察，查处内部管理漏洞 71 项。开展效能监察项目 17 项，提出监察建议 18 项，共挽回避免经济损失 84.9 万元，取消违规供货厂商 5 家，惩处失责人员 25 人次。

4. 扎实推进“两学一做”学习教育活动常态化制度化。坚持把政治建设放在首位，发挥公司党委领导班子的政治核心与作用，发挥鞍钢派驻干部的骨干作用，辐射带动公司党员、业务骨干，打造甘于奉献、风清气正、干事创业的工作氛围。建立健全党支部工作制度，严肃党的组织生活，落实“三会一课”等基本制度，开展了“践行党员先进性，义务劳动展风采”党员奉献日、“学习爱国主义精神，重温入党誓词”等党内主题实践活动。

5. 加强“四支人才”队伍建设。落实党管干部原则和党管人才原则，规范干部的选拔管理使用，加快人才的培养与使用，开展评选核心人才、一线员工先进操作法活动，激发员工干事创业积极性。评选出 71 名管理、技术、技能、采购队伍核心岗位人才，对其发放特殊岗位津贴。发挥专业技术人才及高技能人才的引领作用，开展“导师带徒”活动，师徒结对 123 对。

6. 夯实基层党建工作基础。以召开鞍钢联众第一次党员大会为契机，全面加强基层党组织建设。实现了党员属地化管理。2017 年 6 月 8 日，鞍钢联众第一次党员大会胜利召开，选举产生了中共鞍钢联众第一届委员会和第一届纪律检查委员会。成立了 8 个党支部，按规定程序选举产生了各支部委员会。以申报创建鞍钢集团“样板党支部”为抓手，建立健全党支部、党员管理考核制度，开展党员立功竞赛活动。党组织的导向与辐射作用显著，2017 年，有 48 人向党组织递交了入党申请书。

7. 积极培育先进企业文化。关爱一线员工，扎实开展践行共享理念专项服务行动，完成了PPL新购氮氧化物分析仪系统、本薪定额承包、建设“爱心妈妈小屋”等7项优化作业环境、关心关爱一线员工的活动，总计投入164万元。开展了生产立功竞赛、技术竞赛等活动，帮助员工提高岗位技能水平，公司获得广州技术开发区技能大赛优秀组织单位。关心员工生活，开展扶贫帮困工作，组织登山、夏日送清凉、中秋节慰问、球类比赛等多项活动，总计支出111万元。

（王可欣）

鞍钢集团工程技术发展有限公司

【概况】 2017年末，工程技术发展有限公司在职职工11697人，其中管理技术岗位3518人，生产服务岗位8179人。公司下属有建设集团有限公司、房地产开发集团有限公司、重型机械有限责任公司、工程技术有限公司、铁路运输设备制造有限公司五家单元企业。

2017年是工程技术发展有限公司成立的第四年。一年来，该公司深入学习贯彻党的十八大、十八届系列全会和十九大精神，认真落实习近平总书记“三个推进”总体要求，按照该公司一届二次职代会确定的目标任务，坚持稳中求进，抓好“六个强化”，全面打胜扭亏为盈攻坚战，各项工作取得可喜成绩。2017年全年实现盈利0.49亿元，实现市场签约额90.7亿元。

【实施战略调整，构建多元发展新格局】 创新商业模式，推进融资平台建设。控股鞍钢集团（大连）投资管理有限公司，搭建对接产业、PPP项目的融资平台。践行“四个确保”承诺，深耕主业市场。开展以“践行‘四个确保’承诺，全方位为钢铁主业提质增效服务”为主题的大讨论活动。坚持内抓整改，外促服务。建设集团有限公司在新1号高炉大修工程中提前12天完成高炉施工任务；重型机械有限责任公司开展“清理鞍钢拖期项目攻坚战”，实现287个拖期项目全部扫清；工程技术有限公司深入主体厂矿，帮助主业挖掘降本增效和节能环保课题；铁路运输设备制造有限公司提前两个月完成攀钢矿业公司32台大车维修任务。建立“四个确保”长效机制，从六个维度建立指标体系，推进关联交易落地。全年与鞍山钢铁签约20.08亿元，同比增幅136%；与矿业集团签约7.17亿元，同比增幅33.25%。突出产业思维，开拓外部市场，紧盯冶金市场。中标河北敬业1780热轧卷板、高品钢项目8.2亿元。中标宁夏天元锰业铁合金项目，合同总额3.27亿元。拓展城市服务，中标鞍山市高新区地下停车场、安博（中国）沈阳于洪物流中心等项目，撬动鞍山腾鳌机场、鞍山市十九条道路和福建永泰等PPP项目。加快“走出去”步伐。成功签约阿尔及利亚250万吨DRI工程安装、俄罗斯MMK烧结机等项目，实现国际项目签约额3亿元。做强节能环保，实施合同能源管理项目16项，新立项6项，储备21项，实现销售收入2.34亿元、利润0.18亿元。明确产业发展定位，构建新发展战略。确立了以工程技术为引领，城市建设与冶金建设为主攻方向，投资公司为融资平台的总体发展思路。按照“工程+产业”的发展模式，延伸工程建设产业链。梳理出9大类22项第一批产业结构调整项目，推动优势产业发展。与国投中国电子工程设计院有限公司合资成立鞍钢中电钢构股份有限公司，实现央企强强联合，“工程+装配式建筑产业”迈出坚实一步。

【强化改革引领，激发内生发展新动力】 “三项制度”改革破冰前行。重型机械有限责任公司将机关部室由原来11个减少到7个，生产单位由原来8个整合为4个，压缩岗位编制23.28%。建设集团有限公司机关部室由11个精简为7个，两级机关管理岗位压缩编制31.1%。所属基层单位由21个合并重组为16个。工程技术有限公司将电气事业部作为首个契约化改革试点，全年承揽合同3161万元，同比增加3046万元。规范单元企业法人治理结构，完善差异化管控体系，将市场化经营决策权归位于各级市场主体。核心业务由214项减少至177项。全面推进契约化管理，建立以“两书三办法”为核心的配套制度。狠抓亏损企业治理，全公司治理目标15家，完成7家。其中，国资委挂牌督导的3家企业完成2家治理，同比减亏4.26亿元。

【坚持创新驱动，增强市场竞争新动能】 推进创新项目落地，设立“装配式钢结构”“烧结竖冷窑”等13个创新项目，对项目给予“资金+奖励”的方式进行正激励。9月7日，轧辊有限公司高炉铁水直供改造项目热试成功。9月9日，冶金粉材有限公司10万吨水雾化铁粉提质扩产改造项目热试成功。加快创新成果转化，完成与辽宁科技大学合作开发的煤调湿项目试验，实现降低焦煤水分2%的目标；与东北大学等科研院所密切合作，废水回收利用工程进展顺利，19项指标检测结果均稳定达标；自主研发的2736、3640新型球磨机衬板，使用寿命由原来的7.5个月提高到11个月。鼓励职工自主创新，增建职工创新工作室15个，其中公司级4个，全年创效1882万元。在第22届全国发明展览会上，获得3金3银1铜的好成绩。科技成果不断涌现，全年获得国家受理专利63项，拥有有效专利462项，认定专有技术58项。“采用蓄热式加热炉加热瓦斯气的工艺及装置”获得十九届中国专利优秀奖，为鞍钢集团唯一获奖项目；4项工程获2017年度全国冶金行业优秀设计奖，2项获鞍山市科学技术奖，3项获鞍山市专利奖。全年实现科技创效3200万元。房地产开发集团有限公司完成《钢框架核心筒结构超高层住宅施工工艺标准》编制。

【夯实管理基础，促进管理效能新提高】 加强资金管控，严格考核单元企业资金预算执行情况，确保生产经营资金的安全高效。集中解决内部单元企业互欠债务问题，协助办理内部欠款抹账，降低单元企业资产负债率。“两金”占用压降3亿元。清欠回款成效显著，超额完成年初下达的3.43亿元指标任务。房地产开发集团有限公司清理收回政府工程款4.2亿元。堵塞跑冒滴漏，开展专项检查和效能监察工作，立项75项，避免和挽回经济损失、增创效益约4061万元。实现审计创效570万元。深化法制建设，形成法律工作体系和风险防范机制，通过诉讼等法律途径累计创效4300万元。夯实安全环保管理，健全“党政同责、一岗双责”责任体系。开展工程项目环保专项整治，顺利通过中央环保督察，实现重大环境污染事故为零的目标。

【实现共建共享，关爱职工】 深入开展岗位练兵、技术比武等活动，在辽宁省工匠技师精英挑战赛中，安新光、陈世谊、赵旭义3名职工代表鞍山市分获数控车工第三名、第五名和第八名。开展“十大工匠”、科技创新标兵、市场营销标兵、优秀项目经理（车间主任）评选活动，全面激发职工的敬业爱岗热情。深入开展“践行共享理念、关爱一线员工”专项服务行动，确立40项专项服务项目，为一线职工逐步更换更衣箱，为540名户外作业职工购买防寒用品。鞍钢人才公寓建成并投入使用，为鞍钢集团提高住宿职工生活水平作出积极贡献。帮扶助困力度逐步加大。开展大走访、大下访活动，走访救济困难职工、困难退休人员2637人次，发放慰问金114万元。信访维稳责任得到落实。在全国“两会”、党的十九大等党和国家重大政治活动期间，完成信访维稳工作目标任务。

【党的建设得到新加强】 贯彻落实全国国企党建会议和集团党建工作会议精神，制定完善《鞍钢工程公司党委工作规则》等12项制度。实现党建工作进章程，11家单位公司章程全部修改完毕。完成两委委员增补工作，坚持重大问题决策履行党委会前置程序。扎实推进党建理论研究与生产经营实践的有机结合，解决企业党建工作和生产经营工作中遇到的实际问题，成立了党建和思想政治研究会，设立集团公司及工程公司级党建创新课题18个。推进重型机械有限责任公司党委与一重集团重装事业部党委、建设集团有限公司党委与鞍钢钢绳公司党委建立党建联盟，搭建企业合作新平台。“两学一做”学习教育活动深入展开。通过“感动”宣讲会、微信平台、“两学一做”简报、党员教育片、微视频等多种方式加强学习教育活动的宣传和引导。认真开展“基层党支部建设提升年”活动，重型机械有限责任公司轧辊铸造分厂党支部被评为“鞍钢党支部工作示范基地”，5个党支部被评为鞍钢样板党支部。建设集团有限公司党委强化外埠党员的管理，以“无盲点、全覆盖”为目标，做到项目与党组织同步建立，项目经理与党组织书记同步选派，项目行政管理与党群工作同步开展。

【党风廉政建设和反腐败工作取得新进展】 坚持问题导向，举一反三推进机动巡视整改。机动巡视反馈的3个方面8个问题基本完成整改。专项检查中发现的工程招标、工程分包、劳务费管理等9个方面29个问题已基本完成整改并取得了阶段性成效。处理相关责任人61人次，发出监察建议书6个，制定、完善制度108个。加强监督体系建设，调整监督委员会成员。评价基层单位27家，查找廉洁风险和管理问题598条。开展“微腐败”“亚腐败”问题专项调查，收集典型事例420条。纪委书记全程参与人事安排332人次，审查拟提拔使用人员廉洁自律情况276人次。25名纪委书记为82名班子成员“画像”。建立和完善领导人员、重要关键岗位和“三管六外”人员廉洁档案。开展党风廉政教育、培训学习128场次，对新任职人员廉政谈话330人次。运用监督执纪“四种形态”，开展纪律审查工作。全年共受理信访举报61件，处置查结问题线索45件。运用“四种形态”第一种形态处理145人次，给予党政纪处分14人次，挽回经济损失327万元。

（姜　哲）

【建设集团有限公司】 2017年末，建设集团有限公司在岗职工2944人，其中管理技术人员1545人（高级职称138人，中级职称656人，初级职称650人），生产服务人员1399人。

该公司共有各类机械设备1194台套。拥有国际先进的德国产400吨、280吨、160吨履带式和500吨、380吨、330吨、250吨、225吨、120吨汽车式及国产600吨、200吨、160吨、150吨履带式等系列吊装设备；沃尔沃、奔驰等各类大型运输设备；沃尔沃EC700BLC、EC460BLC履带式挖掘机、A40E铰链式卡车及国产自卸汽车、铲车等土方挖运设备；利勃海尔HS855HD履带式地下连续墙抓斗成槽机、瑞典产全液压ROCD7顶锤式钻机、HB2200型液压锤等破碎设备；日产液压打桩机等桩工设备和日完成10万立方米岩土工程爆破、挖运作业的施工设备等；伊萨EXA6000×16000型数控火焰切割机、EXA4000×27000型及IT258型数控门式焊机、美国培廷豪斯数控钢结构加工设备、LMZ-2500型H型钢自动埋弧焊机、数控平面钻床、1600吨×3000型三辊卷板机等钢结构加工制作设备；瑞士莱卡TDA5005型三维全站仪及美国天宝4600LS型GPS测量定位系统等施工测量设备；东北地区最大的年产280万立方米流态混凝土生产基地及配套的泵罐车设备。2017年，新增设备100台套，设备原值2720万元。

【经营指标】 2017年，实现销售收入22.59亿元，实现利润1280万元。全年完成合同签约额47亿元，为上一年的1.55倍；管理费压降34.31%；职工年人均收入达到4.8万元，同比人均增长4139元。全年排查治理各类隐患550项，实现了工亡事故等“五个零”的既定目标，完成千人负伤率等“三个指标”。

【企业形象】 鞍钢新1号高炉大修创造了同类高炉检修史的奇迹。鞍钢广州高强热镀锌线获冶金建设行业优质工程。沈阳华晨宝马大东车身车间获得辽宁省世纪杯工程。房产物业锅炉房抢修排险、炼钢三工区1号连铸机大修和首钢京唐、广州增城区挂绿湖水利综合治理、供暖改造等一批急难险重项目赢得了客户的赞誉，树立了企业良好形象。坚定文化自信，再次获得全国企业文化优秀单位。注重政治理论研究，1项课题获得鞍钢思想政治工作研究一等奖。

【市场开发】 全年开工建设971个项目，交工节点222项，已交完180项，完成81%。全年实现工程签约额47亿元，其中：鞍钢市场签约额8.4亿元，外部市场签约额37亿元，国际市场签约额2.2亿元。签约额明显增长，是2016年的1.55倍。

【企业改革】 改革经营管理机制。制定下发了15项改革配套制度，与各单位、机关各部门（中心）签订了责任状，量化了考核指标，下放了67项授权清单，夯实了各单位的经营管理责任。

改革薪酬分配体系。按照独立经营、分灶吃饭、分档管控方案，以“三条线”为界，实行效益分区、人员分类的绩效与薪酬考核，每月定期召开绩效会，对持续亏损的2个单位提出了黄牌警告，拉开了各单位之间、各岗位之间的收入差距。

改革干部人事制度。8月，按照上级批复的“三项制度”改革方案，完成了两级机关全员竞争上岗工作。公司机关部门减少4个，减幅36%；基层单位减少5个，减幅24%；两级机关岗位编制与原664个相比减少231个，减幅35%。正、副处级岗位下来42人。

改革优化人力资源。成立了人力资源中心，妥善分流安置334人，清理劳动用工120人。组建了清欠、督查、盘活资产等5个专项机构，执行“底薪+提成”的分配办法，激发了大家干事创业的热情。

改革重组同类资源，以打造“五大产业”为战略引领，将工业炉从结构脱离，实行了承包经营。注销了5个空壳公司。新组建了建筑公司、建材公司、机电公司、鞍钢钢构、设计研究院（研发中心），建立了鞍钢装饰一站式服务中心。

【综合管理】 综合管理水平得到提升。为摸清家底，坚持问题导向，以巡视回头看、板块专项检查、攀钢审计、国监会检查为契机，整改了41个专项问题，进一步规范和加强了内部管理。

规范从业行为。制定了《严明工作纪律规范经营业务行为若干规定（试行）》《实施与分供方签订廉洁协议的规定》等制度，凡是从事经济往来的单位和个人，全部签订了廉洁协议。工程分包、劳务分包、物资供应等领域监督管理得到加强。

加强合同管理。全面清理了低效无效资产，清理临时合同（代码）94个，清理核实了138个网上合同信息，对内部194项共计8900万元历史积存的内部债权债务进行了彻底清理。

堵塞跑冒滴漏。全年招标采购额30882.75万元。通过物资调剂减少库存1676万元。通过实体商店及电子超市创效30.74万元。清理了5个加工厂和12个仓库。盘活资产创效77万元。科技创效621万元。采用债务重组创效1471万元。合理避税323.5万元。全年效能监察创效1699万元。审计创效250万元。

强化制度和信息化建设。建立了业务流程手册和岗位说明书，对规章制度进行了修改及废除。开展信息系统升级改造，开通了企业微信平台。

【职工生活】 加强思想文化宣传。公司领导班子成员带头到联系点、国内外项目部讲党课，推进“两学一做”常态化制度化工作，切实把党的十九大精神、习总书记在辽宁代表团的讲话精神、集团公司领导调研指示精神传达到一线。全年通过《鞍钢日报》、微信公众号、钢建工作等发布报道300余篇，对外展现了企业良好形象，鼓舞了士气，提振了战胜困难的信心和决心。

改善职工工作条件。为营造良好的办公环境，机关增设了理念挂图、宣传标语、健身器材等。落实“践行共享理念 关爱一线员工”专项服务，解决了26项焦点、难点问题。

关心职工群众生活。开展“一帮一”“群帮一”结对帮扶工作，全年走访慰问419人次，发放救助金52.04万元。开展“金秋助学”活动，为41名考入大学的职工子女发放助学金26300元。中秋节发放了福利品。为全体职工进行体检。举办了多种文体活动。

维护职工队伍稳定。在全国“两会”“一带一路”峰会、大连夏季达沃斯论坛、党的十九大等重大政治活动期间，实现了“四个不发生”目标。全年集体访、个人访同比下降10%。综合治理、托管、档案、计生等工作也全面实现了既定目标。

【建筑工程分公司概况】 建筑工程分公司由原鞍钢建设集团有限公司第一建筑工程分公司、第二建筑工程分公司于2017年9月合并重组而成。原第三建筑工程分公司被注销。

该公司机关设6个部室，3个中心，下设36个基层单位。2017年末在岗职工601人，其中管理专业技术人员192人（高级职称10人、中级职称93人、初级职称82人、无职称人员7人）；生产服务岗位409人（高级技师5人、技师12人、高级工72人、中级工167人、初级工143人、无职称10人）；居家职工576人。

2017年完成总产值6.49亿元。共投标274个项目，市场开发合同签约额13.77亿元，其中外埠工程中标金额12.92亿元，鞍钢工程中标金额6279万元；在岗员工年人均收入4.6万元；非冶金行业市场化比率进一步扩大。目前，公司的经营触角已涉及13个省市区，市场已拓展到机械、汽车、房建、电力和城市建设等行业。实现了责任范围内企业轻伤以上人身安全事故为零，重大火灾、质量、设备、环境污染和交通事故为零。重点工程工期完成率、合同履约率均达到了100%。完成省级工法1项，企业级工法1项，在国家级刊物发表论文3篇。

合理化建议成效明显，累计创效160.8万元，完成科研项目一项，完成QC成果一项（2017年度全国冶金建设行业QC二等奖）。

【机电安装工程分公司概况】 2017年末，在岗职工836人，其中管理和专业技术人员224人（高级职称10人，中级职称98人，初级职称76人），生产服务人员612人。机关设6个部门，下设22个基层单位。拥有固定资产原值3093.73万元，净值290.26万元。

2017年，公司完成施工产值2.26亿元；全年完成销售收入1.72亿元，占年计划38.22%；全年亏损2688.51万元；市场签约额3.22亿元，占年计划52.8%。2016年公司市场部共投（议）标

427 项，中标 201 项。中标值 32216 万元。其中本地市场中标金额 20819 万元，外埠市场中标金额 11396 万元。

2017 全年，共审批作业设计 51 项，施工组织设计 5 项；完成合理化建议 19 项，创效 179.4 万元；完成科研开发项目 3 项；申报鞍钢专有技术 1 项；申报企业级工法 2 项；获省级工法 1 项，申报国家专利 2 项，在省级以上刊物发表论文 2 篇。参加了 2 项 BIM 大赛：中国建筑业协会举办的 2017 年中国工程建设 BIM 大赛和中国安装协会举办的 2017 年安装之星 BIM 大赛。

公司全年共完成分项工程 170 项，分项工程合格率 100%。全年共核验单位工程 22 项，单位工程优良率 100%。

【钢结构有限公司概况】 2017 年，职工总数 402 人，其中居家职工 205 人，在岗职工 197 人。在岗职工中技术、管理人员 60 名（高级职称 6 人、中级职称 41 人、初级职称 28 人），生产服务岗位 137 人。通过 AWS（美国焊接学会）认证焊工 130 余名，CCS（中国船级社）认证焊工 30 名。拥有国际焊接工程师、国家一级建造师、一级注册造价师、一级注册结构师、高级工程师 58 人。

公司机关设党群工作部、工会、综合管理部、市场营销部、财务会计部、工程技术部、供应站；直属单位有市场营销中心、清欠中心、设计研发中心、留守组、人力资源中心、生活服务中心；基层单位有营口生产基地、鞍山基地车间、彩板项目部；外埠项目部有大连恒力石化项目部、山东鑫海科技项目部、河北沧州项目部。固定资产原值 34162.6 万元，净值 15028.84 万元。

2017 年，该公司继续集工程设计、制造加工、安装施工、技术服务于一体的钢结构系统全流程管控，应用全球最先进的 x-steel 详图设计软件进行详图设计，应用 fastcam 软件及条码系统进行排版及材料管理，应用 BIM 系统进行钢结构项目管理。“矿用可移动式救生舱制作方法”和“可控制槽型大梁焊接变形的焊接工艺”获国家专利。“矿用可移动式救生舱钢结构制作工法”获省级工法。

【结构安装工程分公司概况】 2017 年底，该公司共有职工 271 人，其中管理技术人员 63 人（高级职称 1 人，中级职称 31 人，初级职称 23 人），工人 208 人（高级技师 3 人、技师 3 人、高级工 15 人、中级工 59 人、初级工 112 人）。公司下设 4 个部、2 个中心、1 个站、1 个办及 12 个项目部，作业层全部实行项目经理责任制。拥有大型机械、动力、运输、吊装设备 80 多台（套），其中德国利勃海尔 280 吨履带吊、浦元 160 吨履带吊、浦元 70 吨履带吊均为国内最先进吊装设备，固定资产原值 3727 万元，净值 447.35 万元。

2017 年，该公司工程合同执行率 100%，工程节点完成率 100%。全面开展技术质量管理标准化工作，保证了分部（分项）工程合格率 100%，全面完成科技工作规划目标。全年共实现销售收入 13195.24 万元，比上年同期多完成 4027 万元，增加 43.9%。完成签约额 13343.94 万元，比上年同期多完成 1802 万元，增加 15.6%。实现了企业人身工亡、重大火灾、重大设备、重大质量、重大污染及自己方负主要责任的交通事故为零的目标。2017 年，公司档案工作获鞍钢集团公司优秀单位。

【工业炉能源科技分公司概况】 2017 年末，该公司共有职工 232 人（包括居家 130 人），其中干部 40 人（高级职称 3 人，中级职称 18 人，初级职称 14 人），工人 62 人。设三部（综合管理部、财务部、项目管理部）、三中心（市场营销中心、供应租赁中心、人力资源服务中心）、四个工程队（炼铁工程队、炼钢工程队、加热炉工程队、鲅鱼圈工程队）。

2017 年工业炉公司从结构安装分公司分离出来后，全体职工经受住了严峻考验，实现了凤凰涅槃、浴火重生的艰难转变，最大限度地消化了各种不利因素带来的影响，企业生产经营保持基本稳定。

该公司主要设备有大型高炉砌筑平台、卷扬塔、各种类型磨砖机、灰浆搅拌机、空压机、电弧吊、叉车、真空吸附吊及各类喷涂设备 97 台（套）。2017 年该公司承担的工程主要有鞍钢新 1 号高炉大修炉体砌筑工程、11 号高炉 4 号热风炉拆除砌筑工程、2150 线加热炉检修工程及鞍山宝德高炉大修工程，海镁 SBK-50 环保型轻烧镁竖窑生产线、江苏常州钢厂线材加热炉建设工程，阿尔及利亚还原炉工程等项目，其中鞍钢新 1 号高炉大修工程工期创造了历史纪录。

全年完成产值 5154.69 万元，完成销售收入 4795.4 万元。完成分项工程 87 项，合格率 100%；

实现企业重大质量、设备、火灾、环境污染事故为零。总结形成“一种耐火砖整包倒运换向转盘”实用新型专利一项。

【汽车吊装运输分公司概况】 汽车吊装运输分公司与原建设集团有限公司机械化运输分公司合并，并实行“一个公司，两块牌子”。2017年4月，原建设集团有限公司机械化运输分公司更名为建设集团有限公司市政工程分公司。

该公司拥有固定资产原值5.17亿元，净值5248.33万元，新增设备34台。

2017年12月末，该公司共有在岗职工351人，其中生产服务岗位267人，管理技术岗位84人；居家休息职工336人。该公司机关设置“一会、五部门”，即工会、党委工作部（人力资源部、综合管理部）、市场营销部、工程管理部（技术质量部、安全保卫部）、设备物资部、财务部；基层单位设置一个中心、两个事业部、三个吊装队、两个鞍钢本部保产车队、两个外埠保产队和一个PPP项目部，共11个基层单位。

2017年，该公司实现销售收入23482.88万元，是年计划的117.4%；实现利润1102.2万元，是年计划的100.2%。当年资金收大于支1148.54万元，回收欠款2488.84万元。合同履约率100%。

2017年，该公司坚持生产调度、过程控制和信息沟通相协调，充分发挥服务、评定、考核职能，完成了钢构件、鞍钢外销产品、废钢、白灰、胶粉筛下料、高炉灰、除尘灰、脱硫粉剂等项目的运输任务，完成朝阳钢铁热风炉项目桩基、鲅鱼圈场坪整治等10余项工程的协调管理。全年完成合同总额7444万元，工程项目完成施工产值5053.31万元，工程施工节点完成率100%。根据运输任务的缓急程度和创效空间整合调配设备，保证了鞍钢运输市场的不萎缩、不丢失，保产运输主体地位得到了进一步巩固和加强。大力拓展外埠市场，以工程总承包方式承揽了大连英特尔二期吊装任务，开创了利用社会设备资源组织生产的新思路，再次确立了“鞍钢吊装”市场地位。工程施工在立足鞍钢市场的同时，注重多种经营共同开发，打进土建、道路、结构、装饰装修等非传统领域。全年完成科技创效29.8万元，提合理化建议10项，创效32万余元。

2017年度荣获鞍山市“安康杯”竞赛优胜单位，鞍钢集团先进单位，鞍钢集团交通安全管理先进单位。1人荣获2016~2017年度鞍钢集团劳动模范。

【建筑材料分公司概况】 2017年8月，原永发实业分公司和混凝土分公司合并，组建建筑材料分公司。该公司共有在岗职工196人，其中管理和专业技术岗位66人，生产和服务岗位130人。机关设置五部一会，即党委工作部、工程管理部、销售管理部、财务管理部、资材管理部、工会，下辖1中心、10个生产经营单位。

该公司固定资产原值15207.37万元，净值3571.16万元。新进10台罐车、1台泵车，对搅拌二厂、三厂实施环保改造，对厂区内的道路和地面进行硬化处理，砂石骨料料场全封闭。新增设备原值1409.06万元。形成砂石、预拌混凝土、建材产品三大支柱产品生产体系。成为鞍山地区建站最早、规模最大、信誉最好的预拌流态混凝土生产企业，是中国混凝土协会理事单位、辽宁省混凝土协会副会长单位，具有国家最高级专业资质，具备日产8000立方米、年产150万立方米预拌混凝土生产能力，可预拌C10~C80强度等级和抗冻、防渗、防腐、耐热、清水、彩色、防辐射、防火花等特种混凝土，可承担各种工业与民用建筑施工混凝土的供应。具有混凝土外加剂、防水材料、内外墙涂料等建材产品生产和相关工程施工能力。

2017年，该公司加快产业布局调整，将产品结构由混凝土单一领域向多元化领域延伸。水稳料配制、珠光砂混凝土、道路混凝土成为市场竞争的新亮点。工程施工从无到有取得历史性突破，承揽鞍钢化工3号、4号、5号干熄焦及灵山料场改造、西昌冷轧等30余个工程施工项目，签约额2600余万元。防水包保进驻朝阳钢铁，提供全天候服务，向南延伸到鲅鱼圈钢厂，鞍钢本部市场占有率逐步扩大。混凝土主业持续拓展，中标紫竹集团厂房改造工程、辽阳通源水利农田建设工程、吉林电力输水管线、红星国际广场、新世纪学校、亚世光电等30余个项目，并首次打入矿业公司混凝土销售市场。全年混凝土销售合同签约额8000余万元，外部市场占比达到90%以上。基层单位外找零星活源同比大幅提升，发动职工外找活源混凝土实物量9.87万立方米。全年实现销售收入1.3亿元，完成利润1195万元，职工年人均收入5.22万元。发布的“钢渣微粉在混凝土中的多用途研究与应用”获得全国冶金建设行业QC成果一等奖。

【建设设计研究院概况】 2017年底，该院在册职工总数106人，其中各类专业技术人员66人，占总人数的62%；另有长期派遣劳务19人。教授级高级工程师1人，副高级职称人员11人，中级职称人员33人，初级职称人员8人。博士研究生1人，硕士研究生6人，大学本科毕业生41人，大学专科毕业生15人。国家一级注册建筑师1人，国家一级注册结构师5人。

2017年，该院固定资产6栋、56件，原值489.51万元，净值35.17万元。全年计划产值3000万元，实际完成1498万元，完成年计划的49.93%；计划销售收入3000万元，实际完成2088.38万元，完成年计划的69.61%；单位工程质量合格率100%。实现安全、质量、设备、火灾、环境污染事故为零和该院负主要责任的交通事故为零的目标。

【鞍山建博工程检测有限公司概况】 2017年底，该公司在册职工27人，其中各类专业技术人员14人，占总人数的51.85%；另有长期派遣劳务4人。具有副高级职称人员1人，中级职称人员8人，初级职称人员5人。

该公司与建设集团有限公司设计研究院合署办公，统一对外经营。经营范围包括：地基基础工程检测、主体结构工程现场检测、钢结构工程检测、建筑工程材料见证取样检测等。在行使“国家冶金工业工程质量监督总站鞍钢监督站检测中心”“鞍钢冶金建（构）筑物鉴定评估中心”职能的同时，也作为建设集团有限公司试验室承担本企业的常规材料自检工作。可以面向社会开展检测业务，所出具的检测报告可作为工程验收的依据。

【剥岩工程有限公司概况】 2017年末，该公司共有职工318人，其中管理和专业技术干部42人，生产服务人员276人。公司机关设四部一会，分别为党群行政部、安全环保生产管理部、设备物资管理部、财务会计部、工会。基层设3个工程队、2个中心，分别为第一工程队、第二工程队、第三工程队、人力资源中心、资产运营中心。拥有各类挖运设备191台（套），固定资产原值1.06亿元，净值1812.56万元。2017年完成剥岩产量1046万吨，实现产值收入8400万元；实现了企业轻伤以上事故、火灾事故、重大设备事故、负主要责任的交通事故、环境污染事故为“零”的目标。

【建筑装饰工程分公司概况】 2017年末，该公司在岗职工30人，居家职工31人。下设3个项目部；机关设党委综合部、采购运营部、财务审计部3个部门，基层设市场营销中心、设计研究中心、一站式服务中心3个中心。

2017年末，该公司完成总产值6019.32万元，合同签约额5720.81万元，实现销售收入5891.52万元，实现利润24.99万元，全年清回欠款693.72万元。

（关伟晨）

【房地产开发集团有限公司】 2017年末，房地产开发集团有限公司有员工1265人。其中管理技术人员443人（高级职称65人，中级职称210人，初级职称142人），生产服务人员822人。退休职工1168人（由房产集团公司托管中心代为鞍钢管理的离退休等人员5766人）。该公司设有房产建设有限公司、房地产开发事业部和建材产品事业部3个单元业务。房产建设公司下设第一、二、三、四建筑分公司和工程分公司。总部机关下设运营管理部、财务部、综合管理部、人力资源部（党委工作部）、纪委（监察部）和工会。由该公司代为管理的集体企业有房产第五建筑工程公司、房产建筑安装公司、房产实业建筑工程公司和房产塑钢厂。

该公司占地面积29万平方米，建筑面积5.64万平方米。2017年末，拥有固定资产原值25929万元，固定资产净值6279万元，新增值4262万元。主要施工生产设备1152台，设备总质量0.38万吨，总装机容量1.16万千瓦。主要施工设备有40吨·米以上塔式起重机77台，单机最大起重量170吨·米；施工升降机81台。混凝土搅拌及配套设备有120立方米/时搅拌站2座，90立方米/时移动搅拌站1座，8立方米混凝土运输车35台，混凝土输送泵车9台。主要运输设备有，6吨以上普通货运车辆36台，20吨以上自卸车46台，30吨重型平板半挂货运车2台，40吨拖车1台，挖掘机6台，推土机2台，8吨汽车吊3台，20吨汽车吊2台，25吨汽车吊1台，装载机19台。主要生产设备384台，总装机容量1.58万千瓦。

2017年，在建工程规模67.5万平方米。实现企业总产值6.5亿元。其中，施工产值5.8亿元，产品产值5416万元，设计加工等产值1607万元。外揽工程产值1.7亿元，外销产品产值1149万元，分别占当期工程和产品产值总量29%和21.2%。实现销售收入10.2亿元。其中，商品房收入3.9亿元，增长27.4%。施工收入6亿元，产品收入1252万元，其他收入2123万元。实现利润2128万元，同比增加441万元。

【主营业务】 2017年，该公司承建的鞍钢人才公寓如期交付使用，该项目是房产集团公司首次以合作方式建成的鞍山市第一座钢结构超高层大型公寓建筑，标志着建筑施工产业在工程领域、工程技术和工程能力方面迈上了新台阶。永安大厦项目主体工程封顶，外墙砌筑和抹灰达到计划进度。做好健康小区211号、212号动迁安置工作，完成齐大山危房改造拆扒。推进鞍钢职工住宿中心土地收储、初设方案、经济测算、办理手续和深沟寺九区项目等前期工作。销售商品住宅724户8.8万平方米，销售网点5604平方米。实现销售回款4.3亿元。商品房收入和利润的贡献率分别达到38.4%和23%。

千山区委北DN3地块主体施工结束。康宁花园、惠众家园、长大家园回迁房陆续交工派户。完成庙尔台项目消防工程验收。宝润机动车电子交易中心、保利四方二期、建国粮库等6项外揽工程先后建成交工。家和天下二期3号楼转入主体施工，4号、5号楼和皇冠壹品五期工程处于基础施工阶段。完成高新区地下停车场EPC建设项目暗渠改造和土方回填。市群众艺术馆、千山消防指挥中心等在建项目分别达到预定计划进度。

生产防火门、楼宇门和散热器等金属制品销售2135万元，生产预拌商品混凝土、砂浆、泵送剂等建材产品销售3281万元。开展PC构件生产课题研究，与远大住工和沈阳建筑院就装配式建筑生产进行了合作洽谈。

【鞍钢人才公寓项目】 该项目是利用鞍钢集团公司企业自有闲置土地，由鞍钢集团公司自主设计、自主施工，具有综合配套功能设施的鞍山地区第一座超高层钢结构建筑。人才公寓为钢结构框架核心筒混合结构，工程钢材全部采用鞍钢集团公司生产的新型耐火钢、低屈服钢、变厚度钢和高强钢。两座建筑物建筑总面积150700平方米，建筑总高度135.9米，地上39层，地下3层，1996套房间，可安置住宿职工2000人。公寓一层大堂800平方米，跃层设计，电梯搭乘区设有6部高速电梯，其中2部电梯为观景电梯直至39层140米高。一至四层分别设有综合超市、咖啡茶座、洗衣服务和美容美发、鞍钢新产品新工艺展区、商业洽谈会议室、健身房和棋牌室、主食堂配餐区及用餐区、公寓管理办公区、图书报刊阅览室、桌球及乒乓球活动室。百兆光纤WiFi全覆盖，24小时热水无限量供应。庭院设有塑胶标准篮球场和羽毛球场地各一个，有各种户外健身器材及休闲廊道等，绿化覆盖率40%以上。鞍钢人才公寓是倡导绿色施工和推进“四新”技术的典型样板工程，是鞍钢集团公司坚持以人为本，情系职工，关心职工，致力于改善住宿职工生活环境的重要民生工程。2014年6月开工建设，2017年9月建成并投入使用。2017年9月28日，鞍钢集团公司隆重举行鞍钢人才公寓入住仪式。

【市场增量】 2017年，该公司新增外揽工程合同额3.9亿元，比上年同期增加1.7亿元。其中，鞍钢外部市场工程合同额3.6亿元，占增量总额91.2%。高新区广场地下停车场EPC建设项目单笔合同额达到1.3亿元。与内蒙古巴彦淖尔市就承建养殖基地项目达成意向，并签订设计合同。参与赤峰市棚户区改造项目商务洽谈。外部工程实现收入4亿元，占当期工程总收入的67.7%。外销产品实现收入626万元。抓住鞍山市创建文明城市商机，落实老城区住宅改造楼宇门等产品合同额1000多万元。中标达道湾新城四号DN1住宅工程等外部设计项目26个851万元。

【企业改革】 2017年，该公司贯彻鞍钢集团和工程发展公司深化改革部署，成立深化改革工作领导小组，明确职责分工，制定实施计划，建立信息沟通和工作督办制度，围绕压减编制定员、契约化承包经营改革做好专项调研，跟进鞍钢集团和板块公司深化改革阶段性要求，调整优化公司总体改革思路和产业单元改革方案，为深化三项制度改革做好基础准备。完成鞍钢综合发展公司（鞍山）运输公司部分人员、资产接收工作。全公司办理离岗居家休息职工73人。

【经营质量】 2017年，该公司强化全面预算管控，落实增收增效措施，完善资金统一调配机制，压缩非生产性可控费用支出。办理完成曙光路西等5

项回迁房工程决算，跟踪推进庙尔台、曙光医院等8项已完政府工程决算，梳理确认工程欠款，开展清收清欠工作，清理收回外部工程款4.4亿元。其中，清回陈欠工程款2.1亿元。清回外部工程设计费176万元。筹集资金3亿元，偿还贷款4亿元，办理展期贷款4.3亿元，降低筹资成本361万元。加强人工成本核算，26个工种实行人工费最高限价，推行建筑面积平方米人工费总价包干管理方式，减少工资性支出1215万元。企业资产负债率和坏账准备金总额，分别比年初减少1.5%和42.7%。

【管理工作】 2017年，该公司划归鞍钢集团工程技术发展公司管理，顺利完成与工程公司职能业务对接和管理归口转换。实行大宗材料委托采购和应急材料备案自购相结合，完成物资采购额2.06亿元，降低采购成本300多万元。坚持样板制工程质量管理模式，加强质量监管和技术创新，申报省世纪杯工程4项、省优质结构工程10项，申报专利和专有技术7项。房建公司通过了“三标”管理体系外部审核。完成《钢框架—核心筒结构超高层住宅施工工艺标准》编制，组织装配式建筑产品学习考察。完成3种建材产品环境评估备案，成功研制聚羧酸泵送剂、防冻泵送剂产品。

落实安全生产主体责任，安全环保专项检查和大检查实现全覆盖，严格执行“四个清单”流程，排查整改各类隐患311项。完成市级安全事故应急救援预案备案。永安大厦工地通过了国务院安委会安全生产大检查综合监督考核，评为辽宁省建筑施工安全生产标准化示范工地。

加强劳务分包、劳务派遣和劳动用工管理，严格核查劳务费发放。承接运行鞍钢集团财务共享中心业务。加强工程预算、管理制度、风险防控和经营业绩考核，促进了管理工作制度化和规范化。

【政治工作】 2017年，该公司党委学习宣传贯彻党的十九大精神，下发学习通知，制定工作方案，深刻领会习近平新时代中国特色社会主义思想和十九大报告精神，通过参加鞍钢研讨班学习、宣讲团听课和组织知识竞赛等活动深入学习十九大精神，利用“三会一课”、网站视讯、微信平台等媒体，推进党的十九大精神深入企业、深入职工。

压实主体责任，加强党的建设和思想政治工作。推进“两学一做”常态化制度化，围绕关键环节督导推进，注重实效。党委班子成员带头到所在党支部讲党课，参加组织生活。完善党建工作“三个体系”，加强基层组织建设，开展对标学习、考核评价和“党支部建设提升年”活动，交流工作经验，规范制度要求。实行党建工作进章程，开展党委书记抓基层党建工作述职评议考核。培养选树“样板”和“典型”党支部，申报鞍钢“样板党支部”2个。确立公司级“共产党员工程”项目11个，实现效益166.3万元。

加强干部队伍管理。开展“四好”领导班子创建活动，完成领导班子、职能部门和处级干部考核测评。制定《管理技术岗位人力资源优化工作方案》，完善领导人员SAP系统信息管理。

加强党风廉政建设。实践监督执纪“四种形态”，制定《党风廉政建设和反腐败工作任务分工》和《纪委全委会议事规则》。针对审计巡察提出的问题，逐项逐条抓好落实整改。加强领导人员、重要关键敏感岗位人员监督管理，接受板块公司“廉洁风险地图”建设现场评估。办结上级转办和自收问题线索3个。开展效能监察，避免和挽回经济损失536万元。

利用会议、板报、微信群等载体，开展形势任务教育。编制印发企业文化建设实施方案。开展“跟着郭明义学雷锋”“做李超式好员工”活动，选树身边好人、爱岗敬业、勇于创新先进典型23人。

推进以职工代表大会为基本形式的民主管理和厂务公开，落实集体协商和集体合同制度，深化“网络问企”活动，办结合理化意见建议44条。专项攻关、劳动竞赛和“双增双节纵深行”等活动实现价值96万元。建立6个职工创新工作室。组织开展多种形式的群众性文化体育活动。做好信访维稳工作，落实领导包案责任，开展化解积案行动，依法维护企业和谐稳定。

【职工生活】 2017年，该公司深入开展“践行共享理念，关爱一线员工”专项服务行动，5个服务项目全部得到落实。为4名职工子女提供“金秋助学”资助。走访慰问在册职工、退休人员等1097人次，发放救助金32.9万元。安排1217名职工健康体检、244名女职工专项健康检查，为275名女职工办理“团体安康保险”。走访慰问代管居家休息、工伤长病、离退休等人员2230人次，发放救助金 89.3 万元。加强职业健康管理，抓好现场环境建设，施工生产一线的作业和休息条件得到改善。

【房产建设有限公司概况】 2017 年末，房产建设有限公司有员工 997 人。其中管理专技人员 300 人（高级职称 24 人，中级职称 145 人，初级职称 130 人），生产服务人员 697 人。该公司为房产集团公司全资子公司，公司机关设有计划经营部、财务部、工程管理部、安全环保部、供应设备部、综合管理部、人力资源部（党委工作部）、纪委工会 8 个职能部室。下设第一建筑工程分公司、第二建筑工程分公司、第三建筑工程分公司、第四建筑工程分公司、建筑工程分公司、建筑材料分公司和机运分公司 7 个单位。其中，建筑工程分公司行政关系由第一建筑分公司代为管理。2017 年末，拥有固定资产原值 20129.86 万元，固定资产净值 4642.79 万元，新增值 4236.81 万元。主要施工设备有 40 吨·米以上塔式起重机 77 台，施工升降机 81 台，混凝土搅拌及配套设备有 120 立方米/时搅拌站 2 座，90 立方米/时移动搅拌站 1 座，8 立方米混凝土运输车 35 台，混凝土输送泵车 9 台。主要运输设备有：6 吨以上普通货运车辆 36 台，20 吨以上自卸车 46 台，30 吨重型平板半挂货运车 2 台，40 吨拖车 1 台，挖掘机 6 台，推土机 2 台，8 吨汽车吊 3 台，20 吨汽车吊 2 台，35 吨汽车吊 1 台，装载机 19 台。主要生产设备 384 台，总装机容量 1.58 万千瓦。

2017 年在建工程总规模 67.49 万平方米。其中，新开工程面积 17.16 万平方米。完成企业总产值 6.2 亿元。其中，建筑施工产值 5.78 亿元，产品产值 3281.5 万元，加工产值 175.24 万元。完成销售收入 96726 万元，同比减少 13.7%。实现利润 5944.08 万元。

在建工程。该公司承建的 15.69 万平方米鞍钢人才公寓如期交付使用。千山区委北 DN3 地块工程、光明街永安大厦工程按计划进行主体施工。康宁花园、惠众佳园、长大家园工程陆续完成竣工验收和交工派户。完成庙尔台项目消防验收。皇冠壹品四期、市建国粮库、唐家房项目、宝润机动车电子交易中心、立山区二道街步行休闲街改造和保利四方二期等 6 个项目分别交工。完成结转鞍山市群众艺术馆主体加固和砌筑工程，千山区消防指挥中心内墙抹灰结束。新开工程项目家和天下二期工程 3 号楼处于主体施工，4 号、5 号楼和皇冠壹品五期处于基础施工阶段。完成高新区地下停车场 EPC 建设项目暗渠改造和土方回填施工。

产品生产。该公司下属建材分公司完成商品混凝土、外加剂生产、砂浆和新型建材生产等环境现状评估备案及整改工作。成功组织机制砂代替河砂生产混凝土 6 万立方米，降低生产成本 22 万元。

外揽工程。该公司新增外部市场工程合同额 3.9 亿元，同比增加 1.7 亿元。其中，鞍钢外部市场工程合同额 3.6 亿元，占新增外揽工程总额 91.2%。高新区广场地下停车场 EPC 建设项目单笔合同额达 1.3 亿元。中标住房公积金中心办公场所装修项目 1071.4 万元。外部工程实现收入 4 亿元，占当期工程总收入 67.7%。

安全质量。该公司严格执行安全生产“四个清单”流程，排查整改安全隐患 291 项，实现安全事故、火灾事故为零目标。完成市级安全事故应急救援预案备案。光明街永安大厦在建项目通过了国务院安委会安全生产大检查综合监督考核，评为辽宁省建筑施工安全生产标准化示范工地。

有效运行质量、环境、职业健康安全质量管理体系，完善“样板”工程管控机制，华润幸福里、鞍钢田园等 4 项单体工程被评为辽宁省世纪杯工程，鞍钢公寓东苑 7 号、14 号楼等 10 项单体工程被评为辽宁省优质结构工程。编写《钢框架—核心筒结构超高层住宅施工工艺标准》，申报“滑模一体提升式混凝土养护装置”等 3 项专利。获得 3 项鞍钢集团公司级专有技术认定。

工程决算回款。该公司持续推进已完工程决算和已决项目回款，完成太平生产街北环境工程、曙光路西回迁房项目、沙河二期网点新增喷淋项目和惠众小区、判甲炉停车场等工程决算，梳理确认政府工程欠款 3.37 亿元。完成地方政府债务资金系统内的工程项目手续上报，收到拨付工程欠款 1.47 亿元，收回政府工程欠款 3.44 亿元。

【第一建筑工程分公司概况】 2017 年末，第一建筑工程分公司有职工 186 人。其中管理专技人员 52 人（中级职称 24 人，初级职称 12 人），生产服务人员 134 人。公司机关设有工程管理部、安全环保部、技术质量部、设备管理部、物资供应部、财务部、综合部和党委工作部，下设 8 个工程项目部，1个运输车队。拥有固定资产原值4992.42万元，净值2154.86万元，新增固定资产20.85万元。主要施工设备116台，其中，QT80型塔机1台，QT63型塔机21台，QT40型塔机11台。SC200/200型施工升降机30台，搅拌机24台，数控箍筋机1台，模板修复机1台（套），全自动三级钢调直切断机2台，木方修复机1台（套），细石混凝土砂浆泵1台，汽车起重机1台，低密度粉粒物料运输车1台。公司机关办公楼建筑面积2280平方米。

2017年，该公司完成施工产值22215.33万元。其中房产集团公司开发工程产值12545.5万元，市政府危房改造工程产值5904.77万元，市政府公建项目和外揽工程产值3765.06万元。实现利润3407.6万元，同比增加442.2%。在建工程分部、分项工程合格率均达到100%，单位工程质量一次交验合格率达100%。设备完好率98%。

【第二建筑工程分公司概况】 2017年末，第二建筑工程分公司有职工155人。其中管理专技人员43人（高级职称2人，中级职称21人，初级职称16人），生产服务人员112人。公司下设办公室、工程管理部、财务部、安全环保部、技术质量部、设备管理部、劳资企管部、物资供应部和党委工作部，8个工程项目部。有办公用房屋4座，占地面积20068平方米，建筑面积2288.5平方米。拥有固定资产原值1851.29万元，固定资产净值393.54万元。主要施工设备50台，其中QTZ40塔式起重机3台，QTZ63C塔式起重机12台，JZC350滚筒搅拌机10台，JS750A型强制搅拌机8台，施工升降机17台。设备完好率和利用率分别为99.33%和14.75%。

2017年施工规模12.86万平方米，完成施工产值2935.21万元，实现利润1236万元。在建工程分部、分项工程质量合格率均达到100%，单位工程质量一次交验合格率达100%。鞍钢田园5号楼被评为辽宁省世纪杯工程，健身路东、正阳街保障性住房5号、6号楼被评为辽宁省优质主体结构工程。

【第三建筑工程分公司概况】 2017年末，第三建筑工程分公司有职工163人。其中管理专技人员49人（高级职称4人，中级职称16人），生产服务人员114人。公司下设办公室、工程管理部、财务部、技术质量部、设备部、供应部、安全环保部、劳资教育部和党委工作部，5个工程项目部，1个综合队。拥有固定资产原值1768.57万元，固定资产净值346.57万元。现有主要施工设备52台，包括塔式起重机、搅拌机、SC200×200型施工升降机、液压钢筋剪断机和运输车辆等。公司占地面积1.57万平方米，建筑面积2236.94平方米。

2017年，由该公司承建的千山区日新DN3地块84352平方米住宅工程，完成主体施工和室内砌筑。千山消防指挥中心4799平方米主体工程结束。鞍山市群众艺术馆12532.86平方米改造工程基本完成。完成高新区地下停车场EPC建设项目暗渠改造和土方回填施工。

2017年，该公司新增外部工程合同额1.65亿元。其中，惠众佳园补充合同142万元，千山区消防指挥中心工程合同1800万元，高新区广场施工围挡290万元，朝阳钢厂维修工程548万元，高新区地下停车场EPC建设项目工程合同1.35亿元。全年完成施工产值16427.83万元。其中，市政府危房改造工程产值8592.23万元，鞍钢厂内工程210.4万元，外揽工程产值7625.2万元。申报省优主体工程2项，专有技术1项。鞍钢田园20号楼通过了辽宁省世纪杯工程创优复检。全年实现轻伤及以上安全事故、火灾事故和设备事故为零。

【第四建筑工程分公司概况】 2017年末，第四建筑工程分公司有职工146人。其中管理专技人员50人（高级职称5人，中级职称24人，初级职称20人），生产服务人员96人。公司下设9个职能部室，6个工程项目部。公司占地面积894平方米，办公楼建筑面积2682平方米。拥有固定资产原值2022.32万元、净值400.72万元。主要施工设备59台。其中塔吊22台，搅拌机18台，施工升降机19台。2017年，该公司承建铁西区保利四方工程，胜利路西、光明街南地块工程，铁东区长大街DN1和DN2工程，铁西区太阳升工程，施工规模7.13万平方米，完成施工产值1.58亿元。华润幸福里项目1号、2号楼申报辽宁省世纪杯工程。

【建筑工程分公司概况】 2017年，该公司行政关系由第一建筑分公司代为管理，没有对外开展生产经营业务。

【建筑材料分公司概况】 2017年末，建筑材料分公司有职工 165 人。其中管理专技人员 44 人（高级职称 3 人，中级职称 13 人，初级职称 20 人），生产服务人员 121 人。公司机关设有生产部、技术质量部、财务部和综合管理部。下设商品混凝土搅拌站、水泥车间、新型建材车间、机械加工车间和外加剂车间。厂区占地面积 15.98 万平方米。拥有固定资产原值 5217.85 万元，净值 463.97 万元。新增值 11.65 万元。主要生产和运输设备有混凝土搅拌运输车，混凝土输送泵车，车载泵，ZL50 装载机，散装水泥车等。$\phi2.4\times7$ 米水泥磨机 1 台，HZS120-2 立方米搅拌站 1 座，HZS90-1.5 立方米搅拌站 1 座，SICOMA-2 立方米搅拌站 1 座。主要产品有预拌商品混凝土、砂浆、通风管、路面砖、外加剂等。2017 年，该公司生产商品混凝土 10.76 万立方米，水泥 1000 吨，通风道 0.6 万米，泵送剂 833.14 吨，防冻剂 49.4 吨，砂浆 443.65 吨，加工产值 130.48 万元。实现收入 3411.94 万元，利润-898 万元。

推进产品研发和技术创新，对搅拌站骨料配比工艺进行改造，研究采用机制砂替代河砂生产混凝土新工艺，成功研制聚羧酸系泵送剂、防冻泵送剂产品，实现混凝土外加剂产品更新换代。起草装配式建筑产业发展规划和装配式建筑 PC 构件建设项目可行性研究报告，研究保温材料、轻质墙板和涂料等新产品。完成“商品混凝土外加剂生产”“商品混凝土砂浆生产”和“新材车间生产”三项环境现状评估备案，加强原料覆盖、洒水降尘监管，对搅拌站原料堆场及上料口进行封闭改造，实现达标存放。

【机运分公司概况】 2017 年末，机运分公司有职工 155 人。其中管理专技人员 27 人（高级职称 2 人，中级职称 12 人，初级职称 10 人），生产服务人员 128 人。该公司是集机械运输、汽车（工程机械）修理与维护、金属加工、机械设备修造、钢结构件制作为一体的综合性专业运输企业。公司机关设有综合管理部、人力资源部、财务部、生产部、经营开发部 5 个职能部室，2 个专业化运输队，1 个修理厂，1 个金属加工厂。该公司拥有各种运输（工程作业）车辆 112 台，金属加工设备 32 台，货运车辆及工程机械综合作业能力 4000 立方米/日，年货物运输平均周转量 3700 万吨 · 千米。2017 年完成产值 2700 万元，利润 100 万元。

【房地产开发事业部概况】 2017 年末，房地产开发事业部有员工 124 人。其中管理专技人员 82 人，生产服务人员 42 人。该事业部设有开发部、财务部、工程部、销售部、设计研发部，下设鞍山有限公司、大连有限公司、建筑设计院有限公司、物业管理有限公司和鞍山建元建筑工程检测有限公司 5 个单位。2017 年，鞍钢公寓如期建成和交付使用，该项目是首次以合作方式建成的鞍山市第一座钢结构超高层大型公寓建筑。永安大厦项目主体工程封顶，外墙砌筑和抹灰达到计划进度。做好健康小区 211 号、212 号动迁安置工作，完成齐大山危房改造拆扒。推进鞍钢职工住宿中心土地收储、初设方案、经济测算、办理手续和深沟寺九区项目等前期工作。销售商品住宅 724 户 8.8 万平方米，销售网点 5604 平方米。实现销售回款 4.3 亿元。商品房收入和利润的贡献率分别达到 38.4%和 23%。

【鞍山有限公司概况】 2017 年末，该公司有员工 25 人。完成房地产开发投资 15915 万元，在建开发项目累计完成投资 99341 万元。其中，鞍钢公寓当期投资 10033 万元，累计投资 52569 万元。鞍山新城当期投资 2058 万元，累计投资 37656 万元。永安大夏当期投资 3824 万元，累计投资 9116 万元。

【大连有限公司概况】 2017 年未发生经济事项，年末总资产和净资产均为 505 万元。

【建筑设计院有限公司概况】 2017 年末，建筑设计院有限公司有职工 60 人。其中管理专技人员 48 人（高级职称 13 人，中级职称 30 人，初级职称 6 人），生产服务人员 12 人。该院设有 7 个下属机构，其中 3 个专业设计室、3 个管理部室和 1 个地质勘测大队。该院占地面积 2708 平方米，建筑面积 3221.49 平方米。具有甲级建筑工程设计资质，乙级工程勘察和乙级工程测绘资格证书。可为工业与民用建设项目可行性研究、地质勘探与测量、总体规划、施工图设计等全过程提供技术支持和咨询服务。主要设备有静力触探车、地质钻探车、全站测绘仪、彩色自动绘图仪、工程复印机、模型机等专业配套设备 90 余台。拥有固定资产原值 265 万元，净值 25.36 万元。

2017 年，该院完成了达道湾新城四号 DN1 地块住宅工程设计，鞍山高新区公共行政服务中心改造设计项目，千山区委北（二期）DN1 地块住宅工程设计，建国南路东、钢锋街南地块保障性住房工程设计，皇冠壹品住宅小区五期工程设计等。全年完成总产值 900 万元，勘察设计合格率 100%。

【鞍山建元建筑工程检测有限公司概况】 2017 年末，鞍山建元建筑工程检测有限公司有职工 8 人。其中管理专技人员 3 人，生产服务人员 5 人。公司建筑面积 1069.65 平方米，拥有固定资产原值 170.60 万元，净值 112.34 万元。主要检测设备有压力试验机、万能试验机和水暖检测、门窗检测、砂浆检测、水泥检测、混凝土检测等专业设备 97 台（套）。该公司采用全自动数据采集系统，采集数据和打印报告全部实现自动化。2017 年检测建筑面积 100 万平方米，种类 35 余种，完成产值 90 万元。

【物业管理有限公司概况】 2017 年末，物业管理有限公司有职工 39 人。其中管理专技人员 10 人（高级职称 1 人，中级职称 5 人，初级职称 2 人），服务人员 29 人。公司设有综合管理部、物业管理部和工程部 3 个职能部室，下设鞍钢花园、鞍钢嘉园、鞍钢景园、鞍钢田园 4 个物业服务中心，由该公司负责物业管理的小区建筑总面积达到 76 万平方米。具有国家特种设备（载客电梯）安装改造维修 B 级资质。

【建材产品事业部概况】 2017 年末，建材产品事业部有员工 73 人。其中管理专技人员 16 人（高级职称 2 人，中级职称 7 人，初级职称 3 人），生产服务人员 57 人。该事业部内设机构与协成建材分公司机关实行合署办公，设有综合管理部、财务部、生产管理部、技术质量部、销售部 5 个职能部室。下设安全门、低压开关、散热器 3 个车间单位。厂区占地面积 5.3 万平方米，建筑面积 6849 平方米。2017 年末，拥有固定资产原值 1455.9 万元，固定资产净值 150.3 万元。主要生产设备有数控剪板机、数控折弯机、数控冲模压力机、快速处理机、平板真空转印机、翻边机等 109 台套。具有 10 种类别 16 个规格防火门和消火栓箱、6 种规格低压成套产品国家生产资质，取得 ISO9001：2008 质量体系认证证书。主要产品有安全门、金属箱柜、金属结构制品、配电箱（柜）、钢质防火门、消火栓箱、电缆桥架、钢质散热器、铸铁散热器、不锈钢散热器等。

2017 年，该事业部完成产品产值 2136 万元，同比减少 43.6%。实现销售收入 3817 万元，同比增加 43.9%。实现利润 419 万元，同比增加 270.8%。2017 年，该事业部签订合同订单 1700 万元，清收外销产品款 200 万元，产品出厂合格率 100%。完成 GB/T 9001—2008 质量管理体系、低压配电箱 CCC 强制性产品认证，防火门产品通过公安部消防产品合格评定中心、国家质检总局质量监督审核。“东虎”牌钢质防火门被评为 2017 年鞍山市名牌产品。

（林凯建）

【重型机械有限责任公司】 2017 年末，鞍钢重型机械有限责任公司共有职工 3224 人（全民职工 2815 人，集体劳务工 410 人），其中干部 520 人，工人 1616 人，居家职工 652 人，列编外职工 26 人；党员 1612 人。该公司下设灵山重装事业部、专项产品事业部、鞍钢轧辊有限公司、鞍钢（鞍山）冶金粉材有限公司 4 个生产单位，以及设计研究院、化检验中心和汽车运输分公司 3 家所属单位。2017 年末，该公司占地面积 48.16 万平方米，工业建筑面积 24.5 万平方米。拥有固定资产原值 13.14 亿元，净值 3.29 亿元。2017 年，该公司实现利润−1951 万元（含铸钢投资收益），实现销售收入 9.98 亿元，完成产值 10.11 亿元，合同承揽 14.3 亿元。

【深化改革】 三项制度改革力度空前。以产业结构及组织机构调整、内部资源优化配置为核心，按照高效扁平的原则，将机关部室由原来 11 个减少到 7 个，生产单位由原来 8 个整合为 4 个。重新核定编制定员，压缩岗位编制 23.28%。对全公司管理专业技术岗位实施竞聘上岗，建立了“岗变薪变”的管理机制，打破行政级别界限，实现了干部能上能下；强化绩效考核，层层传递压力，实现了收入能增能减。法人治理结构得到完善。召开董事会、股东会会议，审议并通过了重大项目、重要变革和全局工作等相关事项 16 项。对经理层进行重新分工，体现了董事会在经营发展决策中的科学性、快速性和导向性。

【结构调整】 产业结构调整思路进一步明晰。按照集团公司“631”产业布局，制定了《重机公司产业结构调整三年发展规划》。以“做强专项产品，做精成套设备，做大绿色再制造产品，做优冶金备件产品”为公司总体发展思路；明确了“壮大两个基地、发展四个中心”的产业布局；确定了“7111”产品策略。加强设备改造，助力战略调整落地。完成了轧辊公司“直供铁水”改造，实现了铸造产能由 2.5 万吨到 4 万吨的跨越。使轧辊质量得到提高，成本得到降低。配合轧辊公司提质扩产增效项目，在重装事业部齿减分厂实施改造，3 台轧辊车床已投入使用。粉材公司 10 万吨提质扩能改造工程项目主体已完成，有效提升了产品质量和市场竞争力。依靠自己的力量完成了重装事业部 2500 吨水压机改造工程项目。

【整合资源】 创新市场营销管理模式。成立市场营销中心，将经营人员集中管理，健全市场营销管理体系、理顺业务流程、明确岗位职责，将营销指标层层分解落实到人，实行新的绩效考核分配办法，有效调动了营销人员的工作积极性。努力拓展鞍钢市场份额。成功签订了鞍钢鲅鱼圈 1 号烧结机及环冷机节能改造项目等合同 2.02 亿元，同比增幅 51.6%（轧辊产品合同除外）。夯实国内市场主体地位。成功签订了中钢公司俄罗斯烧结机、上海尧泰公司 6 连轧轧机等合同。尤其是与北方重工签订的沧州纵横钢厂烧结工程项目，奠定了重机公司在新型环冷机改造市场的优势地位。加大清欠回款工作力度。公司专门成立清欠办，建立清欠项目三级负责制，全年完成清欠 6278.8 万元，超额完成预期目标。

【四个确保】 做实项目经理负责制。制定了《重机公司项目经理制实施办法》，聘任项目经理，做好项目策划，提升了项目管控水平。成立外协监造小组，促进外协产品的工期、质量全面受控。强化生产调度管理。成立调度室，加强与鞍钢集团主业的信息沟通和业务联系。狠抓三级调度会管理，建立生产和营销系统沟通机制，及时协调解决各类问题。完善生产管理和绩效评价体系。重新制定生产管理办法，突出对产值、合同工期的考核力度，合同兑现能力逐步提升，成功组织了上海尧泰、安阳环冷机、俄罗斯烧结机等项目。建立“跑步进厂服务鞍钢”制度。全方位服务鞍钢，成功完成了鞍钢炼铁总厂二烧 415 平方米环冷机升级改造项目，在制造工期上创造了公司同类型环冷机制造奇迹。重装事业部和专项事业部在大型厂、炼钢总厂、厚板厂等紧急抢修、现场加工任务中受到用户的赞誉。

【创新驱动】 科研攻关项目取得新进展。“构筑成形技术研究及应用”“利用钢渣生产微晶铸石工艺技术研究”项目被列入集团公司 2017 年科研项目计划并获得资金支持。粉材公司的高强粉等攻关项目取得较好的经济收益，公司全年实现科技增效 1009 万元。加强知识产权管理。完成专利受理 14 件，新增国家知识产权局专利授权 13 件，3 项专有技术分别获工程公司优秀专有技术二、三等奖。职工自主创新取得新成果。深化职工创新工作室创建活动，厂级创新工作室数量增至 15 个，全年创效 563 万元，其中陈世谊和李江两个创新工作室晋升为工程公司级创新工作室。群众性创新活动取得可喜成果，四项发明成果在第 22 届全国发明展览会上获得一金三银的好成绩。

【财务管理】 积极开展筹资融资。解决了粉材公司和轧辊公司在财务公司和银行的贷款问题。全年开具承兑汇票 18553 万元。加大成本管控力度。在各单位建立产品成本定额，调整部分消耗指标定额，压缩对外采购金额。公司全年降低成本 5690 万元，成本降低率为 6.13%。创新预算管理模式。全方位发挥预算管理在生产经营中的引领作用，全面覆盖生产经营的各个环节和部门，按产品大纲对单位产品成本进行细化，按扁平化管理模式把各项费用分解到具体管理部门，进一步提高了各项费用的管控力度。

【管理升级】 加强制度建设，搭建五大体系。以健全五大体系为核心，加强和规范公司规章制度管理，制订、修订规章制度 113 项。以核心指标评价为主体，以关键指标评价为提升，以联动指标评价为促进，以专项管理为抓手，以专业管理为支撑，编制了公司评价体系，为绩效考核提供了依据。运用信息化手段，强化制度和流程的执行。加大信息化建设力度，初步拟定了改进系统软件方案，进一步增强生产、采购、营销之间的协作能力，推进公司业务流程的重组与优化。加大安全环保工作力度。健全安全责任体系，强化主体责任落实。组织 3053 人次参加安全规程的“学、练、用”培训。排查并整改各类安全隐患 559 项。成立环保专项整治工作领导小组，顺利通过中央环保督察组检查，实现了重大环境污染事故为零的目标。

【党的建设】 强化思想引领，学习宣传贯彻党的十九大精神。党的十九大召开前，开展“迎接十九大、做合格党员”等系列主题教育实践活动。十九大召开后，公司党委迅速掀起学习贯彻十九大精神热潮，制定了学习宣贯方案，利用内网、微信等平台，宣传十九大精神到基层、进班组。组织了“十九大精神”和《党章》知识竞赛活动。加强党的制度建设。修订《党委会议事规则》等8个制度文件，推进党委工作科学化、民主化、制度化建设。扎实推进“两学一做”学习教育常态化制度化。制定实施方案，从深“学”、实“做”、严“改”、真“带”等方面统筹安排理论学习内容和活动。深入开展“戴党徽、亮身份、树形象、作贡献”活动和“基层党支部建设提升年”活动。轧辊公司铸造厂党支部被评为鞍钢集团党支部示范基地，锻造厂水压机车间党支部、冶金粉材公司机关党支部被评为鞍钢集团公司样板党支部。原锻造厂水压机车间8000吨水压机党员责任区、原灵机厂成套车间转配钳工党员责任区被评为集团公司红旗党员责任区。轧辊公司朱彦峰、原金属结构厂姜淑华2人工作岗位被评为鞍钢集团公司最佳党员先锋岗。围绕生产经营等方面确立党员工程项目58项，完成率89.7%。完成全公司新筹建单位党支部的换届选举工作。组织开展了纪念建党九十六周年暨“三先两优”评选活动。开展党建课题立项，向上级推荐参评课题项目10项。

【从严治党】 关口前移，推进廉洁文化建设。开列任务清单，实施“三定一考核”，落实党风廉政建设和反腐败工作任务。召开警示教育大会，开展案例警示教育，领导干部撰写学习体会50余篇，对新任职领导人员廉政谈话44人次，11名纪委书记（负责人）对31名领导班子成员“画像”。坚持问题导向，举一反三落实机动巡视整改。机动巡视反馈的3个方面8个问题基本完成整改。开展廉洁从业专项治理，发现和整改问题12项，提出管理建议4项。开展“微腐败、亚腐败”问题专项调查，共收集整理出典型事例121项。运用监督执纪“四种形态”，开展纪律审查工作。全年共处置问题线索21件，给予1人党内警告处分，2人行政记过处分，8人行政警告处分，8人诫勉谈话，5人批评教育，3人通报批评。收缴违纪款299万元。针对“乌东德项目轴锻件Cu含量超标问题”和“支承辊质量问题”进行了专项调查，给予相关责任人相应的行政处分和组织处理。效能监察创效659万元。

【关爱职工】 依靠职工办企业不断深化。深入开展“网络问企”活动，有效办结意见、建议125条。深入开展技能培训、岗位练兵，在辽宁省工匠技师精英挑战赛中，安新光、陈世谊、赵旭义分获数控车工前八名的好成绩。组织开展技术竞赛，117名职工参与，产生技术状元5名，技术能手30名。“践行共享理念、关爱一线员工”专项服务行动成效显现。围绕改善工作环境、完善福利设施等6个方面确立17个服务项目，已完成9项。开展“温暖送万家”大走访、大下访活动，走访慰问困难职工464户，救济困难职工686人，发放慰问金37.9万元。

【灵山重装事业部概况】 重型机械有限责任公司灵山重装事业部成立于2017年6月12日，是依据《鞍钢重型机械有限责任公司改革方案》，经重机公司党委会研究通过，由原灵山机械厂、锻造厂、金属结构厂、北部机械厂全部人员及资产组成，具有铆焊、锻压、热处理、机械加工等专业配套生产能力。拥有固定资产85666.09万元，现有职工999人，其中具有初、中、高级专业技术职称的工程技术人员69人。下设综合管理部、生产运行部、安全与设备部、计划财务部四个部室，重型、总装、金结、锻造、齿减、轴承箱六个分厂。产品主要有大型船用曲轴，大型水电、轧机设备，轴承箱、齿轮减速机、金属结构件、大型支承辊和冷热轧工作辊以及各类冶金成套设备和备品备件。生产的成套设备销往全国各地，在宝钢、武钢、太钢、济钢、凌钢等知名企业使用并深受好评。

主要指标。2017年完成利润-3567万元，生产总产量实现41818吨，总产值31679万元；实现销售收入27678万元。其中，该事业部成立后下半年比上半年多完成产量6420吨、产值3033万元。

主要设备。现拥有10米数控立车、15米重型卧式车床、16米数控立车、11米滚齿机等高精度加工设备；引进安装了5×18米数控龙门铣、6×26米数控龙门铣、3×10米数控龙门铣、ϕ250数显镗铣床等大型设备；拥有长183米、宽36米，具有双层吊车的大型装配跨，使事业部成为具有承制大型成套设备、大型水电产品制造能力的国内一流的厂家；拥有80×5000毫米卷板机、12米刨边机、数控切割机、弯管机等专业铆焊设备；2004年安装的8000吨水压机是国内继上重、一重、二重后第四大锻压设备，主机设备由计算机控制，完全实现控制自动化，是国内一流的设备。

生产管理。全面践行“四个确保”，全力抓好重点项目，确保生产有效运行。充分发挥对所属各分厂协调、资源集中调配、平衡的优势，重型分厂、总装分厂、铆焊分厂通力协作，分别发挥机床检测、修复，除锈、装配，喷砂除锈等作业优势，共同完成了重机公司重点项目委内瑞拉环冷机的恢复启动工作，此项目的顺利完成标志着灵山重装事业部在内部资源共享、效率效益最大化的方向上迈出了坚实第一步。重型分厂与齿减、轴承箱、总装分厂在事业部统一部署、优化工艺的组织安排下，全面完成了鞍钢鲅鱼圈复合板钢坯共计三批次共32组的加工任务，工作效率和工作质量方面得到鞍钢鲅鱼圈客户的肯定，为后续市场营销中心合同承揽提供了有力保障。锻造分厂以核电产品、支承辊、船轴、模具钢为核心，完成了徐大堡核主管道锻造、乌东德发电机轴等重点项目的锻造工作。首次完成170吨钢锭、锻件126吨的锻制，创造8000吨水压机锻件最大单重锻造纪录。首次完成合金船轴的锻制和挪威-德国、中国船级社合金船轴增项认证工作，为今后扩大市场打下了基础。金结分厂完成了粉材改造、中钢烧结机项目毛坯件的制作，同时连续完成了三烧、安阳、鲅鱼圈等三套环冷机的毛坯制作，效率和质量在业内首屈一指。总装分厂在“四个确保”任务中，先后完成了厚板厂、炼铁总厂、热轧厂等鞍钢主业客户的现场年修工作，得到客户一致好评。

基础管理。一是深化改革。按照重机公司改革总体方案安排，灵山重装事业部成立后，事业部机构设置着重体现精简高效，以指导、服务为总的原则，成立了四个部室、六个分厂，设置管理和专业技术岗位定员101人，完成了业务主管、副主管、业务员的竞聘和生产服务岗位人员招聘工作，为事业部生产经营的正常运行提供了人力资源保障。二是积极指导各分厂进行劳动定额和工资分配制度的修订和完善工作，最大限度调动全体员工的工作积极性。一线主体职工实行计件工资，辅助岗位实行挂靠工资，管理人员实行岗位工资。三是为职工搭建建功立业的平台。重型分厂陈世谊被评为辽宁省劳动模范。在辽宁省工匠技师精英挑战赛中，重型分厂安新光、赵旭义、陈世谊分别获得数控车工前八名的好成绩。在第22届全国发明展览会上，锻造分厂张立根获得银奖。重型分厂安新光、金结分厂韩宏刚、轴承箱分厂张宇获得首批鞍钢工程公司“大工匠”称号。创建厂级和重机公司级职工创新工作室5个，其中陈世谊创新工作室晋升为工程公司创新工作室，全年累计创效263万元。

【专项产品事业部概况】 2017年6月，重型机械有限责任公司深化改革方案推出后，原冶炼设备制造厂、机电装备厂合并新建为专项产品事业部。截至2017年末，重型机械有限责任公司专项产品事业部共有在岗职工527人，其中干部73人（高级职称6人、中级职称35人、初级职称32人），工人455人；党员303人；下设4个业务部室和6个分厂。固定资产原值80026.6万元，净值1565.26万元。主要产品与生产能力：高炉热风炉支撑系统、高炉冷却壁、烧结台车等铸铁件，高炉风口、中套、高铅铜套、铜丝母等铸铜产品，高炉设备（炉前的开口机、泥炮，炉顶的布料溜槽），型钢热处理淬火生产线，冶金进口备件的国产化制造，炼钢及连铸设备（转炉及托圈、倾动装置、结晶器总成、各类连铸段位、结晶器铜板、连铸辊等），快锻机，热处理类产品，冶金设备备件的制造与修复。

主要设备。现有各类设备449台，主要设备有龙门刨床B2220E、数控龙门铣、台车式退火炉82平方米、井式渗碳炉RQ3-320-9、龙门刨铣床、桥式起重机、树脂砂生产线、移动混砂机、10吨中频感应炉、型钢生产线、有色金属电炉等。

经济指标。2017年，该事业部全年完成总产值17459万元。2017年6月，整合后的事业部新建领导班子团结一心，通力协作，抓住改革机遇，谋划生存发展。截至11月，冶炼区域一举扭转前45个月连续亏损的被动局面，实现月盈利保平；机电区域在严峻的市场形势下，坚持困境突围，实现每月微利保平；整体经济指标全部实现扭亏为盈。

企业管理。2017年，按照重型机械有限责任公司改革部署，专项产品事业部领导班子稳步推进原冶炼设备制造厂和机电装备厂合并重组工作，完成下设机构改革，建立独立经营、责权利明确的管理体系，突出表现在两方面：一是完善核心制度体系建设。从人力资源管理、综合管理、生产管理、安全与设备管理、行政事务管理等14个领域修订和新建规章制度与管理办法，推进管理模式从制度体系上先行转变。二是全面推行薪酬管理改革，对该事业部全部工种工资额重新核定，制定《各分厂薪酬分配管理办法》，实现事业部体制下的按层级、按劳动分配薪酬。

生产经营。2017年，该事业部加强生产运营管理。将生产组织划分为计划调度、采购供应、技术质量、经营销售四个板块。其中计划调度管理推行项目经理负责制，采购管理推行集中采购、管办分离，技术质量管理推行技术质量体系内审机制，经营管理推行经理负责制，发挥公司与该事业部携手占领市场的积极效应，扩大原品修复等主打产品合同量，填补产值缺口，推动生产经营工作持续健康发展。

新产品开发。2017年，该事业部大型船用铜套工艺技术开发项目取得新进展，年末正式投入生产，预申报国家专有技术；“大型齿圈热处理变形控制”获辽宁省优秀QC科技成果。

【鞍钢轧辊有限公司概况】 2017年末，轧辊公司有职工445人，其中干部71人，工人374人（生产工人304人）。公司厂区占地面积7.15万平方米，房屋建筑面积5.97万平方米。产品以离心浇注复合轧辊为主。2017年末，该公司下设生产运营部、技术质量部、技术研发部、市场营销部、综合管理部、计划财务部6个部室，铸造厂、加工厂2个分厂及综合服务中心。拥有固定资产原值18707.57万元，净值6707.87万元。主体设备包括：机床59台（普通车床10台，轧辊车床23台，轧辊铣床4台，轧辊磨床8台，镗床8台，钻床3台，其他车床3台），天车32台，离心机5台，退火窑21座，井式窑5座，电炉3座，ARL3460直读光谱仪1台，数字超声波探伤仪2台，金相显微镜3台，轧辊清洗机1台。

2017年，该公司轧辊产量2.81万吨，工业总产值完成27805万元，利润实现1811.7万元，销售收入2.73亿元。年内完成高炉直供铁水生产轧辊项目。

2017年，该公司组织参加第22届全国发明展览会，艾忠诚同志的“一种复合离心浇铸高铬钢轧辊的方法”获得金奖。

经营工作。强化开拓市场能力，市场资源进一步集中优化。面对难得的发展机遇，该公司进一步解放思想，转变经营观念，强化经营意识，拓宽经营思路，多方捕捉市场信息，努力提高合同谈判技巧，积极参与市场竞争，产品价格同比上涨30%，合同承揽量增加50%。深挖国内市场，成功实现了沙钢1450线包保；开拓国际市场，与俄罗斯、印度签订合同。合同承揽突破轧辊公司历史最好水平，达到4.5亿元。同时大力开拓“三高”产品市场份额，全年承揽“三高”产品合同达1.5亿元，占全年合同额的35%；销售0.97亿元，占全年销售收入额的36%。

质量工作。提升质量管理能力，进一步完善质量管理体系，严格执行五条质量红线。加强信息反馈，及时处理现场发生的质量问题，对质量事故责任人和管理者严肃进行责任追究，确保了产品实物质量的大幅提升。

设备工作。在设备管理上继续实施点检定修制，加强“铸造、熔炼、加工”三大区域管理，建立了分厂A级设备目录，实施A级设备全年365天、全天24小时无差别维修。通过自身的力量相继实施了各类机床、电炉、离心机的维护与维修等工程及修旧利废工作。

降成本工作。完善2017年指标体系建设并严格执行，层层分解，重心下移，突出全员作用，人人肩上有指标，项项指标有考核，实施技术、质量、管理攻关，超必有罚，降必有奖，实现变动降本共计降低1047万元，降低率为6.4%。如铸造厂通过改进生产工艺，优化配料降低合金料消耗，解决了小规格高铬轧辊中间层铁水采用石墨钢材料问题，7月完成全部小规格高铬轧辊工艺设计变更，并推广应用，产品质量稳定，吨轧辊降低制造成本246元左右。加工厂生产辅助材料细化消耗定额管理，吨轧辊降低辅助材料消耗16.2元。为解决老双面铣加工效率低的问题，通过增加辅助支撑，使用支撑板焊接固定，顶住辊颈下平面，提高了加工稳定性及铣扁头工作效率，创效22.27万元。

管理工作。认真落实安全生产、环境保护责任制，扎实做好日常安全生产管理。2017年对“岗位安全操作技术规程”进行了全面改版修订，组织全员开展了“安全责任制确认活动”。为推动现场的隐患排查治理及现场6S管理工作，开展了“百日安全无事故”活动。组织进行较大危险因素辨识，共辨识较大危险因素22项。全年查出各类隐患50项。在生产组织方面，采取生产、技术、质量、成本、设备、采购“六位一体”生产组织管理模式，优化组合各项生产要素，合理组织生产过程，科学编制各种生产计划，有效调度生产计划的实施和控制。铸造厂通过兼工作业、优化工序、改变班次、合理配产等方式，克服人员紧缺、任务繁重等困难，保质保量高效地完成了生产任务，全年铸造产量完成了27337吨，较上一年提升23.4%。加工厂通过实行“阶段性交库目标”的生产组织方式、中班延时、台时竞赛、班子成员跟班等，提高了加工作业效率，全年加工产量完成24257吨，较上一年同期提升19.8%。强化技术创新，围绕新产品开发和新技术、新材料应用，大力开展创新活动。2017年相继成立了张建东、富靖宇创新工作室，设立攻关课题，2017年落实鞍钢集团领导调研时所提出的“直供铁水”决策，推行了“扩能调品提质增效”改造方案，高炉直供铁水生产轧辊项目已按期完成。

【鞍钢（鞍山）冶金粉材有限公司概况】 鞍钢（鞍山）冶金粉材有限公司是我国铁粉制造行业中第一家实现水雾化铁粉产业化生产的企业，成立于1986年，为中国钢结构协会粉末冶金分会理事成员单位，隶属于鞍钢重型机械有限责任公司。粉材公司现有职工276人，其中干部39人，工人237人。有高级职称3人，中级职称21人，初级职称14人。根据生产经营需要，2017年7月，粉材公司随重机公司一起进行了机构改革，设置5部室、两中心、两分厂，分别是：生产运营部、安环设备部、市场研发部、综合管理部、计划财务部，生产服务中心、质量控制中心，制粉分厂、成品分厂。主要生产设备有10吨电炉和5吨电炉各1台、进口及国产7千吨还原炉5台、2万吨还原炉3台以及与之配套的雾化干燥系统（粉材厂区及铸钢厂区各一套）、混料机、筛分站、细粉回收系统、除尘设备等。主要生产水雾化纯铁粉、合金铁粉、无偏析混合粉、易切削铁粉、焊条粉、阀座粉等六大系列数百个品种，产品主要应用于汽车、摩托车及航天、农机、家用电器等零配件制造业。产品销售遍及全国一百多座城市，合作伙伴达200余家，在国内建立了完善的销售网络和服务体系。

固定资产。固定资产原值为9332.80万元，净值为4135.93万元，2017年固定资产新增值为289.03万元。厂区占地总面积5.31万平方米，建筑面积为1.83万平方米。

生产经营。设备产能为8万吨，水雾化铁粉国内市场占有率已达36%以上，目前产能及市场占有率在国内排名第一。2017年，面对越来越激烈的行业竞争，粉材公司不断开拓市场，与东睦集团等结为战略合作伙伴关系，保证了市场和销量。在全体职工的努力下，设备产能得到释放，实现产销量7.4万吨，销售收入3.34亿元，当期回款率完成100%，完成利润1508万元。

技术改造。10万吨高纯净度、高压缩性水雾化铁粉提质扩产改造项目于2月21日开工，9月9日首次热试成功，到10月底，成功进行了12次热试，雾化15炉钢水，生产790吨毛粉，系统功能愈加完善。年底，改造工程竣工达产。

质量管理。2017年2月22日顺利取得TS16949质量体系认证证书，9月7日通过年度监督审核，成为国内铁粉行业首家通过汽车行业认证的企业。10月底取得国家高新技术企业认证证书，成为工程技术发展有限公司首家通过认证的高新技术企业。

安全管理。加大安全生产费用投入，由上一年的34.1万元提至2017年的252万元。签订了粉材公司全员安全承诺书。2月22日，粉材公司召开职业病危害现状评价专家评审会，通过职业健康评价。

科研开发。2017年专利项目有：一种汽车用含磷混合铁粉及其制备方法，一种烧结硬化用水雾化合金粉末及其制备方法。2017年专有技术有：汽车用ABS齿环专用铁粉，一种降低水雾化铁粉中夹杂的工艺方法，一种烧结硬化用合金铁粉。

【汽车运输分公司概况】 2017年末，汽车运输分公司（以下简称该公司）有职工170人，其中全民职工115人，劳务外包职工55人。该公司下设4个部室，即生产运营部、安环设备部、计划财务部和综合管理部；2个车队，即客运队、货运队；1个修理车间。运输设备113台，固定资产原值3301万元，净值1070万元。厂区建筑面积5578平方米，占地面积17513平方米。主要承担鞍钢重型机械有限责任公司（以下简称重机公司）所属各单位的通勤用车、重机公司内部工序之间的货物运输以及鞍钢集团所属部分单位的运输工作。2017年，实现销售收入3480万元，利润120

万元，合同兑现率达100%；服务质量满意率达100%，实现重大火灾、设备、交通事故为零，千人负伤率为零。

该公司经营主要市场是重机公司、鞍钢集团公司及鞍钢股份公司各厂生产生活用车。2017年该公司树立市场竞争意识，调动所有经营资源，拓展发展能力。一是层层落实经营指标，充分调动经营人员的积极性。二是转换营销策略，拓宽参与市场竞争的渠道。做到稳定客户至上，利用地域、人脉的优势，补充市场份额。三是以建立鞍钢品牌为核心，紧紧抓住鞍钢市场，依靠鞍钢市场建立规模化发展模式。

2017年该公司修订设备保养维护检查标准，采取月检、“二五”门检、强制保养等方法，对设备进行维护保养。开展设备管理升级年活动，强化点检定修制度落实。通过努力，该公司车辆技术状况有了明显改善，确保了车辆安全、可靠运行，为全面完成各项经济指标提供了保障。

该公司坚持计划管理和定额考核，合理调配物资供应，降低费用支出。每季度根据各队产值计划制定燃油、配件、辅助材料计划和定额标准，保证公司的费用支出在可控和合理范围内。并采用实测的方式确定单车耗油标准，对起动机、发电机、气泵、刹车分泵进行修复，使公司总体物资消耗降低10%。2017年通过与专业轮胎翻新厂联系，及时翻新轮胎，使轮胎使用寿命提高近30%。

【设计研究院有限公司概况】 鞍钢重型机械设计研究院有限公司（以下简称设计研究院）是隶属于鞍钢重型机械有限责任公司的股份制科研设计单位。截至2017年12月，该院有职工79人，其中干部72人，工人7人；具有高级职称29人，中级职称37人，初级职称7人。设有炼铁机械、炼钢机械、轧钢机械、通用机械、土建动力、电气自动化6个设计室及市场开发部、项目管理部、总师室、档案室、财会科、综合办公室6个管理科室，主要从事冶金设备设计及机械产品设计和科研开发工作。

经济指标。2017年实现销售收入1140万元，实现利润40.6万元。

工程项目。积极配合鞍钢集团“三化一降”，结合公司自身发展趋势及“四个确保”工作的顺利推进，为用户提供各类技术服务。包括设备测绘，以功能提升、寿命延长、节省成本为目的的“工业再设计”，技术改造及有针对性的产品研发。各科室按专业与用户逐一对接，加强与鞍山钢铁下属企业的业务联系与沟通，深入到生产一线，了解影响产品质量、设备使用寿命及生产成本的实际问题，有针对性地提出改造建议，提出切实可行的实施方案。

强化“三配合”工作，确保公司重大项目顺利实施。一是与公司经营部密切配合，在对外承揽大型设备设计制造项目方面给予技术支持，全面介入项目的优化设计、制造工艺改进，参与鲅鱼圈烧结机、朝阳渣车、厚板冷床改造、赤峰转炉等项目。二是与公司制造部紧密配合，全面掌握公司重大制造项目的制造周期与进展情况，强化成本效益意识，全面参与总包项目的设计、制造、检查、验收、安装及调试工作，承担了俄罗斯烧结机、炼钢厂钢水罐、破碎机架体转化、炼钢厂钢水罐车等设计任务。三是与公司设备部积极配合，全面参与公司重大技术改造工程，为公司改造提供技术支持，参与了轧辊厂离心机智能化改造、锻造厂2500吨水压机电气改造、南部离心机改造等项目的设计。

科研开发。结合国家“中国制造2025”及鞍钢、公司科技发展规划，加大科研开发、产品创新力度。其中“构筑成型技术研究及应用”“钢渣改质处理与综合利用技术研究”两个项目，已通过集团公司科研立项，2017年获得鞍钢集团科研经费190万元；承担的鞍钢股份科研项目“转炉合金烧烤装置研究”已签订技术服务合同。通过科研设计人员的共同努力，完成了2项专利和3项专有技术的申报工作。

【化检验中心概况】 2017年7月，根据鞍钢重型机械制有限责任公司深化改革方案，保留原质量控制管理中心理化检验计量器具检定等职能，成立化检验中心。化检验中心下设一部三室，即综合管理部、探伤室、物理室、化学室。设12个管理技术岗位，所有管理技术人员全部通过公司竞聘上岗。2017年末，化检验中心共有职工69人（含劳务2人，居家休息职工10人），其中干部19人（具有高级职称3人、中级职称14人、初级职称2人）；工人50人。企业固定资产原值1082.56万元，净值308.87万元。

主要指标完成情况。2017年，化检验中心实现销售收入 836.6 万元，利润 24.5 万元；实现安全生产，轻伤以上事故为“零”，重大设备、火灾事故为“零”；各项检验准确率 100%。

生产经营情况。化检验中心生产经营重点是为重机公司所属各单位进行物理、化学、无损检测和计量器具的修理检定。不断开发重机公司以外的检验市场，2017 年，承揽了鞍钢鲅鱼圈钢厂的 LNG 储罐用钢 X7Ni9g 钢板探伤合同，为中心完成全年生产经营目标奠定了基础。

（王　松）

【工程技术有限公司】 2017 年末，工程技术有限公司（与节能技术服务有限公司按“一支队伍、两块牌子”一体化运营），下设一个全资子公司——鞍钢（上海）环境工程技术有限公司和一个参股单位——北京中科圣泰环境科技有限公司。有在职职工 705 人，其中在岗 685 人，居家及列编外 20 人。在岗职工中管理和专业技术岗位 650 人（教授级高工 16 人，副高级职称 271 人，中级职称 268 人），生产服务岗位 50 人。离退休人员 817 人。该公司机关设人力资源部、行政事务部、科技质量部、工程管理部、市场开发部、财务部、工会 7 个部门，下设冶炼事业部、轧钢事业部、规划建筑事业部、电气工程事业部、设备成套事业部、能源环保事业部、勘测设计研究院及翻译室、工程费控室、投资咨询室、图文中心。固定资产原值 58673 万元，净值 26000 万元，2017 年新增固定资产 4039 万元。占地总面积 1.37 万平方米，建筑总面积 2.47 万平方米。

2017 年，该公司认真贯彻落实集团公司一届四次职代会和工程发展公司一届二次职代会精神，全体干部职工团结一心、砥砺奋进，坚持“保生存、求发展”工作主线，以“建机制、造产品、拓市场”为工作总基调，深入推进管理创新、科技创新、业态创新，各项工作取得新成绩。全年新签合同额 23.4 亿元，其中，内部合同 13.23 亿元，外部合同 10.17 亿元，实现营业收入 7.75 亿元，完成利润 2366 万元。

2017 年，公司进一步激发事业部经营者实干和担当精神，释放员工干事创业新动能。按照“一部一策”原则，推进电气工程事业部、轧钢事业部契约化改革。贯彻集团公司非钢产业会议精神，分析内外部环境，突破固有思维，聚焦产业融合和价值创造，规划产业结构发展蓝图，确立了公司“331”发展战略，即践行以创新支撑鞍钢工艺技术进步、以技术引领壮大工程技术产业、以项目牵动成为工程板块龙头企业的三大使命；大力发展钢铁冶金、节能环保、城市服务三大产业；最终实现建设一个服务专业化、市场国际化的知名工程技术公司的目标。调整部门职能分工，由工程管理部统一负责集团内部的市场开发，及时高效统筹设计力量，超前服务鞍攀两地及广州联众等各大基地。持续深化对接回访活动，聚焦提质增效和环保难题，将生产难点作为工作重点，围绕技改、提质增效、节能环保及科研创新项目，为钢铁主业提供优质服务。充分发挥“市场开发部+事业部+外部营销商”三位一体营销网络联动作用，建立市场资源共享以及重大项目跟踪协同机制，大力开发上下游产业链资源，建设重点客户信息库。各级领导干部靠前指挥，加大新客户开发力度及老客户回访频次，获得了一批二次市场开发项目。一年来，公司市场开发能力有了长足进步，全年投标 80 项，中标率 41%。节能公司发挥平台优势，深挖合同能源管理项目，全年在建项目 16 项，新签合同 9 项，投资 1.03 亿元，论证储备 21 项。获得税收减免 1594 万元。上海环境公司发挥区位优势，大力发展环保和国际贸易业务，培育并集成“SDS+SCR”喷粉干法脱硫加选择性催化还原脱硝技术，成功签订邯钢、河北峰煤等四个项目。全年新签合同额 3300 万元，实现利润 140 万元。中科圣泰公司发挥技术优势，在工业废水处理领域积极拓展业务，累计实现利润 393 万元。

加速推进科技创新工作。召开科技创新大会，形成以技术牵动市场开发，以技术提升创效能力的企业发展新动能。与普锐特、蒂森克虏伯、哈尔滨工业大学、东北大学等国内外知名企业及高校合作，一批集成创新项目取得突破性进展。竖冷窑技术研究水平已达到国际领先，并在鞍钢率先实施；综合废水处理项目攻克技术难题，主要考核指标均稳定达标；钢水和铁水脱硫技术已跨行业应用于铁合金领域；煤调湿项目完成工艺中试，具有较好的推广应用前景；交流异步电机节能提效改造项目已完成可研，进入立项推广阶段；自主研发的控流抑尘装置已建成两套，在解决环保问题的同时，有效降低物料损耗；作为课题组长单位，组织推进国家级水专项课题各项工作，完成了高效阻垢剂的实验，开发了高盐复杂废水的资源化处理等技术，为2018年课题验收奠定了基础。

全年申报专有技术27项、专利35项（其中发明专利22项）；获十九届中国专利优秀奖1项，二十二届全国发明展金奖2项、铜奖1项；获冶金行业优秀设计一等奖1项、二等奖2项、三等奖1项；获集团公司重大科技进步三等奖1项；获鞍山市科技进步二等奖1项、三等奖1项，专利二等奖1项、三等奖2项。

坚持“以收定支，量入为出”的原则，强化以现金流量为核心的资金管理体系，确保生产经营资金的安全高效。制定应收账款清欠管理办法，将清欠指标落实到责任部门，全年清理外部欠款4789万元，超额完成清欠目标。用足国家产业政策，提升融资能力，先后与浦发、兴业、亚开行等12家金融机构沟通洽谈，全年获得贷款授信额度2.91亿元。通过积极努力，在使用亚开行减排和治污专项基金的融资方面取得重大进展。完善法律工作体系和风险防范机制，全年审查合同98份，发出律师函9份，有效化解和处理合同纠纷8起，直接为公司创效118万元。针对吉林铁合金项目，聘请专业机构进行尽职调查和评估，在稳步推进项目的同时确保了资金安全。邀请国内知名机构开展项目管理、技术营销等专项培训，选拔骨干人员参加碳资产管理等新兴业务培训，为企业发展夯实基础，积蓄能量。一年来，有9人成为冶金建设行业高级技术专家，9人成为辽宁省首批质量技术监督专家，1人获冶金建设行业优秀项目经理荣誉称号。

（曲　晗）

【铁路运输设备制造有限公司】 2017年末，铁路运输设备制造有限公司在职职工795人，其中干部109人（高级职称13人，中级职称68人，初级职称27人），工人512人，居家职工164人。离退休职工1449人。公司机关下设人力资源综合管理部（党委工作部）、计划财务部、生产运营部（安全环保部）、工会；基层单位设冶金车辆保产事业部、机车车辆事业部、鲅鱼圈冶金筑炉事业部、铸造事业部。现有固定资产原值4.73亿元，净值3956.13万元。公司占地总面积为78.18万平方米，工业建筑面积为16.13万平方米。主要生产设备1177台（套）。该公司主要担负鞍钢厂区内和矿山普通车辆、冶金车辆、电力机车的新造及大修、年修，机车车辆备件加工，矿山选烧设备备件铸造、加工，鞍钢厂区、鲅鱼圈分公司鱼雷罐的砌筑和检修及冶金运输系统新产品的研制与生产工作。

2017年2月该公司全面完成公司制改革，公司名称由原来的鞍钢集团铁路运输设备制造公司变更为鞍钢集团（鞍山）铁路运输设备制造有限公司。股东由鞍山钢铁集团公司变更为鞍钢集团工程技术发展有限公司，持股比例100%。公司改制后，新增土地无形资产摊销480万元、固定资产增提折旧480万元、新资产税36万元，共增加固定成本费用996万元。该公司全体职工顶住巨大的固定成本压力，以“保生存　求发展”为主线，认真谋划、精心布局、真抓实干，扭转了公司多年来首月、首季亏损，下半年跌跌撞撞、拼命追赶的局面，首次实现一月份“开门红”、一季度“开门红”的良好开局。公司全年实现销售收入1.94亿元，超额完成工程公司下达的生产经营指标。

该公司以“简化、瘦身、放权、搞活”为原则，深入推进体制机制改革。压缩机关编制8%，机关实施横向兼职，岗位精减到45个。采取岗位优化、调整班次、兼工作业等方式缓解人员短缺的矛盾，严格控制劳务费用支出。建立机关、事业部、分厂三级机关管理人员同所属单位职工效益联动机制，人员分类，效益分区，按绩效进行强激励、硬约束、严考核。

该公司科学组织生产，出色地完成为鞍山钢铁和鞍钢矿业公司的保产、保供任务。全年完成铁水运量1516.16万吨，鱼雷罐砌筑56辆，鱼雷罐车检修20辆。生产合金铸铁球15800吨，衬板1250吨，箅条37吨。16台鞍钢高炉炉下牵引车全年运行维护。全年完成车辆新造29辆、大修249辆，冶金车修理372辆，电力机车大修12台，转向架新造68组。

2017年，在市场竞争异常激烈的情况下，承揽了安徽长江钢铁公司120吨铁水车转向架改造项目，以及攀钢110-3转向架改造，攀矿KF80、KF60车大修，马钢11立方米渣罐车项目。广泛开展合作和交流，与马钢股份签订了《战略合作框架协议》。深挖内部潜能，提高资源有效利用率，回收废钢360多吨，对外租赁闲置厂房创效

31.7万元。加强能源管控，节能创效383万元。铸球改革工艺，用铁屑代替废钢炼钢，年降低成本450余万元。

加大重点科研项目的推进。公司承担的机车厂“斩波电力机车改造”项目获得客户认可，取得新进展。完成了鞍钢高炉“双控信号数字化升级”项目。高炉智能对位牵引车项目继续优化。公司全年实现科技增效50万元。加强知识产权管理，完成转向架轮对防脱装置等专利受理5项，70吨载重11立方米渣罐车专用转向架等专有技术5项。高炉炉下铁水罐对位牵引车等新增国家知识产权局专利授权7项，其中发明专利4项，实用新型专利3项。

制定《铁路设备公司2018~2020三年发展战略规划》等3项近期发展规划。梳理285项核心制度文件，新建、修改规章制度91项。建立了公司核心业务授权体系，促进了公司内部运行有序、权责明确。优化生产资料配置，积极探索项目经理负责制，从原来的单一合同工期管理过渡到全程管控。开展质量专项检查，对问题涉及责任人进行经济考核，限期整改，废品损失率和用户质量投诉明显减少。

加大安全生产监管监察工作力度，严格落实“一会两查”制度，开展职工安全培训634人次，组织事故应急救援演练8次。全年排查整改较大隐患21项，一般隐患68项。2017年全公司实现了安全、环保、设备、火灾事故为零的目标。

2017年该公司扎实开展“两学一做”常态化、制度化学习教育，紧密围绕生产经营中心，大力加强党建和思想政治工作。将原来的13个党支部调整为5个，为每个党支部都配备了专职党支部副书记。2017年该公司创建集团公司样板党支部1个，公司建立党员责任区14个、党员先锋岗20个。针对部分员工面对企业生存发展信心不足等问题，公司党委先后下发了两期形势任务宣传教育提纲，认真开展宣贯，鼓干劲，提信心，唤醒责任意识，激发担当精神。

扎实开展“践行共享理念、关爱一线员工”专项服务行动，确定项目11项。研究制定多项收入分配新政策，规范生活补贴，合理调整加班费，提高夜班津贴、班组长津贴、女职工卫生保健费标准。继续深化“网络问企”活动，员工全年提出合理化建议182条。围绕生产经营开展双增双节活动，年创效92.51万元。组织开展羽毛球、拔河、毽球比赛等丰富多彩的职工文体活动，增强了团队凝聚力。开展“温暖送万家”党员干部大走访活动，送清凉、送温暖，办实事、解难题，共走访慰问职工580人次，发放慰问救济金32.29万元。

（李洪伟）

鞍钢集团众元产业发展有限公司

【概况】 鞍钢集团众元产业发展有限公司（简称众元产业公司）是鞍钢集团公司的全资子公司。于2005年4月成立。2017年9月，按照《关于做实实业公司管理平台的决定》（鞍钢政发〔2017〕81号），由实业公司承接原众元产业公司对各单元企业、事业部的经营管理职能。2017年12月，该公司对公司机关编制设置及基层单位业务结构进行调整。按照“行业化、专业化”原则，对同类业务进行归集整合，所属单位划分为产品生产与运维类企业（包括5家单位），工程与再制造类企业（包括3家单位），服务贸易类企业（包括6家单位），非控股合资类企业（包括7家单位）。

2017年，该公司拥有城市园林绿化企业一级资质、市政公用工程施工总承包二级资质、机电工程施工总承包二级资质、电子与智能化工程专业承包二级资质、防水防腐保温工程专业承包二级资质、钢结构工程专业承包二级资质、环保工程专业承包二级资质。主要产品及生产能力：年产400万吨矿渣粉、8000吨铝粉、3.5万吨磁性材料、3万吨乳制品、2万吨瓶装水、5万吨桶装水；可设计、制造、安装30万立方米及以下各式煤气柜；可生产ϕ20~110毫米各型号PPR管材，年处理原料6000吨；可承做$\phi \geqslant$2500毫米超大型支承辊、连铸辊夹送辊、工作辊等轧辊。

该公司注册资金1.5亿元人民币。截至2017年12月末，资产总额361928万元，净资产268631万元，资产负债率26%。公司现有在职职工6224人，在岗职工5099人，离退休人员5779人，托管人员8387人。

【管理架构全面优化】 坚持市场化改革方向，进一步完善法人治理结构，实施组织架构再造，全面提升公司管理水平和运营效率。一是改革管控模式。在运营层面用财务管控替代战略型管控，变推动式管理为指标、绩效拉动式管理。在投资层面，实行操作管控，变单元企业需求为公司整体发展需求，依法依规决策与按契约化组织实施，实现利益共享、风险共担。二是改革管理结构。按照“行业化、专业化”原则，对同类业务进行归集整合。改革后，由原来的四级法人调整为二级法人，管理层级由五级调整为三级，实现管理“扁平化”。下属法人单位和分支机构由改革前19家、17家分别减少到16家、8家。此外保留了7家非控股合资公司。三是改革机构设置。机关实行大部制，设8部1会。机关部门由11个减少到9个，编制定员由66人减少到59人。

【企业改革不断深化】 一是实施干部人事制度改革。按照集团公司管理技术岗位占在岗职工比例15%的要求，重新核定公司管理技术岗位编制，共核减416人，减幅29.3%，公司管理技术岗位人数占比由原来的26.4%降到15%。二是加强劳动用工管理。创新劳动组织模式，推进业务流程再造。全年优化生产服务岗位定员301个，劳动生产率达到49.5万元/(人·年)，完成了集团公司考核指标。

【项目开发稳步推进】 坚持以新项目开发为着力点，加快产业结构调整步伐。2017年，投资6356万元，实施了永磁铁氧体料粉合资项目、中青旅玉蜓山水酒店管理（北京）有限公司增资项目、蔬菜贸易合资项目和废钢铁屑压块项目。在此基础上，经过深入调研，系统谋划，确定了2018年拟投资建设的两大类、17个重点项目，即以餐饮服务、商贸超市、幼教产业等为代表的6个城市服务类项目；以废钢加工、铝基合金、矿渣微粉等为代表的11个工业服务类项目，为公司未来发展奠定了基础。

【技术实力得到加强】 经广大科技人员积极努力，全力攻关，2017年申请专利5件，其中发明专利2件；授权专利9件，其中发明专利5件；实现科技降本创效1200万元。截至2017年末，公司拥有有效专利74件，其中发明专利31件。

【企业运营更加有效】 一是加强物资采购管理。根据不同市场状况，调整采购模式，实施差异化采购和授权管理，有效解决个性化采购和特殊品种采购的问题。强化采购基础建设，积极做好供应商和客户基本信息采集，进一步完善采购结果共享机制，夯实了管理基础。二是加强财务管理。进一步拓宽资金渠道，不断深化公司内部资金拆借的有效途径，有效降低企业融资成本和经营风险。经过不懈努力，取得兴业银行授信1.2亿元，为保证公司生产经营稳定顺行奠定了基础。三是加强审计和效能监察工作。坚持问题与风险导向，不断改进方式，调整重点，积极推进审计创新转型，较好地发挥了内部审计的作用。全年开展审计项目27个，发现问题41个，按整改计划实现审计整改率100%。紧紧围绕外部债权清理、物资采购管理、闲置资产管理等方面开展效能监察，取得了较好效果。四是加强安全环保管理。以中央环保督察为契机，进一步推动工程项目环境影响评价，促进了环保重点、难点问题的有效解决。坚持以建立较大危险因素防控体系为重点，以完善隐患排查治理机制为手段，强化安全目标管理，进一步压实管理责任。全年实施专项检查59次，督促落实整改问题150余项；组织辨识较大危险因素82项，排查各类隐患1225项，隐患整改率达100%。2017年实现重伤以上安全生产事故为零、火灾事故为零。

【共享企业改革发展成果取得新成效】 2017年，该公司践行“将企业改革发展的成果惠及于民”的理念，专项开展了“践行共享理念、关爱一线员工”服务行动，使职工的工作环境、生活福利设施等六个方面得到改善。一年来，走访救济困难职工、困难退休人员525人次，发放慰问金138万余元。

（王思雨）

【鞍钢集团矿渣开发有限公司】 截至2017年末，该公司现有职工1329人，在营口鲅鱼圈地区建有分公司。主要职责包括为保产服务、钢渣加工处理、矿渣等冶金固废资源开发利用。拥有雄厚的钢渣处理和矿渣微粉生产能力，鞍鲅两地有7条钢渣加工处理生产线，年加工处理钢渣能力300多万吨；6条矿渣微粉生产线，年生产矿渣微粉能力410万吨，主体设备均为德国蒂森克虏伯公司生产制造，生产工艺技术世界领先。

生产经营工作取得新业绩。该公司坚持以市场为导向、以效益为中心、以成本为重点、以改革为推手的指导思想，突出内强管理、外拓市场，着力在科研开发与科学发展上下功夫、求实效，取得了显著成效。2017年，矿渣微粉产销量突破361万吨，创历史纪录。其中，鲅鱼圈分公司首度实现满负荷生产，鞍山本部实现海运输出。全年矿渣粉出口量达到26.6万吨，并率先登陆美国市场。全年实现了轻伤及以上生产安全事故和火灾事故为零的目标。

该公司始终把做好市场营销工作放在各项工作的首位，成立了鞍山、辽沈、辽西南、辽西北、蒙吉黑、鲅鱼圈、南方、海外8个区域销售处，建立了覆盖辽宁、立足东北、辐射东南沿海以及国际市场的销售网络。按照全年销售目标要求，分解指标到区域，与区域销售经理签订目标责任状，实行区域目标包保责任制。销售人员实行全员公开竞聘，将一批基本素质好、业务能力强、热爱营销工作的优秀员工充实到了营销队伍。紧跟市场变化，实行地域、战略用户、批量、季节等差异价格营销策略，全力开发南方海运市场和国际市场。

在改革方向，该公司强力推进鲅鱼圈分公司全面改革，实现扭亏为盈华丽转身。将经营管理模式由原来的车间式管理转变为模拟法人管理，实行独立核算，自主经营，自负盈亏。撤销了原钢渣分公司等二级管理建制，将各作业区单元统一直属公司管理，压缩了管理层级，提高了管理效率，突出了指标主体、成本主体和效益主体。拆分了钢渣作业区，组建了钢渣保产作业区和钢渣磁选作业区。合并了深加工作业区和产品输出作业区。实行了效益、收入、成本、战略指标与生产运行指标、管理指标六位一体绩效考核办法。积极推进公司科研开发工作市场化改革，开启了科研开发工作新的历史征程。

设备（物资）保障能力进一步提升。认真贯彻执行设备点检巡检制度，不断提升设备检修维护质量和定修年修质量，设备运行保持良好状态。认真执行物资招标采购制度，全年招标采购率达到94.85%，特别是在水渣保供方面发挥了重要作用。科研开发工作进一步加强。确立了9项科研项目，其中与安徽工业大学和深圳颐泰中合科技有限公司就特种土壤凝固剂进行合作研发；与国家交通部科学研究院就钢尾渣在道路与海岸工程领域应用进行合作研发。2017年公司获得专利技术3项。

该公司进一步改善职工工作环境，完善职工生活福利设施，增加一线职工收入，增强职工队伍的凝聚力和战斗力。2017年公司在岗职工人均收入同比增长10%。开展“践行共享理念，服务一线职工”活动，全年民生项目立项21项，当年解决19项，2项上报上级公司协助解决。鲅鱼圈分公司从根本上解决了困扰多年的职工生活用水问题。用现代化翻钢机替代老式蒸汽吊车，职工作业环境更安全更环保。按照集团公司要求建设的中心浴池竣工投入使用。组织全体职工进行健康体检。强化职业卫生管理，新建劳动者职业健康监护档案186份，实施特殊岗位健康检查432人次，检测职业危害场所岗位64个。组织技术岗位职工技能考试，评选岗位技术操作能手34名。全年走访慰问困难职工926人次，发放困难补助63.6万元。

该公司党委按照政治工作总思路，以推进改革发展、服务生产经营、服务职工群众，建设和谐文明企业为目标，全面从严从实加强党的建设工作，构建党建工作“三个体系”，深入开展大讨论活动，创新党员活动室阵地建设，有效开展“四效”活动，建立了刘丽娜创新工作室和孙宝江爱心工作室。大力开展劳动竞赛，动员和引领广大党员职工群策群力，攻坚克难，为全面完成全年生产经营目标提供了坚实的思想保证、组织保证和人才支撑。

（张清玉）

【鞍钢实业集团（鞍山）冶金工程有限公司】 截至2017年末，该公司在职职工649人，其中管理和技术人员275人（高级职称9人，中级职称72人，初级职称96人），生产服务人员374人。公司下设4个部室：党委工作部、经营计划部、工程管理部、计财部。下属10个分公司：绿化分公司、筑路分公司、电气分公司、金属结构分公司、机运分公司、朝阳分公司、鲅鱼圈分公司、环保分公司、协力分公司、铁路分公司。该公司具有机电安装工程施工总承包二级资质、市政公用工程施工总承包二级资质、房屋建筑工程施工总承包三级资质、铁路工程总承包三级资质，防腐防水保温工程专业承包二级资质、电子与智能化专业承包二级资质、钢结构专业承包二级资质、环保工程专业承包二级资质、输变电工程专业承包二级资质、建筑装修装饰工程专业承包二级资质、铁路电务工程专业承包三级资质。该公司已取得特种设备（锅炉）、压力管道（GB 类、GC2 级）、起重设备维护安装许可证，承装（修、试）电力设施许可证。该公司可承揽园林绿化工程、道路道桥工程、大型冶金工程、电力工程、通信工程、机电安装工程、建筑智能化工程、钢结构工程、安防工程、环境工程、铁路工程等方面的业务。业务范围拓展到冶金、石化、市政、电力、通信等各行业，业务辐射全国多个省、市、自治区，并先后在世行贷款项目、亚行贷款项目以及国际项目中中标。2017 年全年实现收入 4.47 亿元，实现利润 5450 万元。

（徐宝生）

【鞍钢集团现代城市服务（鞍山）有限公司】 鞍钢集团现代城市服务（鞍山）有限公司主要从事鞍钢职工洗浴、生产线保洁、职工住宿、餐饮服务、便利店、物业管理、劳保用品洗补等业务。2017 年，该公司共有 73 个食堂、110 个浴池、2 所职工宿舍。现有职工 1493 人，其中干部 237 人、工人 1256 人。

坚持服务创新，开创后勤保障服务新局面。改善食堂原有的服务模式和售卖方式，增加了特色菜和食品销售窗口；重新规划白楼食堂自助餐、点餐和特色餐区域。通过建立与服务单位沟通交流平台、对重点薄弱区域实行干部定点包保、组织基层管理人员开展对标学习、开展大规模的服务质量提升活动等，有力地促进了服务质量的持续提升。改进便民服务，春节期间推出了餐饮洗浴、住宿职工后勤服务、延伸家庭服务等 14 项系列惠民举措。加快配餐加工中心建设和运营，提高并扩大了对主体厂岗位送餐的质量和范围。

借鉴先进经验，推动公寓管理经营。坚持以国内顶级物业管理公司的管理规程为标尺，保证人才公寓高标准、高水平服务运营。成立项目团队，精心筹划公寓整体布局；组建管理团队，强化责任落实，细化任务清单。邀请国内顶级物业管理公司全方位进行指导，相继完成公寓的相关制度体系建设及岗位设定。分批组织人员到北京先进物业管理企业对标学习，分享成功的物业管理经验。按照产业化运作、市场化发展需要，设计并完成了公寓配套家具、设备设施的配备及招标采购；公开、公平、公正地完成了 1100 多名住宿职工房间分配；迅速高效、有条不紊地组织住宿职工迁入新居。

发挥自身优势，增强市场竞争新动能。2017 年，通过鞍山市公共交易中心平台，首次参与社会市场竞争，成功中标并接管了民政局职工食堂服务业务。正式接管鞍山师范学院附中及教工食堂团餐制作及留学生公寓保洁服务。本着“政府主导、校企合作、优势互补、共同发展”的原则，发挥鞍钢绿色种植基地及规模采购优势，参与铁东区 35 所中小学食堂食品原料的采购招标。作为铁东区教育局食品供应商，该公司自 2017 年下半年学校开学伊始，正式为学校食堂配送粮油及中标项目的食品原料，经营范围进一步扩大。成立副食加工中心，充分释放面食、副食加工中心生产产能，全面接管餐饮流动车的便利食品制作；开发高附加值产品，积极承揽职工生日餐、节日食品制作、超市食品专柜销售等业务，千方百计拓展销售市场。加快超市门店扩张，接管化工、炼铁便利店，开设厂外鞍钢三诚超市人才公寓店及厂内鞍钢展览馆便利店。正式接管财务共享中心、人力资源服务中心办公楼保洁服务及资本控股公司、审计中心、职工大学后勤管理业务。通过鞍钢电子招投标交易平台，顺利中标鲅鱼圈钢铁分公司劳动保护用品洗补包保服务。

把握项目商机，构建多元化产业新格局。按照鞍钢集团“631”产业发展要求，深入挖掘适合该公司发展的新兴产业。推动鞍钢品牌与政府资源相互融合，研究探索并大力推进生冷鲜配送及中央厨房项目建设，通过多方位开展实地调研、与国内知名团餐企业洽谈，形成了项目实施方案及可行性研究报告。启动家庭农场项目，发挥绿色种植基地服务鞍钢、服务社会及现有物流配送链条的优势，为广大职工及市民提供绿色、安全、可追溯的绿色蔬菜，实现从田间到家庭餐桌的全链条供应。

推进管理提升，促进运营效能提高。建立健全制度管理体系，开展一体化管理信息平台建设。按照实用、适用、全过程、全覆盖原则，完成 233 个制度“立改废”修整工作。严格资金预算管理，严控费用支出，不断提高资金运营效率；财务共享系统上线运行，完成了新旧系统数据的衔接转换，保证了会计记录和报告的规范统一。强化安全生产责任落实，制定《安全管理目标责任状奖惩管理办法》，针对四起轻伤事故，开展了以“我要安全、我会安全、我能安全”为主题的安全大讨论，组织全方位的安全隐患排查及岗位危险因素辨识活动，集中开展了安全、消防应急演练及业务培训。高度重视鞍钢人才公寓的消防安全，通过组织消防演练、消防安全知识培训，火灾防控能力和消防基本技能进一步提高。2017 年，该公司积极搭建集团富余人员安置平台，为鞍山钢铁“造船”安置四批 228 名转岗人员。为提升转岗炊事人员岗位服务技能，分批次举办了理论知识和实际操作培训，组织报名参加中式烹调、中式面点工种初级工技能鉴定，共有 45 人拿到职业初级资格证书。

该公司党委筹建组按照集团公司的统一部署，深入学习贯彻习近平总书记关于全面从严治党、加强基层党建工作的重要讲话和指示精神，深入开展“基层党支部建设提升年”活动。以推进“两学一做”学习教育常态化制度化为重要契机，以“党要管党、从严治党”为主线，结合该公司实际，确定了“1258”党建工作思路。党建工作研究课题“关于基层党支部整体晋位升级的研究”获得了集团公司党建研究二等奖。全年还开展了最佳党课教案和优秀论文评比活动，征集党课教案 19 篇，论文 33 篇，并将获奖文章编辑成书。公司党委筹建组积极开展创建“样板”党支部活动、“我为党旗添光彩，降本增效创一流”共产党员工程活动、“迎接十九大，做合格党员”主题教育实践活动、“学技术、练技能、作贡献，向十九大献礼”等活动，切实做到了“重要岗位有党员、主要骨干是党员、关键时刻见党员”。2017 年，有 10 名党员被选树为“两学一做”学习教育先进典型，炼铁站党支部被评为集团公司“样板党支部”。扎实推进惩防腐败体系建设，促进党风廉政建设健康发展。签订《党风廉政建设责任状》，制定“三重一大”决策制度实施办法，规范决策行为。按照上级纪委要求，组织进行了领导班子人员“画像”工作，并签订了领导人员“一诺三书”。开展以早餐和便利食品原料出入库、原料验收和保质期、库存占用、供应商管理等为重点的效能监察工作，切实解决影响效率效益的难点问题。

深入开展创建“三文明”活动。全年开展了争当服务标兵及群众满意窗口评比活动，评出优秀服务标兵 30 名，职工群众满意窗口 10 个。围绕服务经营重点，开展了“双增双节”创效、“五好班组”建设、“红旗食堂”竞赛、“网络问企”等活动，举办了第三届职工技术竞赛，共有 290 名职工报名参加三个工种的竞赛。启动“践行共享理念，关爱一线员工”专项服务行动，为一线职工购置床 46 张，床单 208 套，电水壶 229 个，防滑垫 202 个，座椅凉垫 200 个。全年走访慰问困难职工 685 人次，发放各类救济金、慰问款 30.2 万元。丰富职工文化生活，与鞍山钢铁集团公司工会联合举办了鞍钢职工“中粮美好生活”厨艺大赛，开展了春季、秋季登山及乒乓球、台球比赛等活动。

（马　明）

【鞍钢集团（鞍山）东山酒店管理有限公司】 该公司于 2017 年初完成了独立法人经营变更的相关手续，由鞍钢集团接待服务公司正式更名为鞍钢集团（鞍山）东山酒店管理有限公司，确立了公司产权清晰、权责明确、自主经营、自负盈亏的独立市场主体地位。完成了公司经营范围增项变更工作，增加了会议服务、车辆租赁、酒店管理咨询、物业管理等经营项目。2017 年，实现经营收入 7709 万元，分析评估增加费用后利润 590 万元，完成了上级公司下达的全年经营利润指标。该公司共有职工 610 人，其中全民职工 165 人，劳务派遣用工 445 人。公司固定资产原值 7.64 亿元，净值 6.76 亿元。占地面积 8.06 万平方米，建筑面积 5.74 万平方米。

2017 年该公司共接待 1.75 万人次，接待各种规模会议、团组 458 次，接待省、部级以上领导 33 人次，圆满完成了审计署、中组部、全国乒乓球锦标赛、鞍山创建全国文明城市检查组、鞍山市政协会议等各项接待任务。受到了鞍钢、鞍山市领导和赛会主办单位的高度赞扬。

2017 年该公司本着以市场需求为导向，以经济效益为中心的原则，在经营过程中不断探索多元化经营模式。东山宾馆积极拓展服务经营新领域，着力盘活并提高现有资产利用效率，打造婚庆大礼堂、喜宴广场、东山蜀香餐厅等项目，充分挖掘企业创效潜能。天座宾馆推出精美“农家乐”礼品包、特色早餐和快餐、错峰游泳洗浴优惠活动等个性化服务项目。北京鞍钢玉蜓宾馆、大连鞍钢大厦与中青旅玉蜓山水酒店管理（北京）有限公司的合作经营项目稳步推进，北京鞍钢玉蜓宾馆已投入运营，大连鞍钢大厦正处在装修期。

鞍钢国旅通过实施内部承包经营机制，激发旅游创效潜能，积极开发国内、国际旅游业务。矿业宾馆成功实施企业转型，将现有资产租赁给本市有影响的医疗机构。上述多元化经营模式的建立与实施，为企业实现可持续发展提供了强有力支撑。

2017年该公司完成了东山宾馆主楼大餐厅改扩建工程、2号楼餐厅和客房装修改造、3号楼门窗更换及空调系统改造、员工食堂及机关办公区域装修改造、大连鞍钢大厦主体结构加固等16项大修改造项目，总投资555万元。通过一系列的大修改造，增强了宾馆的硬件服务能力，夯实了企业参与市场竞争的基础。

该公司通过夯实基础、人力资源优化、加强安全管理，企业管理不断得到提升。梳理制订制度文件、岗位职能、操作规程、岗位说明共计317件，建立竞赛题库18套。采取理论考试和现场答题相结合的方式检验管理制度、操作规程的实际掌握运用情况。本着公平、公正、公开的原则，在全公司范围内开展了两次管理技术岗位竞聘上岗工作。管理人员从竞聘上岗前的74人（含代干人员19人），压减到48人（含代干人员10人），压减率达到35%，实现了机构瘦身、精干高效的组织管理目标，人力资源优化配置更趋合理。大力开展消防知识和技能的宣传教育培训工作，定期开展设备运行排查和隐患整改，全年实现火灾、人身事故、设备事故为零。加大对食品安全方面的监督检查力度，加强食品原材料从采购、检测、验收、贮存到加工、出售等各个环节的全过程控制，保障了各类重大会议和日常饮食的安全。

该公司加强党建及精神文明建设工作，为完成全年经营目标任务提供了保障。落实中央和上级纪委部署，持续推进党风廉政建设和反腐败工作。强化过程监督，对矿业宾馆、玉蜓宾馆等经营项目进行专项监督。开展劳务用工专项检查活动，实施“阳光采购工程”。以“廉洁地图”建设工作为契机，修订重点制度272件，物资采购、安全保卫、物资消耗三方面问题得到有效解决。2017年效能监察立项共计10项，创效总额263.90万元。

该公司建立以经营业绩为导向的绩效考核机制和薪酬分配机制，充分调动了广大员工的积极性和创造性，在企业经营业绩提高的同时，职工收入实现稳步增长，2017年职工人均收入增幅达8.5%。改善公司机关办公环境和员工用餐环境，员工用餐由原来窗口统一分餐制改为自助用餐形式，菜品质量有较大改善。着重加强“三级”培训的有效落实，全年共参加集团公司组织的一级培训164人次、4100学时。公司聘请大连富丽华酒店餐饮专家、辽科大营养膳食教授、集团公司有关部门负责人、鞍钢职大教授等为管理及各相关岗位人员进行了酒店管理提升、开展契约化经营、围绕关键及敏感岗位廉洁教育、消防安全管理等方面的二级培训34次，参加人员403人次；各经营单位组织的各类三级培训352次，参加人员6097人次。通过培训，使员工的综合素质和整体服务技能均有较大提升。

（陈社含）

【鞍钢实业集团（鞍山）冶金资源再生利用有限公司】 2017年，鞍钢实业冶金材料事业部与鞍钢实业集团有限公司综合利用分公司合并，成立鞍钢实业集团（鞍山）冶金资源再生利用有限公司（简称资源再生公司），整合关联业务。该公司以冶金资源再生利用为产业发展重点。在职职工总数472人，其中在岗职工413人，不在岗职工8人，居家职工51人，专项工作2人。退休职工424人，劳务外包人员272人。管理技术岗位人员61人，生产服务岗位347人。高级职称7人，中级职称64人，初级职称48人。高级技师1人，技师2人，高级工7人，中级工35人，初级工120人。机关部门设置党委工作部（综合部）、生产部（安环部）、技术部（研发中心）、经营部、计财部5个部室，另设工会。基层单位设置回收作业区、特耐作业区、炼锌作业区、捞锌渣作业区、材料作业区、废钢制品作业区、运输作业区。

该公司经营范围：金属材料、金属制品、金属结构件、橡胶制品、塑料制品、矿产品、原燃料、冶金材料、耐火材料、冶金炉料、铁合金、熔铸合金、冶金溶剂、冶金辅料、碳素材料、铝基合金、锌基合金、锌锭、普通机械设备及零部件加工、制造，金属废料和碎屑加工处理，非金属废料和碎屑加工处理（专项审批除外）；废旧物资回收加工，锌渣回收加工，物资仓储（国家法律法规限制的除外），冶金资源再生利用，冶金设备维修，尘泥加工、开发，洗、补、修劳保品，机电产品、备件检修等。

主营业务有：（1）废耐材业务。负责鞍山钢铁本部及鲅鱼圈分公司的废旧耐火材料回收，处置及销售业务。（2）废旧物资（非废耐材）业务。主要面向鞍钢鞍山本埠、鲅鱼圈分公司、大连蒂森克虏伯、弓长岭铁矿地区等各大鞍钢厂矿，进行固体废旧物资的回收整理、分类处理和初加工，主要类型有橡塑类、有色类、电气类、电缆、合金等。（3）劳保品洗补业务。主要负责承揽鞍钢股份22家单位的劳保品洗补工作。（4）尘泥处理业务。主要负责化工厂脱硫废物处理、冷轧含酸废泥处理、硅钢废泥处理、粉煤灰排放、给水厂瓦斯泥接收处理、化工厂脱硫废液处理等。（5）特耐业务。主要是生产不定形耐火材料，集耐火材料研发、生产、工程设计于一体。（6）合金包芯线、铁合金业务。专业生产合金包芯线、铁合金，拥有6条包芯线生产线和多台合金冶炼炉。（7）再生锌锭加工业务。（8）捞锌渣业务。负责对鞍钢冷轧厂热镀锌作业区锌渣捞取、持出和再生锌锭的售后服务工作。（9）铁碳球团业务。铁碳球团属于冷压球团，省去传统烧结造球工序中的烧结等工序，并通过球团中的铁碳自还原反应回收固体粉尘废料中的铁，减少了粉尘漂浮物的污染，降低了炼钢成本。（10）含铁尘泥混料业务。含铁尘泥主要来自钢铁冶炼轧制过程中产生的含铁较高的固体废物。混料作业是将含铁尘泥经机械强混，达到使用标准后，运送至主办厂备用。

公司主要设备有：熔化炉1座，精馏塔1座，工频无芯感应熔炉电炉1套，中频感应炉1套，全自动洗涤脱水机4台，自动烘干机4台，桥式起重机4台，单梁桥式起重机6台，各种机床9台，包芯线生产机组6台，压力机1台，搅拌机8台，滚床1台，雷蒙机2台，颚式破碎机3台，对辊破碎机3台，卷板机1台，振动筛2台，干燥窑4座，起重机15台，重烧炉1台。

（段馥威）

【鞍山冀东水泥有限责任公司】 2017年末，鞍山冀东水泥有限责任公司在岗职工272人，其中管理和技术人员110人（高级职称4人，中级职称33人，初级职称56人），其余为生产服务人员。占地26.8万平方米，注册资金3亿元，固定资产原值6.98亿元，净值3.84亿元。公司下设熟料分厂、水泥分厂、发运分厂、生产运行部、营销公司、技术管理部、质量管理部、物资供应部、党委工作部、综合管理部、计划财务部、安环保卫部、工会。公司主要设备有日本进口立式磨机、荧光分析仪，德国进口矿渣粉立式磨机、搅拌机、计量称、斗式提升机，国内知名厂家加工制造的篦冷机、堆料机、取料机、ϕ4.7米×74米双系列五级旋风预热器窑外分解窑、ϕ4.0米×13米球磨机及其主电机和减速机、ϕ1400毫米×800毫米辊压机、立式煤磨及电除尘器等。原燃料采取预均化工艺，质量控制采用X射线光在线分析仪系统，确保生产过程的受控和产品质量的稳定；工艺过程采用集散式中央控制。公司可生产普通硅酸盐水泥、矿渣硅酸盐水泥、低碱水泥和专用水泥产品。产品通过ISO9001质量管理体系认证，并广泛应用于重点工程项目建设。

2017年面对市场需求不足、产能过剩等严峻形势，该公司通过转变观念求生存，创新思维谋发展，以市场为导向，以效益为中心，大力推进体制机制改革，全面落实目标管理，全年生产水泥122.93万吨，熟料74.82万吨，矿粉94.63万吨；销售水泥123.97万吨，熟料19.81万吨，矿粉50.42万吨；完成营业收入39119万元，利润1335万元。实现人身重伤以上事故和重大质量、设备、火灾、环保事故为零的目标。

2017年该公司实施完成1号矿渣磨收尘系统的改造，降低了风压压差；实施完成窑头一次风罗茨风机改造，窑产达278吨/时，提产70吨/时。实施完成水泥磨掺加脱硫灰项目。公司秉承“比质比价降成本”的理念。充分利用股东双方采购平台，在大宗原料、机电辅材、备件采购方面降成本。利用原料资源淡旺季价格差，对重要原料进行预储，避免高价采购。通过不懈努力，公司在2017年度金隅冀东物资供应中心考评中，重要指标处于东北区域先进水平。通过优化配料方案，采用铝矾土代替水渣水作铝质原料，铁尾矿粉代替钢渣作铁质原料，改善了熟料的易烧性，窑系统平均日产6000吨以上。

该公司党委认真抓好党的基层组织建设，深入开展“两学一做”学习教育活动，不断压实党委主体责任，紧紧围绕“融入中心、嵌入治理、进入管理、发挥作用”创新开展工作，确定了“5+2”工作重点，充分发挥党组织的政治核心作用、党支部战斗堡垒作用和党员先锋模范作用。

加强党风廉政建设，加大监督力度，认真执行廉洁谈话制度、约谈制度和责任追究等制度。建立关键岗位重点人员廉洁档案。

公司广泛开展健康向上的文化体育活动。在参加鞍钢综合实业发展公司组织的拔河比赛中，分别获得男子无重量级和640公斤级两个亚军、女子520公斤级第三名和篮球比赛第二名的好成绩。在参加北京金隅工会组织的黑吉辽区域羽毛球、乒乓球选拔赛中，羽毛球比赛获得团体、男女双打、男女单打冠军，乒乓球比赛获得团体、男女双打冠军和女子单打冠亚军的好成绩。公司为困难职工建立了电子档案，开展“温暖送万家”活动，帮困扶贫工作做到了日常化、制度化、长效化。重新装修生产现场职工休息室、职工浴池。加大厂区环境清扫力度，出资购买了吸尘车。

（邹　婷）

【鞍钢实业微细铝粉有限公司】 鞍钢实业微细铝粉有限公司是鞍钢集团综合实业发展有限公司的下属单位。该公司成立于1995年，主要产品为超细球形铝粉，现有4条铝粉生产线，年产能8000吨。该公司产品广泛应用于军工、金属颜料、导电浆料、导热硅脂、化工催化剂、复合材料、钛白粉、靶材等领域，销售市场遍布国内大部分省市和欧美、日韩及东南亚等地区，并与多家国际知名企业建立长斯战略合作伙伴关系。

2017年该公司共生产铝粉7932吨，全年实现销售收入17364万元，实现利润1154万元。

该公司于1999年通过了ISO9001质量管理体系认证，2006年取得安全生产许可证，2007年通过保密资格认证，2008年取得武器装备科研生产许可证，2010年被评为高新技术企业，2011年成为省级企业技术中心，2013年被评为创新型企业，其产品2015年被评为辽宁省名牌产品，2016年通过了武器装备承制单位资格认定，2017年被评为辽宁省铝合金粉末新工艺工程研究中心。

（孙治刚）

【鞍钢实业集团（鞍山）生产设备运维有限公司】 2017年末，该公司职工总数711人。管理技术岗位高级职称10人，中级职称101人，初级职称74人。公司设综合部、安全生产部、设备管理部、市场营销部、财会部5个部门，下属有铁发公司、一钢分公司、鲅鱼圈公司、热轧公司、铁运公司、钢坯处理厂等基层单位。固定资产原值5020万元，净值1470万元。厂区占地总面积4万平方米，建筑面积2万平方米，主要设备有钢坯处理生产线、钢坯检测设备，各类机床、起重机等。

2017年是该公司深化改革，实行契约化自主经营的第二个年头。公司坚持“保生存，求发展”的工作思路，通过契约化经营的方式，对内挖潜，向管理要效益，对外抓项目，开发新市场、新活源，以创新务实的态度做好各项工作，使企业稳步发展，按预期完成了各项生产经营任务。全年共实现销售收入1.5亿元，实现利润158万元。

1. 坚持改革，勇于创新，全面实行契约化经营。先后共有11家单位签定了契约化经营协议，最终有9家单位超额完成任务，有2家没有完成任务，根据契约化经营协议超额完成任务的经营者及全体职工受到奖励，没有完成任务的经营者扣罚了风险抵押金，真正实现了职工收入与企业经营风险挂钩。

2. 优化人力资源，减少管理层级，提高劳动生产率。该公司是由多家企业合并而成，人员多，结构复杂，历史遗留问题多，为了完成实业公司干部压减工作，该公司进行了深入细致的调查研究，从岗位设置，竞聘上岗办法的制定，到没竞聘上管理技术岗位人员的安置等方面做了大量工作，从而为平稳地完成干部压减工作打好基础。

3. 积极开拓市场，寻找新的经济增长点，努力提升企业创效能力。2017年通过契约化经营，调动了经营者的积极性，各级领导班子及全体干部职工紧紧围绕全年工作的总目标而努力拼搏，克难制胜，扎实工作，在保证现有市场的基础上积极开发新项目，增加新的经济增长点，全年新增39个项目。

4. 强化成本控制，向管理要效益。一是不断压缩采购成本。2017年该公司所有物资采购全部上集团公司采购平台，采取公开、邀请、竞价三种不同的招标方式。全年共在招标平台上招标了25次352项，降低采购成本80万元。二是严格控制管理费用，不断降低可控费用。一方面加强生产过程控制，强化关键环节管理，杜绝能源浪费；另一方面加强经营管控，对办公费、电话费、差旅费、业务招待费等行政经费严格审批，进行考核管理。2017年可控费用同比减少127万元。三是开展修旧利废、增收节支活动。如铁发公司翻铁作业项目的铸铁斗模、链板的修复，沟子料的回收再利用，钻杆的回收修复等，每年可降低成本 50 万元以上。

5. 坚持以人为本、和谐发展的新理念，汇聚共建共享新能量。2017 年实现了扭亏为盈的目标，职工收入也有不同幅度的提高。

（张　哲）

【鞍钢实业集团金属制品有限公司】 截至 2017 年末，该公司在职职工 25 人，其中管理和技术人员 18 人，生产服务人员 7 人。公司设有三个部室：党委工作部（综合部、计财部）、经营部、生产部（安环部）。公司主要产品和经营项目有：加工及销售，金属结构、金属工具、手工具、农用园林用金属工具制造。2017 年销售可利用材和正品材 13.03 万吨，产值 4.38 亿元，比 2016 年增加产值 0.64 亿元。

该公司成立于 2014 年 7 月，是由鞍钢实业集团有限公司与鞍钢附企综合企业公司共同投资组建的合资企业，注册资本 3000 万元，厂址位于鞍山市立山区胜利北路 745 号。

2017 年初，该公司由原一薄厂区搬迁至现厂址。公司克服因厂址搬迁带来的不利影响，生产经营与厂址搬迁两不误，本着少花钱、多办事、节约利废的原则，仅用 1 个月左右时间，完成了办公室、浴池、食堂装修及厂区路面平整的任务，实现了搬迁不减产、不降收。

为了保资源、扩市场，公司领导带领销售人员奔赴华北、华中地区，走访老用户，开发新用户，稳定了冷硅正品材资源及销售市场。通过与经销商合作，在河北、江浙地区采购冷轧硅钢半成品进行委托加工并销售，保证了冷轧硅钢正品材销售渠道和销售收入，实现了多点创效的目标计划。

2017 年，该公司不断完善规章制度，提高管理水平。同时采取“请进来、走出去”的方式进行业务培训，提高职工队伍的综合素质。加强特种设备安全管理，实现了全年安全事故为零的目标。

（王　江）

【鞍钢实业集团乳饮有限公司】 2017 年末，鞍钢实业集团乳饮有限公司在职员工 137 人，其中管理技术人员 39 人，具有高级职称 3 人、中级职称 15 人、初级职称 13 人；生产服务人员 98 人。机关设有党群工作部、综合管理部两个部室，下设养殖中心、生产中心、销售公司三个基层单位。2017 年，该公司完成收入 7076 万元；实现利润 739 万元，同比增加 9 万元。

2017 年，该公司如期完成压减任务。生产许可证审核认证顺利过关，积极探索新的管控模式；在新产品研发、降本增效、温暖工程等方面做了大量工作，完成了各项生产任务，为非钢产业大发展快发展作出了应有的贡献。该公司已连续 5 年利润水平稳定在 500 万元以上，2017 年利润水平突破 700 万元，刷新历史指标。

（张文艳）

【鞍钢实业集团冶金机械有限公司】 2017 年末，鞍钢实业集团冶金机械有限公司共有在职职工 113 人，其中管理和专业技术人员 25 人（中级职称 11 人，初级职称 10 人），生产服务人员 88 人。公司机关设综合部（党委工作部）、生产（安环）部、经营部、计财部 4 个部。下设轧辊、机加、装配、塑管 4 个作业区。公司占地 2.1 万平方米，有大型自动双机头埋弧摆动焊床 6 台，可堆焊直径 1580 毫米以下、质量 60 吨以下的重型轧辊。英国进口明、埋弧两用摆动堆焊设备 15 套，对开式电炉两座，重型轧辊车床 3 台，卧式导轨磨床 1 台，立式车床 1 台，滚齿机 1 台，单臂刨床 1 台，深孔钻镗床 2 台，里孔磨床 1 台，外圆磨床 4 台，液压试验台 2 台，其他机械加工设备 60 余台。2017 年修复连铸辊 5388 组，制作新品 102 支；修复液压缸 3800 台，制作新品 70 台；修复大型轧辊 57 只；制作其他备品备件 572 件。

2017 年，该公司进一步加大市场开发力度，先后打开广州、鲅鱼圈等新的市场，同时做大原有市场，扩大了在鞍钢市场的经营份额，还新开发出倒齿板修复市场。该公司全年实现销售收入 4829 万元，实现利润 275 万元。实现重伤以上事故、重大设备事故、重大火灾事故、重大污染事故为零。

2017 年 10 月，根据鞍钢综合实业集团有限公司总体发展要求，将该公司与鞍钢第一薄板厂塑管分厂合并重组，合并重组之后，企业有了更大的发展空间，竞争优势得到进一步提升和加强。

（吴　江）

【鞍钢实业集团（鞍山）幼教有限公司】 2017 年末，鞍钢实业集团（鞍山）幼教有限公司共有 265 名职工，其中干部 185 人，工人 80 人。下设

17所幼儿园，119个教学班，在园幼儿3505名。机关设党务工作部、综合管理部（安环部）、经营教学部、计划财务部。主要从事幼儿学前教育业务。总资产1989万元，负债总额1033万元，净资产956万元。2017年实现收入3426万元。

党建工作切实加强。成立党务工作部，加强党务工作力量；召开党员大会，成立幼教中心党总支委员会；顺利完成基层党支部的撤并及换届改选工作；积极开展“两学一做”教育活动及丰富多彩的党员活动，推动了幼教党建工作质量的提升。

办园条件有效改善。利用多种渠道筹措资金，改善办园条件，优化办园环境。完成了一幼室内外大修改造，为一幼、七幼创建了生活坊、美术室、皮影室等专项教室。重点对十八幼、十五幼、三幼、十幼分园、一幼分园等6所幼儿园实施暖气改造、室内粉饰与装修、卫生间盥洗室改造，改建增建特色教室；为十七幼、十八幼、一幼深沟寺分园等幼儿园铺设了户外悬浮地板；为多所幼儿园更换了玩具柜、桌椅等。

经营管理不断强化。注重市场开发，探索多元化经营；加强艺校的管理，拓宽服务范围，增加适宜的课程；开办入园体验班、周末亲子班、提前储备生源，增加经营收益；定期调研各园招生情况，建立完善的招生奖励机制，做好幼儿园的增量工作；十七所幼儿园实现家长网上缴费，提高了工作效率；为十七所幼儿园增设室内外监控点，尤其是厨房的监控点对家长实时开放，实现“明厨亮灶”管理。

队伍素质不断提高。注重师资队伍建设，积极开展多形式各层级培训。通过外出学习与请进来讲课，使园长、教师得以获取更多前沿信息和先进的教育理念。组织园际经验交流与分享活动、“师带徒”活动，为优秀青年教师搭建成长的平台，提供成长的快捷通道。自下而上开展园本训练活动，切实提高教师的专业素养与能力。开展全员岗位考核，形成家长、员工、园长、机关全方位的立体评价体系。开展“树清廉师风，建洁净校园”活动，强化师德师风建设。

保教质量不断提升。坚持“质量立园、科研兴园、品牌强园、特色富园”的品牌发展战略，提升保教质量。12所幼儿园顺利通过鞍山市星级园复检。在辽宁省“一日评优”活动中，鞍钢两所幼儿园被评为“一日评优”先进单位，两个教学活动获省一等奖，一个集中教学活动代表鞍山市做现场展示。幼教中心被评为辽宁省学前教育优秀教育成果先进单位；张鑫、王沛名师工作室正式挂牌。

（张峥嵘）

【鞍山鞍钢氧化铁粉有限公司】 截至2017年末，公司在职职工21人，其中管理和专业技术人员18人。公司设有生产部、质量部、综合部、销售部。2017年公司实现销售收入2348万元。

2017年，公司的生产经营模式由单一的技术咨询销售服务型转变为直接采购鞍钢氧化铁粉销售经营型。2017年4月，公司走入市场化经营，参与鞍钢氧化铁粉产品的招投标。9月，公司全面介入对鞍钢冷轧四条酸再生生产线的包保运营，为公司今后的发展奠定了良好基础。

2017年，公司完成了鞍钢集团重大科技项目“软磁级氧化铁粉生产工艺研究”的研发内容，在软磁级氧化铁粉生产工艺研究上取得了突破，已批量生产出符合软磁级要求的氧化铁粉并经过用户使用验证合格。

（张孝宇）

【鞍山科德轧辊表面处理有限公司】 鞍山科德轧辊表面处理有限公司是由鞍钢实业集团有限公司和上海科德轧辊表面处理有限公司共同投资，于2007年12月3日在辽宁省鞍山市注册成立的有限责任公司。合资公司注册资本金400万元，由鞍钢实业和上海科德各出资200万元，股权比例各占50%。

公司充分运用科德控股集团的国际先进技术网络平台，发挥独特的冷轧辊表面镀铬处理技术优势，为鞍钢等国内大型钢厂的冷轧辊镀铬业务提供全方位、个性化的服务。

2017年，公司不论从安全环保、生产管理、技术创新、市场开发及综合管理等各个方面都取得骄人的成绩。2017年12月，公司取得鞍山市环境保护局颁发的《排污许可证》，是鞍山市首家通过审批并获得该许可证的电镀企业。

在生产管理方面，公司于2017年8月自主集成了磨床和喷砂机，基本实现了工艺辊镀铬项目的全工序供应，填补了鞍山区域小直径和低粗糙度工艺辊磨削、喷砂、镀铬的空白。在技术创新方面，公司技术团队完成了轧辊电镀参数的优化和辊面镀层厚度监控两大目标。在市场开发方面，公司与鞍钢冷轧厂形成了十分稳定的战略合作关系，并新开发了首钢京唐和天津忠旺等外部市场。

（韩秉艳）

【鞍钢实业集团有限公司运输分公司】 公司有职工297人，其中干部55人（高级职称4人，中级职称22人，初级职称21人），生产工人242人。机关设党群工作部（人力资源部）、综合部、生产部、财务部、经营开发部，基层设有运输一队、运输二队、运输三队、运输四队、机械化队、汽车修理分公司、金属加工厂、调配中心等单位。其中，汽车修理分公司下设外修厂和内修厂两个修理厂。公司拥有各类固定资产388项，其中，运输设备355台，固定资产原值8612.87万元，净值1957.61万元。至2017年10月末，实现主营业务收入4981.85万元，实现利润308.65万元。

（兰香玲）

【鞍钢集团（鞍山）商务贸易有限公司】 2017年末，商贸公司有在职职工83人。公司设置综合管理部、经营部、计财部3个机关部门和体育馆、文化宫、办公用品、商超4个基层单位。拥有固定资产原值5235.05万元，净值1100.56万元。体育馆、文化宫占地面积5.8万平方米，建筑面积2.9万平方米。

公司克服诸多困难，全面深化改革，清理各类资产，收回管理权限，界定管理范围，核定房屋使用性质，为项目整体开发、市场化经营创造必要的前提条件。推进办公用品、体育馆、文化宫3个经营主体商业化运营。体育馆发挥资源优势和文化体育阵地作用，加大项目引进和增加房屋租赁、合作经营，积极引进区域影响力较大的服装、汽车、食品、招聘、建筑等40余个展销活动，对集团和鞍山钢铁各个训练队、拔河队实施全流程服务。文化宫积极接待市、集团公司各类会议及演出30余场次。增加办公用品商品供应，开展客户回访。商超做好合作分利管控、设计商业模式输出、连锁经营推广等工作。

公司撤销原文体中心展览馆、艺术团、市场部、行政部和办公用品经贸公司，试验运行社区服务中心体育馆店。完善落实绩效考核体系，全面推行绩效奖励办法，实施岗位竞聘，优化管理结构，给予基层单位充分用人自主权、小项目维修权和分配自主权，鼓励职工开展自主经营。同时，抓开源重节流，引进夜市、早市、会议演出、全国女篮联赛、大型比赛、展销活动等项目，深入推进项目合作，积极探索适宜的商贸发展模式，进行深度市场开发。该公司细化完善岗位职责和业务流程，注重服务的功能性、层次性和显著性，2017年实现服务满意率100%和设备完好率100%。

（蔡 波）

【鞍钢贝克吉利尼水处理有限公司】 截至2017年末，鞍钢贝克吉利尼水处理有限公司在职职工40人，其中管理和技术人员29人（高级职称3人，中级职称13人，初级职称6人），生产服务人员11人。公司下设财务控制部、综合管理部、生产技术部及鞍山、鲅鱼圈、朝阳、莆田4个现场服务部。

公司非常重视科技创新工作，依托德国贝克吉利尼公司和日本栗田公司先进的水处理技术，2017年先后成为鞍山经济开发区优秀科技创新企业和辽宁省高新技术企业。公司依托强大的集团资源，丰富的一体化总包服务经验，成为跨领域大型综合水处理解决方案的提供商。目前公司的业务已由钢铁企业水处理拓展到医药、石油化工、生活污水等领域，市场已经覆盖全国多个省市。主要产品有絮凝剂、缓蚀阻垢剂、杀菌灭藻剂、反渗透专用膜阻垢剂、消泡剂、浮选剂、锅炉药剂等。经营范围覆盖工业水处理、饮用水处理、净化水处理、污水处理和工艺处理等全部业务。

2017年公司共获得6项国家发明专利，还有8种加药管理系统获得国家版权局计算机软件著作权。

（阚立君）

鞍钢集团信息产业有限公司

【概况】 鞍钢集团信息产业有限公司是鞍钢集团有限公司的全资子公司，是以信息化、自动化为主营业务的高新技术企业。主要承揽鞍钢集团和国内外客户的信息化、自动化系统的设计、制造、研发、安装、调试、系统运维，以及电机、变压器的修造和国家重点科研项目的攻关任务。公司坚持自主创新，形成了以鞍钢集团为依托，专业配套齐全、知识技术密集的信息化、自动化产业链条；在矿山、烧结、焦化、炼铁、炼钢、连铸、轧钢及钢材处理自动化控制以及企业信息管理系统领域，始终保持着国内先进水平。公司在发展传统业务的同时，致力于智慧城市、智能工厂、云计算、大数据、电子商务、节能环保等战略新兴业务，近年来在冶金机器人、机器视觉、智能决策系统以及互联网+党建系统建设等方面取得了突破进展。企业固定资产原值22205万元，净值6130万元。2017年，签订合同702项，合同额53098万元。

公司具有“计算机信息系统集成二级”“电子工程专业承包二级”“建筑智能化专业承包二级”“机电安装工程施工总承包二级”“机电设备安装工程专业承包二级”“承装（修、试）电力设施许可证（承装三级、承修三级、承试三级）”等主要资质；GCK、GCS、MNS等多个单元产品通过了中国质量认证中心的“CCC”认证，并获得中国国家强制性产品认证证书。公司通过了“软件能力成熟度三级评估（CMMI3）”；建立了符合ISO9001标准的质量管理体系、ISO14001标准的环境管理体系、GB/T 28001标准的职业健康安全管理体系。是辽宁省重合同守信用单位、首届辽宁省十大软件企业。

公司下设鞍钢集团自动化公司、鞍钢电气有限责任公司、大连华冶联自动化有限公司、鞍信提迈克工业系统（大连）有限公司、北京鞍信天硕工程技术有限公司、北京鞍信科尔信息技术有限公司、辽宁大通智胜科技有限责任公司7个子企业。公司机关设综合管理部（党务工作部、董事会办公室）、战略与企划部（法律事务部）、运营协调部、计划财务部、纪检监察部（审计部）、工会6个部门。在岗员工有804人，其中管理和专业技术人员503人（高级职称134人，中级职称218人，初级职称121人）。公司已累计获得专利77项，专有技术认定297项，软件著作权45项，软件产品21项，获得鞍钢集团公司重大科技进步奖11项。

【生产经营与市场开拓】 鞍信公司紧紧围绕“抓改革、促转型、保资金、增效益”四项重点工作，在鞍钢集团“两化融合”进程中发挥了设计师和建设者的双重作用。2017年全年累计新签合同702项，合同额5.3亿元，其中鞍钢外部合同136项，合同额8918万元。

公司全面推进“一企一策”的项目经理制，针对300个项目进行了梳理，整理具备产品化潜质的项目16个，进一步加强对拖期拖尾工程的管理工作，核实在建项目242项。公司组织实施了鞍钢集团财务共享中心信息化建设项目、鞍山钢铁集团公司ERP应用系统维护项目、鞍钢股份炼钢总厂转炉改造、热轧厂1780板型数据采集和主传动改造。启动了鞍钢股份鲅鱼圈分公司全面质量管理项目、智能化能源集控平台项目。完成了朝阳钢铁热轧，鞍钢股份1780线、2150线和鞍钢股份冷轧厂1号线同步检修任务。外埠任务完成了攀钢钒1450热轧生产线两级自动化系统改造检修工程、本钢热连轧厂1700线辊道变频装置电控升级、潍坊特钢东线风冷线改造等。完成了鞍钢股份电机维修总承包工作。设备在线监测、员工自助服务平台、仓储物流3个项目，在钢铁行业内推广输出。2017年9月20日公司启动了“决战100天，全面完成生产经营任务，以优异成绩向党的十九大献礼”活动，解决了数据中心施工对接、应急采购和电商平台采购、质保金的追讨等“最后一公里”问题。跟踪督办拖期拖尾项目11项。决战100天期间签订合同201项，合同额8722万元，鞍钢以外新签合同42项，合同额1078万元。

按照三年滚动发展规划，根据业务成熟度和先期调研情况设立了鞍信公司（电气）广州办事处。公司对太钢、酒钢、包钢等重点客户进行跟踪，与华为、华录、哈工大和海康威视进行了实质接触，与西门子公司签订了合作协议。

【两化融合与科技创新】 公司举办了以“创新驱动、改革发展，为鞍钢集团公司‘两化融合’提供坚强保障”为主题的高层论坛。举办了“深度智能 不止所见”专题技术交流会、“德国LogoTek公司技术交流会”“340中移物联网 鞍信公司物联网沙龙分享会”。相继邀请石化盈科、华为、阿里巴巴和廊庭科技等知名企业，针对推进两化深度融合、服务行业转型升级的解决方案和成功案例进行交流。公司致力于将“互联网+”思维植入两化融合当中，为鞍钢集团制订了《两化融合总体发展规划》。公司相继实施了炼钢系统大数据智能化分析平台（冶炼专家系统）、鲅鱼圈智能化能源集控平台，开展了钢包在线图像智能分析系统、无人吊车系统以及冶金工业机器人等项目。对从炼钢到连铸、连轧的全流程质量分析等子项目实施了功能改进。同鞍钢股份鲅鱼圈分公司签署了内部关联协议。智慧能源、智能炼钢、云计算数据中心、全流程质量控制和党建云平台这五项鞍钢集团两化融合的标志工程得到了有效推进。年内在鞍钢集团两化融合框架内，共梳理项目235项，实施后将为集团增效2.9亿元。

按照公司主导、基金支持、市场机制的原则搭建创新创业平台，鼓励员工多出创新成果，激发员工投身科研项目和科技创新的工作热情。一年来公司在电子商务、物流仓储及员工自助服务平台等项目中积极投入力量，加快了优秀科研成果的实用转化工作。首届员工“创新创业大赛”共征集项目26个，公司以60万元作为“炼钢系统大数据智能化分析平台项目”“移动点检派工系统”“校园师生自助平台”等8个获奖项目的专项启动资金。经鞍钢集团科技发展部专家评审，“智能化能源集控平台开发及应用”立项为鞍钢集团级科研项目，“烧结双层布料系统研究”为2017年鞍信公司级科研项目，“钢厂设备状态评级系统”等13个项目为子公司级科研项目。“镀锡板酸洗冷连轧工艺过程控制系统研发与工程应用”获集团公司重大科学技术二等奖，“攀钢集团西昌钢钒有限公司网络及通讯系统开发与应用”获集团公司重大科学技术三等奖，“炼铁事业部自动化小组”获鞍钢优秀质量管理小组一等奖，“热轧强力卷曲QC小组”获鞍钢优秀质量管理小组二等奖。

【企业管理与安全环保】 按照突出“一条主线”、推进“两大转变”、确保“三个提升”、加速“四个创新”，实现“一个目标”的发展思路，更新了《2018～2020年战略发展规划》，形成了由“产品+服务”向“平台+服务”转型的发展路线。根据企业的发展战略、各子企业的专业特点和核心业务，制定新制度15个，修订制度26个，形成了涵盖26类142个制度的《规章制度体系框架》。按照《总部岗位权限指引》和《核心业务权限规范》，持续深化机构调整、优化流程和“压减”工作，子公司实现了党委书记、董事长“一肩挑”。完成了自动化公司和软件公司的整合、大连华冶联公司对大连工程公司的一体化管理，实现了战略业务拓展部和企业策划部职能合并，完成了托日鞍分和华冶联攀分的合同清理、债权债务清算、工商注销，办理了鞍信公司与子公司的产权、股权划转等工作。同时公司积极加强企业管理各项工作，加强对库存物资和低效、无效资产的盘点、清理和处置工作，清理历史存货5135万元。针对采购系统原有248家企业进行重新审核，133家因资质信息问题被取消资格。成立清欠管理办公室，加强对历史欠款的清理，清回外部应收款1590万元。公司积极推进CMMI资质办理，ITSS顺利通过体系认证。2017年对大连华冶联公司实施了契约化经营。

公司充分利用“安全生产月”等活动载体组织安全知识培训和应急逃生演练，集中开展了特种设备运行状况普查和特种设备操作人员的专项培训，强化了总公司、子公司、分厂（事业部）三级安全责任体系的管理和风险防范。针对电机烧线和干燥炉等重点区域加强了环保整顿治理，现场“环评”通过了鞍钢集团安全环保部和国家环保督察组的检查验收。全年查治整改安全（防火）和环保隐患131项，年内无环保和重大安全事故。

【党的建设与思想政治工作】 公司党委制订了“一条主线、两张清单、三个聚焦、四个基本”的党建工作总脉络，领导人员下到党建工作责任点，为责任单位的党员上党课，当好十九大精神的宣讲员。结合纪念建党96周年系列活动，公司领导干部深入责任单位开展调研，党委书记主讲“发挥共产党员先锋模范作用，做鞍钢两化融合排头兵”专题党课。通过党员责任区、党员先锋岗和“戴党徽、亮身份、树形象、作贡献”等系列活动的开展，持续提升了党组织的凝聚力和战斗力，基层党支部战斗堡垒作用不断增强。通过推进“样板党支部”和“党建工作示范基地”建设，规范了合资企业党建工作，实现了党建工作全覆盖。通过推进“党委书记抓基层党建项目化管理”工作，培育基层党建典型，打造出具有鞍信特色的党建品牌，2017年立项5个，申报集团公司级项目2个，“共产党员工程”立项26个，申报集团公司级项目7个。

公司开展典型选树和企业文化建设工作，通过员工推荐、层层审核，参考两万余张网络投票，评选出19名“鞍信榜样”，其中蒋东明、王东兴、宋学文3名同志获得特别奖荣誉称号。筹建鞍信公司企业文化展示大厅，弘扬爱党爱国和“忘我利他、崇德向善、感恩偕行”的鞍信核心价值观。引导广大党员和职工关注国有企业改革，关注鞍钢建设，投身鞍信发展。利用《鞍信时讯》和微信群等新媒体形式，在职工中宣传党的路线方针、时事政治、企业动态，传递正能量。2017年在《鞍信时讯》中推送报道201篇，在《鞍钢日报》《攀枝花日报》《中国冶金报》和《摇篮鞍钢》上刊发企业宣传报道16篇。

【廉政建设与审计监察】 完善监督体系，构建大监督机制，注重发挥纪检监督、审计监督、专业监督、民主监督的作用。深入开展廉洁地图建设，从专业评估、监督评估、党委自评、职工评价四个维度对子公司进行工程分包、物资采购、项目管理、选人用人方面的评估，99项廉洁风险的防控措施得以有效落实。针对集团在3个方面7个问题上的巡视反馈意见，公司分解制定19条整改措施并认真落实了整改。开展“微腐败”和“亚腐败”调查工作。围绕关键领域和重要环节完成10个效能监察项目，创效27万元，避免经济损失28万元，提出管理建议15条，建章立制3个。开展日常监督检查，运用监督执纪“四种形态”，全年调查处理问题线索8个。召开党风廉政建设和反腐败工作会议及警示教育大会，从教育入手打造廉洁文化。全年开展廉洁教育活动110场，2770人次接受廉洁教育；通过《清风》栏目推送廉政教育文章25篇，编发《警钟》电子期刊24期。组织鞍山区域两级领导班子和机关部门负责人参观辽宁省反腐倡廉展览馆。

【工会与共青团】 公司对“践行共享理念　关爱一线员工”专项服务行动予以高度重视，对征集到的139条意见和建议进行梳理，推进了浴池、就餐、工作环境和员工职业健康等问题的整改。各级工会组织深入开展双增双节、合理化建议、“安康杯”竞赛和文化体育等活动。开展“冬送温暖”“夏送清凉”“金秋助学”、职工体检等关爱活动，利用春节、五一、国庆等重大节日，走访慰问困难职工、离退休职工、劳动模范、技术骨干和住宿职工，全年走访慰问困难职工450多人次，发放慰问金12万余元。共青团持续深化“青年创新登高”和“导师带徒”工作，引导团员青年在企业发展和两化融合进程中建功立业、健康成长。

【鞍钢集团自动化有限公司概况】 该公司在岗职工367人，其中管理和专业技术人员237人（高级职称76人，中级职称85人，初级职称72人）。公司机关设综合管理部（党群工作部）、生产运行部、计划经营市场部、财务会计部4个部门，下设智能制造事业部、智慧物联事业部、智慧管理事业部、系统平台事业部、通信事业部、运维事业部、工程公司、产品事业部、研发中心、营销中心、调度指挥中心11个基层单位。企业固定资产原值9170万元，净值3328万元。

该公司2017年新签合同165项，合同额1.9亿元，实现销售收入1.48亿元。荣获鞍钢集团先进单位、信息产业公司先进党委、先进单位荣誉称号。2017年1月，鞍钢集团自动化公司进行了公司制改制，更名为鞍钢集团自动化有限公司，投资人由鞍山钢铁集团公司变更为鞍钢集团信息产业有限公司，为进一步完善现代企业制度，理顺产权关系与管理关系，建立健全法人治理结构和市场化运营机制打下基础。公司制订《2017～2020年发展战略和规划》，明确公司将以两化融合为契机，以智能制造为牵引，通过向用户提供智能工业与民生项目的整体解决方案、产品和服务，探索发展新兴产业，努力实现业务发展从项目服务向产品服务以及互联网运作模式的转型，打造高水平的服务能力、高起点的产品输出和高素质的职工队伍，致力于成为提供自动化、信息化产品和服务及系统解决方案的专业化公司。公司不断加强项目管控，完善事业部制下的项目经理制，明确事业部作为利润中心的定位。对重点项目实行公司领导包保负责制，确保按节点推进。实施了鲅鱼圈能源集控、鞍钢财务共享中心信息化建设等鞍钢集团重点项目。年内通过了中国电子工业标准化技术协会评估，成为钢铁行业第一家通过ITSS运维评估的企业。“鞍钢智能云仓互联系统”经鉴定在高效提升可视化仓储管理水平和智能技术应用效果方面达到国际先进水平，完成辽宁省科技成果登记并申报冶金科学技术奖。

公司不断加强党建工作，认真履行重大事项的党委前置讨论程序，全年研究党建议题36项、“三重一大”事项22项。“全面加强党的建设 深入推动党建工作与生产经营深度融合　在融入中推动发展　在嵌入中实现共赢”被评为鞍钢集团党建课题三等奖。全年立项共产党员工程 22 项，为重点项目的顺利完成提供了组织保障。

【鞍钢电气有限责任公司概况】 鞍钢电气有限责任公司在岗职工总数为 261 人，其中管理和专业技术人员 90 人（高级职称 7 人，中级职称 50 人，初级职称 32 人）。公司机关设置运营管理部、综合管理部（党委工作部）、计划财务部，下设电机修理事业部、电机制造事业部、变压器事业部、电控事业部、工程公司、鲅鱼圈公司、广州分公司。2017 年，公司契约化经营团队主动承担责任和压力，迎挑战、抓机遇、避风险，积极落实“转变观念保生存 深化改革促发展”工作理念，实施“三步走”发展战略，企业实现稳定运行。企业固定资产原值 9026 万元，净值 1618 万元。全年实现销售收入 9012 万元。

公司以“三项制度改革”为基础，全面深化运行机制改革。夯实管理基础工作，全年完成电机修理 1 万余台，电机制造 12 台，变压器修理 637 台，变压器制造 10 台，电控柜 40 面，电气工程 65 项，完成应急抢修任务 340 次。同时，按照集团公司“搭平台、降费用、保运行”的电机总承包要求，确保措施实施到位。一是强化了电机维修的质量和工期管理；二是加大了电机的在线巡检工作力度，建立了区域巡检机制；三是按照电机类型调整了相应业务单元；四是建立了用户走访制度。全年未发生大电机在线运行事故，有力保障了鞍山钢铁的生产顺行，全面完成了电机总包任务。

【大连华冶联自动化有限公司概况】 大连华冶联自动化有限公司在岗职工总数为 159 人，其中管理和专业技术人员 140 人（高级职称 25 人，中级职称 57 人，初级职称 38 人）。公司机关设置行政事务部（党委工作部）、运营中心、财务部，下设营销中心、4 个项目部、机电成套事业部、智能制造事业部、智慧能源事业部、产品开发事业部、设备成套事业部。按照华冶联公司契约化管理新的架构，将党群组织机构与公司架构配套设置，形成党政一体同步配备。公司固定资产原值 2730.64 万元，净值 702.45 万元。全年实现营业收入 12342.78 万元，上缴利润 450 万元。

公司以契约化经营为契机，按照“创新思维、激发活力、做强做优”的总体工作思路，落实指标，推进“两化融合”项目实施，加强市场开发。健全和完善以项目经理制为核心的项目管理全过程责任体系。年内共申请专利 4 项，专有技术 9 项，获批专利 4 项，承接鞍信级科研项目 7 项。公司党委发挥国有企业党组织政治核心作用，提高党建工作的水平，在切实提高把方向、管大局、保落实的能力上下功夫，团结带领广大员工全力完成契约化经营目标。通过规范文化标识，建立光荣榜、宣传栏、文化长廊、征集企业文化理念，打造了具有华冶联公司特色的企业文化。

【鞍信提迈克工业系统（大连）有限公司概况】 该公司是鞍钢集团信息产业有限公司与日本东芝三菱电机产业系统株式会社共同投资，主要承揽工业自动化控制系统装置及其配套设备的设计、生产、安装、调试；电子与智能化系统承包；计算机软硬件及相关产品的开发、服务；信息系统集成服务；技术咨询、技术服务、技术进出口；自动化产品及其配套设备、工业自动化控制系统装置及其配套设备的批发、佣金代理及进出口等业务；致力于在《中国制造 2025》和世界工业 4.0 及先进制造等业务上贡献优质的产品、技术和服务。

公司重新修订了《鞍信提迈克工业系统（大连）有限公司节能管理办法》《鞍信提迈克工业系统（大连）有限公司环境保护管理办法》《鞍信提迈克工业系统（大连）有限公司岗位安全操作规程》等，形成了完整、规范、科学、有效的规章制度体系。公司结合现有采购政策，制定了《鞍信提迈克工业系统（大连）有限公司采购管理办法》，规范了采购流程，使各个事业部及部门采购工作有方法可依照。通过落实“为公司节约每一分钱”的观念，最大限度为公司节约成本。通过推进项目经理责任制，降低了项目人工成本。通过加强党支部规范化建设，充分发挥基层党支部的战斗堡垒作用和党员的先锋模范作用。对新任的中层以上干部进行廉政谈话；对关键工作岗位签订廉政承诺书。公司于 3 月成立鞍信提迈克工业系统（大连）工会委员会。

【北京鞍信天硕工程技术有限公司概况】 2017 年，该公司推动产品结构转型升级，向西班牙客户出口一条彩涂生产线，向俄罗斯客户出口一条镀锌生产线，积极拓展越南、印度、伊朗、土耳其、乌干达等国际市场，不断扩大市场领域。同时，公司积极响应“中国制造 2025”计划，加大装备的自动化、智能化转型升级，依托母公司技术为生产线加载生产管理二级系统。施行创新驱动发展战略，建立产学研用相结合的研发体制，增加研发投入，提高产品的技术含金量和附加值。自主核心技术产品包括酸洗生产线、脱脂生产线、热浸镀锌生产线、建材板彩涂生产线、家电板彩涂生产线、自动化控制系统，业务涉及矿山冶炼、装饰建材、家电、食品包装、复合材料、物流、节能环保等多个领域。

公司持续加大研发投入，拥有国家专利5项，并通过了国家高新技术企业认定。

【北京鞍信科尔信息技术有限公司概况】 公司的合资方由北京邮通科尔公司变更为大连海纳华亿公司。公司坚持“依托鞍钢，服务社会，提升技术、产品、服务三位一体的核心竞争力”的发展目标，明确了优先发展智慧教育业务，提升发展互联网+物联网业务，探索发展工业设备智能维护业务。公司8月召开董事会，形成《科尔公司2017~2020年战略和规划》，修订了企业核心管理制度。向国家工信部申请ISP和IDC全国资质。4月成为中国联合通信有限公司阜新市分公司协约供应商，在阜新市智慧城市及阜新消防局数据中心项目里开展合作；5月与中国联合通信有限公司大连市分公司签署《战略合作协议》，并于7月与中国联合通信有限公司大连市分公司签署云桌面《样机试用合同》，经用户测试，结果很好，已进入采购流程。7月与上海域圆信息科技有限公司合作，成为其在东北三省的唯一代理。8月在校园管理平台方面与江苏金智教育信息股份有限公司签署了战略合作协议，并获得了金智教育颁发的辽宁地区运维服务中心授权书及区域业务经营授权。互联网宽带业务8月8日试运营。

公司自主研发出了立式VR多功能一体机，主推立式VR与箱式VR两款产品，开发实训室/体验中心建设综合解决方案，涵盖基础教育、中高职和本科院校需求。

（王　涛）

鞍钢集团国际经济贸易发展有限公司

【概况】 鞍钢集团国际经济贸易有限公司（以下简称“国贸公司”或“公司”）是隶属于鞍钢集团的大型综合性经贸企业，承担着鞍钢集团进出口业务的独家代理工作，是鞍钢集团钢铁产品国外销售的主渠道，同时也是鞍钢海外原燃料供应保障重要渠道，主要业务涉及钢铁产品出口、贸易，原燃材料进口，成套设备、备件进口及招投标业务，物流服务，金融业务，社会贸易业务等，销售网络覆盖6大洲，销售网点遍布世界各地。

2013年8月，以鞍钢集团香港有限公司法人资格和相关业务资质为基础，将原鞍钢国贸公司作为香港总部国内业务运营部，攀钢区域国际贸易业务纳入香港总部管理体系，成立鞍钢集团香港有限公司（鞍钢国贸公司），按鞍钢集团全资子公司管理，努力打造钢铁主业及非钢产业产品和服务的海外代理商、国际化运营的综合贸易商、海外产业投资运营商、海外贸易融资平台和国际化战略的执行平台。国贸公司设立董事会、监事会和经理层，建立了界面清晰、权责对等、协调统一的公司治理结构和组织机构。香港总部和国贸公司分别独立设置财务部；香港总部的行政部、产品贸易部和原料贸易部分别与国贸公司的综合管理部、钢铁产品贸易部、原燃料贸易部实行“一个机构、两块牌子”；国贸公司职能部门设运营协同部、投资管理部、审计部（与财务部合署办公），业务部门设非钢产品贸易部、国际物流部、国际招标中心。所属子公司有鞍钢国贸攀枝花有限公司、大连鞍钢国贸货运代理有限公司和营口鞍钢国际货运代理有限公司。海外机构有：鞍钢美国公司、鞍钢欧洲公司、攀港公司、鞍钢日本公司、鞍钢韩国公司、鞍钢西班牙公司、鞍钢维加诺公司、鞍钢澳大利亚公司、鞍钢印度公司、鞍钢中东公司、鞍钢巴西公司和鞍钢英国公司。国贸公司目前已经在世界40多个国家和地区代理销售，拥有500多家国内外客户及合作伙伴，海外营销网络17个，海外营销人员50人（含当地雇员），广泛开展海外投资与合作，海外品牌、产品质量和售后服务均享有较高的知名度。

截至2017年12月31日，该公司实现综合贸易额327亿元，同比增长49%。利润4.08亿元，完成预算的102%，同比增长27%。鞍攀两地钢铁产品出口订货量190.5万吨，其中鞍山区域168.3万吨，攀钢区域22.2万吨，完成预算的58.3%，同比减少18.7%。进口原燃料3566.1万吨，其中鞍山区域 3315.7 万吨，攀钢区域 250.4 万吨，完成预算的 101.9%，同比增长 8.7%，其中内供生产基地 1911.3 万吨，社会经营 1654.8 万吨，社会经营占比 46.4%。设备备件进口 2.05 亿美元，其中鞍山区域 1.6 亿美元，攀钢区域 4450 万美元，完成预算的 267.5%，同比增长 92%；非钢出口 1104 万美元，完成预算的 220.8%，同比增长 299.4%。低成本融资 42.36 亿美元，同比增长 120%，实现金融创效 5036.2 万元，同比增长 45.4%。

【国际化经营取得新业绩】 1. 积极应对内外部严峻形势，公司转型发展取得了新业绩。2017 年，公司克服国内外钢价倒挂、出口受阻、矿价大幅波动、非钢业务量收缩、COA 风险增加、滞期费突发等不利因素，咬住目标不放松，逐月逐季对标挖潜，奋力完成全年经营目标，实现了贸易额和利润的大幅增长，圆满完成了鞍钢集团下达给公司的主要指标。去年全年，公司实现综合贸易额 327 亿元，同比增长 49%。利润 4.08 亿元，完成预算的 102%，同比增长 27%。鞍攀两地钢铁产品出口订货量 190.5 万吨，其中鞍山区域 168.3 万吨，攀钢区域 22.2 万吨，完成预算的 58.3%，同比减少 18.7%。进口原燃料 3566.1 万吨，其中鞍山区域 3315.7 万吨，攀钢区域 250.4 万吨，完成预算的 101.9%，同比增长 8.7%，其中内供生产基地 1911.3 万吨，社会经营 1654.8 万吨，社会经营占比 46.4%。设备备件进口 2.05 亿美元，其中鞍山区域 1.6 亿美元，攀钢区域 4450 万美元，完成预算的 267.5%，同比增长 92%；非钢出口 1104 万美元，完成预算的 220.8%，同比增长 299.4%。低成本融资 42.36 亿美元，同比增长 120%，实现金融创效 5036.2 万元，同比增长 45.4%。

2. 大幅调整企业发展战略，公司转型发展确立了新高度。一是根据公司首次党代会确立的奋斗目标和总体思路，及时调整了营销战略，针对国际贸易保护主义愈演愈烈的新形势、新变化、新情况，公司将营销网络布局、营销力量配置从“全球兼顾”转为“回归亚洲、兼顾欧美，聚焦‘一带一路’沿线国家和新兴市场”。调整了欧美市场资源配置，加强了东南亚市场的拓展和深耕，设立了越南、泰国两个办事处；强化了印巴市场、非洲市场的开发；新成立了非洲办事处。2016 年亏损的澳大利亚公司、印度公司、中东公司、印尼公司均在 2017 年实现扭亏；日本公司、意大利公司利润分别同比增长 84.9% 和 97.4%。二是调整业务、服务重心，实现从“偏重于传统业务领域”向“社会贸易等新兴业务领域”的转移，从“主要服务鞍钢”到“服务鞍钢和服务社会二者兼顾”的转变。原料贸易上，不断扩大品种，扩大规模，丰富营销手段，铁矿现货贸易打开了新局面，牢牢控制了东北铁矿现货市场，焦煤、动力煤的社会经营工作也已迈出坚实的步伐，原料贸易的营业额和贡献率占据半壁江山。攀枝花公司社会贸易贡献度进一步提高。钢材社会贸易、三国贸易平稳起步，建立了专门开展钢材社会贸易的机制，制定了开展钢材社会贸易的工作规划，建立了全链贯通的产供销渠道，为下步扩大社会贸易规模奠定了坚实基础。三是调整企业发展目标，按照唐复平董事长的要求，贯彻落实公司“631”产业结构调整思路和经营者任期目标契约化管理的要求，把“建设充满活力、具有强烈进取意识和发展潜力的职业化贸易团队”作为近期目标；把实现“两个翻番、两个前五”作为中期目标；把建设“最具竞争力的贸易与投资企业”作为远期目标，公司首次党代会确立的奋斗目标更加清晰、具体，更具操作性。

【革故鼎新取得新进展】 1. 深化改革配套战略转型，公司转型发展积蓄了新动能。一是完成两级公司的“公司制改革”，公司层面建立健全了党委会、董事会及监事会、经理层的一系列配套规章制度，15 个境内外子企业全部建立了完善的治理结构，公司治理结构进一步优化和完善。同时，与“公司制改革”配套，按照“简化瘦身、务实管用、规范高效、监督到位”原则，组织开展了规章制度“立改废”和“学练用”，更新、发布规章制度 196 个。二是按照公司首次党代会确立的奋斗目标和总体思路，组织制定并实施了 37 项改革举措和 18 项“三个推进”分解任务，各项任务完成较好。三是认真贯彻落实唐复平董事长系列重要指示，对绩效考核和薪酬分配制度进行了大刀阔斧的改革，尤其是着力推进了境外薪酬分配制度的改革，大幅降低固活比，确定各项费用的具体标准，收入差距进一步拉大，激发了队伍活力。四是大力推进内部改革，以主要业务部门为主体，按照市场化要求，划小核算单位，合理配置人员，实现组织裂变，激发了内生动力。原料贸易部、非钢产品贸易部均已经成功推行内部改革，初见成效；产品贸易部、国际物流部、财务部等部门的内部改革方案也已敲定并稳步推进。五是逐步落实境外机构的市场主体地位，从拓宽资源渠道、优化客户结构入手，下放市场化选人用人权力，赋予他们更多的自主权，为多元化经营铺平了道路，境外机构的“五自”能力逐步增强。2016年亏损的境外公司均实现盈利；欧洲公司主动作为，夹缝求生，硅钢市场做得风生水起，去年盈利200多万元，同比增长427.8%；巴西公司以积极姿态应对美国“双反”带来的不利影响，不等不靠，因势利导，实现利润1132.9万元，业绩不降反升。

2. 推动全员创新创效创业，公司转型发展步入了新境界。一是进行思维创新，对标行业标杆，大力学习宣传华为、新兴际华、杭州热联等先进企业的理念、案例，形成了鲜明的舆论导向，有效促进干部职工破旧立新、转变观念。二是进行商业模式和贸易模式创新，港口原料现货模式成功推行，掌握了一批终端客户渠道；建立和成功运营期货业务团队，通过期现结合，实现1500万元收益，成效显著；嫁接先进生产力，推动与永安期货、鞍钢资本控股公司成立合资合作企业，拓展了新的业务领域，打造新的利润增长点；积极开展买断式经营、三方贸易等贸易模式探索和实践，经营方式越来越灵活；加强地企合作，响应鞍山市政府号召，积极参与和组建外贸综合服务平台，为今后实现互利共赢，继续扩大钢材社会贸易奠定了坚实基础；积极主动“走出去”发掘商机，成立了“一带一路”工作组，走访了20多家“中字头”大型央企，为增加产品出口数量创造条件；物流系统对绑扎、垫料进行招标，降低成本220多万元，对卡拉拉运输、南美航线锁定运价，降低运费2700多万元，COA减亏1.14亿元，支持了贸易业务拓展；非钢贸易系统全面承接鞍钢集团采购管理办法，计划执行率和服务水平大幅提高；积极配合鞍钢集团推进马来西亚钢铁项目和印尼镀铝锌项目，各项工作进展顺利。三是攀枝花公司业绩多点突破。在低迷、竞争激烈的国际钢轨市场形势下，顽强拼搏，奋勇前进，与新西兰铁路公司达成10年长协；经5年努力，成功中标中国政府印尼二期优贷项目，签署16.4万吨出口钢轨合同，2017年实现出口钢轨签约21.2万吨，同比增长10%。克服诸多困难，机电设备备件签约额、计划执行率明显提升，机电设备备件签约4450万美元，同比增长122%。与此同时，攀枝花公司还不断扩大合金保供规模、品种和用户群，实现合金保供签约3.69万吨，同比增长434%；积极探索、稳步推进铬系加工社会经营模式，逐步建立起完整的铬系闭环操作方法，推进广西第二铬铁生产基地建设，实现铬系业务可持续发展，开发钛矿资源渠道，合金及原料社会经营成果斐然。四是投融资平台功能突显。按照集团公司要求，积极配合推进马来西亚钢铁项目和印尼镀铝锌项目，各项工作进展顺利；依靠真实贸易背景，大力开展融资工作，全年融资42.36亿美元，同比增加120%，为鞍钢股份、攀钢集团、观众联众等集团内部企业提供了及时高效的融资支持；大胆尝试货币买卖业务，突破了完全依赖业务规模的限制，为金融创效开辟新的渠道，去年实现金融创效5036.2万元，同比增长近五成。

【内部管控能力获得新提升】 1. 有效治理亏损企业，顺利推进压减工作。按照国贸公司的整体部署，坚持“坚决止住出血点，消除亏损企业”的原则，2016年亏损的4家海外公司在2017年基本实现扭亏为盈。按照集团公司下达的2017年公司要压减两户法人企业的任务，经党委会研究、董事会通过，决定将鞍钢澳大利亚公司、鞍钢中东公司改为办事处方式运行，下发了压减工作安排的决定，及时解决存在问题，确保压减工作顺利进行。

2. 落实审计整改工作，管理效能有效提升。积极落实审计署提出的攀港公司整改工作。经党委会讨论对原攀港公司经理给予降职调离处分。明确了攀港公司正式划转回攀钢的时间、管理责任、遗留问题处理、过渡期间的工作安排、业务衔接等关键问题。解决了审计署要求的卡拉拉2亿美元预付款还款问题。去年完成AEO海关认证审计等3个内部审计项目，配合集团完成7个审计整改项目，实现审计创效156万元，审计及整改工作力度逐步增强。

3. 认真落实法治鞍钢要求，依法治企全面推进。夯实法律基础工作，健全组织体系。在运营协同部专门设置法律岗位，法律专业人员到岗就位；聘请国际贸易企业专职律师和律所为公司业务提供法律支撑和保障。深入开展依法治企工作。对国贸公司及境外子企业开展国际化经营业务所涉及的重大决策、重大合同、招标采购、法律诉讼等方面存在的法律风险进行排查、评估，制定相应的措施，为公司开展贸易活动做好法律保障工作。

4. 构建智能国贸，信息化建设提速。2017年，ERP项目实施到了详细设计、上线并行测试的攻坚阶段。由于公司业务的特殊性、复杂性，区别于一般生产企业，与商品软件配合度不高，项目推进遇到了重重困难。为确保项目顺利实施，对总包方、咨询实施方、公司各单位坚决贯彻"只能成功，不能失败"的铁律。指挥部加强指导协调、提出要求，项目工作小组认真履职，全年召开5次指挥部会议，组织近50次周例会，有效推动了项目的进行。

此外，公司的文秘、档案、保密、信访维稳、综合治理、安全、绿化、计划生育等工作也取得了较好成绩，共同促进了公司2017年经营目标的顺利实现。

【践行共建共享理念成效斐然】 1. 全心全意依靠职工办企业，企业活力增强。广泛开展劳动竞赛，促进创新创效。围绕产品销售和售后服务、原料和设备物资采购、物流管理、管理提升与创新等几个方面扎实开展了"促销降采　创新创效"主题劳动竞赛，创效1500余万元。去年，公司各单位、部门24次被评为劳动竞赛先进集体，87人次被评为劳动竞赛先进个人，24人次被攀枝花公司评为优秀员工。深化"网络问企"活动，挖掘职工聪明才智，去年全体职工共提出合理化建议80余条。

2. 扎实开展关爱职工行动，员工获得感提升。关爱职工身心健康，组织300余人进行体检；满足职工愿望，关注职工所盼所想，为后楼盥洗间安装了热水器；下拨职工生日餐补助1.3万元，改善食堂菜品质量；积极开展"送清凉"活动，为一线职工送去防暑降温用品价值0.5万元；为人才公寓住宿职工送去供暖设备；慰问中高考职工子女家庭21户；开展慰问海外公司家属、送温暖等一系列活动。

3. 建立精准帮扶机制，送温暖活动长抓不懈。"四大节日"期间，走访慰问救济困难职工72人次，发放救济金5.78万元，其中慰问患病职工43人次，发放救济金3.2万元，大病救济1人，审核下发医疗救助金1.28万元，职工的敬业度、忠诚度大幅提高。

4. 活跃职工文化生活，团队活力不断增强。建成了职工文体中心，组织开展了"凝心聚力　勇攀高峰"春季登山赏花和摄影比赛、"庆七一朗诵比赛"及"迎国庆"职工乒乓球比赛等文体活动，积极组织春季踏青、歌咏比赛、户外骑行、徒步摄影等活动，丰富了职工业余文化生活，有效地团结和凝聚了职工群众。

【党建引领改革发展作用凸显】 1. 领导和推进公司制改革，党委"两个核心"作用日益凸显。建立了由党委会、董事会、监事会、经理层相结合的企业治理结构；落实党委前置审议等制度，共召开20余次党委会，其中9次审议干部交流、境内外投资等"三重一大"议题；召开3次董事会，审议薪酬分配、干部交流、境内外投资项目等重大议题；结合公司制改革的实际，出台了国贸公司深化改革的37项具体举措和落实"三个推进"的18项分解任务；广泛开展制度"立改废"和"学练用"活动，梳理完善156项规章制度，强化了班子依规决策和员工依规办事的制度意识。

2. 认真贯彻落实集团公司对国贸公司"三项制度"改革所作出的重要指示。出台了《鞍钢集团香港有限公司（鞍钢国贸公司）境外机构薪酬管理办法（试行）》，率先对薪酬分配制度进行了大刀阔斧的改革，大幅降低固活比，收入差距最大拉开至70%，激发了干部职工的干事创业的精气神和正能量，增强了队伍活力。

【政治生态焕然一新】 1. 健全体制机制，压实党建责任。一是按照中央和集团公司党委要求，公司及15个子企业均将党建要求写入了新修订的公司章程，从体制高度为全面从严治党提供了基本遵循。二是制定《公司党委会议事规则》《公司党委工作规则》《公司董事会议事规则》以及《公司"三重一大"决策制度实施办法》等一系列规章制度，从不同层面、不同角度对"五个责任"进行了顶层设计、精准定位，明确了管党、治党责任，从机制的维度为全面从严治党提供了保障。三是坚持全局谋划，整体统筹推进。一年来，公司党委多次研究和部署全面从严治党工作：年初召开了首次政治工作会议，每季召开党群工作例会，每月总结党委工作，每周将党建工作和行政工作同布置同考核，每天督促日常工作落地落实，总结党建工作存在的问题，有针对性地提出创新党建工作的一系列举措，从执行的角度推进了全面从严治党；主要负责同志坚持既“挂帅”又“出征”，带头深入基层搞调研，带头讲党课，带头作出廉洁承诺，带头严抓严管干部，认真履行管党、治党责任；领导班子成员认真履行党建工作“一岗双责”，按照《鞍钢集团国际经济贸易有限公司领导干部联系点工作制度》要求，切实抓好责任范围内党建及党风廉洁建设工作，一方面帮助联系点党支部解决支部党建工作重点、难点问题，另一方面分别到各自联系点参加组织生活，加强对支部党建工作的指导和督促，使支部党建工作与经营管理工作深度融合；积极组织党（总）支书记在本支部讲党课，加强全体党员对习近平新时代中国特色社会主义思想、十九大精神、党章党规以及形势任务的理解和认识，全面从严治党向基层有效延伸。

2. 严肃党内政治生活，着力向基层延伸。贯彻落实《关于新形势下党内政治生活的若干准则》，一是坚持对广大党员干部的思想要求，并采取集中辅导、交流讨论、自学等多种形式加强对党章党规、习近平总书记系列重要讲话的学习，努力用科学理论武装党员干部头脑，引领公司改革发展。二是认真开展批评和自我批评。年初公司和各党支部开展的“两学一做”专题民主生活会和5月8日为贯彻落实唐复平董事长指示精神召开的民主生活会，坚持“真”批评，“严”批评，动真碰硬，触动灵魂，涤荡思想，破旧立新，聚焦“小进则满、小富即安”思想问题和“机制不活、改革滞后”的体制问题，厘清了发展思路，提出了改革举措。三是严明党的纪律要求，一方面，公司严格要求党员干部做到个人服从组织、少数服从多数、下级服从上级，公司的整个经营和管理秩序井然有序；另一方面，认真落实《中国共产党问责条例》，严肃追究落实责任不力的领导干部，严肃查处各种违反党纪的人和事，营造了风清气正、遵纪守法的良好政治生态。四是坚持不懈推进党内政治生活方式创新，一方面，结合公司“点多面广、全球分布，业务繁忙、流动频繁”等特点，千方百计提高政治生活的吸引力、感染力；另一方面，充分利用“互联网+”和新老媒体协同优势开展工作，党内政治生活更富时代气息，党建工作达到率、穿透力和覆盖面进一步提升。

【党的建设全面加强】 1. 强化宣传思想文化工作，实现观念的破旧立新。一是形成全天候无死角宣贯十九大精神态势。开展“以优异成绩向党的十九大献礼”主题实践活动、“庆七一迎十九大　谋转型再创辉煌”朗诵比赛等活动；积极参加集团“喜迎十九大　讴歌新变化”征文活动，国贸公司共有13件作品分获一、二、三等奖。精心组织全体干部党员通过互联网和视频，集中收听收看十九大直播；邀请当代雷锋郭明义到公司现场宣讲十九大精神；组织2次副主任科员以上党员干部参加的中心组（扩大）会议，原原本本学习了十九大报告；督导全体党员完成十九大报告首轮学习；发布、展出30多期延伸学习微信推文、10余块展板，深度解读十九大精神；开展“学贯十九大精神　决战决胜四季度”主题实践活动，激励全体职工奋力完成经营目标。二是提高政治站位，强化理论武装。除了把认真宣贯十九大精神作为首要政治任务外，继续深入学习党的十八大和十八届历次全会精神，深入贯彻习近平总书记系列重要讲话精神，重点组织中心组成员和全体党支部书记学习了习近平总书记在全国国有企业党建工作会议上和中纪委十八届七中全会上的重要讲话以及唐复平董事长在国贸公司调研时的“六项重要指示”、许质武书记在国贸公司原料贸易部党支部“两学一做”学习教育常态化制度化专题党课上的讲话精神，党员干部思想统一、步调一致。三是聚焦观念转变，强化舆论引导，为深化公司改革营造有利的舆论环境。围绕落实习近平总书记“三个推进”重要指示精神，公司党委召开副科级以上干部大会进行形势任务教育，连续在公司OA、微信公众号中发布和推送《鞍钢日报》的评论员文章及形势任务宣传提纲6期，为公司薪酬分配制度等改革举措的实施扫清了思想障碍；组织开展“转观念　增活力　学习落实契约化管理”专题形势任务宣传教育活动，连续在公司微信公众号上刊载华为等先进企业的治理理念和管理经验，为公司深化改革筑牢思想基础；强化公司首次党代会、一届二次职代会及历次重要会议精神的传达和落实，在全体干部职工中积极宣传工作经验、内外形势、目标任务、工作要求等，统一了认识，形成了攻坚克难的合力。四是扩大辐射范围，强化平台建设。宣传思想文化工作平台辐射范围不断扩大，成立了党建与职工思想政治工作研究会、形势任务宣讲小组和跨部门政治理论学习小组；强化对微信公众号的日常管理，信息推送的形式和内容更加新颖、及时和全面，前11月，公司微信公众号共推送信息182期1050条。公司新官网活力增强、颜值提高，更新信息近400余条；实施了“公司文化氛围创设方案”，分别在公司前楼大厅、后楼走廊和职工食堂安置LED显示屏、鞍钢视讯电视屏幕，安置文化展板20余块，企业文化可视化取得新突破，文化氛围日益浓厚；公司向中国企业文化研究会“第十届中国企业文化百人学术论坛”提交了企业文化建设研究成果——《国际化经营中跨文化管理的探索与实践——鞍钢集团国际经济贸易有限公司跨文化管理实证研究》，获得全国一等奖。

2. 加强干部队伍建设，打造经贸事业中坚力量。一是公司党委坚持贯彻执行党的干部路线、方针和政策，修订完善了《鞍钢集团国际经济贸易有限公司干部人事管理办法》《鞍钢集团国际经济贸易有限公司优秀年轻领导人员培养选拔实施细则（试行）》等一系列制度，使干部人事工作有法可依。二是着力提升领导干部的综合素养，采取中心组学习（扩大）会等形式，坚持对干部进行有针对性的政治思想教育工作，引导干部坚定立场，认清政治、经济形势，增加定力；通过集体辅导、单独谈话、发表讲话等形式，培养和树立党员干部“严于律己、廉洁从业”的政治品格，“目光高远、脚踏实地”的从业情怀，“恪尽职守、勇于担当”的职业操守，“时不我待、只争朝夕”的执行文化，善用PDCA等现代管理工具的行为习惯，干部职工综合素质显著提升，较好地汇聚了克服困难和战胜困难的正能量。三是落实干部管理和交流制度，严格按照党的原则选拔任用干部，对产品贸易部等6个单位的负责人进行了交流调整；对国际物流部副经理、非钢贸易部部长、意大利公司经理、综合管理部副部长进行了公开招聘；对12个单位（境内外子企业）、部门的负责人进行了大幅度交流，干部队伍的活力进一步增强。四是落实集团公司“631”产业发展调整思路和契约化管理要求，出台《关于开展经营者任期目标契约化管理的意见》，激发了各层级干部干事创业的积极性、主动性和创造性。

3. 加强基层组织建设，不断夯实党建基础。一是根据党员发展的规定和标准，加强对入党积极分子的培养，全年共发展党员7名，转正预备党员4人；强化党支部建设，尤其是加强了海外党支部建设，调整了支部书记、支部委员和党小组长；新增支委2人，调整支委5人。二是按照“围绕中心、服务大局，遵纪守法、从严管理，以人为本、和谐共建，因地制宜、务实高效”的基本原则，重点强化了境外及外埠党建工作，一些国（境）外岗位党员已经开始参加当地使领馆的组织生活；按照建设服务型党组织的总体要求，推进业务部室党支部党员活动室建设，开展全体班子成员、支部书记参加的观摩评比活动，创建率达100%；督促各党支部执行“三会一课”制度，并经常对“三会一课”开展情况、活动记录、党小组记录和党费收缴记录进行检查指导。三是推动“共产党员工程”向纵深发展，各党支部围绕扩大社会贸易、扭亏增效、市场开拓、金融创效、经营管理、创新发展等方面确定“共产党员工程”攻关项目，其中，1项被推荐为集团公司级共产党员工程，2项被推荐为集团公司党委书记抓基层党建工作项目。目前，28个“共产党员工程”攻关项目进展顺利、成效显著，预计创效5000万元。四是开展特色党日活动，把每月第一周的星期三作为“党员活动日”，各党（总）支部以此为平台组织党员开展学习讨论、“共产党员工程”协力攻关、集体参观、廉洁教育等活动，规范和强化了公司党内政治生活，推进了“两学一做”学习教育融入日常、抓在经常，公司“两学一做”学习教育常态化制度化的政治氛围日益浓厚。

4. 强化党风廉政建设，促进干部作风转变。一是发挥纪委监督作用，创造性地把监督落在支部，深化专兼职监督人员一岗双责。《鞍钢集团国际经济贸易有限公司基层党（总）支部监督体系构建》荣获全国钢铁企业纪检监察工作研究会第十三次年会论文三等奖。《基于SWOT分析模型的企业“三不”监督体系构建》获得集团管理创新三等奖；建立纪检监察系统协作区人才库，建立海外廉洁防控制度，将风险防控嵌入ERP；抓住

"关键少数"，强化党风廉政建设，多种形式开展廉洁教育，正风肃纪，警钟长鸣，促进了干部作风转变；效能监督项目降本增效3000余万元；以党（总）支部为重点，开展对自管处级干部和科级经理共45名同志的画像工作；坚持对海外公司干部谈话提醒全覆盖，加强了对"关键少数"的监督。上述工作的有效开展，使得干部作风发生了积极的变化，有力助推"坐商"变"行商"，积极传帮带、师带徒等正成为国贸公司的新风尚。二是全面推进公司党风廉政建设和反腐败工作，召开了2017年党风廉政建设和反腐败工作会议；分解下发了2017年党风廉政建设和反腐败工作责任；针对集团公司党委第一巡视组向公司反馈的4项问题及整改要求，严格落实"两个责任"，深刻反思对照，坚持立行立改，明确目标任务，确保整改措施落实，推进公司健康发展。整改过程中对包括一名副总经理在内的8位责任人进行了提醒谈话和绩效考核，绩效考核3人，扣发奖金1900元。三是切实加强在重大节日期间的党风廉洁教育工作，做好宣传提醒和监督检查，严格落实中央八项规定精神，坚决防止和纠正"四风"问题；开展了树廉洁家风活动，给职工家属送"共建廉洁家庭"家书，家属回执均表示支持。四是以召开党委扩大会的形式，集中学习了十八届中纪委七次会议精神；编发了11期《廉政之声》和多期廉政板报，并在原基础上进行了改版创新，增强其可读性，廉洁教育的达到率和穿透力不断提高；强化了对公司"廉政理念"的微信展映，加大了廉洁宣教力度。五是开展了全员廉洁承诺活动，全体科级以上干部和重点岗位人员签署了《廉洁承诺书》并强化识记；初步实现把廉洁风险嵌入ERP，并着手对贸易经营行为各环节进行监督，逐步实现"关口前移"；认真开展了审计署、集团公司审计部审计发现问题、重要债权专项审计发现问题的审计整改工作；加大了"两案"纪律审查和问责力度，推进全面从严治党向基层延伸，保持了对腐败的高压态势。进一步开展效能监察活动，降本增效明显。已对领导人员追责1人，对4名"未来案"涉案人员进行组织处理，谈话提醒23人。对新任职处级干部、海外公司经理廉洁教育谈话17人次。对13名科级干部进行廉洁教育谈话并重温入党誓词。

（夏洪宇）

鞍钢集团资本控股有限公司

【概况】 鞍钢集团资本控股有限公司（以下简称公司）成立于2014年6月，是鞍钢集团的全资子公司，承担贯彻落实鞍钢集团金融发展战略和推进金融业务多元化发展工作，是鞍钢集团促进产融结合、推进转型升级、打造新兴产业和新的获利渠道的重要平台。公司主营业务有证券投资、股权投资、私募基金、商业保理和融资租赁。同时，积极推进获取金融牌照工作，创新金融产品，进一步为鞍钢集团提供便利、低成本的融资渠道和多样的收入来源，为鞍钢集团转型升级提供支撑。

公司设置了行政事务部（董事会办公室）、投资交易部、风险法律部、财务部和股权运营部5个部门，下设三家全资子公司即北京鞍钢投资公司、鞍资（天津）股权投资基金管理有限公司和鞍资（天津）商业保理有限公司，一家控股子公司即鞍资（天津）融资租赁有限公司，以及一家合伙企业即兴鞍（天津）股权投资基金合伙企业，同时代管鞍山钢铁金融投资业务平台。截至2017年末，公司员工32人，注册资本32亿元，资产总额126亿元，实现投资收益6.3亿元，实现利润总额6亿元。

【董事会建设】 为充实资本实力，提升整体竞争力，按照鞍钢集团的安排，公司注册资本由5亿元人民币增加至32亿元人民币。进一步完善了公司法人治理制度体系，完成了董事会换届选举工作。通过完善董事会建设，明晰了董事会、党组织、经理层和职能部门的权限和责任，建立科学、规范的内部授权体系，明确决策和运行规则。2017年，公司董事会累计召开8次会议，共讨论通过了18项议案。

【证券投资及管理工作】 有价证券投资是公司的核心业务，是目前公司利润的主要来源。面对2017年复杂的市场形势，公司与中信证券市场研究部签订定制化服务方案，进一步提高业务专业性，提高了获取信息的效率。抓住中国神华特别派息的有利时机，对中国神华AH股实施重仓买入，实现了可观的分红收益。通过强化对上市公司基本面的分析，锁定入场价格并进行波段操作以及加强新股申购等一系列有效措施，股票累计获利41914万元，同时，加强现金管理和固定收益产品的投资，累计收益4372万元。

【股权投资及管理工作】 积极开展业务创新，推进产融结合，盘活鞍钢集团存量资产，为鞍钢集团引入了低成本外部资金，拓宽了鞍钢集团融资渠道。

1. 参股中企云链（北京）金融信息服务有限公司。2017年3月，公司通过增资方式投资云链金融，投资额度1300万元，占股比例2.8%。云链金融是多家大型国企发起设立的基于互联网的供应链金融服务平台，获得国务院国资委的支持，商业模式具有创新性，未来发展前景看好。参股此公司，一方面预期投资可获得较高的增值空间；另一方面可优化鞍钢集团供应链成本结构，为成立服务于鞍钢集团上下游产业链的商业保理公司奠定基础。

2. 为鞍钢集团提供资本运作支持。

（1）为鞍钢集团拟上市企业提供资本运作支持。公司与攀钢集团成都投资管理有限公司共同研究未来资本运作方案，引荐保荐机构调研成都投资管理公司情况，提供专业支持。协助鞍钢发蓝股份公司新三板挂牌后引入战略投资者。

（2）办理中石油股票划转事宜。2017年6月，国资委批复同意中国石油天然气集团公司将其持有的中国石油A股4.4亿股股份无偿划转给鞍钢集团。2017年7月，经鞍钢集团批准，授权公司办理鞍钢集团在华福证券的开户事宜以及办理中国石油股份的具体划转事宜。经过与上海证券交易所以及中国证券登记结算公司的反复沟通，于2017年9月11日在中国石油派发2017年上半年分红前完成了中国石油股份的划转，中国石油4.4亿股股份正式划转至鞍钢集团证券账户。

（3）协助鞍钢集团控股上市公司资本运作。公司为鞍钢集团对控股上市公司发行可交换债以及增发融资等资本运作方案提供了建议。

3. 战略投资金融类公司。

（1）认购中电投先融期货股份有限公司股权。2017年上半年，公司成立项目组，对战略投资中电投先融期货股份有限公司（以下简称“先融期货”）进行了深入研究，先后赴先融期货重庆分公司、上海资产管理公司和风险管理天津分公司进行了调研工作。鉴于鞍钢集团目前无期货牌照，且考虑到期货牌照的稀缺性以及先融期货的央企背景，同时鞍钢集团也正在积极开展商品期货业务，参股期货公司不但能够获取年化约10%的投资收益，还能够以期货业务支持鞍钢集团钢铁主业发展，因此，公司董事会审议通过了该项目，认购先融期货股份约为1.515亿股，占增资完成后先融期货总股本的15%，出资金额2.424亿元，已完成了证监会股东资格审查，并派出一名董事。

（2）研究参股商业银行。根据鞍钢集团战略规划要求，公司积极开展对金融类公司的股权投资工作，尤其是优质银行资产，已对相关标的公司进行了研究。

4. 已投资股权项目情况。

（1）中国兵工物资集团有限公司。兵工物资实现营业收入872亿元，利润总额26094万元，净利润19432万元。

（2）航天融资租赁有限公司。航天租赁实现收入13515万元，利润总额为5014万元，净利润为3619万元。

（3）航天高新（苏州）创业投资有限公司。航天创投实现净利润6262万元。2017年该基金已进入退出期。

（4）中电投先融期货股份有限公司。先融期货实现利润总额7021万元，净利润5442万元。

【子公司发展及管理工作】 从发展战略、运营机制和产业结构等多个层面全方位筹划鞍钢金融板块资本运营体系建设，推进子公司全面快速发展。在巩固原有业务的基础上，积极调研、紧密筹划，全面拓展利润源，进一步夯实子公司资本运营模式。

1. 北京鞍钢投资有限公司。作为资本控股公司在北京的市场化运营试点主体，面对市场环境低迷、资金面整体趋紧等不利因素的影响，北京投资公司加强投资研究，优化团队建设，不断推进证券投资向精细化、定量化转型，同时，不断完善各项管理制度，严把风险防控。通过不懈的努力，实现投资收益1398万元，利润133万元。

2. 鞍资（天津）股权投资基金管理有限公司。2017年3月31日在天津东疆保税港区完成了鞍资（天津）股权投资基金管理有限公司（以下简称鞍资基金公司）的工商注册，并取得了中国证券投资基金业协会私募基金管理人备案资格。鞍资基金公司的成立引导了鞍钢集团债转股基金及产业基金落地，以基金形式引入金融机构资金，改善了鞍钢集团财务状况，增强了再融资能力，进一步推动了产融结合，加强了对实体产业的支持。鞍资基金公司作为基金发起人和管理人设立了多只产业投资基金，通过与其他投资机构或金融机构合作，引入外部资源，通过产业基金配合鞍钢集团实现产业链转型升级和子企业优化治理结构。

（1）设立兴鞍（天津）股权投资基金合伙企业。2017年6月8日完成了“兴鞍（天津）股权投资基金合伙企业”注册工作。根据鞍钢集团统一部署，制定了有限合伙协议、债转股基金托管协议等主体框架协议，积极组织合伙人福建兴银基金管理公司和兴业国际信托有限公司完成了注册资料的校验。与天津东疆保税港区行政部门保持紧密沟通，逐项解决相关问题，稳步推进注册工作落实到位，确保了鞍钢集团与兴业银行债转股基金首期50亿元按计划落地。

（2）与国投创新共同发起设立鞍钢产业转型升级基金。2017年11月29日，资本控股公司与国投创新投资管理公司（以下简称国投创新）共同发起设立10亿元规模产业基金（有限合伙制）。基金主要投资鞍钢集团体系内产业调整升级项目，以及与鞍钢集团产业结构调整、转型升级能够形成协同、支撑或关联的体系外项目。

（3）研究技术转化等创投类项目。2017年9月与鞍钢集团钢铁研究院一同与航天科技集团第五研究院针对高效吸能钢铁材料项目进行技术交流，开启了两家科研单位的技术沟通交流渠道。未来资本控股公司拟设立一只创投基金，投资鞍钢集团内外部具有高技术含量的可研技术转化类项目，引入市场机制进行资本孵化和运营，并协助其对接有效市场需求。

3. 注册鞍资（天津）融资租赁有限公司。为支持鞍钢集团的主业发展，推动鞍钢集团转型升级，促进产融结合，资本控股公司与鞍钢集团香港有限公司共同出资，于2017年7月27日在天津东疆保税区设立了鞍资（天津）融资租赁有限公司，注册资本金5亿元人民币（资本控股公司占比75%，鞍钢集团香港公司占比25%）。

4. 注册鞍资（天津）商业保理有限公司。资本控股公司于2017年7月31日在天津自贸试验区全资设立鞍资（天津）商业保理有限公司（以下简称鞍资保理公司），注册资金1亿元。鞍资保理公司以受让应收账款的方式提供贸易融资、应收账款的收付结算、管理与催收以及客户资信调查与评估等业务。

【内部风险控制工作】 不断完善全面风险管理体系，组织各部门针对各自业务特征识别风险，并根据鞍钢集团风险管理工作要求，制定了《2017年度重大风险解决方案》，确保公司低风险合规经营。

强化项目风险管理能力，全年累计出具《风险评估报告》15份，《风控意见》34份，《专项风险与合规评估报告》4份；强化合同管理，规范合同审签流程，累计审签各类协议合同36份。

根据鞍钢集团规章制度“立、改、废”工作计划，全年共新增制度15项，修订废止制度5项，不断充实优化公司管理制度体系。

（邹　兰）

【财务有限责任公司】 2017年末，该公司在岗职工100人，其中干部97人，工人3人（高级职称35人，中级职称45人，初级职称及以下20人）。下设计划会计部、信贷部、营业部、综合管理部、稽核部、投资咨询部、风险管控部、住房公积金及四川分公司。

2017年，该公司按照“控险、创效、服务、保障”的工作要求，积极推进精益管理，不断提升服务质量和效率，拓宽创效渠道，努力提高盈利能力，较好地完成了各项经营指标和重点工作计划进度。

1. 经营业绩攀升。2017年，该公司在钢铁行业面临严峻形势和贷款利率不断下行的情况下，自加压力，自我提升，经营业绩达到历史最好水平。实现利润总额81329万元，超预算6329万元。资产总额270.85亿元，自营贷款余额112.94亿元，委托贷款余额191.15亿元，吸收存款平均规模136.99亿元，存放同业平均规模46.62亿元。各项监管指标全面完成，资本充足率28.47%，流动性比例61.52%，资本利润率8.93%，资产利润率2.53%，不良资产率、不良贷款率为零。

2. 业务平台完善。跨区域人民币管理平台建设进一步完善，资金集中管理水平不断提高。获批跨境人民币资金池业务资格，人民币双向资金池初步建成。票据集中管理平台建设基本完成，实现鞍攀两地45家成员单位的纸质票据集中上线运行。获批结售汇综合头寸、全国银行间外汇市场会员、全国银行间同业拆借中心外币拆借会员资格。外债可归集额度20亿美元，境外放款额度50亿美元，境内外参与企业38家，实现与中行、建行建立跨境资金集中管理合作。

3. 服务能力增强。大力加强服务能力建设，积极为成员单位提供金融服务。至2017年12月末，各类定期存款余额1.03亿元，协定存款余额133.96亿元，专户等金融账户活期存款余额52.23亿元。针对成员单位差异化资金需求，设计个性化融资方案，累计为各单位发放自营贷款135.4亿元、委托贷款166.18亿元、贴现55.31亿元、银行承兑汇票55.65亿元，成功挂牌转让鞍钢持有的股权两笔，合计金额1.84亿元。

4. 创新创效成果显著。通过加强资金头寸管理，提升同业存放收益，实现收入1.33亿元；开展可转债和新股申购业务，实现收益296万元；通过优化资金池资产结构，合理配置债券，取得利息收入4634万元；利用银行间市场拆借利率和同业存款利率的利差空间，在不占用集团公司资金的情况下，累计创效340万元；开展转贴现13.52亿元，降低集团融资成本，实现收益1700万元；扩大商业银行及同业机构授信，拓展外部融资渠道，已获授信额度达160.3亿元。

5. 管理水平提升。完善法人治理结构，健全职能体系。加强财务基础管理，实现营改增的平稳过渡。加强制度体系建设，开展制度“立改废”工作，累计新建制度22个，修订制度38个。构建全方位的绩效考核体系，以党建工作考核对接重点工作指标，实现同奖同责。对内控环境、风险管理、内控效果等进行风险识别，排查新业务风险点，制定重大风险解决方案，对重点成员单位进行风险压力测试。加强业务审计力度，稽核和合规检查实现全覆盖。

6. 信息化建设扎实推进。金融报表系统（1104）、征信系统和风控反洗钱系统信息化项目进展顺利。核心业务系统缺陷的完善基本完成，显著提高了系统运行的稳定性和工作效率。在成都建设应用级灾备中心，保证资金结算系统安全不间断运行。完成电票系统由人民银行清算中心移交切换至上海票交所。强化系统和设备运维管理，实施对系统及设备的全面监控。整合OA办公系统，全面实现总、分公司和住房公积金部三处办公地点的OA系统统一管理。

7. 公积金管理全面加强。完成鞍钢住房公积金综合管理新系统开发。加强对各单位住房公积金汇缴、支取、使用等基础业务管理，优化业务流程，提高服务质量。2017年，公积金累计归集额13.67亿元，发放职工住房贷款4.86亿元，实现增值收益0.51亿元。

（赵　菲）

合谊地产有限公司

【概况】 合谊地产有限公司由攀钢集团成都地产有限公司于2016年1月变更注册成立，是鞍钢集团下属的全资板块公司。合谊地产有限公司作为集团统一的收储平台、开发平台和运营平台，下属10个法人单位。肩负助力集团低效土地资产转型升级、发展非钢支柱产业的重任，主营土地整理、房产开发和资产经营三大核心业务。

合谊地产有限公司顺应城市发展规律，尽最大可能推进钢铁主业关停企业的转型升级，让政府的有形之手、市场的无形之手、员工们的勤劳之手同向发力，对接资源，调动社会各界精英共同打造精品，再拓公司成长新空间。

依托集团品牌和资源优势，合谊地产有限公司已形成鞍山、大连、成都、重庆、攀枝花、西昌、江油多地发展的战略格局。公司现有可用上市的建筑总面积130万平方米，可以实现产值100亿元以上。公司坚持走差异化、特色化、精品化发展之路，已经全面建设成都青白江“合谊·同华”、十陵“合谊·乐湖”、温江“合谊·万璟台”，重庆长寿“合谊·榕府”、巴南“合谊·理想城”等房地产开发项目。第一个市场化项目——“合谊·同华”项目完成工程竣工验收，住宅全部销售，成为高品质住宅小区。2017年该公司实现营业收入6.50亿元，利润总额1.57亿元，同时消化历史潜亏4615万元，超额完成年度目标。截至2017年底，资产总额32.70亿元，负债总额23.20亿元；所有者权益9.50亿元，年底货币资金余额2.63亿元。

（宋 琪）

鞍钢集团健康产业有限公司

【概况】 2017年，是健康产业公司极不平凡的一年，鞍钢集团按照发展非钢产业战略的要求，8月下发了《关于加快推进健康产业发展的决定》，将健康产业公司作为鞍钢集团非钢板块管理，对原鞍钢集团医疗健康产业有限公司（鞍钢集团总医院）进行全面改革和定位，成立了鞍钢集团健康产业有限公司，健康产业公司组建成立以来，在公司党委筹建组的领导下，积极落实改革任务，按照鞍钢集团提出的“631”发展战略要求，多次研究健康产业发展规划，制定项目推进时间表，强化落地实施。经过短短三个月的工作，健全了组织机构和岗位配置，建立了规范的法人治理结构，成立董事会、监事会，成立了7个项目组，各项工作得到有效落实，达到了鞍钢集团党委和行政的改革初步设想。

【经营业绩迈上新台阶】 2017年，健康产业公司在鞍钢集团公司党委和行政的正确领导下，克服了诸多不利因素，大力开拓市场，强化考核与激励，在公司广大干部职工的共同努力下，全面完成鞍钢集团下达的目标任务，健康产业公司实现各项收入8亿元，同比增幅108%。实现利润2000万元，同比增幅117%。健康产业公司全面完成了集团公司下达的各项指标，创历史最好水平。在鞍钢集团党委一届十一次全委（扩大）会议和集团公司一届五次职代会的报告中，在总结非钢成果时，对组建健康产业公司的工作成效也给予了充分肯定。

【贯彻落实十九大精神取得新成效】 健康产业公司党委筹建组把贯彻落实党的十九大精神作为首要的政治任务来抓，先后下发了学习安排部署方案和推进计划。举办了十九大代表郭明义健康产业公司宣讲报告会。利用微信公众号和党委理论中心组学习群、党员微信群转发中央人民广播电台《一日一课》19期，举行学习十九大精神推进“两学一做”常态化、制度化工作推进会，开展“我学十九大”主题党日活动等，有力地推进了十九大精神的落实。公司党委筹建组重点加强了领导班子中心组学习时间和内容规范化，保证了学习效果。同时加强了检查和指导，确保了学习效果，党委中心组全年组织学习15次。

【科技创新有新提升】 健康产业公司始终鼓励科技人员积极创新、大胆创新、敢于创新。2017年，健康产业公司共发表SCI、核心期刊论文、国家级论文近30篇，5个科研项目获2016年度鞍山市科学技术进步奖，荣获2016年度鞍钢重大科学技术奖三等奖1项。申报辽宁医学科技奖9项，中国金属学会冶金医学分会科研立项3项。麻醉科、皮肤科分别被评为辽宁省重点专科和重点建设专科。为加强人才培养，健康产业公司选派10名技术骨干，到国外高等院校进行为期半年的深造。劳研所大力推进安全评价资质申报，已顺利通过鞍山市安监局组织的初次审查，正式向辽宁省安监局递交申报安评“乙级”资质的请示，在业务扩张方面迈出了跨越性的一步。2017年，公司积极推进千疗康养中心项目，先后完成三次规划工作汇报，得到鞍山市委和鞍钢集团等有关领导的认可；全力推进口腔医院项目，达成合资合作初步意向；持续推进青年宫养老康复中心改建项目，该项目已进入前期设计与合作方案讨论阶段。

【市场竞争能力有新提高】 按照鞍钢集团加快推进健康产业发展的要求，健康产业公司努力在医疗、医药、康养、职业卫生技术服务等相关产业打造有竞争力的品牌。

总医院医疗品牌继续领跑。2017年，心血管病医院积极探索规模效益，成立了胸痛中心，月急诊PCI术达到50例，PCI术总量突破1000例，极大地提升了总医院的品牌影响力。肿瘤医院生物免疫治疗中心、放射治疗中心、国家卫计委甲类设备、辽宁省第一台TrueBeam治疗系统、基因检测中心、PET/CT均已正常运行。新购置德国西门子3.0T磁共振及全国第一台美国安科锐第六代射波刀，大幅提高了总医院在省内乃至全国同行业中的技术领先地位，进一步提升了高端技术装备水平。北京同仁堂鞍山中医院继续聘请北京名医来院出诊，进一步树立了鞍山地区中医业界口碑。总医院手术科系不断扩大高精尖端手术范围，重点把微创手术做强做大形成规模，提高医疗技术水平，全年外科手术例数达到3071例。内科系充分发挥不同专业领域的品牌特色，以优质的服务和精湛的技术，牢牢占据鞍山区域的领先地位。

千疗积极抢占康养市场。认真落实健康产业公司的战略部署，针对内外部市场的严峻形势，确定“外抓关键抢市场，主营业务增效益”的总体工作思路。疗养院利用专科品牌的市场影响力，依托“钢都第一泉”的品牌优势，加强内部经营管理、拓宽经营服务项目，在激烈的竞争中进一步扩大外部市场收入。

劳研所加强长远规划，拓宽业务发展空间。在全体员工共同努力下，职业卫生技术服务（甲级）资质、放射卫生评价与检测（乙级）资质、医学放射卫生乙级资质、计量认定资质、军工涉密业务咨询服务资质等5项资质续展顺利通过。10月17日，乙级安全评价机构资质顺利通过市安监局组织的现场评审，这标志着劳研所在业务扩张方面有了实质性的突破。

辽宁兴业医药有限公司开拓市场有新成效。2017年，在巩固原有客户基础上，新增了千疗的药品供应。成立了新特药大药房，开展药品零售业务，销售品种达到1870多个品种，比去年同期增加了530多个品种，销售额达2086万元，基本满足了用户单位及广大患者的用药需求。

综合服务分公司服务品质再提升。综合服务分公司积极拓展业务范围，开源节流，提升创效能力，经营业绩再创新高，为健康产业公司的发展保驾护航。

【党建工作有新跨越】 2017年，健康产业公司党委筹建组认真履行主体责任，积极推进全国国有企业党建工作会议精神的落实。

完成了党建工作进公司章程工作，全力推进党委会工作前置，对《党委会议事规则》《医疗健康产业党委、党支部党建工作考核办法》等9个相关工作制度进行了完善。以问题为导向，积极落实集团公司党委提出的整改意见，先后三次召开党委会专题研究落实措施，提出强化整改、强化考核、强化培训等6个方面的整改措施。

抓支部建设提升，实现党建在基层落地。按照“党支部建设提升年”活动的要求，抓支部的基础工作规范，抓“三会一课”的执行。发挥内科党支部示范基地的作用，带动创建样板党支部，扩大先进党支部的覆盖面；抓考核运用，进一步建立党建落地考核体系。制定了医疗健康产业党委、党支部党建工作考核办法。开展党务干部全面培训工作，先后组织26个支部书记参加党支部党建工作考核专项培训；抓干部和人才队伍建设，全面体现党管干部和人才原则。2017年调整交流各级干部35人次。人才引进和培养取得新突破，全年引进研究生26人。

巩固“两学一做”教育成果，推进学习教育常态化制度化。针对学习深度、成效不够等问题，提出“四个学”，即领导带头深入学、微信党建时时学、“三会一课”规范学、开展活动促进学。公司党委成员讲党课8人次。建立了“党员之家”微信群，发党建学习内容160余条。党委在全体党员中开展“两学一做”学习教育体会征文和知识竞赛，已征集学习体会80余篇。开展“我为党旗添光彩　降本增效创一流”“共产党员工程”等主题实践活动，2017年申报共产党员工程立项15项。开展迎接建党96周年系列主题活动，营造党建工作氛围。在迎来中国共产党成立96周年之际，召开了“健康产业公司纪念建党96周年大会”，会上表彰了6个先进党支部、21个先进党小组、100名优秀共产党员。

坚定不移地全面从严治党。加强思想道德和纪律教育，进一步增强廉洁意识，营造廉洁从业氛围。贯彻落实中央八项规定，坚决纠正“四风”问题。深化从严治党，全面推进廉洁地图建设工作。以腐败易发多发的领域和部位为重点，查找风险点60余条，建立完善廉洁风险防控措施90余条。落实督查制度，围绕重点目标工作开展效能监察活动。依纪依法办案，零容忍惩治腐败。

【构建和谐职工队伍建设再谱新篇章】 打造特色企业文化。2017年开展了“医院文化建设推进年”活动，开设了“医院文化大讲堂”品牌栏目。全面开展职工社会主义核心价值观教育和第二届“最美总院人”评选活动。进一步加大宣传力度，传播医院文化，提高医院的品牌影响力。成功举办了健康产业公司首届文化艺术节，全面活跃了职工文化生活。

践行共享发展理念。2017年，对职工浴池进行了改造装修，完成了医院草坪整体改造，美化了总医院环境。按时完成了总医院正厅改造工程，方便了雨雪天气职工、患者及家属的通行。完成了断桥铝窗户更换及外墙保温、真石漆喷涂工作，提高冬季室内保暖度，改善了楼面整体形象。大力开展送温暖活动，全年救济困难职工325人，到病房慰问住院职工14人次，为976名女职工签订了2017年团体女性安康保险合同。

积极履行社会责任。深入开展医疗精准扶贫工作，履行中央企业社会责任，继鞍钢首次以企业名义选派总医院三名医技人员赴新疆塔县人民医院开展医疗援助后，再次选派总医院三名同志前往塔县人民医院开展医疗援助，提升受援医院的医疗服务能力。劳研所选派一名超声诊断医师赴海拔4500米的西藏那曲地区进行包虫病筛查，促进了当地包虫病诊断水平提升。

（杨　姝）

·直属机构·

鞍钢招标有限公司

【概况】 鞍钢招标有限公司成立于2015年4月，按鞍钢集团全资子公司管理，同年6月开始实施鞍钢集团各类招标采购业务，已全面覆盖鞍钢集团两域三地全部招标采购业务。

2017年，该公司下设原燃材料招标部、设备备件招标部、工程服务招标部、值采事业部、营运管理部、财务部六个部门和成都分公司，有职工98人，其中鞍山区域67人，成都区域31人，拥有国家注册招标师23人、造价师3人、监理师13人、一级建造师3人、咨询师7人等业务领域高水平专业技术人才。

该公司党总支下设鞍山招标、成都招标两个党支部，六个党小组，党员共计90人。

该公司拥有中央投资、工程建设项目招标资质和政府采购、国际机电产品、军工涉密项目招标资格。主要包括原燃材料、物资材料、设备备件、建设工程、维修工程、服务类六大类招标采购业务。

【主要工作】 1. 强化经营意识，业绩指标不断攀升。2017年完成招标项目56262个，同比上年增加19.79%；招标金额714.15亿元，超计划98.38%，同比上年增加70%；在实现采购方原定降采目标基础上，较采购方标底、预测价或计划价再降采购资金20.38亿元，超计划69.83%，同比上年增加30%。实现营业收入9702万元，同比上年增加78.97%；实现利润5502万元，同比上年增加173.19%。

2. 强化服务意识，招标采购扎实推进。一是认真贯彻执行鞍钢集团采购管理制度，进一步明确职责，压实责任。在全体职工中开展主题为“落实职责定位、提升服务质量”的大讨论活动。结合自身工作实际，围绕建立健全制度体系、责任体系、标准体系、流程体系等提出工作意见，并落实到实际工作中，确保集团公司采购管理职责稳定运行。

二是优化招标流程，结合招标项目特点和实际情况及市场分析，组织招标项目前期策划，制定个性化评标规则和策略，使整个招标工作环节更加紧凑，保证依法合规有序操作。国际招标项目、工程招标项目、服务招标项目积极参与招标方案策划和技术交流，业务能力赢得了采购组织的信赖，勇于担当的敬业精神和周到细致的服务受到了采购组织的充分认可。

三是树立服务理念。加强作风建设，用热情周到的服务赢得了采购组织的信赖和赞扬。面对工作量繁重、采购需求迫切、系统运行迟缓等不利因素影响，各部门同志发扬忘我精神，常态化利用休息时间、节假日编制招标文件和评标报告，发布招标项目，组织项目评审，用奉献自我的工作态度，诠释了招标公司的敬业精神，保证鞍钢集团招标采购工作顺利开展，不断提高招标采购效率和质量。

四是加强基础建设，保障招标业务顺利开展。建立异地评标系统，实现招标公司与鲅鱼圈钢铁分公司、朝阳钢铁公司评标信息共享，解决鞍山区域外采购组织参加评标困难的问题。

该公司全年实现招标时效运行率98.6%，招标服务满意率95.1%，合规运行率100%，采购方案返回率0.03%，超额完成集团公司下达的考核指标。

3. 强化管理意识，运营效能明显改善。一是优化管理体系，依据集团公司新的采购管理制度，调整修改招投标管理制度和规定9项、技术规范6个，制作招标文件、评标报告等模板126个，确保招投标流程规范运作。

二是提升技术能力，组织招标技术质量检查

10 期，发现整改各类问题 300 项，开展专题研讨 5 次，解决招标流程管理、操作等问题 12 项，有效地保证招标工作合规有序优质进行。

三是强化信息管理，积极组织招标平台运维工作，建立招标平台与技术运维保障机制，共解决各类问题 96 项，保证招标工作顺利开展。大力推进电子发票、电子归档功能全面实施。全年共开具电子发票 22800 余张，有效提高财务人员的工作效率。招标平台与集团档案管理系统对接，招标项目档案全部实现电子归档，向集团公司档案系统发送招标项目档案 19716 份。

四是加强业务培训，组织开展为期 4 个月的工程造价培训，为招标公司实施工程造价咨询提供人才保证。开展采购制度宣贯和学习，确保新的采购管理机制有效运行。

4. 强化发展意识，外部市场持续拓展。一是该公司积极响应集团公司产业结构调整要求，在努力做好集团公司内部招标采购业务的同时，不断拓展社会化经营业务范围，实施了代理招标、代理采购、管理咨询、PPP 项目招标等业务，全年实现社会化招标金额 1. 68 亿元。

二是建设本钢集团招标采购体系和交易平台，实施管理、技术、操作、信息化等招标采购整体模式输出，开创了招标公司市场化经营新模式。

三是实施攀枝花市工业园区综合配套工程 25 亿元 PPP 项目基础设施招标和若干企事业单位招标业务，PPP 项目开展取得突破，外部市场实现利润 150 万元。

四是不断开拓市场范围，分别与四川能投、攀枝花大学、鞍山市公共资源交易局、鞍山市烟草管理局、鞍山市中医院等单位积极开展业务合作。

5. 强化影响意识，行业地位不断提高。顺利完成招标平台检测认证工作。按照国家《电子招标投标系统检测认证管理办法》规定，结合鞍钢集团招投标电子交易平台作为国家交易平台试点要求，组织开展招标平台技术检测和管理认证相关工作，获得由中国信息安全认证中心颁发的认证证书，成为钢铁行业、东北地区首家获得国家认证的招标平台。参加《非招标采购代理规范》行业标准的制订，负责编写中国招标投标行业发展调研报告冶金行业部分内容。

6. 强化能力意识，平台功能跨越前进。一是全力组织设计开发鞍钢集团客户、供应商信息共享管理系统，建成运行国内领先的客商信息平台，实现供应商寿命期内的全要素、全流程、标准化、信息化的管理、运作和共享。

二是完成鞍钢集团专家管理系统建设。按照评标专家管理需求，建设鞍钢集团通用专家管理平台，实现了评标评审专家、供应商认证专家、技术标准专家、采购策略专家、规划投资咨询专家、技术专家、信息化专家、审计内控专家、法律专家等九类专家分类管理。实现了专家入库、使用、评价、考核、培训和查询统计全周期全方位管理。

7. 强化政治意识，党群工作成效显著。一是认真学习贯彻党的十九大报告和新党章，用习近平新时代中国特色社会主义思想指引各项工作。组织全体党员以手抄党章、测试答题等形式学习十九大报告和党章。

二是持续深入开展“两学一做”活动。利用党小组、党支部活动和党课，开展“两学一做”活动。组织鞍山党支部全体党员和成都党支部业务骨干到大梨树党建基地学习毛丰美先进事迹和大梨树精神。党总支召开座谈会，研讨如何学习大梨树精神，把“干”字精神落实到具体工作中。

三是不断加强党支部建设。整合鞍山区域 6 个党支部，成立鞍山招标党支部。参照样板党支部标准，建设成都招标党支部。强化“三会一课”党建基础，开展各项党内工作。

四是加强党风廉政建设，召开年度纪检工作会议，开展多种形式警示宣传教育，实现全年违规违纪事件为零；发挥招标采购监督平台作用，积极配合各级纪检组织工作，提供各类数据、材料 285 份。

五是积极组织参加各类工会活动，关心职工工作和生活，不断增强职工的凝聚力、向心力和荣誉感。

（陶　宇）

鞍钢未来钢铁研究院有限公司

【改革与调整】 2017 年 1 月，按照集团公司的总体部署，在限期内完成了公司制改制相关工作，完成了资产评估、工商登记及税务、银行变更等工作，建立了以企业法人制度为主体、以有限责任制度为基础的现代企业制度，正式更名为“鞍钢未来钢铁研究院有限公司”（以下简称未来院）。

2017年11月，为更好地提高协同运行效率，实现资源共享，经鞍钢集团党委常委（扩大）会议审议，对鞍钢集团公司北京办事处与鞍钢未来钢铁研究院有限公司实施整合。据鞍钢政发〔2017〕91号文，将北京办事处业务职能和人员整合并入未来院，在未来院增设对外协调部，与北京办事处实行“一个机构、两块牌子”。对外协调部承接原北京办事处职能，相关费用纳入未来院年度预算。

【科研创新】 2017年是未来院科研工作起步之年，围绕年度工作目标，全院管理及科技人员上下齐努力，在科技创新方面取得新进展。

1. 2017年，未来院下达两批共15项科研项目实施计划，累计科研经费预算2473.3万元。其中：承担“超声微锻造辅助激光增材制造工艺及材料体系研究”等“十三五”国家科技重点研发计划课题5项，承担“马钢公司平整机板形控制系统研究与开发”“冷轧厂酸洗带钢表面质量检测系统开发”等技术贸易输出项目6项，承担院科研手段建设及预研项目2项，承担与优势企业联合研发项目2项。同时还有如“冷轧不锈钢复合板生产线改造”“150千克气雾化高端增材用粉材制备”“大型厂智能信息化系统开发”等一批项目在可行性论证阶段。

2017年，未来院积极参与国家“十三五”科技重点研发计划项目申报，与东北大学、清华大学、哈尔滨工程大学、宝钢股份、南山铝业、中科院过程所等强势企业主导参与了“扁平材智能化制备关键技术”“长型材智能化制备关键技术”“基于工业大数据的铝/铜板带材智能化工艺控制技术”“超声微锻造辅助激光增材制造及装备共性关键技术研究”“高温固体散料高效余热回收技术”5项国家重点研发计划项目申报，经国家科技部组织的专家组答辩审核，其中4项已成功批准立项，获得国家经费支持307.3万元。

2. 积极开展技术贸易，实现科技成果转化、创效显著。为实现该院减亏增效经营目标，发挥科研实力和平台作用，积极组织开展技术贸易工作。该院与鞍钢股份公司签订了《技术成果推广代理合作框架协议》，与马鞍山钢铁公司就“马钢1720平整机板形闭环控制系统开发”项目签订技术贸易合同，合同额87.9万元；与鞍钢股份公司就“冷轧厂酸洗带钢表面质量检测系统开发”项目签订技术贸易合同，合同额500万元；与东北大学就“实验室信息化开发”项目签订技术贸易合同。以上项目的实施可为合作企业创造经济效益5000万元以上。

3. 深化与科研院所合作，营造科技创新模式，打造合作平台。该院与北京三帝打印科技有限公司签订合作协议，双方共同建设“先进金属材料与增材智能制造联合实验室”科技创新工作平台，通过联合实验室，组织用鞍钢水雾铁粉开展激光同轴送粉和激光铺粉3D打印试验，并取得成功。

该院还与北钢联（北京）重工科技有限公司联合成立“金属复合材料轧制研发中心”科技创新平台，形成鞍钢“冷轧不锈钢复合板生产线技术改造建议书”等多项可行性论证报告。

4. 加强知识产权保护，为科技创新保驾护航。该院积极组织科研团队进行知识产权保护，申请专利6项，专有技术认定8项，发表科技论文5篇。“安诗迪”商标已授权。申报辽宁省自然科学学术成果奖2项。

【党建工作】 该院在集团公司机关党委的领导下，不断夯实党建工作基础，健全各项工作制度，继续扎实推进“两学一做”活动，立项开展了“共产党员工程”“支部书记抓党建”“双学”“四个一”等活动，组织“网络问企”，提出合理化建议60余条。同时，围绕生产经营和深化改革等中心工作，充分发挥统战工作的重要作用，组织发起成立了中央企业第一家欧美同学会“中央企业欧美同学会鞍钢集团分会”，联系多位海外留学人员进行学术交流，帮助科研人员了解国内外先进科学技术，提升科技创新能力。获得中央企业首届留学人员“优秀创新成果奖”和“优秀创新人才奖”，受到国资委党委和中央统战部的表扬。

【接待与服务】 作为鞍钢集团在北京工作的桥梁与纽带，继续切实做好各项接待服务工作。年初以来，共接待集团公司来京公务活动、走访座谈、参加会议、出国考察及集团公司机关部门到京汇报、学习和中青年干部培训等工作1506次，接待人数达5273人。到国家部委和行业协会取送重要文件材料29件，到外交部护照处、签证处以及相关国使馆共计81次，经办公务出国团组55个，经办护照人数161人，经办签证人数167人。同时，协助国际事务部做好集团领导去各国大使馆面签事宜的接待工作。

（黄献东）

鞍钢经济发展研究院

【概况】 经济发展研究院（以下简称经研院）成立于2010年3月，是鞍钢集团有限公司直属的研究机构。2016年9月，鞍钢集团进一步完善经研院体制机制，将鞍钢集团钢铁研究院科技信息研究所3个研究室的研究人员，以整体划转的方式划归经研院。现下设钢铁产业、新兴与多元产业、竞争力与国企改革、宏观经济与国际化4个研究方向。按四个研究方向，内设钢铁产业研究所、新兴与多元产业研究所、竞争力与国企改革研究所、宏观经济与国际化研究所四个研究所，共有员工31人，其中高级职称16人。

经研院功能定位是围绕战略研究、产业发展和改革创新开展前瞻性、基础性研究，为鞍钢集团战略决策、新兴产业培育及商业模式创新提供支持。核心任务是为集团高层决策提供情报信息支持，为集团实施战略调整和改革创新提供基础支撑，为子企业和新兴产业发展提供咨询服务。发展目标是打造“发展战略研究综合信息平台，国企改革与管理创新的协同研究平台，创新型人才培养和输出平台”，逐步成为与企业竞争力提升需求相适应的一流企业智库。

2017年是经研院夯实基础研究工作、重塑内部管理体系的起步之年。经研院围绕贯彻落实“四项重点工作”部署，把“规范管理、专题研究、加强积累和提升党建工作能力”作为经研院的四项核心工作，突出发挥对集团“631”产业结构调整的支撑作用，开展基础性、前瞻性研究。在集团各级领导的大力支持和经研院全体员工的共同努力下，已经初步形成一个开放、互助的研究工作团队。

2017年，该院立项A、B、C类课题43项，共形成研究报告97篇。其中，正式呈报鞍钢集团的研究报告28篇，提交集团管理部门作为决策支撑的各类研究报告59篇，内部形成的基础研究报告10篇。

该院于2017年年初起草制定了《2017年研究工作总体思路》，聚焦战略规划、产业发展和改革创新核心领域，确定了“宏观经济和产业发展环境分析”等16项年度重点研究课题（A类），明确课题任务、目标成果标的、时间节点和责任人。同时，根据集团公司领导工作指示要求，以支撑“631”产业结构调整为主线，围绕“九五”以来投资领域分析、重点产业内外环境和发展前景等开展专题研究（B类）和基础研究（C类）。一是承担集团产业结构调整研究工作，在4月15日的鞍钢集团大会上作了《关于鞍钢集团产业结构调整的研究》汇报；二是承接鞍钢集团“631”产业结构调整工作要求，在8月、9月集中力量，完成了《节能环保产业现状及标杆企业分析》《废钢行业现状及未来发展》等17篇产业结构调整的研究报告；三是针对上市公司进行产业景气度研究，形成《基于上市公司数据的行业景气度与业绩标杆分析》报告，为2018年鞍钢集团考核工作提供支撑；四是为了加强对辽宁自贸试验区政策的跟踪研究，经研院先后赴沈阳片区、营口片区、大连片区管委会进行了实地走访，形成了《辽宁自贸试验区制度创新和政策优惠调研》报告，为鞍钢更好地融入自贸区发展做前期准备；五是针对我国计划启动全国碳排放权交易市场，把碳排放相关政策及其对钢铁企业的影响作为研究方向，与安全环保部合作完成《碳排放权交易市场对钢铁企业的影响》，为集团对我国碳排放权交易市场的发展方向提供了整体的认识；六是首次承担鞍钢集团社会责任管理工作，组织编制完成《鞍钢集团公司2016可持续发展报告》，并荣获“金蜜蜂2017优秀企业社会责任报告·领袖企业奖”。

（李成志）

鞍钢人力资源服务中心

【概况】 鞍钢集团有限公司人力资源服务中心（以下简称人力中心）于2016年3月17日正式注

册为全民所有制分支机构，注册资本为100万元人民币。2016年4月1日起，人力中心开始独立运营核算。2016年12月2日，鞍钢集团对人力中心新一届领导班子进行任命。2017年1月16日，人力中心召开第一次党员大会，选举产生党支部委员会。2017年8月15日，鞍钢集团下发了《关于鞍钢集团人力资源服务中心机构编制的批复》，对人力中心编制定员进行调整，由64人调整为103人。截至2017年末，人力中心共有职工71人，其中领导班子设置3人，下设运营管理部、系统支持部、员工服务受理中心、薪酬业务处理中心、劳动保险业务处理中心、职业能力发展管理部、培训安置及用工管理部7个部门。人力中心主要承担集团公司鞍山区域人力资源管理事务性工作，为各单位提供人力资源服务。主要包括员工关系、劳动保险待遇申请核销、薪酬发放、保险申报、人事代理、报表统计等共享服务业务。同时，人力中心还承担集团公司部分人力资源日常管理职能。在集团公司人力资源部的指导下，做好退休审核、劳保待遇审批、企业年金管理、职称评审、职业技能鉴定、岗位定员、劳务用工、鞍钢HR系统管理等工作。

【人力资源共享服务平台建设】 一是构建共享服务体系。依托两大服务平台构建覆盖全公司所有单位及员工，集成一体的人力资源共享服务体系。采取线上与线下相结合，前台与后台相结合，站点与大厅相结合的方式，实现人力资源信息交互共享。二是细化共享服务平台界面和流程。共梳理出61项共享服务业务流程，有33个管理环节由“线下”改为“线上”操作，大幅提高信息处理速度。按照试点推进计划，完善系统信息，全年共完成79363人的人事档案信息及41家单位系统内岗位定员与职位信息的复查，为鞍钢HR系统功能实现打下良好的信息基础。三是全面推广共享服务理念。通过组织召开“鞍钢集团人力资源共享服务平台建设推进宣贯大会”、制定《人力资源共享平台宣贯培训方案》、播放宣传片、在《鞍钢日报》专版刊登知识问答等方式，不断扩大人力中心的影响力，提高广大干部职工对共享服务的认知。四是全面推进服务站点建设。起草《服务站点业务人员工作内容及标准》《服务站点建设工作安排》，制定《服务站点建设及运行管理办法》，为站点建设及业务开展提供制度保障。截至2017年末，一发电区域、轧钢区域服务站，大孤山区域服务点已正式办公。五是稳步推进试点工作。4月全面启动试点工作以来，按照“集团主导，统一部署，试点先行，逐步推进”的原则，扎实开展工作。9月已提前完成全年覆盖人数3万人的目标。

【完善制度体系】 根据集团公司规章制度“简化瘦身、务实管用、规范高效、监督到位”的要求，制订完善《人力资源服务中心战略绩效与薪酬评价管理办法》等12项规章制度；开展规章制度“立、改、废”工作，梳理出核心制度47项；修订《岗位说明书》60份，明确岗位职责及工作流程；建立全面绩效考评指标体系。

【监管服务】 按照集团公司劳务用工管理要求，严控用工费用和比例，压缩劳务费用2.6亿元，降幅达18.5%，劳务派遣用工比例控制在10%以内。加强准入管理，规范流程，通过招标，21家劳务派遣单位和9家保安服务单位中标，准入鞍钢。建立鞍山区域劳务人员信息管理系统，动态掌握各子企业劳务用工信息。

【创新管理】 一是开发“银企直联”代发工资功能，实现工资发放业务全流程线上操作，对创新人力资源管理具有里程碑意义。在此基础上，进一步完成上限5000笔代发工资功能，效率提升4倍以上。开发奖金管理模块，数据导入速度提升30倍。积极优化保险申报业务，实现1对N家服务模式，工作效率和质量大幅提高。二是开发员工自助平台缴费功能，实现职称晋级网上报名及缴费。三是严格落实退休政策，全年共办理退休5018人。做好居退人员待遇调整工作，完成2574名鞍山区域居家职工待遇核定，对134684名退休人员、1022名离休人员和363名符合〔83〕3号文新中国成立前参军老工人基本养老金进行调整。积极落实各项保险福利待遇，对909人次工伤人员及821名工亡职工供养亲属待遇进行调整。对2648名退休军转干部、102名居家军转干部、1505名在职遗属生活补助金进行调整。做好企业年金申报、支付处理、信息变更等工作，配合做好法人受托管理。四是加强基础管理工作，提升职业发展能力。实施“四地同考”，提高鉴定质量。全年鉴定工种67个，组织考试36场次，参考4254人次。加强题库建设，全面完成一期题库修改、校对工作。完成2015~2016年度高级职称评审328人，2017年度中、初级国家资格考试报名审核554人。

【公司运营】 为拓展对外人力资源服务业务，按照市场化运作机制和现代化企业管理制度，建立鞍钢集团人力资源服务有限公司。先后与国家工商总局、鞍山市国地税、工商银行等相关单位沟通，完成了公司《营业执照》《人力资源服务许可证》《劳务派遣经营许可证》《对外劳务合作经营资格证书》等手续办理。建立《公司章程》等18项核心制度，公司管理制度体系初步建立。

【党群工作】 一是加强支部建设，打造坚强堡垒。二是深化作风建设，开展作风建设大讨论活动。三是营造干事创业的良好氛围。组织学习贯彻落实十九大精神和习近平新时代中国特色社会主义思想，组织开展撰写心得体会、手抄党章等活动。开展“四星”党员和“两先两优”评选工作。四是不断加强廉政教育。组织全体党员签订《廉洁承诺》及支委委员签订《落实一岗双责承诺》。组织参观鞍钢反腐倡廉展览馆，观看《褪色的人生》警示教育宣传片，发挥典型案例的警示教育作用。五是强化团队建设。开展职工思想调查，提出团队建设改进意见。与集团人力资源部共同组织了以“团结创新、携手前行”为主题的团队建设活动，提高了团队意识和协作能力。按上级党委开展“践行共享理念，关爱一线员工”专项服务行动要求，组织开展项目征集上报，共征集项目5项，上报上级党委解决项目2项。以重大节日为契机，开展职工慰问活动，关心关爱困难职工。成立郭明义爱心团队人力中心分队，为困难群体捐款8100元。

（吴克伟）

鞍钢人力资源服务有限公司

【概况】 鞍钢集团人力资源服务有限公司（简称鞍钢人服）成立于2017年3月，是鞍钢集团有限公司出资设立的全资子公司，是鞍钢集团人力资本输出平台。鞍钢人服设立综合管理部、营销管理部，分别与人力资源服务中心运营管理部、培训安置及用工管理部合署办公，实行“一个机构，两块牌子”。具备《人力资源服务许可证》《对外劳务合作经营资格证书》《劳务派遣经营许可证》三项经营资质，经营范围包括劳务派遣、向境外派遣各类劳务人员、人力资源招聘、推荐、培训（非社会力量办学）、测评，职业中介、职业指导，人力资源和社会保障事务代理（不含档案管理及相关业务），人力资源供求信息收集、整理、储存、发布和咨询服务，高级人才寻访，人力资源服务外包，职业技能鉴定、人力资源管理咨询、信息技术咨询、工程技术咨询等。

2017年，该公司秉承“市场导向，客户至上，规范高效，诚信服务”的经营宗旨和“创造需求，为客户提供增值服务，实现与客户共同发展”的理念，积极拓展业务，实现了成立当年盈利的良好局面。主要工作：一是夯实公司基础，全面完成筹备工作。于2017年5月完成了工商注册，7月获得了开展人力资源服务所需的三项资质，先后起草了公司章程和劳务派遣管理、财务、安全环保、涉外应急预案等规章制度，初步建立了公司管理制度体系，详细规划了公司的发展战略及业务拓展重点方向，为公司正式对外开展业务提供了保障。二是结合自身实际，探索建立公司经营模式。在成立之初，根据企业实际量身定位，从国家政策、鞍钢战略、行业发展特点等方面深入分析了公司面临的机遇及挑战，依托鞍钢品牌优势、管理优势、资源优势，确立了依托自身特有价值和优势，创造需求和商机，以人力资本服务创效为核心，完全市场化运营的经营模式。开发设计服务产品清单，明确目标市场，扩大公司影响，主动走访潜在客户，推介公司业务，寻求合作机会。三是创造需求，积极开展业务。开发员工自助平台资源，为工商银行外部客户开展人力资源信息咨询及宣传推介服务。与外部企业联合举办大型招聘会，向鞍钢集团以外企业和求职者提供人力资源服务。开展保险推介方面的人力资源服务，提升劳务派遣单位抗风险能力。鞍钢人服成立当年盈利9.5万元。

（孔德君）

鞍钢财务共享服务中心

【概况】 鞍钢集团有限公司财务共享服务中心是

鞍钢集团有限公司分支机构，2016 年 11 月 15 日注册成立，注册资金 500 万元，经营范围包括财务核算服务、财务共享咨询服务。

该单位未来发展方向是通过搭建集团财务共享平台，使平台具备统一核算、财务共享、中央数据仓三大功能，最终建成新型的集成化、标准化、流程化财务核算体系，实现集团财务信息公开透明共享，为集团决策提供财务大数据支持，提高财务管理效率，推动财务管理转型升级。

该单位领导班子 3 人，主任 1 人、副主任 2 人。下设总账报表部、应收结算部、应付结算部、票据管理部、运营管理部、资产核算部、综合管理部 7 个部门。机构编制 145 人，其中副部级 1 人、正处级 2 人、副处级 7 人、正科级 59 人、副科级 37 人、科员 39 人。现有员工 43 人，党员 40 人，该单位在鞍钢集团机关党委领导下开展党建工作。

【其他说明】 生产经营情况：该单位为鞍钢集团直属费用单位，截至 2017 年 12 月 31 日，共发生费用 886.64 万元。

（王　菊）

鞍钢审计中心

【概况】 鞍钢集团有限公司审计中心（以下简称审计中心）于 2016 年 12 月注册成立，下设工程投资审计处、经济责任审计处、经营管理审计处、专项审计调查处。审计中心定员人数 66 人，现有人数 47 人。审计中心在集团审计部领导下开展工作，一是按照下达的审计工作计划，开展工程投资审计、经济责任审计、经营管理审计、专项审计调查，开展投资项目后评价、内部控制评价等工作；二是按照审计程序落实集团审计部审批的审计项目实施方案，及时向审计部汇报重大审计发现和定期汇报审计工作；三是负责审计项目的质量控制；四是负责编制审计报告初稿，参与审计报告征求意见期间与相关各方的意见沟通与交流；五是负责完成集团审计部安排的其他有关工作。

2017 年初以来，审计中心陆续完成机构设置、人员选聘、制度建立、办公场所的装修及搬迁等综合性工作。为尽快完善人员编制、发挥审计体制改革效应，审计中心精准有序完成人员的选聘、招聘工作。通过内培、外培方式对新人开展审计专业知识培训，快速提升审计人员业务能力。按照主要制度承接、专业制度转化的思路，2017 年陆续制定《鞍钢集团公司审计中心审计项目质量控制管理办法》《鞍钢集团公司审计中心职工考勤管理办法》等 9 项规章制度，基本完成审计中心组织框架建设。

2017 年 4 月成立了审计中心党支部，围绕“以党建促审计，以审计强党建”的工作思路，充分发挥党建工作的带动引领作用。深入开展学习宣传贯彻习近平新时代中国特色社会主义理论和党的十九大精神，以“三会一课”等方式扎实推进“两学一做”学习教育常态化。通过完善党支部规章制度、强化党员队伍建设、加强党员活动阵地建设等工作引导党员干部牢固树立“四个意识”，自觉把对党的忠诚信仰体现在做好审计工作中。

在集团审计部的指导下，2017 年累计完成管理、离任、工程投资、项目后评价、内部控制评价等审计项目 65 项，较全年计划 52 项增加 13 项，发现各类问题 616 个、提出审计建议 370 条，揭示重大重要风险 56 项，较“揭示重大重要风险 25 项”的攻关项目多完成 31 项；发现问题涉及金额 71.82 亿元，其中包括发现损失浪费金额 4.71 亿元、管理不规范金额 21.86 亿元、潜亏金额 34.97 亿元，促进被审计单位增收节支 5.56 亿元（包括工程审减金额 1.09 亿元）。

（袁　琦）

鞍钢教育培训中心（党校）

【概况】 2017 年末，鞍钢教育培训中心（党校）有在岗职工 379 人，居家职工 37 人，离退休职工 1889 人。在岗职工中管理和技术人员 323 人，其中高级职称 170 人，中级职称 128 人，初级职称 25 人。服务岗位人员 56 人。中心下设 5 个职能管理部门，10 个教学研究培训部，3 个教学辅助部门。拥有固定资产原值 5955.61 万元，净值 693.60 万元。占地面积 7.68 万平方米，建筑面积

5.59 万平方米。全年开办各级各类培训班 878 个，培训各类学员 29928 人次，完成培训任务 23796 学时。2017 年共发表论文 153 篇，其中国家级 1 篇，省级 23 篇，市级 129 篇。

2017 年，鞍钢教育培训中心（党校）紧紧围绕集团公司“保生存、求发展”工作思路，加快适应管理运行机制的调整，积极探索实践转型发展的途径，依靠全体职工的共同努力，全面超额完成了一届六次职代会所确定的各项工作目标，为实现转型发展奠定了良好基础。

举办了鞍钢集团领导人员学习贯彻十九大精神高层研修班。举办 7 期十九大精神培训班。成立十九大精神宣讲团，深入基层单位宣讲 15 场。举办鞍钢集团深入学习贯彻习近平总书记在辽宁代表团重要讲话精神高层研讨班。举办 17 期十八届六中全会精神培训班、3 期中青年干部培训班、42 期党支部书记轮训班、18 期班组长与作业长轮训班。

工科培训潜力得到释放，围绕现场技术应用、专业技术人员岗位能力提升和员工技能提升开发，新培训项目 86 项。根据企业需要组织教师到朝阳钢铁、电子商务中心、矿渣公司等单位开展现场教学、技术服务。

鞍钢集团领导力提升培训体系建设取得成效，完成了《鞍钢集团管理人员（领导力）开发培训工作研究》报告，比较系统地探索建立了具有鞍钢特色的领导力素质模型。

调整优化领导人员履职能力提升班、传统文化与企业管理研修班等品牌班的培训课程，组织学员走出课堂，深入到集团一线厂矿和长春一汽、华晨宝马等单位参观学习，围绕集团公司改革、创新、发展开展集体研讨，丰富了教学模式，提升了培训效果。积极开展异地教学和远程教学，组织教师赴鲅鱼圈、朝阳、弓矿开展培训；组装移动实训设备，新建实习场地，满足培训需求。组织技术人员赴鲅鱼圈、朝阳等地对远程教学设备进行维护，保证培训需要。开发“互联网+微信课堂”培训模式，在微信企业号平台上开发建设鞍钢微课堂，采用微信课堂的培训方式授课，通过在等级工和高技能人才项目培训中应用，充分满足了一线操作人员的培训需求，取得了非常好的效果。

推进科研工作为理论创新服务，为领导决策服务，为生产经营服务，为提高培训质量服务。围绕集团公司重大战略确立科研课题的选题立项。完成公司级及以上立项 12 项，中心级立项 30 项。《培育鞍钢职工阳光心态，实施员工帮助计划的设计研究》《推进党建思想政治工作理念创新，提升党建思想政治工作科学化水平研究》分别获得集团公司思想政治工作研究优秀成果一等奖和三等奖。高质量完成集团公司纪委科研课题“编制廉洁风险地图”和公司科研课题“党支部的主体作用研究”。完成国资委调研课题“关于新形势下鞍钢加大基层党组织建设的力度，打造坚实的战斗堡垒的调研”和重点课题“落实‘党组织研究讨论是董事会、经理层决策重大问题的前置程序’研究”。“鞍钢电子商务发展及策略探讨”“1780 生产线热轧宽带钢精轧机轧制稳定性技术研究”“关于鞍钢集团环保管理层面的实体采样分析和应对措施制定”等科研课题，提升了科研服务企业需求的能力。落实公司工作安排，承担《鞍钢》杂志编辑任务，完成了 3 期《鞍钢》杂志的编辑出版工作，组织稿件 63 篇。利用《鞍钢日报》理论版、《鞍钢培训》选择编发有价值的科研成果和理论研究成果，出版《鞍钢日报》理论版 45 期，刊登理论文章 180 篇。出版《鞍钢培训》杂志 4 期，发表论文 89 篇。编发《鞍钢厂情研究》1 期。

制定完成 2017 年师资队伍建设规划，结合培训工作重点确定了师资培养方向。推进培训师岗位能级评定，评聘主任培训师 6 名，主管培训师 12 名，骨干培训师 16 名。举办了 6 期全校规模的教师业务培训讲座和 1 期外请专家学术讲座。选派 27 名教师外出进修学习。招聘 2 名应届毕业研究生充实到教师队伍。组织开展了以青年教师岗位素质与技能提升培训为主要内容的青年教师岗位成才系列活动，举办了 5 次青年教师岗位成才系列讲座。组织开展“导师带徒”和“课题带教”工作，有 17 对师徒签订导师带徒和课题带教协议。

组织开展教师教学观摩赛，有 12 名各教学培训部推选出的教师参赛。组织开展微课学习竞赛，培养微课开发的优秀教师和技术人员，有 55 名教师提交了 60 件微课件作品。在全国第二届企业创新方法大赛中，中心教师指导并参赛的项目分获二、三等奖，连续两年在全国企业创新方法大赛中取得优异成绩。

强化财务预算管理，开展成本利润分析，合理安排资金支出，减少材料、办公用品及电话费支出1.62万元。加强效能监察，推动管理提升，实现创效13万余元。开展双增双节活动，创效8.96万元。

强化技校学生实习管理，深入到12家实习单位及时跟踪了解学生的实习动态。协助集团公司人力资源部圆满完成216名技校学生毕业分配，分配过程公开、公平、公正。进一步规范班主任管理服务工作，认真执行“四类班管理服务工作标准”“班主任工作量化考核标准”，创新管理服务方法，提高管理服务水平。升级技术图书馆图书管理系统，整理上架近17万册图书资料，保证了技术图书馆重新向读者开放。

组织实施“践行共享理念、关爱一线员工”专项服务行动4项，对饮水系统和校园环境进行更新、改造，食堂划归鞍钢现代城市服务公司经营。关心职工生活，组织职工度假、健康体检，为职工过生日，在传统节日为职工送温暖。加大困难职工帮扶力度，走访慰问各层面职工459人次，救助626人次，发放困难救济金、医疗救助金39万余元。

（刘允壮）

鞍钢日报社

【概况】 2017年，是鞍钢日报社（以下简称“报社”）全面加快推进舆论宣传和传媒产业经营两大阵地建设的一年。面对全媒体飞速发展的全新业态要求和传媒产业市场日新月异的复杂变化，紧紧围绕“保生存、求发展”工作总基调，全面开展“马克思主义新闻观教育实践、新闻精品、全媒体人才培养、转型升级”四项工程，深化调整，推动改革，强化创新，持续加强党的建设，牢牢把握正确舆论导向，深入推进传媒产业发展，向着“构建更有特色、更有发展潜力的企业新闻媒体”目标迈出了更为坚实的步伐。

【舆论宣传工作】 紧紧围绕喜迎党的十九大这一主题，提早谋划，精准发力，开设“创造新业绩 喜迎十九大”“喜迎党的十九大 图说鞍钢”“砥砺奋进这五年”“说说我的这五年”等栏目，集中展现了党的十八以来，鞍钢集团在调整、改革、创新、加强党的建设各领域所取得的突出成就，多视角、多维度地呈现出了鞍钢集团全体职工锐意进取，奋力拼搏，以新业绩、新作为、新成果全面迎接党的十九大胜利召开的良好精神风貌；策划、开设“推进‘五个强化’实现振兴发展”“落实‘三个推进’ 做强做大鞍钢”等栏目，对习近平总书记参加辽宁代表团重要讲话精神的落实情况进行了全方位报道；把准时代脉搏和新闻热点，刊发《鞍钢超高强海工钢助力我国可燃冰试采成功》等作品，展现鞍钢积极投身“一带一路”宏伟实践的责任与担当；通过消息、通讯、评论、视讯等形式，将集团公司当前生产经营形势和重要改革发展举措第一时间传达至基层，为集团公司加快构建“631”产业发展新格局，奋力实现扭亏脱困目标营造良好的舆论氛围。

充分发挥以编委会为中枢，《周资源报表制度》为纽带的“中央厨房”编采体系的协调统领职能，深入推动涵盖平面媒体、电视媒体、网络新媒体等10余种媒体的深度融合。以纸媒多版面协同、报刊台网联动的形式，成功推出了《走基层·劳动最光荣》《走基层·跟班看变化》等新闻报道；创新新闻呈现载体，开设“图说·创新小故事”图片专栏，再现集团公司创新工作室的创新场景和事迹；成功开辟了“听报时间”“听新闻”等有声读物，让新闻传播更立体化、多样化；制作并推送《2016·鞍钢制造》《鞍钢的传家宝如此之多，它就是其中一颗耀眼的明珠》《驶向深蓝》等H5指尖画报作品，以VR全景模式生动再现集团公司建党96周年大会盛况，有效增强新闻报道的穿透力和感染力。

【企业管理工作】 全面推进绩效与薪酬分配制度改革。制定《鞍钢日报社2017年绩效与薪酬评价考核办法》，形成了“利益分区，人员分类，效益共享，风险共担”的联动考核机制，实现工资预算分列、考核指标分设。编采区域按照编采人员绩效考核评价细则要求，将奖惩情况、作品质量、数量与绩效考核系数挂钩，形成正向激励；经营区域全面细化分解运营成本、利润指标等关键考核指标，形成可量化考核指标，做到人人身上有指标，指标完成情况决定员工收入；管理区域将工作质量及编采、经营系统指标完成情况与收入挂钩，有效促进机关服务及管理水平不断提升。

坚持眼睛向内，深挖内部降本潜能，设定全年降低管理费用20万元指标，采取多种举措，确保目标实现。一是强化费用支出管理，同时加快落实财务共享平台建设要求，坚持“以收定支”，发挥财务预算管理功能，严格执行月、周资金使用预算制度，实施滚动预算管理，形成了预算、执行、反馈、分析、调整的闭环费用管控模式，实现源头控制资金使用成本。二是持续开展“阳光采购工程”，实现招标、库存两头监管，有效降低采购成本和费用支出。三是加大维修管控力度，深入开展修旧利废工作，公共维护费用不断降低。

按照确保市场主体地位、放权、放责、监管“四个到位”要求，打破传统的经营观念和思维模式，对传媒公司“放权搞活”，采取模拟市场化经营方式，重新划分四个区域，公开选聘4名业务主管，实行项目承包负责制，进一步坚定了各个区域单独面向社会独立发展、闯市场的信心与勇气，为推动传媒产业实现由生产模式转向经营模式、由内向型发展转向外向型发展的“双重转变”提供有力保障。

按照“立足鞍钢，走向市场”的思路，传媒公司在保证现有印刷和广告业务市场占有率的前提下，加大业务承揽力度，不断谋求提升外部印刷品和广告市场的占有空间，在对周边地区印刷市场充分调研的基础上，承揽印制辽阳市委宣传部《古城新声》等材料，推送了鞍钢汽运公司、鞍钢集团总医院等相关业务类广告，为进一步拓宽外部经营市场积累了宝贵经验。

【基层党建工作】 常态化制度化开展“两学一做”学习教育。召开党委中心组理论学习会，专题学习习近平总书记在党的十九大上的报告精神、习近平总书记在辽宁团重要讲话精神、唐复平董事长到报社专项调研指示精神等内容；班子成员带头深入基层讲党课、以普通党员身份听党课10余次，并针对基层党支部存在的问题深刻剖析、及时指导；开展基层党支部集中学习20余次，召开基层党支部书记专题会议6次，开展专题党课20余次，使学习教育在各级党组织中层层推进、逐级落实，实现全覆盖；创新理论学习途径，搭建“理论学习微平台”，制作H5学习课件，实现线上辅导、线下交流，集中学与自学相结合的多维学习模式。下发形势任务教育宣传提纲，第一时间将企业经营形势传达到基层，为企业改革发展提供了强有力支持。

开展马克思主义新闻观教育实践工程。坚持党的领导，坚持正确的政治方向和舆论导向，持续提升编采人员“四个意识”。结合“两学一做”学习教育常态化制度化，以党委中心组理论学习、“三会一课”和业务研讨会等为有效载体，深入学习习近平总书记关于党的新闻舆论工作系列重要讲话精神，引领全体编采人员践行“四向四做”要求，履行48字职责使命，牢记任务、职责，明确方向、目标，切实提高编采人员的政治素质；紧跟形势，及时掌握集团公司大政方针，使编采人员在工作中做到心中有纲领，落笔有方向，确保集团公司重要精神和决策部署得到全面落实，充分发挥鞍钢新闻舆论主阵地作用。

开展“两个参与”活动，激发全体党员内在活力。坚持以“鞍钢宪法”精神为指引，从问题导向出发，在全体党员中开展“两个参与”主题活动。一是引领普通党员参与管理，以“百条良策征集”和“网络问企”等活动为载体，问妙计于基层，求良方在一线，有效推动了普通党员参与企业管理的积极性、主动性和创造性，为报社实现全面发展献计献策。报社党委累计收集各类意见建议40余条，有效解决了制约报社办报、管理、经营各领域发展的各类问题20余项。二是引领党员干部参与生产，推动党员干部参与编采、印刷、现场治理等一线岗位工作，使党员干部的先锋模范作用得到进一步发挥，在一定程度上解决了人员结构老化、一线岗位严重缺员等实际问题，有效降低了相关费用发生。

开展“三项特色”工作，释放党建工作内生动力。结合基层党支部提升年活动，开展各党支部特色工作。一是以“驻厂蹲点大采访”活动为载体，在编辑部党支部全面开展新闻宣传战线“走转改”活动，推动全体编采人员以实际行动落实习近平总书记“四向四做”要求，践行党的新闻舆论工作48字职责使命，以生动的笔触和镜头，采写“沾泥土”“带露珠”“冒热气”的新闻报道。二是在机关党支部开展“夯实管理、强化执行、服务下移、转变作风”活动，有效促进机关服务下移，不断推动工作作风转变。三是在传媒公司党支部开展“保工期、保质量、促生产、促经营”主题实践活动，为印刷生产顺行提供了可靠的保障。

按照集团公司《贯彻落实全国国有企业党的建设工作会议精神重点任务》文件精神要求，报社党委召开专题会议，结合自身党建工作实际，本着从严从细从实的工作态度，从全面抓好重点任务角度出发，对相关工作进行了系统梳理，全面分解，确定了“把加强党的领导和完善公司治理统一起来”“建设高素质国有企业领导人员队伍”“把国有企业基层党组织建设成为坚强战斗堡垒”“加强对国有企业党的建设的领导”四大方面中的18条重点任务，并逐一进行落实，目前11项工作已按时间节点要求全部落实，7项长期工作正在持续开展。

【干部队伍建设】 坚持正确用人导向。加强干部队伍建设，规范干部任免程序，坚持国有企业领导人员“20字”要求，全面落实五湖四海、任人唯贤、德才兼备、以德为先、注重实绩、群众公认的选人用人标准，坚持落实“凡提四必”原则，执行个人有关事项报告制度，筑牢任前关口，完善纪实档案，有效推动了干部选拔工作的健康开展；突出干部思想作风建设，强化政治理论学习，注重实践锻炼，注重跨岗位业务交流，进一步增强了广大干部的党性观念，提高了政策理论水平和领导能力。

强化后备人才队伍建设。根据《关于加强和改进鞍钢集团公司优秀年轻领导人员培养选拔工作的实施方案》精神，结合报社“四项工程”关于人才培养的相关要求，制定《关于加强和改进鞍钢日报社优秀年轻领导人员培养选拔工作的实施方案》，建立培养对象“人才库”，完善培养机制，确定近期培养对象1人、中期培养对象2人、长期培养对象2人，对重点培养的年轻领导人员，按照管理权限，注重培养，强化考核。1名品德合格、业绩突出的中期培养对象（40岁以下）由副处级岗位被集团公司提拔为报社班子成员。

实施“全媒体人才培养工程”。制定《青年记者论坛活动规划》，围绕“打造全媒体编采队伍”等主题，持续开展文、摄、录以及新媒体等多专业技能培训与业务研讨，为进一步拓宽全媒体人才成长途径奠定良好的基础；启动“导师带徒”活动，11对师徒签订“人才培养规划协议”，开展实践性、创新性教学，有效推动青年编采人员的业务素质提升，10名青年记者获得市级以上荣誉；强化通联队伍建设。集中培训基层单位通讯员近60人，有效提升基层通讯员的政治理论水平和业务素养，为进一步做好基层单位的新闻宣传工作发挥了重要作用。

【纪检监察工作】 全面贯彻落实集团公司党风廉政建设和反腐败工作会议精神，深入推动惩防体系建设。一是结合“两学一做”学习教育常态化制度化，开展以习近平总书记关于党风廉政和反腐败工作的重要论述为重点的学习教育，党员干部的政治素质得到有效提升，执行党的路线、方针、政策的行动自觉得到显著增强。二是开展典型案例警示教育，观看《央企领导人员违纪违法警示录》廉政警示片，深入剖析案例，党员领导干部的拒腐防变能力得到了进一步提升。三是开展“微腐败”“亚腐败”专项调查治理工作，有效运用“四种形态”，逐步构建风清气正的小生态、微环境。四是增强廉洁风险管控，落实集团公司廉洁地图创建工作要求，围绕工程、采购、选人用人等业务，针对企业决策、执行、监督、管理中的薄弱环节，进一步摸清“树木”和“森林”底数，实现从源头预防腐败。

【群团建设工作】 坚持依靠职工办企业，不断加强职工民主管理。报社内部重大决策全部提交职代会讨论，实现民主审议率100%。全面推行厂务公开，切实保障职工群众的知情权、参与权和监督权。关心职工生活，完善帮困扶贫机制，救济困难职工168人次，发放救济金10.5万元。积极开展“五一”登山文体活动，丰富职工精神文化生活，营造“和谐一家亲”气氛，报社工会荣获“集团公司先进工会”“集团公司退管优胜单位”荣誉。共青团“三大品牌工作建设”“创新登高”“跟着郭明义学雷锋”等长项工作均取得一定的成绩，报社团委荣获“鞍山市先进团委”荣誉称号，1名团干部荣获全国钢铁行业优秀团干部标兵、鞍山市优秀团干部两项殊荣。

（季　旭）

人　物

·先进人物·

全国五一劳动奖章获得者

张允东　男，中共党员，现任鞍钢股份炼焦总厂五炼焦作业区作业长。

该同志积极推进安全生产标准化工作，2012年以来共组织隐患排查整治100余次2930处，开展动态危险源辨识135次，新辨识出危险源25处。重新制定了15个应急处置卡，修改了30个应急处置卡，组织开展了165场次的应急预案演练。所在作业区累计获得45次公司红旗班组，实现了安全防火事故为零目标。

该同志组织开展技术攻关58项，实现“两革一化”成果485项，其中完成厂级攻关20余项，申报公司专有技术和专利项目28项，累计创价值3000余万元。2012年以来，组织总结先进操作法20多项，创效500余万元，并全部在7米焦炉（国家“863”示范工程项目）得到推广应用，受到中冶焦耐院的好评。组织修旧利废备品备件千余件，节约价值350余万元。发动职工群众利用业余时间平整场地10000余平方米，栽树3800株，使作业区现场环境焕然一新。

该同志出色地完成了连续3期焦炉改造和开工、达产等工作任务。其中焦炉四期、五期投产后，焦炭实物质量创鞍钢历史，焦炉达标达产速度和质量创鞍钢历史。2015年9月25日被中共辽宁省委宣传部、辽宁省总工会授予“辽宁好人·最美工人”荣誉称号，同年10月被辽宁省总工会授予辽宁五一劳动奖章。

郑之旺　男，1964年11月出生，1985年8月参加工作，现任攀钢集团研究院有限公司钒钛钢研究所家电与汽车用钢研究室主任。

参加工作以来，该同志拥有良好的思想品德、强烈的工作责任感和事业心，学风严谨，勇于创新，在科技创新创效中表现突出，为攀钢集团板材领域科技进步和技术创新作出了突出贡献，负责及参与的科研项目获冶金科学技术三等奖1项，四川省科技进步一等奖1项、二等奖2项、三等奖12项；获得发明授权专利20余项。

该同志负责了攀钢集团高品质汽车用钢的研发，围绕西昌钢钒冷轧厂连退线和重庆高强热镀锌线的调试和投产，带领家电与汽车用钢学科团队和冷轧汽车钢板开发项目组，在汽车面板全流程生产工艺技术研究、重庆高强线热镀锌板和冷轧产品开发等方面取得显著突破。在汽车面板开发方面，通过协同攻关，工序保障能力明显提升，确定了关键控制点，建立了汽车面板用钢的生产工艺平台，形成了汽车面板生产集成技术，汽车面板已通过部分汽车制造厂认证，满足用户使用要求，具备批量供货能力；在重庆高强线热镀锌汽车板开发方面，完善了软钢系列、低合金高强钢系列、高强IF钢系列、BH钢系列热镀锌基板的生产工艺，解决了IF钢r值偏低、低合金高强钢、高强IF钢屈服强度偏高、H180BH钢BH值偏低等技术问题，打通了XC590、XC780、XC980等DP钢热镀锌板的生产工艺，开发了LC590、LC780、LC980等低碳当量DP钢热镀锌钢板；在冷轧汽车板开发方面，开发了软钢、碳素结构钢、低合金高强钢、高强含磷钢、BH钢和DP钢的生产技术，实现了目标市场品种系列全覆盖；目前形成了6大系列45个牌号汽车板的全流程生产工艺技术，部分品种已实现稳定批量供货；此外，在家电用热镀锌钢板开发方面，负责了“DX54D光整热镀锌板钢板开发”“冲压系列热镀锌钢板开发”等项目的研究工作，解决了冲用用热镀锌钢板的屈服强度、n值和r值的控制问题，在国内率先在建材用连续热镀锌线上开发成功 DQ-EDDQ 级系列家电用热镀锌钢板；在热镀铝锌钢板开发方面，负责和参与了建筑用高强钢和电控柜热镀铝锌钢板等开发，并成功地开发出综合性能优良的家电用热镀铝锌钢板；在家电用冷轧板开发方面，开发了横纹缺陷控制、力学性能分级控制以及微硼处理提高过时效性能等关键技术，开发了微波炉外壳用 St12-MD、油汀用 St13-MD、冷凝管用 St16、冷轧搪瓷钢等家电用冷轧钢板，实现了批量供货，提高了攀钢集团冷轧钢板的市场竞争力。

辽宁省五一劳动奖章获得者

杜斌 男，1966 年出生，大学本科，教授级高级工程师，现任鞍钢股份有限公司大型厂厂长。

近年来在国内钢铁行业面临严峻生存挑战的关键时期，该同志带领全厂职工，勇挑重担，克艰制胜，抓好改革、改造、科研和销售等工作，企业连续多年都处于盈利状态，为鞍钢集团打胜扭亏脱困攻坚战作出了突出贡献。

该同志先后组织研发了工字钢、槽钢、角钢、汽车轮辋钢、槽帮钢等 10 多个新产品，其中“日标槽钢”为企业创汇 8037 万美元。该同志组织完成了万能法轧制 50N 钢轨、BS90A 钢轨、BS100A 钢轨等多个科研项目。在 2015 年老厂改造中，该同志作为项目经理按期保质完成总造价近 10 亿元的改造工程，该工程被公司誉为“壮观开局、震撼攻坚、精彩组织、勇创奇迹”。改造后，大型厂形成了“五线”并举的生产新格局，型材生产能力增至三倍，为大型厂的第三次创业筑牢了坚实的基础。

该同志先后获得冶金科技奖 1 项、辽宁省科技进步奖 3 项、鞍山市科技进步奖 6 项。还先后获得国务院政府特殊津贴、辽宁省百千万人才工程千人层次人选、辽宁高层次科技专家库专家、鞍山市专业技术拔尖人才、鞍山市劳动模范等荣誉称号。2013～2016 年，连续四年获得鞍钢集团先进生产（工作）者称号。

郭晓宏 女，1966 年出生，1988 年毕业于沈阳工业大学，硕士，现任鞍钢集团钢铁研究院热轧带钢室主任，一级研究员，教授级高级工程师。

该同志一直从事生产一线新钢种开发工作，专业知识扎实，创新能力极强，在科技成果产业化以及推广应用方面作出了突出贡献。高铁是我国高端装备“走出去”的国家名片，她主导研制的“350 千米时速中国动车组转向架用钢”，具有自主知识产权，打破了国外对此项技术的垄断，为我国“高铁”制造业占据全球产业链的高端位置作出了突出贡献。承担的 350 千米时速高铁转向架及耐腐蚀系列用钢等项目，累计创效近 2 亿元。在未与任何一家科研院所合作条件下，凭借多年知识沉淀和经验积累，成功研制出新型耐蚀钢，满足了中国铁路货车设计寿命达到 25 年的要求，并成功推进市场，使鞍钢市场占有率达到 70%。

先后获中国专利优秀奖 2 项、中国钢铁工业产品市场开拓奖，辽宁省优秀新产品一等奖、冶金科学技术二等奖，鞍山市科技进步特等奖，授权国家发明专利 16 项，发表科技论文 20 多篇。先后被评为鞍钢集团劳动模范、鞍山市特等劳动模范、鞍山市十大杰出科技工作者、辽宁省优秀科技工作者。

刘加纯 男，1968 年出生，中共党员，大专学历，工人技师，现任鞍钢股份能源管控中心发电分厂汽机作业区电动鼓风机班班长。

该同志技能高超。他的读书笔记，被厂作为培训教材广泛使用；他的操作方法，被厂纳入技术规程广泛推广。2014 年被鞍山钢铁集团公司聘为特级技师，享受副厂级薪酬待遇。

该同志善于创新。自 2012 年以来，作为一名工人，担任起工程安装调试总指挥重任，五年期间安装调试完成了 8 台套高炉鼓风机和发电机组，先后完成创新项目 64 项，创效 2300 余万元。创造的《电动鼓风机节电操作法》，每年可降电耗 1000 万元。2016 年，创新项目获得第九届国际发明展览会金奖。

该同志不计得失。多次协助其他单位解决电动鼓风机、汽轮发电机技术难题。带领创新工作室十几名成员，共同申报专利和专有技术 24 项，完成创新项目 68 项，创效 2726 万元。2016 年，该创新工作室被评为鞍山市劳模创新工作室。

该同志先后荣获鞍钢高技能人才、鞍钢集团劳动模范、“鞍钢敬业奉献楷模”、鞍山市劳动模范、辽宁省优秀班组长标兵、辽宁省优秀工会积极分子、辽宁省五一劳动奖章、中央企业优秀共产党员等荣誉称号。该同志所带领的班组被鞍钢股份命名为“智能型班组”，所在的作业区被中华全国总工会命名为“模范职工之家”。

刘振宇　男，1969 年 5 月出生，大学文化，中共党员，现任鞍钢股份炼铁总厂 1 号、10 高炉总作业长。

该同志是专家型的一线管理者。在技术创新上，不断寻找攻关课题，获得“保证炉顶缺陷设备正常运行技术”等 3 项国家专利，切实把科学技术转化为生产力。组织人员解决了高炉吃低价料煤气流分布不均等难题。提出直接将矿筛改为 3 毫米，筛分后大于 3 毫米的烧结矿全部入炉使用，并对高炉上料周期进行改进，每天可节省烧结矿 470 吨，年创效近 600 万元。

该同志是精细型的一线指挥者。在生产指挥上，面对复杂炉况变化，科学组织生产，精细操作管理，密切关注上料系统和外部原燃料情况的变化，提出了“不强求、不放弃”的基本工作思路，确立了“攻、守、退”策略。在高炉休风变料后的炉况恢复中，通过细致认真研究，创造性将一段式休风变料方式，更改为分阶段变料，使高炉恢复时间缩短至 3 小时，创效近百万元。2016 年 10 高炉主要经济技术指标又有新的突破，全年生产生铁 240 万吨，高炉利用系数达到 2.71 吨/(日·立方米)，超产 10000 吨。高炉利用系数、入炉焦比、煤比等主要经济技术指标在全国大型高炉排行榜上名列前茅，为鞍钢整体效益的实现作出了突出的贡献。

该同志曾先后荣获鞍钢集团技术拔尖人才、鞍钢集团公司劳动模范、鞍山市劳动模范称号。

马怀斌　男，1971 年出生，中共党员，现任鞍钢股份冷轧厂三分厂生产作业区连退机组乙班班长。

该同志肯于钻研、善于创新，总结创造的《连退炉防断带最佳操作法》被评为鞍钢级先进操作法，在本部及莆田冷轧产线进行了推广。《连退炉炉内勒印控制》《连退划伤缺陷控制》《平整液残留缺陷控制》等厂级先进操作法也在生产经营中被广泛应用，累计创效 150 余万元。同时，还申报了“一种连续退火炉炉顶作业安全防护装置”等 2 项实用专利，“一种有效控制平整液残留缺陷的方法”1 项发明专利。

几年来，该同志带领班组创造了连续三年总产量四班第一，连续四年无炉内断带纪录。2016 年全班实现了高表面、极限宽料、薄料品种产量四班最高，成材率指标由 98.78%提升至 99%，小时产量提升 3 吨、能源降耗 3 万元/月，实现了全年质量异议、大宗质量事故、轻伤以上事故“三个零”目标，为三分厂打造国内最具竞争力汽车板生产基地作出应有的贡献。

该同志曾先后荣获鞍钢集团公司优秀班组长标兵、鞍钢集团公司劳动模范、鞍山市劳动模范。2016 年度，该同志所带领的班组荣获鞍钢集团公司“标杆班组”称号。

宋运涛　男，1984 年 10 月出生，中共党员，2006 年 7 月参加工作，现任鞍钢股份鲅鱼圈钢铁分公司热轧部值班调度长。

该同志为迎接挑战、面对困难，加班加点，认真总结轧制数据，同管理、技术人员讨论轧制方法，调整工艺参数，建立带钢工序调整模型和精轧轧制模型，先后参与 57 个品种和 3000 多个规格的热轧产品的调试生产工作，试轧成功 65Mn 厚度 2.0 毫米等 16 项极限品种规格，其中有 12 项处于国内领先水平，4 项填补热轧行业品种空白，多项产品、规格实现了国内 1580 线独家供货。

该同志带领班组和热轧部创新团队在各个不同阶段成功探索出《班组经济成本核算运行模式》

《计划值生产运行模式》《全员目标值管理运行模式》《班组提质挖潜运行模式》《班组精益操作、经济操作运行模式》等先进操作法，这些经验的推广和良好运行为热轧部降低工序成本累计10元/吨钢，间接创造经济效益3000万元/年。

该同志先后被评为全国钢铁行业“青安杯”竞赛最佳青安岗岗长、“营口市劳动模范”和“辽宁省劳动模范”；多次获鞍钢集团公司技术能手荣誉称号，2018年，宋运涛代表鞍钢集团参加“首钢杯”轧钢系统竞赛，荣获“全国钢铁行业技术能手”称号。

杨景平 男，中共党员，选矿工程师，现任鞍钢集团矿业有限公司弓长岭选矿厂二选作业区作业长，连续多年被评为厂标兵、弓矿、矿业公司标兵、鞍钢先进生产者，2014~2015年度被评为鞍钢集团和鞍山市劳动模范。

该同志自参加工作以来，多年放弃周末、节假日、夜间休息，在不同岗位发挥着技术攻关、生产管理、管控指挥等作用，并通过模范作用带动、激励身边的同志为企业产能提高，效益增长，成本降低，管理提升等作出非常大的贡献。

在磁选车间工作期间，该同志积极参加企业减亏工作，于1998年、2000年担任值班主任，生产主任期间带领生产系统职工开展内部挖潜，在未投入未改造前提下，实现产能由172万吨增加到242万吨，成本由400元降低到240元，车间增加企业效益3.84亿元/年。该同志4项管理成果获弓矿公司1等奖，1项获鞍钢集团3等奖。

在主持弓选厂部室生产工作接近9年期间，该同志参与了弓长岭选矿厂一选、二选、三选、反浮选等多条生产线改造项目，充分依靠技术进步和技术创新，寻求符合生产经营需要的新技术、新工艺、新设备，不断提高技术和装备水平，围绕节能减排、降本增效开展科技攻关，参与完成科研技改项目30余项，创效7000多万元，并获辽宁省科技进步奖二等奖1项，市科技进步奖一等奖2项，鞍钢科技进步奖一等奖1项。并连续8年被评为厂、矿业标兵，鞍钢先进生产工作者。

2015~2016年度，杨景平主要负责一选作业区行政管理工作，两年实现精矿产量688万吨，对比2013~2014年度提高68万吨。吨精矿成本460元，对比2013~2014年度降低41元/吨，均是历史最好水平。提高企业效益1.41亿元/年。并实现精、尾指标长期稳定，安全、生产、设备事故为零的目标。

该同志以科技进步为措施、主观能动性为导向，多次提出合理化建议，开展薄弱环节攻关活动。如提出通过自控系统管理及合理调整分配流程循环量，通过球磨合理规范漏子并根据矿槽槽位开动，杜绝待料低效率运行，通过流程体外量整改及控制等措施。实现台时对比2013~2014年度提高23吨，增幅9.3%。实现全系统经济运行，对比2013年创效达1370万元/年，台时创改造以来最高水平。

谷安成 男，中共党员，高级技师，现任鞍钢集团矿业有限公司齐大山选矿厂一选作业区乙班班长，曾荣获中央企业技术能手、中央企业青年岗位能手、全国青年岗位能手，2017年被鞍钢集团公司命名为首届“鞍钢工匠”、鞍钢集团矿业有限公司聘任为首席技师，鞍山市劳动模范、辽宁省劳动模范等荣誉称号。

该同志担任班长以来，带领职工围绕选矿生产重点、难点及关键，积极投身选矿工艺技术改造，先后参与的SLon立环脉动中磁机代替扫中磁机工业试验，取得了系统尾品降低1.67%、综合尾品降低0.60%、年效益1200余万元的试验指标；参与的一扫精自返和RA-515药剂应用，作业给矿浓度由60%~65%降至55%~60%，矿浆温度由30~35℃提高到35℃以上，保证了浮选作业操作调整的必要条件，作业精品提高0.42%，药剂消耗降低10%以上，年效益500万元；在浮选柱工业试验中，提出了改进设备运转速度与优化给矿粒度等几项措施，实施后技术指标得到明显提升；参与的浮选低温药剂试验与应用，浮选作业温度由42℃下调至32℃，系统尾矿品位由17%~18%下降至14%~15%，累计年创效1000余万元。2010~2016年发明的“重选溜槽滑块调整装置”“磁选机分体式卸矿器”“浮选泡沫跑槽消泡器”“浮选药剂泵箱液位报警装置”和“一种直线除渣筛的自动清渣装置”被授予国家实用型专利。总结的《谷安成浮选作业指标换挡先进操作法》获得鞍钢集团公司先进操作法并在选厂进行了推广，浮选作业指标得到了明显的改善，年创效128余万元。2018年下半年针对矿源不足，鞍千低品位矿及难选矿大量入选给岗位操作带来困难，指标波动大，总结出“综合配矿后班组接续调整”生产最佳操作方案，2018年11月到弓选厂的二选、三选、浮选作业区进行现场交流和经验介绍。经反馈，该操作法在弓选厂实施后，效果良好。2019年该项操作法即《综合配矿后选矿生产班组接续调整先进操作法》获矿业公司先进操作法。

2016年，谷安成创新工作室被授予矿业公司级职工创新工作室，累计创效1500余万元。2018年被授予鞍山市职工创新工作室，2019年被授予辽宁省劳模创新工作室。作为省级技能大师工作站选矿站成员，被委以重任到新开工的关宝山选矿厂对试验转车给予技术指导，开展经验传授，解决了20余项问题，达到了预期效果。

该同志先后6次获得矿业及鞍钢集团技术状元、矿业公司明星技术状元称号。

陈世谊 男，中共党员，车工高级技师。现任鞍钢重型机械有限责任公司灵山机械厂重型作业区新跨甲班班长，曾荣获鞍钢集团公司先进生产（工作）者、优秀共产党员、鞍山市优秀班组长、鞍山市劳动模范、中央企业先进职工和技术能手、辽宁省劳动模范、中央企业优秀共产党员等荣誉称号。

该同志从业28年以来，始终恪守“干一行，爱一行，钻一行”的理想与信念。从一名普普通通的车工，成长为一个能够驾驭大型先进数控设备的高技能人才。他操作的16米数控立车是鞍钢集团公司最大的数控立车，承担着灵山机械厂繁重的生产任务。特别是随着国家大力发展水电事业，重机公司专业技术队伍开发研究了水轮发电机零件制造技术，也接到了相当多的水电产品加工订单。在水电产品“中心座环”的加工任务中，陈世谊通过采用机床龙门后移850毫米，使用“加长接爪”辅助支承“异型凸出”部分，采用“过度刀杆”“基准转移”等多项方法成功地完成了此项产品的加工，创造了80余万元的加工净值。在加工“公伯峡电站”顶盖抗磨板过程中，陈世谊大胆提出，采用牌号为YC40一种国产的圆刀片代替进口的“瑞典三特”刀片，5组活件共节省刀具费近20万元。在加工“彭水电站下环”时采用此刀片，使加工周期由原来的45天缩短至36天，四组下环节省费用73万元。在加工三峡下环任务中，使用此刀具仅用了38天便完成了国内首件三峡下环的加工任务，实现了进口产品国产化，获时任国务院副总理曾培炎的好评。

该同志主持参与对8米卧车的结构进行改造，改造后，利用8米卧车成功完成了鞍钢炼铁总厂混料机筒体的加工，以1万元的投入赢得99万元的产值，此加工方法获鞍钢集团公司“先进操作法”。该同志勤于学习，崇尚技术，多次参加各级各类技术竞赛。曾10次荣获鞍钢集团公司技术能手称号，中国技能大赛辽宁省技师杯第五名，辽宁省技师杯第八名，被鞍山市职教城直属院校聘为专业技能导师。2018年参加由国资委组织的中央企业高技能人才赴德国学习。

以陈世谊命名的“创新工作室”，先后解决了“巧改机床尾座稳固机构实现混合筒体加工攻关”“如何更改刀具提高挂舵加工效率的攻关”等生产重大难题。创新工作室成立以来，共完成创新立项34项，创效达1074万元。获国家发明专利4项、专有技术4项、获得鞍钢集团公司先进操作法2项。陈世谊创新工作室也先后荣获“鞍钢集团公司职工创新工作室”“鞍山市总工会劳模创新工作室”“辽宁省劳模创新工作室”等称号。

刘丽娜 女，中共党员，现任鞍钢绿源科技有限公司微粉分公司副经理。曾荣获中央企业五四青年、辽宁省劳动模范、辽宁省“五一”奖章、鞍山市“十大”女杰、鞍钢劳动模范。

该同志2000年入厂以来扎根鞍钢非钢产业生产一线，为鞍钢冶金渣综合处理及非钢产业创新创效作出突出贡献。她数年如一日扎根渣山，致力技改。深入一线，立项攻关，多年来她所组织及参与的改造项目可达50多项，累积创效可超千万。其中提出的优化调整大袋收尘器导风阀开度项目使生产线当年小时平均单产提高10多吨，年多创产值1000多万元。她所在的生产线高产稳产水平逐年提高，并创造了年超设计总产量10万吨的纪录。

2012~2016年，该同志带领调试团队，出色完成了鞍钢困难时期相继上马的5条矿渣粉磨生产线的调试任务，所有生产线都快速达产达标创效。发现工业网络控制存在重大缺陷，避免经济损失100多万元。2016～2019年，她的创新工作室完成40多项创新项目，实现利润1000万元左右。她提出并参与的主风机变频节能改造项目，每年为公司节能300多万元。

（鞍钢集团有限公司工会提供）

·名　录·

2017年鞍钢集团直管干部任免名单

姓　名	任免职务	任免日期
路景宏	任鞍钢集团公司北京办事处主任（试用期一年）	2017.01.24
盛玲玲	任鞍钢集团信息产业有限公司副总经理	2017.01.24
张万山	任鞍钢未来钢铁研究院有限公司执行董事、总经理（院长）	2017.01.24
王军生	任鞍钢未来钢铁研究院有限公司副总经理（副院长）（试用期一年）	2017.01.24
金　彬	任鞍钢集团公司财务运营部副部长	2017.01.24
许永波	任鞍钢附属企业公司经理（试用期一年）、党委副书记	2017.01.24
余自甦	建议不再担任鞍钢联众（广州）不锈钢有限公司、鞍钢瀚阳（广州）钢铁有限公司董事长、董事职务	2017.02.08
张大德	任鞍钢集团公司总工程师，不再担任攀钢集团有限公司党委书记、董事长、董事职务	2017.02.08
段向东	任攀钢集团有限公司党委书记、董事长，不再担任攀钢集团有限公司总经理职务	2017.02.08
刘　杰	任攀钢集团有限公司党委常委、副总经理，不再担任鞍山钢铁集团公司（鞍钢股份有限公司）党委常委、纪委书记职务	2017.02.08
刘宝山	建议不再担任鞍钢集团朝阳钢铁有限公司总经理职务	2017.02.08
陈　涛	不再担任鞍钢重型机械有限责任公司党委书记职务，建议不再担任鞍钢重型机械有限责任公司董事长、董事职务	2017.02.08
王　英	任鞍钢集团工程技术发展有限公司副总经理兼鞍钢重型机械有限责任公司党委书记，不再担任鞍钢股份鲅鱼圈钢铁分公司党委书记、工会主席兼鞍钢鲅鱼圈钢铁新区党工委书记职务，建议任鞍钢重型机械有限责任公司董事长	2017.02.08
李士涛	任鞍钢股份鲅鱼圈钢铁分公司党委书记、工会主席，不再担任鞍钢集团工程技术发展有限公司纪委书记职务	2017.02.08
徐世帅	鞍山钢铁集团有限公司/鞍钢股份有限公司党委常委兼鞍钢股份有限公司副总经理（试用期满，正式任职）	2017.03.24
孟劲松	鞍山钢铁集团有限公司/鞍钢股份有限公司党委常委兼鞍钢股份有限公司副总经理（试用期满，正式任职）	2017.03.24
刘宝山	任鞍山钢铁集团有限公司/鞍钢股份有限公司党委常委兼鞍钢集团朝阳钢铁有限公司党委书记，建议任鞍钢股份有限公司副总经理（试用期一年），不再担任鞍钢股份有限公司总经理助理，鞍钢集团朝阳钢铁有限公司执行董事职务	2017.03.24
路永利	任鞍山钢铁集团有限公司/鞍钢股份有限公司党委常委、纪委书记（试用期一年），不再担任鞍钢集团公司纪委副书记、监察部部长、纪委常委职务	2017.03.24
何玉章	任攀钢集团有限公司党委常委、副总经理（试用期一年），不再担任攀钢集团有限公司总经理助理职务	2017.03.24

续表

姓　名	任免职务	任免日期
李　镇	任鞍钢联众（广州）不锈钢有限公司、鞍钢瀚阳（广州）钢铁有限公司党委筹建组组长（试用期一年），建议任鞍钢联众（广州）不锈钢有限公司、鞍钢瀚阳（广州）钢铁有限公司董事长（试用期一年）	2017.03.24
李治都	任鞍山钢铁集团有限公司铁路运输公司党委书记、工会主席（试用期一年），不再担任鞍钢集团公司办公厅（党委办公厅）副主任职务	2017.03.24
吴洪志	任鞍钢集团公司办公厅（党委办公厅）副主任（试用期一年）	2017.03.24
申长纯	任攀钢集团有限公司党委副书记、纪委书记	2017.03.24
杨欣然	不再担任鞍钢日报社党委副书记、纪委书记、工会主席职务	2017.03.24
邵安林	不再担任鞍钢矿业集团（攀钢钒钛）党委书记，鞍钢矿业集团总经理职务	2017.03.24
吴　鸣	不再担任鞍钢矿业集团（攀钢钒钛）党委副书记、工会主席职务	2017.03.24
宋　军	不再担任鞍钢矿业集团（攀钢钒钛）纪委书记职务	2017.03.24
谢琪春	不再担任鞍钢矿业集团常务副总经理职务	2017.03.24
石　伟	不再担任鞍钢矿业集团副总经理职务	2017.03.24
张兆元	不再担任鞍钢矿业集团副总经理职务	2017.03.24
何方威	不再担任鞍钢矿业集团副总经理职务	2017.03.24
邓　原	任鞍钢集团工程技术发展有限公司纪委书记（试用期一年）	2017.04.21
吕文福	任鞍钢集团人力资源服务公司执行董事、总经理	2017.04.21
邵安林	不再担任鞍山钢铁集团有限公司党委常委，鞍钢集团矿业有限公司总经理职务	2017.06.22
邓鹏宏	建议任鞍钢集团矿业有限公司总经理（试用期一年）	2017.06.22
刘宝山	不再担任鞍钢集团朝阳钢铁有限公司党委书记职务	2017.06.22
衣晨光	任鞍钢集团朝阳钢铁有限公司党委副书记（主持工作）	2017.06.22
于　峰	建议任鞍钢集团朝阳钢铁有限公司总经理（试用期一年）	2017.06.22
王　欣	任鞍钢日报社党委副书记、工会主席、纪委书记，不再担任鞍钢日报社副总编辑职务	2017.06.22
吴先明	任鞍钢日报社副总编辑（试用期一年）	2017.06.22
辛洪斌	攀钢攀枝花钢钒有限公司党委书记兼攀钢成都钢钒有限公司（攀钢成都钢铁有限责任公司）党委书记（试用期满，正式任职）	2017.06.22
赵永平	攀钢攀枝花钢钒有限公司总经理兼攀钢成都钢钒有限公司（攀钢成都钢铁有限责任公司）总经理（试用期满，正式任职）	2017.06.22
贾连波	鞍钢集团工程技术发展有限公司建设集团有限公司党委书记（试用期满，正式任职）	2017.06.22
计　岩	鞍钢集团公司总法律顾问（试用期满，正式任职）	2017.07.21
金祥赴	鞍钢集团国际经济贸易有限公司副总经理（试用期满，正式任职）	2017.07.21
王军生	鞍钢未来钢铁研究院有限公司副总经理（副院长）（试用期满，正式任职）	2017.07.21
孙　阳	不再担任鞍钢集团公司纪委常委职务	2017.07.21
王伟任	不再担任鞍钢集团公司纪委常委职务	2017.07.21
张明伟	不再担任鞍钢集团公司纪委常委职务	2017.07.21
冷　松	任鞍钢集团公司纪委常委	2017.07.21
刘德勇	任鞍钢集团公司纪委常委	2017.07.21
刘　明	任鞍钢集团公司纪委常委	2017.07.21
袁雪峰	任鞍钢集团专职董（监）事办公室主任、不再担任鞍钢集团综合实业发展有限公司党委书记、董事长、董事，鞍钢实业集团有限公司董事长、董事职务	2017.09.29

续表

姓　名	任免职务	任免日期
刘宝山	任鞍钢集团综合实业发展有限公司执行董事（试用期一年），鞍钢实业集团有限公司党委书记、董事长，不再担任鞍山钢铁集团有限公司/鞍钢股份有限公司党委常委，建议不再担任鞍钢股份有限公司副总经理职务	2017.09.29
杨天旺	不再担任鞍钢集团综合实业发展有限公司董事、总经理、党委副书记职务	2017.09.29
孙玉平	任鞍钢集团综合实业发展有限公司总经理，鞍钢实业集团有限公司党委副书记，不再担任鞍钢实业集团有限公司党委书记、工会主席职务，建议任鞍钢实业集团有限公司总经理	2017.09.29
肖江山	任鞍钢实业集团有限公司党委副书记、工会主席，不再担任鞍钢集团综合实业发展有限公司党委副书记、工会主席职务	2017.09.29
王春明	任鞍钢实业集团有限公司纪委书记，不再担任鞍钢集团综合实业发展有限公司纪委书记职务	2017.09.29
高　伟	不再担任鞍钢集团综合实业发展有限公司总会计师职务，建议不再担任鞍钢实业集团有限公司总会计师职务	2017.09.29
单大为	不再担任鞍钢实业集团有限公司纪委书记职务，建议任鞍钢实业集团有限公司副总经理	2017.09.29
刘力辉	不再担任合谊地产有限公司董事长职务	2017.09.29
段向东	任合谊地产有限公司董事长	2017.09.29
王衍平	任鞍钢集团公司战略规划部部长，不再担任鞍钢集团信息产业有限公司党委副书记职务，建议不再担任鞍钢集团信息产业有限公司总经理职务	2017.09.29
王军生	任鞍钢集团信息产业有限公司党委副书记，建议任鞍钢集团信息产业有限公司副总经理（主持工作）	2017.09.29
韩兆平	建议任鞍钢集团工程技术发展有限公司副总经理	2017.09.29
景奉儒	不再担任鞍钢集团公司战略规划部部长职务	2017.09.29
杨进波	不再担任鞍钢集团公司战略规划部副部长职务	2017.09.29
洪树利	任鞍钢集团公司战略规划部副部长，鞍钢集团地企合作协调办公室主任	2017.09.29
林　垚	不再担任鞍钢集团公司战略规划部副部长职务	2017.09.29
马　成	不再担任鞍钢集团公司办公厅（党委办公厅）副主任职务	2017.09.29
耿树刚	任鞍钢集团健康产业有限公司党委筹建组长、董事长（试用期一年），不再担任鞍钢集团医疗健康产业有限公司执行董事、总经理职务	2017.09.29
顾　颜	任鞍钢集团健康产业有限公司党委筹建组副组长，建议任鞍钢集团健康产业有限公司总经理	2017.09.29
宋家辰	任鞍钢集团健康产业有限公司党委筹建组副组长、纪委筹建组组长、工会筹建组组长，不再担任鞍钢集团医疗健康产业有限公司党委书记、工会主席职务	2017.09.29
汤　斌	建议任鞍钢联众（广州）不锈钢有限公司、鞍钢瀚阳（广州）钢铁有限公司副总经理（试用期一年）	2017.09.29
郑良文	任鞍钢集团财务共享服务中心副主任（正处级，试用期一年）	2017.09.29
王　丽	任鞍钢集团财务共享服务中心副主任（正处级，试用期一年）	2017.09.29
巴宝君	任鞍钢集团公司子企业专职董事、监事	2017.09.29
马希博	任鞍钢集团公司子企业专职董事、监事	2017.09.29
沈剑英	任鞍钢集团公司子企业专职董事、监事	2017.09.29
王普军	任鞍钢集团公司子企业专职董事、监事	2017.09.29
周　伟	任鞍钢集团公司子企业专职董事、监事	2017.09.29
石　伟	任鞍钢集团公司子企业专职董事、监事，建议不再担任鞍钢集团矿业有限公司副总经理职务	2017.09.29
刘文胜	任鞍钢集团公司子企业专职董事、监事	2017.09.29
扎世利	任鞍钢集团公司子企业专职董事、监事，不再担任鞍钢集团工程技术发展有限公司党委副书记、工会主席职务	2017.09.29

续表

姓　名	任免职务	任免日期
王爱国	任鞍钢集团公司子企业专职董事、监事	2017. 09. 29
刘　钢	任鞍钢集团公司子企业专职董事、监事，建议不再担任鞍钢实业集团有限公司总经理职务	2017. 09. 29
孙晓辉	任鞍钢集团公司子企业专职董事、监事，不再担任鞍钢集团信息产业有限公司党委副书记、工会主席职务	2017. 09. 29
姚　林	不再担任鞍山钢铁集团有限公司/鞍钢股份有限公司党委书记、党委常委、董事长、董事职务	2017. 10. 13
王义栋	任鞍山钢铁集团有限公司/鞍钢股份有限公司党委书记、董事长，不再担任鞍山钢铁集团有限公司/鞍钢股份有限公司党委副书记职务，建议不再担任鞍山钢铁集团有限公司/鞍钢股份有限公司总经理职务	2017. 10. 13
龙　强	任鞍钢集团公司董事会秘书（总经理助理级，试用期一年）	2017. 10. 13
刘　杰	任鞍山钢铁集团有限公司/鞍钢股份有限公司党委常委，不再担任攀钢集团有限公司党委常委职务，建议不再担任攀钢集团有限公司副总经理职务	2017. 11. 13
李　镇	任鞍山钢铁集团有限公司/鞍钢股份有限公司党委常委，不再担任鞍钢联众（广州）不锈钢有限公司党委书记职务，建议任鞍钢股份有限公司副总经理（主持工作，试用期一年），不再担任鞍钢联众（广州）不锈钢有限公司董事长、董事职务	2017. 12. 04
李忠武	任攀钢集团有限公司党委常委，不再担任鞍山钢铁集团有限公司/鞍钢股份有限公司党委常委职务，建议任攀钢集团有限公司副总经理，不再担任鞍钢股份有限公司副总经理职务	2017. 12. 04
谢俊勇	任鞍山钢铁集团有限公司/鞍钢股份有限公司党委常委，不再担任攀钢集团有限公司党委常委职务，建议任鞍钢股份有限公司副总经理，不再担任攀钢集团有限公司副总经理职务	2017. 12. 04
马连勇	任鞍山钢铁集团有限公司/鞍钢股份有限公司党委常委，不再担任攀钢集团有限公司党委常委职务，建议任鞍钢股份有限公司副总经理，不再担任攀钢集团有限公司总会计师职务	2017. 12. 04
蔡恒君	任鞍钢联众（广州）不锈钢有限公司党委副书记（主持工作），建议任鞍钢联众（广州）不锈钢有限公司副董事长（主持工作），不再担任鞍钢联众（广州）不锈钢有限公司常务副总经理职务	2017. 12. 04
丁义新	不再担任鞍钢联众（广州）不锈钢有限公司党委副书记、纪委书记、工会筹建组组长职务	2017. 12. 04
王　斌	任鞍钢联众（广州）不锈钢有限公司党委副书记、纪委书记、工会筹建组组长	2017. 12. 04
刘　申	建议不再担任鞍钢集团资本控股有限公司总经理职务	2017. 12. 04
张万斌	不再担任鞍钢集团财务有限责任公司党委书记职务，建议任鞍钢集团资本控股有限公司总经理，不再担任鞍钢集团财务有限责任公司总经理职务	2017. 12. 04
吕哲龙	任鞍钢集团财务有限责任公司党委书记，建议任鞍钢集团财务有限责任公司总经理	2017. 12. 04
张万山	任鞍钢集团专职董（监）事办公室专职董事、监事，不再担任鞍钢未来钢铁研究院有限公司执行董事、总经理（院长）职务	2017. 12. 04
路景宏	任鞍钢未来钢铁研究院有限公司执行董事、总经理（院长）（试用期一年）	2017. 12. 04
邓鹏宏	任鞍钢集团矿业有限公司党委副书记	2017. 12. 04
陈列希	任鞍钢集团公司监察部部长	2017. 12. 04
穆铁健	任鞍钢集团公司纪委副书记	2017. 12. 04
阳春平	任鞍钢集团公司财务运营部副部长（挂职，时间半年）	2017. 12. 04
黄广利	任鞍钢集团公司专职巡视员	2017. 12. 04
王春明	任鞍钢集团公司专职巡视员	2017. 12. 04
张明伟	任鞍钢集团公司专职巡视员	2017. 12. 04
余雅彬	任鞍钢集团公司专职巡视员	2017. 12. 04
王建军	任鞍钢集团公司专职巡视员	2017. 12. 04

（鞍钢集团有限公司党委组织部　张　宏）

2017年鞍钢取得高级专业技术职称任职资格人员名单

正高级工程师

于代林　王　欢　杨　玉　杨晓峰　柳　军
徐世帅　高景俊　韩淑峰　翟立委　潘鹏飞
方　铁　王怀柳　高文远　吴菊环

正高级经济师

杜　民

高级工程师（2015~2016年度）

张新芳　涂　川　孔令东　孙长飞　郑　健
董晓光　王军强　田芳芳　唐　恺　薛　涛
李久慧　于金洲　李成江　刘　明　张　宁
耿凤秋　朱丽君　谭　啸　张铭洲　龙海萍
杨宏凯　胡　军　韩　瑛　贺文东　孙明君
王　莹　王　铁　任　伟　李金莲　刘芳芳
王超逸　倪翀奕　解德刚　张立国　朱庆庙
龙承俊　陈大伟　刘冬杰　王葵军　杜艳清
马　东　孙长胜　李洪冰　陈洪彬　金　实
张玉辉　郭　客　马自飞　李　毅　刘　瑾
郎百宏　刘　艳　詹晓菲　侯为政　郭　平
栾　静　吴恩旭　卜　涛　赵宪海　曾　涛
陈一楠　王　爽　苏　利　张淑明　陈　舵
李莺燕　葛　晶　胡博修　尚岩松　李　文
高贵军　李涌泽　李宏微　樊江波　于晓鹏
陈　蕾　朱晓丹　于丰浩　李靖年　潘凯华
王富亮　李立勋　徐国义　于海岐　钱建国
刘乃军　陈付振　董　芬　罗　理　陈　华
李红雨　李富强　周木庭　王　弢　李俊峰
高　军　刘佳伟　高　健　王小善　舒　耀
刘玉春　韩志勇　王成青　陈志威　许海亮
孙学军　张柏鸿　王　丹　曲　超　王进臣
张　宏　张云会　车　安　王　新　王宝军
田秀梅　康宝军　刘　硕　王小强　王　勇
冉永亮　朱莹光　王晓峰　柴明亮　韩　斌
高　航　郝　博　杨　洋　艾芳芳　徐　鑫
王　储　贾　振　陆晓锋　袁　玲　李广龙
陈　鹏　孙殿东　李卫东　王东山　董　毅
高　鹏　张大奎　张　宇　高　红　梁福鸿
修国涛　赵爱英　王丽红　徐海清　杜建全
臧　旭　杨　峰　李传林　孙厚广　吴前锋
宋保莹　马兰英　董克娜　鹿　璐　王艳儒
李艳红

高级工程师（2017年度）

马丹丹　王成利　吴尚龙　雷　辉　郭　宏
邓　峰　罗付华　孙　良　王　微　夏建辉
马　勇　张　林　字胜江　吴亚明　唐生斌
黄基红　樊　华　彭志辉　李仲斌　余保琳
肖　强　吕　波　余　彬　穆天柱　唐红建
郭继科　董兴强　王　军　张成军　谷代斌
李玲瑜　张　雄　周　翔　万红伶　刘　江
夏万军　宋尧友　崔瑞刚　陈晋阳　杨再春
罗定祥　余志川　裴丙红　何云华　苏承龙
赵　斌　张　谊

高级经济师

刘晓东　邹继波　金宏哲　屈　平　聂常生
徐长维　崔　航　刘世鸿　刘　洁　李宗阳
罗小丹　罗　斌　吕钦山　欧江波　王东海
张国才　龙凤萍　李仿东　赵　阳　鞠冬颖
王　杨

高级会计师

于文哲　于　前　马　莉　王朝萃　兰　红
刘子坤　刘喜田　李冬梅　康永莉　蒋兴芝
王战维　蒲海英　周静利

高级政工师（15名）

常　超　母景琪　冉河清　袁雪良　毕京立
陈　明　蒋有谋　李　铁　杨　平　朱道明
钟春蓉　喻长胜　程铁波　朱兴平　罗　慧

信息系统管理师（11名）

毕　林　李庆民　邱广穆　张孝虎　张艳秋
罗晓明　周　琳　赵天鑫　赵洪丹　高　迪
黄玉彬

教授（1名）

杨莉华

副教授（6名）

周恩斌　郭娅娜　焦　莉　刘正英　孙广奇
杜仕敏

高级教师（3名）

张丽芬　徐　杰　裴丽范

副研究员（4名）

邢　娜　李成志　周文涛　黄　维

卫生正高级（10名）

刘兆润　孙　逊　张晓春　庞中一　党　凤
王　虹　牛月芝　刘　虹　李应宏　李德中

卫生副高级（54名）

王雅捷　吕太杰　李立国　李　宁　张　宁
张家立　陈汉敏　庞　钢　荣宝昌　贺殿彪
高远超　彭守仙　程　礼　肇　杨　丁立中
邓　岩　付玉玲　尹胜娟　卢　涛　邵艳梅
金　辉　郑　红　宿旭凤　霍　宏　陈　杨
刘美珍　黎凤明　张　玲　李名亮　代会波
万俊清　曾先文　吉春冬　陈红明　李　涛
向　程　邓咏秋　顾定平　杨淑君　李　艳
张丽娟　杨　玲　张玉凤　何　君　王刚会
万　红　梁兰英　李丽君　何　华　张　琼
殷　梅　鲁正鲜　罗国琼　卢　萍

（鞍钢集团有限公司人力资源服务中心　王　静）

附　录

·统计资料·

一、产品产量

十大产品产量分月完成情况

（吨）

产品	全年		分月产量											
	计划	实际	1月	2月	3月	4月	5月	6月	7月	8月	9月	10月	11月	12月
一、铁矿石原矿量	126090000	111892102	9572609	8818812	9361265	9313694	9653924	9137712	9224414	8753649	9280482	9934083	9602381	9239077
二、铁精矿	39500000	39477741	3291565	3120478	3456319	3312103	3482571	3303097	3183546	3293200	3072218	3368998	3294290	3299356
三、人造富矿	64950000	61007521	4999186	4762419	5129296	5299642	5257039	5251836	5244089	4995849	4674525	5272559	4913679	5207402
烧结铁矿	55090000	51163718	4129004	3989323	4323942	4450157	4444095	4422694	4377835	4119499	4043325	4465568	4092461	4305815
球团铁矿	9860000	9843803	870182	773096	805354	849485	812944	829142	866254	876350	631200	806991	821218	901587
四、焦炭	10640000	10812616	933761	840225	919216	891732	883462	867773	912824	922626	901121	934062	882280	923534
五、合格生铁	35230000	33952159	2723664	2611316	2811490	2936292	2938526	2882960	2867107	2832025	2744401	2955036	2787043	2862299
含钒生铁	10600000	9805960	790794	829922	895333	884808	917471	845447	771460	722139	715370	836814	807680	788722
六、粗钢	36330000	35756676	2807518	2706424	2963482	3061588	3089674	3051443	3051662	2998819	2924114	3129113	2939983	3032856
七、钢坯	36070000	35589026	2794695	2693013	2947920	3045868	3071890	3034421	3038379	2988415	2909133	3114204	2927450	3023638
八、钢材	34920000	33165044	2752917	2507544	2834036	2676386	2851428	2799591	2853243	2787810	2644892	2834625	2680230	2942342
九、高钒铁（折合量）	39200	33631	3021	3019	3032	3070	3066	3013	2347	1281	2504	3401	3192	2685
十、钛白粉	230000	199900	14150	16534	17177	16441	19540	15700	12946	12648	16877	19167	19309	19411

（鞍钢集团有限公司财务共享服务中心　蒋恩军）

二、财务指标

（一）财务指标完成情况

（万元）

指标名称	2017 年	2016 年	增减额	指标名称	2017 年	2016 年	增减额
一、营业总收入	18783491	13925490	4858002	五、少数股东损益	74782	-312612	387394
二、利税指标				六、上缴税金	970796	773088	197708
利润总额	152046	-937549	1089595	所得税	73172	41260	31912
应交税金	1106660	783965	322695	增值税	541646	419891	121755
三、所得税费用	35972	53126	-17154	其他税金合计	355978	311936	44041
四、净利润	116074	-990675	1106749				

（二）评价企业经济指标

（%）

指标名称	2017 年	2016 年	增减额	指标名称	2017 年	2016 年	增减额
1. 营业利润率	1.58	-7.78	9.36	6. 流动比率	0.48	0.41	0.07
2. 总资产报酬率	2.89	-0.31	3.20	速动比率	0.31	0.24	0.07
3. 净资产收益率	1.25	-13.87	15.12	7. 应收账款周转率/次	27.56	20.09	7.47
4. 资本保值增值率	108.7	81.2	27.5	8. 存货周转率/次	4.72	3.93	0.79
5. 资产负债率	70.34	75.49	-5.15				

（三）资产及负债情况

（万元）

指标名称	2017 年	2016 年	增减额	指标名称	2017 年	2016 年	增减额
一、资产总额	35583610	33109220	2474389	短期借款	8171006	8594690	-423684
1. 流动资产	8943198	7475392	1467806	应付账款	2342676	2749365	-406689
应收账款	471414	472104	-690	2. 长期负债	6340706	6809481	-468775
存货总额	3208557	3134919	73638	三、所有者权益	10553761	8116657	2437104
2. 长期股权投资	669837	655870	13967	1. 少数股东权益	3543568	2018468	1525100
3. 固定资产	14883007	15350135	-467129	2. 归属母公司权益	7010193	6098189	912003
固定资产原值	29951105	29681812	269293	实收资本	5000000	4039474	960526
累计折旧	13304292	12822151	482141	资本公积	5720233	4620785	1099448
固定资产净值	16646813	16859660	-212848	盈余公积	—	1481783	-1481783
4. 无形资产	6146922	5401242	745681	未分配利润	-4263148	-4247687	-15461
二、负债总额	25029849	24992563	37286	其他综合收益	178561	-150171	328731
1. 流动负债	18689143	18183082	506060	专项储备	374548	354006	20543

（鞍钢集团有限公司财务运营部　孙彦涛）

三、更新改造指标

（一）2017年固定资产投资项目完成情况（按形象进度分类）

（万元）

单项工程或更改项目名称	计划总投资	自开始建设至本年底累计		本年					本年新增固定资产	房屋建筑面积/平方米	
		完成投资	新增固定资产	完成投资	其中					本年施工	本年竣工
					建筑工程	安装工程	设备购置	其他费用			
总　计	2277992	1779831	847467	348811	43479	17502	80466	207364	160102	9602	4113
其中：3000万元以下项目	1743987	1436080	774613	306607	25460	12871	64878	203398	142818	9602	4113
3000万元以上项目	534005	343751	72854	42204	18019	4631	15588	3966	17284		

（二）固定资产实际完成投资（按专业去向分类）

（万元）

按专业去向分类	实际完成投资	按专业去向分类	实际完成投资
合　计	348811	7. 轧材	23692
1. 铁矿采选	221895	8. 铁合金	0
2. 烧结	2351	9. 焦化	17288
3. 球团	9756	10. 耐火	0
4. 炼铁	296	11. 碳素	0
5. 炼钢	14807	12. 金属制品	978
6. 连铸	1717	13. 其他	56031

（鞍钢集团有限公司财务共享服务中心　蒋恩军）

四、产品销售

主要钢铁工业产品产、销、存情况

（吨）

指标名称	年初库存	本年调入	本年生产	本年自用	本年销售		盘盈（+）/盘亏（-）	年末库存
					本年销售小计	其中：本年出口		
铁矿石成品矿	330632		39477741	35315795	4062999			429579
铁精矿	330632		39477741	35315795	4062999			429579
人造富矿	241348		60787761	60827648	1152			200309
烧结铁矿	189367		50943958	50967145				166180

续表

指标名称	年初库存	本年调入	本年生产	本年自用	本年销售		盘盈（+）/盘亏（-）	年末库存
					本年销售小计	其中：本年出口		
球团铁矿	51981		9843803	9860503	1152			34129
生铁	4767		33952159	33944547	11317			1062
粗钢	529038	25488	35756676	35051196	865372		-30	394604
连铸坯	523300	25488	35589026	34883515	864414		-30	389855
钢材	564644	57	33165044	35170	33080861	1908214	1039	614753
铁道用钢材	63813		2012625		2002535	48507		73903
其中：重轨	7040		656240		655904			7376
大型型钢	3362		69615		62759		273	10491
棒材	8269		400973	89	391393	41631	-3545	14215
钢筋	8616		870684		828716			50584
线材（盘条）	13773		1536864	13334	1521412	287816	96	15987
特厚板	4691		463262		462630	15360	-110	5213
厚板	12347		1339545		1327368	76690	-325	24199
中板	25560		2015429	5	2008165	115146	1313	34132
热轧薄板	617		8644		8513	1300		748
冷轧薄板	3888		895006	1	896273	27731	58	2678
中厚宽钢带	205821		9696793		9747504	208587		155110
热轧薄宽钢带	70594		4188728	13366	4174262	243517	2490	74184
冷轧薄宽钢带	83444		6216328	5070	6191523	303358		103179
热轧窄钢带	49							49
冷轧窄钢带	561							561
镀层板（带）	31187		1796484	2440	1790722	353460		34509
其中：镀锌板（带）	31187		1796484	2440	1790722	353460		34509
涂层板（带）	4048		298390	406	297070	112357		4962
电工钢板（带）	14498		980570		993279	71980		1789
无缝钢管	1773		312831	2	312096	723	-42	2464
焊接钢管	763		1280	22	1605		89	505
其他钢材	6970	57	60993	435	63036	51	742	5291
钢丝	138		123		123			138
钢丝绳	5820		17343	1840	17912			3411
钢绞线	31		146	5	131			41
焦炭	33503		10812616	10822224	4196			19699

（鞍钢集团有限公司财务共享服务中心　蒋恩军）